2014
中国 500 强企业发展报告

中国企业联合会
中国企业家协会 编

企业管理出版社

图书在版编目（CIP）数据

2014中国500强企业发展报告/中国企业联合会、中国企业家协会编. —北京：企业管理出版社. 2014.8
ISBN 978 - 7 - 5164 - 0920 -6

Ⅰ.①2… Ⅱ.①中… ②中… Ⅲ.①企业发展-研究报告-中国-2014 Ⅳ.①F279.2

中国版本图书馆CIP数据核字（2014）第182835号

广告经营许可证：京海工商广字第8127号

书　　名：	2014中国500强企业发展报告
作　　者：	中国企业联合会、中国企业家协会
责任编辑：	丁　锋
书　　号：	ISBN 978-7-5164-0920-6
出版发行：	企业管理出版社
地　　址：	北京市海淀区紫竹院南路17号　　邮编：100048
网　　址：	http://www.emph.cn
电　　话：	出版部：68414643　发行部：68701638　编辑部：88413605
电子信箱：	80147@sina.com　　zbs@emph.cn
印　　刷：	北京联兴盛业印刷股份有限公司
经　　销：	新华书店
规　　格：	210毫米×285毫米　16开　26.75印张　630千字
版　　次：	2014年8月第1版　2014年8月第1次印刷
定　　价：	300.00元

版权所有　翻印必究·印装有误　负责调换

发展具有国际竞争力的大企业集团，提高国际竞争力。

陈锦华
二〇〇八年二月

贯彻落实科学发展观

扎实做强做大做久

王忠禹

二〇〇八年七月

《2014 中国 500 强企业发展报告》

顾　问：陈锦华　袁宝华　张彦宁

主　编：王忠禹

副主编：李德成　王基铭　李建明

在全面深化改革中进一步加强企业管理创新

中国企业联合会、中国企业家协会会长　王忠禹

  2014年全国企业管理创新大会围绕全面深化改革中的企业创新发展这个主题进行，参加会议的政府部门领导将就当前经济形势、企业面临的形势和任务、企业创新发展等问题发表讲话，专家、学者和企业家将就国有企业改革、混合所有制经济发展、政府职能转变和民营企业发展等问题作专题发言，会议中还将进行经验交流。借此机会，我就全面深化改革中进一步加强企业管理创新及相关问题谈几点意见。

一、以全面深化改革为契机，进一步增强对管理创新重要性的认识

  党的十八届三中全会，站在新的历史起点上，提出了全面深化改革的方向、指导思想、原则、重点任务，描绘了全面深化改革的新蓝图、新愿景、新目标，形成了改革理论、政策和实践的一系列重大突破。刚刚闭幕的全国人民代表大会和中国人民政治协商会议，对全面深化改革的各项目标、措施进行了新的部署和动员。我国改革开放以来的实践证明，国家每启动一轮大范围的改革，都会为企业注入新的发展动力，同时也对企业管理创新提出更高的要求。在30多年的改革开放过程中，中国企业从学习、模仿中起步，在探索、创新中发展，有些企业管理水平已接近或赶上世界先进企业，但不少企业管理粗放的问题还没有从根本上得到解决。在3月19日的国务院常务会议上，李克强总理在布置今年政府工作重点任务时再次强调并明确提出，要推动科技创新和管理创新，促进产业升级。广大企业要充分把握当前的战略机遇期，在全面深化改革的新形势下，进一步提高对管理创新重要性的认识，不断加强管理理念、机制、制度、方法上的创新，在创新中实现新的飞跃。要以问题为导向，切实解决管理中的突出问题。当前重要的是，要重视把信息化、网络化等先进技术手段引入企业管理中，提升管理效率和水平；要着力推进商业模式创新，通过创新自己的产品，特别是服务方式，创造新的价值，形成企业新的竞争优势。

二、以市场起决定性作用为指引，着力提高企业市场竞争能力

党的十一届三中全会以来，我国经济体制改革一直是围绕调整政府和市场关系进行，从计划经济到有计划的商品经济，再到社会主义市场经济，市场的力量逐步得到释放。党的十八届三中全会《决定》将市场在资源配置中的作用，由基础性作用改为决定性作用，是对市场规律认识的升华。《决定》进一步提出实行负面清单准入管理方式、完善全国统一市场、建设法治化营商环境、健全优胜劣汰的市场化退出机制等重要举措。加快形成统一开放、竞争有序的市场体系，是使市场在资源配置中起决定性作用的基础。广大企业要以市场在资源配置中起决定性作用为指引，坚持按规律办事，遵循价值规律、供求规律、竞争规律等规律，推动建立企业自主经营、公平竞争，消费者自由选择、自主消费，商品和要素自由流动、平等交换的现代市场体系。国有企业要以完善公司法人制度为基础，以产权明晰、权责明确、政企分开、管理科学为基本要求，以规范经营决策、资产保值增值、公平参与竞争、提高企业效率、增强企业活力、承担社会责任为重点，进一步完善现代企业制度。民营企业虽然根植于市场，但也有不少民营企业仍面临由家族企业向现代企业制度转变的任务，要改革高度集中的产权结构，从产权多元化、建立外部董事制度、引进职业经理人、逐步规范内部管理制度等方面着手，进一步提高市场化竞争能力和水平。

三、以技术创新为重点，大力实施创新驱动发展战略

改革开放30多年来，中国经济高速发展，民生改善前所未有，国家和人民的面貌发生历史性变化，都与我们注重以科技创新来引领和促进经济社会发展有密切的关系。当前，新一轮科技革命和产业革命在孕育兴起，世界性变革突破的能量在不断累积，与我国加快转变经济发展方式形成了历史性交汇，时代已经把中国推到了创新竞赛的大门前。另一方面，中国经济总量已是世界第二，赶超跟随的时代已是过去，也不能再走简单模仿的路子，必须更多地依靠自身科技和人才，而不是消耗物质资源、损耗生态环境来发展经济，必须更多地依靠科技创新和制度创新，而不是靠廉价人力成本、超优惠条件来促进增长。党的十八届三中全会强调，要建立健全鼓励原始创新、集成创新、引进消化吸收再创新的体制机制，健全技术创新市场导向机制，发挥市场对技术研发方向、路线选择、要素价格、各类创新要素配置的导向作用，强化企业在技术创新中的主体地位，建设国家创新体系。这既是党中央对企业技术创新的高度重视，也为企业加强技术创新指明了方向。广大企业要坚持以科学发展观为指导，贯彻落实"自主创新、重点跨越、支撑发展、引领未来"的方针，以自主创新能力建设为中心，以体制机制创新为保障，以国家创新工程为依托，大力实施科技创新战略。要瞄准国际创新发展趋势和特点，提高自主创新能力；要将优势资源整合聚集到战略目标上，力求

在重点领域、关键技术上取得重大突破；要注重多种模式的创新，既在优势领域进行原始创新，也需要对现有技术进行集成创新。

四、以环境治理和大气污染防治为抓手，推进生态文明建设

随着中国经济的持续快速发展，能源消费的不断攀升，发达国家历经近百年出现的环境问题在我国近二三十年集中出现，以工业污染和生态环境破坏为重要特征的第一代环境问题尚未得到有效治理，以全球气候变化和生态多样性破坏为特征的第二代环境问题又迫在眉睫，特别是近年出现的大范围雾霾天气，已成为制约中国经济发展和民生改善的重大问题。党的十八届三中全会强调建立系统完整的生态文明制度体系，用制度保护生态环境。国务院也相继出台了一系列化解产能过剩、加强大气和水污染治理、发展节能环保产业的政策措施。广大企业要积极响应党中央、国务院的号召，顺应时代潮流，进一步增强责任感和自觉性，切实转变发展理念，创新发展方式，以绿色发展作为可持续发展的根本要求，采取更加有力的措施，把资源消耗、环境损害、生态效益纳入企业发展评价体系，加快形成资源节约、环境友好的生产方式，努力在转变发展方式上取得突破性进展。

当前，认真做好大气污染防治工作，是每个企业的重要工作，义不容辞的责任。政府工作报告强调要坚决向污染宣战，并明确了今年的大气污染防治的硬任务。广大企业要积极行动起来，采取切实措施，深入实施大气污染防治行动计划，加大技术改造和技术创新力度，大力发展和运用能够大幅减少能源消耗和直接温室气体排放的新低碳技术，建设以低排放为特征的企业生产体系。特别是能源、运输、冶金等碳排放密集行业的企业，更要大力采用低碳技术。大型企业以及上游企业，要通过制定标准等措施，带动供应链及行业内企业提高低碳生产技术水平，促进供应链和行业共同参与大气治理行动。

五、以可持续发展为目标，不断增强企业社会责任

当今世界，企业社会责任已经成为重要的时代潮流和商业规范，成为企业提高竞争力的有效途径。党的十八届三中全会《决定》进一步强调企业要承担社会责任，这不仅是对国有企业的更高要求，也是对所有类型企业的号召。按照国际通行的理解，企业社会责任就是企业为其决策和活动对社会和环境的影响要承担责任，从而最大限度地为可持续发展做出贡献。为此，企业必须用可持续发展的理念梳理企业的使命、愿景和价值观，审视企业发展战略、经营模式和业务流程，将企业对促进社会发展和保护环境的责任纳入企业管理系统。实践表明，建立健全公司治理层面社会责任工作的领导体制，是企业履行社会责任的组织基础；深化社会责任理念和议题，是企业社会责任创新的核心；完善社会责任管理体系，是企业社会责任管理与实践的长效机制；强化社会责任与企业经

营的有机结合，是履行社会责任的关键。广大企业要充分认识增强企业社会责任的重要性，结合企业实际进一步明确社会责任理念、制定社会责任战略、建立健全社会责任管理体系。要在全面理解和把握社会责任管理的内涵和主要内容的基础上，协调各方、统筹推进，将社会责任理念、标准、要求融入现有管理体系，处理好社会责任管理与战略管理、决策管理、流程管理、运营管理和其他专业管理的关系，同时在组织、人员、资金等方面给予必要的保证和支持，确保社会责任管理的各项工作真正落到实处。

（本文摘自作者2014年3月21日在全国企业管理创新大会上的讲话）

目 录

在全面深化改革中进一步加强企业管理创新 …………………………………………（1）

第一章 2014中国企业500强分析报告 …………………………………………（1）

一、2014中国企业500强的规模特征 …………………………………………（1）

二、2014中国企业500强的效益特征 …………………………………………（3）

三、2014中国企业500强的行业特征 …………………………………………（8）

四、2014中国企业500强的地域分布特征 ……………………………………（24）

五、2014中国企业500强的所有制特征 ………………………………………（27）

六、2014中国企业500强的研发特征 …………………………………………（31）

七、2014中国企业500强的国际化特征 ………………………………………（34）

八、2014中国企业500强的兼并重组活动 ……………………………………（38）

九、经济新常态条件下中国大企业面临的挑战 ………………………………（39）

十、中国大企业适应新常态、提升竞争力的若干建议 ………………………（43）

第二章 2014中国制造业企业500强分析报告 ………………………………（48）

一、2014中国制造业企业500强的规模及其分布特征 ………………………（48）

二、2014中国制造业企业500强的经济效益及其分布特征 …………………（50）

三、2014中国制造业企业500强的行业结构与分布特征 ……………………（52）

四、2014中国制造业企业500强的区域结构与分布特征 ……………………（56）

五、2014中国制造业企业500强的所有制分布特征 …………………………（60）

六、2014中国制造业企业500强的研发状况 …………………………………（61）

七、2014中国制造业企业500强的海外经营状况 ……………………………（62）

八、2014中国制造业企业500强发展中存在的问题 …………………………（63）

九、促进制造业企业健康发展的建议 …………………………………………（66）

第三章 2014中国服务业企业500强分析报告 …………………………………………（71）

　　一、2014中国服务业企业500强的规模及分布特征 ……………………………（71）
　　二、2014中国服务业企业500强的经济效益及特征 ……………………………（75）
　　三、2014中国服务业企业500强的行业分布情况 ………………………………（77）
　　四、2014中国服务业企业500强的地域分布特征 ………………………………（83）
　　五、2014中国服务业企业500强所有制分布特征 ………………………………（85）
　　六、金融危机前后服务业企业发展情况 …………………………………………（87）
　　七、当前服务业发展遇到的问题 …………………………………………………（91）
　　八、促进服务业企业健康发展的对策建议 ………………………………………（97）

第四章 2014中国跨国公司分析报告 ……………………………………………（107）

　　一、中国企业对外投资步伐加快 …………………………………………………（107）
　　二、2014中国100大跨国公司及跨国指数基本情况 ……………………………（110）
　　三、中国大企业国际化的差距 ……………………………………………………（115）
　　四、提高国际化经营水平，培育中国跨国公司 …………………………………（118）

第五章 2014中国企业效益200佳分析报告 ……………………………………（122）

　　一、2014中国企业效益200佳盈利增长分析 ……………………………………（122）
　　二、2014中国企业效益200佳规模增长分析 ……………………………………（122）
　　三、2014中国企业效益200佳的结构分析 ………………………………………（129）

第六章 2014中外企业500强对比分析报告 ……………………………………（134）

　　一、中国企业在世界500强中第一梯队的地位进一步稳固 ……………………（134）
　　二、2014世界企业500强、美国企业500强基本情况分析 ……………………（139）
　　三、2014中国企业500强与世界和美国企业500强比较分析 …………………（149）

第七章 2014中国500强与世界500强行业领先企业主要经济指标对比 ……（159）

　　表7-1 2014中国500强与世界500强金属产品业领先企业比较 ……………（160）
　　表7-2 2014中国500强与世界500强计算机、办公设备业领先企业比较 …（160）

表7-3	2014中国500强与世界500强工程与建筑业领先企业比较	(160)
表7-4	2014中国500强与世界500强银行业领先企业比较	(161)
表7-5	2014中国500强与世界500强航天与防务业领先企业比较	(161)
表7-6	2014中国500强与世界500强公用设施事业领先企业比较	(161)
表7-7	2014中国500强与世界500强电子、电气设备业领先企业比较	(162)
表7-8	2014中国500强与世界500强采掘业领先企业比较	(162)
表7-9	2014中国500强与世界500强化学品制造业领先企业比较	(162)
表7-10	2014中国500强与世界500强建材玻璃业领先企业比较	(163)
表7-11	2014中国500强与世界500强炼油业领先企业比较	(163)
表7-12	2014中国500强与世界500强贸易业领先企业比较	(163)
表7-13	2014中国500强与世界500强汽车业领先企业比较	(164)
表7-14	2014中国500强与世界500强财产和意外保险业领先企业比较	(164)
表7-15	2014中国500强与世界500强电信业领先企业比较	(164)
表7-16	2014中国500强与世界500强邮件包裹货运业领先企业比较	(165)
表7-17	2014中国500强与世界500强制药业领先企业比较	(165)
表7-18	2014中国500强与世界500强网络通信设备业领先企业比较	(165)
表7-19	2014中国500强与世界500强能源业领先企业比较	(166)
表7-20	2014中国500强与世界500强人寿健康保险业领先企业比较	(166)
表7-21	2014中国500强与世界500强工业机械业领先企业比较	(166)
表7-22	2014中国500强与世界500强综合商业领先企业比较	(167)
表7-23	2014中国500强与世界500强多元化金融业领先企业比较	(167)
表7-24	2014中国500强与世界500强批发商业领先企业比较	(167)
表7-25	2014中国500强与世界500强船务业领先企业比较	(168)

第八章 2014中国企业500强数据 (169)

表8-1	2014中国企业500强	(170)
表8-2	2014中国企业500强新上榜企业名单	(186)
表8-3	2014中国企业500强各行业企业分布	(188)
表8-4	2014中国企业500强各地区企业分布	(197)
表8-5	2014中国企业500强净利润排序前100名企业	(204)
表8-6	2014中国企业500强资产排序前100名企业	(205)
表8-7	2014中国企业500强从业人数排序前100名企业	(206)
表8-8	2014中国企业500强研发费用排序前100名企业	(207)
表8-9	2014中国企业500强研发费所占比例排序前100名企业	(208)

表 8-10　2014 中国企业 500 强净资产利润率排序前 100 名企业 ……………………………… (209)

表 8-11　2014 中国企业 500 强资产利润率排序前 100 名企业 ………………………………… (210)

表 8-12　2014 中国企业 500 强收入利润率排序前 100 名企业 ………………………………… (211)

表 8-13　2014 中国企业 500 强人均营业收入排序前 100 名企业 ……………………………… (212)

表 8-14　2014 中国企业 500 强人均净利润排序前 100 名企业 ………………………………… (213)

表 8-15　2014 中国企业 500 强人均资产排序前 100 名企业 …………………………………… (214)

表 8-16　2014 中国企业 500 强收入增长率排序前 100 名企业 ………………………………… (215)

表 8-17　2014 中国企业 500 强净利润增长率排序前 100 名企业 ……………………………… (216)

表 8-18　2014 中国企业 500 强资产增长率排序前 100 名企业 ………………………………… (217)

表 8-19　2014 中国企业 500 强研发费用增长率排序前 100 名企业 …………………………… (218)

第九章　2014 中国制造业企业 500 强数据 ……………………………………………………… (219)

表 9-1　2014 中国制造业企业 500 强 ……………………………………………………………… (220)

表 9-2　2014 中国制造业企业 500 强各行业企业分布 …………………………………………… (235)

表 9-3　2014 中国制造业企业 500 强各地区企业分布 …………………………………………… (242)

表 9-4　2014 中国制造业企业 500 强净利润排序前 100 名企业 ………………………………… (249)

表 9-5　2014 中国制造业企业 500 强资产排序前 100 名企业 …………………………………… (250)

表 9-6　2014 中国制造业企业 500 强从业人数排序前 100 名企业 ……………………………… (251)

表 9-7　2014 中国制造业企业 500 强研发费用排序前 100 名企业 ……………………………… (252)

表 9-8　2014 中国制造业企业 500 强研发费所占比例前 100 名企业 …………………………… (253)

表 9-9　2014 中国制造业企业 500 强净资产利润率排序前 100 名企业 ………………………… (254)

表 9-10　2014 中国制造业企业 500 强资产利润率排序前 100 名企业 ………………………… (255)

表 9-11　2014 中国制造业企业 500 强收入利润率排序前 100 名企业 ………………………… (256)

表 9-12　2014 中国制造业企业 500 强人均营业收入排序前 100 名企业 ……………………… (257)

表 9-13　2014 中国制造业企业 500 强人均净利润排序前 100 名企业 ………………………… (258)

表 9-14　2014 中国制造业企业 500 强人均资产排序前 100 名企业 …………………………… (259)

表 9-15　2014 中国制造业企业 500 强收入增长率排序前 100 名 ……………………………… (260)

表 9-16　2014 中国制造业企业 500 强净利润增长率排序前 100 名企业 ……………………… (261)

表 9-17　2014 中国制造业企业 500 强资产增长率排序前 100 名企业 ………………………… (262)

表 9-18　2014 中国制造业企业 500 强研发费增长率前 100 名企业 …………………………… (263)

表 9-19　2014 中国制造业企业 500 强行业平均净利润 ………………………………………… (264)

表 9-20　2014 中国制造业企业 500 强行业平均营业收入 ……………………………………… (265)

表 9-21　2014 中国制造业企业 500 强行业平均资产 …………………………………………… (266)

表 9-22　2014 中国制造业企业 500 强平均纳税总额 …………………………………………… (267)

表 9-23　2014 中国制造业企业 500 强行业平均研发费用 ……………………………………… (268)

表 9-24　2014 中国制造业企业 500 强行业人均净利润 ……………………………………… (269)

表 9-25　2014 中国制造业企业 500 强行业人均营业收入 …………………………………… (270)

表 9-26　2014 中国制造业企业 500 强行业人均资产 ………………………………………… (271)

表 9-27　2014 中国制造业企业 500 强人均纳税总额 ………………………………………… (272)

表 9-28　2014 中国制造业企业 500 强行业人均研发费用 …………………………………… (273)

表 9-29　2014 中国制造业企业 500 强行业平均资产利润率 ………………………………… (274)

第十章　2014 中国服务业企业 500 强数据 …………………………………………………… (275)

表 10-1　2014 中国服务业企业 500 强 ………………………………………………………… (276)

表 10-2　2014 中国服务业企业 500 强各行业企业分布 ……………………………………… (291)

表 10-3　2014 中国服务业企业 500 强各地区企业分布 ……………………………………… (298)

表 10-4　2014 中国服务业企业 500 强净利润排序前 100 名企业 …………………………… (305)

表 10-5　2014 中国服务业企业 500 强资产排序前 100 名企业 ……………………………… (306)

表 10-6　2014 中国服务业企业 500 强从业人数排序前 100 名企业 ………………………… (307)

表 10-7　2014 中国服务业企业 500 强研发费用排序前 100 名企业 ………………………… (308)

表 10-8　2014 中国服务业企业 500 强研发费用所占比例排序前 100 名企业 ……………… (309)

表 10-9　2014 中国服务业企业 500 强净资产利润率排序前 100 名企业 …………………… (310)

表 10-10　2014 中国服务业企业 500 强资产利润率排序前 100 名企业 …………………… (311)

表 10-11　2014 中国服务业企业 500 强收入利润率排序前 100 名企业 …………………… (312)

表 10-12　2014 中国服务业企业 500 强人均净利润排序前 100 名企业 …………………… (313)

表 10-13　2014 中国服务业企业 500 强人均营业收入排序前 100 名企业 ………………… (314)

表 10-14　2014 中国服务业企业 500 强人均资产排序前 100 名企业 ……………………… (315)

表 10-15　2014 中国服务业企业 500 强收入增长率排序前 100 名企业 …………………… (316)

表 10-16　2014 中国服务业企业 500 强净利润增长率排序前 100 名企业 ………………… (317)

表 10-17　2014 中国服务业企业 500 强资产增长率排序前 100 名企业 …………………… (318)

表 10-18　2014 中国服务业企业 500 强研发费增长率排序前 100 名企业 ………………… (319)

表 10-19　2014 中国服务业企业 500 强行业平均净利润 …………………………………… (320)

表 10-20　2014 中国服务业企业 500 强行业平均营业收入 ………………………………… (321)

表 10-21　2014 中国服务业企业 500 强行业平均资产 ……………………………………… (322)

表 10-22　2014 中国服务业企业 500 强行业平均纳税总额 ………………………………… (323)

表 10-23　2014 中国服务业企业 500 强行业平均研发费用排序 …………………………… (324)

表 10-24　2014 中国服务业企业 500 强行业平均人均净利润 ……………………………… (325)

表 10-25　2014 中国服务业企业 500 强行业平均人均营业收入 …………………………… (326)

表10-26	2014中国服务业企业500强行业平均人均资产	(327)
表10-27	2014中国服务业企业500强行业平均人均纳税总额	(328)
表10-28	2014中国服务业企业500强行业平均人均研发费用	(329)
表10-29	2014中国服务业企业500强行业平均资产利润率	(330)

第十一章 中国有关地区企业100强数据 (331)

表11-1	2014天津企业100强	(332)
表11-2	2014上海企业100强	(333)
表11-3	2014重庆企业100强	(334)
表11-4	2014黑龙江企业100强	(335)
表11-5	2014辽宁企业100强	(336)
表11-6	2014河北企业100强	(337)
表11-7	2014山东企业100强	(338)
表11-8	2014山西企业100强	(339)
表11-9	2014安徽企业100强	(340)
表11-10	2014湖南企业100强	(341)
表11-11	2014湖北企业100强	(342)
表11-12	2014江西企业100强	(343)
表11-13	2014浙江企业100强	(344)
表11-14	2014广东企业100强	(345)
表11-15	2014广西企业100强	(346)
表11-16	2014厦门市企业100强	(347)
表11-17	2014武汉市企业100强	(348)

第十二章 2014世界企业500强数据 (349)

第十三章 中国500强企业按照行业分类名单 (366)

农、林、渔、畜牧业 (367)

煤炭采掘及采选业 (367)

石油、天然气开采及生产业 (367)

建筑业 (368)

电力生产业 (369)

农副食品及农产品加工业 …………………………………………………………… (370)

食品加工制造业 …………………………………………………………………… (370)

肉食品加工业 ……………………………………………………………………… (370)

乳制品加工业 ……………………………………………………………………… (371)

饮料加工业 ………………………………………………………………………… (371)

酿酒制造业 ………………………………………………………………………… (371)

烟草加工业 ………………………………………………………………………… (371)

纺织、印染业 ……………………………………………………………………… (372)

纺织品、服装、鞋帽（含皮草、毛、绒等）加工业 …………………………… (372)

木材、家具及竹、藤、棕、草制品业加工业 …………………………………… (372)

造纸及纸制品加工业 ……………………………………………………………… (373)

生活消费品（含家居、文体、玩具、工艺品、珠宝等）加工制造业 ………… (373)

石化产品、炼焦及其他燃料加工业 ……………………………………………… (373)

化学原料及化学制品制造业 ……………………………………………………… (374)

医药、医疗设备制造业 …………………………………………………………… (375)

化学纤维制造业 …………………………………………………………………… (375)

橡胶制品业 ………………………………………………………………………… (376)

塑料制品业 ………………………………………………………………………… (376)

建材及玻璃等制造业 ……………………………………………………………… (376)

黑色冶金及压延加工业 …………………………………………………………… (376)

一般有色冶金及压延加工业 ……………………………………………………… (379)

金属制品、加工工具、工业辅助产品加工制造业 ……………………………… (380)

工程机械、设备及零配件制造业 ………………………………………………… (380)

工业机械、设备及零配件制造业 ………………………………………………… (381)

农林业机械、设备及零配件制造业 ……………………………………………… (381)

电力、电气等设备、机械、元器件及线缆制造业 ……………………………… (381)

电梯及运输、仓储设备、设施制造业 …………………………………………… (382)

轨道交通设备及零部件制造业 …………………………………………………… (382)

家用电器及零配件制造业 ………………………………………………………… (382)

黄金冶炼及压延业 ………………………………………………………………… (383)

电子元器件与仪器仪表、自动化控制设备制造业 ……………………………… (383)

计算机及零部件制造业 …………………………………………………………… (383)

通讯器材及设备、元器件制造业 ………………………………………………… (383)

办公、影像等电子设备、元器件制造业 ………………………………………… (384)

汽车及零配件制造业 ……………………………………………………………… (384)

摩托车及零配件制造业	(385)
航空航天及国防工业	(385)
船舶工业	(385)
动力、电力生产等装备、设备制造业	(385)
综合制造业（以制造业为主，含有服务业）	(385)
能源（含电力、热力、燃气等）供应、开发、减排及再生循环服务业	(387)
铁路运输及辅助服务业	(387)
陆路运输、城市公交、道路及交通辅助等服务业	(387)
水上运输业	(388)
港口服务业	(388)
航空运输业	(389)
航空港及相关服务业	(389)
电信、邮寄、速递等服务业	(389)
软件、程序、计算机应用、网络工程等计算机、微电子服务业	(389)
物流、仓储、运输、配送服务业	(389)
矿产、能源内外商贸及批发业	(390)
化工产品及医药批发及内外商贸业	(391)
机电、电子批发及内外商贸业	(391)
生活消费商品（含家居、文体、玩具、工艺品、珠宝等）内外批发及商贸业	(391)
粮油食品及农林、土畜、果蔬、水产品等内外批发商贸业	(392)
生产资料批发及内外商贸业	(392)
金属内外商贸及加工、配送、批发零售业	(393)
综合性内外商贸及批发业、零售业	(394)
汽车及摩托车商贸、维修保养及租赁业	(395)
电器商贸批发业、零售业	(395)
医药专营批发业、零售业	(395)
商业零售业、连锁超市	(396)
家具、家居专营批发业、零售业	(397)
银行业	(397)
人寿保险业	(399)
财产保险业	(399)
综合保险业	(399)
证券业	(399)
其他金融服务业	(400)
投资经营管理、商务服务业	(400)

房地产开发与经营、物业及房屋装饰、修缮、管理等服务业 ……………………… (400)
旅游、宾馆及娱乐服务业 …………………………………………………………… (403)
公用事业、市政、水务、航道、港口等公共设施的投资、经营与管理业 ………… (403)
人力资源、会展博览、国内外经济合作等社会综合服务业 ………………………… (403)
科技研发、推广及地勘、规划、设计、评估、咨询、认证等承包服务业 ………… (404)
文化产业（书刊的出版、印刷、发行与销售及影视、广播、音像、文体、演艺等）… (404)
信息、传媒、电子商务、网购、网络娱乐等互联网服务业 ………………………… (404)
综合服务业（以服务业为主，含有制造业）………………………………………… (404)

后 记 ……………………………………………………………………………………… (406)

彩页：

2014 中国企业 500 强、2014 中国制造业企业 500 强、2014 中国服务业企业 500 强部分企业介绍

山西焦煤集团有限责任公司、河南能源化工集团有限责任公司、兖矿集团有限公司、红云红河烟草（集团）有限责任公司、南山集团有限公司、安徽省徽商集团有限公司、青山控股集团有限公司、天津荣程联合钢铁集团有限公司、天津一商集团有限公司、深圳市神州通投资集团有限公司、中太建设集团股份有限公司、中国盐业总公司、中国贵州茅台酒厂（集团）有限责任公司、成都建筑工程集团总公司、生命人寿保险股份有限公司、宁夏宝塔石化集团有限公司、大汉控股集团有限公司、四川公路桥梁建设集团有限公司、弘阳集团有限公司、山河建设集团有限公司、维维集团股份有限公司、福建省能源集团有限责任公司、宝胜集团有限公司、华南物资集团有限公司、四川航空股份有限公司、广东粤海控股有限公司、月星集团有限公司、山东恒源石油化工股份有限公司、红太阳集团有限公司、澳柯玛股份有限公司、广州珠江实业集团有限公司、唐山东华钢铁企业集团有限公司、浙江万凯新材料有限公司、睿恒科技装备集团有限公司、西宁特殊钢集团有限责任公司、北京东方园林股份有限公司、侨兴集团有限公司、新疆前海集团公司

向 2014 中国企业 500 强、2014 中国制造业企业 500 强、2014 中国服务业企业 500 强表示祝贺单位

德勤、金蝶国际软件集团、联瑞集团

The Development Report on 2014 China Top 500 Enterprises
Contents

Prologue: To further strengthen the innovation of enterprise management in comprehenswely deepen reform

Chapter I: Analysis of Top 500 Enterprises of China in 2014

    Economies of scale on Top 500 Enterprises of China in 2014

    Performance Features on Top 500 Enterprises of China in 2014

    Industry Distribution Features on Top 500 Enterprises of China in 2014

    Region Distribution Features on Top 500 Enterprises of China in 2014

    Ownership Distribution Features on Top 500 Enterprises of China in 2014

    R&D characteristics Features on Top 500 Enterprises of China in 2014

    International characteristics on Top 500 Enterprises of China in 2014

    Mergers and acquisitions wave continues to advance

    Under the economical condition of the new normal, Chinese large enterprises facing challenges

    The several suggestions for large enterprises in China to adapt to the new nomal and to improve competitiveness

Chapter II: Analysis of Top 500 Manufacturers of China in 2014

    Scale Features on Top 500 Manufacturers of China in 2014

    Performance Features on Top 500 Manufacturers of China in 2014

    Industry Distribution Features on Top 500 Manufacturers of China in 2014

    Region Distribution Features on Top 500 Manufacturers of China in 2014

    Ownership Distribution Features on Top 500 Manufacturers of China in 2014

    R&D Expenditure Features on Top 500 Manufacturers of China in 2014

    Problems Existing in Manufacturers of China

    Suggestions on Development of Manufacturers

Chapter III: Analysis of Top 500 Service Enterprises of China in 2014

    Scale Features on Top 500 Service Enterprises of China in 2014

    Performance Features on Top 500 Service Enterprises of China in 2014

Industry Distribution Features on Top 500 Service Enterprises of China in 2014

Region Distribution Features on Top 500 Service Enterprises of China in 2014

Ownership Distribution Features on Top 500 Service Enterprises of China in 2014

Vertical Comparison on Top 500 Service Enterprises of China in 2014

Problems Existing in Service Enterprises of China

Countermeasures and Suggestions on Development of Service Enterprises

Chapter IV: Analysis report on 2014 China Multinational companies

Chapter V: Analysis report on 2014 China Top 200 performance Enterprises

Chapter VI: Comparison Analysis on 2014 China Top 500 Enterprises with 2014 Fortune Global Top 500 and America Top 500 Enterprises

Chapter VII: Comparison on Major Indicators of Leading Enterprises in Industries between Global Top 500 and China Top 500

Chapter VIII: Data of 2014 China Top 500 Enterprises

Chapter IX: Data of 2014 China Top 500 Manufacturers

Chapter X: Data of 2014 China Top 500 Service Enterprises

Chapter XI: Data of 2014 China's Local Top 100 Enterprises

Chapter XII: Data of 2014 Fortune Global 500 Enterprises

Chapter XIII: Industrial Lists of 2014 China Top 500 Enterprises, 2014 China Top 500 Manufacturers and 2014 China Top 500 Service Industry Enterprises

第一章
2014 中国企业 500 强分析报告

2014 中国企业 500 强是由中国企业联合会、中国企业家协会连续第 13 次向社会发布"中国企业 500 强"排行榜。2014 中国企业 500 强的基本特征是：①入围门槛增幅提高，企业规模扩张速度有所反弹，但整体上处于一个新的增长区间。2014 年中国企业 500 强的入围门槛达到 228.6 亿元，较上年增加了 28.9 亿元，增幅较上年有所增加；营业收入总额达 56.68 万亿元，较上年增长 13.31%，在国民经济中的地位更加突出。企业的平均营业收入达到 1133.4 亿元，超过 1000 亿元的企业数量达到 134 家，其中有 92 家企业进入 2014 财富世界 500 强。②实现净利润 2.40 万亿元，较上年增长 10.64%，增幅较上年提高 7.06 个百分点；部分行业和企业效益受到经济下行的显著影响，以煤炭、钢铁行业最为明显。③企业的产业结构分布出现良好调整。重化工业企业的数量和规模占比都有所下降，服务业比重进一步扩大，特别是新兴行业的企业数量有所增加。现阶段，我国正处于结构调整阵痛期、增长速度换档期，到了爬坡过坎的紧要关头。从当前我国经济发展的阶段性特征出发，适应经济发展新常态，进一步增强转方式、调结构的决心和信心，解决存在的突出矛盾和问题，向深化改革要动力，向创新驱动要动力，向扩大开放要动力，牢牢把握住发展的主动权，进一步推动大企业做强做大、提质增效，对于中国经济发展行稳致远，具有十分重要的意义。

一、2014 中国企业 500 强的规模特征

1. 规模扩张处于一个新的增长区间

近两年来，中国企业 500 强的发展态势出现明显变化。2002-2014 中国企业 500 强 12 年间的营业收入年均增长 20.45%。以国际金融危机爆发为界，2002-2009 中国企业 500 强 7 年间的营业收入年均增长 23.1%；2009-2014 中国企业 500 强 5 年间营业收入年均增长 16.84%。继 2013 中国企业 500 强增速显著降低之后，2014 中国企业 500 强的整体扩张速度虽有反弹，但已经处在一个新的增长区间。

（1）营业收入总额和资产总额增长有所反弹。2014 中国企业 500 强的营业收入总额达到 56.68 万亿元，较上年的 50.02 万亿元增长了 13.31%，增速较上年提高 1.90 个百分点。与 2013 年国内生产总值 56.88 万亿元大体相当，500 家大企业在国民经济中的地位和作用更为突出和重要。2014 中国企业 500 强资产总额达到 176.4 万亿元，较上年的 150.98 万亿元增长了 16.8%，增幅较上年有所上

升（见图1-1）。

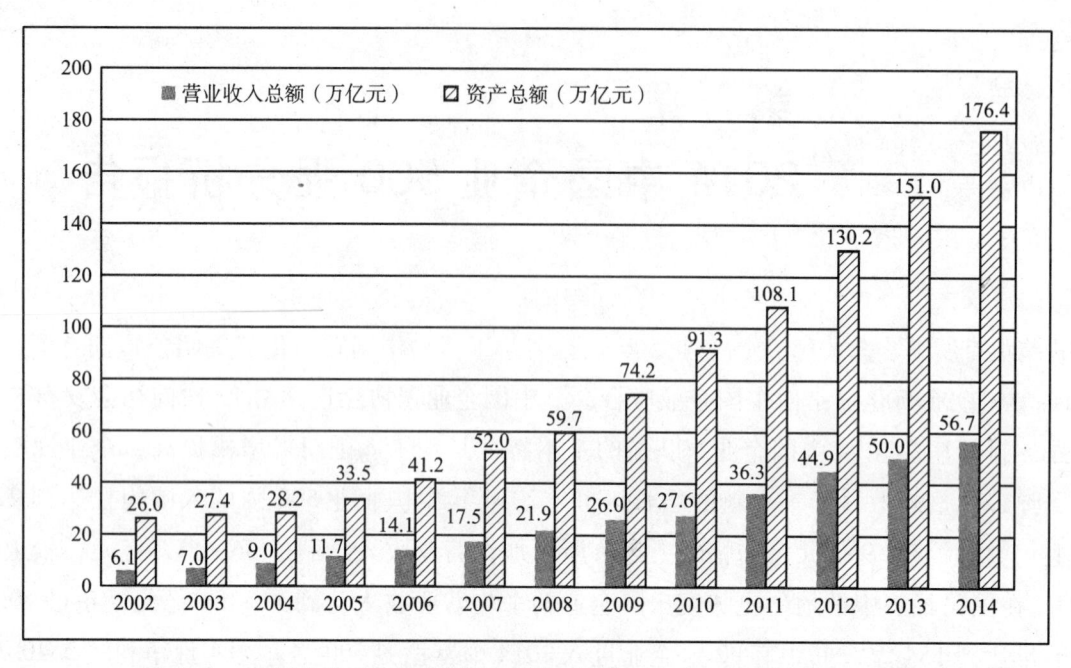

图1-1 中国企业500强的营业收入总额和资产总额（2002-2014）

（2）入围门槛继续较快提高。2014中国企业500强的入围门槛提高到了228.6亿元，较上年的198.7亿元提高了29.9亿元，较上年增幅23.6亿元有所提高。

（3）规模最大的三家企业的营业收入增幅都明显下降。2013年，3家中国企业的营业收入超过2万亿元，分别是中国石油化工集团（2.95万亿）、中国石油天然气集团（2.76万亿）、国家电网公司（2.05万亿），营收增幅分别较上年增长了4.0%、2.8%、8.9%，增幅连续两年明显下降。

（4）千亿元级别的大企业群体进一步扩容。2014中国企业500强中，除了3家万亿级的企业，共有131家企业的营业收入超过1000亿元，比上年增加了11家。从所有制看，131家千亿级企业中，共有108家国有企业和23家民营企业；从行业划分看，共有54家制造业、43家服务业、9家建筑业、15家采掘业、5家发电企业和1家农业企业。

（5）进入世界500强的内地企业数量大幅增加。2014年，我国共有100家企业进入财富世界500强，其中包括92家内地企业上榜，较上年增加了6家，上榜企业数量稳居世界第二。我国内地企业在世界500强榜单上数量不断增加，凸显几方面特征：第一，我国和美日欧上榜企业数量的升与降，反映的是我国的经济发展阶段特征与西方国家不同。我国上榜企业以重化工业为主体，说明我国仍处于工业化中期的后半段，以大进大出为基本特征的重资产企业会在此阶段大量涌现，企业增长模式相对粗放，增长质量相对较低；而美日欧等经济体均已进入后工业社会，企业以轻资产模式、技术创新或商业模式创新驱动为主，企业增长质量相对较高。第二，我国上榜企业的规模在上升，但盈利能力却不容乐观，凸显出我国大企业特别是重化工企业在经济增速下台阶背景下过于依赖粗放式经济发展模式的重大缺陷。第三，我国上榜企业中，金融类企业和非金融类企业之间的盈利能力差距巨大，超过60%的净利润来自商业银行、保险公司等金融企业，反映出我国金融机构对实体企业的支持不足。第四，我国上榜企业的国际化程度还不高，虽然规模上达到世界级，除了少数几个企业具备跨国公司的雏形外，多数企业的营业范围主要局限于国内市场，距离深入参与国际竞争以及具备国际竞争力，尚有不小差距。上述方面都说明我国上榜企业的阶段性特征和不足，也说明未来我国大企业还有广阔的发展空间。

2. 2014中国企业500强内部的企业规模差距有所缩小

十多年来，中国企业500强的内部企业规模差距一直比较大。近两年，随着我国经济增速下台阶，入围门槛较大提高，2014中国企业500强内的企业规模差距有所缩小。①入围门槛企业与最大规模企业的差距有所缩小。2014中国企业500强排名第1位的中国石油化工集团公司拥有资产总计达营业收入达到2.95万亿（上年2.83万亿元），第500名企业的营业收入达到228.6亿元，后者是前者的0.78%，明显低于2014美国企业500强的同一比率（1.04%）。②后10名和前10名企业的规模差距也有所缩小。2014中国企业500强的后10名企业的营收之和为前10名的1.83%，规模差距为2002年以来最小（见图1-2）。

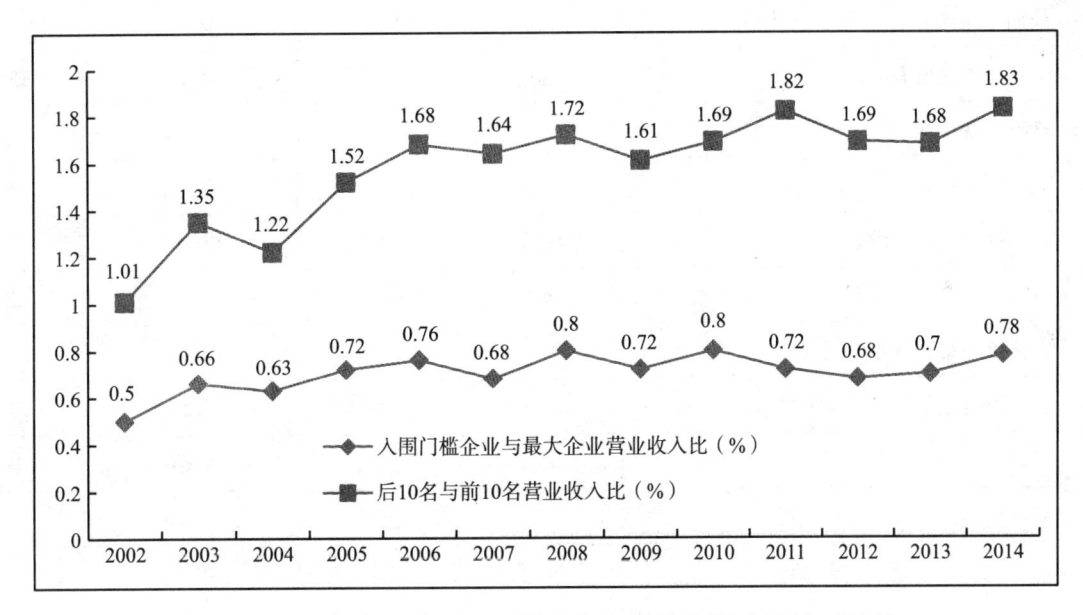

图1-2 历年中国企业500强企业之间的差距（2002-2014）

二、2014中国企业500强的效益特征

2014中国企业500强的效益特征是：企业亏损面与上年持平，营收和净利润负增长的企业数量较上年明显减少，净利润总额继续增长且增速较上年回升，但从利润率看，资产利润率和收入利润率都出现了连续下滑态势，接近1/4的企业净资产低于一年期银行存款利率，劳动生产率与美国企业相比还有较大差距。

1. 企业亏损面与上年相同

2014中国企业500强中，亏损企业有43家，与上年相同；亏损企业主要集中在重化工领域，包括煤炭（17家）、有色（7家）、钢铁（7家）、化工（2家）、建材（2家）、水上运输（2家）。亏损企业与上年显著的变化是：①大型煤炭企业的亏损数量有所增加（上年10家亏损），而钢铁企业亏损数量有所减少（上年10家亏损）；②巨额亏损企业数量增加。今年亏损额超过10亿元的达到19家，比上年多了3家。③2014中国企业500强中，扭亏为盈的企业有19家，其中有8家企业是在营业收入负增长的同时扭亏为盈的（见表1-1）。

表1-1　　　　　　　　2014中国企业500强扭亏为盈的企业　　　　　　　单位:%、亿元

名次	公司名称	企业性质	所属行业	营业收入增长率	净利润
14	中国人寿保险（集团）公司	国有	保险	7.02	36.57
82	中国大唐集团公司	国有	发电	-0.69	12.24
159	湖南华菱钢铁集团有限责任公司	国有	钢铁	20.03	10.75
160	马钢（集团）控股有限公司	国有	钢铁	0.32	0.86
173	中兴通讯股份有限公司	国有	通信设备	-10.56	13.58
187	玖隆钢铁物流有限公司	民营	物流	442.44	1.41
192	庞大汽贸集团股份有限公司	民营	汽车销售	10.71	2.11
218	南京钢铁集团有限公司	民营	钢铁	-17.05	7.12
262	中国东方电气集团有限公司	国有	电气设备	7.38	2.89
289	安阳钢铁集团有限责任公司	国有	钢铁	17.95	1.12
294	深圳市爱施德股份有限公司	民营	连锁销售	105.53	7.54
319	新余钢铁集团有限公司	国有	钢铁	-5.61	0.33
340	浙江前程投资股份有限公司	民营	投资	25.9	3.3
353	江西萍钢实业股份有限公司	民营	钢铁	-10.76	0.95
395	天音通信有限公司	国有	连锁销售	-8.27	0.21
429	张家港保税区旭江贸易有限公司	民营	贸易	164.17	2.54
464	云南煤化工集团有限公司	国有	煤炭	-16.22	1.57
495	万基控股集团有限公司	国有	有色	-0.5	0.94
497	西林钢铁集团有限公司	民营	钢铁	24.48	1.29

2. 营业收入和净利润负增长企业数量都明显减少

2014中国企业500强中，营业收入正增长的有450家，负增长的有50家，较之上年84家营收负增长企业大为减少（见图1-3）；净利润正增长的有359家，负增长的有141家，较之上年的216家

净利润负增长企业也明显减少（见图1-3）。这显示出，2013-2014年，我国大企业仍处于增长速度换挡期、结构调整阵痛期和前期刺激政策消化期阶段，但企业正在努力适应经济增速下台阶的新常态，事实上已经有一些企业取得了一定的经验和成绩。

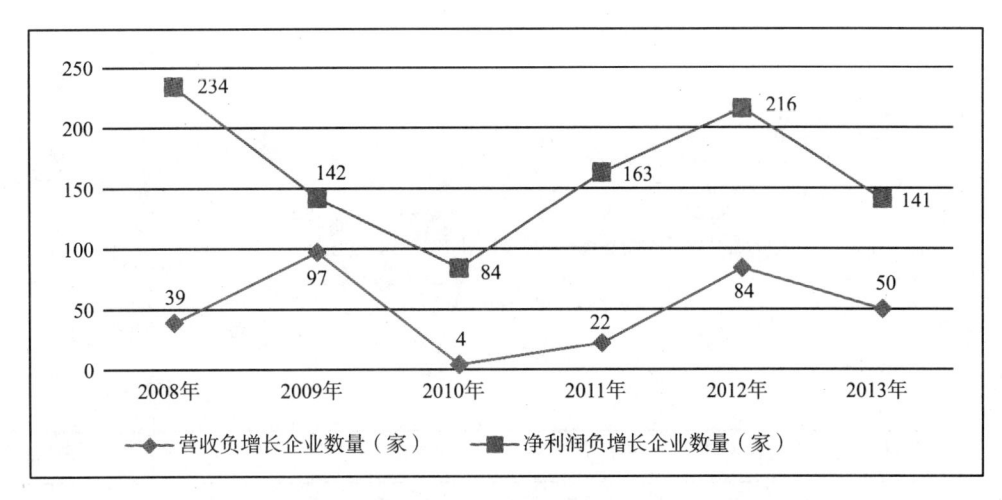

图1-3 中国企业500强中营业收入出现负增长的企业数量（2008-2013年）

3. 净利润继续增长且增速回升，但利润率连续两年下滑

2014中国企业500强的净利润总额达到2.40万亿元，较2013中国企业500强的2.17万亿元净利润增长了10.6%，增幅较上年的3.65%明显增加。

从利润率看，2014中国企业500强的收入利润率为4.24%，较上年500强收入利润率4.34%有所下降；资产利润率为1.36%，较上年500强资产利润率的1.44%也有所下降。至此，中国企业500强的收入利润率和资产利润率都已连续两年下降（2012中国企业500强收入利润率和资产利润率分别为4.67%和1.58%）。这显示出，我国大企业的利润增长赶不上营业收入和资产的增长速度。

4. 净资产收益率略有下降

2014中国企业500强的整体净资产收益率为11.2%，较2013中国企业500强的该指标下降了0.21个百分点。

从企业看，2014中国企业500强中，有118家企业的净资产收益率（ROE）低于或等于3.3%，与上年持平；其中，41家企业的净资产收益率是负的。按照2013年我国商业银行一年期定期存款利率3.3%算，500家大企业中竟然有23.8%的企业净资产收益不如银行固定收益，这些企业主要分布在煤炭、钢铁、有色、化工等行业。

从历史趋势的国际比较看，近十年来，中国企业500强与世界500强、美国500强在整体净资产收益率上基本保持了同步波动。从图1-4可以看出，国际金融危机后，美国500强的净资产收益率快速恢复，近两年已经恢复到国际金融危机前的平均水平；中国企业500强的净资产收益率也较危机之前有所提升，总体水平已经高于世界500强的平均水平，说明尽管我国大企业的财富创造能力与美国大企业仍有差距，但近两三年也取得了较大进步。

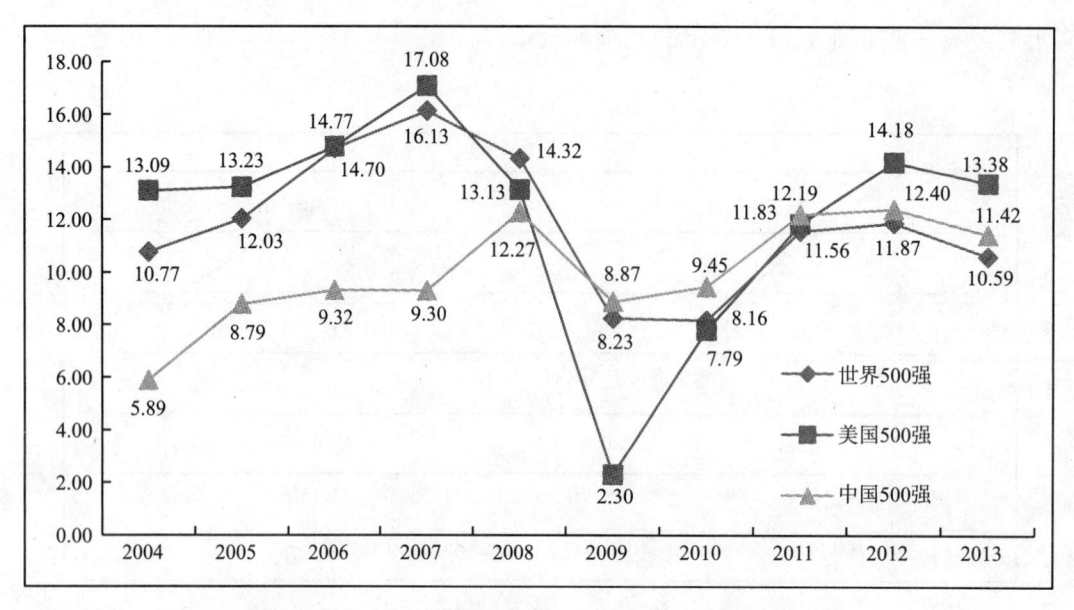

图 1-4　近 10 年世界、美国、中国企业 500 强的净资产收益率比较（2004-2013 年）

5. 缴税总额增速有所下降

2014 中国企业 500 强共实缴税收总额 3.88 万亿元，较上年 500 强企业纳税总额 3.65 万亿元增长了 6.3%，增长幅度较上年增幅 10.9% 有所下降；500 家大企业的缴税总额占 2013 年我国税收收入 11.05 万亿元的 35.1%，占比连续两年下滑（见图 1-5）。

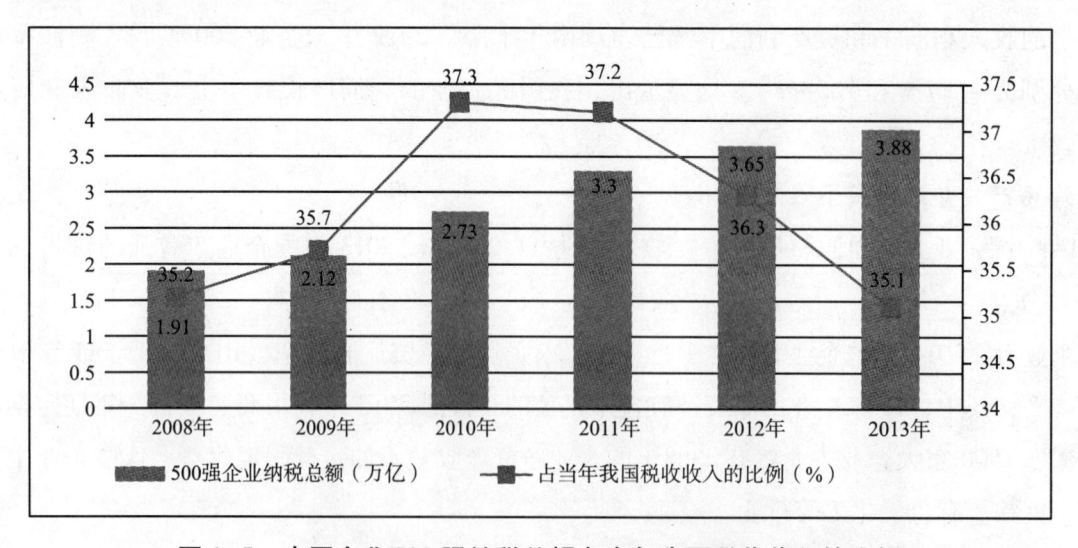

图 1-5　中国企业 500 强纳税总额占当年我国税收收入的比例

从单个企业看，2014 中国企业 500 强中，有 67 家企业的纳税额超过 100 亿元，比上年减少了 2 家。其中，纳税额超过 1000 亿元的有 4 家，与上年持平，分别是中石油（2013 年纳税额 4078.1 亿元)、中石化(3362.5亿元)、国家电网公司(1355.8亿元)、中国工商银行(1100.7亿元)。从行业看,有10个行业的纳税额超过1000亿元,和上年相同(见表1-2)。

表1-2　　　　　　　2014中国企业500强中纳税额最多的10个行业　　　　　　单位:个、亿元

行业名称	上榜企业数	营业收入之和	净利润之和	纳税之和
石油、天然气开采及生产业	3	35359.24	1708.42	5455.98
商业银行业	16	51577.64	12047.63	5319.97
石化产品、炼焦及其他燃料生产加工业	12	34950.83	616.76	3507.66
汽车及零配件制造业	16	27426.16	754.63	2968.89
烟草加工业	7	4790.601	476.26	2931.56
煤炭采掘及采选业	24	31366.32	213.54	2187.44
能源供应、开发、减排及再循环服务业	9	27467.51	714.69	1806.37
建筑业	46	46577.05	893.66	1772.15
电信、邮寄、速递等服务业	4	17105.9	959.08	1375.55
电力生产业	8	12559.55	264.25	1175.40

6. 劳动生产率仍需提高

2014中国企业500强共有员工人数3138.8万人,同口径同比增长了5.66%,较上年500强增长了2.19%。但从近三年情况看,500家大企业的员工总数维持在3100万左右(见图1-6)。2014中国企业500强的人均营业收入为180.5亿元,较2013中国企业500强提高了17.5亿元;实现人均净利润为7.66万元,较2013中国企业500强提高了0.59万元(见图1-7)。员工总数的增减直接决定人均产出的多少。

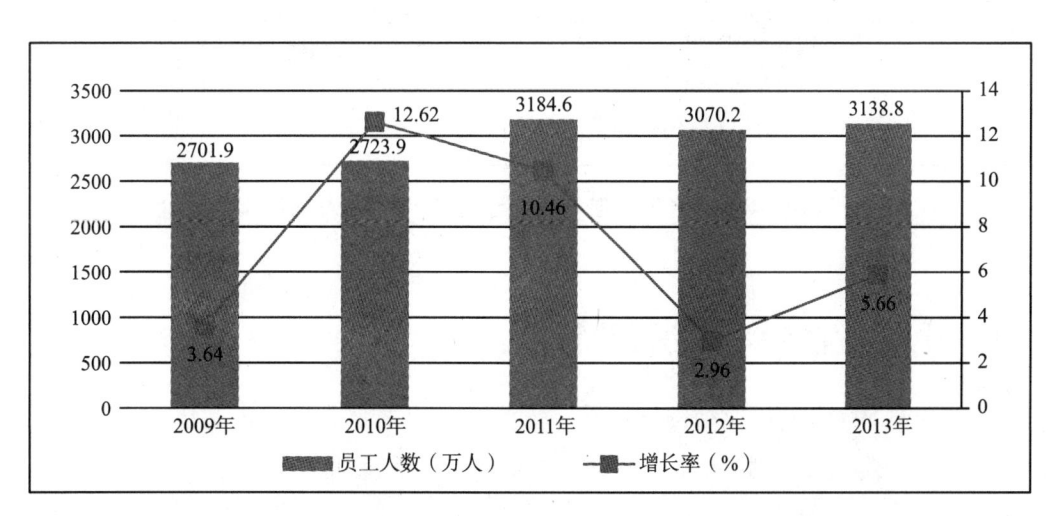

图1-6　历年中国企业500强的员工人数及其增长率

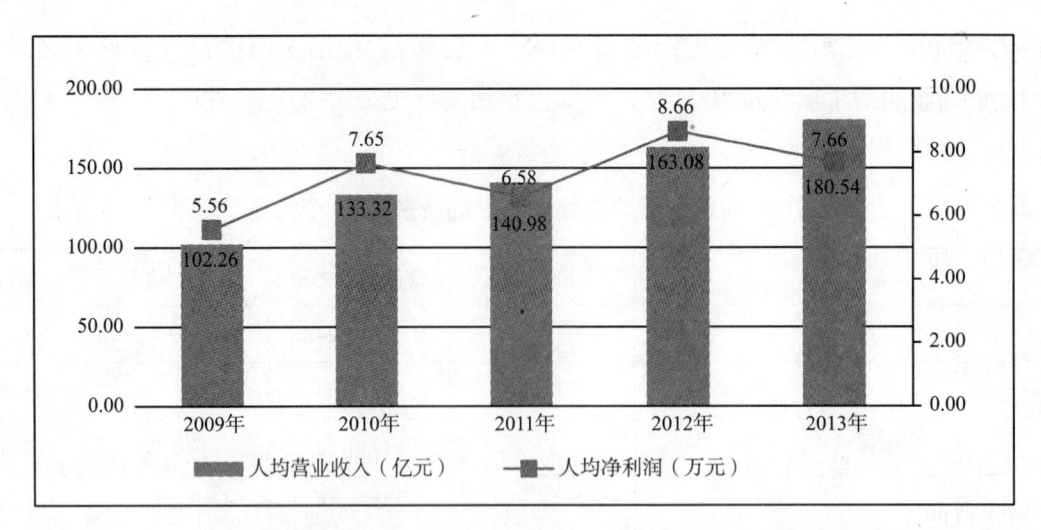

图 1-7　近年中国企业 500 强的人均营收和人均净利润

如果只拿 2014 中国企业 500 强数据与 2014 美国企业 500 强的员工人数、人均营业收入和人均净利润指标相比较，能够发现，2014 美国企业 500 强共有员工 2613.0 万人，却实现了 74.8 万亿元人民币的营业收入、6.62 万亿元人民币净利润，人均营业收入和人均净利润分别达到 286.5 亿元和 25.3 万元，2014 美国企业 500 强人均营收和人均净利润是中国企业 500 强的 1.59 倍和 3.29 倍。中国大企业的人均产出还相当低（见图 1-8）。

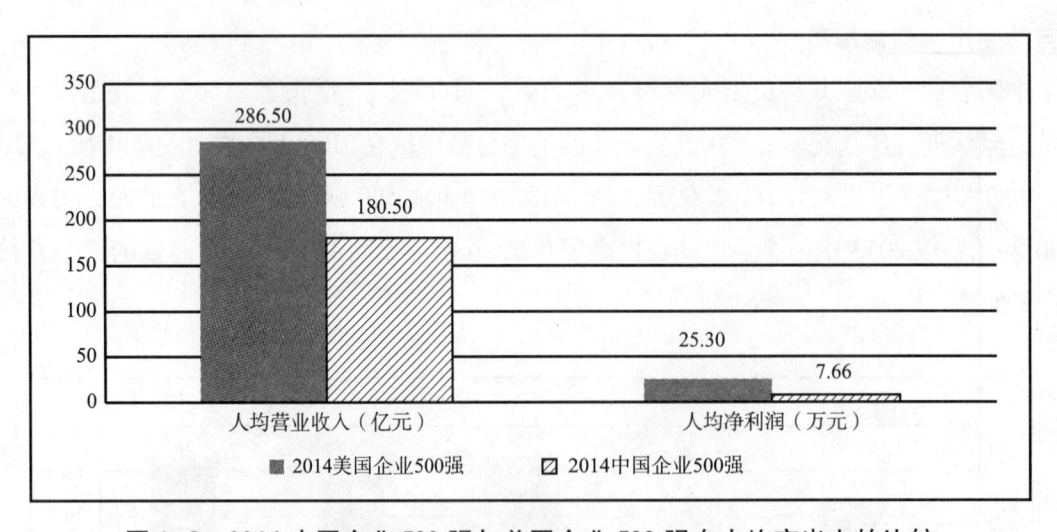

图 1-8　2014 中国企业 500 强与美国企业 500 强在人均产出上的比较

三、2014 中国企业 500 强的行业特征

从 2014 中国企业 500 强的产业结构分布看，传统产业的大企业仍然占主体地位，但无论是数量还是增速、效益都明显下降，互联网等新兴业态中也诞生了多家大企业，值得关注。2014 中国企业 500 强分行业主要指标详（见表 1-16）。

1. 房地产业以及建筑、建材大企业的特征

2003年3月国务院发布了《关于促进房地产市场持续健康发展的通知》,指出"房地产业关联度高,带动力强,已经成为国民经济的支柱产业";在快速城镇化背景以及相关房地产政策、土地招拍挂制度、货币政策等多种因素共同作用下,我国房地产业进入快速成长的"黄金十年"。近几年的中国企业500强,每年都有约15家左右的房地产企业上榜。为了抑制在大规模刺激政策作用下资产价格过快上涨的趋势,从2010年4月开始到2013年2月,国务院陆续出台了多项以"限购"为核心特征的房地产政策,包括"国十条"、"国八条"、"新国八条"、"国五条"等等。限购令的政策效果需要综合评估。

从2014中国企业500强数据观察,能够发现房地产大企业在限购的行政命令背景下已经企稳回升,建筑和建材两个直接相关行业的大企业绩效也明显好于上年。从进入2014中国企业500强的房地产、建筑业、建材企业的指标看,房地产大企业的营业收入增幅较上年有微幅下降,近三年十分稳定,而净利润出现一定幅度回升;建筑业大企业的营业收入和净利润增幅均明显回升;建材工业大企业的营业收入显著回升,净利润降幅也显著收窄(见图1-9、图1-10)。从2013年底到2014年7月份,多种因素导致的购房观望情绪十分浓厚,部分三四线城市的房价有所松动或者开始环比下跌,一二线城市的成交量和成交额均大幅下降,房地产企业存在较大的去库存压力;更重要的是,许多高度依赖房地产经济的地方政府的财政收入压力逐渐加大,纷纷解除"限购"命令。房地产调控政策进入一个两难的关键时期。

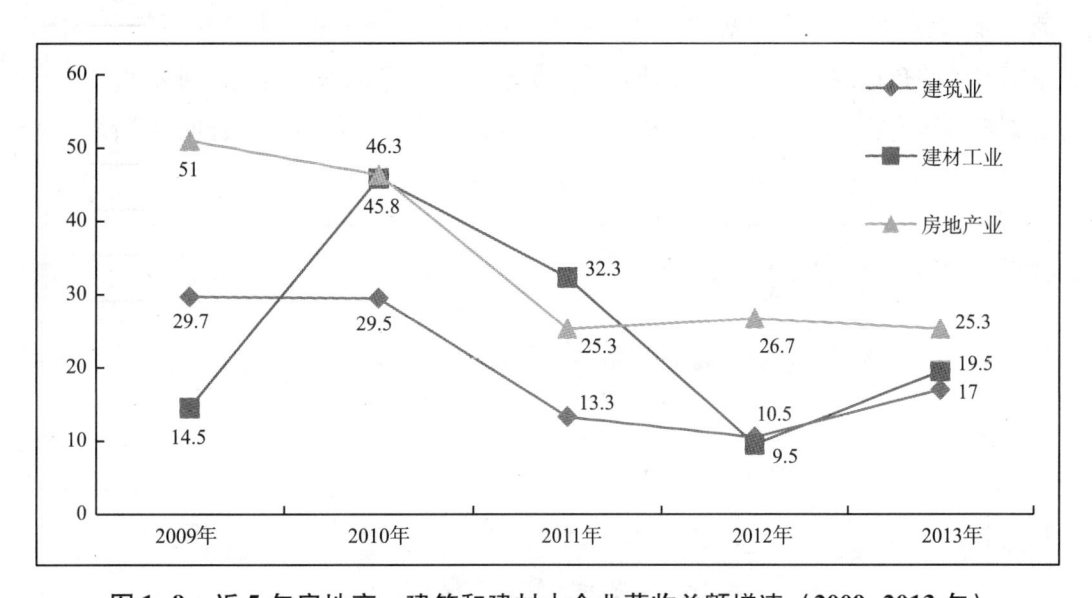

图1-9 近5年房地产、建筑和建材大企业营收总额增速(2009-2013年)

2. 钢铁、有色等重化工大企业的特征

煤炭和钢铁工业的高速增长几乎是所有大国工业化进程中必经的环节,一旦完成了工业化,煤炭和钢铁工业规模的逐渐萎缩是不可避免的。过去十多年间,中国就经历了以煤炭、钢铁、有色等能源工业和重化工业高速扩张为基本特征的工业化过程,巨大的市场需求培育了众多重化工大企业,

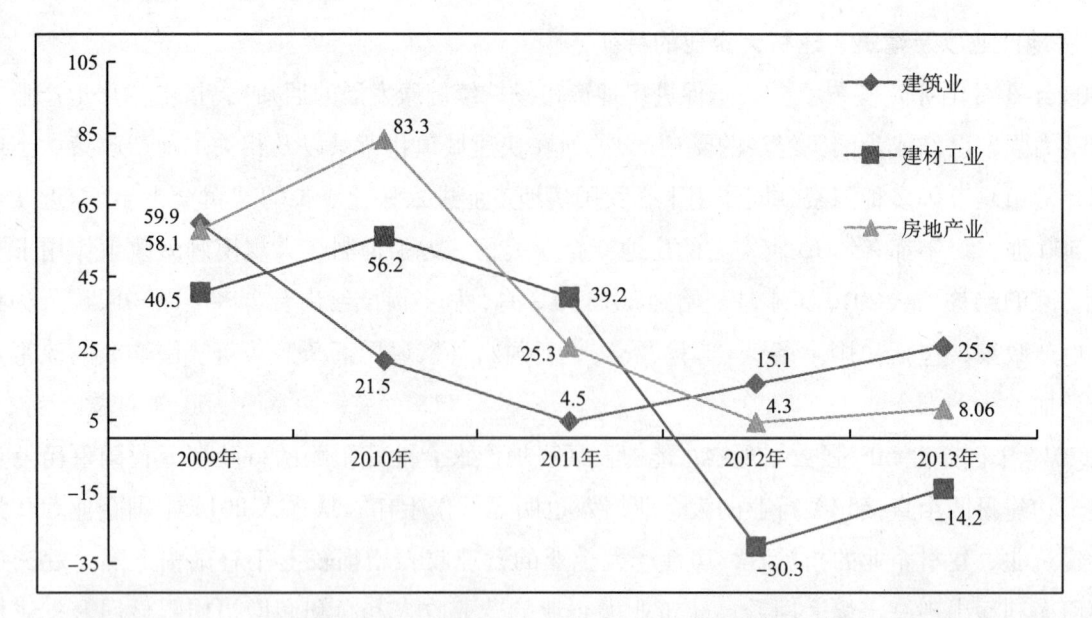

图1-10 近4年房地产、建筑和建材大企业净利润总额增速（2009-2013年）

特别是随着国家放松民间资本进入重工业的准入管制，一批民营重工业企业成长起来。以钢铁为例，自从2002年中国企业联合会发布中国企业500强以来，钢铁都是上榜企业最多的行业，最多的时候在2008中国企业500强上多达70家钢铁企业上榜（见图1-11）。

重化工业的市场规模与发展阶段直接相关。在城镇化率整体上超过50%、工业增加值在GDP中的比重不断下降、第三产业比重不断增加等背景下，中国正在经历的工业化中后期总体上已临近尾声，部分东部省区的指标甚至已经完成工业化。这虽然不意味着钢铁等重化工业的市场规模会萎缩，但可以肯定其规模增速将会比过去大为降低，甚至其在国民经济中的份额也会明显下降。

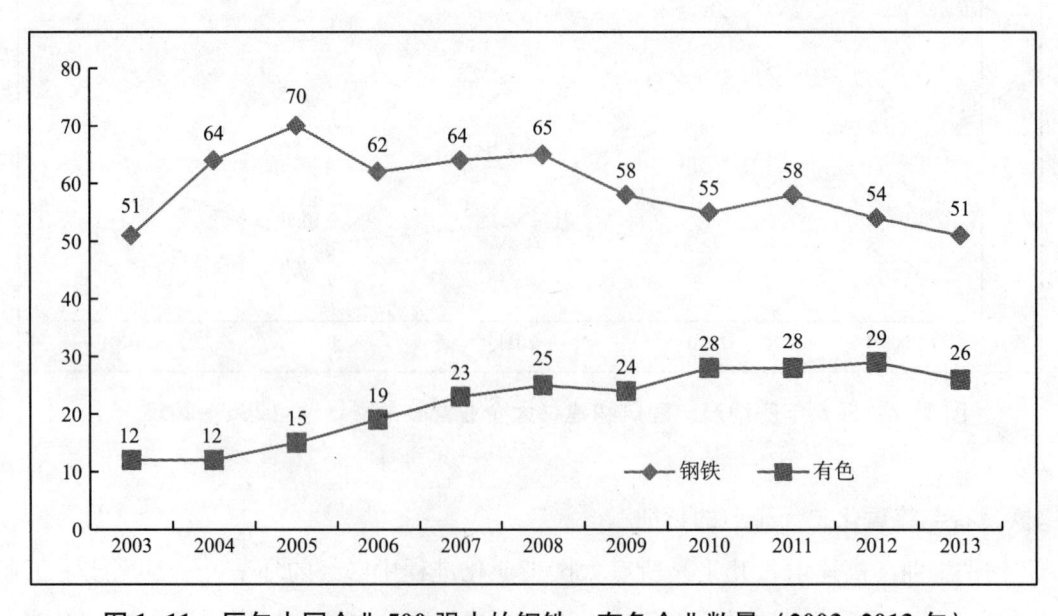

图1-11 历年中国企业500强中的钢铁、有色企业数量（2003-2013年）

注：图中的有色企业包括黄金企业。

从钢铁、有色两个行业看，2014中国企业500强有51家钢铁企业上榜，较上年进一步减少，和十年前的上榜数量相同；有色企业（包括黄金类）有26家上榜，较上年减少了3家。

2013年，51家钢铁企业的总体绩效有所好转。从亏损企业看，亏损企业和亏损额都明显减少。2014中国企业500强上榜的51家钢铁企业有7家亏损，亏损额合计约139亿元，而上年有11家亏损，亏损额合计约243亿元。从营业收入及其增速看，上榜的51家钢铁企业的营业收入总额达到了4.04万亿元，同比增长了7.62%；营业收入总额在500强的占比为7.12%，较上年的7.90%的份额显著下降；营业收入负增长的企业仅有8家，比上年的26家显著减少。从资产及其增速看，上榜的51家钢铁企业资产总额达到4.22万亿元、同比增长了5.83%；资产总额在500强的占比为2.39%，较上年的2.69%进一步下降。从净利润看，51家钢铁企业净利润总额为86.0亿元，同口径由亏转盈（上年亏损48.7亿元）；16家企业的净利润出现负增长，比上年的33家负增长明显减少。51家钢铁企业的纳税总额下降了1.54%，连续两年下降。从净资产利润率看，51家钢铁企业的净资产利润率为0.87%，同口径的上年该指标为-0.51%，净资产利润率由负转正，说明2013年大型钢铁企业在提质增效方面有所提高，但还需要进一步努力提高发展质量和效益。

2013年，26家有色企业的总体绩效有所恶化。从亏损企业看，亏损企业数量有所增加，同时亏损额大幅增加。2014中国企业500强上榜的26家有色企业有7家亏损，亏损额约100亿元；而上年有6家亏损，亏损额约80亿元。从营业收入及其增速看，26家有色企业的营业收入总额达到了2.13万亿元，同比增长了18.7%；营业收入总额在500强的占比为3.76%，较上年的3.96%的份额有所下降；营业收入负增长的企业有2家，比上年的6家显著减少。从资产及其增速看，26家有色企业资产总额达到1.81万亿元，同比增长了12.2%；资产总额在500强的占比为1.03%，较上年的1.18%进一步下降。从净利润看，26家有色企业合计净利润158.3亿元，同口径合计净利润有所下降（26家企业净利润为170.2亿元）。26家有色企业的纳税总额合计384.7亿元，同口径较上年增长了2.75%。从净资产利润率看，26家有色企业的净资产利润率为4.89%，同口径较上年的5.61%有所下降。

3. 石油、煤炭等能源大企业的特征

煤炭和石油等能源产业是我国工业化进程的支撑性产业。快速城镇化和工业化进程对煤炭、石油产业形成巨大市场需求，这是过去十多年间能源产业和企业高速成长的原因。但随着我国经济增速下台阶，国民经济进入"三期叠加"阶段，作为支撑性产业的石油和煤炭产业受到不同程度的影响。

2014中国企业500强中共有16家石油企业上榜，主要分为四类：国有大型一体化企业4家（中石油集团、中石化集团、中海油集团、延长石油集团）、石油进出口贸易企业4家（珠海振戎、华信能源集团、广东振戎、南方石化）、炼油企业7家（山东东明石化、山东京博控股、大连西太平洋石化、利华益、山东海科化工、山东金诚石化、宁夏宝塔石化）、成品油零售1家（中球冠）（见表1-3）。

表1-3　　　　　　　　　　　2014中国企业500强中的石油企业　　　　　　　　　单位：亿元

排名	名称	类别	所有制	营业收入	净利润
1	中国石油化工集团公司	大型一体化	国有	29450.75	549.18
2	中国石油天然气集团公司	大型一体化	国有	27593.03	1137.75
10	中国海洋石油总公司	大型一体化	国有	5900.73	473.48
65	中国华信能源有限公司	进出口贸易	民营	2099.85	21.24
88	陕西延长石油（集团）有限责任公司	大型一体化	国有	1865.48	97.19
139	广东振戎能源有限公司	进出口贸易	国有	978.35	2.76
181	珠海振戎公司	进出口贸易	国有	696.31	2.32
198	山东东明石化集团有限公司	炼油	民营	620.62	3.80
213	南方石化集团有限公司	进出口贸易	民营	574.34	15.08
326	山东京博控股股份有限公司	炼油	民营	354.01	6.36
334	大连西太平洋石油化工有限公司	炼油	合资	349.79	-8.28
372	利华益集团股份有限公司	炼油	民营	310.07	8.94
374	山东海科化工集团	炼油	民营	309.89	6.39
381	山东金诚石化集团有限公司	炼油	民营	303.21	3.03
385	宁夏宝塔石化集团有限公司	炼油	民营	301.81	—
466	中球冠集团有限公司	成品油零售	民营	251.36	—

2013年，16家石油企业的总体绩效稳中略降。从亏损企业看，其中只有1家亏损，亏损额有所减小。从营业收入及其增速看，上榜的16家石油企业的营业收入总额达到了7.20万亿元，同比增长了6.73%；营业收入总额在500强的占比为12.7%，较上年的13.2%的份额有所下降；营业收入负增长的企业有3家，和上年相同。从资产及其增速看，上榜的16家石油企业资产总额达到7.41万亿元，同口径较上年增长了13.22%；资产总额在500强的占比为4.2%，较上年的4.32%有所下降。从净利润看，16家石油企业的合计净利润为2326.8亿元，同口径比上年下降了0.46%；除了1家持续亏损外，另有4家净利润出现负增长。16家企业的合计纳税额为8944.6亿元，同口径同比增加了2.79%。从净资产利润率看，16家钢铁企业的平均净资产利润率为7.65%，同口径的上年该指标为8.51%，平均净资产利润率有所下降。

从主要企业的营收增速看，近三年内主要石油公司的营收增速是下行趋势。国内规模最大的几家国有石油公司包括中国石化、中国石油、中海油、延长石油、珠海振戎5家公司，除了中海油集团营收增速有所提高、珠海振戎营收增速较上年微幅回落外，中国石化、中国石油、延长石油等三家陆上石油石化企业的营收增速均出现明显下降，而且中国石化连续三年营收增速降低、中国石油连续两年营收增速降低。从主要企业的利润增速看，2013年五大石油公司的净利润增速与2012年相比出现明显变化，即总体企稳（见图1-12，图1-13）。

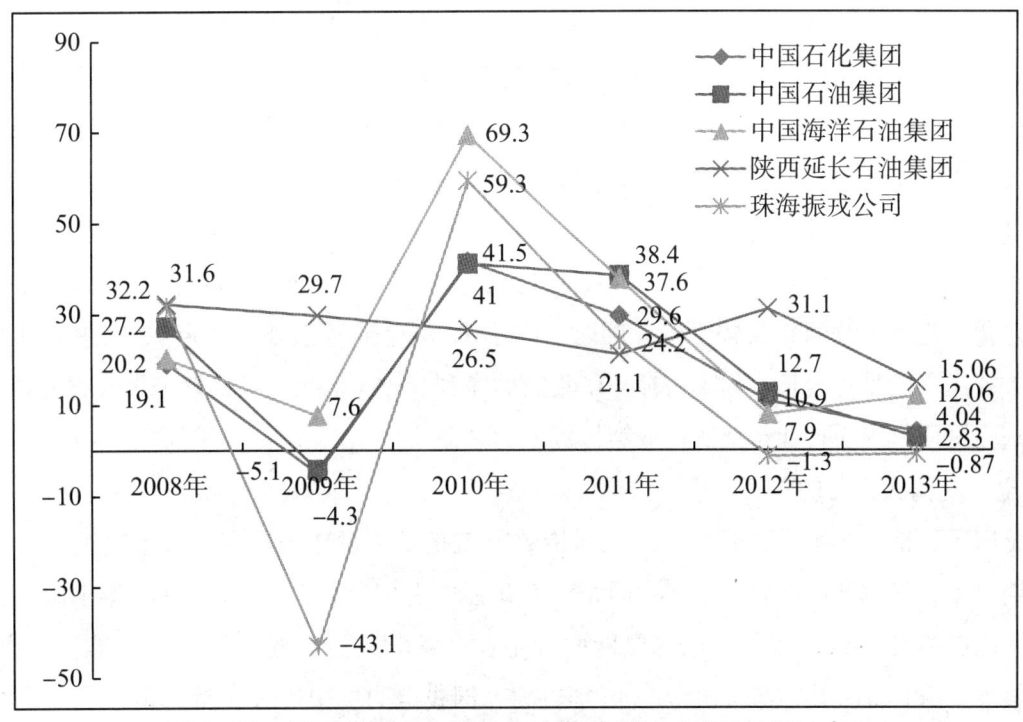

图 1-12 近 6 年来五大石油企业营收增速（2008-2013 年）

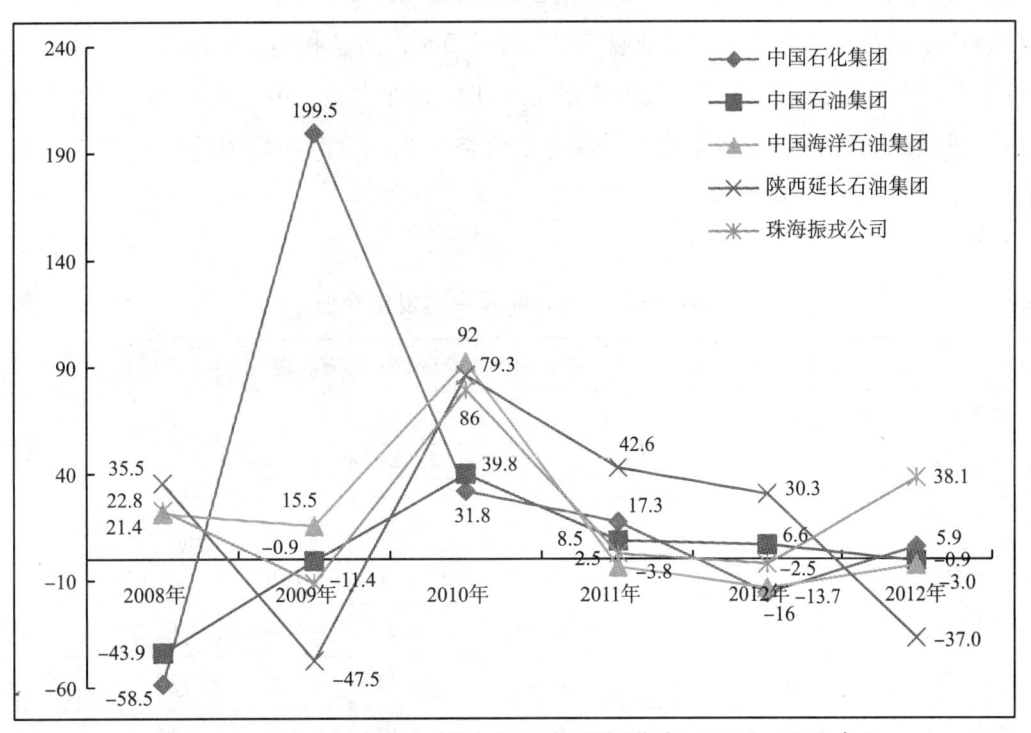

图 1-13 近 6 年来五大石油企业净利润增速（2008-2013 年）

煤炭是我国第一大能源种类。随着我国宏观经济增速下行，煤炭行业下游的发电、钢铁、有色、建材、装备制造等用煤和用电需求大幅下降，使煤炭行业出现了严重供大于求、库存上升、价格下跌等情况。2013 年我国煤炭大企业的经营形势持续恶化。2014 中国企业 500 强中，共有 27 家煤炭企业上榜。从亏损面看，2013 年 27 家企业中有 17 家亏损，较上年增加了 8 家；亏损额合计约 205.5 亿元，同口径上年亏损额 78.9 亿元，亏损额也大幅增加；2012 年亏损的 9 家企业在 2013 年全部持续亏损。从营业收入看，27 个煤炭企业 2013 年的营业收入合计额达到 3.52 万亿元，同口径同比增长了 11.9%，较上年的 20.5% 大幅回落，同时也是连续两年大幅下降。从资产看，27 家企业资产合计达到 4.39 万亿元，同口径同比增长了 12.45%，较上年的 24.5% 增速大幅下降，同时也是连续两年回落。从净利润看，27 家企业净利润合计为 217.1 亿元，同口径同比增长 -59.5%，较上年的 4.8% 正增长继续恶化，也是连续两年大幅下降；同时，除了 17 家企业亏损外，其余 10 家中有 9 家都负增长，只有 1 家净利润是正增长；如果去掉神华集团的净利润 365 亿元，那么整个煤炭行业就是全行业亏损的。毫无疑问，煤炭行业是此次产业结构调整的"重灾区"。

4. 发电、电网大企业的特征

电力是国民经济的晴雨表，著名的"克强指数"就把发电量作为观察经济景气循环的核心指标之一。长期以来，发电和电网企业都在中国企业 500 强中占据重要位置。自 2002 年中国电力体制改革以来，中国电力部门就形成了发电和电网两种企业：发电主要有五大发电（华能、大唐、华电、国电、中电投）和四小发电（华润电力、国华电力、国投电力、中广核）等；电网由国家电网、南方电网和内蒙古电力公司组成；地方也有一些规模较大的国有电力投资企业。

在 2014 中国企业 500 强上，共有 11 家发电公司、3 家电网公司上榜。从表 1-4 可以看出，11 家发电企业的营收增速都不太高，平均营业收入增长了 4.3%，而净利润增长幅度多数都很大，平均增速达到 116.5%。这与煤炭价格大幅下跌直接相关。11 家企业中除了中广核集团，其他企业都主要依赖火力发电，煤炭成本是其主要营业成本。在煤炭价格的大幅下跌而电力价格基本不变条件下，发电企业的利润空间必然显著增加。

表 1-4　　　　　　　　　2014 中国企业 500 强中的发电企业　　　　　　　　单位：亿元、%

排名	名称	所有制	营业收入	营收增长率	净利润	净利润增长率
37	中国华能集团公司	中央国有	2931.63	4.78	26.23	382.85
51	中国国电集团公司	中央国有	2299.89	-0.02	35.12	421.76
71	中国华电集团公司	中央国有	2001.23	8.10	49.23	62.07
80	中国电力投资集团公司	中央国有	1910.11	6.01	28.63	150.69
82	中国大唐集团公司	中央国有	1902.92	-0.69	12.24	亏转盈
169	浙江省能源集团有限公司	地方国有	775.40	15.48	70.09	66.72
216	广东省粤电集团有限公司	地方国有	557.10	2.16	39.29	182.51
328	中国广核集团有限公司	中央国有	353.30	2.56	56.21	61.22
339	北京能源投资（集团）有限公司	地方国有	344.35	10.84	20.20	16.66
364	申能（集团）有限公司	地方国有	317.73	5.54	22.41	63.56
424	天津能源投资集团有限公司	地方国有	274.11	4.86	6.64	251.92

我国电网具有自然垄断和行政垄断特征，供电和售电价格都受到政府高度管制，电网企业的经营绩效高度依赖售电量。2013年我国发电量仅增长了7.6%。从3家电网企业看，其营业收入增长率都不太高，平均增速仅有8.34%；两家企业的净利润增长率大幅下滑，因此平均净利润增速为-32.37%（见表1-5）。

表1-5　　　　　　　　　2014中国企业500强中的电网企业　　　　　　　　单位：亿元、%

排名	名称	所有制	营业收入	营收增长率	净利润	净利润增长率
3	国家电网公司	中央国有	20498.00	8.86	490.82	-36.85
18	中国南方电网有限责任公司	中央国有	4469.72	6.23	81.50	26.59
205	内蒙古电力（集团）有限责任公司	地方国有	603.38	6.65	17.28	-42.92

5. 汽车、家电、医药、烟酒等消费类制造企业的特征

众所周知，GDP增长主要由投资、消费和净出口贡献。过去十年间，由于我国进入重化工业化阶段，投资对GDP的贡献率一直超过消费，直到2012年消费终于略超投资；但2013年，投资又成为拉动经济增长的第一动力。有研究认为，三公消费支出在消费中占据突出角色，2013年中央八项规定大幅压缩了三公消费支出规模，使社会消费品零售总额增速去掉了一定"泡沫"。当然从中长期看，随着我国重化工业化阶段临近尾声，投资对于国民经济的贡献率必然要有所减少，而消费的贡献率必然要上升，对于消费类企业来说，这是一个大的机会。

汽车行业产销两旺。2014中国企业500强共有18家汽车生产企业（其中包括2家重型汽车、1家客车企业）、3家汽车连锁销售企业上榜。2013年，18家汽车生产企业共实现营业收入合计2.95万亿元，同口径同比增长了16.9%；资产合计2.21万亿元，同口径同比增长了17.1%；净利润合计780.4亿元，同口径同比增长了19.3%；平均净资产收益率为14.4%，同口径同比提高了0.8个百分点。2013年，3家汽车连锁销售企业的平均营业收入增长了15.4%，平均净利润增长了329.3%，上年亏损的庞大汽贸也由亏转盈（见表1-6，表1-7）。

表1-6　　　　　　　　　2014中国企业500强中的汽车生产企业　　　　　　　单位：亿元、%

排名	名称	所有制	营业收入	营收增长率	净利润	净利润增长率
12	上海汽车集团股份有限公司	国有	5658.1	17.6	248.0	19.53
16	中国第一汽车集团公司	国有	4611.7	12.6	200.7	21.28
17	东风汽车公司	国有	4550.3	16.8	89.1	5.84
40	北京汽车集团有限公司	国有	2663.8	26.5	56.7	-16.34
70	广州汽车工业集团有限公司	国有	2015.2	29.5	12.8	206.92
96	浙江吉利控股集团有限公司	民营	1584.3	2.3	7.3	119.69

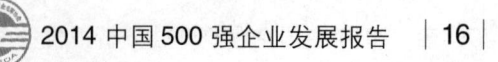

排名	名称	所有制	营业收入	营收增长率	净利润	净利润增长率
112	华晨汽车集团控股有限公司	国有	1280.2	19.9	4.5	-35.82
119	万向集团公司	民营	1186.1	23.7	8.6	-36.78
132	江苏悦达集团有限公司	国有	1012.2	14.6	4.4	-3.31
199	中国重型汽车集团有限公司	国有	620.6	10.8	9.0	10.23
214	长城汽车股份有限公司	民营	567.8	31.6	82.2	44.47
223	比亚迪股份有限公司	民营	528.6	12.8	7.8	264.45
288	江铃汽车集团公司	国有	404.9	24.5	2.0	-64.25
304	安徽江淮汽车集团有限公司	国有	390.2	12.0	4.2	48.15
342	陕西汽车控股集团有限公司	国有	340.4	9.5	0.5	109.26
432	奇瑞汽车股份有限公司	国有	270.5	-11.7	11.4	293.85
433	郑州宇通集团有限公司	民营	269.8	13.6	13.2	-1.16

表1-7　　2014中国企业500强中的汽车连锁销售企业　　单位：亿元、%

排名	名称	所有制	营业收入	营收增长率	净利润	净利润增长率
192	庞大汽贸集团股份有限公司	民营	639.9	10.71	2.1	亏转盈
226	中升集团控股有限公司	民营	525.3	4.95	10.1	34.59
350	上海永达控股（集团）有限公司	民营	332.6	51.94	5.8	18.05

家电企业绩效良好。2014中国企业500强中共有9家家电生产企业和4家家电销售企业上榜。2013年，9家家电生产企业的营业收入合计达到7917.1亿元，同口径同比增长了15.9%；资产合计达到7093.0亿元，同口径同比增长了15.0%；净利润合计达到340.5%亿元，同口径同比增长了37.8%；平均净资产收益率为20.2%，同口径同比提高了1.1个百分点。4家家电销售企业的营业收入合计达到5519.2亿元，同口径同比增长了24.6%；资产合计达到2603.8亿元，同口径同比增长了62.0%；净利润合计达到30.3亿元，同口径同比增长了176.8%，特别是京东公司的净利润大幅降低，爱施德和天音通信均由亏转盈（见表1-8，表1-9）。

表1-8　　2014中国企业500强中的家电企业　　单位：亿元、%

排名	名称	所有制	营业收入	营收增长率	净利润	净利润增长率
90	海尔集团公司	民营	1803.0	10.55	88.3	17.90
116	美的集团股份有限公司	民营	1212.7	18.06	53.2	63.15
118	珠海格力电器股份有限公司	国有	1200.4	19.91	108.7	47.31
146	海信集团有限公司	国有	932.4	15.04	50.9	16.95

排名	名称	所有制	营业收入	营收增长率	净利润	净利润增长率
149	四川长虹电子集团有限公司	国有	915.6	14.01	-1.2	盈转亏
154	TCL集团股份有限公司	国有	853.2	22.86	21.1	164.93
250	奥克斯集团有限公司	民营	480.7	18.66	13.9	40.26
400	江苏双良集团有限公司	民营	287.8	17.15	4.5	137.56
496	广州万宝集团有限公司	国有	231.3	10.03	1.1	36.53

表1-9　　　2014中国企业500强中的家电连锁销售企业　　　单位：亿元、%

排名	名称	所有制	营业收入	营收增长率	净利润	净利润增长率
38	苏宁控股集团	民营	2798.1	20.23	3.1	-88.26
107	国美电器有限公司	民营	1333.4	13.50	19.9	306.12
182	京东商城电子商务有限公司	民营	693.4	67.57	-0.5	亏损减少
294	深圳市爱施德股份有限公司	民营	402.4	105.53	7.5	亏转盈
395	天音通信有限公司	国有	291.8	-8.27	0.2	亏转盈

医药企业实现较快增长。2014中国企业500强中有8家医药企业上榜，包括1家纯粹的医药批发零售企业九州通集团。8家医药企业共实现营业收入合计5081.2亿元，同口径同比增长了22.3%；资产合计3846.9亿元，同口径同比增长了29.0%；净利润合计为117.0亿元，同口径同比增长了18.9%；平均净资产利润率为9.13%，同口径同比减少了0.25个百分点（见表1-10）。

表1-10　　　2014中国企业500强中的医药企业　　　单位：亿元、%

排名	名称	所有制	营业收入	营收增长率	净利润	净利润增长率
68	中国医药集团总公司	国有	2045.7	23.80	21.1	-2.40
166	上海医药集团股份有限公司	国有	782.2	14.90	22.4	9.26
219	广州医药集团有限公司	国有	545.0	27.37	3.9	5.97
266	科创控股集团有限公司	民营	451.7	29.80	36.1	76.05
333	四川科伦实业集团有限公司	民营	350.8	21.60	13.8	20.51
347	九州通医药集团股份有限公司	民营	334.4	13.32	4.8	15.80
348	天津市医药集团有限公司	国有	333.0	27.33	14.4	-10.08
492	太极集团有限公司	国有	238.4	18.58	0.5	3.67

烟酒企业绩效大幅下降。2014中国企业500强中有7家烟草企业、5家酒类企业上榜。7家烟草企业共实现营业收入合计4790.6亿元，同口径同比增长了10.1%，较上年增幅15.5%显著下降；资

产合计4469.1亿元，同口径同比增长了12.0%，较上年增幅14.6%明显下降；净利润合计为476.3亿元，同口径同比增长了16.9%，较上年增幅21.9%显著下降；平均净资产利润率为14.9%，同口径同比提高了0.9个百分点（见表1-11）。5家酒类企业包括4家白酒、1家啤酒企业。5家酒类企业共实现营业收入1894.1亿元，同口径同比增长了13.5%，较上年增速28.5%大幅下降；资产合计2781.5亿元，同口径同比增长了14.2%，较上年增速26.0%大幅下降；净利润合计为196.6亿元，同口径同比下降了12.8%，较上年增速48.6%大幅下降；平均净资产利润率为17.3%，同口径同比下降了6.4个百分点（见表1-12）。

表1-11　　　　　　　　　　2014中国企业500强中的烟草企业　　　　　　　　单位：亿元、%

排名	名称	所有制	营业收入	营收增长率	净利润	净利润增长率
122	上海烟草集团有限责任公司	国有	1112.5	9.36	181.5	11.39
141	红塔烟草（集团）有限责任公司	国有	964.0	6.00	75.5	44.64
155	红云红河烟草（集团）有限责任公司	国有	843.7	12.83	95.5	21.10
189	湖北中烟工业有限责任公司	国有	652.1	8.85	41.2	14.90
207	浙江中烟工业有限责任公司	国有	600.2	17.07	32.2	0.00
352	贵州中烟工业有限责任公司	国有	332.2	12.16	31.7	13.11
402	福建中烟工业有限责任公司	国有	286.0	6.35	18.7	7.80

表1-12　　　　　　　　　　2014中国企业500强中的酒类企业　　　　　　　　单位：亿元、%

排名	名称	所有制	营业收入	营收增长率	净利润	净利润增长率
195	四川省宜宾五粮液集团有限公司	国有	630.9	5.00	60.7	-39.94
307	泸州老窖集团有限责任公司	国有	385.4	11.61	8.9	-10.60
337	中国贵州茅台酒厂（集团）有限责任公司	国有	346.2	13.71	103.8	10.40
407	青岛啤酒股份有限公司	国有	282.9	9.73	19.7	12.20
470	稻花香集团	民营	248.6	55.34	3.5	16.05

6. 批发零售业大企业的特征

居民收入增加和消费升级为批发零售企业提供了广阔的成长空间，但政府三公消费使批发零售业增长出现"虚高"现象。2012年底中央出台了"八项规定"，逐渐挤压了批发零售业内存在的水分和泡沫。中国社会零售品消费总额的月度增速已经从2012年底的15%下降到2014年6月的12.4%，回归常态。2014中国企业500强中，除了家电零售、汽车连锁销售、药品连锁销售外，还有12家批发零售企业上榜，合计营业收入7381.8亿元，同口径同比增长了13.6%，略高于2013年我国社会零售品消费总额的增速（13.1%）。最大的两家企业百联集团和大商集团的营业收入均超过1500亿元，从规模上已经成为世界级企业。从效益看，12家企业的净利润同口径同比为8.61%，平均净资产利润率为 12.16%（见表 1-13）。

表 1-13　　2014 中国企业 500 强中的批发零售企业　　单位：亿元、%

排名	名称	所有制	营业收入	营收增长率	净利润	净资产收益率
93	百联集团有限公司	国有	1639.2	3.09	6.1	4.81
100	大商集团有限公司	民营	1504.2	14.81	19.4	30.95
174	山东省商业集团有限公司	国有	744.9	20.18	2.0	8.44
188	三胞集团有限公司	民营	654.6	23.50	11.8	11.87
236	重庆商社（集团）有限公司	国有	506.6	10.50	3.2	13.41
262	浙江省商业集团有限公司	国有	457.3	17.85	2.4	8.22
290	天津一商集团有限公司	国有	404.5	11.72	0.7	3.63
329	合肥百货大楼集团股份有限公司	国有	352.0	10.34	4.4	14.45
379	永辉超市股份有限公司	民营	305.4	23.73	7.2	12.19
386	石家庄北国人百集团有限责任公司	国有	301.7	18.70	3.5	18.18
408	长春欧亚集团股份有限公司	国有	282.8	17.12	2.5	18.26
500	利群集团股份有限公司	民营	228.6	28.60	4.7	7.85

7. 互联网大企业的特征

互联网是今天这个时代最鲜明的特征。2014 中国企业 500 强中有 4 家互联网特征的大企业上榜，分别是电子商务公司京东商城、云计算龙头企业浪潮集团、中文搜索引擎百度公司和互联网综合服务商腾讯公司。事实上，BAT 中的另一个企业阿里巴巴集团也能够进入，只是由于缺乏核心数据而缺席。互联网大企业的兴起是今天中国企业界的大事，也是 2014 中国企业 500 强的亮点之一。4 家企业营业收入合计 2068.3 亿元，同口径同比增长了 40.0%；资产合计 2167.4 亿元，同口径同比增长了 45.1%；净利润合计为 305.6 亿元，同口径同比减少了 11.5%（见表 1-14）。中国互联网企业还处在快速上升的成长期，在诸多方面还需要进一步加强技术创新和服务创新，相信未来中国也能产生世界级的互联网企业。

表 1-14　　2014 中国企业 500 强中的互联网企业　　单位：亿元、%

排名	名称	所有制	营业收入	营收增长率	净利润	净利润增长率
182	京东商城电子商务有限公司	民营	693.4	67.57	-0.5	亏损减小
204	腾讯控股有限公司	民营	604.4	37.69	191.9	24.00
268	浪潮集团有限公司	国有	451.1	12.39	10.6	-89.78
362	百度股份有限公司	民营	319.4	43.21	103.6	-0.34

8. 银行业与制造业的巨大"利润鸿沟"

近年来制造业与银行业之间的"矛盾"越来越被各方关注。尽管数量持续在减少，但制造业企业在历年500强企业中数量都在50%以上。长期以来，制造业企业一直受到银行等金融部门的压抑，即使大型企业也面临融资贵、为银行打工的问题，制造业与银行业之间的"利润鸿沟"越来越大。中国企业500强是反映二者关系的重要窗口。2014中国企业500强中有260家制造企业和17家银行企业（包括以中国邮政储蓄银行为主要业务来源和利润来源的中国邮政集团），260家企业的营业收入合计为23.0万亿元，资产合计为20.9万亿元，净利润合计为4623亿元，分别占500强营收总额、资产总额、净利润总额的40.6%、11.8%、19.5%；17家银行的营业收入合计为5.52万亿元，资产合计为107.3万亿元，净利润合计为1.23万亿元，分别占500强各项总额的9.7%、60.8%、51.0%，制造业企业的平均净资产收益率为8.8%，而银行的平均净资产收益率为18.6%（见图1-14）。

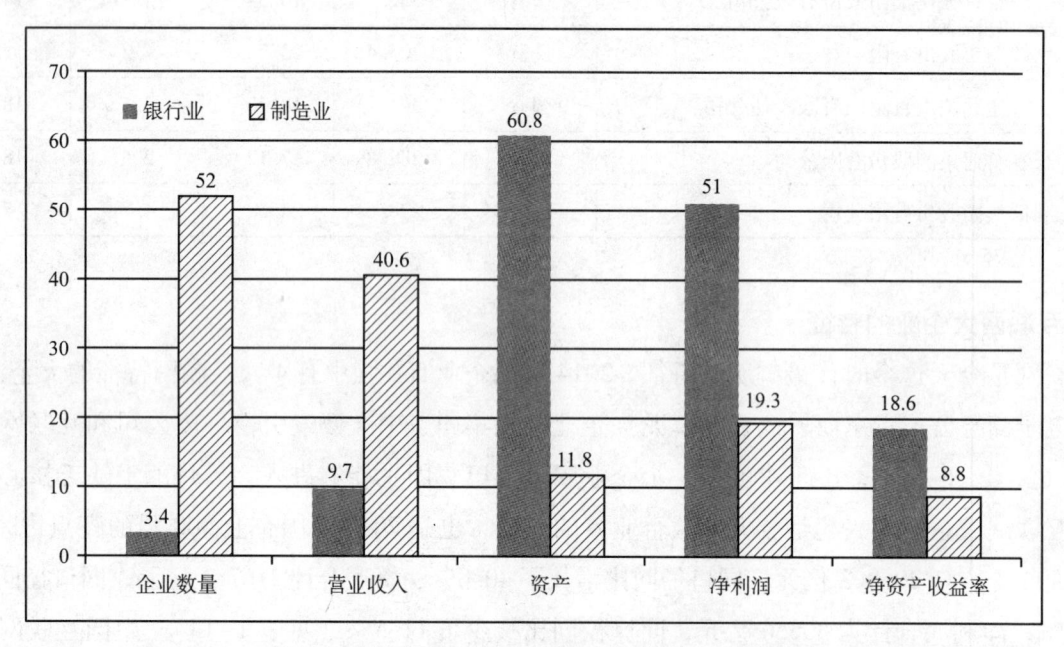

图1-14 2014中国企业500强中银行业和制造业企业的占比（%）

从最大5家商业银行与制造业企业的比较看，2013年中农中建交五家银行的营业收入总额占500强的5.9%，净利润占到35.7%；260家制造企业的营业收入总额占500强的40.6%，净利润仅占19.3%。这是第3次五大银行占500强企业的利润比例超过制造业部门，而且二者的"利润鸿沟"越来越宽。一方面，制造业部门的上榜企业越来越少；另一方面，2013年五大国有商业银行的净利润占比远远超过制造业部门，其平均净资产利润率19.0%也远超过260家制造业企业8.8%的平均净资产收益率（见表1-15，图1-15）。虽然新一届政府很注重金融部门对实体经济的支持作用，但就目前看，在金融体制改革难以有效推进情况下，还很难看到效果。

表1-15　5大国有商业银行与制造业企业的悬殊差距（2008-2013年）　　　单位：亿元、%

类型	指标		2008年	2009年	2010年	2011年	2012年	2013年
5大商业银行	营业收入	总和	16788	16756.5	19710.2	25811.1	31057.3	33488.9
		占比	6.1	6.1	5.4	5.7	6.2	5.9
	利润	总和	3956.2	4165.2	5444.7	6745.5	7746.1	8628.3
		占比	26.3	27.7	26.1	32.2	35.6	35.7
制造业企业	营业收入	总和	114563.3	116864.7	157366.1	191656.6	205817.9	230044.5
		占比	44	42.3	43.3	42.7	41.1	40.6
	利润	总和	3568.5	4539.3	6312.4	5250.2	4382.4	4663.0
		占比	29.6	30.2	30.3	25.0	20.2	19.3

注：（1）5家国有商业银行分别是工商银行、农业银行、建设银行、中国银行、交通银行；（2）2008-2014中国企业500强中分别有294、279、279、272、268、260家制造业企业。

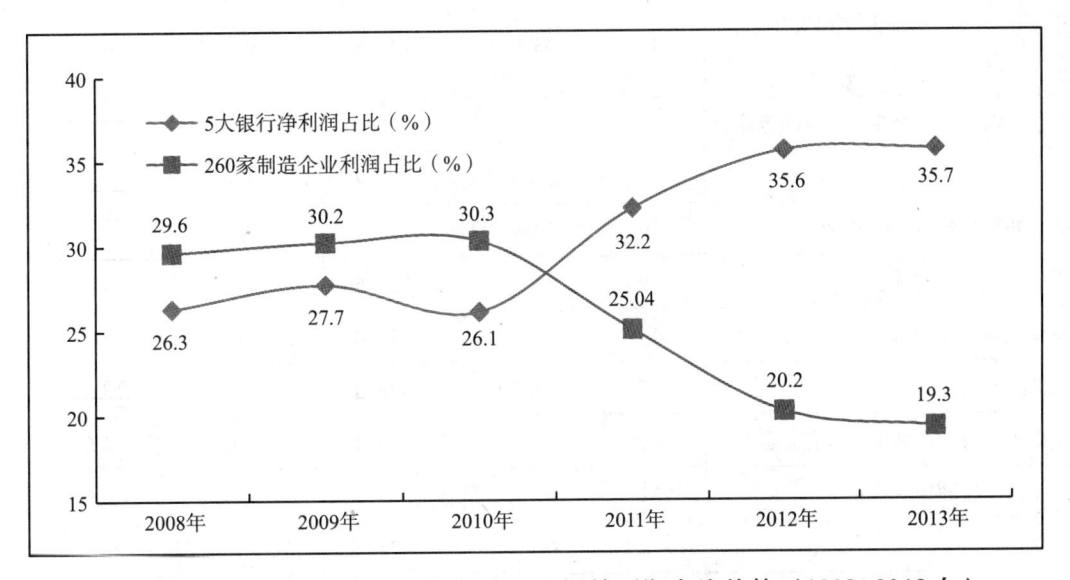

图1-15　5大国有商业银行与制造业企业的利润占比趋势（2008-2013年）

表1-16　2014中国企业500强分行业主要指标

所属行业	企业数（个）	营业收入（亿元）	利润（亿元）	资产（亿元）	纳税总额（亿元）	从业人数（万人）
全国	500	566796.2	24031.5	1764295.8	38849.8	3138.8
银行业	16	51577.6	12047.6	1015514.6	5320.0	206.2
建筑业	46	46577.1	893.7	47441.1	1772.1	329.4
黑色冶金及压延加工业	51	40420.9	86.0	42227.0	937.3	179.0

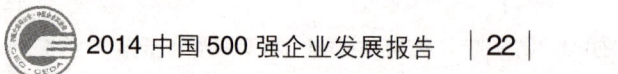

所属行业	企业数（个）	营业收入（亿元）	利润（亿元）	资产（亿元）	纳税总额（亿元）	从业人数（万人）
石油、天然气开采及生产业	3	35359.2	1708.4	50395.4	5456.0	185.5
石化产品、炼焦及其他燃料生产加工业	12	34950.8	616.8	24290.6	3507.7	108.5
煤炭采掘及采选业	24	31366.3	213.5	41153.7	2187.4	284.9
能源（电、热、燃气等能）供应、开发、减排及再循环服务业	9	27467.5	714.7	37322.0	1806.4	129.4
汽车及零配件制造业	16	27426.2	754.6	20193.8	2968.9	90.5
一般有色冶金及压延加工业	25	20692.5	164.4	17452.3	369.0	68.3
电信、邮寄、速递等服务业	4	17105.9	959.1	83993.2	1375.6	189.1
电力生产业	8	12559.6	264.2	41159.6	1175.4	162.7
航空航天及国防军工业	4	12387.2	159.9	14740.8	471.1	115.0
多元化投资控股、商务服务业	8	10558.0	570.8	57298.8	910.6	83.3
房地产开发与经营、物业及房屋装饰、修缮、管理等服务业	17	10370.3	613.8	19883.5	947.0	29.8
综合制造业（以制造业为主，含有服务业）	12	8667.2	122.7	8495.7	272.7	54.0
人寿保险业	6	8366.4	183.4	39195.3	184.5	39.5
生产资料内外贸易批发、零售业	6	7968.9	32.1	2640.2	60.9	6.5
家用电器及零配件制造业	9	7917.1	340.5	7093.0	417.5	49.4
化学原料及化学制品制造业	14	7831.4	40.0	7981.9	250.6	33.8
矿产、能源内外商贸批发业	6	7333.0	30.8	3255.7	144.1	14.1
综合服务业（以服务业为主，含有制造业）	6	6871.5	128.2	8807.2	375.7	25.9
商业零售业及连锁超市	11	6727.2	55.9	3209.1	162.7	66.4
综合保险业	2	6086.1	374.2	40838.5	289.0	8.7
建筑材料及玻璃等制造业	8	5966.2	92.8	8513.8	419.4	42.5
物流、仓储、运输、配送服务业	9	5243.7	-35.4	5445.6	161.6	15.5
通讯器材及设备、元器件制造业	3	5011.8	288.3	4034.2	681.5	29.4
化工产品及医药内外商贸批发业	2	4907.8	48.2	3209.5	98.8	5.0
电器商贸批发、零售业	4	4825.8	30.8	2343.7	72.1	25.1
烟草加工业	7	4790.6	476.3	4469.1	2931.6	8.5
纺织、印染业	7	4432.0	131.2	2362.1	183.2	22.2
电力、电气等设备、机械、元器件及光伏、电池、线缆制造业	13	4274.9	108.9	2862.2	126.9	22.7

所属行业	企业数（个）	营业收入（亿元）	利润（亿元）	资产（亿元）	纳税总额（亿元）	从业人数（万人）
化学纤维制造业	6	4120.4	46.3	2244.9	71.9	12.2
航空运输及相关服务业	4	4059.8	58.5	9501.8	207.9	31.1
动力、电力生产等装备、设备制造业	6	3570.5	66.4	4671.6	111.6	13.0
计算机及零部件制造业	2	3116.0	27.7	3001.9	72.8	9.3
农副食品及农产品加工业	8	3101.1	51.2	1707.8	68.7	20.3
财产保险业	1	3047.4	81.2	7553.2	164.6	51.4
造纸及纸制品加工业	6	2882.6	81.8	2916.7	85.7	8.9
医药、医疗设备制造业	6	2701.1	91.1	1977.6	106.9	14.0
黄金冶炼及压延加工业	4	2676.4	27.0	2418.4	101.9	11.8
综合性内外商贸及批发、零售业	5	2512.1	8.2	919.4	36.0	3.1
工程机械、设备及零配件制造业	3	2410.3	84.8	2811.1	89.7	9.3
医药专营批发、零售业	2	2380.1	25.9	1869.3	66.2	9.2
水上运输业	2	2330.7	-2.2	5183.1	43.5	11.9
生活消费品（家用、文体、玩具、工艺品、珠宝等）内外批发及商贸业	6	2298.3	21.2	1613.1	43.9	6.5
食品加工制造业	3	2297.0	54.9	3367.7	75.2	15.4
机电、电子产品内外商贸及批发业	2	2271.0	29.1	1520.7	68.0	6.6
粮油食品及农林、土畜、果蔬、水产品等内外商贸批发、零售业	2	2210.0	2.9	2868.7	0.3	10.8
电子元器件与仪器仪表、自动化控制设备制造业	2	2203.0	26.3	1910.2	63.4	13.3
船舶工业	2	2174.9	91.4	4270.6	87.1	17.5
轨道交通设备及零部件制造业	2	1989.8	49.2	2563.7	107.1	17.7
酿酒制造业	5	1894.1	196.6	2781.4	354.4	15.7
金属内外贸易及加工、配送、批发零售业	4	1817.1	15.4	756.3	11.7	0.6
肉食品加工业	2	1771.8	66.5	1203.4	63.0	20.3
纺织品、服装、鞋帽、服饰加工业	4	1679.5	62.6	1370.4	61.2	10.7
铁路运输及辅助服务业	1	1669.4	-77.2	743.2	13.6	1.1
信息、传媒、电子商务、网购、娱乐等互联网服务业	3	1617.2	191.4	2042.3	18.3	8.9
农业、渔业、畜牧业及林业	2	1559.4	1.6	1902.7	26.6	65.7

所属行业	企业数（个）	营业收入（亿元）	利润（亿元）	资产（亿元）	纳税总额（亿元）	从业人数（万人）
汽车和摩托车商贸、维修保养及租赁业	3	1497.8	18.1	1129.4	26.0	6.0
生活用品（含文体、玩具、工艺品、珠宝）等轻工产品加工制造业	3	1219.7	22.4	751.1	30.4	6.3
橡胶制品业	4	1138.5	57.6	653.4	38.6	4.4
软件、程序、计算机应用、网络工程等计算机、微电子服务业	2	1105.7	22.4	631.4	19.0	5.4
饮料加工业	2	1044.6	92.6	576.6	73.2	5.2
公用事业、市政、水务、航道等公共设施投资、经营与管理业	3	1041.1	19.1	3386.6	85.0	11.7
港口服务业	3	1016.1	66.3	2517.1	56.0	4.9
陆路运输、城市公交、道路及交通辅助等服务业	3	997.3	18.2	6544.9	82.6	9.3
旅游、旅馆及娱乐服务业	2	969.5	11.0	1128.2	38.1	9.4
工业机械、设备及零配件制造业	2	887.9	4.5	978.7	36.3	7.7
人力资源、会展博览、国内外经合作等社会综合服务业	2	719.7	5.0	103.0	15.9	0.9
电梯及运输、仓储设备与设施制造业	1	578.7	21.8	726.1	16.0	5.8
摩托车及零配件制造业	2	539.3	9.0	627.8	15.8	2.9
金属制品、加工工具、工业辅助产品加工制造业	2	488.3	7.0	221.9	7.3	0.8
乳制品加工业	1	477.8	31.9	328.8	25.1	5.9
科技研发、推广及地勘、规划、设计、评估、咨询、认证等承包服务业	1	360.5	18.2	405.6	22.9	3.2
农林机械、设备及零配件制造业	1	312.5	10.0	71.0	3.7	2.3

四、2014中国企业500强的地域分布特征

1935年，中国著名地理学家胡焕庸提出了著名的"瑷珲—腾冲线"（Hu Line，今天称之为"黑河–腾冲线"），即在中国地图上在黑龙江黑河和云南腾冲之间画一条线，线以东的面积占中国陆地面积的43%，人口却占约94%；线以西的面积约占57%，人口却仅占约6%。事实上，这也是一条中国的经济线和企业分布线。中东部地区集中了中国的大多数人口、主要经济总量和工业产值，多数大企业也会分布在中西部地区，而西部地区则仅分布着少数大企业。这是一个长期现象，短期内是

不可能改变的。这一方面说明我国地区之间的发展不平衡问题,另一方面也说明我国未来仍有广阔的发展空间。

2014中国企业500强分布在内地30个省市自治区,只有西藏没有企业上榜,详见表1-17。按照多年来我国关于东部、中部、西部、东北地区的划分,2014中国企业500强的省区分布如下(见表1-17):

东部地区(9省区,共355家):北京98家、江苏48家、山东46家、浙江45家、广东42家、上海27家、河北23家、天津17家、福建9家。

中部地区(6省,共57家):河南10家、安徽12家、湖南7家、湖北9家、江西8家、山西11家。

西部地区(12省、市、自治区,共68家):四川13家、重庆12家、云南10家、陕西6家、广西6家、内蒙古4家、新疆4家、甘肃4家、海南4家、宁夏2家、贵州2家、青海1家。

东北地区(3省,共20家):辽宁13家、吉林3家、黑龙江4家。

表1-17　　　　　　　　　　2014中国500强企业地域分布

名称	企业数（个）	营业收入（亿元）	净利润（亿元）	资产总额（亿元）	缴纳税款（亿元）	从业人数（万人）
全国	500	566796.2	24031.5	1764295.8	38849.8	3138.8
北京	98	279197.7	15733.8	1261205.1	22108.0	1592.8
江苏	48	29211.1	583.8	18939.6	613.0	154.3
山东	46	25995.4	575.1	23633.5	1096.6	142.2
浙江	45	24545.5	512.7	16964.4	1077.0	102.1
广东	42	40995.5	2272.9	134428.5	2770.9	217.0
上海	27	34265.5	1992.3	135776.0	2872.0	96.2
河北	23	13978.9	141.1	10217.4	364.9	71.8
天津	17	12720.3	244.3	15515.3	305.6	38.0
辽宁	13	9846.9	82.6	12106.1	740.8	74.1
四川	13	6380.5	171.8	6524.4	358.5	56.2
重庆	12	4004.1	74.2	6153.6	215.3	37.6
安徽	12	6876.7	49.6	7578.9	288.4	43.7
山西	11	16052.8	-4.6	14346.2	617.7	102.4
河南	10	6188.0	35.1	6481.3	287.3	63.6
云南	10	4819.4	155.9	6724.3	1209.3	23.8
湖北	9	10188.4	179.2	7639.1	881.9	44.6

名称	企业数（个）	营业收入（亿元）	净利润（亿元）	资产总额（亿元）	缴纳税款（亿元）	从业人数（万人）
福建	9	6034.6	496.1	40235.4	551.0	22.5
江西	8	4291.2	18.4	2611.3	125.0	21.1
湖南	7	3571.7	99.2	3647.2	127.6	17.4
陕西	6	5798.1	66.5	7848.4	594.2	38.6
广西	6	2442.1	30.8	3667.9	83.6	10.3
黑龙江	4	2160.6	-13.1	3301.4	87.1	85.8
甘肃	4	3735.5	18.3	3231.6	58.4	14.0
新疆	4	2010.8	49.9	2239.6	65.6	10.7
内蒙古	4	1953.4	48.7	3211.5	173.2	17.1
海南	4	2474.4	22.4	4481.2	62.0	19.3
吉林	3	5314.1	205.3	3596.1	731.6	13.0
贵州	2	678.4	135.5	923.3	365.4	3.3
宁夏	2	772.3	55.6	644.2	6.9	4.2
青海	1	292.1	-1.8	423.1	11.0	1.1

北京是多数中央企业的总部所在地，因此北京市的上榜企业数量长期位居第一位。更为重要的是，中央企业多数是全国布局甚至全球布局，因此北京地区企业在营业收入、资产、净利润、职工人数等方面都占500强的"半壁江山"甚至更多。从图1-16可以看出，北京企业在2014中国企业500强中的各项指标占比都相当高。

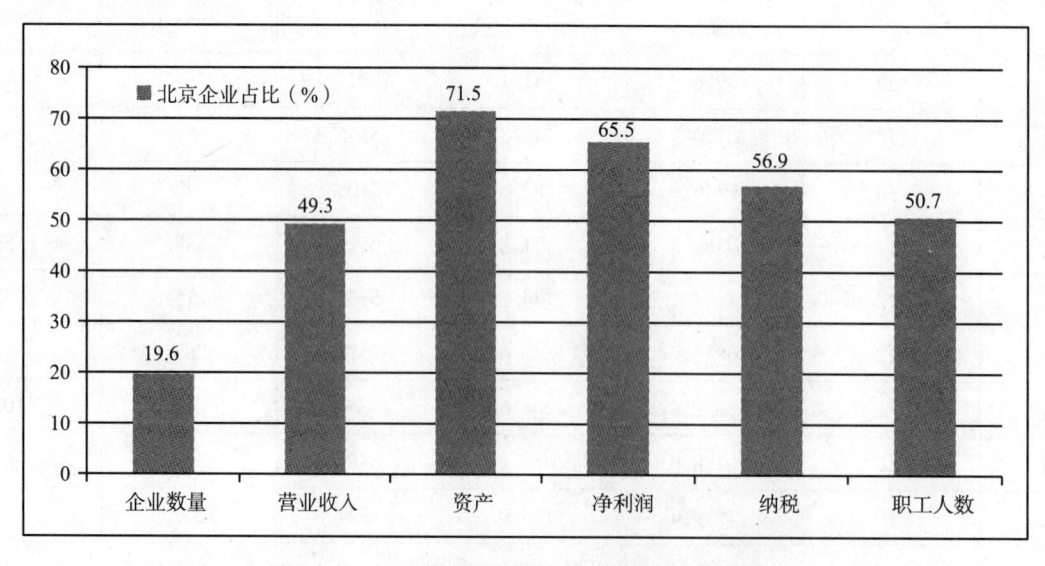

图1-16 北京地区企业在500强中的占比

从企业分布数量看，东部9省区有355家企业，中部6省有57家，西部12省区有68家，东北3省有20家企业。从大趋势看，西部地区企业总体不断增加，东北和中部地区企业有所减少，东部近年来保持稳定（见图1-17）。

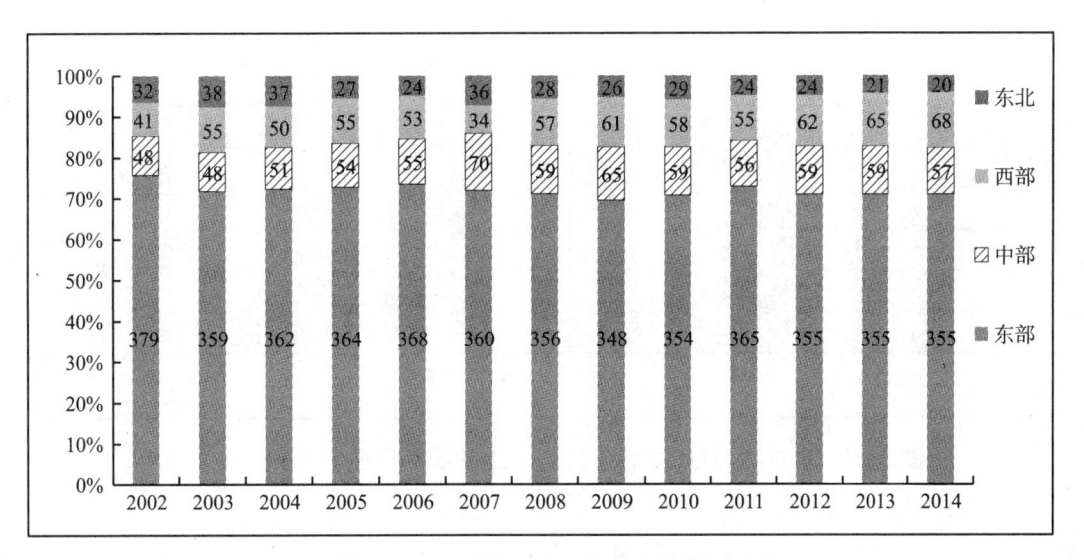

图1-17 历年中国企业500强的地区分布图

五、2014中国企业500强的所有制特征

中国企业的所有制属性分类十分复杂。随着混合所有制企业越来越多，企业的所有制划分也变得更加困难，同时所有制在这些企业中的角色也变得不那么重要。但就目前而言，我们依然把中国企业500强的所有制属性分为国有及国有控股、民营（包括集体、私营、非国有股份制等）两类，国有企业分为中央国有和地方国有两类。

1. 中国企业500强的所有制格局

从企业数量上，2014中国企业500强的国有企业和民营企业正好"六四开"：国有企业占300家，民营企业占200家。但在营业收入、资产、利润、纳税、职工人数等指标看，国有企业分别占500强的79.9%、91.2%、83.9%、89.2%、83.1%，毫无疑问是中国企业500强的主要组成部分。200家民营企业的营业收入、资产、利润、纳税、职工人数等指标在500强中只占20.1%、8.8%、16.1%、10.8%、16.9%，它们是中国企业500强的重要组成部分，也是改革开放的主要成果之一（见表1-18）。

从大趋势看，近十年来国有企业和民营企业实现了"国民共进"。在近十年500强企业里，国有企业的数量虽然由于合并重组等原因逐渐减少到60%，但营业收入、资产、利润、纳税、职工人数等指标都保持了快速的增长，在500强中也保持了很高的占比；而民营企业的上榜数量最近十年来也是不断增加，营业收入、资产、利润、纳税等指标占比是总体上升的。越来越多的国有和民营大企业成长为世界500强企业。

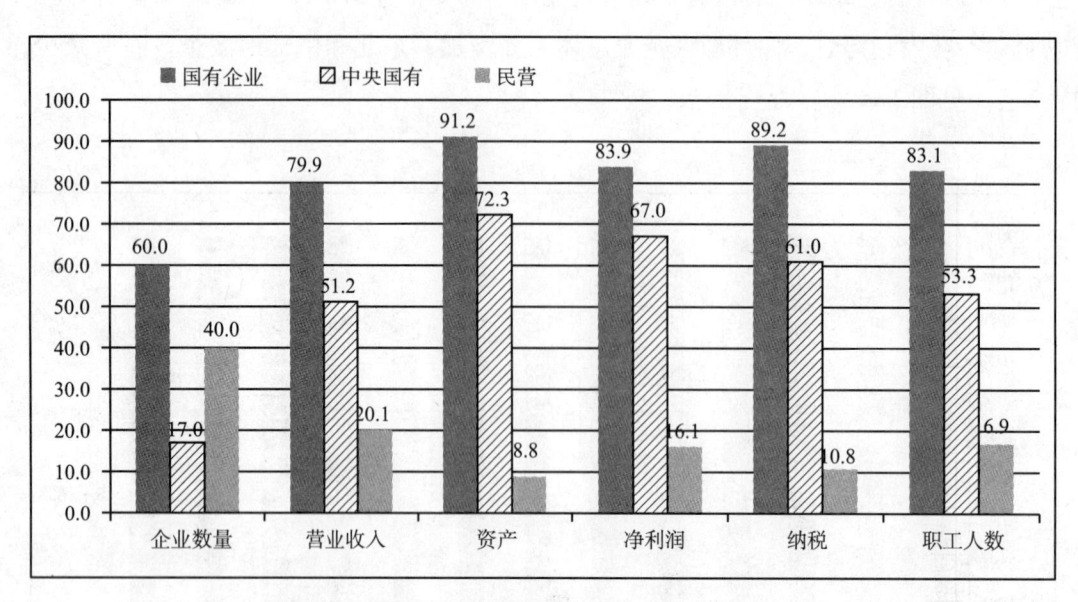

图 1-18 国有、中央国有和民营企业各项指标在 500 强中的占比

表 1-18　　　　　　　　2014 中国企业 500 强按所有制主要指标

所有制	企业数（家）	营业收入（亿元）	资产总额（亿元）	利润总额（亿元）	纳税总额（亿元）	从业人数（万人）
全国	500	566796.2	1764295.8	24031.5	38849.8	3138.8
国有	300	452793.9	1608532.4	20159.5	34657.1	2609.2
中央国有	85	290071.2	1274847.4	16102.0	23681.1	1671.6
民营	200	114002.3	155763.4	3872.1	4192.7	529.7

2. 中国企业 500 强吸收少数股东权益的情况

2014 中国企业 500 强归属母公司权益为 21.45 万亿元，占公司所有者权益的 79.66%，同口径同比下降了 0.09 个百分点。说明 2013 年我国大企业在子公司推进股权多元化、吸纳社会资本方面有所进展。

从不同所有制企业看，国有企业归属母公司权益为 18.86 万亿元，占公司所有者权益的 79.33%，同口径同比下降了 0.33 个百分点；其中，中央国有企业的归属母公司权益为 14.50 万亿元，占公司所有者权益的 81.05%，同口径同比下降了 0.2 个百分点；地方国有企业的归属母公司权益为 43.61 万亿元，占公司所有者权益的 74.10%，同口径同比下降了 0.65 个百分点。这说明，国有企业在 2013 年不同程度推进了股权多元化，少数股东权益有所增加。

民营企业归属母公司权益为 2.59 万亿元，占公司所有者权益的 82.19%，同口径同比增长了 1.77 个百分点；其中，集体所有制企业归属母公司权益占比为 85.98%，同口径同比增长了 2.07 个百分点。这说明，民营企业在 2013 年在吸收少数股东权益上力度有所减少（见图 1-19）。

综合来看，几种所有制企业中，地方国有企业的子公司股权多元化程度是最高的，而集体企业的子公司股权多元化程度最低。

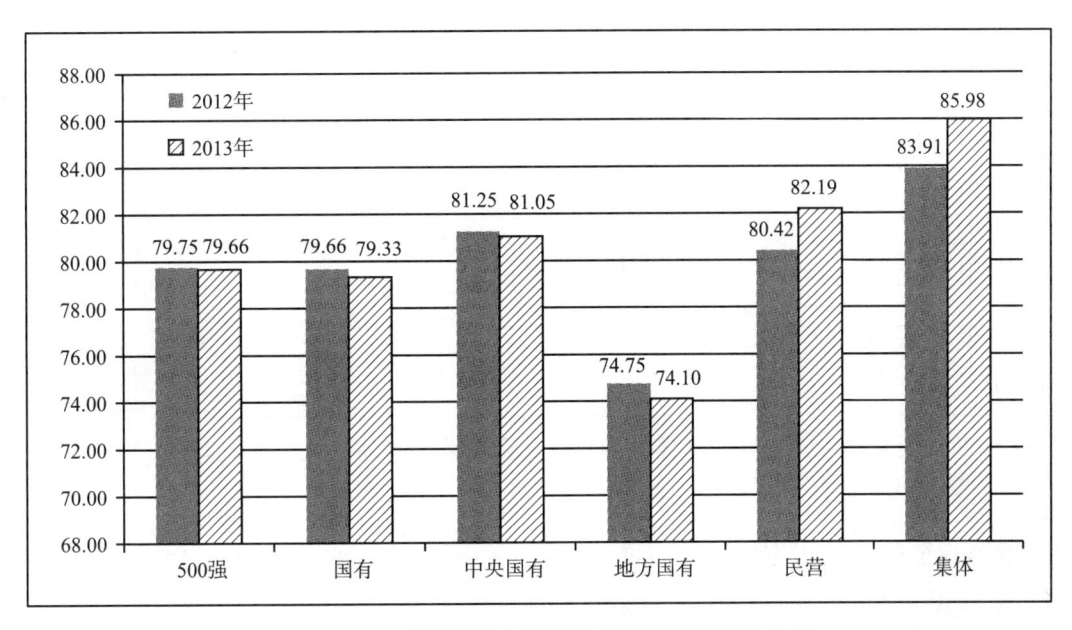

图 1-19　不同类别企业的归属母公司权益占比

3. 国有企业和民营企业的效益

2013 年，300 家国有企业的总体绩效有所恶化。从亏损面看，300 家企业共有 42 家企业亏损，亏损面为 14%；亏损额合计为 726.6 亿元。从营业收入及其增速看，300 家企业的营业收入总额达到了 4.04 万亿，同口径同比增长了 10.6%，营收增速连续两年下降；营业收入负增长的企业有 36 家。从资产及其增速看，300 家企业资产总额达到 160.8 万亿元，同口径同比增长了 11.2%。从净利润看，300 家企业净利润总额为 2.01 亿元，同口径同比增长了 5.84%，较上年稍有回升；81 家企业的净利润出现负增长，比上年的 16 家大幅增加。300 家企业的纳税总额为 3.46 万亿元，同口径同比增长了 6.75%。从净资产利润率看，300 家企业的净资产利润率为 10.69%，同口径同比下降了 0.45 个百分点（见图 1-20）。

2013 年，200 家民营企业的总体绩效良好。从亏损面看，200 家中只有 1 家亏损，且该公司亏损额大幅减少，亏损额为 0.5 亿元。从营业收入及其增速看，200 家企业的营业收入总额达到 11.4 万亿元，同口径同比增长了 19.88%；营业收入负增长的企业有 14 家。从资产及其增速看，200 家企业资产总额达到 15.58 万亿元，同口径同比增长了 14.51%；从净利润看，200 家企业净利润总额为 0.39 万亿元，同口径同比增长了 17.62%。61 家企业的净利润出现负增长。200 家企业的纳税总额为 0.42 万亿元，同口径同比增长了 12.56%。从净资产利润率看，200 家企业的净资产利润率为 15.37%，同口径同比下降了 0.21 个百分点。

4. 中央国有企业的特征

按照目前我国国有资产管理体制，国有企业被分为中央国有和地方国有，其中中央国有企业又

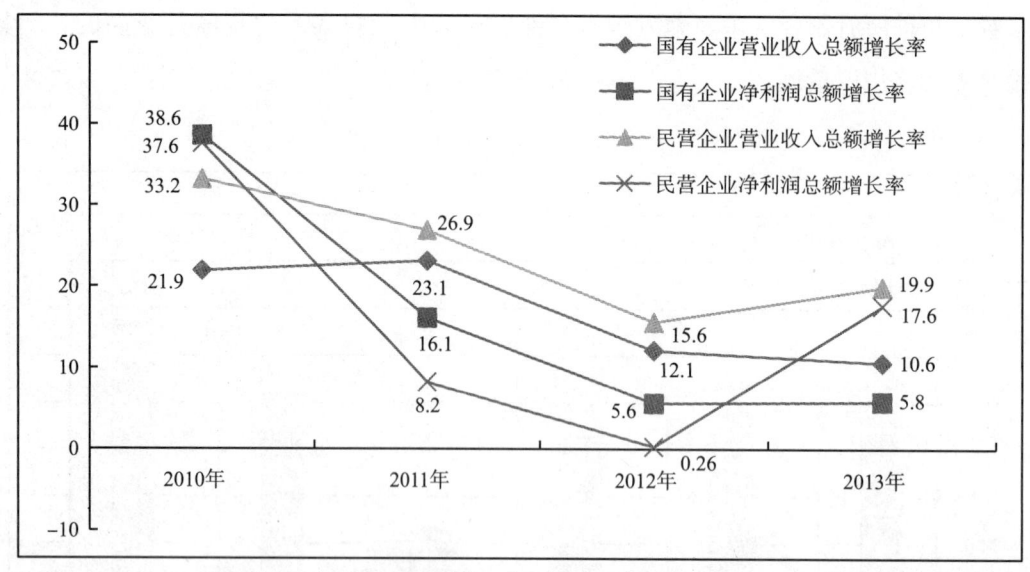

图 1-20 近 4 年中国企业 500 强中国企和民企的营收和净利润增速（2010-2013 年）

分为中央金融国有企业（法人主体数量不详）、由国务院国资委监督管理的 114 家企业（法人主体 3.8 万家）、由财政部监管的 5 家企业（法人主体 0.36 万家）、约 90 多个中央部门监督管理的约 1 万家企业等四类，非金融中央国有企业数量约 5.2 万家。2014 中国企业 500 强中，共有 85 家中央企业上榜，包括 72 家国务院国资委监管的非金融企业、13 家金融企业（其中有 3 家保险公司、8 家银行、中信集团公司和中国邮政集团公司，不含招商银行）。

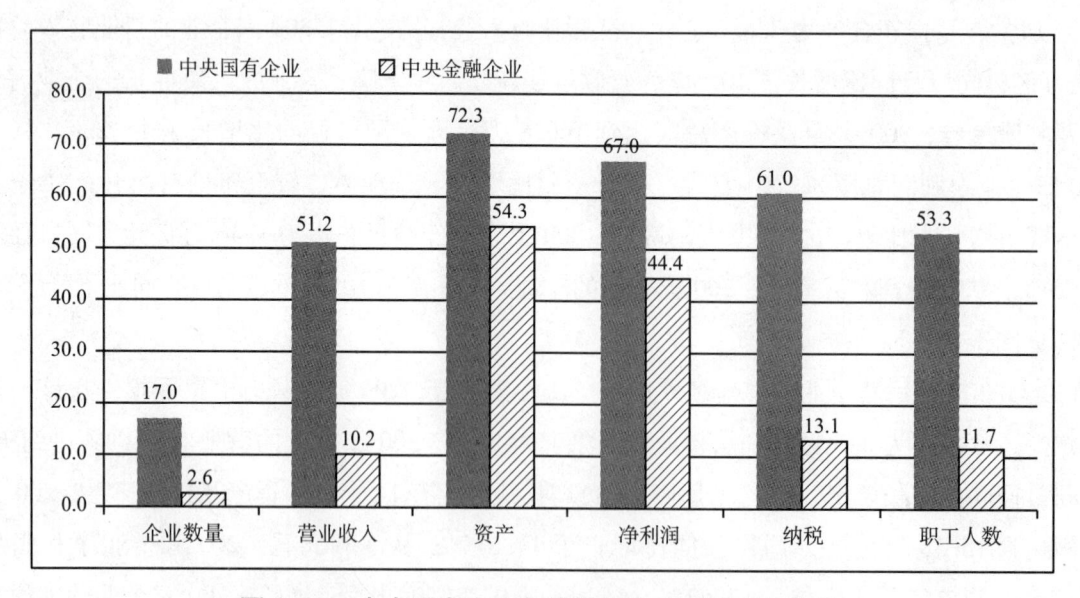

图 1-21 中央国有企业各项指标在 500 强中的占比

注：由于中国邮政集团公司的营业收入和利润主要来于中国邮政储蓄银行，因此为了更客观反映金融和非金融的差异，本报告把中国邮政集团公司算作金融企业。

总体看，经济增速下行给中央国有企业的效益带来一定影响。从亏损面看，85 家上榜企业中有

10家亏损，同口径较上年增加1家；亏损面为11.6%；亏损额合计为385.7亿元。从营业收入及其增速看，85家企业的营业收入总额达到29.01万亿元，同口径同比增长了8.22%；营业收入负增长的企业有13家。从资产及其增速看，85家企业资产总额达到127.48万亿元，同口径同比增长了10.2%。从净利润看，85家企业的净利润总额为0.39万亿元，同口径同比增长了17.62%。61家企业的净利润出现负增长。85家企业的纳税总额为2.37万亿元，同口径同比增长了7.83%。员工人数合计为1671.6万人，同口径同比增长了7.42%。平均净资产收益率为11.1%，同口径同比下降了0.4个百分点。

银行、保险等金融企业的负债经营和高杠杆特征，使中央金融企业和非金融企业存在较显著差别。从图1-22可以看出，中央企业中，非金融企业的企业数量、营业收入、纳税总额、从业人数等指标分别占80%左右，而资产和利润只占25%和34%，凸显金融企业的高负债、高杠杆、高利润特征。

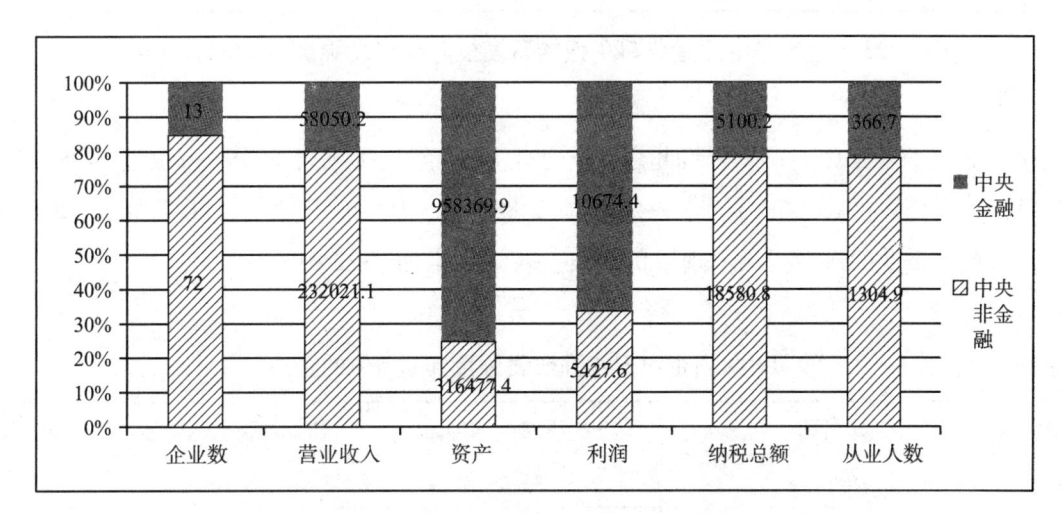

图1-22 2014中国企业500强中非金融央企和金融央企的相对比例

六、2014中国企业500强的研发特征

中国的工业化进程是复合型的，既有第一次工业革命的基本特征，也有第二次、第三次工业革命的成分。在目前阶段，高技术大企业在中国企业500强中的比重还很小，因而中国大企业的总体研发强度还很低，因此可以说，中国大企业的成长目前还不是创新驱动型的。在经济下行且尚未实现再平衡条件下，中国大企业的创新驱动战略还没有提上优先地位。

1. 研发投入增长率和平均研发强度连续下降

2014中国企业500强共有420家企业提供了研发数据。2013年，420家企业共投入研发资金5934.8亿元，同口径同比增长了7.36%，研发投入增速连续两年大幅下降（前年和上年该指标分别为16.50%、11.37%），平均研发强度（研发投入与营业收入的百分比）为1.25%，已经连续三年下滑（前三年该指标分别是1.44%、1.33%、1.27%）（见图1-23）。

图 1-23 近年来中国企业 500 强的研发投入和研发强度（2009-2014）

2014 中国企业 500 强中，研发强度超过 5% 的有 13 家企业（见表 1-19）；超过 10% 的有 3 家公司，分别为：百度公司（12.86%）、华为公司（12.83%）、中国航天科工（11.73%）。2013 年，420 家企业中有 126 家企业的研发投入出现了负增长，较上年增加了 22 家。

表 1-19　　　　　　　　　2014 中国企业 500 强研发强度超过 5% 的企业

500 强名次	公司名称	2013 年研发费用（亿元）	研发增长率（%）	研发强度（%）
362	百度股份有限公司	41.07	78.18	12.86
48	华为技术有限公司	306.72	3.11	12.83
103	中国航天科工集团公司	166.86	19.71	11.73
173	中兴通讯股份有限公司	73.84	-16.37	9.81
487	哈尔滨电气集团公司	16.36	-20.03	6.83
30	中国航空工业集团公司	233.39	-3.15	6.68
414	山东胜通集团股份有限公司	16.85	11.23	6.00
444	山东科达集团有限公司	14.96	227.24	5.64
432	奇瑞汽车股份有限公司	15.01	2.32	5.55
224	比亚迪股份有限公司	28.72	11.51	5.43
134	中国南车集团公司	52.58	9.99	5.24
372	利华益集团股份有限公司	15.65	16.35	5.05
90	海尔集团公司	90.15	1.23	5.00

2. 专利和发明专利拥有量都大幅提高

从创新活动的专利产出看,有393家企业提供了专利数据,共拥有专利数量47.28万项,较上年500强拥有专利数量增加了42%,平均每个企业拥有专利数量1203.12项,较上年500强该指标提高了44.21%;其中,369家企业拥有发明专利数据,共拥有发明专利数量12.64万项,较上年500强该指标增加了48.9%;平均一个企业拥有342.6项,较上年500强该指标提高了50.13%。

从单个企业看,拥有专利数量超过1万项的有9家企业(见表1-20)。

表1-20　　　　2014中国企业500强中拥有专利项数最多的10家企业

新排序	公司名称	研发费用(万元)	研发强度(%)	拥有专利项数(项)	发明专利项数(项)
1	中国石油化工集团公司	893410	0.30	33007	16715
3	国家电网公司	578851	0.28	28311	3962
116	美的集团股份有限公司	460807	3.80	19956	6510
2	中国石油天然气集团公司	2802389	1.02	16943	3646
173	中兴通讯股份有限公司	738389	9.81	16000	13000
90	海尔集团公司	901497	5.00	15737	5598
67	中国冶金科工集团有限公司	366602	1.77	11547	2214
30	中国航空工业集团公司	2333879	6.68	10714	3455
29	中国兵器装备集团公司	1137821	3.15	10438	1187
146	海信集团有限公司	374933	4.02	9482	3062

从创新活动的标准制定看,318家企业共拥有标准数2.99万个,其中国内标准2.88万个,国际标准0.11万个。其中有8家企业拥有标准数量超过1000个(见表1-21)。拥有国际标准最多的10家企业(见表1-22)。

表1-21　　　　2014中国企业500强中拥有国内标准最多的10家企业

新排序	公司名称	研发费用(万元)	研发强度(%)	拥有国内标准(个)	国际标准(个)
46	中国机械工业集团有限公司	276993	1.14	2250	1
173	中兴通讯股份有限公司	738389	9.81	1500	500
30	中国航空工业集团公司	2333879	6.68	1428	
320	中国煤炭科工集团有限公司	86305	2.39	1266	2
1	中国石油化工集团公司	893410	0.30	1260	1

新排序	公司名称	研发费用（万元）	研发强度（％）	拥有国内标准（个）	国际标准（个）
23	中国兵器工业集团公司	887349	2.30	1185	
3	国家电网公司	578851	0.28	1149	20
67	中国冶金科工集团有限公司	366602	1.77	1081	8
15	中国中化集团公司	97637	0.21	810	
95	中国能源建设集团有限公司	268001	1.69	807	

表1-22　　2014中国企业500强中拥有国际标准最多的10家企业

新排序	公司名称	研发费用（万元）	研发强度（％）	拥有国内标准（个）	国际标准（个）
173	中兴通讯股份有限公司	738389	9.81	1500	500
8	中国移动通信集团公司	1899093	2.87	79	154
24	中国电信集团公司	956337	2.51	156	77
34	中国联合网络通信集团有限公司	29971	0.10	241	70
134	中国南车集团公司	525767	5.24	603	40
90	海尔集团公司	901497	5.00	308	28
3	国家电网公司	578851	0.28	1149	20
146	海信集团有限公司	374933	4.02	117	13
75	中国电子信息产业集团有限公司	574351	2.96	38	13
82	中国大唐集团公司	21926	0.12	63	11

七、2014中国企业500强的国际化特征

国际化一直是中国企业的瓶颈之一，尽管近年来中国企业国际化步伐不断加快，但总体水平仍然很低，能够走出去、走进去、走上去的企业少而又少，也有一些企业走出去又返回来的；不少企业从规模上已经进入世界500强行列，但在经营范围上甚至还没有走出所在的省。在国内外经济都进入比较低的经济增速条件下，中国企业如何突破国际化瓶颈是一个重大命题。

1. 海外营业收入增速连续两年下降

2014中国企业500强中，有272家企业提供了海外营业收入数据。2013年，272家企业共实现海外营业收入6.16万亿元，同口径同比增长了12.45%；较上年500强的5.72万亿元增长了7.69%，增速较上年的16.26%、前年的44.15%连续两年大幅下降。海外营业收入占营业收入总额的10.86%，较上年500强的该指标下降了0.57个百分点。

第一,海外营业收入超过500亿元的有20家企业,比上年多2家。其中,海外营业收入最高的是中国石油天然气集团公司,2013年海外营业收入达到了13897.81亿元,比上年增长了3.83%,占营业收入的比例为50.37%(见表1-23)。

表1-23　　2014中国企业500强中海外营业收入超过500亿元的企业

500强排序	公司名称	营业收入（亿元）	海外收入（亿元）	海外收入占比（%）	海外收入增长率（%）
2	中国石油天然气集团公司	27593.03	13897.81	50.37	3.83
1	中国石油化工集团公司	29450.75	9454.09	32.10	6.27
15	中国中化集团公司	4669.05	3817.41	81.76	4.29
10	中国海洋石油总公司	5900.73	2931.79	49.69	29.65
45	联想控股股份有限公司	2440.31	1393.00	57.08	14.82
96	浙江吉利控股集团有限公司	1584.29	1280.49	80.82	-0.95
92	中国远洋运输（集团）总公司	1648.11	1191.15	72.27	-6.72
23	中国兵器工业集团公司	3852.54	1146.86	29.77	0.52
50	正威国际集团有限公司	2338.26	1134.05	48.50	115.09
29	中国兵器装备集团公司	3617.55	1101.39	30.45	9.84
21	中国五矿集团公司	4146.50	983.00	23.71	7.88
58	中国航空油料集团公司	2258.18	965.92	42.77	-1.70
35	宝钢集团有限公司	3031.00	825.54	27.24	18.38
75	中国电子信息产业集团有限公司	1937.85	819.64	42.30	69.26
44	中国化工集团公司	2440.36	736.11	30.16	67.34
25	中国中信集团有限公司	3750.88	688.87	18.37	14.30
181	珠海振戎公司	696.31	636.18	91.37	-13.28
139	广东振戎能源有限公司	978.35	615.05	62.87	308.40
57	中国电力建设集团有限公司	2263.05	592.16	26.17	0.30
32	中国交通建设集团有限公司	3357.64	542.62	16.16	11.34

第二,海外营业收入占营业收入比例超过50%的企业有12家,比上年增加1家。12家企业中,海外收入占比最大的是珠海振戎公司,2013年海外营业收入占比为91.37%(见表1-24)。

表1-24　　2014中国企业500强中海外营业收入超过50%的企业

500强排序	公司名称	营业收入（亿元）	海外收入（亿元）	海外收入占比（%）	海外收入增长率（%）
181	珠海振戎公司	696.31	636.18	91.37	-13.28
15	中国中化集团公司	4669.05	3817.41	81.76	4.29
96	浙江吉利控股集团有限公司	1584.29	1280.49	80.82	-0.95
92	中国远洋运输（集团）总公司	1648.11	1191.15	72.27	-6.72
211	中国国际海运集装箱（集团）股份有限公司	578.74	371.56	64.20	19.35
139	广东振戎能源有限公司	978.35	615.05	62.87	308.40
380	天狮集团有限公司	304.88	185.98	61.00	3.00
45	联想控股股份有限公司	2440.31	1393.00	57.08	14.82
275	上海纺织（集团）有限公司	432.60	233.03	53.87	-4.22
173	中兴通讯股份有限公司	752.34	395.56	52.58	-11.31
232	浙江省国际贸易集团有限公司	512.14	267.68	52.27	5.69
2	中国石油天然气集团公司	27593.03	13897.81	50.37	3.83

2. 海外资产继续大幅增长

2014中国企业500强中，有245家企业提供了海外资产数据。2013年，245家企业海外资产总额达到8.18万亿元，同口径同比增长了24.03%，较上年500强海外资产总额6.75万亿元增长了21.19%，与上年略有下降；占245家企业资产总额的8.87%。

第一，海外资产超过1000亿元的有10家企业。其中海外资产最高的是中国工商银行，2013年海外资产达到12752.46亿元，占总资产的比例为6.74%；其他企业均为中央国有企业（见表1-25）。

表1-25　　2014中国企业500强中海外资产超过1000亿元的企业　　　　单位：亿元、%

500强排序	公司名称	资产总额	海外资产	海外资产增长率	海外资产占比
4	中国工商银行股份有限公司	189177.52	12752.46	25.72	6.74
2	中国石油天然气集团公司	37573.60	8963.90	9.30	23.86
1	中国石油化工集团公司	21369.23	8057.64	12.68	37.71
5	中国建设银行股份有限公司	153632.10	7318.78	41.13	4.76
36	交通银行股份有限公司	59609.37	5256.36	36.17	8.82
10	中国海洋石油总公司	10416.50	4603.97	88.93	44.20

500强排序	公司名称	资产总额	海外资产	海外资产增长率	海外资产占比
25	中国中信集团有限公司	42996.77	3281.07	10.16	7.63
15	中国中化集团公司	3177.79	2385.59	23.43	75.07
92	中国远洋运输（集团）总公司	3418.40	1849.63	-1.33	54.11
39	中国铝业公司	4662.85	1671.48	17.41	35.85

第二，海外资产占总资产比例超过30%的企业有18家。其中中国中化集团公司的最高，达到75.07%；浙江吉利控股集团有限公司占比次之，为65.31%（见表1-26）。

表1-26　　　　2014中国企业500强中海外资产占比超过30%的企业

500强排序	公司名称	资产总额（亿元）	海外资产（亿元）	海外资产增长率（%）	海外资产占比（%）
15	中国中化集团公司	3177.79	2385.59	23.43	75.07
96	浙江吉利控股集团有限公司	1261.62	823.96	7.62	65.31
92	中国远洋运输（集团）总公司	3418.40	1849.63	-1.33	54.11
10	中国海洋石油总公司	10416.50	4603.97	88.93	44.20
305	山东如意科技集团有限公司	210.41	91.55	28.33	43.51
154	TCL集团股份有限公司	780.81	334.36	-4.70	42.82
261	青建集团股份有限公司	303.93	127.04	254.91	41.80
184	中国海运（集团）总公司	1764.68	700.58	18.87	39.70
173	中兴通讯股份有限公司	1000.80	390.47	-15.88	39.02
1	中国石油化工集团公司	21369.23	8057.64	12.68	37.71
39	中国铝业公司	4662.85	1671.48	17.41	35.85
139	广东振戎能源有限公司	399.10	136.31	202.31	34.16
243	紫金矿业集团股份有限公司	668.98	223.52	15.50	33.41
21	中国五矿集团公司	2940.78	958.10	-0.63	32.58
181	珠海振戎公司	43.43	14.11	56.32	32.48
380	天狮集团有限公司	120.61	38.44	140.27	31.87
131	兖矿集团有限公司	1845.74	581.41	-10.41	31.50
346	金龙精密铜管集团股份有限公司	176.30	52.98	94.86	30.05

3. 海外职工人数明显增长

2014 中国企业 500 强共有 242 家企业填报了海外职工人数。2013 年,242 家企业的海外员工总数为 74.7 万人,同口径同比增长了 22.58%,较上年 500 强该指标提高了 4.4 个百分点;占 242 家企业员工总数的 3.55%。

单个企业看,海外员工人数最多的是中国石油天然气集团公司,2013 年海外员工数量为 12.11 万人;海外员工人数占企业职工数量最多的是浙江吉利控股集团有限公司,2013 年海外员工数量为 2.36 万人,占全公司人数的 56.71%。(见表 1-27)。

表 1-27 2014 中国企业 500 强中海外职工数量超过 1 万人的企业 单位:人、%

500 强名次	公司名称	平均人数	海外员工数	海外人数占比
2	中国石油天然气集团公司	121116	121116	7.56
25	中国中信集团有限公司	59961	59961	34.03
1	中国石油化工集团公司	51306	51306	5.33
84	中粮集团有限公司	45330	45330	42.26
175	中国中材集团有限公司	32590	32590	41.24
57	中国电力建设集团有限公司	31475	31475	15.52
96	浙江吉利控股集团有限公司	23579	23579	56.71
87	大连万达集团股份有限公司	22854	22854	22.91
7	中国建筑股份有限公司	16124	16124	7.44
30	中国航空工业集团公司	15088	15088	2.94
221	雅戈尔集团股份有限公司	15036	15036	32.67
119	万向集团公司	12725	12725	48.28
10	中国海洋石油总公司	10626	10626	9.78
4	中国工商银行股份有限公司	10610	10610	2.40
21	中国五矿集团公司	10536	10536	8.93
137	国家开发投资公司	10103	10103	11.45

八、2014 中国企业 500 强的兼并重组活动

2014 中国企业 500 强共有 143 家企业实施了兼并重组活动,与上年持平。2013 年,143 家企业共并购重组了 811 家企业,比上年 500 强的 1061 家明显减少,说明 2013 年的并购重组活动的活跃度有所下降。

从兼并重组的行业看，兼并重组活动发生在多个行业，没有一致的特征。前两年兼并重组活动最为活跃的煤炭、电力等行业，在2013年并没有发生大规模的兼并重组活动。表1-28提供了兼并重组最多的10家企业，这10家企业共实施了406家并购，占全部811家企业并购的一半；其它133家企业的并购行为不太活跃。

表1-28　　　　2014中国企业500强中兼并重组最多的10家企业

500强排名	公司名称	所有制	营收增长率（%）	资产增长率（%）	利润增长率（%）	并购或重组企业数
41	中国建筑材料集团有限公司	国有	16.02	21.22	-9.99	151
68	中国医药集团总公司	国有	23.80	33.47	-2.40	65
499	北京首都创业集团有限公司	国有	16.43	14.97	18.32	52
22	华润股份有限公司	国有	22.56	16.22	3.78	46
197	山东黄金集团有限公司	国有	8.55	28.48	盈转亏	37
266	科创控股集团有限公司	民营	29.80	54.06	76.05	29
347	九州通医药集团股份有限公司	民营	13.32	25.62	15.80	21
120	海航集团有限公司	民营	7.04	14.44	20.65	16
321	正邦集团有限公司	民营	12.54	13.56	9.58	16
169	浙江省能源集团有限公司	国有	15.48	28.86	66.72	13

九、经济新常态条件下中国大企业面临的挑战

近几年来，我国大企业一直处在一种"非常态"的经营环境之中：首先经历了由美国次贷危机引发的全球金融危机，然后经历了全球性流动性宽松和国内的大规模经济刺激政策，最后经历了从2010年一季度开始持续17个季度的经济增速下行（见图1-24），宏观经济增速大起大落，企业很难根据市场形势进行研判和预期。以习近平为总书记的新一届领导集体审时度势，提出了"宏观政策要稳、微观政策要活、社会政策要托底"的工作思路，不再过度追求GDP增长速度，转而追求经济增长质量和效益；不再随着经济波动而时常变动宏观政策，转而盯住物价和就业指标设定经济波动"上下限"，只要经济波动在上下限范围内就不搞大规模刺激政策，进而出台并实施"全面深化改革若干问题的决定"。可以说，中国大企业的经营环境正在发生转折性的变化，最显著的变化就是经营环境从"旧常态"转变为"新常态"。新常态条件下的中国经济和中国大企业将面临诸多此前从未经历过的因素和挑战，比如增长动力哪里来，如何顺利度过结构调整阵痛期等等。

1. 在经济增速"下台阶"条件下需要实现增长质量"上台阶"

中国大企业对国内的GDP增长率有高度依赖性，特别是对GDP增速下降高度敏感。主要原因可

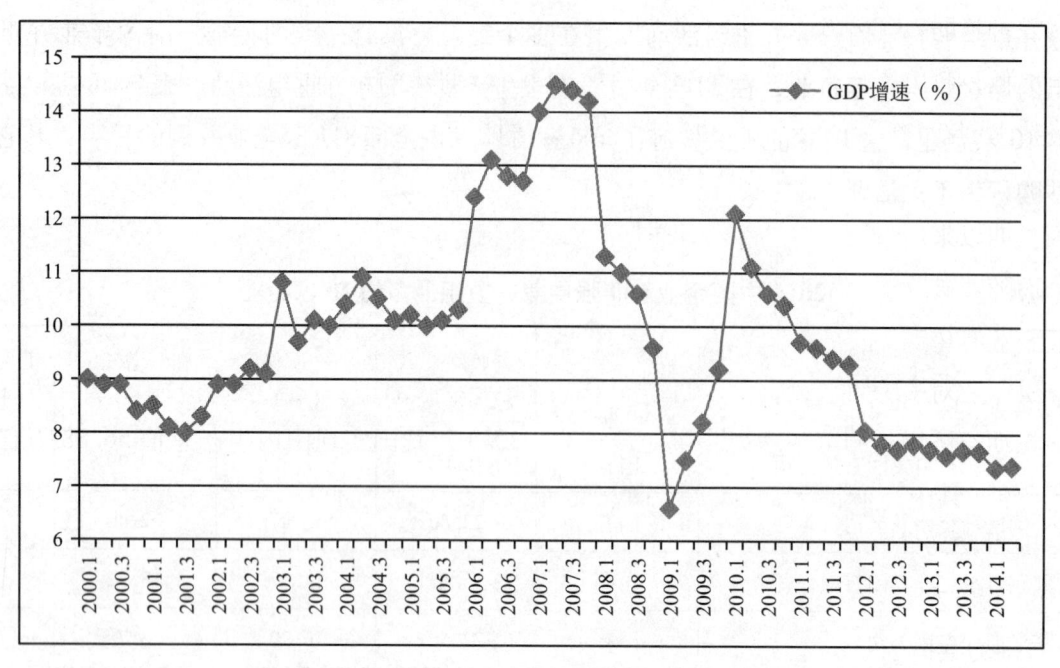

图 1-24 2000 年以来中国 GDP 增速（季度）

能是因为大企业中的重化工企业比重比较大，它们对政府主导的固定资产投资高度依赖；在经济高速增长条件下，企业依靠大规模信贷支持在较短时间内就能获得高速增长；而在经济增速"下台阶"条件下，国家信贷环境趋紧，产能过剩问题就尤为突出。需要特别指出的是，在过去几年里国内外不确定性因素的增加，政府对经济的过度干预，频繁的政策调整，都强化了企业对经济干预政策的依赖。但是这一次，自从 2011 年大规模经济刺激政策退出至今，我国经济周期并没有像以往那样在经济下行后进入明显的"复苏-扩张"阶段，而是进入连续十几个季度的经济下行阶段。尽管从 2013 年初新一届中央政府提出不采取大规模刺激政策，但仍旧有多个行业的相当多企业寄希望于大规模政府投资的出台。2014 年 5 月，习近平主席在河南考察时提出"我们要增强信心，从当前我国经济发展的阶段性特征出发，适应新常态，保持战略上的平常心态"，"新常态"概念的使用终结了许多企业的"大规模刺激梦"。当前中国经济的指挥棒不再是单纯追求 GDP 高增速，而是短期不失速、中期调结构、长期促改革。从政府角度来说，只要国民经济运行在合理区间，更低一些的经济增速也是能够容忍的。更重要的是，一方面不能为了增长而增长，而要以就业和民生为出发点；另一方面在经济增速"下台阶"的同时不能经济增长质量也"下台阶"，必须千方百计促使增长质量提高上去。这不能不说是有一定难度的事情。

2. 重化工业化阶段临近尾声，产业结构轻型化不可逆转

众所周知，中国自新世纪进入工业化中期的后半段即重化工业化阶段以来，形成了以房地产开发和城市基础设施建设为龙头，以矿产资源开发和能源工业为基础，以钢铁、有色、建材、化工等重化工业为支柱产业的产业结构模式，重化工业进入高速成长期，并形成了大企业集中诞生的时期。十年来的中国企业 500 强的产业结构分布都证实了这一点。国际金融危机背景下我国的大规模刺激政策更强化了这一特征。然而，近两三年来，一方面伴随大规模经济刺激政策的退出，另一方面伴随国际市场需求趋弱，我国经济增长进入一个新的发展阶段：经济增长从接近两位数的增速降低为8%以下甚至更低，政府不会再出台大规模的一揽子刺激政策来"托市"，而是会采取诸多促进创业和就业、促进技术创新和商业模式创新、打破行政垄断、放松行业管制的政策措施。在可预期时间范围内，这种经济政策状态将持续较长时间。这意味着，持续十多年的重化工业化阶段可能已经临近尾声，我国长期以来所依赖的产业结构模式将逐渐发生变化，重化工业大企业将进入较长期的去产能化阶段，而随着破除行政垄断放松行业管制政策的落实，包括传统服务业和新兴服务业态在内的现代服务业企业有望高速成长。这将显著改变中国企业500强的产业结构分布。

从三次产业对GDP的贡献看（见图1-25），2013年我国第三产业增加值占比首次超过第二产业，成为拉动经济增长的第一动力。经初步核算，2013年我国实现国内生产总值56.88万亿元，同比增长7.7%；其中，第二产业增加值249684亿元，第三产业增加值262204亿元，占国内生产总值的比重分别为43.9%和46.1%，第三产业增加值占比首次超过第二产业；同时，工业增加对GDP的贡献也降至40%左右。主导产业的更迭，服务业将迎来发展的大时代，这是工业化阶段和世界经济"服务化"动力共同决定的。随着工业化进程进一步推进，"新主导产业"也将涌现并将助力中国未来服务经济的发展，塑造中国未来的产业结构。应该说，这种产业结构轻型化趋势已经不可逆转，但对于以重资产为基本特征的中国大企业来说，如何在这个趋势下顺利实现转变是一项艰难的挑战。

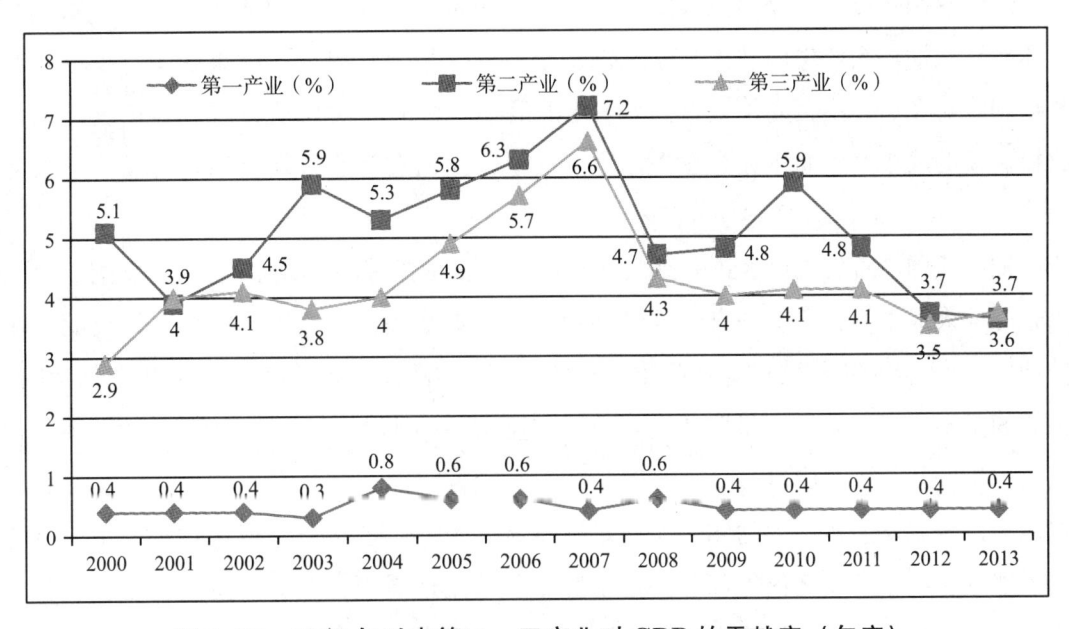

图1-25 2000年以来第二、三产业对GDP的贡献度（年度）

3. 传统城镇化模式对经济增长的边际贡献率在下降

城镇化对于中国经济、对于中国企业的重要性不言而喻。2013年，中国城镇人口占总人口的53.73%，比2012年提高了1.16个百分点。自1995年以来，中国的城镇化率平均以每年1.37个百分点的速度提升，平均每年新增2000万城镇人口，但2011年以来，城镇化率有放缓趋势，同时，城镇化对于经济增长的边际贡献率也有下降趋势。有研究表明，1996-2003年，我国城镇化率每年基本以

1.4个百分点的速度增长,城镇化对GDP的边际贡献平均在50%以上,1999年则达到创纪录的83%(在亚洲金融危机期间,中国通过加速城镇化有效对冲了外部经济冲击,并有效解决内部产能过剩问题)。2009-2013年,城镇化对GDP贡献保持在30%附近。但专家估计,如果按照城镇居民平均收入每年10%提高、城市化率每年1.2个百分点提升,那么2014-2020年城市化率对GDP的边际贡献率将稳定在20%-25%,也就是说,城镇化只能提供1.5~1.8个百分点的贡献,要实现7%左右的实际GDP增长,就需要额外的增长动力,在投资效率下降背景下,通过额外投资拉动经济增长已经不切实际,消费升级、结构转型等提高增长质量的手段就显得非常关键。

4. 改革红利不会立竿见影,"六高"现象短期内难以化解

过去我国大企业的高速发展,得益于过去三十年间的三次大规模放松管制:第一次是20世纪70年代末打破计划体制、允许农村承包制和城乡民营经济发展的放松管制浪潮;第二次是20世纪90年代初,在邓小平南方讲话以及随后中央确立了市场经济的发展道路激发出来一股强大的创业浪潮,第三次是2001年底中国加入WTO而对外开放和对内开放引起的企业国际化浪潮。但到了近几年,前面的改革红利已基本用尽,我们必须启动新一轮放松管制、通过深化经济体制改革来解除经济发展仍存在的体制束缚,释放经济发展内在动力,推动经济再上新台阶。十八届三中全会做出了"全面深化改革若干重要问题的决定",要在经济、政治、文化等领域开展全方位的体制改革。但问题在于,改革不是纯收益过程,改革是要支付成本的。改革成本,就是为旧体制还账,为新体制支付必要成本。体制转轨期还会产生两种体制的摩擦,摩擦成本甚至会更大。困难在于,改革成本支付在前,改革红利收益在后,不会立竿见影,有一个滞后期。在旧的增长动力渐失但传统约束条件还没有完全放松、新的改革红利尚未完全发挥作用条件下,我国大企业必须应对好这段"增长动力空档期"。

众所周知,我国经济发展已经进入高成本时代,主要是指劳动力成本上升,也包括资金、土地、流通、创新、准入成本高,前者是自然的经济规律,后者都是需要体制改革加以解决的。在"增长动力空档期",六大高成本将会成为企业转型升级的突出挑战。一是劳动力成本相对劳动生产率过快上涨。企业的主要应对策略是"机器替代人工",但面临一次性投入过高、市场前景不明等风险,很多企业无力负担。二是资金成本过高。由于金融资源配置扭曲,资金充裕与价格高企并存,融资难和融资贵成为许多调整、转型中的实体企业难以逾越的障碍。三是土地成本过高。土地供给不足和价格过快上涨,一些东部地区仅能部分满足少数企业的用地需求,服务业发展也受到地价、房租的制约。四是流通成本偏高。不仅传统商业运行模式受高物流成本约束,而且网络销售、网店等新模式,也同样受到高物流成本的影响。五是知识产权保护成本过高。由于知识产权保护不力、执行成本过高等问题,很多有创新能力和意愿的企业,因创新产品、新技术容易被仿冒和剽窃,担心创新投入与收益严重不对等而被迫放弃。六是准入成本依然很高。国务院发展研究中心的调查表明,有超过1/3的企业希望通过进入其他行业实现企业转型,其中纺织、服装、化纤、有色等行业超过50%的企业有转行的意愿,但普遍反映看好的行业门槛依然很高,看得见和看不见的政府干预依然过多。

5. 中短期内仍将面临若干风险和不确定性

需要强调的是，大多数追赶型经济体在增长阶段转换期都发生过系统性危机。从本质上讲，经济危机和体制改革都会触发或推动经济结构调整和发展方式转变。前者是一种市场的自我纠正，冲击和震荡力度更强；后者是一种风险意识下的主动调整，方向会更清晰，短期冲击相对较小，但达成共识并付诸实施比较难。我国新一轮改革的重启，其实已经开启了一场"改革与危机的赛跑"。而如何在推动有效改革与坚守风险底线之间寻找平衡，成为决定这场赛跑结局的关键。今年以来，我国经济运行虽然继续保持在合理区间，但地方债风险、楼市风险、金融风险等潜在风险渐渐浮出水面。这些风险因素相互关联，有时一个点的爆发也可能引起连锁反应。这给未来3~5年的经济增长前景增添了不确定性。第一个就是地方债务。审计署公布的数据显示，2014年、2015年到期的政府负有偿还责任债务分别占21.89%和17.06%。如果这两年能够度过的话，那么在2016年和2017年，到期需偿还的分别占11.58%和7.79%，2018年及以后到期需偿还的占18.76%，明显低于今明两年，自后年起，偿债压力将逐渐趋于缓和。但这里有一个前提条件是，这两年的到期债务不采取延期、借新还旧措施。如果采取拖延战术的话，2016年以后的还债压力将会增大，并且可能把地方债的风险越拖越大。地方债现存的问题不仅仅是存量问题，也是一个流量问题。只有控制住了增量债务规模的迅猛膨胀，才可能"以时间换空间"，最终化解存量债务规模的风险。要在"适度举债"和"经济稳增长"之间找到一个恰当的平衡点，无论是对地方政府还是监管层来说，恐怕都是一件非常具有挑战性的事情。第二个是与地方债务相关的楼市风险。大多数中国大企业都与房地产相关，过去的高速增长也得益于房地产市场的高速发展。但从2013年开始至今，全国房地产市场开始从局部性过剩向全面过剩演进，多重因素叠加起来促使房地产成交量和成交价格均有所下滑。截止2014年上半年，全国商品房销售面积同比下降6%，销售额下降6.7%；从金融数据看，2014年6月末银行业房地产贷款余额达16.2万亿元，占各项贷款余额的20.8%，但如果算上与房地产直接相关的若干行业的贷款，这个比例就要很高了。从目前看，虽然截至2014年7月底全国有46个限购城市中已有超过半数城市放松限购，但都没有对冲当前的下行态势；未来随着不动产登记、反腐力度进一步加大等因素，房地产市场面临的不确定性不容低估。

十、中国大企业适应新常态、提升竞争力的若干建议

在从旧常态向新常态演进过程中，中国大企业当前和今后一段时间内所面临的突出矛盾是：经济增速下台阶和增长质量上台阶的矛盾，规模越来越大和活力越来越低的矛盾，庞大生产能力和市场相对需求不足的矛盾，提高增长质量和创新能力不足的矛盾。对于地方政府来说，过去地方政府和企业都适应了高增长的宏观环境，要在中速增长环境下实现财政可持续、风险可防范、民生可改善、收入可倍增、企业发展质量可提高等目标，难度很大，并且没有什么经验可供借鉴。从中央对企业的要求看，核心要求是"要活"，要有活力、能创新，用一定时间形成一批在国际范围内具有较强竞争力的企业群体。对于企业自身来说，当前正处于前期政策效应消化期、新政策理解消化期、自身改革和转型探索期，第一要务是要适应新常态，转变增长模式，核心工作在于降低成本和提升效率，降低盈利能力和水平对简单规模扩张的依赖程度，盈利模式从"速度效益型"转向"质量效

益型"。

1. 下决心适应新常态，追求增长质量上台阶

尽管经济学家、政府官员对于新常态下的经济增速具体应该是多少，特别是中央对经济持续下行的容忍度究竟有多高仍然有争议，但"适应新常态，保持平常心"的定调，意味着包括家庭、企业、政府等各类市场主体都需要积极主动调整，去适应经济环境的变化。第一，要"丢弃幻想"。要彻底放弃"等靠要"思想，摈弃被动等待或者呼吁中央再次出台积极的财政政策、适度宽松的货币政策等大规模刺激政策的幻想。多数企业都十分理性，能够认识到过去大规模刺激政策的危害和后遗症，不希望中央再搞"四万亿"，但可能出于经济下行给企业带来严重影响等原因，也有不少重化工企业仍然希望中央能够出台较强的刺激政策拉动内需；还有许多大企业持有较大"负面资产"，比如在产能过剩领域拥有一些目前已经停产或半停产的生产线，万一中央"救市"这些产能就又活了。现在"新常态"概念的使用，意味着这些企业要彻底放弃上述"等靠要"幻想，主动适应新常态，根据经济中速增长的现实，重新审视企业的增长模式、盈利模式以及在产业链中的位置，及时对企业战略进行再定位。第二，要下决心"甩包袱"。要果断进行资产结构调整，通过外包、股权转让、资产出让、破产重组等方式剥离严重亏损或资不抵债的板块，盘活存量资产，增强资产流动性。尽管经济下行时期通常资产价格都比较低，但是经济下行时期却是结构调整的好机会。要下决心淘汰落后的经济成分，如高能耗、高污染、高排放的产业，鼓励具有战略价值和引领作用的产业板块，等等。第三，放弃过度追求规模扩张，转而追求"实现实实在在没有水分的增长"。水分主要体现为增长的低效率或无效率。相当多大企业的净资产收益率低于一年期银行存款利率就说明其资产利用效率很低；同时，在传统产业领域和部分新兴产业领域都出现了大面积的产能过剩，投资没有形成有效供应。过度追求规模扩张而增长质量没有提高，将来付出的代价必然更大。

2. 落实国资国企改革举措，增强企业发展活力

国有企业是中国企业500强的主要组成部分，资产总量大，战略地位突出，其提质增效对于中国大企业整体提高发展质量和效益有明显的提升作用；同时，国资国企改革也是十八届三中全会决定中推进经济体制改革的主要组成部分。2014中国企业500强中就有不少混合所有制的成功案例，它们有的本身就是以股份制形式成立并严格按照现代公司治理运行的，如招商银行、中国国际海运集装箱运输集团；也有通过整体上市实现多种资本共同发展的，如TCL集团等；也有通过国有股减持或"公私合作"实现混合所有制的，如海螺集团、浪潮集团、中国建材集团等。目前，重庆、上海、广东、湖北、山东、江苏、北京等地的国资改革方案被各方披露，方案的共同特点就是目标明确，即在混合所有制改革方向下，提出了"路线图"和"时间表"，甚至勾勒出"同股同权"的概念；中央企业改革稍显滞后，主要是由于中央企业的特别复杂性，2014年7月国务院国资委也推出国资改革的四项改革试点工作，包括国有资本投资公司试点、混合所有制经济试点、董事会改革试点、派驻纪检组试点等；两家国务院直属中央企业中信集团、光大集团也披露了各自的混合所有制改革方案或整体上市计划。从目前整体推进进度看，由于多种因素，国资国企整体改革还处在"边探索、边推进"的阶段，整体比较缓慢；有的企业是按工程项目来推进，把混合所有制作为一种变相的融资手段，公司治理没有应有变化。从三中全会决定看，国资国企改革既不能搞运动，也不能踏步不前；既要通过吸收社会资本进入进行产权关系多元化，又要进行公司治理的现代化；核心要求是要斩断国有企业连接政府的输送营养的脐带，使它们成为真正的市场主体。国有企业要在新一轮的改革中形成多元化的产权结构、完善的国有企业公司法人治理结构，打造开放型的公众企业。

3. 抓住新一轮产业革命机遇，大力实施创新驱动发展战略

正值我国传统工业化已经进入尾声之际，当前世界正在迎来新一轮的科技革命和工业革命。一些重要研究领域和前沿方向已经出现革命性突破的先兆，前沿技术发展也处在多点、多元、群发突破的创新密集期等。这些革命性突破将成为新科技革命和"新工业革命"的科学基础和知识源泉，将为世界经济增长和人类文明发展注入新的活力。世界主要国家为迎接新一轮科技革命，把科技作为国家发展战略的核心，出台了一系列创新战略和行动计划，加大科技创新投入，在新能源、新材料、信息网络、生物医药、节能环保、低碳技术、绿色经济等重要领域加强布局，努力保持科技前沿领先地位，抢占未来发展制高点。2013年习近平在主持中央政治局集体学习时强调，实施创新驱动发展战略决定着中华民族前途命运。全党全社会都要充分认识科技创新的巨大作用，敏锐把握世界科技创新发展趋势，紧紧抓住和用好新一轮科技革命和产业变革的机遇，把创新驱动发展作为一项重大战略实施好。

中国大企业广受批评的一个原因是大而不强，关键症结就是自主创新能力不强，核心技术受制于人。比如，目前我国高端芯片和通用芯片对外依存度超过95%，基础电路工艺落后发达国家约5年。突破一批核心关键技术，必须实施创新驱动发展战略，发挥创新在工业转型升级中的关键作用。要加强技术创新的顶层设计和统筹规划，前瞻性地部署信息网络、新能源、新材料、生物等重点领域的重大技术攻关，集中力量攻克一批关键核心技术，支持面向行业的基础共性技术推广应用，增强创新驱动发展新动力。特别要从制度设计上下功夫，重视引导创新要素向企业集聚，增强企业对创新资源的全球化配置能力，完善以企业为主体的创新体系建设，营造有利于产业创新发展的体制机制。

4. 借力互联网和移动信息技术，切实加强企业信息化建设

当今世界是以互联网和新一代信息技术为基础和基本特征的信息社会，工业化和信息化的两化融合、制造业与互联网的有机结合已经成为今天大企业不得不面对的时代背景。长期以来我国制造业因技术含量不高，一直处于国际产业价值链的低端环节，虽然近年来在相关部门的积极推动下，重点行业信息化程度逐步提升，但总体信息化的水平仍然不高。第一，我国应抓住第三次工业革命的机遇顺势而为，以推进"两化"深度融合为抓手，大力推动传统工业向智能工业转型。一方面，要把我国制造业发展建立在先进信息技术发展与应用的基础之上，深化信息技术在企业研发设计、生产制造、经营管理、市场营销等环节的应用，提高制造业数字化、网络化和智能化水平；另一方面，要高度关注制造业数字化技术、产品、装备的研发和产业化，为"两化"深度融合提供产业支撑。第二，要以智能技术开发为动力，推动工业化和信息化深度融合，着力提升工业智能化水平。第三次工业革命的核心内涵是信息技术创新，主要特征是制造方式智能化。具体表现为，信息化和工业化的加速融合，促进了生产系统智能化、产业组织网络化和加工制造的个性化发展。未来智能工业的整个生产过程将由新型传感器、智能控制系统、机器人、自动化成套生产线组成，其制造系统也将由过去的能量驱动型向现代信息驱动型转变。制造业智能化发展与我国推进信息化和工业化深度融合的方向不谋而合。第三，要主动适应生产方式变革，围绕提升产品附加值，推进制造业的服务化。制造业服务化是一种新的制造模式和生产组织方式，其通过不断强化面向客户的个性化研发设计、咨询规划、金融支持、供应链管理、在线监测维护等业务，构建柔性化生产方式，从而强化自身的竞争优势。推动制造业的服务化，促进产业模式从以产品制造为核心，向产品、服务和整体解决方案并重转变，不仅将改变我国制造业的粗放型发展模式，也将有利于把经济发展转到更多依靠服务业特别是现代服务业上来。

5. 迎接新型城镇化和新型工业化，向价值链高端发展

城镇化和工业化是我国经济增长的主要动力和基本特征。但是过去的城镇化有个重大缺陷，即把城镇化等同于城市基础设施建设，过度重视城镇固定资产投资对于经济增长的带动作用，忽略人的市民化、本地化和消费升级。比如我国城镇化率约53%，但其中有17个百分点属于城乡之间的流动人口，也就是说我国的真实城镇化率并不高，甚至低于全世界平均水平。十八大以来，中央提出了新型城镇化、提高城镇化质量的新目标，并要求因势利导、趋利避害，积极引导城镇化健康发展。习近平总书记指出："工业化、信息化、城镇化、农业现代化同步发展，推动城乡发展一体化，逐步缩小城乡区域发展差距，促进城乡区域共同繁荣。"这实际上暗合我国即将进入工业化后期的发展阶段。当前，服务业已经超过第二产业成为国民经济的第一产业，尽管目前的服务业发展仍存在诸如房地产业比重过高、金融电信等多个重要服务业产业行政垄断严重、服务业现代化水平低等缺陷，但随着《国家新型城镇化规划2014-2020年》的推进落实、户籍制度改革以及破除各个领域的行政垄断，服务业的高速发展是可期的。2014中国企业500强中有诸多成功的企业转型案例，比如恒大集团向矿泉水等快消领域进军，大连万达集团向院线产业进军，华为和中兴从单纯做通信设备制造转向智能手机生产和服务，沙钢集团进军钢铁物流园，雨润控股集团实施"三三三"战略将在全国形成九大物流区域，浪潮集团从服务器生产转向云计算服务等等，他们都看到了新型城镇化时代和工业化后期服务业将面临的高速成长空间和目前的高端服务短缺的矛盾，也因此收获了较高收益和高速成长。

6. 创新企业国际化模式，提升企业国际竞争力

近年来，企业国际化和全球化步入新阶段，一方面在全球经济新常态背景下国际贸易和国际投资速度有所下降，但包括中国在内的新兴经济体在全球生产、贸易和投资领域所占的份额却高速增长。新兴市场已不再是被动的接受者，而是活跃的全球化塑造者。2013年，我国非金融类直接投资901.7亿美元，同比增长16.8%；一批优秀的大企业海外并购步伐明显加快，联想集团通过并购重组成为全球第一大PC生产商，双汇国际收购美国最大的肉制品企业史密斯菲尔德、中海油收购加拿大尼克森能源公司、吉利汽车收购英国锰铜公司，腾讯推出的聊天软件微信在全球越来越受欢迎，腾讯注资了美国移动应用软件Snapchat，百度公司也越来越多地出现在巴西、泰国和埃及等市场，大连万达集团、华为公司、新希望集团等也有诸多兼并收购动作。中国企业正进行快速的国际化发展，业务也逐步多元化，但中国大企业在集团管理模式上存在的问题已经严重制约了中国企业成为具有国际竞争力的世界一流企业的步伐。目前，国际经济不振，正在经历深刻的结构调整，许多国际企

业集团处在困难时期。中国企业应该抓住当前的机遇期，尽快建立企业集团的科学管理模式，完成管理转型，实现国际竞争力的目标。中国企业首先要突破原来固有的模式和观念，注重管理手段细化、标准化的建设，创新思路，寻找更有效的管理模式和机制落实集团战略，创造价值，把控风险；同时也要借鉴成熟的跨国公司的先进做法，结合中国企业的特色和管理优势，创新出适应中国企业发展的全球化运营和管理模式，将帮助中国企业更好地实现国际一流企业的愿景。

7. 更加注意合规经营，积极承担企业社会责任

毋庸讳言，过去我国不少企业的成长模式并没有遵循科学发展观，没有合规经营以及承担应该承担的企业社会责任，而主要是靠廉价劳动力、较低劳动保护和劳动安全、超标排放或污染，甚至通过行贿官商勾结等获取利润。合规经营是做企业的底线，承担企业社会责任是更高的要求。专家认为，"合规"通常包含以下两层含义：一是遵守公司总部所在国和经营所在国的法律法规及监管规定，二是遵守企业内部规章，包括企业价值观、商业行为准则、职业操守准则等，包括关于社会、环境、反腐败、反垄断、反欺诈等各个方面。2014年7月我国发生了上海福喜食品有限公司的食品安全事故、江苏昆山中荣金属制品有限公司的特别重大爆炸事故等事件，特别是后者造成重大人员伤亡事故，原因，是企业厂房设计和建设不完善、安全生产制度和措施落实不到位等。目前尽管已经有所进步，但仍有相当多的中国企业还没有形成合规经营和承担企业社会责任的意识，凡事都要依靠"潜规则"或"灰规则"，总以为承担企业社会责任是作秀或做公益。这当然和我国监管部门的强化合规经营的执行力度小、贯彻落实不到位有关。2011年习近平在《求是》杂志撰文《关键在于落实》，要求各部门要狠抓落实。十八大以来，我国加强了对企业合规经营的调查和监管力度，国家发改委反垄断部门连续调查了电视面板、手机芯片、汽车生产和销售中存在的价格垄断行为，纪律检查部门加强了对一些大企业的巡视和反腐败工作，目前看效果是良好的，未来我国将进一步强化对行贿受贿、违反劳动安全规定、价格垄断和不正当竞争等行为的打击。我国大企业要真正把合规经营和承担企业社会责任内化到企业核心价值观中并全力落实之。

第二章
2014 中国制造业企业 500 强分析报告

2014 中国制造业企业 500 强是中国企业联合会、中国企业家协会连续第 10 次向社会发布的中国制造业最大 500 家企业年度排行榜。与 2013 中国制造业企业 500 强相比,2014 中国制造业企业 500 强的整体增长速度有所提高,但由于企业发展状况分化、不少企业营业收入负增长,入围门槛有所下降。经济效益扭转连续两年的下滑局面,较上年增长 7.84%。在《财富》杂志 2014 年公布的全球 500 强中,有 92 家中国内地企业入围,其中制造业企业有 31 家申报并入围,比上年多 3 家。

自 2009 年以来,中国制造业企业入围中国企业 500 强的企业数量持续减少。2014 中国制造业企业 500 强中,有 260 家企业入围 2014 中国企业 500 强,比上年减少了 7 家。十年来,入围中国企业 500 强的制造业企业数量由最初的 280 家,发展到最多时的 2009 年的 294 家,此后连年减少,直至今年减少为 260 家。这 260 家企业的营业收入总额为 23.0 万亿元,占 2014 中国企业 500 强总营业收入的 40.58%,这一数值比上年(41.12%)下降了 0.54 个百分点;净利润(归属母公司所有者净利润,下同)总额为 5610.2 亿元,占 2014 中国企业 500 强实现利润总额的 23.35%,这一数值比上年提高了 3.19 个百分点。

一、2014 中国制造业企业 500 强的规模及其分布特征

1. 总体规模增幅提升,但十年中入围门槛第二次降低

2014 中国制造业企业 500 强的入围门槛由上年的 70.6 亿元下降为 67.1 亿元,下降了 4.96%。2014 中国制造业企业 500 强营业收入总额 26.1 万亿元,比上年增长了 11.57%,与上年 7.68% 的增长速度相比,增幅上涨了 3.89 个百分点;资产总额达到 23.7 万亿元,比上年增长了 10.73%;从业人数达到 1281 万人,比上年增加了 17 万人。2013-2014 中国制造业企业 500 强的总体规模对比,详见表 2-1。

表 2-1   2013-2014 中国制造业企业 500 强总体规模对比

年度\项目	入围门槛(亿元)	总营收(亿元)	总资产(亿元)	从业人数(人)	入围中国 500 强企业个数	入围世界 500 强企业个数
2014	67.1	260872.85	237436.03	12809325	260	31
2013	70.6	233822.59	214424.08	12643875	267	28
增长率	-4.96%	11.57%	10.73%	1.31%	少 7 家	增 3 家

另外，就入围门槛的变化来看，十年来中国制造业企业500强的入围门槛由2005年的20.2亿元提高到2014年的67.1亿元，提高了2倍多。十年中只有两年的入围门槛是降低的。第一次出现在2010年，入围门槛由上年的48.6亿元下降为41.6亿元，下降了14.40%。第二次就出现在今年。这两次入围门槛的下降也正反映了当时国际国内经济形势的动荡对我国实体经济的影响。详见图2-1。

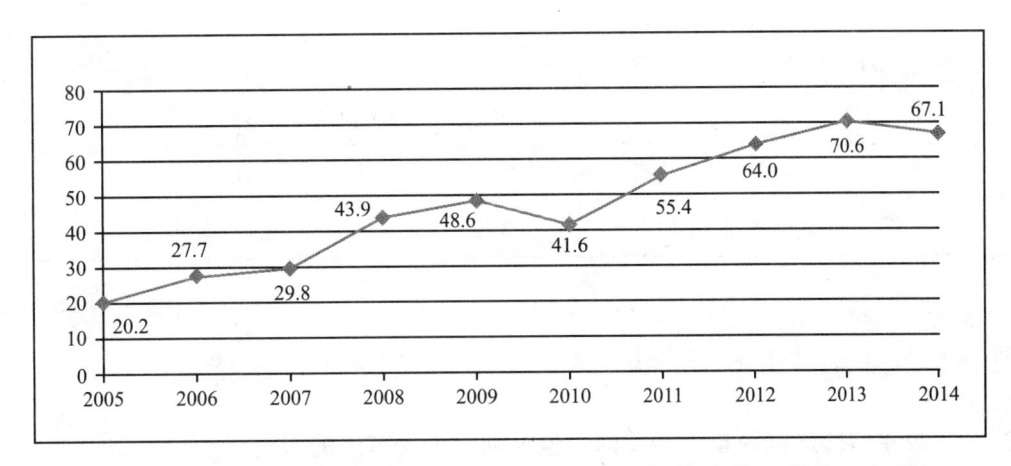

图2-1 2005—2014中国制造业企业500强入围门槛变化（单位：亿元）

从以上数据来看，随着中国工业化的不断推进，制造业规模逐年扩大是必然的。入围门槛的降低从另外一个侧面反映了经济形势的不稳定制约了我国制造业企业的发展，使得一些竞争能力弱抗风险能力差的企业没有能够跟上其他企业营业收入增长的速度，从而被中国制造业企业500强"拒之门外"。

2. 超大规模企业越来越多，规模分布上的"两极分化"趋势继续扩大

2014中国制造业企业500强中千亿规模以上的企业有54家，比上年的47家增加了7家。其中最大一家已经近3万亿元；500亿企业（营业收入超过500亿元、低于1000亿元的企业）数目达到了60家，比上年增加了7家；百亿企业（营业收入超过100亿元、低于500亿元的企业）有310家，比上年减少了14家；营业收入不足100亿元的企业有76家，与上年一样。

从资产规模来看，2014中国制造业企业500强中有55家企业资产达到1000亿元以上，比上年多10家，其中资产规模最大的仍然是中国石油化工集团公司，资产已经超过了2万亿元；另外，包括中国航空工业集团公司在内的54家企业资产超过了1000亿元；资产在500~1000亿元的企业有57家，比上年减少了3家；资产在100~500亿元的企业有243家，比上年减少了8家；资产在100亿元以下的企业有145家，比上年增加了1家。可见，2014中国制造业企业500强资产规模的分布仍然很不均衡，主要力量仍然集中分布在中等规模的企业，但超大资产规模的企业数量有不断增加的趋势。

从入围2014中国制造业企业500强前10名企业与后10名企业的情况相比来看，前10名企业营业收入总和与资产总额分别为6.5万亿元和5.2万亿元，后10名企业营业收入总和与资产总额分别为689.2亿元和621.9亿元，后10名企业营业收入总和与资产总额仅为前10名企业的1.06%与1.20%，而上年这两个比值分别为1.22%和2.24%。这又再一次说明，2014中国制造业企业500强在规模上的个体差距仍然很大，而且这种差距有愈演愈烈的趋势，在短期内是无法改变的。2013-2014中国制造业企业500强整体规模分布对比情况见表2-2。

表2-2　　　　　2013-2014中国制造业企业500强整体规模分布对照表

项目 年度	1000亿元以上		500~1000亿元		100~500亿元		100亿元以下	
	营业收入	总资产	营业收入	总资产	营业收入	总资产	营业收入	总资产
2014	54家	55家	60家	57家	310家	243家	76家	145家
2013	47家	45家	53家	60家	324家	251家	76家	144家
增长情况	增加7家	增加10家	增加7家	减少3家	减少14家	减少8家	未变	减少1家

二、2014中国制造业企业500强的经济效益及其分布特征

1. 总体经济效益扭转连续两年下滑局面，但盈利能力未有大的起色

2014中国制造业企业500强共实现净利润5610.2亿元，比上年的5202.9亿元提高了407.3亿元，增长7.84%，一改前两年净利润总额连续下降的趋势。

从人均实现利润看，2014中国制造业企业500强人均利润为4.37万元，比上年增长了9.25%；从收入利润率看，2014中国制造业企业500强平均收入利润率为2.15%，比上年略降0.08个百分点；从资产利润率来看，2014中国制造业企业500强平均资产利润率为2.36%，比上年略降0.07个百分点。从人均营业收入看，2014中国制造业企业500强人均营业收入为203万元，比上年的185.0万元提高了9.73%，这也反映了营业收入总额的增长速度比员工人数的增长速度要快。

从总体上看，2014中国制造业企业500强的总体经济效益并没有延续前两年经济效益下滑的态势。不过，虽然总体经济效益略有提升，但盈利水平几乎与上年持平，并未有大起色。可以看到，国内外经济形势的持续恶化，对我国实体经济特别是制造业企业产生的重大影响仍然在持续。

2. 效益主体仍然高度集中于少数企业，亏损企业数量及亏损额均有所减少

2014中国制造业企业500强实现利润超过100亿元的企业有7家，比上年增加1家，其利润总额为1601.0亿元，占制造业500强利润总额的28.54%，这个比例比上年提高了3.38个百分点；实现利润50~100亿元的企业有18家，比上年减少3家，其利润总额为1230.3亿元，占制造业500强利润总额的21.93%，这个比例比上年降低了6.02个百分点；实现利润在50亿元以上的企业共计25家，但其实现利润超过全部500家企业的一半比例，制造业企业的利润始终高度集中于为数不多的企业；实现利润10~50亿元的企业有94家，比上年增加了9家，其利润总额为1922.6亿元，占制造业500强利润总额的34.27%；实现利润0~10亿元的企业有350家，比上年减少了1家，其利润总额为1161.8亿元，占制造业500强利润总额的20.71%。另外，有31家企业亏损，比上年少3家，共亏损305.5亿元，亏损额比上去年减少了38.46%。2013-2014中国制造业企业500强利润分布情况见表2-3。

表 2-3　　　　　　　　　　2013-2014 中国制造业企业 500 强利润分布情况对照表

	100 亿元以上	50-100 亿元	10-50 亿元	0-10 亿元	亏损企业	未填报企业
2014	7	18	94	350	31	0
2013	6	21	85	351	34	3
变化情况	增加 1 家	减少 3 家	增加 9 家	减少 1 家	减少 3 家	—

3. 资产管理质量和利用效率均略有提高

资产周转率是衡量企业资产管理效率的重要财务指标，是考察企业资产运营效率的一项很重要的指标，体现企业经营期间全部资产从投入到产出的流转速度，反映企业全部资产的管理质量和利用效率。一般情况下，这个数值越高，表明了企业总资产周转速度越快，销售能力就越强，资产利用效率就越高。2014 中国制造业企业 500 强平均资产周转率达到 1.10 次/年，比上年的 1.09 次/年略有提高。资产周转率大于 2.00 次/年的企业有 122 家，比上年多 10 家；资产周转率小于 1.00 次/年的企业有 167 家，比上年少 4 家。总体情况好于上年。资产周转率排在首位的是江苏盛虹科贸有限公司，达到 98.60 次/年。

净资产利润率反映了企业为股东创造价值的能力，是反映企业盈利能力的一个综合指标。2014 中国制造业企业 500 强平均净资产利润率为 9.17%，比上年略减少 0.18 个百分点。从净资产利润率的角度看，2014 中国制造业企业 500 强的盈利能力低于上年水平。净资产利润率最高的杭州华东医药集团有限公司，达到了 150.39%，比上年最高的净资产利润率 71.05% 大幅提高。排在第 2 至第 5 位的分别是济源市万洋冶炼（集团）有限公司、天津华北集团有限公司、武安市运丰冶金工业有限公司、双胞胎（集团）股份有限公司，净资产利润率分别为 132.78%、100.00%、77.58%、77.20%，总体水平高于上年。另外，今年有 3 家企业的净资产利润率超过 100.00%，而上年没有。

通过与上年的数据比较可以发现，2014 中国制造业企业 500 强的资产管理质量和利用效率均略有提高，虽然幅度不大，但已经体现出了向好的趋势，希望中国制造业企业在提质增效发展这条道路上能走得更稳更长久。

4. 纳税总额低幅增长，税收贡献持续下降

纳税总额直接反映了中国制造业企业 500 强对国民经济发展所做的贡献。2014 中国制造业企业 500 强纳税总额达到了 1.69 万亿元，较上年 1.59 万亿元增长了 6.29%，增幅下降了 0.38 个百分点，呈低幅增长态势。

近年来，中国制造业企业 500 强的纳税贡献持续降低，2014 中国制造业企业 500 强纳税总额只占 2013 年全国税收总收入（12.91 万亿）的 13.09%，比上年减少 2.72 个百分点。可以看出，增长速度的放缓以及效益的下滑明显影响了企业对国家和社会做贡献的能力。同时，这一状况也可以反映出企业的税负负担有一定程度减轻。

从单个企业来看，2014 中国制造业企业 500 强中，纳税额超过 100 亿元的企业有 23 家，比上年增加了 1 家。其中，中国石油化工集团公司连续第三年纳税额超 3000 亿元，达到 3362.52 亿元。

三、2014中国制造业企业500强的行业结构与分布特征

从产业结构特征看,中国制造业企业500强门类比较齐全,传统产业、高新技术产业、轻工业、重工业等都有不同程度的发展。2014中国制造业企业500强分布在40个行业中。

1. 行业分布较为分散,各行业在市场中的地位长期稳定

从40个行业中所分布的企业数目来看,2014中国制造业企业500强的行业分布比较分散。入围企业数最多的行业,仍然是"黑色冶金及压延加工业",共有72家企业入围,比上年少9家。该行业已经连续十年占据入围企业最多的地位。十年来,由于我国经济结构不断进行调整,钢铁行业并购重组现象频出,使得该行业入围的企业数连年递减,但依然没有改变其在中国制造业企业500强中的行业地位。

入围企业数排在第2至第5位的行业分别是"一般有色冶金及压延加工业"42家,"化学原料及化学制品制造业"37家,"电力、电气等设备、机械、元器件及光伏、电池、线缆制造业"29家,"汽车及零配件制造业"28家。以上提到的5个行业,近五年来一直都排在入围企业数最多的前5位,只是位次稍有变化。

入围企业数最少的行业是"乳制品加工业"和"办公、影像等电子设备、元器件制造业",只有1家企业入围。其次是"轨道交通设备及零部件制造业"、"电梯及运输、仓储设备与设施制造业"和"农林机械、设备及零配件制造业"等3个行业,分别有2家企业入围。这一现象与去年基本一致。

通过2014中国制造业企业500强各行业入围企业数与前几年数据的对比我们发现,中国制造业企业500强的行业分布虽然比较分散,但各行业的市场地位相对稳定,个别行业中少数企业的变动不会影响整个行业在大企业中的地位。

2. 绝大部分行业的盈利能力持续下降,各行业间的显著差距仍然存在

收入利润率和资产利润率是两个能够反映企业盈利能力的指标。下面就这两个指标的变化和分布情况,分析入围2014中国制造业企业500强的各行业的盈利能力。

从收入利润率来看,2014中国制造业企业500强的平均收入利润率是2.15%。平均收入利润率高于10%的行业只有"酿酒制造业",其行业平均收入利润率达到11.52%,虽然比上年减少了3.18个百分点,但这也是其连续六年在这一指标上排在第一位。除此之外,"饮料加工业"和"烟草加工业"的行业平均收入利润率也接近10%,分别达到9.92%和9.86%。除以上三个行业之外,行业平均收入利润率高于2.15%的还有"乳制品加工业"等20个行业。另外,还有17个行业的平均收入利润率低于2.15%,其中,行业平均收入利润率最低的仍然是"黑色冶金及压延加工业"(仅为0.31%)。与上年相比,行业平均收入利润率低于平均数的行业比上年多了3个。

从资产利润率来看,2014中国制造业企业500强的平均资产利润率为2.36%。平均资产利润率高于10%的行业有3个,其中"饮料加工业"的行业平均资产利润率最高,为17.09%;另外,"塑料制品业"的行业平均资产利润率为11.02%,"烟草加工业"的行业平均资产利润率为10.94%。除以上三个行业之外,还有18个行业的平均资产利润率高于2.36%。另外,有19行业的平均资产利

润率低于2.36%，其中"黑色冶金及压延加工业"的行业平均资产利润率最低，为0.30%。详见表2-4。

表2-4　2012-2014中国制造业企业500强按行业平均指标对照表

项目 行业	平均收入利润率(%)			平均资产利润率(%)			入围企业数		
	2012	2013	2014	2012	2013	2014	2012	2013	2014
酿酒制造业	12.55	14.70	11.52	9.27	10.75	8.04	9	9	7
黄金冶炼及压延加工业	12.02	3.74	1.02	14.72	4.28	1.13	4	4	5
烟草加工业	8.79	9.46	9.86	9.92	10.92	10.94	14	13	13
电梯及运输、仓储设备与设施制造业	7.35	5.83	4.03	6.37	4.50	3.11	3	2	2
办公、影像等电子设备、元器件制造业	7.27	4.75	4.29	1.87	1.87	5.53	1	2	1
工程机械、设备及零配件制造业	6.69	4.54	3.00	6.71	3.85	2.20	12	13	10
纺织品、服装、鞋帽（含皮草、毛、绒等）加工业	6.68	4.62	4.33	6.94	4.75	4.86	14	14	16
船舶工业	6.30	4.01	3.51	3.31	1.90	1.76	8	6	6
塑料制品业	6.05	4.46	4.18	9.20	6.78	11.02	3	3	3
食品加工制造业	6.02	2.48	2.26	5.11	2.10	1.86	9	10	11
乳制品加工业	4.83	4.09	6.67	9.08	8.67	9.69	1	1	1
通讯器材及设备、元器件制造业	4.41	3.86	5.60	5.10	4.43	6.68	5	5	7
橡胶制品业	4.37	4.77	4.67	7.50	8.92	8.12	6	8	7
医药、医疗设备制造业	4.19	3.86	3.96	4.83	4.79	4.73	14	14	16
纺织、印染业	3.89	3.33	2.86	6.42	5.53	4.83	14	13	13
造纸及纸制品加工业	3.83	2.89	2.94	4.14	2.79	2.95	7	8	7
化学纤维制造业	3.82	1.91	1.18	6.01	3.22	2.10	14	14	14
建筑材料及玻璃等制造业	3.62	3.15	1.90	2.97	2.15	1.38	17	14	14
农林机械、设备及零配件制造业	3.48	3.25	2.29	10.05	8.53	5.87	2	2	2
汽车及零配件制造业	2.96	2.78	2.75	4.28	3.90	3.67	28	25	28
肉食品加工业	2.95	3.70	3.60	4.85	5.54	4.95	6	6	5
化学原料及化学制品制造业	2.67	1.57	1.40	2.39	1.42	1.37	35	36	37
家用电器及零配件制造业	2.61	3.43	4.20	3.17	3.91	4.74	13	13	12

项目 行业	平均收入利润率(%)			平均资产利润率(%)			入围企业数		
	2012	2013	2014	2012	2013	2014	2012	2013	2014
综合制造业（以制造业为主，含有服务业）	2.43	2.08	1.44	2.87	2.12	1.53	23	24	22
工业机械、设备及零配件制造业	2.41	2.57	2.00	2.22	2.32	1.70	9	10	10
轨道交通设备及零部件制造业	2.39	2.32	2.48	2.00	1.91	1.92	2	2	2
石化产品、炼焦及其他燃料加工业	2.34	1.71	1.76	3.39	2.48	2.55	19	18	20
饮料加工业	2.23	11.05	9.92	4.26	18.07	17.09	3	3	4
农副食品及农产品加工业	1.99	1.87	1.64	3.33	3.04	2.69	14	12	14
航空、航天及国防军工业	1.91	1.32	1.29	1.35	1.11	1.08	5	4	4
电力、电气等设备、机械、元器件及光伏、电池、线缆制造业	1.90	2.69	2.45	2.31	3.58	3.24	31	26	29
电子元器件与仪器仪表、自动化控制设备制造业	1.86	1.63	1.41	2.05	1.73	1.41	9	8	6
一般有色冶金及压延加工业	1.83	0.93	1.00	1.89	1.05	1.22	35	41	42
生活用品（含文体、玩具、工艺品、珠宝）等轻工产品加工制造业	1.83	1.65	1.68	2.87	2.46	2.76	4	5	4
金属制品、加工工具、工业辅助产品加工制造业	1.71	1.22	1.46	2.30	1.61	2.00	13	13	17
摩托车及零配件制造业	1.71	2.12	1.78	1.45	1.83	1.66	3	4	4
黑色冶金及压延加工业	1.56	0.01	0.31	1.45	0.01	0.30	80	81	72
计算机及零部件制造业	1.42	0.91	1.03	1.23	0.85	1.01	4	4	3
动力、电力生产等装备、设备制造业	1.39	0.94	1.99	1.12	0.70	1.54	7	8	7
木材、藤、竹、家具等加工及木制品、纸制品等印刷、包装业	—	11.25	2.48	—	8.64	1.18	0	2	3

通过表2-4的数据对比分析可以看出，入围的40个行业中绝大部分行业的平均盈利能力有所下降，个别行业严重下滑，行业间差距显著。

3. 黑色冶金及压延行业盈利能力连续两年垫底，与行业规模极度不匹配

如前所述，2014中国制造业企业500强中入围企业数最多的行业分别是"黑色冶金及压延加工业"、"一般有色冶金及压延加工业"、"化学原料及化学制品制造业"、"电力、电气等设备、机械、元器件及光伏、电池、线缆制造业"和"汽车及零配件制造业"，分别有72家、42家、37家、29家和28家企业入围。但从表2-4的数据可以看出，这5个行业中有3个行业的平均盈利能力都低于平均水平，其他2个行业的平均盈利能力也只是略高于平均水平。这与它们庞大的规模相比非常不匹配。需要引起注意的是，作为入围企业数量连续数年排在首位的重点行业"黑色冶金及压延加工业"，虽然入围企业数最多，但盈利能力却与之相差甚远，已经连续两年平均收入利润率和资产利润率双双落至末位，而且与其他行业的差距相当悬殊，希望能够引起行业内部乃至整个社会的关注。

2014中国制造业企业500强分行业主要指标见表2-5。

表2-5　　　　　　　　　　2014中国制造业企业500强分行业主要指标

名称	企业数	营业收入（万元）	利润（万元）	资产（万元）	纳税总额（万元）	从业人数（人）
全国	500	2607653198	56101785	2374360343	168813276	12809325
黑色冶金及压延加工业	72	431031551	1329503	443858638	9987127	1926042
一般有色冶金及压延加工业	42	229933340	2288031	187016446	4361398	781187
化学原料及化学制品制造业	37	106175515	1485242	108411808	3603890	485385
电力、电气等设备、机械、元器件及光伏、电池、线缆制造业	29	63936636	1566499	48365925	1929581	357958
汽车及零配件制造业	28	288835366	7935019	215971931	30324848	1024173
综合制造业（以制造业为主，含有服务业）	22	99452669	1429539	93383887	3087380	628094
石化产品、炼焦及其他燃料生产加工业	20	360211071	6325900	248172203	35463592	1106287
金属制品、加工工具、工业辅助产品加工制造业	17	23806773	347047	17332156	530173	106380
医药、医疗设备制造业	16	41240473	1633232	34550292	1897530	265316
纺织品、服装、鞋帽、服饰加工业	16	32152706	1391672	28663776	1514656	307440
建筑材料及玻璃等制造业	14	68760153	1309062	94931182	4590113	481415
农副食品及农产品加工业	14	40001148	656438	24398436	818807	307617
化学纤维制造业	14	50449074	597154	28400399	918947	150079
烟草加工业	13	55348107	5455375	49884134	33960040	106439
纺织、印染业	13	51034706	1457826	30180886	1997923	268923
家用电器及零配件制造业	12	82009027	3446733	72704633	4237882	516292
食品加工制造业	11	34394902	775739	41779906	1112128	236731
工程机械、设备及零配件制造业	10	32036660	961766	43702102	1241891	156842
工业机械、设备及零配件制造业	10	18392099	367156	21622865	761540	145157
通讯器材及设备、元器件制造业	7	55253629	3095698	46371905	7015226	337364
酿酒制造业	7	21525797	2479735	30860588	4121588	174283

名称	企业数	营业收入（万元）	利润（万元）	资产（万元）	纳税总额（万元）	从业人数（人）
造纸及纸制品加工业	7	29911402	880511	29840730	896657	93571
动力、电力生产等装备、设备制造业	7	37621354	748491	48566235	1204569	139921
橡胶制品业	7	15211414	710143	8749556	507969	59794
船舶工业	6	26797515	940125	53416092	938621	220795
电子元器件与仪器仪表、自动化控制设备制造业	6	27467177	386854	27425985	854036	183811
肉食品加工业	5	20716225	746384	15076649	784272	228035
黄金冶炼及压延加工业	5	27609316	281987	24882081	1050782	119278
航空航天及国防军工业	4	123872183	1598685	147407946	4711166	1150154
饮料加工业	4	12208328	1211125	7084743	971586	62545
生活用品（含文体、玩具、工艺品、珠宝）等轻工产品加工制造业	4	14194102	238990	8670463	333431	76828
摩托车及零配件制造业	4	7449349	132664	7974990	231347	55946
计算机及零部件制造业	3	33425209	344640	34276185	801165	112395
塑料制品业	3	3975920	166077	1507661	72876	5523
木材、藤、竹、家具等加工及木制品、纸制品等印刷、包装业	3	3198834	79224	6700007	168052	81158
轨道交通设备及零部件制造业	2	19898444	492489	25637198	1070505	176579
电梯及运输、仓储设备与设施制造业	2	7998290	322679	10390573	366405	69500
农林机械、设备及零配件制造业	2	5388371	123611	2105109	84284	38450
乳制品加工业	1	4777887	318724	3287739	250611	58639
办公、影像等电子设备、元器件制造业	1	1025786	44016	796303	38682	6999

4. 利润高度集中于少数行业和企业

在2014中国制造业企业500强中，实现利润最多的前5个行业分别为"汽车及零配件制造业"、"石化产品、炼焦及其他燃料生产加工业"、"烟草加工业"、"家用电器及零配件制造业"和"通讯器材及设备、元器件制造业"，这5个行业共80家企业实现利润总额2625.87亿元，占2014中国制造业企业500强利润总额的46.81%。不到两成的企业实现了几乎一半的利润，这也充分说明了在2014中国制造业企业中，利润高度集中于少数行业和企业。

四、2014中国制造业企业500强的区域结构与分布特征

中国制造业企业500强的企业总部分布格局与中国地区经济的发展程度基本保持一致，并且长期

以来始终稳定在一种发展相对不均衡的状态上，这种不均衡状态与地区经济发展的差异性一样在短期内不会改变。

2014中国制造业企业500强总部所在地涉及了30个省、自治区、直辖市，只有西藏没有企业入围2014中国制造业企业500强。这500家企业在各个地区的分布同以往一样，呈现出不均衡性。其中东部地区有336家企业，占67.20%；中部地区有65家企业，占13.00%；西部地区有72家企业，占14.40%；东北地区有25家企业，占5.00%。总体上看，东部地区企业数量减少，其他地区企业数量增加。

东部地区：浙江92家、江苏45家、山东62家、北京36家、河北35家、广东22家、天津19家、上海18家、福建6家、海南1家。这10省市共有336家企业入围，比上年少9家，占2014中国制造业企业500强总数的67.20%，超过了2/3的比例。

中部地区：河南14家，安徽10家，湖南7家，湖北17家，江西14家，山西3家。这6省区共有65家企业入围，比上年多4家，占2014中国制造业企业500强总数的13.00%。

西部地区：四川18家、重庆14家、云南9家、陕西5家、广西10家、内蒙古3家、甘肃3家、贵州2家、新疆3家、青海3家、宁夏2家。这11个省市共有72家企业进入2014中国制造业企业500强，比上年多3家，占14.40%。

东北地区：辽宁18家、黑龙江5家、吉林4家。这3个省共有27家企业进入2014中国制造业企业500强，比上年多了2家，占5.40%。

图2-2是2005—2014中国制造业企业500强的企业在各个区域分布的变化示意图。十年来，东部地区入围中国制造业企业500强的企业数目基本上保持在70%左右，中、西部地区以及东北地区在

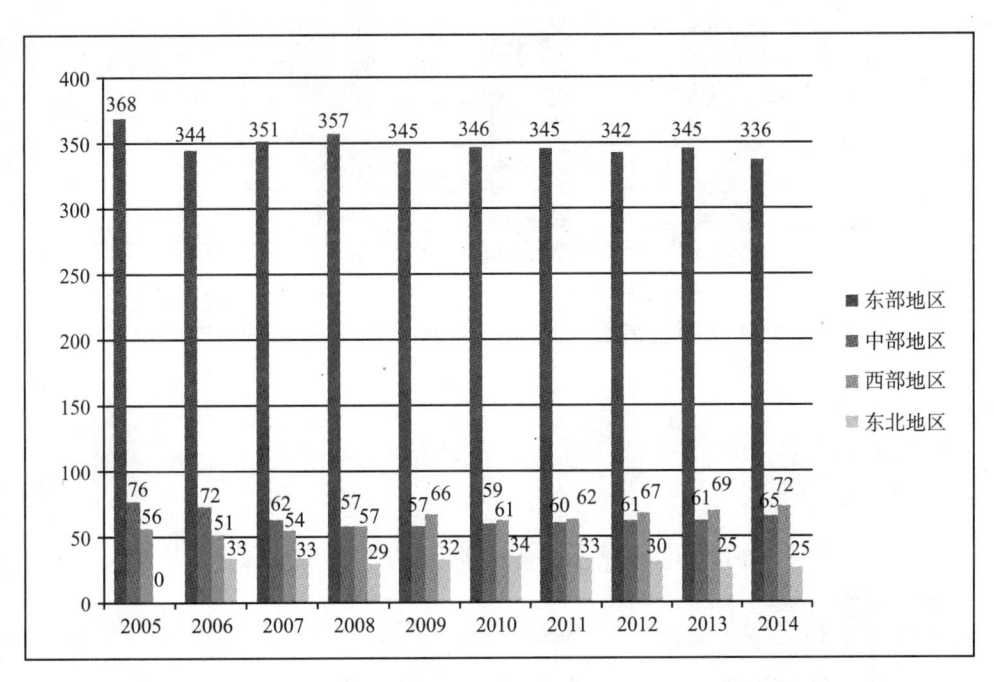

图2-2　2005-2014中国制造业企业500强区域分布变化示意图

过去的几年里受到"中部崛起"、"西部大开发"、"振兴东北老工业基地"等区域扶持政策的支持后，虽然入围的企业数目有所增加，但幅度不大。

从经济总量上看，2014中国制造业企业500强营业收入总额为26.1万亿元，利润总额为5610.2亿元，资产总计为23.7万亿元，其中绝大部分集中在东部，东部地区的营业收入、利润总额、资产总额分别为19.6万亿元、4265.2亿元、17.1万亿元，各占全国的75.10%、76.03%、72.15%。各地区营业收入、利润总额及资产总额及其在全国所占比例分布，见表2-6及图2-3。

表2-6　　2014中国制造业企业500强四大地区主要指标

名称	营业收入（万元）	利润总额（万元）	资产总额（万元）
东部地区	1956521349	42651747	1713589069
中部地区	275670234	4928308	234050489
西部地区	248075814	6670180	291490216
东北地区	128461111	1851550	135230569

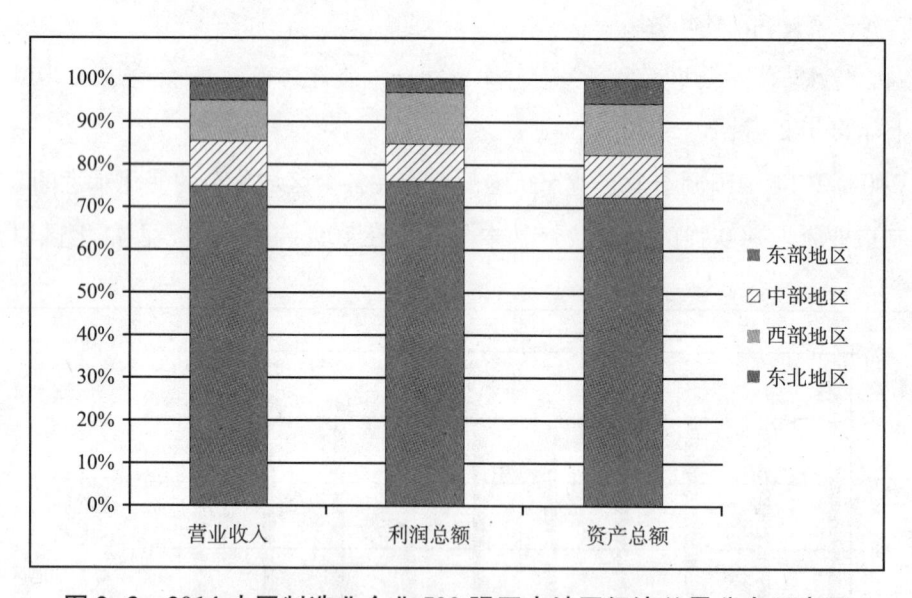

图2-3　2014中国制造业企业500强四大地区经济总量分布示意图

2014中国制造业企业500强分地区主要指标详见表2-7。

表2-7　　2014中国制造业企业500强分地区主要指标

名称	企业数	营业收入（万元）	利润（万元）	资产（万元）	纳税总额（万元）	从业人数（人）
全国	500	2608728508	56101785	2374360343	168813276	12809325
浙江	92	224129032	5741848	155901122	10056554	948222

名称	企业数	营业收入（万元）	利润（万元）	资产（万元）	纳税总额（万元）	从业人数（人）
山东	62	235960880	6841534	174271551	8855399	1046782
江苏	45	191293229	3493045	129567041	4801420	676895
北京	36	778434064	9735264	769031478	51989202	4086851
河北	35	89545312	1782150	73750639	3249883	457344
广东	22	149821292	5773934	128813190	11094282	910326
天津	19	89288949	2450983	72861824	2659214	372503
上海	18	181935443	6280494	192314926	19261901	556997
辽宁	18	66749104	−362082	81798560	4669808	471141
四川	18	63266301	1746816	62369465	3459456	443303
湖北	17	108088661	1886082	84360747	9155768	484589
重庆	14	27520776	228430	32656142	1855526	226293
河南	14	30232095	966999	26561906	1171708	192405
江西	14	47397800	540367	28773403	2272885	211927
安徽	10	41006679	579981	39789587	1696718	219745
广西	10	23308529	473042	26728947	1881778	189948
云南	9	39987707	1364686	54304052	11848039	218334
湖南	7	31052523	918530	36946720	1154906	143055
福建	6	15089625	522653	15695027	2457393	92141
黑龙江	5	8374523	156921	14979489	1064293	75190
陕西	5	21820769	99367	22147249	543651	122047
吉林	4	53337484	2056711	38452520	7392694	195418
山西	3	17892476	36349	17618126	291187	65020
甘肃	3	34135325	180351	29741190	480593	88373
青海	3	4456306	99989	11573846	354981	38554
新疆	3	7220320	209814	13038893	306087	43670
内蒙古	3	11852189	356633	23255680	986844	148267
贵州	2	6784198	1354910	9233233	3653982	32927
宁夏	2	7723394	556142	6441519	69276	42126
海南	1	1023523	29842	1382271	77848	8932

五、2014 中国制造业企业 500 强的所有制分布特征

在 2014 中国制造业企业 500 强中，有 205 家国有企业，比上年减少 4 家，占总数的 41.00%；295 家民营企业，占总数的 59.00%。中国制造业企业 500 强中的国有企业数目连续 5 年减少，国有与民营企业在相关领域内发挥着各自的优势。

1. 国有企业在数量上的占比略有下降，但仍然占据主导地位

入围 2014 中国制造业企业 500 强的 205 家国有企业的营业收入总额为 17.0 万亿元，占总量的 65.35%；净利润总额达到 3086.8 亿元，占总量的 55.02%；资产总额为 17.3 万亿元，占总量的 72.82%；纳税总额达到 1.4 万亿元，占总量的 81.95%。而 295 家民营企业的营业收入总额为 9.0 万亿元，仅占总量的 34.65%；利润总额达到 2523.4 亿元，占总量的 44.98%；资产总额为 6.5 万亿元，占总量的 27.18%；纳税总额达到 3046.4 亿元，占总量的 18.05%。205 家国有企业的平均营业规模和资产规模为 831.7 亿元和 843.4 亿元，分别是民营企业（306.4 亿元和 218.8 亿元）的 2.71 倍和 3.85 倍。详见表 2-8、表 2-9。

表 2-8　　　　　2014 中国制造业企业 500 强按所有制分类的主要指标

名称	企业数	营业收入（万元）	利润（万元）	资产（万元）	纳税总额（万元）	从业人数（人）
全国	500	2608728508	56101785	2374360343	168813276	12809325
国有	205	1704933067	30867696	1729008431	138349356	8731674
民营	295	903795441	25234089	645351912	30463920	4077651

表 2-9　　　　　2014 中国制造业企业 500 强主要指标所有制分布

名称	企业数（%）	营业收入（%）	利润（%）	资产（%）	纳税总额（%）	从业人数（%）
国有	41.00	65.35	55.02	72.82	81.95	68.17
民营	59.00	34.65	44.98	27.18	18.05	31.83

与上年相比，国有企业在经济总量上的占比均略有下降，但仍然占据主导地位，收入、资产、就业人员占比仍明显高出民营企业。

2. 国有企业在税收上的贡献是民营企业短期内无法超越的

在全部制造业 500 强中，国有企业以 65.35% 的收入份额贡献了 81.95% 的纳税份额，百元收入纳税率为 8.11 元，是民营企业（3.37 元）的 2.41 倍。虽然国有企业所占份额较上年（85.07%）有所降低，但绝对优势依然无法超越。国有企业的收入利税率（（纳税总额+净利润）/营业收入）为 9.93%，明显高于民营企业 6.16% 的水平。

3. 经营绩效与上年基本持平，但民营企业始终好于国有企业

从盈利性的角度看，国有企业的经济绩效一直不如民营企业。205 家国有企业中，有 14.15%

(29家）的企业亏损，亏损额达304.7亿元，而295家民营企业中仅有2家（0.68%）企业亏损，亏损额为0.8亿元。

从盈利水平看，国有企业和民营企业的盈利水平与上年基本持平。2014中国制造业企业500强中205家国有企业的平均收入利润率为1.81%，低于295家民营企业的2.79%；平均资产利润率为1.79%，低于民营企业的3.91%。从资产管理效率来看，2014中国制造业企业500强中的国有企业的平均资产周转率为0.99次/年，低于民营企业的1.40次/年。从劳动生产率指标来看，国有企业的人均营业收入为195.3万元，低于民营企业的221.7万元；国有企业的人均利润为3.5万元，低于民营企业的6.2万元。详见表2-10。

表2-10　　　　2014中国制造业企业500强按所有制分类的经济效益与效率

名称	资产利润率（%）	人均利润（万元）	资产周转率（%）	人均营业收入（万元）	收入利润率（%）
国有	1.79	3.54	98.61	195.26	1.81
民营	3.91	6.19	140.05	221.65	2.79

六、2014中国制造业企业500强的研发状况

1. 研发投入费用有所增加，但研发强度略有下降

2014中国制造业企业500强中有466家填报了研发投入数据，共投入研发费用总额为4496.0亿元，比上年的4273.6亿元提高了5.20%，增速低于上年的8.95%；平均研发费用为9.65亿元，比上年增长了6.04%。研发投入费用最多的5家企业分别是华为技术有限公司（306.7亿元）、中国航空工业集团公司（233.4亿元）、中国航天科工集团公司（166.9亿元）、中国兵器装备集团公司（113.8亿元）、中国船舶重工集团公司（92.3亿元），其研发投入占各自营业收入的比例分别为12.83%、6.68%、11.73%、3.15%、4.93%。

2014中国制造业企业500强的平均研发强度（研发费用占营业收入的比重）为1.78%，比上年略降0.09个百分点。2014中国制造业企业500强的研发强度超过10%的企业有2家，比上年减少2家；在5%~10%之间的企业有21家，比上年减少5家；在3%~5%之间的企业有81家，比上年增加3家；在1%~3%之间的企业有172家，比上年减少21家；有190家企业的研发投入比例小于1%，比上年增加11家。

2. 研发投入增长率持续降低

随着营业收入增长率的降低，众多企业的研发投入增长率延续上年下降的态势。在填报数据的466家企业中，虽然有一定数量的企业自身研发投入的水平有了一定程度的提高，但整体水平仍然在走"下坡路"。其中，有18家企业的研发投入增长率高于100%，比上年减少9家，占总数的3.86%；有23家企业的研发投入增长率在50%~100%之间，比上年减少8家，占总数的4.94%；有35家企业的研发投入增长率在30%~50%之间，比上年少10家，占总数的7.51%；有113家企业

的研发投入增长率在10%~30%之间,比上年减少16家,占总数的24.25%;有144家企业的研发投入增长率在0%~10%之间,比上年增加11家,占总数的30.90%;另外,还有133家企业的研发投入增长率出现了负增长,比上年增加26家,占总数的28.54%。详见表2-11。

表2-11　　2013-2014中国制造业企业500强研发投入增长情况对比

	超过100%	50%~100%	30%~50%	10%~30%	0~10%	0以下
2013年	27	31	45	129	133	107
占总数比例	5.72%	6.57%	9.53%	27.33%	28.18%	22.67%
2014年	18	23	35	113	144	133
占总数比例	3.86%	4.94%	7.51%	24.25%	30.90%	28.54%
增长情况	减少9家	减少8家	减少10家	减少16家	增加11家	增加26家

通过以上两年数据变化的对比可以发现,研发投入增长率高的企业数量越来越少,大部分企业都集中在中下游水平,而且有逐年增加的趋势。这也说明,在经济形势不好的情况下,企业很有可能为了节约成本,首先缩减周期长、见效慢的研发投入。

3. 专利数和发明专利数继续大幅提高

2014中国制造业企业500强中有454家企业填报了专利情况,共拥有专利38.1万项,比上年(449家)的27.8万项增加了37.05%;其中发明专利10.8万项,比上年的7.5万项增加了44.00%,占全部拥有专利数量的28.22%;从平均数来看,454家企业平均每家拥有专利840项,比上年增长了35.48%;平均拥有发明专利237项,比上年增长了41.92%。中国石油化工集团公司是拥有专利和发明专利最多的企业,拥有33007项专利,发明专利16715项。

虽然通过专利数量尤其是发明专利的数量增加,能够看出我国企业越来越重视自主研发能力和研发水平的提高,但由于基础差、底子薄,与国际上先进企业相比还存在巨大的差距,投入的产出比以及研发效率亦有不小提升的空间。

七、2014中国制造业企业500强的海外经营状况

1. 海外营业收入略有增长,但占比有所下降

2014中国制造业企业500强中,有237家企业填报了海外营业收入,共实现海外营业收入2.9万亿元,比上年的2.8万亿元增长了3.57%;占其营业收入总额的15.35%,比上年的16.13%降低了0.78个百分点。

海外营业收入超过500亿元的企业与上年一样有10家,其中仍然有6家企业超过了1000亿元,分别是中国石油化工集团公司(9454.1亿元)、联想控股股份有限公司(1393.0亿元)、浙江吉利控股集团有限公司(1280.5亿元)、中国兵器工业集团公司(1146.9亿元)、正威国际集团有限公司(1134.0亿元)、中国兵器装备集团公司(1101.4亿元)。海外营业收入占总收入比例超过50%的企

业有8家,与上年一样,详见表2-12;在30%-50%之间的有13家,比上年多1家。

表2-12　2014中国制造业企业500强中海外营业收入占比超过50%的企业

公司名称	总排名	海外占总收入比例(%)	海外收入(万元)
共青城赛龙通信技术有限公司	476	98.00	752806
浙江吉利控股集团有限公司	34	80.82	12804879
中国国际海运集装箱(集团)股份有限公司	96	64.20	3715584
天狮集团有限公司	194	61.00	1859789
联想控股股份有限公司	15	57.08	13930027
上海纺织(集团)有限公司	135	53.87	2330318
中兴通讯股份有限公司	77	52.58	3955582
宁波申洲针织有限公司	424	50.33	505649

2. 海外资产基本保持平稳,海外从业人数大幅增加

2014中国制造业企业500强中,有183家企业填报了海外资产数据。这183家企业的海外资产总额达到了2.2万亿元,比上年177家企业的2.0万亿元增加了10.00%;占其资产总额的13.20%,比上年减少了0.3个百分点。海外资产超过100亿元的企业有30家,其中9家企业超过了500亿元。海外资产占比超过50%的仍然只有浙江吉利控股集团有限公司1家(65.31%),在30%-50%之间的有12家。

另外,2014中国制造业企业500强共有194家企业填报了海外从业人数,共有海外员工33.6万人,较上年大幅增加了18.73%。另外,浙江吉利控股集团有限公司的海外员工占总员工的比例也超过了50%,达到56.71%。

八、2014中国制造业企业500强发展中存在的问题

制造业的兴衰,印证的是大国的兴衰,没有强大的制造业,就不可能成为经济大国和强国。金融危机爆发后,世界各国围绕制造业发展进行了新一轮的激烈竞争,在技术创新和产业升级引领下,先进制造业发展成为大国关注的焦点。

然而,国际金融危机的爆发促使我国经济结构调整、消化以往刺激政策,从而使得我国宏观经济增长由过去30多年的高速增长转变为中高速增长。面对全球经济深度调整的复杂局面,我国制造业在发展中所面临的形势也极为严峻。有人用"哭泣曲线",即中国这个制造大国在流泪表明中国制造的困境。中国人口红利消失、土地价格上涨、环保压力增大、税收优惠减少等因素带来的制造业成本高企,加上出口的疲软和贸易保护主义的打击,中国制造业将面临前有发达国家"再工业化"的阻截,后有东盟、印度、拉美等国家和地区加速追赶的双重压力。中国制造业企业的发展面临诸

多问题，其中比较突出的是以下几个方面：

1. 产能过剩问题严重制约着部分行业大企业的发展

产能过剩一直是近年来中国产业发展的"痼疾"。同时，严重制约着中国制造业大企业的发展。产能利用情况最为直接的指标即为产能利用率（capacity utilization），被定义为长期均衡中的实际产量与最佳生产能力之间的差异，是用于反映工业经济实力和工业经济走势的一个主要指标。美国、日本等国家很早就开始对产能利用率指标进行工业统计和跟踪分析，可惜我国没有编制及公布这个指标。虽然中国没有产能过剩的指标，但无论是属于高耗能的电解铝、钢铁制造，还是新兴产业的光伏太阳能和风电，以及造船和钢铁业中高端产品的硅钢，均被业界公认为"产能过剩"。

从传统的钢铁、水泥等基建行业企业，到光伏产业等代表未来新兴产业发展方向的高科技企业，中国制造业企业的产能过剩是普遍的。就传统行业而言，根据工业和信息化部在其发布的《2013年中国工业经济运行报告》中指出，当前，我国产能过剩已呈现出行业面广、过剩程度高、持续时间长等特点，是影响工业经济持续健康发展的突出矛盾。去年以来，国家统计局统计的6万余户大中型企业产能综合利用率基本低于80%，产能过剩从钢铁、有色金属、建材、化工、造船等传统行业向风电、光伏、碳纤维等新兴产业扩展，部分行业产能利用率不到75%，但一些过剩行业投资增长仍然较快，新的中低端产能继续积累，进一步加剧了产能过剩矛盾。

例如，钢铁制造行业产能过剩已持续好几年，在2007年前，粗钢产能利用率在83%以上，但2007年后产能利用率整体下了一个台阶，再也没有回到80%，即长期产能过剩的体现。然而国内企业的增产意愿仍然旺盛。据中国钢铁相关网站"中联钢网"统计，2014年中国将有24座新增高炉投入运行，年设计产能为3500万吨。虽然与2013年新增加的7000万吨相比减少了约一半，但在行情低迷的情况下，产能仍将持续被增强。

国务院发展研究中心近期对3545家企业的调查显示，67.7%的企业认为，要消化目前的过剩产能，需要"3年以上"的时间，其中认为需要"5年及以上"的企业占到22.7%。化解产能过剩的任务依然十分艰巨。

2. 企业技术创新能力较弱，装备制造业企业核心零部件、关键设备等依赖进口

我国制造企业普遍存在研发投入低、创新能力不强的问题。在汤姆森路透评选的"全球创新企业百强"榜单中，2011-2013年我国企业连续3年无一入选。2012年，我国申请国际专利合约（PCT）的数量约为美国的1/3，且同族专利、交叉许可专利少，专利影响力低。我国大量企业以引进技术、组装生产为主，技术对外依存度高达50%以上，出口产品附加值和技术含量不高。同时，各地区研发中心普遍存在着"小而全"、重复建设、研发力量分散、覆盖范围小、重研发轻应用的情况。在对未来发展具有关键、颠覆性影响的重大技术创新上，欧美国家的领先优势和我国的弱势地位形成鲜明对比。

此外，长期以来，我国产业政策对基础性、配套性产品重视不够，很多关键基础材料、核心基础零部件依赖进口。95%的高档数控系统，80%的芯片，几乎全部高档液压件、密封件和发动机要依靠进口，使得这些行业沦为组装加工业，产品附加值较低。国产风电机组传动齿轮保修期仅2年，而国外产品寿命一般在20年以上，轴承和对接螺栓等全部从国外进口。高端机械装备主轴承平均寿命约300小时，仅相当于美国20世纪60年代的1%，且故障频发。薄弱的基础能力限制了我国先进制造企业整机能力的提升。

3. 部分企业集团管控能力低下不能支持业务规模的快速扩张

随着规模的快速发展，对企业内部管理的要求也不断提高，与国际企业发展相似，集团管控能力和管控水平在很大程度上决定了企业的竞争地位和发展能力。只有结合自身特色不断完善管控模式，形成有效管理机制，才能支持业务规模的进一步扩大，获得良好的经营效益。失败的制造业500强企业往往是在组织管控维度没有与业务发展形成有机匹配，从而减缓了发展步伐。对于大中型企业而言，组织管控已不仅是一种管理手段，更是企业发展的核心竞争力之一。

而中国制造业企业长期以来不太关注内部管理，随着企业规模的增长，集团化的企业越来越多，但是很多集团做大以后就出现了组织和管理效率低下、管理成本骤增、内部管理信息不对称、总部价值迷失、随下属企业管理失衡等大企业弊，总归是由企业组织管理、集团管控的能力跟不上企业发展的脚步的造成的。管理能力与业务规模的不对称将大大影响企业的发展，致使中国制造业企业的产出效益与资产规模之间不相匹配，整体缺乏国际竞争力。我国制造业企业尤其是集团化企业面对行业的转型升级和多边的外部环境，急需提高企业的集团管控能力。

4. 很多企业仍然面临职业化的管理人员及技术人才的严重短缺

目前中国的制造业企业正面临转型，急切需要解决的就是技术升级和管理升级的问题。而中国绝大部分企业普遍存在"重技术改造，轻管理升级"或"重技术引进，轻管理学习"问题。过去30年，中国企业花大量资金引入设备和技术，对管理重要性认识不足，以至于用一流设备、超一流厂房，却只能生产出二流、三流的产品。中国的企业在人才储备方面也显出了劣势，对转型升级造成了很大的制约。

1）运营管理人才缺乏制约企业效率的提高

目前最重要的运营管理挑战是如何在全球市场运营，例如是否在中国或者印度进行离岸运营，自己拥有生产性资产还是外包出去，如何与国外的企业合作。这些都是很复杂、经常会引起争议的问题，也让中国企业面临着许多运营管理的挑战。到目前为止，中国大多数管理层由本土的职业经理人担当要职，管理水平良莠不齐，企业重技术轻管理现象比较普遍。

中国制造业难以突破的背后是中国企业的管理软肋，尤其表现在对运营管理人才培养的忽视。一些企业尚没有充分意识到运营管理人才的重要性。而另一方面，已经意识到人才重要的企业却没有这个魄力和耐心培养人才。中国下一代的企业管理者面临一个迫切的问题，因为中国不能再依赖廉价的劳动力去发展经济，中国必须导入更多高技术的和可以提升效率的经济发展方式。

2）专业技术人才的缺乏制约制造业企业的转型升级

制造业企业升级的话题在国内常谈常新。尤其是最近几年，随着劳动力成本抬升，以及人民币汇率升值，中国制造业企业所倚赖的成本优势被逐渐蚕食，也让制造业企业的转型升级变得愈发迫切。而产业技术工人的短缺令技术升级功亏一篑。近几年来，随着多数中国企业陆续走上转型升级的道路，技术工短缺对于中国制造业企业的约束也表现得越来越明显。

许多制造业企业的高管则感叹，制造业升级有三个关键要素，新设备、新技术和新人才，"目前人才短缺是企业最头疼的问题。因为新设备有钱就能买到，新技术可以引进，但掌握新设备的技工不是短时间就培养成的"。这种"万事俱备，只欠技工"的情况，严重制约了中国制造业企业的转型升级之路。

5. 中国制造业企业的"空心化"程度加剧

劳动力供给"刘易斯拐点"的出现以及土地要素价格的上升，造成制造企业成本急剧攀升，形成了对制造企业利润的无情吞噬。在市场需求持续低迷下，利润的急剧萎缩已经构成了对制造企业经营热情的重大挫伤，加上金融、房地产业和制造业之间比较收益的强烈落差也大大地贬损和冲抵制造企业生产动能，于是不少企业选择"逃离"制造业。

金融危机后，发达国家纷纷出台刺激经济政策。美国的振兴经济方案中就包括了"购买美国货"和"雇佣美国人"条款，该方案坚持经济刺激计划基金支持的公共工程项目所使用的钢材和其他制成品必须为美国生产。欧元区内也执行了相应"只雇本国人，只买本国货，不许工厂外迁，向外国货物征收高额关税"政策。发达国家贸易保护倾向显现，世界范围内制造业出口情况受到严重影响。中国制造业产品以外向型为主，主要供于出口，对国外市场依赖比较大。中美贸易摩擦、中欧贸易摩擦频繁爆发，中国从光伏、数码到轮胎等快速增长的出口产品无一例外遇到惩罚性关税，中国制造业企业遭到严重打压。中国制造业正遭遇"制造业回流"冲击，中国制造业企业的"空心化"程度还将加剧。

另外，还有不可忽视的"技术空心化"问题，实际上中国制造企业的低端制造、低成本竞争、低附加值出口的"三低"模式长期存在，制造业企业自身缺乏核心技术，形成对跨国公司的技术依赖，其后果是国际贸易条件恶化，技术上受制于人，导致盈利空间难以提升，产业升级也困难重重。中国制造业企业遭遇空心化，"中国制造"向"中国创造"转型将成为空话。

九、促进制造业企业健康发展的建议

在各国的制造业规划中，德国2013年4月于汉诺威国际博览会正式提出的"工业4.0"计划受到广泛关注。原因有三：其一，德国是老牌工业强国，在此次危机中表现抢眼，其提出的未来工业发展模式必然吸引急欲借鉴其成功之处的各国眼球；其二，它推出的时间最近，观点鲜明，集成了多项最新的技术成果；其三，也是最重要的一点，"工业4.0"对未来进行了系统展望，清晰描绘了未来制造业的发展愿景与工作场景，并给出了一个比较具有操作性的行动框架，体现了德国式的严谨与缜密，故而引发各国的学习。

中国作为被舆论普遍认为的"世界工厂"目前主要还是搞来料加工，独立生产高精尖产品的能力不强。其实，中国是"世界工厂"还是"世界制造中心"并不重要，重要的是我们该如何更好地发展中国制造业，使中国成为真正的制造强国。

1. 建立长效机制，主动化解过剩产能

中国产能过剩的解决，不能用逆经济周期的传统思路，即总需求扩张政策；其次，结构调整也未必有效，新兴产业、传统行业的高端产品领域，产能过剩也是"重灾区"。如何实施长效机制和政策来化解落后产能？就政策选择上，需要更多地理顺价格机制，强化环境标准。当前对钢铁等行业的产能过剩和产能利用率的关注，很大程度上跟排放和环境污染有关。而导致产能过高的主要原因在于，资源和环境等并没有得到恰当定价。

因而，化解落后产能的长效机制，首先，可能需要更多地从市场机制入手，加快完善市场体制和机制的改革，进一步放开市场准入，严格破产退出制度，理顺市场价格体系和定价机制，从而有利于发挥市场竞争优胜劣汰作用。另外，通过对资源和环境进行定价，通过影响成本等方式引导微观层面的资源配置，减少地方政府的各项补贴措施，提高并加大对水电资源、三污排放等的收费。对于国有企业，需要强化其利益机制。其次，必须依靠经济增长方式的转变，改变GDP挂帅的地方官员提拔体系及政府对资源和生产的强大控制和影响。化解产能过剩和深化改革将同转变政府职能相结合，大幅度减少和下放行政审批事项，减少政府对企业投资活动的行政性干预。就主管部门的具体政策上，更多地从环境标准层面强化前期的准入和后期的监管。在具体政策上，需要更多地通过环境标准等方式来实施，强化环境监督力度。最后，如何实施这些政策，可能需要更多地引入监督主体。比如环境污染方面，由于污染与所在地的居民相关，而地方政府在短期内并没有控制污染的真正动力，反而为了获取GDP而发展有污染的企业和产业，中央政府和主管部门由于信息和执行力等问题，也很难完全监管，因而，将有切身利益的居民纳入参与监督体系才是解决问题的最终方法。

2. 强化技术创新能力建设，提高核心竞争力

产业技术创新能力的高低代表一国产业国际竞争力的强弱，它是企业持续成长、获得持续竞争优势和实现产业生态化的根本途径。薄弱的技术创新能力已成为阻碍我国产业结构转换和升级的"软肋"，严重制约了整体工业竞争力的提升。

今天，企业的重重压力来自劳动力成本的上升、资源价格的上涨和生产效率的低下等等，已经没有太多空间留给中国制造企业继续玩低价竞争的游戏。加强自主创新是中国制造业企业的唯一出路。产业变革的背后，无不以科技进步、技术创新作为支撑，世界主要国家都在为经济发展作战略谋划，纷纷把新能源、新材料、节能环保、低碳技术和绿色经济等作为新一轮企业发展的重点，全球正在进入空前的创新密集时代，抢占战略制高点的竞争日趋激烈。

龙头企业是产业竞争力的载体，是技术进步与创新的主要"发动机"。因此，要重点培育一批具有代表性、有能力参加国际竞争的龙头企业，以龙头企业为核心，加大技术消化吸收和再创新的力度，提高自主创新能力，依靠其核心技术和关键技术，提高企业核心竞争力，掌控产业控制力。同时，沿产业链进行纵向整合、配套协作、技术衔接，实现产业集聚和产业集群，构建产品、技术、服务和应用于一体的产业技术供给链和服务链，提高产业的生产效率和生产能力，形成产业整体的竞争力。因此，首先企业要树立强烈的自主创新意识，以理念创新、管理创新和模式创新全力推进科技创新。其次，要完善有效的创新激励机制，增强企业自主创新的内在动力。同时，要舍得投入，把企业各方面的资源集中到创新上来，建立完善的研发机构，加大人才引领、新技术、新产品研发上的投入。既要强化自主创新，也要加强合作，树立"不求所有、但求有用"的理念，通过股权投资、产学研合作等多元方式获得技术，以提升企业的核心竞争力。

3. 建立与组织规模增长速度相适应的集团管控模式

长期以来中国制造业企业缺乏集团管理相关理论指导，又缺乏成熟的管理经验，面对国内外复杂的发展环境，日益激烈的市场竞争，多样化的客户需求，对中国制造业企业提出了更高的要求。随着规模的越来越大，大型制造业企业走向集团化发展道路，迫切需要提高其总部创造价值的能力，使集团在产业结构、治理结构、组织管控与公司战略等方面的管理能力得到显著提升，对企业内外资源进行有效整合，不断推进企业组织方式以及竞争方式的转变，从而保持企业在资本、组织和业务三个维度的平衡，持续创造价值。

提升企业的集团管控能力主要从以下几个方面对集团化管理进行优化：第一、加强集团战略管控职能，推进集团管控方式的转变。集团总部要制定统一的战略远景和抱负，并引领集团各职能和业务单元向战略目标前进。第二、制定集团经营标准，建立整体协同。集团总部需要制定清晰、透明的政策、标准和制度，并有效推动和监控业务运营，以确保集团日常运营符合战略目标。第三、加强总部对内部资源的有效整合能力，推进企业组织方式的转变。根据不同业务需求，提供具有规模效应和专业优势的集中服务，协助专业公司达成业务目标。

4. 建立一支职业发展能力强、相对稳定的专业技术人才队伍

制造业企业要想具备可持续发展的能力，需要通过合理的分配机制和有竞争力的企业文化，为所有类型人才的长期稳定就业和职业发展提供平等的机会，需要建立一支职业发展能力强、相对稳定的专业技术人才队伍。

一要完善企业用人机制，努力做到"制度留人"。首先要建立科学的干部选拔、任用制度。要重视运用干部管理和现代人力资源管理学的理论和方法，建立科学规范的选拔任用制度，形成富有生机与活力、有利于优秀人才脱颖而出的选人用人机制。其次要建立科学灵活的用工制度。为企业人才提供广阔的发展空间和锻炼机会，吸引和留住人才。

二要加强对企业员工的教育培训，特别要注重对年轻员工的培养。培训是企业给予人才的一种福利，一个不能提高人才的技能和观念，没有人才发展机会的企业是很难留住人才的。人力资源是高增值性资源，它能在使用过程中不断实现自我补偿和发展。只要他们在企业工作的时间愈长，企业得到的回报就愈大。

三要加强企业文化建设，增强人才的主人翁意识。要通过情感交流和心理沟通来留住人才，在价值理念上爱护人才，工作上支持人才，生活上关心人才，人格上尊重人才，心理上满足人才，善于用感情纽带把各类人才的心连接在一起，让他们充分感受到组织的温馨，这样人才就不会轻易离去。企业文化是一种凝聚力，用企业的发展目标和美好前景来调动职工对本职工作的积极性；要注重企业精神和价值观的培育，着重于在职工中树立和企业"共存亡"的归属观念和团队意识，与企业同呼吸、同成长、同发展。

四要建立公正有效的绩效评价体系，用优厚的待遇挽留人才。每个员工都渴望自己付出的努力和工作成果得到企业的肯定和承认。绩效考评对留住人才具有极其重要的作用。因为对人才而言，他们最关注的是绩效考评是否客观公正，因为这直接和薪酬、福利、晋升及能否受到别人的尊重密切相关。如果人才认为对他们的评价结果不公正，就会陷入不安的情绪，深受挫折，进而抱怨，甚至与主管发生冲突。根据社会物质水平、失业率、生产力状况、同行业薪酬平均水平等多种因素制定具有竞争力的工资和福利条件，激发员工的工作热情。

5. 积极利用政策支持，努力走出"空心化"困境

一是国家加大金融改革力度。房地产的过度膨胀以及部分虚拟经济泡沫对中国经济的长期稳定发展都是危害。政府应采取措施打破垄断，放开市场准入，去泡沫化，才能为制造业的发展营造一个合理的金融发展空间。二是中国作为一个制造业大国，为制造业"减负"仅仅靠改善金融环境是不够的。刚性的政策调控应竭力营造实业致富、技术创新的社会环境和经济生态，为实体经济的发展创造良好的政策条件。诸如完善产业梯度转移的政策、设定固定资产重置的奖励措施、严防中西部产业规划重复化等。三是降低企业税负成本，帮助企业走过"寒冬"。通过清理税收以外名目繁多的各种费用，切实减轻中小企业的负担，畅通资金投资渠道，使中小企业能够扎实经营、着力创新、完成转型是帮助企业走出困境的关键。根据世界银行测算的最佳国家宏观税负水平，我国目前一般企业的平均税负大概是23%左右，包括增值税、所得税等法定税收。但目前除了法定税负之外，尚有大量的规费，其负担远远高于正规税收，使实体中小企业整体面临"成本太高、利润太薄"的压力。在这种情况下，减税也就显得至为重要。

制造业出现"空心化"并不一定是中长期趋势，它是工业化发展的阶段性产物，也是一种常态化现象。我国现处于工业化基本完成阶段，一个经济体的进展都会经历"退二进三"：即从第二产业出来，进入到第三产业的过程。但在全球工业化发展的滚滚车轮下，相信我国也会逐渐走出这个循环周期，再次迎来制造业的春天。这也可以从目前美欧等发达经济体重塑制造业的发展战略中窥见一斑。金融危机以来，美欧国家认识到实体经济对国家竞争力和就业的重要性，都提出了发展实体经济的主张。欧洲一些国家提出了产业回归的计划，美国则提出"重振制造业"战略，努力实现实体经济的健康发展。制造业作为实体经济的支柱产业，不仅是社会财富、增强综合国力的基础，也是改善人民生活、应对外部冲击的保障。我们应脚踏实地进行创新积累，最终实现从附加值低的产品制造、服务向产业链高端的升级。

6. 加强数字化战略的实施，努力打造数字化企业

虽然目前仍处于数字化竞争的初始阶段，但许多重大机会已摆在眼前，亟待把握。在全球每一个角落、每一个行业，创新技术都在推动现实世界与数字空间的融合。在产品和服务的创新速度、敏捷性、成本等方面，第四代数字制造业/工业化正逐步改变企业的竞争优势，这种环境形势将会更加复杂。那么，中国企业今后如何利用数字技术提升运营效率，同时开发出有竞争力的新产品和服务，将会大大影响到企业实现稳步增长的能力。面对这种趋势，中国企业必须重新思考自身的数字化战略，将数字化作为下一场重头戏。在这场颠覆性的技术革命大潮中，中国企业不应该再仅仅满足于随波逐流，而是应该纷纷行动起来，充分利用自身庞大的资源和资本，将数字技术融入到企业的整体运作当中，使其转化为自身的竞争优势，进而推动企业成长和行业重新洗牌。

在中国，数字化创新已不再是百度、阿里巴巴和腾讯（三家公司被合称为BAT三巨头）等互联网企业的独有策略。大型工业企业正在登上竞争舞台：三大能源公司——中石油、中石化和中海油都在着力推进其数字油田项目；全球最大的公用事业机构——国家电网公司，也在集中投资打造智能电网；作为世界最大的银行，中国工商银行已开始通过社交媒体来提供客户服务；智能手机厂商亦在借助众包模式加快新平台的测试；上海汽车工业集团正利用远程信息处理技术与年轻的数字化消费者进行互动；包括政府也在积极建设"物联网"，藉此解决环境污染等社会和生态问题。由此可见，数字创新必将在中国大型企业的转型中发挥越来越重要的作用。

　　从全球来看，在金融危机后，各国普遍掀起一股重新审视和定位实体经济的浪潮，尤其是制造部门在经济社会中发展的功能与地位。德国总理默克尔所言的经济成功的秘诀——"我们至少还在做东西"——引发各国对过度虚拟化的反思，再工业化成为政策焦点。从路径选择来看，传统制造业环节的回归已几乎不可能，各国都将重点放在技术密集的高端制造环节和研发设计环节，通过创新抢占先机。制造业的生产模式与全球布局在技术大变革背景下将发生新一轮的调整。从政策推进来看，各国综合运用财政、税收、金融、人才等措施，配套施策，力求推动全社会的结构转型，这是一项宏观的系统工程，虽然困难重重，但也充满机遇。路在脚下，中国制造业要走出困境，就要战胜自己，看到与国际先进水平的差距，找准制造业的发展趋势并迎头赶上，将"中国制造"变为"中国创造"。

第三章 2014中国服务业企业500强分析报告

2014中国服务业企业500强是由中国企业联合会、中国企业家协会连续第十次向社会发布的中国服务业企业500强年度排行榜。与2013中国服务业企业500强相比较，本年度发布的2014中国服务业企业500强，营业收入增长稍有放缓，但仍然超过制造业增速。在规模分布方面仍然呈现金字塔的格局。在获利能力方面，净利润总体增幅继续回升，利润出现负增长的企业数量有所减少，亏损企业数量有较大缩减。整体而言，服务业企业的获利能力在向中间集中，越来越多的企业能够获得平均利润。在行业构成方面，金融行业占比继续增大，其中尤以银行业一家独大的特征最为明显。与此同时，现代服务业作为服务业转型升级的发展方向，在本年的报告中继续体现出小幅上涨的趋势，现代服务业占服务业的比重，在上一年达到50.23%后，在2014中国服务业企业500强榜单中又一次超过50%，达到52.66%。

一、2014中国服务业企业500强的规模及分布特征

1. 营业收入增长稍有放缓，但连续第二年超过制造业增速

2014中国服务业企业500强的规模增长依然显著，实现营业收入总额达235582亿元，资产总额达到1476232亿元，与2013中国服务业500强企业（以下简称上年）相比较，分别增长15.05%和18.84%。营业收入增长较上年略有放缓，但增幅仍然高于制造业500强12.38%的营业收入增长速度；企业纳税总额为14253亿元，占全国税收110497亿元的12.89%，相较于2013年企业纳税总额12709亿元占全国税收110740亿元的11.48%，占比增加了1.41个百分点。但500家服务业企业的平均员工人数增幅却区别于营收、资产的增幅，增长率为-1.70%，较上一年3.10%的增幅进一步收窄。2014中国服务业企业500强入围门槛为26.13亿元，较上年的24.16亿元增加1.97亿元，增幅有较大提高。

表3-1　2013-2014中国服务业企业500强企业总规模对比

	总营收（万元）	总资产（万元）	纳税总额（万元）	员工数	入围门槛（万元）
2013	2047726460	12421602301	127093726	12335495	241601
2014	2355821091	14762320962	142531136	12095905	261330
增长	15.05%	18.84%	12.15%	-0.60%	19729

2. 157 家企业入围中国企业 500 强，35 家企业入围世界企业 500 强

2014 服务业榜单中有 157 家企业入围 2014 中国企业 500 强，占比 31.4%，和上年 149 家相比小幅增长，但仍小于制造业企业 52% 的占比。另外，在 2014 服务业 500 强榜单中有 35 家服务业企业进入世界 500 强，占入围总数的 37.6%。如果包括没有申报世界 500 强的苏宁电器、大连万达、百联集团、大商集团 4 家企业，我国服务业企业有 39 家达到世界 500 强的入围门槛，实现了快步迈入世界 500 强的态势，服务业大企业又朝着世界级企业迈进了一大步。从排名变化来看，除了中国航空油料、中粮集团、中国铁路物资股份公司、中国远洋运输集团出现了不同程度的下滑，其他 27 家企业的名次较上年都有所上升，其中天津市物资集团从 185 名提升至 343 名，上升 158 位。从进入世界 500 强的行业来看，主要分布在银行和贸易两大行业，总计达 20 家企业，这和我国服务业以银行和贸易类企业为主要构成的行业结构是一致的。

表 3-2　　　　　　　　　　2014 中国服务业企业入围世界 500 强名单

排名	上年排名	公司名称	营业收入（百万美元）
7	7	国家电网公司	333386.5
25	29	中国工商银行	148802.6
38	50	中国建设银行	125397.7
47	64	中国农业银行	115392.1
55	71	中国移动通信集团公司	107647.3
59	70	中国银行	105622.6
98	111	中国人寿保险（集团）公司	80909.4
107	119	中国中化集团公司	75939
115	134	中国南方电网有限责任公司	72697.1
122	N.A.	国家开发银行	71305.6
128	181	中国平安保险（集团）股份有限公司	68508.8
143	187	中国华润总公司	65959.9
154	182	中国电信集团公司	62046.8
160	172	中国中信集团有限公司	61005.7
168	196	中国邮政集团公司	58964.6
185	343	天津市物资集团总公司	54963.7
208	256	中国人民保险集团股份有限公司	49563.6
210	258	中国联合网络通信股份有限公司	49399.2
217	243	交通银行	48321.2
268	359	绿地控股集团有限公司	41015.7

排名	上年排名	公司名称	营业收入（百万美元）
278	326	中国机械工业集团有限公司（SINOMACH）	39418.4
309	390	晋能集团	37085.6
314	277	中国航空油料集团公司	36729.8
330	411	中国民生银行	35474.5
338	428	兴业银行	34808.6
345	364	浙江物产集团	34500.7
350	412	招商银行	34121.5
357	446	中国医药集团	33271.6
383	460	上海浦东发展银行股份有限公司	31440.8
384	429	中国太平洋保险（集团）股份有限公司	31412.5
401	357	中粮集团有限公司	30748
442	292	中国铁路物资股份有限公司	27151.5
451	401	中国远洋运输（集团）总公司	26805.5
469	N.A.	中国通用技术（集团）控股有限责任公司	25702
491	N.A.	中国农业发展银行	24213.3

3. 规模分布呈金字塔形，底部企业上升空间很大

总体上看，2014中国服务业企业500强的规模分布仍延续了前几年的格局，继续呈现金字塔的状态，属于低数量区间的企业占据了绝大多数，但逐渐朝金字塔的高数量级移动显著。

从营业收入分布来看，超过1000亿元的有48家，100亿~1000亿元的企业数量有188家，60亿~100亿元的企业数量有101家，分别比上年增加企业数2家、14家和20家，低于60亿元的企业数量有163家，比上年减少36家。2014中国服务业企业500强中，达到万亿元以上的企业仍旧只有国家电网1家，由于国家电网在2013年度的营业收入达到20498万亿，造成1万亿元和2万亿元区间，企业分布出现空白。近几年，百亿元以下的企业数量持续减少，2014服务业500强榜单中有264家企业规模在百亿以下，比较上年的280家有所减少，但占比仍旧高达52.80%，金字塔底部企业上升空间很大。

表3-3   2013-2014中国服务业企业500强企业营收规模分布

	超过1000亿元	100亿~1000亿元	60亿~100亿元	60亿元以下
2013	46家	174家	81家	199家
2014	48家	188家	101家	163家
增长情况	2家	14家	20家	-36家

从资产规模的分布上看，有94家服务业企业资产达到1000亿元以上，比上年增加9家，资产在100亿~1000亿元的企业数量有176家，比上年增加9家。资产在60亿~100亿元的企业数量有67家，比上年增加14家，低于60亿元的有161家，比上年减少33家，榜单中企业的资产规模在朝着金字塔上方聚拢。

表3-4　　　　　　　　2013-2014中国服务业企业500强企业资产规模分布

	超过1000亿元	100亿~1000亿元	60亿~100亿元	60亿元以下	总数
2013	85家	167家	53家	194家	499家
2014	94家	176家	67家	161家	498家
增长情况	9家	9家	14家	-33家	—

另外，从企业规模看，企业间的差距仍旧很大，但较上年有所缓和。榜单中排名前30位的营业收入之和、资产之和各自所占总额500强的比例分别为56.36%和85.76%，较上年的57.21%和86.34%都有所降低。其中原因，主要是金融机构如银行业的一家独大所致。这其中排名前10的企业所实现的营收和占有的资产分别为32.32%和64.09%。

4. 人均资产大幅超过人均营收增幅

和上年相比，2014中国服务业企业500强的各项人均指标都呈现显著提升，其中人均营业收入实现189.72万元，增长14.29%，人均拥有资产1194.65万元，增长18.87%；较之上年，人均营收基本不变，人均拥有资产增幅较大，较上年的14.53%，增加4个百分点。这其中可能的原因有两个，一是，营业收入、资产等总量指标虽然增幅放缓，但从业人员增幅放缓更甚。二是，服务业500强企业的并购活动持续活跃，2014服务业500强中，有117家企业并购了587家企业，较上年的86家企业并购了357家公司有大幅提高，大力度的并购导致短期内资产迅速增加，也是推动人均资产快速增加的一个因素。

表3-5　　　　　　　　2013-2014中国服务业企业500强人均规模指标对比

	人均营收（万元）	人均资产（万元）
2012	145.2	877.5
2013	166	1005
2014	189.72	1194.65
增长情况	14.29%	18.87%

从人均营业收入的分布来看，超过1000万元的有99家，比上年增加17家；100万元至1000万元的有305家，相比上年的312家，减少7家；100万元以下的有89家，相比上年的100家，减少11家。

从人均资产的分布来看，千万元以上的企业有 125 家，相比上年的 98 家，增加 27 家；100 万元至 1000 万元的有 284 家，相比上年的 288 家，减少 4 家；100 万元以下的有 83 家，相比上年的 93 家，减少 10 家。

二、2014 中国服务业企业 500 强的经济效益及特征

1. 净利润总体增幅继续提高

2014 中国服务业企业 500 强实现净利润（指归属母公司净利润，下同）总额为 17824 亿元，较上年增长 15.20%，比上年提高 1.57 个百分点；人均利润为 14.53 万元，较上年的 12.55 万元，增长 15.78%，与上年 11.10% 的增长率相比有显著增加。

表 3-6　　　　　　　　　2013-2014 中国服务业企业 500 强经济效益指标

	净利润（亿元）	人均利润（万元）
2013	15479	12.55
2014	17824	14.53
增长情况	15.20%	15.78%

2. 亏损企业数量减少

2014 中国服务业企业实现利润超过 100 亿元的企业有 23 家，净利润总额为 14430 亿元，占利润总额的比重为 80.96%，较上年的 81.56% 有所下降；在 10 亿~100 亿元之间的企业有 93 家，实现净利润 2670 亿元，占比 14.98%，较上年的 14.21% 有所增加，两者合计企业数为 116 家，占据 2014 我国服务业企业 500 强（496 家企业）全部利润的 95.94%，较上年略有提升，显示出净利润进一步向少部分企业集中。而其余的企业中有 363 家的净利润在 0 至 10 亿元之间，占利润总额的 5.35%，较上年的 5.62% 进一步降低。另有 17 家企业亏损，在上一年亏损 24 家的基础上，亏损数量有所缩减。

表 3-7　　　　　　　　　2014 中国服务业企业 500 强企业利润分布表

规模	个数	利润额（亿元）	占比
100 亿元以上	23	14430	80.96%
10~100 亿元之间	93	2670	14.98%
0~10 亿元之间	363	953	5.35%
亏损	17	-229	-
总计	496	17824	-

3. 盈利能力略有提升，金融企业独揽高利润区间

从 2014 中国服务业企业 500 强利润增长率的变化来看，企业的获利能力尚未恢复到 2011 年的水

平。榜单中企业利润增长率高达50%以上的企业数量为91家，超过上年的82家，但较之2012有106家和2011有170家企业的利润增长率超过50%，还是处于较低的增长水平；增长率30%到50%之间的企业数量为52家，与上年64家相比也略有下降；在10%~30%增长率之间的企业数量却出现了明显的增长，为138家企业，远超过上年的87家企业。0-10%利润增长率的企业数量为71家，略低于上年的80家。

表3-8　　　　　　　　2011-2014中国服务业企业500强企业利润增长率对比

利润增长率	2011个数	2012个数	2013个数	2014个数
50%以上	170	106	82	91
30%~50%	74	65	64	52
10%~30%	116	123	87	138
0~10%	59	65	80	71
总计	419	395	313	352

另从收入利润率来看，2014中国服务业企业500强的平均收入利润率为7.58%，较上年7.56%增加了0.02个百分点。排在前10位，即收入利润率达到30%以上的企业中有5家银行，3家证券公司，1家互联网公司，1家外贸服务公司；排在前41位，即收入利润率达到20%以上的企业中，有30家银行，4证券公司，金融类的企业几乎独揽了高收入利润率这一区间。收入利润率在10%~20%之间的有41家，较上年39家有所增加，占比8.23%。另外有398家企业收入利润率在0~10%之间，占全部申报数据企业数量的79.92%，较上年有所增加。

企业平均资产利润率为1.21%，较上年1.25%降低了0.04个百分点。其中超过10%的有14家，较上年的17家继续大幅降低，5%~10%之间的企业有65家，3%~5%的企业有83家，1%至3%之间的有200家，0~1%之间的118家，资产利润率为负的有17家，也就是资产利润率在3%以下的企业占比高达67.47%。

平均净资产利润率为12.76%，与平均资产利润率的变化趋势相一致，下降了0.19个百分点。

表3-9　　　　　　　　2011-2014中国服务业企业500强企业各平均效率指标

	平均收入利润率（%）	平均资产利润率（%）	平均净资产利润率（%）
2011	8.33	1.39	12.49
2012	7.67	1.29	13.23
2013	7.56	1.25	12.95
2014	7.58	1.21	12.76
增长情况	0.02个百分点	-0.04个百分点	-0.19个百分点

4. 资产利用状况略有下降

从资产周转率看，2014 中国服务业企业 500 强企业平均资产周转率为 0.1594 次/年，较上年 0.1649 次/年有所下降。从分布情况看，资产周转率超过 10 次/年的有 13 家企业，较之上年的 6 家大幅增加，1~10 次/年之间的有 228 家，小于 1 次/年的有 257 家。

三、2014 中国服务业企业 500 强的行业分布情况

2014 中国服务业企业 500 强共分布在 38 个行业中，与去年相同，详见表 3-10。

表 3-10　　2014 中国服务业企业 500 强分行业主要指标

名称	企业数	营业收入（亿元）	利润（亿元）	资产（亿元）	纳税总额（亿元）	从业人数（万人）
全国	500	235582	17832	1476244	14253	1209
能源（电、热、燃气等能）供应、开发、减排及再循环服务业	23	28473	764	39854	1870	139
铁路运输及辅助服务业	2	1764	-56	845	23	1
陆路运输、城市公交、道路及交通辅助等服务业	17	1880	51	10689	130	31
水上运输业	4	2395	1	5282	44	13
港口服务业	9	1659	97	5511	98	10
航空运输及相关服务业	6	4335	66	9837	226	33
航空港及相关服务业	3	211	21	905	20	3
电信、邮寄、速递等服务业	4	17106	959	83993	1376	189
软件、程序、计算机应用、网络工程等计算机、微电子服务业	5	1313	39	1038	31	8
物流、仓储、运输、配送服务业	18	5910	-30	6206	176	21
矿产、能源内外商贸批发业	12	7774	33	3415	146	14
化工产品及医药内外商贸批发业	6	5402	51	3325	102	5
机电、电子产品内外商贸及批发业	8	2555	49	1715	78	7
生活消费品（家用、文体、玩具、工艺品、珠宝等）内外批发及商贸业	19	3530	65	2546	91	10
粮油食品及农林、土畜、果蔬、水产品等内外商贸批发、零售业	16	3300	26	3961	29	14
生产资料内外贸易批发、零售业	23	9261	42	3461	72	12
金属内外贸易及加工、配送、批发零售业	23	3140	30	1107	18	1

名称	企业数	营业收入（亿元）	利润（亿元）	资产（亿元）	纳税总额（亿元）	从业人数（万人）
综合性内外商贸及批发、零售业	16	3501	17	1380	47	5
汽车和摩托车商贸、维修保养及租赁业	21	2995	41	1907	49	13
电器商贸批发、零售业	7	4941	33	2401	76	26
医药专营批发、零售业	8	2844	34	2099	74	11
商业零售业及连锁超市	51	9537	133	5299	268	94
家具、家居专营批发、零售业	2	297	5	189	4	5
银行业	43	54035	12652	1068007	5623	217
人寿保险业	6	8366	183	39195	185	40
证券业	4	296	101	4014	42	3
财产保险业	2	3139	85	7700	170	53
其他金融服务业	1	45	1	25		
多元化投资控股、商务服务业	22	11577	627	61435	978	91
房地产开发与经营、物业及房屋装饰、修缮、管理等服务业	53	13056	818	28647	1197	42
旅游、旅馆及娱乐服务业	8	1333	30	1686	57	15
公用事业、市政、水务、航道等公共设施投资、经营与管理业	15	1953	51	13606	137	19
人力资源、会展博览、国内外经合作等社会综合服务业	6	969	28	613	36	2
科技研发、推广及地勘、规划、设计、评估、咨询、认证等承包服务业	6	592	27	639	31	4
文化产业（书刊出版、印刷、发行与销售及影视、音像、文体、演艺等）	11	808	44	1298	44	8
信息、传媒、电子商务、网购、娱乐等互联网服务业	5	1730	196	2226	22	10
综合服务业（以服务业为主，含有制造业）	13	7475	141	9350	394	31
综合保险业	2	6086	374	40838	289	9

1. 前10大行业占比500强总规模的六成

按照企业数量排序，前10位的行业拥有企业数296家，占59.2%，较上年的59.6%，减少0.4个百分点，其所实现的营收、利润、所占有的资产、员工人数和所缴纳的税款分别占总量的比例为：

60.07%、84.92%、82.54%、52.97%和72.56%，与上年的各个比重相比较，都有较大幅度上升。主要原因是上一年跌出前10名当中的电力、热力、燃气等能源供应服务业以23家数量重新入围2014服务业企业500强企业数量前10，而陆路运输、城市公交、道路及交通辅助行业在本年度只有17家企业，未能进入前10名，能源供应服务业的营业收入、利润、资产等数额比重较高，所以导致2014年企业数量前10的营业收入出现较大幅度上升，而排在后10位的行业所拥有的企业数量为29个，占比5.8%，较上年5.4%有所上升。

表 3-11　　2013-2014中国服务业企业500强包含企业数量前10的行业比较

	企业数（%）	营业收入（%）	利润（%）	资产（%）	从业人数（%）	纳税（%）
2011	55.2	56.24	74.24	82.00	53.75	68.70
2012	58.4	55.44	79.30	80.78	51.29	68.53
2013	59.6	47.05	77.98	79.32	42.83	58.55
2014	59.2	60.07	84.92	82.54	52.97	72.56
增加（百分点）	-0.4	13.02	6.94	3.22	10.14	14.01

2. 房地产位居第一大行业，零售业和银行业次之

2014中国服务业企业500强中，含有企业数量排名前10的行业包括：房地产业（53家）；商业零售业（51家）；银行业（43家）；能源（电、热、燃气等）供应、开发、减排及再循环服务业（23家）；生产资料内外贸易（23家）；金属内外贸易（23家）；商务服务业（22家）；汽车和摩托车商贸、维修保养及租赁业（21家）；生活消费品（家用、文体、玩具、工艺品、珠宝等）内外批发及商贸业（19家）；物流、仓储（18家）。

相比于上年，上述10个行业所包含的企业数量出现了较大的变化，也是39个行业中变化最为显著的行业。其中：房地产业增加4家，跻身企业数量最多的第一行业。银行业增加4家，在上年增加5家之后再次大幅增加，表现出金融行业近几年的蓬勃发展。而生活消费品内外贸批发从上年的29家急剧减少到19家，一方面说明外围经济不景气对中国贸易的冲击，另一方面也说明贸易行业在中国服务业行业中地位相对下降。另外，能源供应服务业重回前10，将道路运输行业取而代之，又重新回到前几年的分布格局。

表 3-12　　2013-2014中国服务业企业500强前10大行业对比

2014前10大行业	企业数量	2013前10大行业	企业数量
房地产开发与经营、物业及房屋装饰、修缮、管理等服务业	53	商业零售业及连锁超市	56
商业零售业及连锁超市	51	房地产开发与经营、物业及房屋装饰、修缮、管理等服务业	49

2014 前 10 大行业	企业数量	2013 前 10 大行业	企业数量
银行业	43	银行业	39
能源（电、热、燃气等能）供应、开发、减排及再循环服务业	23	生活消费品（家用、文体、玩具、工艺品、珠宝等）内外批发及商贸业	29
生产资料内外贸易批发、零售业	23	金属内外贸易及加工、配送、批发零售业	26
金属内外贸易及加工、配送、批发零售业	23	生产资料内外贸易批发、零售业	23
多元化投资控股、商务服务业	22	物流、仓储、运输、配送服务业	20
汽车和摩托车商贸、维修保养及租赁业	21	汽车和摩托车商贸、维修保养及租赁业	20
生活消费品（家用、文体、玩具、工艺品、珠宝等）内外批发及商贸业	19	多元化投资控股、商务服务业	19
物流、仓储、运输、配送服务业	18	陆路运输、城市公交、道路及交通辅助等服务业	17

2014 年的榜单中，银行业延续了上年的发展水平，逆势上扬，在榜单中的占有比重大大增多，其获利水平也是以企业平均利润 294 亿元而在 39 个行业中位居第一位。利润水平排在前 5 名的行业包括：银行业，邮电通信业，保险业，互联网服务业，电力、热力、燃气等能源供应服务业。这 5 大行业的利润水平高于所有行业的平均水平。

虽然受到调控影响，但房地产行业包含企业数量在上一年减少 2 家之后，今年反而增加 4 家。2013 年榜单中的 49 家企业，在 2014 年有 7 家落榜，新晋的企业有 11 家，房地产大企业较上年变化了 18 家企业。从企业平均规模和利润看，平均营收为 2463470 万元，较上年的 2066331 万元，增长 19.22%。平均利润为 154336 万元，较上年的 147499 万元，增长 4.64%。

3. 现代服务业占比继续增加，第二次超过 50%

最近几年，大力发展现代服务业是我国经济结构调整的重要支撑，更受到国家层面的高度重视，在此背景下，服务业大企业在现代服务业领域也大展拳脚，取得了一定的成绩。在我国统计局的行业分类中，现代服务业包括信息传输、计算机服务和软件业；金融业；房地产业租赁和商务服务业；科学研究、技术服务和地质勘探业；水利、环境和公共设施管理业；教育；卫生、社会保障和社会福利业；文化、教育和娱乐业等行业中包括的部分行业。据此，通过统计 2009-2014 中国服务业企业 500 强数据，可以发现，现代服务业占服务业的比重越来越高，从 2009 中国服务业企业 500 强的 44.33% 增加到上一年的 50.21%，有逐渐上升的趋势，今年榜单中现代服务业所占比例第二次超过 50%，达到 52.66%，提高 2.5 个百分点。这体现除了服务业内部结构不断优化的趋势，但对传统服务业而言，如何实现快速转型也迫在眉睫。剔除掉银行业的现代服务业的发展形势仍不容乐观，占比仅为 29.73%，这值得思考，在现代服务业不断发展的同时，由银行业一家独大所导致的内部结构失衡应该成为关注的焦点。

现代服务业在服务业500强中所占比重

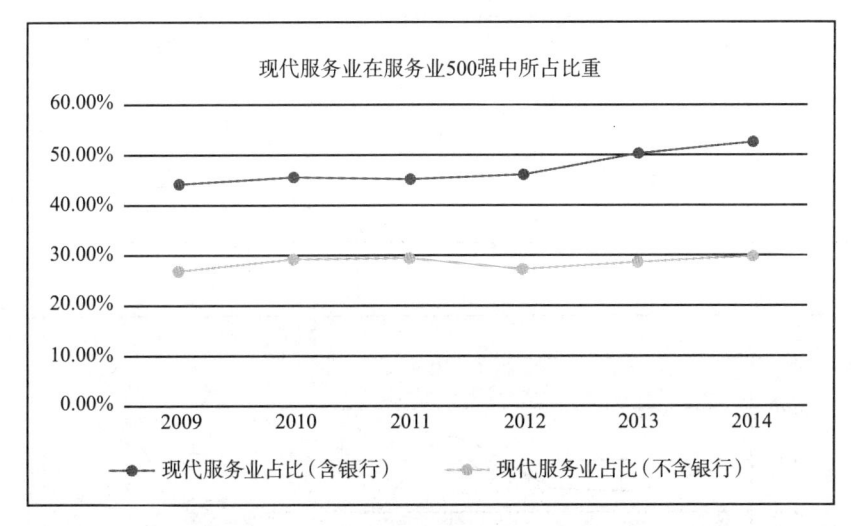

图3-1 2009–2014中国服务业500强中现代服务业所占比重

表3-13　　　　　　　2009–2014中国服务业500强中现代服务业营业收入占比

	现代服务业（含银行）	现代服务业（不含银行）
2009	44.33%	26.81%
2010	45.59%	29.08%
2011	45.31%	29.46%
2012	46.17%	27.28%
2013	50.21%	28.60%
2014	52.66%	29.73%

4. 服务业500强利润在银行业高度集中

在39个行业之中，2014服务业500强的利润在银行业过度集中。500家企业之中，银行业有43家，占所有企业数量的8.6%，而银行业的利润12652亿元，占500强利润17832亿元的70.95%。换句话说，中国服务业500强中，银行业用仅有的43家企业，即不到一成的企业数量贡献了七成以上利润。这个特征在十年前就有，并在近几年愈加明显。2009年时，银行业利润占500强利润的58%，到2014年，这一比重已经达到70.95%，并在近六年中呈现上升态势。

表3-14　　　　　　　2009–2014中国服务业500强中银行业各项指标占比

银行业500强	营业收入占比	利润占比	资产占比	纳税总额占比	从业人数占比
2009	17.51%	58.04%	68.59%	31.68%	14.76%
2010	16.51%	54.12%	69.61%	26.51%	14.08%
2011	15.86%	54.40%	70.77%	35.76%	16.07%

银行业500强	营业收入占比	利润占比	资产占比	纳税总额占比	从业人数占比
2012	18.89%	63.97%	70.50%	36.65%	15.61%
2013	21.61%	67.50%	71.27%	40.45%	16.65%
2014	22.94%	70.95%	72.35%	39.45%	17.94%

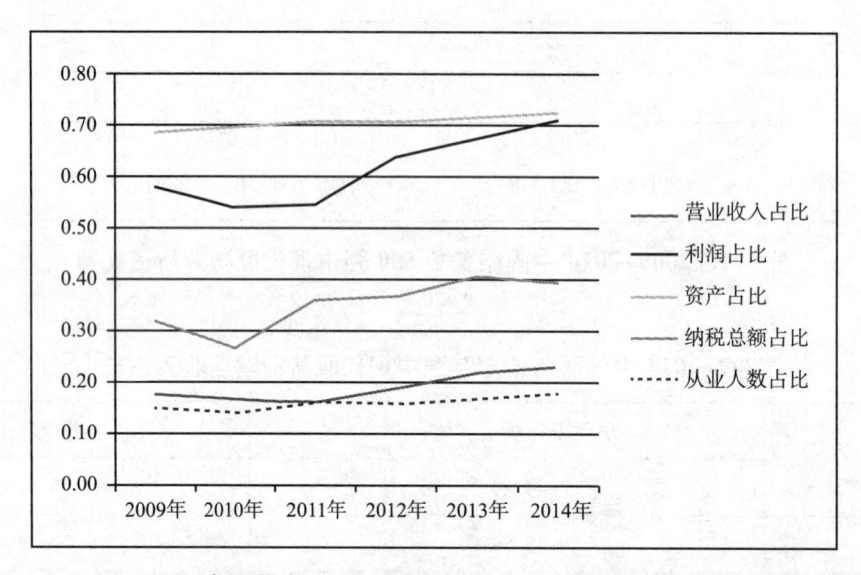

图 3-2　2009-2014 中国服务业 500 强中银行业各项指标占 500 强总额变化趋势

只是银行业一家独大，并不意味着中国金融业十分发达，同属于金融业的保险业、证券业分别只有10家和4家企业入围中国服务业500强，而且两个行业2014年14家企业的利润总和只有743亿元，只有500强中银行业利润12652亿元的5.88%，占所有服务业500强企业净利润17832亿元的4.17%。银行业的一家独大，与中国一直以来的间接融资为主有莫大关系，但在经济形势低迷，制造业和服务业都陷入资金困境时，银行业利用其资金优势获利，仍然值得商榷。这些本该由更多企业享有的经营利润被银行业占据，也在一定程度上削弱了实体经济的竞争能力。

5. 非银行业获利水平持续下降

剔除掉银行业的影响，分析其余行业在近些年的发展可以发现，银行业之外的其他行业占总营业收入占比徘徊在80%左右，但利润只占据30%。从变化趋势来看，营收、利润、资产、纳税和从业人数等指标占比在近5年逐渐下降，其中利润下降速度表现得更为明显，在图形上主要表现为下降曲线的斜率更大。这类数据从另一个角度反映了，中国服务业的发展出现了结构性失衡的现象。银行独占鳌头，其他行业的发展速度则略有不及。以利润这一指标最为显著，银行业之外的其他行业在2009年占总利润42%，在2010年和2011年都是占比46%，但从2012年开始这一数据下降到36%，并在2014年数据中进一步下降到29.05%，从最高点时的净利润近半下降到2014年的三分之一。近几年，服务业蓬勃发展，非银行业的服务业500强大企业的获利水平也都超过制造业，但利润占比却出现连续下降，纵观整个中国500强的全部企业，银行对其他行业利润的侵占可能更为严重。

表 3-15　　2009-2014 银行业之外的其他行业占服务业 500 强的数据比例

	营业收入（%）	利润（%）	资产（%）	纳税总额（%）	从业人数（%）
2009	82.49	41.96	31.41	68.32	85.24
2010	83.49	45.88	30.39	73.49	85.92
2011	84.14	45.60	29.23	64.24	83.93
2012	81.11	36.03	29.50	63.35	84.39
2013	78.39	32.50	28.73	59.55	83.35
2014	77.06	29.05	27.65	60.55	82.06

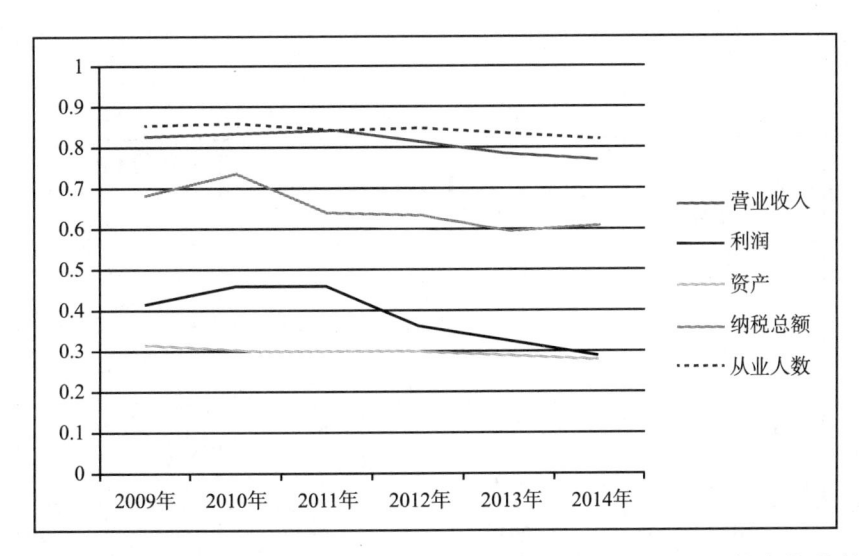

图 3-3　2009-2014 银行业之外的其他行业占服务业 500 强总额变化趋势

四、2014 中国服务业企业 500 强的地域分布特征

1. 地区分布集中度有所降低

2014 中国服务业 500 强企业榜单中，拥有企业排名前 10 的地区拥有企业的数量为 372 家，占比 74.4%，相比上年的 76.4%，降低 2 个百分点。而排名前 5 位的地区，拥有企业数量为 256 家，占比 51.2%，较上年的 51.8%，降低 0.6 个百分点，企业的地区分布集中度有所降低。另外，排名前三位的地区分别为北京、浙江、广东，拥有企业数量分别为 61 家、59 家和 59 家，重新回到 2012 年的前三名企业地区分布格局。相比于上年的北京（63 家）、浙江（59 家）和上海（49 家），企业的地区分布更加均衡。全国共有 27 个省、自治区、直辖市的企业进入 2014 中国企业 500 强，只有贵州、西藏、甘肃、内蒙古没有企业入围。

表 3-16　　2014 中国服务业企业 500 强分地区主要指标

名称	企业数	营业收入（亿元）	利润（亿元）	资产（亿元）	纳税总额（亿元）	从业人数（万人）
全国	500	235582	17832	1476244	14253	1209
北京	61	124863	12222	1055753	8859	691
上海	46	17765	1503	120856	1017	58
天津	30	6695	156	22434	141	14
重庆	21	2903	182	11165	205	32
黑龙江	4	343	54	5098	27	1
吉林	3	487	27	2817	22	2
辽宁	14	5224	205	11558	379	40
河北	17	3102	79	3281	77	20
河南	5	312	-5	2526	22	5
山东	20	3432	63	7515	127	33
山西	10	4411	13	3690	131	20
陕西	2	204	8	740	23	2
安徽	17	2656	107	7518	92	9
江苏	31	8105	149	6899	175	32
湖南	13	969	72	4267	36	7
湖北	14	1343	93	6915	76	6
江西	3	184	20	1455	11	3
浙江	59	10382	263	9622	370	28
广东	59	28663	1890	133479	1779	145
四川	12	954	63	3708	61	7
福建	28	6226	528	41440	420	24
广西	11	1253	38	5128	57	6
云南	4	771	17	1109	21	1
青海	2	89	10	520	5	
宁夏	2	112	15	836	10	2
新疆	9	1914	38	1644	54	10
海南	3	2219	22	4269	58	11

2. 地区分布数量向中西部转移

和上年相比，2014 中国服务业企业 500 强地区分布在向中西部倾斜，东部数量减少 10 家，为 354 家，其他地区分别为中部增加 2 家；西部增加 8 家；东北部增加 2 家。

东部地区：北京 61 家、浙江 59 家、广东 59 家、上海 46 家、江苏 31 家、天津 30 家、福建 28 家、山东 20 家、河北 17 家和海南 3 家，合计企业数为 354，占总企业数为 70.8%，比上年减少 10 家。这其中，广东较上年增加 11 家。而河北、上海和北京这三个省市在 2014 年分别减少了 5 家、3 家和 2 家。

中部地区：山西 10 家、安徽 17 家、江西 3 家、河南 5 家、湖北 14 家和湖南 13 家，合计企业数为 62 家，占总企业数为 12.4%，较上年的 60 家继续上升。

西部地区：广西 11 家、重庆 21 家、四川 12 家、云南 4 家、陕西 2 家、青海 2 家、宁夏 2 家和新疆 9 家，贵州、西藏、甘肃、内蒙古四个地区没有企业入围，合计企业数为 63 家，占总企业数为 12.6%，较上年的 55 家，增长了 8 家。这其中，四川省增加了 6 家。

东北地区：辽宁 14 家、吉林 3 家、黑龙江 4 家，合计企业数为 21 家，占总企业数为 4.2%，比上年增加 2 家。

五、2014 中国服务业企业 500 强所有制分布特征

1. 国有企业多项指标占比有所减少

2014 中国服务业企业 500 强中，国有及国有控股企业共计 278 家，比上年 285 家，减少 8 家，占全部企业数量的 55.6%，较上年的 57%，减少 1.4 个百分点；拥有资产 1357593 亿元，占资产总额的 91.96%，较上年的 92.01%，减少 0.5 个百分点；实现营业收入 189512 亿元，占营业收入总额的 80.44%，较上年的 81.86% 减少 1.42 个百分点；实现利润为 15682 亿元，占利润总额的 87.94%，较上年的 89.77% 减少 1.83 个百分点；实现纳税 12327 亿元，占纳税总额的 86.49%；拥有员工 1016 万人，占员工总数的 84.02%。

表 3-17　　　　2014 中国服务业企业 500 强企业的所有制结构分布

名称	企业数	营业收入（亿元）	利润（亿元）	资产（亿元）	纳税总额（亿元）	从业人数（万人）
全国	500	235582	17832	1476244	14253	1209
国有	278	189512	15682	1357593	12327	1016
民营	222	46070	2150	118651	1926	193

表 3-18　　　　2014 中国服务业企业 500 强按所有制主要指标

名称	企业数（%）	营业收入（%）	利润（%）	资产（%）	纳税总额（%）	从业人数（%）
国有	55.60	80.44	87.94	91.96	86.49	84.02
民营	44.40	19.56	12.06	8.04	13.51	15.98

2. 民营企业平均规模显著低于国有企业

在 2014 中国服务业企业 500 强中，前 100 位中的民营企业数量较上年有所上升，有 25 家，比上

年增加4家。但是，民营企业总体规模显著低于国有企业。企业总资产11865亿元，仅相当于国有企业资产的8.74%；企业营业收入为46070亿元，仅相当于国有企业营收的24.31%；企业利润为2150亿元，相当于国有企业利润的13.71%。

榜单中，民营企业共计222家，比上年增加7家，占44.4%；拥有资产总计118651亿元，占比8.04%，比上年的7.99%，增加0.5个百分点；实现营业收入46070亿元，占比19.56%，比上年的18.14%增加1.42个百分点；实现利润总额为2150亿元，占比12.06%，比上年的10.23%增加1.83个百分点；实现纳税1926亿元，占比13.51%；拥有员工193万人，占比15.98%，较上年的15.82%，增加0.16个百分点。

3. 国有企业在金融、交通运输、文化传媒、公用事业等行业处于绝对优势地位

在近年来的服务业500强的榜单中，国有企业一直占据着大多数席位，而"国退民进"或者"国进民退"的只是很短暂的一个征兆。在金融、交通运输、文化传媒、公用事业、电信、教育科研等行业国有企业一直处于绝对优势地位，这在下表可以有很清晰的体现。2014年中国服务业500强榜单中，在上述几个行业，国有企业的企业数量远远超过民营企业，其中在文化产业、港口服务、水上运输、电信、航空等细分行业，民营企业的入围数为0。相比较而言，在房地产、汽车维修租赁、外贸（除粮油农产品）等三大行业，民营企业占据着一定优势，这和国家在这几个行业的放开政策不无关系，但也仅仅是这几个少数的行业，民营服务大企业获得了较为迅速的发展。

表3-19　　2014年中国服务业500强不同类型企业的行业分布　　（单位：家）

行业	国有	民营	差额
银行业	36	7	29
物流、仓储、运输、配送服务业	15	3	12
陆路运输、城市公交、道路及交通辅助等服务业	14	3	11
文化产业（书刊的出版、印刷、发行与销售及影视、广播、音像、文体、演艺等）	11	0	11
粮油食品及农林、土畜、果蔬、水产品等内外批发商贸业	13	3	10
多元化投资控股、商务服务业	16	6	10
能源（含电力、热力、燃气等）供应、开发、减排及再生循环服务业	16	7	9
港口服务业	9	0	9
公用事业、市政、水务、航道、港口等公共设施的投资、经营与管理业	11	4	7
生活消费商品（含家居、文体、玩具、工艺品、珠宝等）内外批发及商贸业	12	7	5
生产资料批发及内外商贸业	14	9	5
水上运输业	4	0	4
航空运输业	5	1	4
电信、邮寄、速递等服务业	4	0	4

行业	国有	民营	差额
旅游、宾馆及娱乐服务业	6	2	4
人力资源、会展博览、国内外经济合作等社会综合服务业	5	1	4
科技研发、推广及地勘、规划、设计、评估、咨询、认证等承包服务业	5	1	4
航空港及相关服务业	3	0	3
铁路运输及辅助服务业	2	0	2
人寿保险业	4	2	2
证券业	3	1	2
财产保险业	2	0	2
医药专营批发业、零售业	4	4	0
综合保险业	1	1	0
软件、程序、计算机应用、网络工程等计算机、微电子服务业	2	3	−1
其他金融服务业	0	1	−1
家具、家居专营批发业、零售业	0	2	−2
商业零售业、连锁超市	24	27	−3
信息、传媒、电子商务、网购、网络娱乐等互联网服务业	1	4	−3
综合服务业（以服务业为主，含有制造业）	5	8	−3
矿产、能源内外商贸及批发业	4	8	−4
化工产品及医药批发及内外商贸业	1	5	−4
机电、电子批发及内外商贸业	2	6	−4
电器商贸批发业、零售业	1	6	−5
综合性内外商贸及批发业、零售业	5	11	−6
汽车及摩托车商贸、维修保养及租赁业	3	18	−15
金属内外商贸及加工、配送、批发零售业	2	21	−19
房地产开发与经营、物业及房屋装饰、修缮、管理等服务业	13	40	−27
合计	278	222	56

六、金融危机前后服务业企业发展情况

1. 营业收入增速企稳，净利润增速企稳回升

2006-2014 中国服务业企业 500 强的数据显示，服务业企业的营业收入、利润和入围门槛均获得了较多增长。营业收入由 2005 年的 61218 亿元，增长至 2014 年的 235582 亿元，增长 3.85 倍；净利润由 2005 年的 2829 亿元，增长至 2014 年的 17832 亿元，增长 6.30 倍；入围门槛由 2005 年的 6 亿

元,增长至 2014 年的 26 亿元,增长 4.3 倍。净利润的增长幅度大大高于营收和门槛的增长水平。

表 3-20　　　　　　　　2006-2014 年中国服务业 500 强企业各指标

年份	收入（亿元）	净利润（亿元）	入围门槛（万元）	资产（亿元）
2006	61218	2829	59000	327526
2007	75339	3523	72057	418546
2008	91810	7102	98469	470390
2009	110883	7039	119700	592775
2010	116295	8594	99410	734584
2011	147319	12171	197303	872843
2012	177869	13624	227029	1055560
2013	204773	15479	241601	1242160
2014	235582	17832	261330	1476244

从逐年的增长水平看,经历了金融危机的洗礼,服务业大企业经营水平和盈利能力更加趋于稳定和一致,并逐渐回归至 2005 年的水平。期间,利润的增长水平经历了"过山车"式的变化。和 2006 年相比,2007 年的服务业 500 强企业利润水平实现爆发式增长,增长率达到 101.58%。经历着金融危机爆发的 2008 年,500 家企业的利润总额增长为负,增长率为-0.88%。2009 年开始,受到 4 万亿刺激计划的利好影响,利润指标逐渐回暖,增长率达到 22.08%,2010 年最高达到 41.62%。2012 年,企业所处宏观环境偏紧,欧债危机爆发导致国外经济环境恶化,利润的增长水平回归至 11.94%。2013 中国服务业 500 强中,营业收入增长率再次大幅下滑,与 2010 年 4 万亿政策刚出来时 26.68% 的高速增长形成鲜明对比。

2014 年,营收增长率基本停止了下降的脚步,而利润增长率继续呈现回升趋势。相对上年 13.61% 的净利润增长率还提高了 1.57 个百分点。同样趋势的数据表现在中国服务业 500 强的入围门槛则上,入围门槛从 2010 年 98.47% 的增长率降至 2013 的 6.42%,又在 2014 年增至 8.17%,入围门槛增长率出现了止跌回升的倾向。

表 3-21　　　　　　　　2007-2014 中国服务业 500 强企业各指标变化

年份	营收增长率	利润增长率	入围门槛增长率
2007	23.07%	24.51%	22.13%
2008	21.86%	101.58%	36.65%
2009	20.77%	-0.88%	21.56%

年份	营收增长率	利润增长率	入围门槛增长率
2010	4.88%	22.08%	-16.95%
2011	26.68%	41.62%	98.47%
2012	20.74%	11.94%	15.07%
2013	15.13%	13.61%	6.42%
2014	15.05%	15.20%	8.17%

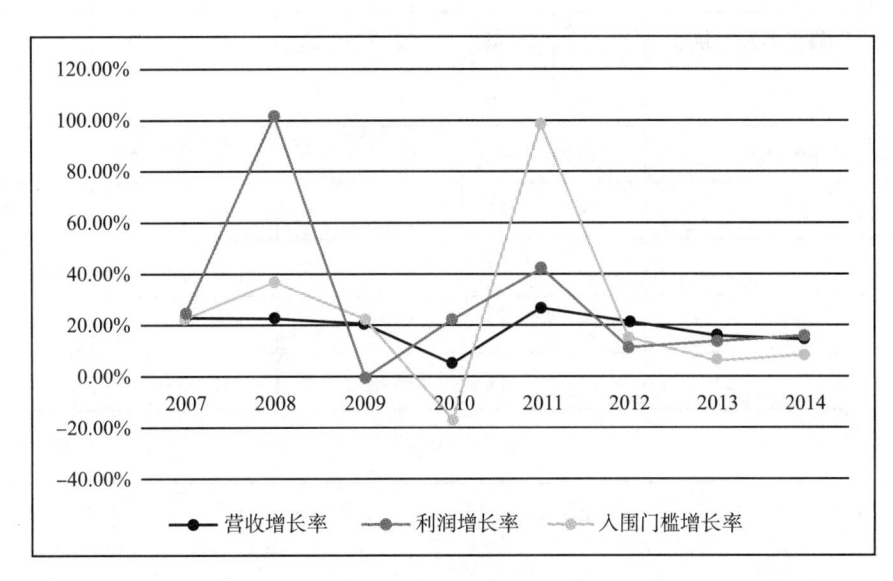

图 3-4 2007-2014 中国服务业 500 强企业各指标变化

2. 各大行业出现较为明显的分化

在中国服务业 500 强发布近 10 年的时间中，行业出现了较为明显的分化。这其中贸易类行业，不管是以出口为导向的外贸类企业，还是国内各类电器、医药批发零售和百货超市类企业都表现出不同程度衰退的趋势，其中国内的贸易零售已经由 2006 中国服务业 500 强榜单中的 107 家企业减少为 2014 年榜单中的 68 家。第二大类走下坡路的行业则为交通运输仓储物流行业，由 2006 中国服务业 500 强榜单中的 94 家企业减少为 2014 年榜单中的 63 家。但与之相反的是，金融类企业尤其是银行业、商务服务业、汽车租赁维修业则处于上升趋势，在 2014 中国服务业 500 强的榜单中分别达到顶峰，为 71 家、22 家和 21 家。相对而言，公用事业、房地产、能源供应、教育科研、文化产业和餐饮住宿等 6 大行业则处于相对稳定状态，所包含的企业数没有明显的变化。2006-2014 这 9 年间，我国服务业企业经历了金融危机的洗礼，当然也有国家加快服务业发展各项政策的不断推进的良好环境。上述行业所表现出的上升、下降和平稳这三种状态应该是二者综合作用的结果。这其中可喜的是传统服务业所占比例逐渐降低，现代服务业逐渐居主导地位，但分析其内部结构，现代服务业中金融类尤其是银行的一家独大，商业服务业的企业还是以各地方的融资平台为主要构成，实现我国服务业的又好又快发展仍有很长的路要走。

表3-22　　　　　　　2006-2014中国服务业500强各行业所包含企业数　　　　　　（单位：家）

行业	2006	2007	2008	2009	2010	2011	2012	2013	2014
外贸	118	137	126	136	126	132	143	135	123
内贸	107	94	93	89	88	78	77	74	68
交通运输、仓储物流	94	84	83	90	87	71	62	70	63
金融	29	42	36	45	45	52	60	64	71
商务服务业	11	13	14	17	14	16	19	19	22
汽车及摩托车商贸、维修保养及租赁业	14	14	12	13	14	20	18	20	21
公用事业	9	10	10	11	10	13	15	14	15
房地产开放、经营，房屋修饰	49	42	64	43	52	56	51	49	53
能源供应业	18	15	16	16	19	19	18	16	23
教育科研	10	13	14	14	17	13	12	11	12
文化产业	13	14	12	9	8	9	8	11	11
餐饮住宿	11	11	13	8	15	11	7	9	8

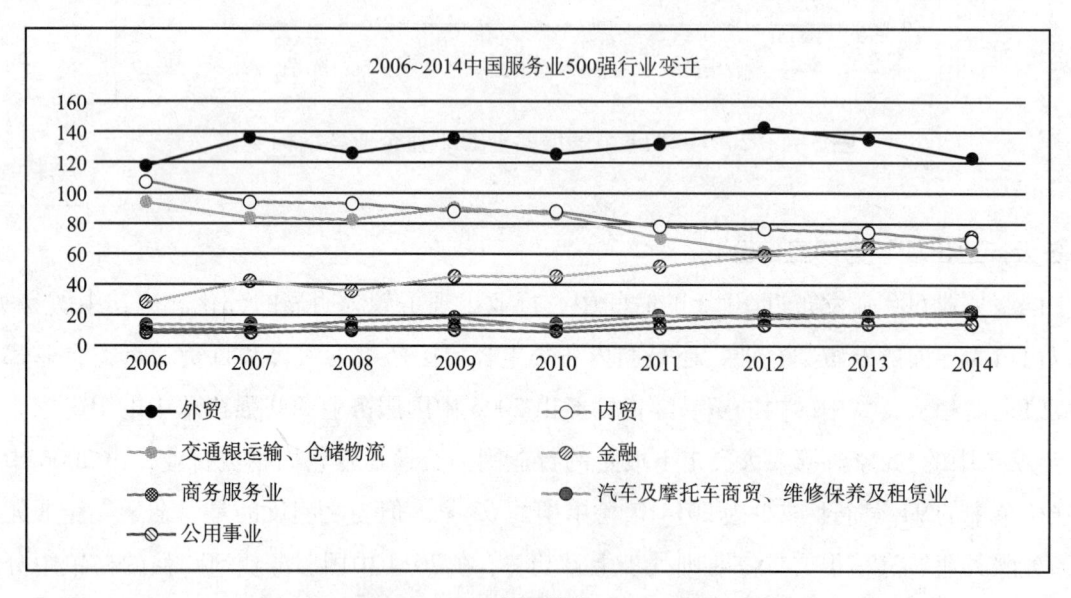

图3-5　2006-2014中国服务业500强行业变迁

3. 贸易行业呈现逐年下降趋势

贸易曾经带动中国经济高速增长，但金融危机之后，出口这一发动机明显减速。通过对2009-2014中国服务业500强企业数据对比梳理，内外贸发展已经今非昔比。由于世界经济形势低迷，出口形势严峻，近六年内外贸企业的盈利能力出现显著下滑。内外贸主要包括生活消费品内外批发及商贸业，金属内外贸易加工、配送、批发零售业，生产资料内外贸易批发零售业，矿产能源内外商贸批发业，综合性内外商贸及批发零售业，粮油食品及农林、土畜、果蔬、水产品等内外商贸批发零售业，机电、电子产品内外商贸及批发业，电气商贸批发零售业，化工产品及医药内外商贸批发业等行业，六年以来营业收入虽然有所增长，但相比服务业其他行业的增长速度，已经相对落后。

表3-23　　　　　　　　2009-2013中国服务业500强企业中贸易行业占比

	内外贸收入占比	内外贸净利润占比
2009	20.15%	4.63%
2010	18.91%	4.22%
2011	20.98%	4.29%
2012	20.35%	3.13%
2013	18.57%	2.24%
2014	18.42%	1.95%

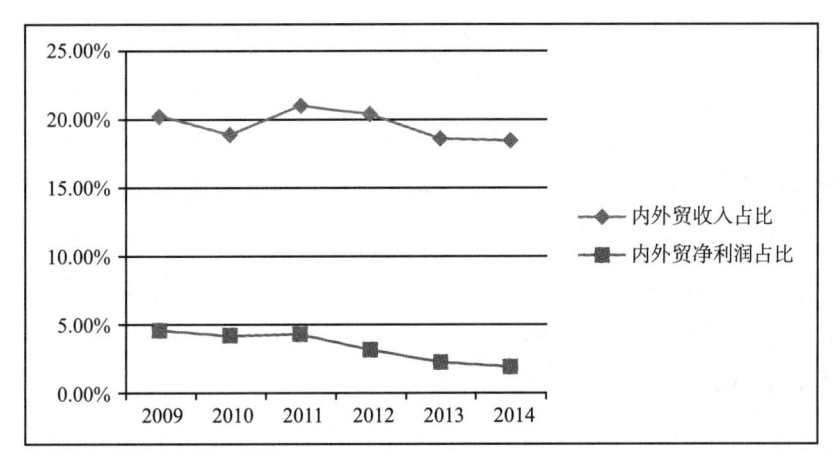

图3-6　2009-2014中国服务业500强企业中贸易行业占比

2009中国服务业500强企业榜单中，内外贸收入占中国服务业500强总收入的比重为20.15%，这一数字在2014榜单上，却急剧下降到18.42%，在趋势分析上，表现为上方曲线向下倾斜。盈利能力方面，内外贸企业的净利润占比可谓节节下降，从2009年占中国服务业500强净利润的4.63%，下降到2013年榜单中的1.95%。这也意味着我国以贸易为代表的传统服务业的逐渐衰退，内外贸公司已经到了被迫转型的时刻。

七、当前服务业发展遇到的问题

十八大报告强调要加快完善社会主义市场经济体制和加快转变经济发展方式，并将推动服务业特别是现代服务业发展壮大，提升到推进经济结构战略性调整、加快转变经济发展方式推动发展立足点转换的全局和战略高度。加快服务业发展和壮大，有利于加快形成服务业与制造业融合互动发展的新格局，促进服务业与城镇化发展的联动并推动产业布局结构的优化调整。2014中国企业500强榜单中，服务业企业增速继上一年首次超过制造业企业增速，今年再次超越，加速推动着中国从制造业为主向制造业和服务业"双轮驱动"的结构转型。

然而，值得注意的是，我国服务业发展仍然存在许多问题，集中体现在服务业内部部门之间的要素密集程度、技术进步状况、产品内容与提供方式等方面存在不均衡的状况，而这种不均衡将成为我国服务业进一步发展的瓶颈，也是我国服务业升级的攻坚方向。近两年还出现了一些新的问题，诸如互联网对传统服务业企业的冲击，政策已经允许民资进入的行业仍然存在玻璃门等新问题。

1. 服务业占比偏低，内部发展不均衡

2013年我国服务业增加值262204亿元，占国内生产总值的比重达到46.1%。2014年第一季度服务业同比增长7.8%，比第二产业增速高0.5个百分点；服务业增加值占国内生产总值的比重达到49.0%，比第二产业所占比重高4.1个百分点。服务业规模持续扩大并超过第二产业，表明我国产业结构进一步优化。但我国服务业增加值的GDP占比仍然低于美国为代表的发达国家。美欧日等发达经济体服务业占GDP的比重多年来均保持在70%左右，中国香港、韩国、美国、法国等国家和地区都在60%~70%以上，相比之下，中国服务业在整个经济中的比重仍然偏低，亟待加强。

此外，从服务业内部结构看，传统服务业较为发达，现代服务业与新兴服务业较为落后。国家统计局的数据显示，2013年第三产业增加值的构成中，传统的交通运输业、批发和零售、住宿餐饮业和邮电通信业等增加值占比虽然延续以往的下降趋势，但仍旧高达36%；金融业、房地产业占比为25.5%，而归入其他行业的信息传输、计算机服务和软件业、租赁和商务服务业、科学研究、技术服务和地质勘查业等若干代表现代服务业发展水平的行业以及卫生和社会服务业以、公共服务业等生活类服务业总计为38.5%。从中国服务业企业500强数据看，现代服务业企业占比连续两年突破50%，占到整个服务业比重的一半以上，但剔除银行业之后发现这一比重并没有那么乐观。从2009-2014中国服务业500强企业数据来看，现代服务业所占比重变化44.33%增加52.66%，有逐渐上升的趋势。但银行业企业在现代服务业中的权重很高，几乎占到现代服务业的四成。剔除银行业之后，现代服务业中其他行业占服务业500强营业收入的比重，分别仅为26.81%、29.08%、29.46%、27.28%、28.60%和29.73%。

另外，值得注意的是，房地产在服务行业中占据主导地位。在2014中国服务业企业500强榜单中，房地产行业增加7家企业，以53家企业的数量成为跻身榜单企业数量最多的第一行业。房地产行业是带动我国经济发展的重要行业，不仅涉及钢铁等制造行业，还与物业管理等服务行业紧密相连。因此房地产行业成为服务行业中的主导产业在情理之中，并将随着我国城镇化进程进一步加快而继续为我国经济发展做出贡献。然而，不可否认的是，房地产行业近年来增长趋势已经放缓，因而扶持其他资金密集型和技术密集型的服务业作为服务业的发展引擎势在必行。可喜的是，2014年的服务业中，信息、传媒、电子商务、网购、娱乐等互联网服务业虽然只有5家企业上榜，但是利润额位居现代服务业的第三位，凸显了我国服务业的新的发展方向。服务业企业应当牢牢把握互联网

浪潮带来的机会，进行有益的创新。

2. 银行业严重吞噬服务业利润，对其他实体经济的支持不足

银行业严重吞噬服务业中其他行业的利润也在最近几年表现的尤为突出。在2009-2014中国服务业500强榜单中，非银行业所占利润比重一直低于银行业所占利润比重，并且在2010年表现的最为突出。2010年开始，银行业净利润增速上升，其他行业净利润增速下降，直到今年的榜单中，非银行业所占利润比重仅为29.05%，而银行业所占利润比重则高达70.95%。银行业对其他行业增速出现反噬现象，应当引起足够的重视（见图3-7）。此外，根据发达国家的经验，金融行业如果出现膨胀，将会吸引大量资金进入，容易产生投机性行为，并在金融衍生品的推动下产生泡沫，增加经济的系统风险。

表3-24　　　　　　　　　服务业500强中银行业与非银行业净利润比重

年份	非银行业利润比重（%）	银行业利润比重（%）
2009	41.96	58.04
2010	45.88	54.12
2011	45.6	54.4
2012	36.03	63.97
2013	32.5	67.5
2014	29.05	70.95

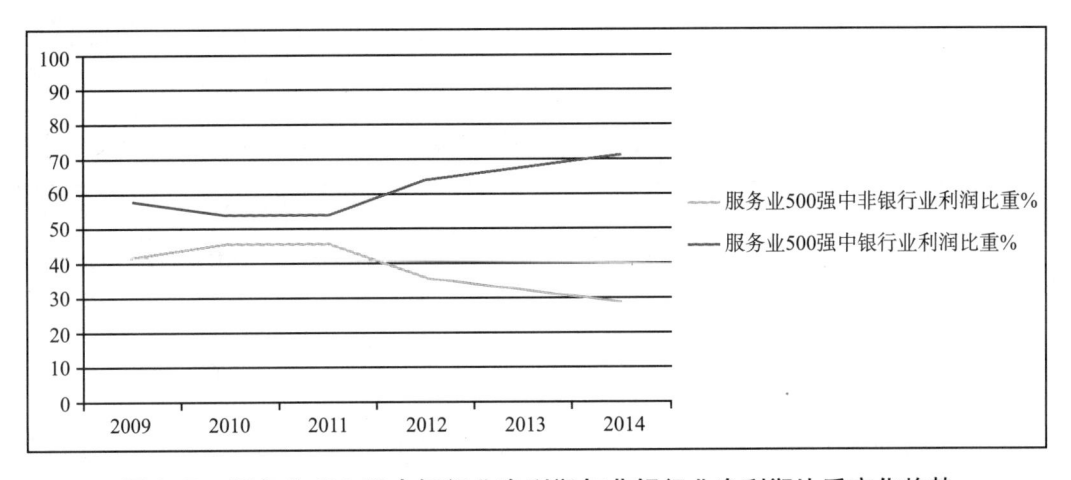

图3-7　服务业500强中银行业净利润与非银行业净利润比重变化趋势

在目前金融业蓬勃发展的当下，之所以仍然出现众多企业贷款难，融资渠道不畅通，其原因是金融业的质量不够发达。中国融资体系以银行吸收存款发放贷款为主，与发达国家依靠的直接融资截然相反。一方面，是历史原因导致了间接融资过大，中国一直是以银行业充当了资金调配的功能，良好的商业信誉也造成大量的社会存款聚集在银行当中；另一方面，目前中国所施行的金融管理方式也导致其他金融机构很难取得较大发展，导致债券市场和股票市场这两种直接融资工具迟迟不能发展壮大。金融本该支持实体经济发展，现在却与实体经济争利，甚至在一定程度上侵蚀了实体经济的利润。银行业一家独大，已经说明了这个问题。目前我国金融业的发展应防止过度膨胀，注重质量的提高，将发展的方向放到如何促进实体经济的发展的思路上来，数十家民营银行以及信托、资产证券化等的发展将有助于此。

3. 部分服务业行业仍存在国有企业垄断

近两年，服务业市场化程度有所升高，一直被国有企业垄断的电信业、金融业也出现了破冰现象。2013年9月，中国银行业监督委员会发布通知称支持符合条件的民营资本开设民营银行，至2014年7月，银监会已经批准三家民营银行筹建申请。未来还会有越来越多民营银行获批成立，有望打破过去国有资本对金融业的垄断。同样的进步也出现在电信业，多家民营企业可运营"170"被看作是民营资本进入电信业的初步动作。

不过，电信、金融、铁路、港口、公用事业等服务业行业内，国有企业垄断的现象仍然十分明显。以交通运输为例，铁路系统自成体系，铁老大的地位无人能够撼动；此外，虽然2014年民航局颁布了促进民营资本进入民航业的办法和措施，但是数年前东星等民营企业被各色隐形"关卡"击倒的事例依然层出不穷。不仅如此，看得见摸得着的垄断行业民营资本都很难有进入的机会，中国对通信行业实行严格的准入制度，目前对运营商还没对民间资本和外资开放，而医疗卫生、文化、教育等服务业，民间资本要想进入高端领域也是难上加难。

在2014中国服务业企业500强中，国有企业用55.60%的企业数量，占有500家企业营业收入的80.44%，占净利润比重的87.94%，体现出国有资本在中国服务业举足轻重的地位。不过分行业来看，可以发现国有资本主要聚集在金融、交通运输、文化传媒、公用事业等行业，并处于垄断地位。

表3-24　　　　2014年中国服务业500强不同类型企业的行业分布　　　　（单位：家）

行业	国有	民营	差额
银行业	36	7	29
物流、仓储、运输、配送服务业	15	3	12
陆路运输、城市公交、道路及交通辅助等服务业	14	3	11
文化产业（书刊的出版、印刷、发行与销售及影视、广播、音像、文体、演艺等）	11	0	11
能源（含电力、热力、燃气等）供应、开发、减排及再生循环服务业	16	7	9
港口服务业	9	0	9
公用事业、市政、水务、航道、港口等公共设施的投资、经营与管理业	11	4	7
航空运输业	5	1	4
电信、邮寄、速递等服务业	4	0	4
人力资源、会展博览、国内外经济合作等社会综合服务业	5	1	4

行业	国有	民营	差额
科技研发、推广及地勘、规划、设计、评估、咨询、认证等承包服务业	5	1	4
汽车及摩托车商贸、维修保养及租赁业	3	18	-15
金属内外商贸及加工、配送、批发零售业	2	21	-19
房地产开发与经营、物业及房屋装饰、修缮、管理等服务业	13	40	-27

2014年中国服务业500强榜单中，在上述几个行业国有企业的企业数量远远超过民营企业，其中在文化产业、港口服务、水上运输、电信、航空等细分行业，民营企业的入围数为0。相比较而言，在房地产、汽车维修租赁、外贸（除粮油农产品）等三大行业，民营企业占据着一定优势，这和国家在这几个行业的放开政策不无关系，但也仅仅是这几个少数的行业，民营服务大企业获得了较为迅速的发展。

因此，要以服务业为突破口，实现经济结构战略性调整，首要任务是打破国有垄断、放松对民间资本进入各类服务业的管制。放宽市场准入，鼓励和引导各类资本投向服务业；打破垄断，将是加快服务业发展的关键所在。

为了解决国有资本垄断问题，国家制定了一系列鼓励扶持政策，如"非公经济36条"，以及目前正在研究制定的混合所有制等政策措施。但在实际操作中，民营资本进入垄断行业仍存在很大困难。行业准入、政策细则滞后等问题仍然为民营资本进入垄断行业设立了隐形的玻璃门。而在国有企业对民营企业的股权转让方面，由于历史原因，国有企业在股权结构和内部治理方面都非常复杂，考虑到收购股权所带来的社会影响，民营资本在收购国有企业中往往处于弱势，还有一些国有企业的潜在成本过高，也使民营资本不敢进入。

4. 生产性服务业发展相对滞后

生产性服务业统计分类以《国民经济行业分类与代码》（GB/T 4754-2011）为依据，从界定生产性服务业内涵和外延的角度考虑逐一将国民经济行业分类进行梳理，并结合企业从事经济活动的特点，将生产性服务业划分为农业服务、制造维修服务、建筑工程服务、环保服务、物流服务、信息服务、批发服务、金融服务、租赁服务、商务服务、科技服务及教育服务等12个类别，涉及32个大类。

服务业特别是生产性服务业的发展水平，是衡量一国经济现代化程度的重要标志。近年来，我国经济结构出现的一大显著变化，正是服务业在GDP中占比的不断提高。同时，服务业结构也呈现改善趋势，传统的住宿、餐饮等生活性服务业比重略有下降，新型服务业态规模和比重快速增长。但与发达国家相比，我国服务业发展仍然滞后，其中又以生产性服务业为甚。数据显示，发达国家生产性服务业占服务业比重已高达50%以上，成为国民经济的支柱产业；而我国虽然已经是全球加工制造业中心，但这一比重却仅为15%。

生产性服务业滞后，成为制约我国经济发展提质增效的一大短板，带来的弊端也愈加明显。比如，制造业效率难以提高，利润率随之走低，导致我国经济长期处于全球价值链低端，并迫使经济出现"避实向虚"的不良倾向。再如，居民消费需求难以满足，庞大的内需市场挖掘不够，经济结构明显失衡。此外，就业市场空间也被压缩。目前，我国服务业吸纳就业比重不足四成，不仅远低于高收入国家水平，也明显低于中等偏下收入国家水平。特别是由于生产性服务业更需知识和智力支撑，本是吸纳高校毕业生最集中的领域，却由于其发展不足导致该群体就业压力增大，造成了宝贵的人力智力资源的浪费。

目前的生产性服务业还存在如下问题，制约着我国经济的发展。

一是市场化程度较低，缺乏发展动力。由于体制、政策的原因，生产性服务业的市场准入门槛普遍高于工业，管制过多、市场化程度低的问题较为突出。一些行业对非国有经济和外资也没有完全开放。较高的进入门槛和狭窄的市场准入范围将绝大多数潜在投资者拒之门外，甚至其他行业的国有企业也难以进入。所有制结构单一，造成服务业部门资源流入不足，弱化了竞争机制在产业发展中配置资源的基础性作用。其结果是服务业创新不足，企业经营效率低下，供给能力的扩张受到制约。一些热门行业的价格水平明显高于国际市场，不仅服务质量远远不能满足消费者需求，市场供求状况和企业的成本效益也难以得到真实反映。较低的市场化程度还导致市场竞争的不规范和不成熟，凸显了市场分工的不确定性，抬高了市场交易成本，在一定程度上抑制和削弱了工业企业外包生产性服务的内在动力。

二是体制性障碍明显，法律法规需进一步完善。一些行业存在政策性进入壁垒和垄断现象，竞争不充分、服务质量差、服务方式单一。生产性服务业市场规范化程度低，竞争秩序较为混乱，企业信用度较差。我国生产性服务业虽得到迅速发展，但具有较大规模和竞争力的企业集团较少。另外，生产性服务业中相当多的企业技术含量较低，管理水平相对滞后。由于企业的规模小、竞争力弱、管理水平落后，使得提供的服务质量较低，尽管取得了数量上的扩张，但质量上难以提高。生产性服务业的法律政策体系并不是非常健全，新兴生产性服务业的发展缺乏规划和规范，相关政策法规不够健全和配套，一些行业的政策执行缺少透明度，行业管理混乱，必须进行整顿和规范。以中介组织为例，由于缺乏相应的法律法规，很多中介组织无序混乱，使中介组织的信誉大打折扣，同时也阻碍了中介组织的发展，因此，必须进一步完善服务业的相关法律法规。

三是技术创新和相关产业的制约。生产性服务，特别是信息咨询服务业、计算机应用服务业、科学研究、综合技术服务业等知识密集型生产性服务受技术创新能力的影响较大，技术创新是这些生产性服务存在的基础和发展的动力。但目前中国生产性服务产业的技术创新能力仍然不足，主要原因有两方面：一方面，缺少对自主核心技术的资金投入。另一方面，高水平的研发人员、技术人员等高技术人才十分匮乏，这使得技术创新缺乏最基本的主体，技术创新无法得以顺利进行。致使众多本土生产性服务企业技术创新能力薄弱，只能在低端服务上盲目地进行重复性投资和恶性竞争。

5. 传统服务业企业难以应对互联网冲击

近几年，互联网对服务业行业的改变让人应接不暇。一些依托于互联网的大潮发展起来的企业如京东商城、腾讯、百度等迅速壮大，并在一定程度上改造整个行业。2014中国服务业500强榜单中，京东商城、腾讯、百度和唯品会分别以693亿元、604亿元、319亿元、76亿元营业收入位居500强榜单中第67位、76位、116位和288位。而互联网金融、O2O（On line to Off line）、物联网、大数据、云计算，以及4G通信时代的到来又将从更深层次影响整个服务业。

即使是门槛较高，垄断优势较明显的银行业，在互联网金融面前，亦表现出应接不暇的一面。自2013年以来，以余额宝等为代表的互联网金融在中国迅速发展，并在上线一年内余额宝客户数超过1亿人，规模超过5742亿元，相当于一家小型银行的规模。互联网金融发展如火如荼的时候，多家银行竟然出现了游说监管机构要求其制定有利于银行的政策。互联网金融依托其强大的创新能力、优越的客户体验，通过大数据应用所带来的低成本、批量化的处理能力和对零碎的金融资源的整合，以迅猛发展的态势，形成了对传统金融服务业的冲击。一直以来，传统银行更喜欢将信贷资源投向上市公司、龙头企业、房地产、地方融资平台等领域，而对广大中小微企业的融资需求却关注甚少。面对互联网金融的冲击，不少银行业升级电子银行、提高客户体验以及开发互联网金融同类产品方面做出了较大动作，但也有一些国有大型银行认识不足，转型动作十分缓慢，以致贻误了不少发展的时机。

同样的情况体现在电子商务对传统零售业的冲击。电子商务以体验更佳、更加低价等优势蚕食传统零售业的市场份额，导致大的零售商如苏宁、国美等被迫网上网下双线作战。但受企业发展历史因素的影响，这类企业在应对互联网冲击时仍然出现了很多问题，在财务数据上，主要表现为净利润不佳。另外一个对互联网严重依赖的是酒店旅游业，在互联网时代，一家没有接入网络的酒店已经很难接到任何订单。

互联网作为企业信息化的一个主要途径，作用越来越显著，也对服务业企业信息化进程提出了更多的挑战。最近几年，我国服务业信息化发展取得了初步成绩，但仍存在一些突出的问题。一是信息密集型服务业发展水平低下。信息密集型服务业是推动和引领现代服务业信息化的产业，但我国目前信息密集服务业发展水平仍然较低。2014中国服务业500强榜单中，软件程序、计算机应用、网络工程等计算机、微电子服务行业仅5家企业，营业收入仅占到服务业500强的0.56%，甚至低于服务业500强中各行业平均2.63%的比重。二是落后的信息手段是制约许多现代服务业发展的瓶颈。现代服务业的发展必须依靠先进的信息手段，依靠对信息技术的有效使用。但我国诸如现代物流服务、社区服务、医疗服务、金融租赁服务以及营销客户服务等现代服务业的信息手段仍然普遍比较落后，这些服务业迫切需要运用信息技术来改造以及提供信息技术的使用效率。三是服务业信息资源建设、开发和共享发展滞后。在推进服务业信息化的过程中，一些地方和部门存在重硬件建设轻软件建设或重建设轻开发、利用等现象，导致许多信息基础设施和技术设备得不到充分利用，有用信息资源贫乏、无用信息泛滥，网站荒漠化现象严重。四是服务业信息化投资水平相对滞后。我国信息化的道路一直是"以信息化带动工业化，以工业化促进信息化"为主，服务业信息化投资水平一直比较滞后。

八、促进服务业企业健康发展的对策建议

2013年是服务业发展具有标志性意义的一年。服务业占GDP的比重首次超越了第二产业，达到46.1%。需求升级与人口大趋势是中国目前面临的现实，为服务业的高速发展奠定基础，而恰在服务业发展的拐点又迎来了中国主导产业更替的爆发期，信息产业将助力中国经济的转型和服务业的发

展。在这个逻辑关系的演进中,我们愈发能够感受到服务业发展的黄金时期即将到来。在"控风险与稳增长"的努力下,调结构可以说是"时不我待",加快发展生产型和最终需求型服务业,对于我国调整经济结构,转变增长方式有着重要意义。在"简权放政"和"市场化"的大背景下,将不断有利于服务业发展的政策出台。服务业的快速发展有了越来越多愈发明朗的信号。服务业企业应当认清服务业发展趋势,抓住服务业增长的大好机会,提高创新意识和专业化水平,增强对产业链的服务和融合能力,在服务业蓬勃发展的机遇中,实现又好又快的发展。

(一)认清服务业发展趋势,抓住服务业增长的大好机会

1. 我国服务业将迎来大发展

2013年是我国服务业发展具有标志性意义的一年,服务业占GDP的比重达到46.1%,首次超越了第二产业占GDP的比重(43.9%)。从2014中国服务业500强的榜单来看,我国服务业500家大企业的增长速度继上一年超过制造业500家企业的增速后,今年数据显示再次超越。大企业的发展方向预示着产业发展的未来,我国服务业发展的未来值得期待。参照和我国发展路径比较一致的日本经验,在工业化后期,经济尤其是工业增长放缓,服务崛起,尤其是1973年,在穿越服务业与制造业与GDP占比的"交叉点"后,服务业迎来了发展的黄金时期。这里尚且不去讨论我国是否已经处于工业化的后期,服务业和制造业是否已经达到了各自增长趋势的拐点,但就从以下几方面分析,我国服务业也将迎来一轮大的发展热潮。

一是我国的人力资本结构已发生根本性改变。在人口红利时代,我国每年新增1000万劳动力供给,并以农民工为主要构成,而大学生微不足道。正是得益于此,我国低端制造业在过去30年大行其道,并形成以投资和工业驱动为主的经济发展模式。但从2012年开始,我国劳动力供给数量已经开始下降,以青壮年农民工为代表的人口红利已经结束,与此同时,以大学生为代表的人力资本正在兴起。目前我国每年毕业大学生数量接近700万,而在10年以前仅为100万,这意味着未来我国的新增劳动力供给几乎全为大学生,高等教育的普及,使得中国劳动力的质量正在显著提高。因此,必须发展与人力资本对应的经济模式,才能实现就业和经济的同时增长。而服务业正在吸收并创造着这类高素质劳动力的就业。当前我国GDP增速已经下滑至近10年最低点,但就业依然稳定,这是因为我国经济的下滑主要发生在制造业,但服务业增长依然稳定,并保证了服务业领域就业的稳定性。同时,我国服务业也创造着就业,我国2012年上市公司数据显示,就业增速最快的行业是传媒、医药、信息、电子和金融业,传统制造业的就业几乎没有增长。研究美国过去40年的就业分布,可以发现教育医疗、专业商业、娱乐休闲和金融等四大服务业的就业增速是最快的,其行业GDP的增速也最好。这表明在新的人力资本时代,就业向服务业和先进制造业的转移已是大势所趋。作为经济增长源动力的主要因素——劳动力素质的提高,服务业的大力发展获得了最根本的基础支持。作为吸收和创造就业的主体,服务业企业要善于把握和运用高质量的人力资本,增强企业的创造力。

二是经济增长已从工业投资驱动向服务业和效率导向转变。经济增长的核心生产要素,包括劳动力、资本和技术进步(效率)。过去我国依靠廉价劳动力和低端制造,形成了以投资为主的经济结构。而随着我国人口红利的拐点已经出现,劳动力投入减少的背景下,为了维持同等速度的增长,

必然意味着更多的资本投入，这也形成了"地产+基础设施"的高投资模式，通过其强大的产业关联效应，也带动了制造业的"大繁荣"，创造了GDP高速增长的阶段，但也同时出现了2008年金融危机以后我国货币增速与经济增长的脱节，债务率的飙升，工业产能的不断的过剩、产能利用率不断地下降以及投资效率不断下降的恶性循环。这意味着我们必须发展和劳动力结构相匹配的产业模式。于是，目前我国经济的发展要更多的依靠服务业的增长和技术进步（效率）的提高。技术进步的好处自然不必言说，服务业的发展，一是可以解决就业，从美国的经验看服务业可以解决80%的人口就业，目前我国经济已不可能再出现过去的高速增长，中速增长所带来的就业机会减少是不争的事实，因此服务业的大力发展会成为未来失业率的"解压阀"。二是服务业的发展不是以投资驱动发展，而是以技术、人力资本为主要投入，不需要消耗大量资金，不仅可以解决负债过高的问题，也可以实现经济的可持续发展。因此，未来我国的经济增长方式一定会发生根本性的改变，服务业代替工业投资，并成为主要力量。

三是政策环境不断优化。2013年11月15日，十八届三中全会上《中共中央关于全面深化改革若干重大问题的决定》提出了市场经济、政治民主、先进文化、和谐社会、生态文明、国防安全等六大目标，并明确了改革的时间表，到2020年在重要领域和关键环节改革上取得决定性成果。而这其中在资源配置领域市场的决定作用以及"混合所有制"提法意味深长，国企未来不仅在竞争性领域大概率逐渐退出，在公用事业和其他垄断性服务业领域，制度红利将得到进一步释放。这对于国有企业为主要构成我国服务业发展应该是条阳光大道。2014年的政府工作报告提出大力放松针对服务业的管制，改善服务业的供给，有效供给将创造服务业的需求。这些无一不是服务业发展的重大利好。2014年5月14日，国务院总理李克强专门主持召开国务院常务会议，部署加快生产性服务业重点和薄弱环节发展促进产业结构调整升级，会议强调要加快发展生产性服务业，是向结构调整要动力、促进经济稳定增长的重大措施，实现服务业与农业、工业等在更高水平上有机融合，推动经济提质增效升级。在当前"简权放政"和"市场化"的大背景下，将不断有利于服务业发展的政策出台。服务业企业要善于利用政策良机，借助优惠的政策空间，增强主业或及时转型。

2. 服务业内部格局将出现明显分化

服务业发展的最初，是市场分工不断扩大的结果，在工业发展的不同阶段，服务业的内部结构也表现出很大不同。对应于工业发展，服务业发展大致可分为四个阶段：传统的个人服务（农业社会）——交通运输仓储邮政、商贸零售（工业化前期）——金融、房地产（工业化中期及后期）——知识密集型、休闲娱乐型服务业（后工业化时期）。改开开放至今，我国三十几年工业的发展走完了发达国际上百年的道路，工业化的进程推进迅猛，服务业的从传统到现代的转变也存在很大程度上的重叠，目前，虽然我国已经到了工业中后期阶段，但以交通运输贸易为主的传统服务业仍占据绝大多数比重，然而金融、房地产也表现出了蓬勃发展的势头，通过趋势性的分析可以发现，服务业在这一过程中也体现出了较为明显的更替趋势。

首先，以交通运输、仓储和邮电通信业、批发和零售业以及住宿和餐饮业为代表的传统服务业，料将走弱。1992年2013年，中国这几个传统行业在服务业中的占比均呈现下降趋势。国家统计局数字显示，交运仓储邮政占比从18.1%降至10.4%，批发零售占比从25.7%降至21.2%，住宿餐饮占比从6.3%降至4.4%。日本的传统服务业也面临相似的路径，批发零售占比在1970年达到33.3%的顶峰后，逐步回落至1985年的26.8%，交通运输邮政通信业自20世纪60年代就持续下行，在经济步入中速增长期之后，它们在服务业中的占比表现出整体下行。这更加给我国传统服务业的未来发展提供了依据。加上如今虚拟经济和网络经济的发展，商贸零售等传统行业受到更大的冲击。如果没有寻求及时转型，传统的服务业企业萎缩将会更加迅速。在我国服务业企业500强中，上述三大行业包含企业数量高达254家，占比超过50%，也就是说未来以这250家为代表的传统服务业大企业如果不及时调整战略，未来的发展将受困于行业空间，所以提早转型才能获得出路。

其次，金融、房地产的发展在上升中趋于稳定，但二者的发展经历了不同情景。金融业占服务业比重先降后升，这缘于在1998年至2005年金融机构市场化改革（包括处理银行坏账等）后的蓬勃发展，如今金融体制改革和金融创新的呼声越来越强，未来金融业的发展应该是在存量的基础上进行优化，并提高发展质量。房地产业则在1998年住房体制改革之后异军突起，但因土地财政等诸多因素目前处于相对稳定阶段。在2014服务业企业500强中，有124家企业属于金融和房地产两大行业，从目前的体量上来讲上有很大空间。然而对于金融业企业，必须寻求创新和突破，才能在不久的金融改革的大潮中立于不败之地。同样对于房地产企业而言，如何提升自身水准，发展适合现在中国国情的商业模式也至关重要。

第三，新兴现代服务业迈入了发展的黄金时代。从日本的经验来看，在第三产业占GDP比重超过第二产业之后，后工业化的到来会推动现代服务业加速发展。目前，我国制造业正从劳动密集型、资本密集型逐渐转型升级到知识和技术密集型，在产业升级过程中，生产性服务业的需求将会明显增加。另外，随着收入水平的提升，居民消费结构升级会沿着"衣食-住行-休闲娱乐"的路径进行演进，医疗保健、娱乐等生活性服务业支出比重将迎来爆发期。于此相关的服务业企业应当认清这一趋势，提早布局。

表3-25　　　　　2006-2014中国服务业500强各行业所包含企业数　　　　　（单位：家）

行业	2006	2007	2008	2009	2010	2011	2012	2013	2014
外贸	118	137	126	136	126	132	143	135	123
内贸	107	94	93	89	88	78	77	74	68
交通运输、仓储邮政	94	84	83	90	87	71	62	70	63
金融	29	42	36	45	45	52	60	64	71
房地产	49	42	64	43	52	56	51	49	53
教育科研	10	13	14	14	17	13	12	11	12
文化产业	13	14	12	9	8	9	8	11	11

如前文所述，在过去近10年的时间中，我国服务业500强中各行业所包含的企业表现出很大的分化，交通运输仓储邮政和贸易零售行业所包含的企业数量占比由63.8%下降到50.8%，而金融和

房地产两大行业所包含的企业数占比由 15.6 提高到 24.8%，但教育科研和文化产业所包含的大企业数量却没有表现出很明显的提升。大企业的发展方向预示着一个产业未来，对于整个中国的服务发展而言，服务业内部结构分化已成定局。所以服务业的大发展并不是所有行业的齐头并进，而是在内部会出现一种非常明显的此消彼长，服务业企业必须认清这一现实，才能保证企业战略的前瞻性。

3. 最终需求型服务业将会和生产型服务业并驾齐驱

目前，我们提及服务业发展的现实困境和未来都会更多的关注到生产性服务业，确实，服务业成为独立的产业，是生产力不断进步与社会分工不断深化的结果，随着制造业向专业化和高端方向发展，生产性服务业的高质量发展是基础支撑，在未来会向专业化、规模化的方向深化发展。在我国经济转型阶段，大力发展生产性服务业是迫切需要。但从服务对象角度看，除了面向中间生产业的生产性服务业，还有面向最终消费者的生活型服务业也不容忽视。尤其是我国人口结构的变迁（包括年龄结构、受教育程度等）是最终需求型服务业迎来发展的根本原因。2013 年中国人均 GDP 已达到 6767 美元，以购买力平价计算已超过 9000 国际元，正向中高收入水平国家迈进，收入的持续提升将打开中国服务消费的发展空间。人口作为重要的要素，既是供给的主体，又是需求的方向。像 20 世纪 70 年代的美国一样，我国即将步入的老龄化社会将会催生了对于医疗、健康和养老服务的需求。结合马斯洛对于人类需求演进的理论和中国的实际情况：下一阶段中国将渴望更清洁的生活和生产环境、更理想的社会保障制度以及更多的休闲与自我提高。这些往往需要强大、规范和充满生命力的生活型服务产业来满足。从近期恒大足球的亚冠旋风，到爸爸去哪儿引发的视频狂欢，包括癌症频发引发的医疗需求爆炸等等，告诉我们最终需求型服务业存在着巨大的空间。

另外，政府对最终需求型服务业的推动前所未有。2014 年的政府工作报告把消费作为扩大内需的主要着力点，特别强调大力发展养老、健康、旅游、文化等行业，并促进信息消费，实施"宽带中国"战略，加快发展 4G，鼓励电子商务。这更加保障了最终需求型服务业大发展的宏观政策环境基础。生产型服务业和最终需求型服务业将是未来我国服务业爆发式发展的两大主要领域，前者是中国制造业升级、社会分工不断深化、商业模式不断高级化的结果，而后者是人口结构变迁和制度红利释放有效供给的结果。如此广阔的发展空间，也应当引起服务业企业的重视，把握住产业发展的未来趋势，提早布局，寻求突破。

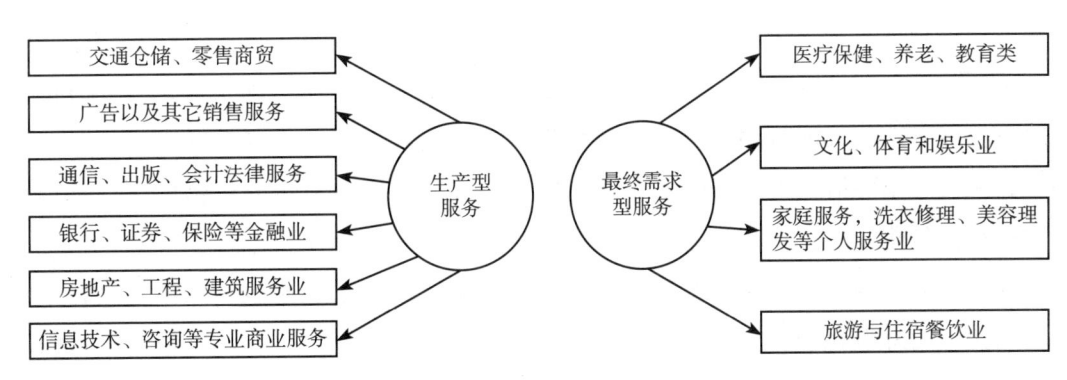

图 3-8 我国的最终需求型服务业和生产型服务业并驾齐驱

4. 信息技术将成为未来的主导产业

罗斯托曾经提出，主导产业是那些具有足够创新的产业，是那些在经济增长过程中起到主导和引领作用的产业，是那些对整个产业链起到重要影响的、具有强大扩散效应的产业。过去十年，以建筑、地产产业链为支柱产业的中国经济走过了工业化的快速发展阶段。而如今在"增长趋缓，服务崛起"的拐点，恰逢中国主导产业更替的阶段，信息技术将成长为未来的主导产业。这是因为信息产业具备了颠覆和融合的特质：颠覆是指信息产业成为新的主导产业趋势明显，创造自身需求，颠覆其他产业业态；融合则指信息产业开始带动和改造其他传统产业，如教育、医疗、交通、商贸等。这一趋势在2013年表现得愈发明显。2013年，中关村景气指数上升了13%、信心指数上升了26%，互联网革命带动了通讯设备、软件、电子半导体、云计算和大数据等行业的高度景气。

主导产业更替的阶段又恰逢服务业的崛起，信息产业将成为未来中国服务业发展的一条重要线索。信息革命将沿着需求升级和人口结构迁移的方向助力中国经济服务化的转型。"信息化"改变了传统产业的业态，使得信息的生产、处理、储存和传递在经济活动中逐渐占据中心地位，而这些活动通常都被归属于服务部门，让经济出现"服务化"；并受到信息技术的改造，一些夕阳制造业和传统服务业企业将向现代服务业和朝阳服务业转型，部分制造业企业将沿着价值链微笑曲线出现"服务化"的特征。信息技术产业将会带动服务业甚至于整个中国经济发展到一个新的阶段。目前"信息化"已经势不可挡，服务业企业要顺应这一现实，主动迎战，利用"信息化"提升核心竞争力。

（二）顺应信息化趋势，提高信息化水平

最近几年，信息技术产业的发展突飞猛进，以百度、腾讯、阿里巴巴三家BAT为代表的互联网公司的快速成长深深撼动了整个行业的业态，也改变着人们的生活。而京东、聚美优品的上市也让人看到资本市场对信息技术这个大领域的亲睐，云计算的龙头企业这几年的发展也是可圈可点，这是我国信息技术产业发展的成绩，但若真正实现经济的服务化、服务业的信息化，还需做以下方面的努力。

首先，广大服务业企业应抓住机遇，在信息密集型服务业产业寻求更大突破。我国计算机和软件服务、互联网信息服务业、电信服务、商务服务等信息密集型服务业的发展面临着良好的机遇。一方面，由于国际外包的迅速发展，信息密集型服务的国际需求规模不断扩大；另一方面，我国正处在转变经济发展方式的关键时期，经济发展正进行由制造经济向服务经济转型、由工业经济向知识经济转型，从而产生对信息密集型服务业巨大的国内需求。服务业企业应借助国内外提供的良好机遇，大力提高信息化水平，发展信息密集型服务业。

其次，服务业企业要善于利用互联网趋势对服务业带来的冲击和影响，运用信息技术加大对传统服务方式的改造。互联网目前正在给我国的服务业带来深刻而根本的变革，金融、通信、贸易、流通等多个领域都出现了突破式创新，京东、腾讯为代表的互联网企业进入2014年服务业500强前100名标志着互联网时代的到来。面对互联网带来的根本性变革，服务业企业应当进一步鼓励创新，

发展互联网的新兴业态，例如行业专门的垂直一体化交易平台，通过互联网推行信用体系建立。另外，一些现代服务业信息手段落后主要因为我国物流、电信邮电、金融保险等传统服务业的信息技术改造过程比较缓慢，信息技术使用水平与效率比较低，这些企业应加大信息技术改造的投入，提高传统服务业知识与技术含量，改变传统的、落后的服务方式，促进传统服务业企业升级，提升现在服务业企业的发展质量。此外，以大数据、云计算为代表的新兴互联网技术将会影响我国企业的竞争力，甚至决定未来在全球产业分工链上的位置，与之相关的企业要善于利用政府补贴，化解前期投入的巨大成本。

第三，推动服务业企业在信息化领域的多元化投资。我国服务业企业信息化资源开发、利用以及投资水平滞后的一个重要原因是投资主体单一。一直以来，我国服务业信息化投资主要是由政府主导，信息化被认为是国家和大企业的事情，服务性企业实施信息化缺乏自我发展的动力机制和来自政府与社会的激励制度安排。因此，政府应引导和鼓励服务性企业应用并不断提高其信息化应用水平，鼓励私营部门在信息技术扩散中发挥重要作用，鼓励社会民间资本投资服务领域信息化，尤其要从制度上引导社会资本有动力实施信息技术的推广，从而建立起更多依赖企业和社会资金的、可持续发展的、取得市场实效的投资与发展模式。

（三）生产性服务业企业要与制造业互动融合发展

生产性服务业与制造业之间相互促进，相互融合成为现代产业发展的一种趋势。现代生产性服务业日益成为制造业发展的支撑，制造业也为生产性服务业提供了巨大的市场空间。目前，制造业呈现出服务化的趋势，主要表现为制造业的产品中所需要的服务投入比重越来越大，甚至超过了物质投入。制造业的产出也是为了提供某种服务，如通信和家电产品；知识和技术服务随同商品一起出售；服务引导制造业技术变革和创新。

20世纪90年代以来，生产性服务业和制造业的关系正在变得越来越密切，制造业中间投入服务的比重大大增加。在企业整个价值链中，研究、设计、品牌营销、供应链管理等环节附加值和利润率最高，中间制造环节附加值则较低，位于"微笑曲线"的最低端。贯穿于生产过程中产前、产中、产后的三个阶段的生产性服务，在产品增值链中的比重越来越大，开始超过物质阶段创造的增值量。

从中国的情况看，当前我国生产性服务业与制造业是一种相对低级和低效的共生关系，表现在使用外部生产性服务种类少，外包程度低，外包结构以低端生产性服务为主，合作的紧密程度低，造成这种状况的主要原因是，一是制造企业与生产性服务企业之间的互信机制、沟通机制、利益共享机制和共同学习机制还有待完善；二是服务供求信息透明度低，结构恶性竞争，市场交易不规范，对生产性服务业与制造业共生关系的建立和发展造成负面影响；三是宏观层面的行业政策、技术指导与法律的制度供给不足，社会信用文化缺失，是生产性服务业与制造业共生环境面临的主要问题。

总之，当前产业服务化已成为世界产业发展的一个大趋势。我国应及时把握住这一趋势，把发展生产性服务业，作为当前和今后产业结构调整的一个重要突破口，大力加强对生产性服务业发展的宏观指导，努力完善组织管理体系和政策环境，积极推进生产性服务业的产业化发展。广大生产性服务业企业也应积极主动地从产业链的角度，发展与制造业共生和融合关系。

（四）提升服务业企业的专业化水平和自主创新能力

服务业企业的专业化发展，是生产力不断进步与社会分工不断深化的必然结果。理性的市场主体，从机会成本视角出发，会选择用"社会服务"替代"自我服务"。分工带来的收益成为生产性服务业外包的激励，生产活动外置逐步延伸也会刺激生产性服务业的需求，以及生活型服务业领域的极大拓展，从而使服务业产业化、规模化得到保障，外部性的生产性服务业可以更低的成本为制造业服务，至此形成服务业和其他产业的良性循环。但这其中的关键在于服务业"专业化"这样一个大前提。但目前，我国服务业大企业确实就是存在这样的问题，考察我国服务业500强中的大企业，大都有过把资本投到金融、房地产这些一定时期内暴利行业的行为，专心做专业水平提升的寥寥无几，当然也有的企业战略就是以金融、地产的暴利来供给主业的发展，这是否可信还是要去以其主业的专业化水平是否提升作为考量。目前服务业尤其是生产性服务业对其他产业的供给不足的症结恰恰就在于专业化水平的低下。所以提升我国服务业企业的专业化水平迫在眉睫。尤其是对于我国服务业大企业而言，朝着专业化发展、注重提高自身核心竞争力，将现有的主业做精做细比做大做强更有意义。

另外，服务业企业尤其是生产性服务业需要增强自主创新能力。生产性服务业企业的自主创新能力决定生产性服务业规模的扩张和绩效的提高，直接影响生产性服务业的核心竞争力。因此，企业应加快建立技术创新体系，提高生产性服务业的技术含量。用信息化改造传统生产性服务业，加快服务业电子化、自动化进程，不断扩大信息技术在生产性服务业领域的应用。另外，从国家层面建立健全技术创新机制，鼓励生产性服务业企业建设各类研究开发机构和增加科技投入，使企业成为研究开发投入的主体。在生产性服务业集聚区的基础上建立科技创新平台，形成具有较强创新能力的科技创新网络。借助高校及科研机构的人力优势及研发能力，形成政府支持、产学研一体化的创新体系，培育和发展科技服务中心、创业孵化器、信息服务机构、科技融资机构、科技评估中心、知识产权事务中心、技术产权交易中心、公共科技信息平台等科技创新中介服务机构。

（五）发挥行业内标杆企业的引导作用，塑造具有竞争力的商业模式

商业模式是企业的核心竞争力之所在，商业模式决定企业如何创造价值以及如何持续获得回报，因而企业之间的竞争也就是商业模式之间的比拼。不断对商业模式进行修正、补充以及创新是企业发展的动力源泉。

基于企业间供需双方对于风险以及受益的考虑，可以将服务价值创造的模式分为五种：一是嵌入式服务，亦即这类供应链服务化运营强调的是通过供应链职能和资源能力的协调，以较低的成本费用帮助客户企业提高供应链运营效率；二是链接式，与上一类不同，这种服务虽然也强调供应链运营的低成本和高效率，但是其实现的方式是通过网络和环境的管理降低综合交易成本，或者说通过整合网络和环境要素的把控来实现供应链服务效率化的目的；三是拓展式服务，这类服务虽然也

着重供应链职能和资源的协调,但是其最终的目标不完全是为了帮助客户降低成本和费用,而是创造新的潜在竞争力;四是模块式服务,亦即通过网络和环境的管理在降低社会交易成本的同时,帮助客户挖掘新的潜在竞争力;五是产融结合式,这类服务既强调供应链职能协调,也强调网络和环境的管理降低交易成本,在实现高效率低成本运营的同时,创造新的市场空间和竞争力。

目前在我国服务业中占主导的是嵌入式和链接式服务,这两类服务能够满足客户要求,提升客户服务效率,但是所创造的价值较小。因而,未来应重点发展拓展式服务、模块式服务以及产融结合式服务,在价值链条上不断延伸,与客户共同创造更大价值。例如腾讯通过微信产品进行的拓展手游、购物等一系列服务就是典型的拓展式服务模式;京东的供应商支持计划属于产融结合式的服务模式。应当鼓励行业内的领先企业对这些商业模式进行探索,其他企业通过借鉴学习,从而带动整个服务产业的转型升级。生产服务业、电子商务、互联网等亟待发展的产业尤其需要领先企业引领产业布局,完善产业价值链条,实现快速良好发展。当然,完善产业布局离不开政策的支持,例如互联网与金融行业的结合需要政策予以规范,否则容易引发系统性风险;现代物流业的发展需要相关的扶持政策。

(六)以混合所有制打破国企在交通运输、公用事业等行业的垄断地位

从党的十五大首次提出"混合所有制经济",到十八届三中全会指出"国有资本、集体资本、非公有资本等交叉持股、相互融合的混合所有制经济,是基本经济制度的重要实现形式",这不仅预示着我国"非公即私"的企业所有制二元结构在政策理论上将被逐渐打破,也是新形势下中国特色社会主义市场经济的又一次创新和发展,这对于打破国有企业在金融、交通运输、文化传媒、公用事业等行业的垄断地位提供了政策路径支撑,从而解决国企缺活力、化解民企缺乏实力的问题,从而激发现代企业的创新力。然而目前混合所有制仍处于"看上去很美"的阶段,需要政府和企业两个主体的双重努力。

第一,顶层设计需要尽快出台。在国家层面公布混合所有制改革方案的同时,地方迅速拿出了自己的混合所有制改革内容。不完全统计发现,目前已有重庆、上海、广东、湖北、山东、江苏等地的方案被各方披露。这既有地方政府层面的积极推动,更有企业改革的现实需要。但由于中央层面对于混合所有制改革的方向,怎么"混",谁来"混","混"什么,没有明确具体方向,地方现今仍处于观望态度,混合所有制的推进缓慢。

第二,积极解放思想,转变固有观念。发展混合所有制经济,首先,要打破"控股比例"思维定式,十八届三中全会的《决定》中提到的"发挥国有经济的主导作用,不断增强国有经济的控制力和影响力",国有经济的主导作用、控制力和影响力主要应体现在提高国家整体竞争力方面,提高对国民福利的贡献方面,体现在引领科技创新方面。因此应当建立如下新思维:凡是有利于解放生产力、提高企业运营效率、利于企业可持续发展的股权结构就是合理的、应实行的。其次,发展混合所有制,应当减少"混合所有制是否会导致新一轮的私有化和国有资产流失"的担心,明确合规转让的法律依据,保证阳光交易。另外,民营企业要从小业主的思想变为现代企业家的思想,由家庭制、家族制向产权清楚的股份制管理方式转变。

第三，改善发展环境，调整定位市场主体的产业领域。尽早制定和出台深化国有企业改革的规定或决定，战略性布局国有经济的产业领域和范围。切实落实"非公36条"和"新36条"，实施负面清单管理，建立和完善各种所有制经济"权益平等、机会平等、规则平等"的发展环境，进一步推动国有资本不具有竞争优势的产业中退出，破除民营资本的"玻璃门"、"弹簧门"和"旋转门"，并在金融、交通运输、文化传媒、公用事业等领域有试点有步骤地发展混合所有制。

第四章
2014 中国跨国公司分析报告

当前如何增强企业国际化经营能力，发展中国的跨国公司，尤其是培育一批世界水平的中国跨国公司，已经成为官产学各界关注的焦点问题。为了贯彻党的十八届三中全会精神，发展我国大型跨国公司，提高国际化经营水平，同时为社会各界提供我国大企业跨国经营的相关信息，中国企业联合会2014年继续推出中国跨国公司分析报告。

中国跨国公司分析报告以中国企业联合会每年推出的"中国100大跨国公司及跨国指数"作为分析重点。"中国100大跨国公司及跨国指数"是中国企业联合会在中国企业500强、中国制造业企业500强、中国服务业企业500强的基础上，依据企业自愿申报的数据，参照联合国贸易和发展组织的标准产生的。中国100大跨国公司是由拥有海外资产、海外营业收入、海外员工的非金融企业，依据企业海外资产总额的多少排序产生，跨国指数则按照（海外营业收入÷营业收入总额+海外资产÷资产总额+海外员工÷员工总数）÷3×100%计算得出。

一、中国企业对外投资步伐加快

据商务部统计，2013年我国境内投资者共对全球156个国家和地区的5090家境外企业进行了直接投资，累计实现非金融类直接投资901.7亿美元，同比增长16.8%（参见图4-1）。其中股本投资和其他投资727.7亿美元，占80.7%，利润再投资174亿美元，占19.3%。

自2002年中国公布对外直接投资统计数据以来，中国企业的对外直接投资金额年均增速达到42.13%。尽管受国际金融危机影响，近两年增速有所放缓，但2013年增速出现明显提升，显示出中国企业"走出去"步伐明显加快，对外直接投资活动也正在进入新一轮的快速增长期。

从全球视野来看，2013年中国对外直接投资流量位列全球第三位，仅次于美国和日本；占发展中经济体对外直接投资流量总额的比重超过1/5，达到22.24%，已经成为最大的发展中资本输出国；占同期世界对外直接投资流量总额的7.16%。实际上，经过2002年以来短暂的10多年的发展，无论是中国对外直接投资流量占发展中经济体的比重，还是占世界的比重都呈快速增长趋势：前者由2002年仅占发展中经济体的5.64%一跃扩大为22.24%，后者则由仅占世界流量总额的0.48%扩大为7.16%（参见表4-1）。由于中国企业"走出去"起步较晚，2013年对外直接投资的累计存量仅位列全球第12位，不过相比2012年仍然上升了一位。

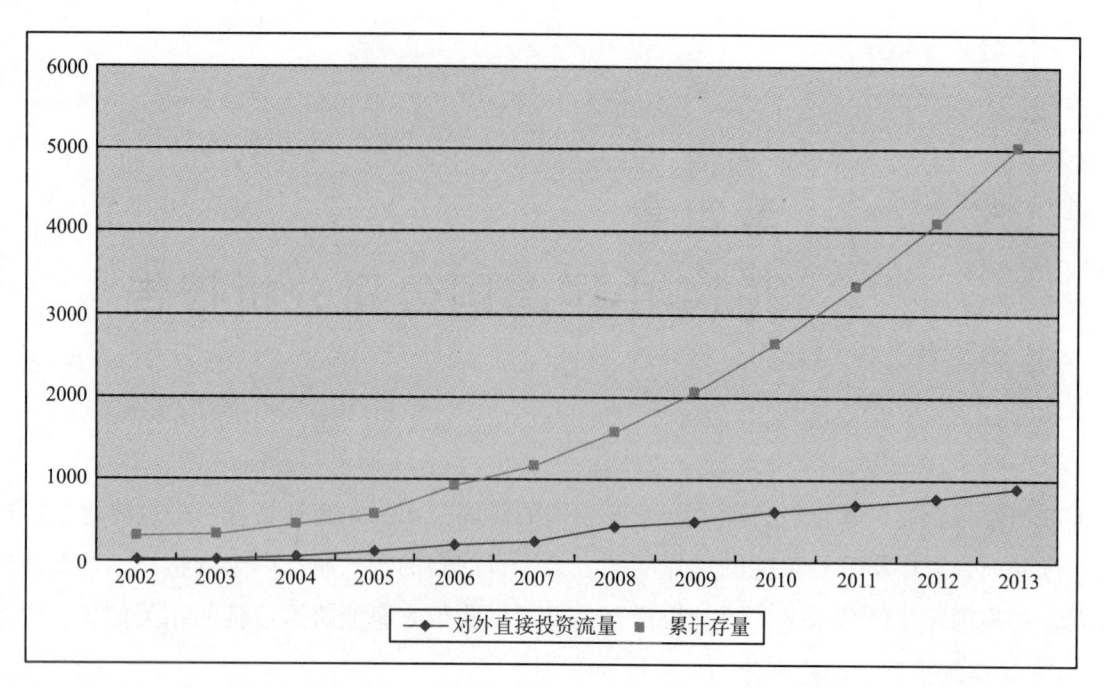

图 4-1　2002-2013 年中国非金融类对外直接投资流量和存量（亿美元）

资料来源：2002-2012 年数据来自《2012 年度中国对外直接投资统计公报》，2013 年数据来自商务部统计。

表 4-1　　2002-2013 年中国对外直接投资流量及占世界比重　　单位：亿美元

年份	中国	发展中经济体	世界	中国占发展中经济体比重（%）	中国占世界比重（%）
2002	25.18	446.74	5281.13	5.64	0.48
2003	28.55	517.71	5806.95	5.51	0.49
2004	54.98	1135.59	9197.65	4.84	0.60
2005	122.61	1410.41	9042.70	8.69	1.36
2006	211.60	2425.31	14253.16	8.72	1.48
2007	265.10	3270.91	22671.57	8.10	1.17
2008	559.10	3383.54	19993.26	16.52	2.80
2009	565.30	2766.64	11712.40	20.43	4.83
2010	688.11	4209.19	14675.80	16.35	4.69
2011	746.54	4225.82	17116.52	17.67	4.36
2012	878.04	4401.64	13466.71	19.95	6.52
2013	1010.00	4540.67	14106.96	22.24	7.16

资料来源：联合国贸发会议发布的《2014 世界投资报告》。

2013 年中国企业跨境并购金额再创新高，达到 501.95 亿美元，接近当年中国对外直接投资流量的一半，位居全球第四，仅次于美国、俄罗斯和日本，占发展中经济体跨境并购总额比重达到

38.76%，占世界跨境并购的比重达到14.39%。2013年中国企业跨境并购项目数量达到288项，占发展中经济体跨境并购数量的17.69%，占世界跨境并购数量的3.34%（参见表4-2）。综合考虑跨境并购金额和数量，中国企业跨境并购的平均项目投资规模达到了1.74亿美元。可以说，从2008年以来的发展趋势看，中国企业跨境并购无论是规模还是数量都有了明显的长足发展。

表4-2　　2008-2013年中国企业跨境并购金额及占世界比重

	2008	2009	2010	2011	2012	2013
中国跨境并购金额（亿美元）	358.34	234.44	305.24	371.11	379.30	501.95
占发展中经济体比重（%）	30.78	30.13	30.04	35.22	29.74	38.76
占世界比重（%）	5.72	8.21	8.74	6.67	11.44	14.39
中国跨境并购数量（项）	162	197	269	269	296	288
占发展中经济体比重（%）	8.54	11.78	13.22	13.93	15.56	17.69
占世界比重（%）	1.43	2.21	2.64	2.59	3.02	3.34

资料来源：联合国贸发会议发布的《2014世界投资报告》。

2013年在超过10亿美元的跨境并购项目中，中国企业发起的跨境并购项目达到了9个，其中能源和资源类跨境并购项目居多（参见表4-3）。中海油并购加拿大尼克森公司投资金额达到191.2亿美元，创下了中国企业海外并购金额的最高记录。双汇集团并购美国史密斯菲尔德食品公司投资金额也达到了47.5亿美元，成为近年来非能源资源领域最大的一笔海外并购。

2014年上半年，中国企业跨境并购再掀高潮。中粮集团收购荷兰农产品及大宗商品贸易商Nidera的51%股权，有望成为粮油领域的最大一笔跨境并购；东风汽车公司注资法国标致雪铁龙集团（PSA）8亿欧元，持股14%，与法国政府和标致家族并列成为第一大股东。

表4-3　　2013年中国企业超过10亿美元的主要跨境并购交易概况

并购方	被并购公司	被并购公司所在国	被并购方母公司所在国	金额（亿美元）	并购股权比例（%）
中海油	尼克森公司（Nexen Inc）	加拿大	加拿大	191.2	100
双汇集团	史密斯菲尔德食品公司（Smithfield Foods Inc）	美国	美国	47.5	100
中石油	埃尼东非公司（ENI East Africa SpA）	莫桑比克	意大利	42.1	29
中石化	阿帕奇公司埃及油气业务（Apache Corp-Egypt Oil & Gas Business）	埃及	美国	29.5	33

并购方	被并购公司	被并购公司所在国	被并购方母公司所在国	金额（亿美元）	并购股权比例（%）
中投公司	Uralkaliy 公司（OAO Uralkaliy）	俄罗斯	俄罗斯	20.0	13
中化集团	先锋自然资源公司（Pioneer Natural Resources Co）	美国	美国	17.0	40
中石油	西澳布劳斯液化天然气项目（Browse LNG Project, Western Australia）	澳大利亚	澳大利亚	16.3	10
上汽集团	伟世通汽车合资公司资产（Visteon Corp-Automobile JV Assets）	中国	美国	12.5	100
中石化	切萨皮克能源公司（Chesapeake Energy Corp）	美国	美国	10.2	50

注：表中数据未包括被并购方母公司所在国亦为中国的并购交易。
资料来源：联合国贸发会议发布的《2014世界投资报告》。

二、2014中国100大跨国公司及跨国指数基本情况

依据2014中国企业500强、2014中国制造业企业500强、2014中国服务业企业500强的海外数据，中国企业联合会排出了2014中国100大跨国公司及其跨国指数（参见表4-4）。中国石油天然气集团公司、中国石油化工集团公司、中国海洋石油总公司、中国中信集团有限公司、中国中化集团公司、中国远洋运输（集团）总公司、中国铝业公司、中国五矿集团公司、中国保利集团公司、浙江吉利控股集团有限公司位列2014中国100大跨国公司前10位。得益于2013年完成的加拿大尼克森公司并购项目，中国海洋石油总公司的海外资产排名由去年的第四位上升至第三位，而2014中国100大跨国公司的前三强也全由石油和石化企业包揽。

在2014中国100大跨国公司中，跨国指数排前10位的企业分别是浙江吉利控股集团有限公司、中国中化集团公司、宁波均胜投资集团有限公司、中国大连国际经济技术合作集团有限公司、中国远洋运输（集团）总公司、天津聚龙嘉华投资集团有限公司、卧龙控股集团有限公司、山东如意科技集团有限公司、中国海洋石油总公司、中兴通讯股份有限公司。其中浙江吉利控股集团有限公司的跨国指数仍居首位，达到67.61%。

海外营业收入排前10位的企业分别是中国石油天然气集团公司、中国石油化工集团公司、中国中化集团公司、中国海洋石油总公司、浙江吉利控股集团有限公司、中国远洋运输（集团）总公司、中国兵器工业集团公司、中国兵器装备集团公司、中国五矿集团公司、宝钢集团有限公司。海外员工数排前10位的企业分别是中国石油天然气集团公司、中国中信集团有限公司、中国石油化工集团公司、中粮集团有限公司、中国中材集团有限公司、中国电力建设集团有限公司、浙江吉利控股集团有限公司、大连万达集团股份有限公司、中国建筑股份有限公司、中国航空工业集团公司。详见表4-4。

表 4-4　　2014 中国 100 大跨国公司及跨国指数

排名	公司名称	海外资产（万元）	企业资产（万元）	海外收入（万元）	营业收入（万元）	海外员工（人）	企业员工（人）	跨国指数（%）
1	中国石油天然气集团公司	89639040	375735986	138978082	275930341	121116	1602898	27.26
2	中国石油化工集团公司	80576376	213692292	94540876	294507498	51306	961703	25.05
3	中国海洋石油总公司	46039729	104165019	29317874	59007283	10626	108646	34.56
4	中国中信集团有限公司	32810691	429967747	6888659	37508844	59961	176175	20.01
5	中国中化集团公司	23855877	31777903	38174071	46690480	9475	49307	58.68
6	中国远洋运输（集团）总公司	18496257	34184011	11911531	16481142	4738	74312	44.25
7	中国铝业公司	16714846	46628512	1232526	27941915	927	175602	13.6
8	中国五矿集团公司	9580951	29407790	9830007	41465041	10536	118030	21.74
9	中国保利集团公司	9025262	45533119	2576504	13180074	8320	45688	19.19
10	浙江吉利控股集团有限公司	8239571	12616175	12804879	15842925	23579	41579	67.61
11	中国建筑股份有限公司	8029555	78382109	4305498	68104799	16124	216824	8
12	中国交通建设集团有限公司	7837028	53837946	5426208	33576370	5187	110140	11.81
13	中国化工集团公司	7637401	27251067	7361126	24403620	8679	110005	22.03
14	中国电力建设集团有限公司	7088418	35083008	5921629	22630455	31475	202850	20.63
15	中国海运（集团）总公司	7005842	17646847	2648071	6826053	2248	44462	27.85
16	中国兵器工业集团公司	6991454	29843431	11468566	38525437	7294	258186	18.68
17	中国兵器装备集团公司	6892749	31180906	11013906	36175535	2836	242430	17.91
18	海航集团有限公司	6704848	41022413	1198901	11556538	6767	108416	10.98
19	中国联合网络通信集团有限公司	6388321	57347240	169240	30470065	300	288679	3.93
20	兖矿集团有限公司	5814087	18457404	1062346	10133163	1148	88973	14.42
21	中国航空工业集团公司	5637593	68501391	3391510	34941074	15088	513554	6.96
22	宝钢集团有限公司	5562206	51946195	8255448	30310026	728	137546	12.83
23	国家电网公司	5345381	257007115	267532	204980014	1852	885766	0.81
24	中国华能集团公司	4988842	85521906	1603984	29316330	491	138651	3.88
25	中国铁道建筑总公司	4098941	56398838	2171735	58869123	5268	297239	4.24
26	中兴通讯股份有限公司	3904681	10007950	3955582	7523372	7883	69093	34.34

排名	公司名称	海外资产（万元）	企业资产（万元）	海外收入（万元）	营业收入（万元）	海外员工（人）	企业员工（人）	跨国指数（%）
27	中粮集团有限公司	3628875	28433268			45330	107271	18.34
28	中国中铁股份有限公司	3618075	62820053	2227243	56044417	6073	289547	3.94
29	中国冶金科工集团有限公司	3587389	33246212	1191354	20718777	7132	132613	7.31
30	大连万达集团股份有限公司	3498153	39715359	1854849	18664000	22854	99752	13.89
31	TCL集团股份有限公司	3343630	7808064	3537145	8532409	1424	73809	28.74
32	中国电子信息产业集团有限公司	3158589	18021175	8196444	19378465	9609	124304	22.52
33	中国外运长航集团有限公司	3048533	10741082	1009084	9674900	890	69102	13.37
34	中国有色矿业集团有限公司	2823429	11264107	3097349	19000889	9370	56799	19.29
35	金川集团股份有限公司	2781093	13597564	2301374	18484269	2355	34785	13.22
36	中国航空集团公司	2759217	21613366	3691080	9981399	2342	75763	17.61
37	武汉钢铁（集团）公司	2499083	23994208	3086164	22704781	1725	111318	8.52
38	中国移动通信集团公司	2489153	140458151	472273	66186053	4339	233052	1.45
39	中联重科股份有限公司	2433003	8953715	278689	7575583	1056	27028	11.59
40	首钢总公司	2284797	39177705	3311157	21084265	2064	117180	7.76
41	紫金矿业集团股份有限公司	2235237	6689839	210325	4977151	3818	27240	17.22
42	光明食品（集团）有限公司	2182147	27624160	1041674	15938217	2828	111780	5.66
43	中国诚通控股集团有限公司	1803387	7719780	992318	7740561	310	25894	12.46
44	中国通用技术（集团）控股有限责任公司	1788889	11407849	1022024	15802681	674	42020	7.92
45	广东粤海控股有限公司	1631325	7806550	49366	1529654	534	10813	9.69
46	神华集团有限责任公司	1625893	88265652	775693	36781691	275	208658	1.36
47	中国港中旅集团公司	1387529	7107025	504323	5770758	3032	43655	11.74
48	中国大唐集团公司	1350498	69799733	413004	19029227	693	1027777	1.39
49	海信集团有限公司	1279368	8500823	1538038	9324355	489	52418	10.82

排名	公司名称	海外资产（万元）	企业资产（万元）	海外收入（万元）	营业收入（万元）	海外员工（人）	企业员工（人）	跨国指数（%）
50	青建集团股份有限公司	1270388	3039294	975257	4577476	1127	11397	24.33
51	中国黄金集团公司	1238827	7473526	193073	11140672	1557	50432	7.13
52	中国能源建设集团有限公司	1213893	18722407	1495543	15843876	6763	170056	6.63
53	潍柴动力股份有限公司	1167878	7852181	232164	9089544	1592	44327	7
54	广东省广晟资产经营有限公司	1164352	8804942	1094026	4016542	1378	38421	14.68
55	江苏沙钢集团有限公司	1153658	16665667	1371522	22807761	587	40797	4.79
56	中国华电集团公司	1152950	65338998	100656	20012285	786	115000	0.98
57	中国电力投资集团公司	1152818	61804674	21100	19101050	475	126154	0.79
58	万向集团公司	1090319	6576749	1717486	11861050	12725	26358	26.45
59	中国电信集团公司	1064737	67394021	535271	38148967	3028	414673	1.24
60	中国机械工业集团有限公司	990052	23460378	3508475	24236099	1077	119523	6.53
61	中国东方电气集团有限公司	936883	9274065	1145704	4545393	300	28116	12.13
62	山东如意科技集团有限公司	915490	2104093	1828550	3890528	5519	24231	37.76
63	广东省广新控股集团有限公司	887273	3799452	1203309	6906822	5861	24409	21.59
64	美的集团股份有限公司	808488	9694602	4508302	12126518	4569	109085	16.57
65	中国中纺集团公司	799846	2683949	1858047	4678239	3559	21686	28.64
66	中国建筑材料集团有限公司	793248	36441569	1804294	25225679	1662	179421	3.42
67	北京汽车集团有限公司	757232	18290576	546665	26638445	2861	99533	3.02
68	白银有色集团股份有限公司	738232	3510713	236023	3416733	7174	16725	23.61
69	上海汽车集团股份有限公司	681311	37364074	111035	56580701	665	91870	0.91
70	渤海钢铁集团有限公司	649791	23416984	1556582	22008633	291	68407	3.42
71	四川长虹电子集团有限公司	616077	7166906	1002609	9156167	744	72071	6.86

排名	公司名称	海外资产（万元）	企业资产（万元）	海外收入（万元）	营业收入（万元）	海外员工（人）	企业员工（人）	跨国指数（%）
72	云南建工集团有限公司	610417	4290937	135834	4017477	311	19263	6.41
73	中国大连国际经济技术合作集团有限公司	604533	1041902	191320	389279	1023	2238	50.96
74	卧龙控股集团有限公司	579563	1850367	830877	1916811	4010	10136	38.08
75	北京建工集团有限责任公司	562615	4504526	478653	3386659	618	19094	9.95
76	徐州工程机械集团有限公司	556151	8048644	1131050	9302287	2840	26401	9.94
77	铜陵有色金属集团控股有限公司	535896	6934000	20520	12222433	897	28764	3.67
78	金龙精密铜管集团股份有限公司	529770	1762973	949936	3354200	476	4716	22.82
79	中国恒天集团有限公司	526476	5810889	759301	4515436	6790	58021	12.53
80	北大方正集团有限公司	522746	9317763	148714	6757118	243	32478	2.85
81	国家开发投资公司	468443	34182038	273519	9864838	10103	88263	5.2
82	山东钢铁集团有限公司	450038	18452314	448300	12073814	338	87281	2.18
83	深圳市中金岭南有色金属股份有限公司	432356	1444966	783356	2116195	1045	10502	25.63
84	浙江龙盛控股有限公司	394485	2159981	651106	2510021	2195	10053	22.01
85	黑龙江北大荒农垦集团总公司	387288	16908630	2899490	13039311	448	575608	8.2
86	中国中材集团有限公司	366469	11158126	1594060	7370806	32590	79030	22.05
87	沈阳远大企业集团	330143	1932636	263892	2110336	405	14225	10.81
88	天津聚龙嘉华投资集团有限公司	328992	720310	26979	1510242	5745	7160	42.57
89	陕西有色金属控股集团有限责任公司	318760	11308612	202087	9637762	213	44940	1.8
90	雅戈尔集团股份有限公司	307053	6208839	289981	5325026	15036	46029	14.36
91	宁波均胜投资集团有限公司	302297	837640	429116	662038	3533	6352	52.18
92	中国南车集团公司	289438	12821215	664382	10042432	486	91515	3.14

排名	公司名称	海外资产（万元）	企业资产（万元）	海外收入（万元）	营业收入（万元）	海外员工（人）	企业员工（人）	跨国指数（%）
93	重庆轻纺控股（集团）公司	284816	2977179	320421	2534509	5171	28498	13.45
94	云天化集团有限责任公司	276558	9221865	1161789	6355541	764	38352	7.76
95	北京京城机电控股有限责任公司	245965	3618926	185806	2089790	1383	23219	7.22
96	中国江苏国际经济技术合作集团有限公司	236349	1776803	167547	1396943	6061	7973	33.77
97	中国航天科工集团公司	234137	17882218	220799	14230137	1695	135984	1.37
98	重庆对外经贸（集团）有限公司	234032	1335983	357154	1271361	434	41338	15.55
99	宁波申洲针织有限公司	215215	1131727	505649	1004722	9742	57100	28.8
100	广西柳工集团有限公司	210000	3132888	330000	1610379	1869	19799	12.21
	合计数	524727983	3581564477	500744592	2400449102	723932	13676356	13.60

2014 中国 100 大跨国公司入围门槛为 21 亿元，比上年的 14.91 亿元提高了 6.09 亿元；2014 中国 100 大跨国公司平均跨国指数为 13.60%，比上年的 13.98% 下降了 0.38 个百分点；2014 中国 100 大跨国公司共拥有海外资产 52473 亿元，比 2013 中国 100 大跨国公司的海外资产 44869 亿元增长了 16.95%，占 100 大跨国公司总资产 358156 亿元的 14.65%，比上年提高 0.04 个百分点；实现海外收入 50074 亿元，比 2013 中国 100 大跨国公司的海外收入 47796 亿元增长了 4.77%，占 100 大跨国公司总收入 240045 亿元的 20.86%，比上年下降了 1.39 个百分点；海外员工 723932 人，比 2013 中国 100 大跨国公司的海外员工 624209 人增长了 15.98%，占 100 大跨国公司总员工数量 13676356 人的 5.29%，比上年提高 0.23 个百分点。

从公司总部所在地看，2014 中国 100 大跨国公司主要在经济发达地区，其中北京占 51%、广东和浙江均占 7%、山东占 6%、上海占 4%、江苏和辽宁均占 3%。从公司性质看，2014 中国 100 大跨国公司中，国有控股企业仍然占据明显的主导地位。从行业分布看，2014 中国 100 大跨国公司的行业分布相对比较分散，超过 4 家企业的行业分别是建筑业、一般有色冶金及压延加工业、汽车及零配件制造业、黑色冶金及压延加工业、家用电器及零配件制造业等。

三、中国大企业国际化的差距

近年来中国企业"走出去"的步伐不断加快，规模和数量增长迅猛，然而中国企业"走出去"的质量仍然存在较大差距，尤其是作为中国企业"走出去"的主体和代表的中国 100 大跨国公司与境外跨国公司相比仍然存在较大差距。中外 100 大跨国公司有关指标参见表 4-5。

表 4-5　　　　　　　　　　　　中外 100 大跨国公司有关指标

	入围门槛 （亿元人民币）	海外资产比例 （%）	海外收入比例 （%）	海外员工比例 （%）	跨国指数 （%）
中国	21.00	16.45	20.86	5.29	13.60
发展中国家	233.11	53.96	59.27	49.44	54.22
世界	2101.25	64.52	69.04	60.09	64.55

注：汇率按照 1 美元 = 6.1982 元人民币换算

第一，跨国化程度远远落后于世界平均水平。2014 中国 100 大跨国公司的平均跨国指数，不仅远远低于 2014 世界 100 大跨国公司的平均跨国指数 64.55%，而且远远低于 2014 发展中国家 100 大跨国公司的平均跨国指数 54.22%。2014 中国 100 大跨国公司中跨国指数在 30% 以上的只有 11 家，达到 2014 世界 100 大跨国公司平均跨国指数的企业只有 1 家，达到 2014 发展中国家 100 大跨国公司平均跨国指数的企业也只有 2 家，还有 22 家企业的跨国指数没有超过 5%。

图 4-2 给出了世界 100 大、发展中经济体 100 大和中国 100 大跨国公司的跨国指数的分布情况。中国 100 大跨国公司的跨国指数基本上都集中在左边较低水平上，而世界 100 大和发展中经济体 100 大的跨国指数的集中分布区域要比中国高得多。

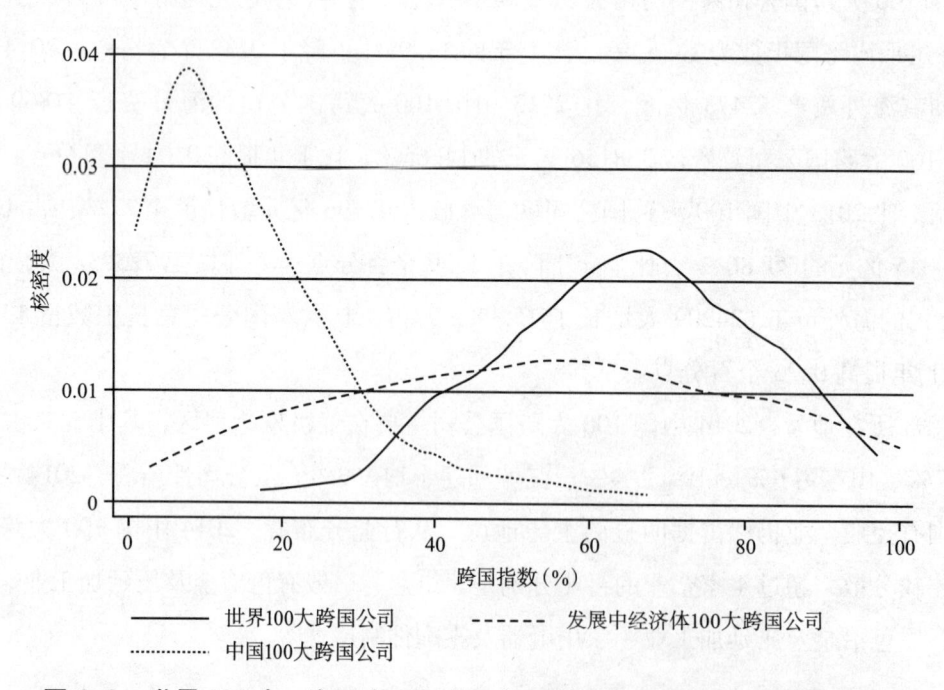

图 4-2　世界 100 大、发展中 100 大和中国 100 大跨国公司跨国指数分布

中国 100 大跨国公司的跨国化程度不仅数值上落后于世界平均水平，其增长速度也大大落后于世界水平。与上年相比，2014 中国 100 大跨国公司的平均跨国指数由上年的 13.98% 提高到了 15.63%，上升了 1.65 个百分点。然而，世界 100 大跨国公司的平均跨国指数也由上年的 61.06% 上升到

64.55%，提高了 3.49 个百分点，发展中国家 100 大跨国公司的平均跨国指数提高得更多，达到 16.31 个百分点。

除此之外，中国 100 大跨国公司的海外资产规模仍有待提高，海外经营业绩也亟待改善。2014 中国 100 大跨国公司的入围门槛只有 21 亿元，而 2014 世界 100 大跨国公司的入围门槛高达 2101.25 亿元、2014 发展中国家 100 大跨国公司的入围门槛也达到 233.11 亿元。实际上，达到入围门槛而入选 2014 世界 100 大跨国公司的中国内地企业只有 3 家，而入选 2014 发展中经济体 100 大跨国公司的中国内地企业也仅有 12 家。在海外经营业绩方面，2014 中国 100 大跨国公司的海外资产和海外员工无论是规模还是占比都比上年有所上升，然而，海外营业收入的平均占比却由 22.25% 降至 20.86%，下降了 1.39 个百分点。这从侧面反映了中国 100 大跨国公司的部分海外业务仍处于投入阶段或者投资回报率不理想。

第二，在技术、品牌和管理上缺乏企业核心竞争优势。当前公认的世界级跨国公司无一例外都拥有自己的核心竞争优势，这些核心竞争优势或者体现在产品和技术创新方面，或者体现在品牌和营销方面，或者体现在经营管理方面。与世界级跨国公司相比，当前中国跨国公司仍然主要体现为"大而不强"，规模庞大但缺少拿得出手的"撒手锏"，即企业的核心竞争优势。

具体来看，中国跨国公司与世界级跨国公司在竞争优势方面主要差在技术、品牌和管理上。一是缺技术。相当一部分中国跨国公司的技术创新能力还不够强，尚未开发出突破性的原创技术，或者仍然处在追赶阶段。二是缺品牌。当前越来越多的中国企业已经意识到品牌的重要性，然而拥有世界一流品牌的中国跨国公司仍然不多。三是缺管理。无论是生产管理、研发管理还是营销管理，中国跨国公司均存在不小差距。

第三，企业影响力和全球行业地位尚待提升。全球行业领导企业往往是整个行业的技术领先者、商业模式首创者、行业价值链的组织者和控制者。与世界级跨国公司相比，当前不少中国跨国公司的生产经营规模位居世界前列，但其全球影响力却远远不够，尤其缺少全球行业领导企业。

第四，企业国际化经营能力仍显不足。国际化经营或者全球化经营是跨国公司的主要特征。中国大企业能否成为世界级跨国公司主要也取决于其国际化经营的成败。当前中国跨国公司的国际化经营能力尚显不足，存在不少问题。归纳起来，主要体现在：部分企业市场开拓力度不够，信息搜集和投资环境考察不到位，投资决策不科学和不规范；企业组织僵化，缺乏灵活性，对全球产业变革无法及时反应和调整；不重视跨文化整合和当地化经营，不清楚或未合理履行企业社会责任；疏于风险管理和应对；缺乏科学有效的国际化经营绩效考核与人力资源管理等。

第五，国际化经营意识和理念不足。当前中国跨国公司的跨国化程度普遍不高，视野的限制导致相当一部分管理人员缺乏国际化经营意识。归纳起来，国际化经营意识和理念包括：①全球意识：从全球资源配置的视角出发从事企业经营和决策，而全球意识是跨国公司区别于国内企业的重要特点；②品牌意识：树立"品牌高于一切"的企业经营意识，树好品牌、用好品牌，让企业品牌成为提升企业全球资源配置能力的推手；③风险意识：任何企业国际化经营活动都潜藏着各种风险，要识别主要风险并未雨绸缪做好防范和应对；④竞合意识：中国跨国公司在国际化经营过程中要注意协调和合作，在正常竞争的同时避免无序发展和恶性竞争，即便是国外跨国公司对手也可以在竞争中加强合作，如华为、中兴、海尔等中国公司分别与境外跨国公司合作搞的联合实验室和技术联盟等；⑤公关意识：特别重视企业软实力的建设，主动出击做好东道国的公关工作，不仅要重视东道国的领导层，也要特别注意照顾当地的民众，提高中国跨国公司在当地的综合形象。

四、提高国际化经营水平，培育中国跨国公司

党的"十八大"提出"要加快'走出去'步伐，增强企业国际化经营能力，培育一批世界水平的跨国公司"。中国跨国公司的培育不仅是中国大企业发展的必然要求，也是中国经济实力增长的集中体现。

1. 着力提升领导层国际视野

中国企业要成为一家具有国际竞争力的跨国公司，其领导层必须要具备国际化的思维，从全球视野的角度出发来管理企业。成功的跨国公司的领导力一般必须具备三大素质：远见卓识、包容开明、管理执行。近年来，中国一些企业对于增强领导团队的国际化视野非常重视，并且已经开始采取行动。但与韩国企业相比，中国企业还有很大的提升空间。韩国企业在全球化领导力培养、文化敏感性培训和促进全球人才联系等方面的表现突出，这也恰恰反映了韩国企业近年来为国际化发展所做出的努力，以及成功背后的关键因素。如三星电子，1998年就设立了领导能力开发中心，负责领导力的开发和研究。它专门设置了"下一代领导"的教育课程，旨在培养出能够引导三星电子未来发展的下一代领导人。该课程长达8周，包括全球性的力量的强化课程、职能专家的教育课程和领导能力教育课程等多项内容。与韩国形成鲜明对比的是日本企业。调研显示，日本企业除了在对全球领导者进行个性化及领导力评估方面所做的努力较为明显外，其他方面的表现平平，在领导层内的交流方式、针对领导力的指导和培训以及文化敏感性培训方面的水平低于韩国。

全球化的思维需要领导者超越本国的界限，从全球政治、经济、科技发展的动态来构建企业的未来发展，并用全球一体化的思维来构建企业的运作模式、核心价值观和文化。同时，真正国际化的企业尊重本地文化和商业规则。中国企业需要意识到，国际化与本地化是密切相联系的，没有很好的本地化，就不可能有成功的国际化。只有尊重和按照当地的商业规则来行事才能更加顺利地融入当地社会，为企业真正扎根本地打下坚实的基础。另外，企业在本地商业运营的同时还应承担应有的社会责任，为当地的可持续发展做贡献，获取当地的尊重和信任，才能助力长远目标的实现。近年来，在东道国履行企业社会责任已经成为跨国公司国际化经营的重要工作。尽管多数中国跨国公司已经认识到了企业社会责任的重要性，不少还定期发布企业社会责任履行报告，然而，还是有部分中国跨国公司要么不履行企业社会责任，要么花了大钱却收不到多少效果。造成这一现象的主要原因在于中国跨国公司仍然没有正确理解和履行企业社会责任，往往将企业社会责任简单视同捐款、捐赠。实际上，企业社会责任的范围要广得多。因此，中国跨国公司需要转变传统观念，既不可想当然，也不可敷衍了事，而应该首先正确理解企业社会责任，并将其贯穿到整个国际化经营中去。

2. 着力提升全球资源配置能力

世界水平跨国公司的本质特征之一就是这类企业拥有在全球范围内配置和重组各类资源的强大能力。世界水平跨国公司可以配置和调动的全球资源种类多样，通常包括自然资源（包括能源、矿

产、土地、水资源等）、资金、人力、技术、管理、信息，除此之外还包括政治资源、公关资源、文化资源、政策资源、思想与理念等。全球资源配置和重组的手段通常包括跨境贸易，尤其是原材料采购和成品销售及相关服务、境外直接投资、契约式生产和服务（即生产和服务的外包）、金融活动与资本运营、人力资源流动与管理、技术垄断与转让、行业标准和规则的制定、公关和游说活动等。

中国跨国公司起步较晚，目前整体仍处在"走出去"的初级阶段，配置和重组全球资源能力和经验尚显不足。对于中国跨国公司来说，需要根据自身特点不断创新国际化经营方式，提升配置和重组全球资源的能力和效率。

首先，合理选择贸易和投资手段在全球范围内布局生产和营销力量。为了充分发挥中国自身的生产优势和美国的市场优势，海尔集团就创造性地采取了"中国生产一部分，美国生产一部分"的生产布局，把那些密集使用人工或人工费用占比较高的零部件放在中国工厂生产而后出口美国，而将那些人工费用占比较低并适合自动化生产的零部件放在美国工厂生产。通过这种跨境贸易与投资的巧妙结合，既利用了中国的低成本生产优势，又实现了在美国的"当地生产，当地销售"，从而大大提升了海尔产品在美国市场的占有率。

其次，进一步加强并购投资和海外资本运营。近年来，中国跨国公司的跨境并购无论是金额还是数量都实现了快速增长。应该说，跨境并购及更宽泛的海外资本运营已经成为中国跨国公司快速成长和崛起的重要手段，同时也是中国跨国公司配置和重组全球资源的主要途径。中国跨国公司需要进一步提高跨境并购的成功率，尤其是并购完成后扭亏为盈的成功率；探索海外当地融资及进入东道国当地资本市场的模式；推动与境外跨国公司在海外资本运营领域的合作。

最后，在东道国摸索和尝试契约式生产和服务方式。当前在诸如IT产品制造、软件开发、大型设备制造等不少行业和领域，契约式生产和服务已经成为重要的配置资源的方式。中国跨国公司也完全可以尝试利用契约式生产和服务方式：一方面，中国跨国公司可以将部分制造或服务委托给境内外的代工企业，从而提高国际化经营效率，另一方面，中国跨国公司也可以接受其他企业的委托从事制造或提供服务，从而充分利用自身产能，合理配置产能资源。

3. 着力提升产业链分工地位和控制力

世界水平跨国公司区别于一般跨国公司的重要特征在于不仅仅将原来的国内业务扩展到境外，而是要在所在行业的全球价值链中拥有一定的控制能力。一般来说，行业不同，其价值链中拥有控制和领导地位的环节也不同。如电脑行业价值链的控制环节主要集中在中央处理器（CPU）等核心零部件的研发环节和品牌营销环节；汽车行业的控制环节除品牌营销外主要集中在发动机、底盘、变速箱等核心部件的研发和制造环节上。归纳起来，中国跨国公司要想成长为世界水平跨国公司，就要拥有一定的价值链控制能力，这就要求要在核心技术、核心零部件、品牌营销、重要原材料的全球资源储备和开发生产、主要销售市场的渗透和把握等方面具有较强的国际竞争力。

首先，中国跨国公司需要大力推进企业创新活动，重点放在技术创新、商业模式创新、营销理念创新等方面，加大研发投入，培育企业核心竞争优势。以吉利汽车为例，该集团通过自主研发、跨境并购等方式掌握了包括发动机、变速箱在内的主要汽车核心技术，已经成为国内自主品牌汽车企业的行业领导者之一。除了技术创新外，商业模式创新和营销理念创新同样重要。以京东、阿里巴巴等为代表的中国电子商务企业成功创建自己的商业模式，已经发展成为全球电子商务的行业领先者。随着跨境电子商务的快速发展，中国电子商务企业的国际化步伐还将进一步加快。

其次，加强中国跨国公司的品牌建设。没有品牌就不可能成为世界一流跨国公司，而中国跨国公司的品牌建设仍需大力加强。以世界品牌实验室（World Brand Lab）推出的"世界品牌500强"为例，2013年入选的中国企业仅有25家，而进入到前100名的企业只有4家，除去中国中央电视台和中国工商银行等传媒和银行，只剩下了国家电网（第67位）和中国移动（第83位）。中国跨国公司的品牌建设不仅要提高产品质量和服务水平，还要讲究品牌推广手段和营销理念。以英利集团为例，该公司通过赞助巴西世界杯比赛，成功地将英利的品牌推向世界，进一步增强了企业的全球影响力。

最后，中国跨国公司还需要通过多种方式打造全球产业链。全球产业链的打造既可以通过新建或并购等境外直接投资的方式实现，也可以通过在东道国寻找当地供应商和合作者的方式构建。以海尔集团为例，该集团在国内外的几大工业园区不仅与大量当地的供应商和合作伙伴建立了产业协作关系，而且还吸引了一批欧美日跨国公司直接参与海尔主导的产业链。

4. 着力完善经营机制

近年来中国跨国公司以其迅猛的发展速度和庞大的经营规模在全球经济中崭露头角，然而，若干机制上缺失和运转不畅造成部分中国企业国际化经营能力仍显不足，投资失误频现，风险应对不力，企业管理问题频出。实际上，世界一流水平的跨国公司往往都在发展过程中构建和磨合了一套适合自身管理特点的国际化经营机制或制度。尽管此类机制或制度有可能会降低企业国际化经营决策的效率，但却是跨国公司减少投资决策失误并使企业长期稳定运营的重要保证。换言之，中国跨国公司的真正崛起同样离不开国际化经营机制或制度的建立与完善。具体来看，首先，中国跨国公司需要进一步提高投资决策的科学性和规范性，在企业内部建立和完善投资决策会商机制，经过可行性研究、专家评估、多部门人员会商等关键步骤，从制度上减少投资失误的发生。其次，建立科学有效的国际化经营绩效考核机制及相应的人才晋升和流动制度，从而在强化对国际化经营效益监管的同时调动国际化管理人员的积极性。最后，理顺风险管理、企业文化、企业社会责任等制度和机制，推动管理规范化和监管常态化。

5. 着力培养和吸引国际化经营人才

充足的国际化人才储备是中国跨国公司培育和发展的关键。而国际化经营对于管理人才的要求也越来越高：不仅要懂外语、懂业务，还要懂管理、懂公关，尤其还要求能够融入企业集体和接受企业文化。其实，当前中国大企业在国际化过程中普遍感到国际化专业人才的匮乏。因此，要想培育中国的跨国公司，就必须要加强国际化经营人才的储备。首先，内部培养与外部引智相结合，一方面大胆放手现有企业管理人员涉足国际化业务，在实战中锻炼培养国际化人才队伍。另一方面，大力引进境外跨国公司的优秀管理人才，提高高管团队的国际化水平。其次，对于中央和地方国有企业，可以考虑探索构建国际化经营人才交流机制，让优秀人才在国有企业之间流动起来，以带动和培养更多的国际化人才。最后，有针对性地解决企业驻外人员的后顾之忧，激发他们的积极性和创造性。

6. 着力改善中国跨国公司的成长环境

当前中国跨国公司的内外培育环境还存在一些问题，需要企业、中介机构、行业协会、政府共同努力加以改善。归纳起来，改善中国跨国公司的成长环境可以从以下几个方面入手。

第一，练好企业内功。进一步推进国有跨国公司建立符合国际惯例的企业治理结构，摸索适应国有企业走向世界水平跨国公司的出资人监管机制，切实提高国有跨国公司的全球竞争力。

第二，保证海外安全。近期全球热点冲突地区增多，给中国企业海外经营带来了人身和财产威胁。这就要求企业、驻外使领馆、中央政府等建立多层次快速反应和联动机制。实际上，这一机制目前已经初步建立起来，几次撤侨行动也表明这一机制是有效的。另外，企业还可以寻求海外投资保险等措施以降低投资风险。

第三，促进市场准入。纵观全球投资环境变化规律，全球经济发展繁荣时，国际投资壁垒和投资保护主义措施相对较少，可一旦全球经济增长放缓、经济形势欠佳时，形形色色的国际投资保护主义措施就会出现。这些措施往往表现为"大门开，小门不开"，即表面上给予外国投资者以准入前国民待遇，而实际操作时又保留了各种其他规定，如国家安全审查、反垄断调查等，阻止中国企业进入该国市场。各种隐蔽的投资壁垒在一定程度上阻碍了中国企业的海外投资活动。要想破解国际投资保护主义，促进海外市场准入，就需要：一方面进一步加强经济外交工作，为中国企业国际化经营保驾护航。最近的"高铁外交"就是一个典型代表。另一方面：继续推进双边和区域自由贸易区谈判及双边投资保护协定的谈判，为中国企业国际化经营创造更好的准入条件。

第四，提升服务水平。党的十八届三中全会指出："加快同有关国家和地区商签投资协定，改革涉外投资审批体制，完善领事保护体制，提供权益保障、投资促进、风险预警等更多服务，扩大投资合作空间。"中国跨国公司的培育需要政府、中介机构、行业协会等不同层次的机构提供诸如权益保障、投资促进、风险预警、竞争协调等服务。

第五章
2014 中国企业效益 200 佳分析报告

2014 中国企业效益 200 佳是中国企业联合会、中国企业家协会在 2014 中国企业 500 强、制造业企业 500 强和服务业企业 500 强共计 1083 家企业的基础上，依据企业归属母公司所有者净利润产生的。详见表 5-1。2014 中国企业效益 200 佳当中，包括 85 家中国制造业企业 500 强（其中 75 家同时是中国企业 500 强），91 家中国服务业企业 500 强（其中 63 家同时是中国企业 500 强），以及采掘、建筑等行业的 24 家中国企业 500 强。与 2013 中国企业效益 200 佳相比，制造业企业减少了 10 家，服务业企业增加了 10 家，其他行业的企业数量没有变化。

一、2014 中国企业效益 200 佳盈利增长分析

2014 中国企业效益 200 佳 2013 年合计实现净利润 24283 亿元，比 2013 中国企业效益 200 佳（以下简称上年）的合计净利润（21830 亿元）增长 11.24%，增幅提高了 2.24 个百分点；整体上看，效益最佳的 200 家企业维持了较好的盈利水平。与 2014 中国企业 500 强净利润 10.64% 的增长水平相比，2014 中国企业效益 200 佳的盈利增长幅度高出 0.59 个百分点。2014 中国企业效益 200 佳最后一名的净利润为 14.05 亿元，高于上年 12.89 亿元的水平，提高 9.00%。

2014 中国企业效益 200 佳 2013 年纳税总额为 32480 亿元，比上年（30032 亿元）增长了 8.15%，增幅较上年（8.35%）稳中略降；占 2013 年全国税收总额（110497 亿元）的 29.39%，与上年的 29.85% 相比稳中也略有下降。这反映出企业效益 200 佳对国家的税收贡献大而且稳定。

中国工商银行股份有限公司长期位列中国企业效益 200 佳的首位，排在第二位至第十位的企业分别是中国建设银行股份有限公司、中国农业银行股份有限公司、中国银行股份有限公司、中国石油天然气集团公司、国家开发银行、交通银行股份有限公司、中国移动通信集团公司、中国石油化工集团公司、招商银行股份有限公司。与上年相比，国家开发银行、招商银行股份有限公司进入前十位，工、建、中、农、交几大银行仍然保持一贯的良好收益水平，连续六年跻身前十位。

二、2014 中国企业效益 200 佳规模增长分析

中国企业效益 200 佳增长速度在连续两年经历放缓后，规模扩张速度有所提升。2014 中国企业效益 200 佳的营业收入总额为 36.26 万亿元，比上年（31.92 万亿元）增长了 13.60%，增速提高 2.84 个百分点；资产总额为 161.61 万亿元，比上年（133.36 万亿元）增长了 20.85%，增速提高

5.65个百分点;归属母公司所有者权益总额为18.62万亿元,比上年增加15.32%,增速提高3.52个百分点;从业人员1858.10万人,略低于上年人数(1876.90万人)。

表 5-1　　　　　　　　　　2014中国企业效益200佳

名次	企业名称	净利润（万元）	营业收入（万元）	纳税总额（万元）	资产（万元）	所有者权益（万元）	从业人数（人）
1	中国工商银行股份有限公司	26264900	92563700	11006808	1891775200	127413400	441902
2	中国建设银行股份有限公司	21465700	77099800	9082110	1536321000	106595100	368410
3	中国农业银行股份有限公司	16631500	70633300	8383300	1456210200	84310800	478980
4	中国银行股份有限公司	15691100	64941100	6987600	1387429900	92391600	305675
5	中国石油天然气集团公司	11377507	275930341	40781610	375735986	178753100	1602898
6	国家开发银行	7958400	43895400		818795300	55920600	8468
7	交通银行股份有限公司	6229508	29650594	3292635	596093674	41956118	97210
8	中国移动通信集团公司	5655285	66186053	8690791	140458151	78791256	233052
9	中国石油化工集团公司	5491780	294507498	33625215	213692292	70599722	961703
10	招商银行股份有限公司	5197789	20936700	2526200	401639900	26546500	68078
11	国家电网公司	4908187	204980014	13558045	257007115	107742921	885766
12	中国海洋石油总公司	4734832	59007283	9574165	104165019	41142743	108646
13	中国民生银行股份有限公司	4227800	21811200	2430100	322621000	19771200	54927
14	兴业银行股份有限公司	4121100	21401800	2212700	367743500	19976900	47841
15	上海浦东发展银行股份有限公司	4092200	19331100	1992400	368012500	20437500	38976
16	中国中信集团有限公司	3783894	37508844	3757815	429967747	27190977	176175
17	神华集团有限责任公司	3652206	36781691	6739271	88265652	33040698	208658
18	中国平安保险（集团）股份有限公司	2815400	41547100	2106500	336031200	18270900	
19	中国光大银行股份有限公司	2671500	13533600	1437700	241508600	15283900	36290
20	中国邮政集团公司	2530018	36253897	1608622	574732340	19154275	954419
21	上海汽车集团股份有限公司	2480363	56580701	7731142	37364074	13775724	91870
22	华为技术有限公司	2091900	23902500	4466825	23153200	8620700	150000
23	中国建筑股份有限公司	2039851	68104799	3037815	78382109	11803675	216824
24	中国第一汽车集团公司	2006573	46116614	7089219	30129536	11581442	91646
25	腾讯控股有限公司	1919400	6043700		10723500		24000
26	上海烟草集团有限责任公司	1814547	11124666	8110945	13008474	11010658	16280
27	太平洋建设集团有限公司	1704736	36658252		18254910	7989124	287816
28	华夏银行股份有限公司	1550604	8311865	893754	167244638	8541997	25200
29	中国农业发展银行	1413662	14887326	1546196	262268311	6393269	52136

名次	企业名称	净利润（万元）	营业收入（万元）	纳税总额（万元）	资产（万元）	所有者权益（万元）	从业人数（人）
30	恒大地产集团有限公司	1370903	9387178	1339072	34814819	7934263	48681
31	北京银行	1345931	6278461	602751	133676385	7811401	9193
32	华润股份有限公司	1294146	40554765	3840015	84903230	12200333	442861
33	广发银行股份有限公司	1158348	7544348	584314	146984993	7329147	23328
34	珠海格力电器股份有限公司	1087067	12004307	817129	13370210	3548281	72150
35	中国贵州茅台酒厂（集团）有限责任公司	1037631	3462301	1411019	7096022	4107537	23428
36	陕西延长石油（集团）有限责任公司	971886	18654820	4204032	24052690	8547091	143674
37	中国电信集团公司	956648	38148967	1962674	67394021	36380056	414673
38	红云红河烟草（集团）有限责任公司	955139	8436772	5517516	7856415	5682648	13382
39	中国中铁股份有限公司	937463	56044417	2260280	62820053	8663345	289547
40	中国太平洋保险（集团）股份有限公司	926100	19313700	783000	72353300	9896800	86893
41	东风汽车公司	890548	45503340	4061560	29529385	5368535	184635
42	海尔集团公司	883309	18029936	903728	17920763	3989080	73451
43	大连万达集团股份有限公司	839775	18664000	2267000	39715359	2202393	99752
44	长城汽车股份有限公司	822364	5678431	689364	5260481	2799589	65236
45	中国交通建设集团有限公司	821276	33576370	1466812	53837946	7056917	110140
46	绿地控股集团有限公司	818511	25218186	1313363	36767814	3293774	5900
47	中国南方电网有限责任公司	814999	44697219	3020707	58424791	19859545	309114
48	中国人民保险集团股份有限公司	812100	30473800	1645706	75531900	7157500	514228
49	杭州娃哈哈集团有限公司	773972	7827856	616760	3982021	2525781	30259
50	红塔烟草（集团）有限责任公司	755002	9639634	5480755	11358365	7353456	24432
51	中国船舶重工集团公司	712196	18739660	642011	37102724	9269192	164000
52	浙江省能源集团有限公司	700892	7753973	662012	15547289	5223567	16854
53	南山集团有限公司	695039	8063663	377593	9004936	4350368	46472
54	中国航天科工集团公司	685934	14230137	415163	17882218	6549589	135984
55	山东魏桥创业集团有限公司	678104	24138650	432230	12692231	5274943	132091
56	天津中环电子信息集团有限公司	655655	18691929	1406287	7180885	3205227	75216
57	中国保利集团公司	636410	13180074	2244157	45533119	3877051	45688
58	中国铁道建筑总公司	606558	58869123	2335682	56398838	5050836	297239

名次	企业名称	净利润（万元）	营业收入（万元）	纳税总额（万元）	资产（万元）	所有者权益（万元）	从业人数（人）
59	四川省宜宾五粮液集团有限公司	606507	6309445	936608	7019365	5100358	48000
60	重庆农村商业银行股份有限公司	599105	1620979	297060	50200584	3581132	15443
61	宝钢集团有限公司	568710	30310026	1374320	51946195	22665163	137546
62	北京汽车集团有限公司	567108	26638445	2712120	18290576	3492001	99533
63	中国广核集团有限公司	562142	3533007	461275	31562264	5520106	29528
64	重庆龙湖企业拓展有限公司	555946	3914310	667527	11589425	291990	12012
65	生命人寿保险股份有限公司	537856	3021381	23870	19586886	1778313	12100
66	美的集团股份有限公司	531746	12126518	733766	9694602	3284743	109085
67	上海国际港务（集团）股份有限公司	525553	2816230	298965	8861162	4981961	19842
68	正威国际集团有限公司	512350	23382562		10378051	4837405	16720
69	中国电力建设集团有限公司	512065	22630455	869323	35083008	4485377	202850
70	海信集团有限公司	509236	9324355	502282	8500823	2661022	52418
71	江苏洋河酒厂股份有限公司	500207	1502362	541204	2821844	1738907	11668
72	宁夏天元锰业有限公司	496263	4705264	51233	2969897	957185	26826
73	徽商银行股份有限公司	492620	1955708	224611	38210909	3162512	6036
74	中国华电集团公司	492284	20012285	1871606	65338998	3820936	115000
75	绿城房地产集团有限公司	488551	6510000	878300	12233570	2494733	4928
76	广州农村商业银行股份有限公司	484902	2068810	244410	37866514	2627243	7789
77	华侨城集团公司	482146	4823545	549452	10455544	3301051	41984
78	盛京银行股份有限公司	481348	2035090	220034	35758548	2111021	3545
79	中国中化集团公司	464255	46690480	976605	31777903	6781379	49307
80	中国航空工业集团公司	458949	34941074	1193459	68501391	14544906	513554
81	渤海银行股份有限公司	456237	2956142	221129	56821104	2419732	5213
82	中国联合网络通信集团有限公司	448849	30470065	1493432	57347240	16034657	288679
83	新华人寿保险股份有限公司	442200	12959400	57200	56584900	3931200	55262
84	中国兵器工业集团公司	439935	38525437	1085763	29843431	7812536	258186
85	广东粤海控股有限公司	420299	1529654	189570	7806550	2538879	10813
86	河南省漯河市双汇实业集团有限责任公司	417498	4720541	360771	2111060	1304605	72640
87	湖北中烟工业有限责任公司	411715	6521318	3567786	4213436	2031930	9756
88	海通证券股份有限公司	403504	1045495	177161	16912360	6150699	7034

名次	企业名称	净利润（万元）	营业收入（万元）	纳税总额（万元）	资产（万元）	所有者权益（万元）	从业人数（人）
89	广东省粤电集团有限公司	392897	5570999	734511	12895221	6088794	13332
90	中联重科股份有限公司	383897	7575583	435484	8953715	4161908	27028
91	国家开发投资公司	379601	9864838	1008299	34182038	5553000	88263
92	天津华北集团有限公司	377492	1591527	21515	716987	377492	720
93	泰康人寿保险股份有限公司	374451	8410321	62355	44150271	2418815	47009
94	中国人寿保险（集团）公司	365675	49746478	1470779	240711807	4228332	146002
95	科创控股集团有限公司	361005	4517354	239196	4605579	3356508	28916
96	潍柴动力股份有限公司	357079	9089544	314044	7852181	2772317	44327
97	中国国电集团公司	351233	22998856	2610492	78602736	4258114	139886
98	三一集团有限公司	345073	7224984	323067	11108264	3457461	40000
99	天津银行股份有限公司	341803	2070197	179831	40568701	1923421	4882
100	安徽海螺集团有限责任公司	340718	9324274	814396	10073656	2022234	50968
101	天狮集团有限公司	338982	3048834	117036	1206065	925018	2099
102	中国化学工程股份有限公司	335839	6172770	252867	7161360	2178330	45541
103	哈尔滨银行股份有限公司	335034	854384	173252	32217544	1972754	7500
104	山东大王集团有限公司	332496	8578386	306705	6191602	2080209	26398
105	新疆广汇实业投资（集团）有限责任公司	327840	10923638	428203	12539908	2150881	66841
106	浙江中烟工业有限责任公司	322007	6001962	2846083	3396746	2846956	3560
107	内蒙古伊利实业集团股份有限公司	318724	4777887	250611	3287739	1612510	58639
108	广州银行股份有限公司	317725	1242191	130469	30473236	1508507	2666
109	贵州中烟工业有限责任公司	317279	3321897	2242963	2137211	1452742	9499
110	江苏华厦融创置地集团有限公司	314496	2714921	325030	6079814	3464261	2600
111	山东胜通集团股份有限公司	298809	2807556	196528	1322676	538233	7000
112	成都银行股份有限公司	297115	1232066	127684	26127665	1521447	4966
113	恒力集团有限公司	295583	13534917	350320	6335392	2136565	61120
114	中国电力投资集团公司	286345	19101050	558540	61804674	4116144	126154
115	广发证券股份有限公司	281250	820754	95709	11734900	3465012	9230
116	中国北方机车车辆工业集团公司	276430	9856012	525571	12815983	2740546	85064
117	中国通用技术（集团）控股有限责任公司	274625	15802681	579612	11407849	3033363	42020
118	天津百利机电控股集团有限公司	273300	5042586	182959	4261409	1610426	43731

名次	企业名称	净利润（万元）	营业收入（万元）	纳税总额（万元）	资产（万元）	所有者权益（万元）	从业人数（人）
119	广西中烟工业有限责任公司	270898	1941027	1214344	1430499	1198347	3226
120	中国建筑材料集团有限公司	267625	25225679	1698724	36441569	2181699	179421
121	海澜集团有限公司	267088	4300568	162855	2555341	1486619	27389
122	上海复星高科技（集团）有限公司	264901	5204104	554272	15891947	2431905	36139
123	中国华能集团公司	262296	29316330	3261602	85521906	4152326	138651
124	大华（集团）有限公司	250676	1657828	147253	3526180	939348	327
125	雨润控股集团有限公司	247189	12997856	268890	9922872	1971851	130000
126	中国五矿集团公司	247138	41465041	800377	29407790	3747681	118030
127	吉林银行	246241	1302651	143489	26224284	1548319	8781
128	新兴际华集团有限公司	237208	20160541	290002	10222386	2342019	69649
129	重庆银行股份有限公司	232927	582209	121997	20678702	1347927	3307
130	隆基泰和实业有限公司	230804	5021674	226836	4052183	1204876	22659
131	上海医药集团股份有限公司	224293	7822282	261343	5631152	2595381	39646
132	申能（集团）有限公司	224104	3177296	218337	10650182	5054627	16215
133	威高集团有限公司	220870	2020593	119011	2024689	1203880	19256
134	天士力控股集团有限公司	220424	2046300	150095	2614172	1172432	16928
135	山东如意科技集团有限公司	220036	3890528	150635	2104093	1001205	24231
136	长沙银行股份有限公司	219339	894691	89000	19336036	905122	2970
137	中国国际海运集装箱（集团）股份有限公司	218032	5787441	159640	7260597	2067404	57686
138	中铁集装箱运输有限责任公司	216756	951035	98759	1022996	948528	950
139	中国南车集团公司	216059	10042432	544934	12821215	2157389	91515
140	中国银河证券股份有限公司	213525	748231	116986	7828437	2517483	8772
141	紫金矿业集团股份有限公司	212592	4977151	475180	6689839	2761226	27240
142	中国华信能源有限公司	212404	20998533	176142	3954200	1504336	20000
143	中国医药集团总公司	211391	20456769	611316	16833401	2768439	82766
144	万华化学（宁波）有限公司	211111	1251410	128566	1060244	403934	1116
145	TCL集团股份有限公司	210907	8532409	590344	7808064	1416832	73809
146	联想控股股份有限公司	207772	24403077	537370	20701663	1984148	60796
147	中国海运（集团）总公司	207279	6826053	139176	17646847	4880074	44462
148	汉口银行股份有限公司	206665	923611	113787	17822175	1337981	2682
149	武汉农村商业银行股份有限公司	204196	689186	104840	13032208	1192084	3788
150	卓尔控股有限公司	203409	2392919	113236	3958966	2986773	1231

名次	企业名称	净利润（万元）	营业收入（万元）	纳税总额（万元）	资产（万元）	所有者权益（万元）	从业人数（人）
151	中国对外贸易中心（集团）	203010	427064	137055	2258314	1958223	1846
152	北京能源投资（集团）有限公司	201962	3443472	298304	15067624	3967969	19365
153	江苏扬子江船业集团公司	201722	3009256	229276	5603708	1701826	11007
154	雅戈尔集团股份有限公司	200848	5325026	304940	6208839	1467601	46029
155	中国东方航空集团公司	199940	9118428	521888	14959310	1782538	53421
156	国美电器有限公司	199000	13334000	264300	5027100	1635600	56202
157	青岛啤酒股份有限公司	197337	2829098	555876	2736487	1402056	42235
158	中南控股集团有限公司	196377	4344719	191944	6446362	717334	52000
159	光明食品（集团）有限公司	196050	15938217	446873	27624160	2689704	111780
160	江苏南通二建集团有限公司	195070	3852631	176981	1606816	721702	92180
161	大商集团有限公司	193659	15041856	257584	2247333	625722	218858
162	玖龙纸业（控股）有限公司	189611	4823712	79901	6527813	2388721	17804
163	厦门建发集团有限公司	187721	10466368	671489	9732636	1201798	15737
164	福建中烟工业有限责任公司	186942	2859763	1549586	2720334	1579916	7629
165	世纪金源投资集团有限公司	185792	3109383	464870	8184510	2405000	20997
166	红狮控股集团有限公司	183831	1874900	107993	2065176	635222	11026
167	龙江银行股份有限公司	183007	561752	81546	17196891	1050931	5131
168	中国煤炭科工集团有限公司	182359	3605496	228599	4055790	1323611	31991
169	宁波申洲针织有限公司	180299	1004722	100438	1131727	1031626	57100
170	江苏阳光集团有限公司	176571	3372436	124293	2074619	911476	16900
171	江苏南通三建集团有限公司	175326	4956966	224030	1663802	755888	94760
172	中国电子信息产业集团有限公司	173529	19378465	498927	18021175	2114232	124304
173	内蒙古电力（集团）有限责任公司	172812	6033769	340799	6070267	2627379	36480
174	四川省烟草公司成都市公司	172156	1447924	204775	725484	666847	1592
175	新希望集团有限公司	166401	7789271	154351	5911583	1420597	81184
176	青岛农村商业银行股份有限公司	165298	813708	96324	12618156		5119
177	天瑞集团股份有限公司	164714	3031559	196681	5028397	3017950	16598
178	北京金隅集团有限责任公司	164668	5272806	388115	10242778	1391238	33739
179	新疆特变电工集团有限公司	164296	3533083	113307	6510120	2085413	20404
180	上海建工集团股份有限公司	161809	10203605	432344	9558973	1297354	27221
181	弘阳集团有限公司	161349	2750765	79755	2502642	865051	2396

名次	企业名称	净利润（万元）	营业收入（万元）	纳税总额（万元）	资产（万元）	所有者权益（万元）	从业人数（人）
182	天津城市基础设施建设投资集团有限公司	161323	1032971	95636	54244890	16400311	7669
183	天津物产集团有限公司	161240	33793983	134000	11478382	1240311	18452
184	河北养元智汇饮品股份有限公司	161013	743657	109659	522027	234562	1348
185	中国航空集团公司	160758	9981399	406878	21613366	3470299	75763
186	山东大海集团有限公司	158352	3600523	956815	812517	434440	6270
187	中国能源建设集团有限公司	157630	15843876	781045	18722407	2148354	170056
188	嘉晨集团有限公司	153622	3316567	91136	3310000	2366679	16600
189	中国机械工业集团有限公司	153345	24236099	899152	23460378	4184368	119523
190	维维集团股份有限公司	152420	2618069	114843	1783719	1152907	21950
191	东辰控股集团有限公司	151663	1606892	40172	777888	560532	1596
192	华融湘江银行股份有限公司	151570	773865	70669	14810770	937268	3074
193	南方石化集团有限公司	150790	5743393	25747	2307119	255782	1175
194	东营鲁方金属材料有限公司	150201	2662265	8802	874555	472131	1568
195	厦门禹洲集团股份有限公司	147122	747061	137912	2736232	736163	2006
196	中天发展控股集团有限公司	144692	5016315	230638	3309486	753265	6438
197	天津市医药集团有限公司	143683	3329515	166566	4097625	2061945	22916
198	海亮集团有限公司	143378	10043837	167286	4950982	1186010	12569
199	洛阳银行股份有限公司	141952	492125	71926	9772729	716970	1749
200	广州越秀集团有限公司	140482	2011726	323800	15037115	1880344	11995
	合计	242825894	3625613098	324802292	16116567248	1861976387	18580995

三、2014中国企业效益200佳的结构分析

1. 银行业效益占比提高，石油、天然气开采及生产业，邮电通信业等行业效益和占比下降

2014中国企业效益200佳分布在64个行业，效益居前三位的行业分别是银行业、石油天然气开采及生产业、邮电通讯业，其中，银行业的33家企业实现净利润12558亿元，高出上年21.34%；在200家企业中的占比由上年的47.39%提高到51.72%，超过五成。石油、天然气开采及生产业的3家企业实现净利润1708亿元，较上年略有降低，占比由上年的8.20%下降到7.04%；邮电通信业的4家企业实现净利润959亿元，较上年有一定程度降低，占比由上年的5.05%下降到3.95%。三个行业合计净利润15225亿元，较上年增长14.98%；占2014中国企业效益200佳净利润的62.70%，较上年提高2.05个百分点。2014中国企业效益200佳分行业主要经济指标情况见表5-2。

2014中国企业效益200佳入围企业数量居前三位的行业分别是银行业、房地产开发与经营服务业、建筑业，与上年相同。其中，银行业入围的企业有33家，比上年多6家，共实现营业收入5.36

万亿元、净利润 12558 亿元；房地产开发与经营服务业入围的企业有 14 家，比上年多 1 家，共实现营业收入 9982 亿元、净利润 619 亿元（增长 10.4%）；建筑业入围的企业有 13 家，比上年多 2 家，共实现营业收入 3.26 万亿元、净利润 799 亿元（增长 83.67%）。这 3 个行业企业数之和达到 60 家，合计利润总额 13979 亿元，占 2014 中国企业效益 200 佳企业利润总额的 57.56%，较上年提高 5.53 个百分点。

表 5-2　　2014 中国企业效益 200 佳分行业主要经济指标情况

名称	企业数	营业收入（万元）	净利润（万元）	资产（万元）	纳税总额（万元）	从业人数（人）
全国	200	3625613098	242825894	16116567248	324802292	18580995
银行业	33	535889659	125577126	10598061857	55690626	2151255
石油、天然气开采及生产业	3	353592444	17084225	503953695	54559807	1855218
电信、邮寄、速递等服务业	4	171058982	9590800	839931752	13755519	1890823
建筑业	13	326274298	7988692	353246070	12259761	1892612
能源（电、热、燃气等能）供应、开发、减排及再循环服务业	5	264051974	6850144	356697001	17757405	1247314
汽车及零配件制造业	5	180517531	6766956	120574052	22283405	532920
房地产开发与经营、物业及房屋装饰、修缮、管理等服务业	14	88923496	6189962	191654173	8833406	277468
多元化投资控股、商务服务业	4	89458101	5877940	556859565	8795699	718112
石化产品、炼焦及其他燃料生产加工业	3	318822598	5857806	220956492	33892493	998303
烟草加工业	8	49847039	5033529	46121480	30529978	87764
综合保险业	2	60860800	3741500	408384500	2889500	86893
煤炭采掘及采选业	1	36781691	3652206	88265652	6739271	208658
家用电器及零配件制造业	5	60017525	3222265	57294462	3547249	380913
通讯器材及设备、元器件制造业	2	42594429	2747555	30334085	5873112	225216
电力生产业	7	106566296	2520009	341796066	9838825	599031
一般有色冶金及压延加工业	6	50449118	2374723	28895408	626429	104875
酿酒制造业	4	14103206	2341682	19673718	3444707	125331
信息、传媒、电子商务、网购、娱乐等互联网服务业	1	6043700	1919400	10723500		24000
人寿保险业	4	74137580	1720182	361033864	1614204	260373
航空航天及国防军工业	3	87696648	1584818	116227040	2694385	907724
纺织、印染业	4	35002137	1233063	17683460	1663973	179492
医药、医疗设备制造业	5	19736044	1170275	18973217	936211	127662
建筑材料及玻璃等制造业	5	44729218	1121556	63851576	3205909	291752
综合服务业（以服务业为主，含有制造业）	3	48339811	1117595	81533405	3571512	232052

名称	企业数	营业收入（万元）	净利润（万元）	资产（万元）	纳税总额（万元）	从业人数（人）
饮料加工业	3	11189582	1087405	6287767	841262	53557
船舶工业	2	21748916	913918	42706432	871287	175007
证券业	3	2614480	898279	36475697	389856	25036
财产保险业	1	30473800	812100	75531900	1645706	514228
黑色冶金及压延加工业	2	50470567	805918	62168581	1664322	207195
工程机械、设备及零配件制造业	2	14800567	728970	20061979	758551	67028
肉食品加工业	2	17718397	664687	12033932	629661	202640
纺织品、服装、鞋帽、服饰加工业	3	10630316	648235	9895907	568233	130518
食品加工制造业	2	18987051	535032	28830225	563909	113879
港口服务业	1	2816230	525553	8861162	298965	19842
造纸及纸制品加工业	2	13402098	522107	12719415	386606	44202
综合制造业（以制造业为主，含有服务业）	2	46669145	512039	45299737	1354649	154169
轨道交通设备及零部件制造业	2	19898444	492489	25637198	1070505	176579
化工产品及医药内外商贸批发业	1	46690480	464255	31777903	976605	49307
电力、电气等设备、机械、元器件及光伏、电池、线缆制造业	2	8575669	437596	10771529	296266	64135
化学原料及化学制品制造业	2	2858302	362774	1838132	168738	2712
航空运输及相关服务业	2	19099827	360698	36572676	928766	129184
动力、电力生产等装备、设备制造业	1	9089544	357079	7852181	314044	44327
乳制品加工业	1	4777887	318724	3287739	250611	58639
橡胶制品业	1	2807556	298809	1322676	196528	7000
化学纤维制造业	1	13534917	295583	6335392	350320	61120
机电、电子产品内外商贸及批发业	1	15802681	274625	11407849	579612	42020
电梯及运输、仓储设备与设施制造业	1	5787441	218032	7260597	159640	57686
铁路运输及辅助服务业	1	951035	216756	1022996	98759	950
黄金冶炼及压延加工业	1	4977151	212592	6689839	475180	27240
医药专营批发、零售业	1	20456769	211391	16833401	611316	82766
计算机及零部件制造业	1	24403077	207772	20701663	537370	60796
水上运输业	1	6826053	207279	17646847	139176	44462
人力资源、会展博览、国内外经合作等社会综合服务业	1	427064	203010	2258314	137055	1846
电器商贸批发、零售业	1	13334000	199000	5027100	264300	56202
商业零售业及连锁超市	1	15041856	193659	2247333	257584	218858
物流、仓储、运输、配送服务业	1	10466368	187721	9732636	671489	15737
科技研发、推广及地勘、规划、设计、评估、咨询、认证等承包服务业	1	3605496	182359	4055790	228599	31991

名称	企业数	营业收入（万元）	净利润（万元）	资产（万元）	纳税总额（万元）	从业人数（人）
电子元器件与仪器仪表、自动化控制设备制造业	1	19378465	173529	18021175	498927	124304
生活消费品（家用、文体、玩具、工艺品、珠宝等）内外批发及商贸业	1	1447924	172156	725484	204775	1592
农副食品及农产品加工业	1	7789271	166401	5911583	154351	81184
公用事业、市政、水务、航道等公共设施投资、经营与管理业	1	1032971	161323	54244890	95636	7669
生产资料内外贸易批发、零售业	1	33793983	161240	11478382	134000	18452
矿产、能源内外商贸批发业	1	5743393	150790	2307119	25747	1175

2. 东部地区企业效益高且占比提高

从企业总部所在地区看，2013 中国企业效益 200 佳分布在 26 个省、自治区、直辖市，入围企业主要集中在东部地区。其中东部地区 159 家，增加 10 家；中部地区 14 家，减少 8 家；西部地区 19 家，减少 4 家；东北地区 8 家，增加 2 家。入围 10 家以上的企业地区全部来自东部，它们是北京 61 家、广东 25 家、上海 18 家、山东 14 家、江苏 13 家、浙江 10 家，合计 141 家企业，较上年增加 5 家；这 6 个省市企业净利润合计 21896 亿元，比上年增长 15.85%；占 2014 中国企业效益 200 佳净利润总额的 90.17%，较上年提高 3.60 个百分点。详见表 5-3。

表 5-3　　　　2014 中国企业效益 200 佳企业总部所在地区分布情况

省市	企业数	营业收入（万元）	净利润（万元）	资产（万元）	纳税总额（万元）	从业人数（人）
全国	200	3625613098	242825894	16116567248	324802292	18580995
北京	61	2402273498	159691899	12095558420	206234436	12805621
广东	25	292062983	23386097	1333698633	23180281	1555774
上海	18	276337044	19800452	1310762504	27971559	850762
山东	14	97455697	5017829	85433597	4960745	482432
江苏	13	96613718	4588134	67651841	2789421	811786
天津	10	73603984	3130139	183190220	2675054	197826
浙江	10	52610001	3349581	53886080	6043016	189879
湖北	5	56030374	1916533	68556170	7961209	202092
四川	5	21296060	1603184	44389676	1662614	164658
福建	5	40452143	4855477	389622541	5046867	100453
辽宁	4	39057513	1668404	81031240	2835754	338755
湖南	4	16469123	1099879	54208785	918220	73072
重庆	3	6117498	1387978	82468711	1086584	30762

省市	企业数	营业收入（万元）	净利润（万元）	资产（万元）	纳税总额（万元）	从业人数（人）
河北	3	11443762	1214181	9834691	1025859	89243
河南	3	8244225	724164	16912186	629378	90987
黑龙江	2	1416136	518041	49414435	254798	12631
吉林	2	47419265	2252814	56353820	7232708	100427
安徽	2	11279982	833338	48284565	1039007	57004
贵州	2	6784198	1354910	9233233	3653982	32927
云南	2	18076406	1710141	19214780	10998271	37814
新疆	2	14456721	492136	19050028	541510	87245
内蒙古	2	10811656	491536	9358006	591410	95119
陕西	1	18654820	971886	24052690	4204032	143674
广西	1	1941027	270898	1430499	1214344	3226
宁夏	1	4705264	496263	2969897	51233	26826

3. 国有企业效益占比高，税收贡献突出

从2014中国企业效益200佳的所有制结构分布来看，国有及国有控股企业有131家，比上年减少1家，占65.5%；民营企业有69家，比上年增加1家，占34.5%。131家国有及国有控股企业共实现净利润20944亿元，较上年增长8.88%；占2014中国企业效益200佳净利润的86.25%，这一比值比上年下降了1.87个百分点；纳税总额29625亿元，比上年增加了6.90%，占2014中国企业效益200佳纳税总额的91.21%，这一比值比上年降低了1.06个百分点。以上数据说明，2014中国企业效益200佳中国有企业仍然占据主体地位，对国家税收的贡献依旧维持在高位不变。详见表5-4。

表5-4　　　　　2014中国企业效益200佳企业所有制结构分布情况

名称	企业数	营业收入（万元）	净利润（万元）	资产（万元）	纳税总额（万元）	从业人数（人）
全国	200	3625613098	242825894	16116567248	324802292	18580995
国有	131	3077411621	209437176	14914452309	296246416	15768056
民营	69	548201477	33388718	1202114939	28555876	2812939

以收入利润率反映企业的盈利能力，2014中国企业效益200佳的平均收入利润率为6.70%，其中国有企业为6.81%，民营企业为6.09%，前者略优于后者。以百元收入纳税反映企业税负负担，2014中国企业效益200佳的平均收入纳税率为8.96%，其中国有企业为9.63%，民营企业为5.21%，前者明显高于后者。

第六章
2014 中外企业 500 强对比分析报告

2013年，世界经济复苏依然艰难，低于预期。全球工业生产和贸易疲弱，价格水平回落，国际金融市场持续波动。根据世界银行的资料，2013年世界经济增长了2.4%，增速放缓0.1个百分点；美国国内生产总值增长1.9%，较上年回落0.9个百分点；日本货币和财政刺激政策逐渐见效，经济复苏有所加快，全年增长1.6%，提高0.2个百分点，但增长的持续性有待观察；欧元区努力摆脱衰退，但全年仍为负增长（-0.4%）；我国政府着力创新宏观调控思路和方式，明确经济运行合理区间，全年经济增长7.7%，同比放缓0.1个百分点，开始进入中高速增长轨道。

受国际经济复苏进程缓慢影响，2014世界企业500强、美国企业500强营业收入增速继续回落，中国企业500强的营业收入增长速度虽然比上年有所提升，但与前几年的高速增长相比，也回落到中高速增长水平。2014世界企业500强、美国企业500强净利润摆脱上年的负增长局面大幅反弹，中国企业500强净利润增长幅度有所提高。尽管中国企业500强营业收入增速明显高于世界企业500强和美国企业500强，但在盈利能力上，再次整体落后于世界企业500强，特别是美国企业500强。中国大企业从根本上实现提质增效发展，还需付出更大努力。

一、中国企业在世界500强中第一梯队的地位进一步稳固

（一）中国成为自榜单发布以来第三个入围企业数量破百的国家

在《财富》杂志发布的2014世界企业500强中，中国企业上榜数量创纪录地达到了100家，成为自榜单发布以来第三个上榜企业数量超过100家的国家。

中国企业在世界500强中的地位进一步巩固，和美国一道成为稳居世界500强国别榜第一梯队的国家。日本上榜企业数量再次减少，仅有57家企业入围，沦落为第二方阵国家。具体见图6-1。2014世界企业500强中的100家中国入围企业，包括内地企业92家（1家退出，净增加6家），中国台湾5家，中国香港3家。中国内地入围企业数量比法国（31）、德国（28）、英国（27）3个国家的总和还要多6家，比排名第三的日本多出35家。2014世界企业500强分别来自37个国家或地区，美国、中国、日本、法国、德国与英国依然位居前6位，排名与上年相比没有发生变化；美国与中国的上榜企业数量合计已经占500强企业的将近一半。2014世界企业500强中有30家新上榜企业，其中来自中国的有7家，占新进企业数量的近1/4，中国依然是世界500强新进企业最重要的培育摇篮。

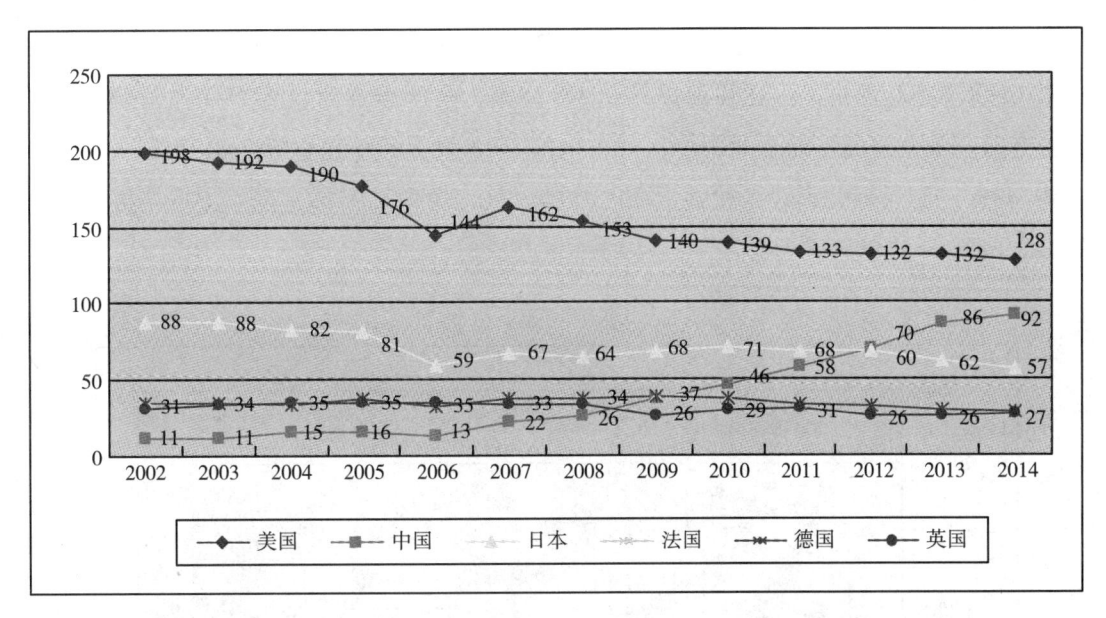

图6-1　2002–2014世界500强中主要经济体上榜企业数量变化趋势

（二）中国内地上榜企业地位进一步提升

中国上榜企业中绝大多数企业排名上升。2014世界500强中除百联集团，有85家中国内地企业再次上榜；其中有76家企业的排名与上年相比进一步提升，平均提升了40.46位。天津市物资集团总公司从上年的343名快速提升至185名，跃升了158位，成为2014世界500强企业中名次提升最快的企业。而再次上榜的124家美国企业中，有64家企业排名出现下滑，平均下滑幅度为16.8位；只有55家美国企业排名上升，平均升幅为14.6位，排名升幅远小于中国企业。中国内地大企业在世界500强榜单中排名位置变化表明，中国内地大企业的国际影响力近年来显著提升。随着内需的稳健增长，以及国际需求的逐渐复苏，中国大企业的规模还将迎来较长时间的持续扩张，中国内地企业在世界500强中的排名有望继续上升。

中国企业在世界企业500强中的地位进一步上升。中国石油化工集团公司、中国石油天然气集团公司、国家电网公司连续第五年跻身世界500强前10名；其中中国石化、中国石油排名均比上年提升一位，分别位居2014世界500强第3位、第4位。中国石化取代埃克森美孚排名第三，中国企业首次进入榜单前三位，打破了埃克森美孚与沃尔玛、壳牌三足鼎立、长期占据榜单前三的历史。2014世界企业500强中，有6家内地企业进入前50名，有14家内地企业进入前100名，均创下了《财富》杂志发布世界500强排行榜以来中国内地企业最好入围成绩。

（三）中国企业对世界500强规模扩张的贡献更加突出

近年来，随着中国上榜企业数量的持续增加，中国企业在世界500强营业收入、总资产与劳动力就业方面的贡献不断提升。中国内地企业对500强的贡献进一步加大，已经成为500强的重要力量。在营业收入、资产和归属母公司股东权益总量指标中，中国内地上榜企业在主要经济体中都居第2

位,并且都远远领先于紧随其后的其他经济体。2013 世界 500 强中,中国企业营业收入占比为 15.81%,2014 世界 500 强中的占比快速提升至 18.35%,中国企业对世界 500 强营业收入规模扩张的贡献更加突出。中国内地上榜企业的总资产占全部 2013 世界 500 强总资产的 15.88%,今年这一比例上升为 19.43%;归属母公司股东权益占 2013 世界 500 强的 14.95%,今年进一步提升为 16.80%。具体见图 6-2 所示。

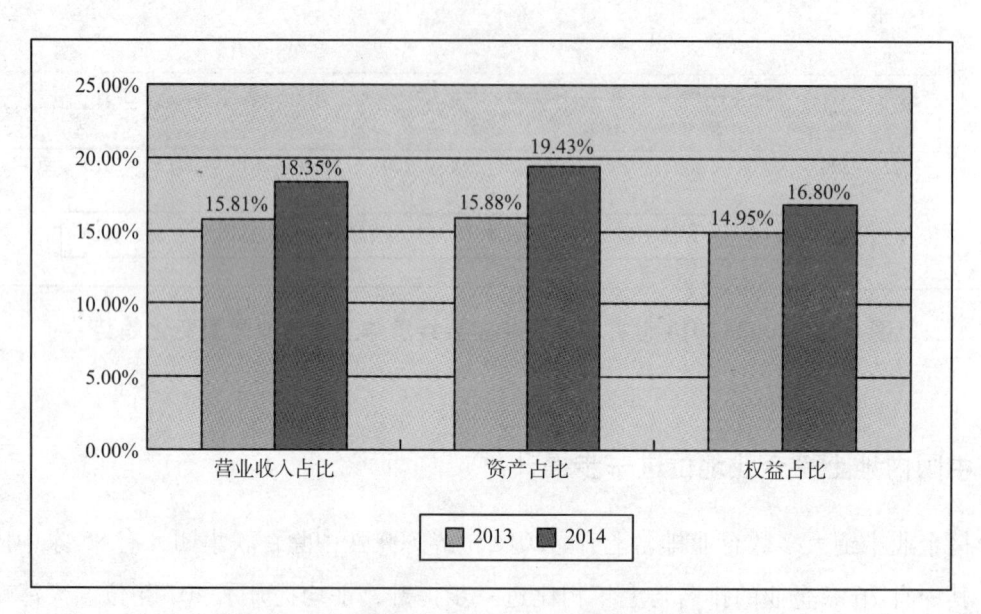

图 6-2 中国内地上榜企业主要指标占比变化

(四) 中国大企业发展仍然存在诸多问题

中国企业提质增效发展仍待破解。2014 世界 500 强中,中国入围企业的盈利能力差强人意,但与其榜单排名表现、数量地位相差甚远。2014 世界 500 强的净利润增长了 27%,但中国企业的净利润只增长了不到 8%,增速显著落后于世界 500 强的整体水平。从收入利润率的角度看,2014 世界 500 强中,美国企业的平均利润率为 9.33%,中国企业的平均利润率为 5.10%,中国企业的盈利能力明显低于美国企业。与其他主要经济体相比,中国企业的盈利能力虽然高于日本 (4.49%)、德国 (2.45%) 和法国 (3.40%),但明显低于英国 (10.20%)。2014 世界 500 强利润率排名前 50 的企业中,中国企业只占 10 家,美国企业则有 20 家;在利润率排名前 10 的企业中,中国企业只有 1 家,而美国企业则有 6 家。2014 世界 500 强最赚钱的 50 家企业中,有 20 家来自美国,来自中国的企业只有 6 家。虽然中国上榜企业的数量相当于美国的 71.88%,但却只实现了相当于美国企业营业收入的 66.23%,实现的净利润则只相当于美国企业的 37.51%;中国企业的平均规模与盈利能力均不如美国企业,尤其是盈利能力,更是显著落后于美国企业。中国上榜企业的亏损面明显大于美国企业,在发生亏损的 49 家中,美国企业只有 4 家,中国企业却有 16 家;将近 1/3 的亏损企业来自中国。2014 世界 500 强中的中国企业的表现表明,尽管我国明确提出了提质增效发展的目标,企业也在这方面做出了努力，但我们离这一目标还很遥远。如何在做大企业的同时更快提升企业的盈利能力，是横亘在我国企业面前亟需解决的难题。近三年世界500强中美国企业的平均利润率分别为6.59%、6.60%和9.33%，而中国企业的平均利润率分别为5.56%、5.36%和5.10%；在美国企业盈利率持续提升的同时，中国企业的盈利能力却在逐年下滑，这导致差距进一步拉大（见图6-3）。

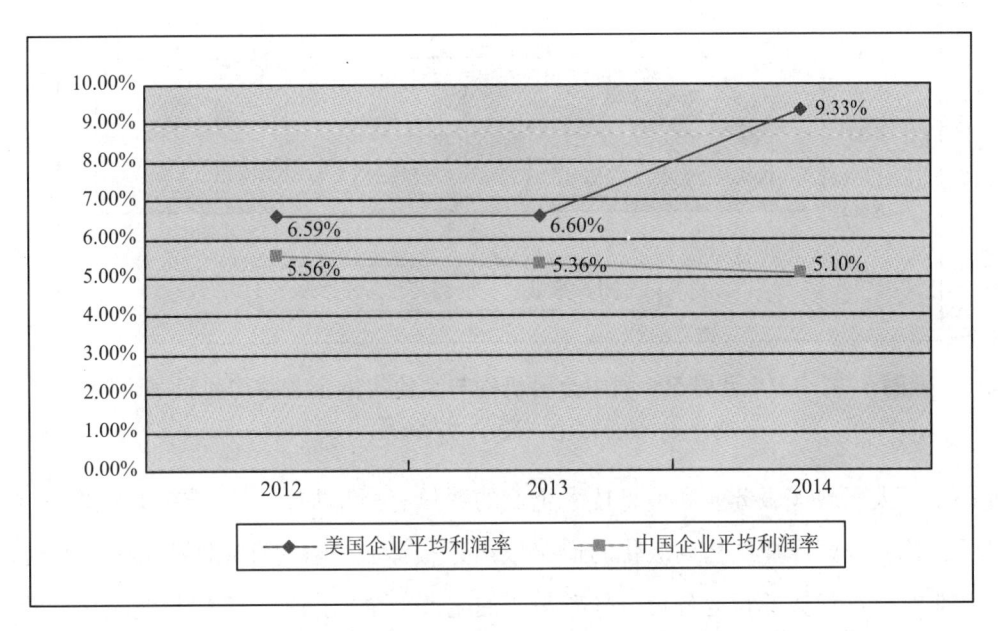

图6-3 2012-2014世界500强中美两国企业平均利润率变化趋势

与欧美国家相比，中国实体经济的盈利明显受到金融机构的侵蚀。中国入围2014世界500强的92家内地企业中，收入利润率排在前10位的都是银行企业；而在美国入围企业中排在盈利能力前20位的只有1家银行和3家其他类金融机构，日本入围企业中排在盈利能力前20位的也只有3家综合类金融机构，与中国相比存在十分明显的反差。美国入围企业中，包括银行、保险与多元化金融在内的金融类机构的平均利润率是22.85%，其他实体企业的平均利润率是7.87%；日本入围企业中，金融类机构的平均利润率是9.12%，其他实体企业的平均利润率是3.93%；中国入围企业中，金融类机构的平均利润率是18.61%，其他实体企业的平均利润率是2.24%。中国金融机构与实体经济之间利润率的差异明显大于美国与日本，尤为突出的是，中国上榜企业中金融机构的高利润率是在实体经济整体近乎微利的情况下实现，这可能在很大程度上间接反映了我国金融机构对实体经济利润的侵蚀。就金融机构与实体经济利润率关系而言，美国的双高模式与日本的双低模式可能是适合的；类似于中国的金融偏高、实体严重偏低的情况，不利于金融为实体经济输血造血功能的实现（见图6-4）。

我国产业结构升级初见成效，但仍处于向高级形态转变的进程之中。在世界500强中，传统产业虽然仍占有相当大的比重，但现代服务业、高端装备制造业、现代信息科技产业上榜企业数量长期以来呈现出增加的趋势，尤其是在美国、日本以及欧洲国家，产业高级化的成果已经在上榜世界500强企业的产业结构上得到了充分体现。随着上榜企业数量的不断增加，世界500强中中国企业的产业

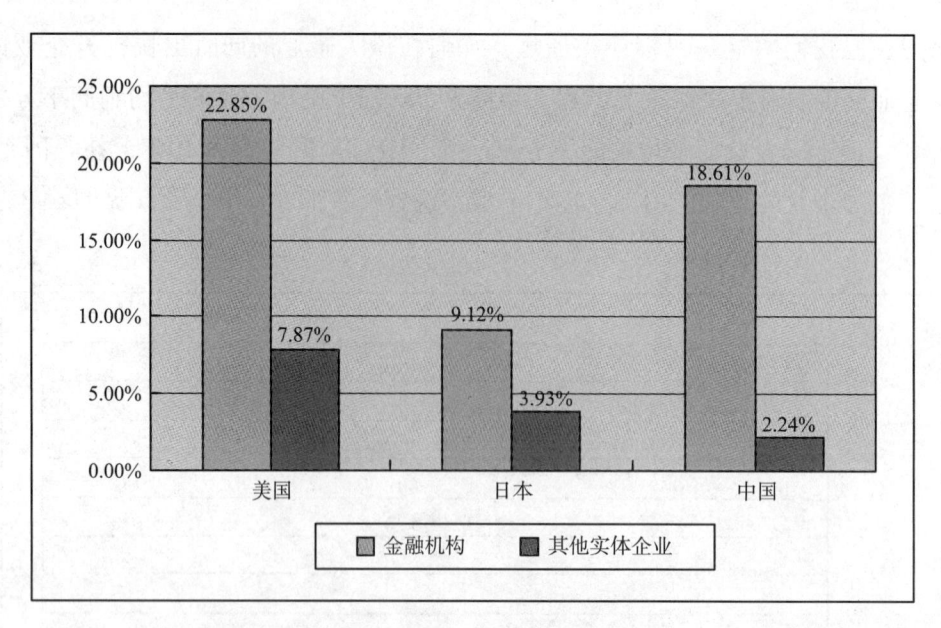

图 6-4 2014 世界 500 强中金融机构与其他实体企业平均利润率比较

覆盖范围进一步扩大，现代服务业和信息技术企业的数量有所增加，产业结构升级取得了初步成效；但与美日等国相比，我国产业结构高级化的道路依然还很漫长。在 2014 世界 500 强上榜企业行业分布中，中国企业明显占优势的行业分别是采矿与原油生产、金属产品、工程与建筑、能源、贸易，这些都是典型的资金和劳动密集型产业；而在以财产与意外保险、人寿与健康保险、多元化金融与商业银行为代表的现代金融服务领域，以计算机软件、信息技术服务为代表的 IT 领域，以航天与防务、电子电气设备为代表的高端装备制造领域，美国企业明显占据优势。具体见表 6-1。

表 6-1　　　　　　　　　中美两国部分行业企业分布比较　　　　　　　　　（单位：家）

	全部 500 强企业分布	美国企业数量	中国企业数量	中美差异
保健：保险和管理医保	5	5	0	5
财产与意外保险（股份）	16	6	1	5
人寿与健康保险（互助）	8	4	0	4
多元化金融	5	4	1	3
航天与防务	13	6	3	3
财产与意外保险（互助）	2	2	0	2
计算机软件	2	2	0	2
制药	9	3	1	2
电子电气设备	17	2	1	1
信息技术服务	3	1	0	1
银行：商业储蓄	55	8	11	-3

	全部500强企业分布	美国企业数量	中国企业数量	中美差异
贸易	13	0	5	-5
能源	16	0	5	-5
工程与建筑	13	1	9	-8
金属产品	16	0	10	-10
采矿与原油生产	24	2	14	-12

与发达国家优秀企业相比，长期依赖于粗放式增长模式的我国大企业在技术创新投入上存在明显的不足。国际上一般认为，当研发强度达到2%时，企业才能基本生存；当研发强度达到5%以上，企业才具有竞争力。据测算，世界500强企业的平均研发强度在5%以上。我国大企业对创新投入的重视显然不足，有些企业甚至将创新投入当做企业利润的调节器；2014世界500强中92家中国内地企业的平均研发强度只有1.16%，与上年相比甚至还下降了0.05个百分点。

我国大企业的国际品牌建设明显落后于欧美国家，需要增强品牌意识，加大品牌建设投入。尽管我国内地自去年开始就已经成为世界500强企业的第二大来源地，在2014世界500强前100名中已经有14家内地企业，但在世界知名品牌的培育上却无甚建树。2013福布斯全球品牌100强中无一中国品牌，全球最大品牌咨询公司Interbrand发布的《2013年度全球最有价值品牌年度报告》中也没有中国品牌的身影。发达国家的经验和我国企业参与国际竞争的实践表明，培育国际知名品牌是增强国际竞争力和综合国力的重要手段，是实现贸易大国向贸易强国转变的必由之路，是转变我国经济发展方式和优化外贸发展结构的必然选择，也是入围世界500强的中国内地企业应有的民族责任与义务。作为规模领先的大企业，应积极拓展国际市场，着力打造国际知名品牌。

二、2014世界企业500强、美国企业500强基本情况分析

（一）2014世界企业500强简要分析

世界企业500强的发展状况是全球经济走势的一个缩影。2014年7月7日美国《财富》杂志基于2013年企业营业收入，发布了2014世界企业500强榜单。2014世界500强实现营业收入31.06万亿美元，实现净利润19562.03亿美元，资产总规模达到123.39万亿美元，所有者权益为15.50万亿美元，员工总数为6545.87万人。总体上看，2013年世界大企业规模扩张整体继续放缓，但盈利状况明显好转。

1. 世界500强的盈利能力基本恢复到金融危机以前的水平

2014世界500强的总利润为19562.03亿美元，比上年高速增长26.96%。与2008年相比，世界500强企业的整体盈利增长了23.1%。以收入利润率计，世界500强的盈利能力基本恢复到金融危机以前的水平。比利时、哥伦比亚、马来西亚、俄罗斯、沙特阿拉伯、澳大利亚、委内瑞拉、英国入围企业的平均营业收入利润率都超过了10%；尤其是比利时，两家入围企业的平均营业收入利润率高

达20.04%。美国的情况也非常突出，受多元化金融企业房利美与房地美利润高速增长支持，128家入围企业的平均营业收入利润率达到了9.33%。美国企业是2014世界500强企业净利润高速增长的最重要贡献者。具体见表6-2。主要国家中，美国、英国、俄罗斯与澳大利亚入围企业，均受到本国经济形势好转影响，本国入围企业的平均营业收入利润率都比上年明显上升。反之，受本国经济形势恶化影响，意大利与巴西入围企业的平均营业收入利润率均大幅度下滑。具体见表6-2。

表6-2　　　　　　　　　　主要国家入围企业的平均营业收入利润率

国家	入围企业数量	平均营收利润率 2014	平均营收利润率 2013	国家	入围企业数量	平均营收利润率 2014	平均营收利润率 2013
美国	128	9.33%	6.60%	荷兰	12	3.69%	4.35%
中国	100	5.10%	5.36%	加拿大	10	8.63%	9.40%
日本	57	4.49%	2.77%	意大利	9	-1.07%	11.75%
法国	31	2.45%	2.68%	印度	8	4.18%	7.18%
德国	28	3.40%	3.49%	西班牙	8	4.98%	3.55%
英国	27	10.20%	2.87%	俄罗斯	8	14.37%	2.02%
韩国	17	5.06%	4.94%	澳大利亚	8	11.97%	3.59%
瑞士	13	5.73%	5.77%	巴西	7	7.45%	17.43%

2. 2014世界500强企业净利润变动幅度进一步加大

2014世界500强企业的盈利能力两极分化，部分企业盈利能力波动较大。50家最赚钱的企业实现净利润10604.89亿美元，比上年最赚钱的前50家企业净利润之和增长了27.47%，贡献了全部500强净利润的54.21%。2013世界500强连续上榜的470家企业中，净利润变动幅度超过100%的企业只有89家，其中扭亏为盈26家，由盈转亏29家。今年连续上榜的473家企业中，利润变动幅度超过100%的企业有98家，净利润大幅变动的企业数量远超上年；其中由盈转亏（利润下降100%以上）的有23家，扭亏为盈的有27家。从利润变动率看，2014世界500强净利润变动率也远超过了2013世界500强企业；2014世界500强企业净利润正向变动倍数最高达到了137.94倍，而2013世界500强企业最大正向变动倍数只有19.53倍。2014世界500强企业净利润最大反向变动倍数为108.18倍，而2013世界500强企业净利润最大反向变动倍数只有71.29倍。无论是净利润的正向变动，还是反向变动，2014世界500强企业都明显比2013世界500强企业表现得更为显著。2014世界500强企业中，沃达丰集团2012年的净利润为6.78亿美元，2013年大幅提升至941.32亿美元，净利润增幅达到了136.94倍。麦德龙和山西焦煤集团有限责任公司的利润增幅也都超过100倍。达美航空净利润从10.09亿美元快速增长为105.40亿美元，增幅为944.60%；房利美的净利润从172.20亿美元快速增长到839.63亿美元，增幅为387.59%。具体见表6-3。

表 6-3　　　　　　　　　　　利润增长最快的 20 家企业　　　　　　（单位：百万美元）

今年排名	去年排名	公司名称	2012 年赢利	2013 年赢利	利润变动率（%）
141	124	沃达丰集团	677.50	94132.00	13794.02
91	87	麦德龙	3.90	504.50	12835.90
290	403	山西焦煤集团有限责任公司	0.70	74.70	10571.43
476	436	昭和壳牌石油公司	12.70	618.00	4766.14
312	350	摩根士丹利	68.00	2932.00	4211.76
48	49	意大利忠利保险公司	115.70	2542.30	2097.32
42	48	威瑞森电信	875.00	11497.00	1213.94
325	289	法国维旺迪集团	210.80	2611.30	1138.76
299	303	达美航空	1009.00	10540.00	944.60
385	379	台塑石化股份有限公司	92.00	904.90	883.59
63	63	乐购	196.60	1534.80	680.67
318	332	新闻集团	1179.00	7097.00	501.95
252	232	美国西夫韦公司	596.50	3507.50	488.01
182	179	联合包裹速递服务公司	807.00	4372.00	441.76
24	26	EXOR 集团	511.50	2768.00	441.15
370	347	荷兰皇家飞利浦公司	290.40	1551.90	434.40
221	231	中国华能集团公司	86.10	426.60	395.47
37	35	房利美	17220.00	83963.00	387.59
41	38	委内瑞拉国家石油公司	2678.00	12933.00	382.94
153	143	邦吉公司	64.00	306.00	378.13

个别企业的盈利能力出人意料。沃达丰集团在 2013 年的营业收入为 659.87 亿美元，但盈利却实现了 941.32 亿美元，公司的营业收入利润率高达 142.65%。除正常营业利润外，沃达丰集团一定取得了巨额的营业外收益。此外，受房地产抵押业务的快速恢复，房利美与房地美的净利润同样快速增长，其增长率都超过了 50%。排在营业收入利润率前面的还有辉瑞制药有限公司、安海斯-布希英博、Surgutneftegas 公司、甲骨文等。来自中国的 5 家银行也排在了 2014 世界 500 强营业收入利润率前 20 之列。具体见表 6-4。

表 6-4　　　　　　　　　　　营业收入利润率前 20 的企业　　　　　　（单位：百万美元）

公司名称	营业收入	净利润	国家	收入利润率
沃达丰集团	65986.50	94132.00	英国	142.65%
房利美	125696.00	83963.00	美国	66.80%
房地美	81221.00	48668.00	美国	59.92%
辉瑞制药有限公司	53785.00	22003.00	美国	40.91%
安海斯-布希英博	43195.00	14394.00	比利时	33.32%

公司名称	营业收入	净利润	国家	收入利润率
Surgutneftegas 公司	25563.00	8053.80	俄罗斯	31.51%
甲骨文公司	37180.00	10925.00	美国	29.38%
中国工商银行	148802.60	42718.10	中国	28.71%
微软	77849.00	21863.00	美国	28.08%
达美航空	37773.00	10540.00	美国	27.90%
中国建设银行	125397.70	34912.50	中国	27.84%
高通	24866.00	6853.00	美国	27.56%
菲利普-莫里斯国际公司	31217.00	8576.00	美国	27.47%
英美烟草集团	23853.00	6102.40	英国	25.58%
美国富国银行	88069.00	21878.00	美国	24.84%
招商银行	34121.50	8415.70	中国	24.66%
中国银行	105622.60	25520.50	中国	24.16%
日本瑞穗金融集团	29224.70	6871.70	日本	23.51%
中国农业银行	115392.10	27050.00	中国	23.44%
瑞士罗氏公司	52460.30	12047.80	瑞士	22.97%

表6-5 列出了2014 世界500 强中净利润增加额前20 名的企业。沃达丰集团的净利润增加了934.54 亿美元，高居净利润增加额第一位。房利美和房地美净利润分别增加了667.43 亿美元和376.86 亿美元，分别居于净利润增加额排行榜第二位与第三位。表6-5 表明，2014 世界500 强企业净利润增加额居前的企业中，家用电器类企业和电信类企业居多；惠普、松下、夏普与三星电子都属于家用电器类企业，沃达丰、美国电报电话、威瑞森电信、德国电信都是电信类企业。

表6-5 净利润增加最多的前20 家企业 （单位：百万美元）

公司名称	2012 年净利润	2013 年净利润	净利润增加额
沃达丰集团	677.5	94132.00	93454.50
房利美	17220	83963.00	66743.00
房地美	10982	48668.00	37686.00
惠普	-12650	5113.00	17763.00
东京电力公司	-8252.4	4378.50	12630.90
英国石油公司	11582	23451.00	11869.00
法国农业信贷银行	-8316.1	3325.50	11641.60
美国电话电报公司	7264	18249.00	10985.00
美国邮政	-15906	-4977.00	10929.00
威瑞森电信	875	11497.00	10622.00

公司名称	2012年净利润	2013年净利润	净利润增加额
松下	-9082.8	1202.20	10285.00
委内瑞拉国家石油公司	2678	12933.00	10255.00
达美航空	1009	10540.00	9531.00
英杰华集团	-5099.6	3138.70	8238.30
德国电信	-6753.3	1234.60	7987.90
辉瑞制药有限公司	14570	22003.00	7433.00
美国银行	4188	11431.00	7243.00
安海斯-布希英博	7243	14394.00	7151.00
夏普	-6567.2	115.40	6682.60
三星电子	20585.7	27245.30	6659.60

表6-6列出了2014世界500强企业中净利润减少最多的前20家企业。联合信贷集团、大众公司、苏伊士集团、墨西哥石油公司、埃克森美孚、荷兰皇家壳牌石油公司的净利润减少额都超过了100亿美元，其中联合信贷集团净利润减少了196.51亿美元，高居净利润减幅的第一位；公司全年大幅亏损185.39亿美元，是2014世界500强中亏损额最大的企业。总体上看，在2014世界500强中，净利润显著下滑的公司中石油类与矿产资源类企业居多；其中墨西哥石油公司、埃克森美孚、荷兰皇家壳牌石油公司、挪威国家石油公司、卢克石油公司都是大型石油企业，巴西淡水河谷公司、必和必拓都是全球知名的铁矿石企业。

表6-6 净利润减少最多的前20家企业 （单位：百万美元）

公司名称	2012年净利润	2013年净利润	净利润减少额
联合信贷集团	1111.50	-18539.20	-19650.70
大众公司	27909.10	12071.50	-15837.60
苏伊士集团	1991.90	-12331.70	-14323.60
墨西哥石油公司	197.70	-13302.70	-13500.40
埃克森美孚	44880.00	32580.00	-12300.00
荷兰皇家壳牌石油公司	26592.00	16371.00	-10221.00
嘉能可斯特拉塔	1004.00	-7402.00	-8406.00
意大利联合圣保罗银行	2062.60	-6040.40	-8103.00
莱茵集团	1678.40	-3522.00	-5200.40
挪威国家石油公司	11846.70	6789.30	-5057.40
巴西淡水河谷公司	5511.00	584.00	-4927.00
雪佛龙	26179.00	21423.00	-4756.00
苹果公司	41733.00	37037.00	-4696.00

公司名称	2012年净利润	2013年净利润	净利润减少额
Vattenfall公司	2501.60	-2098.80	-4600.40
必和必拓	15417.00	10876.00	-4541.00
苏格兰皇家银行集团	-9005.90	-13438.00	-4432.10
国家电网公司	12317.90	7982.80	-4335.10
阿斯利康	6297.00	2556.00	-3741.00
摩根大通	21284.00	17923.00	-3361.00
卢克石油公司	11004.00	7832.00	-3172.00

3. 2014世界企业500强扩张速度持续回落

受国际经济持续缓慢复苏影响，世界500强企业近年来的扩张速度呈现出持续回落态势。2012世界500强企业营业收入比上年增长了13.23%，2013世界500强企业营业收入增速快速回落至2.77%。2014世界500强企业实现营业收入31.06万亿美元，增速为2.49%；与2013世界500强相比，营业收入增速进一步小幅回落。与此相对应的是，2014世界500强企业的入围门槛为237.06亿美元，仅仅比上年增长了5.31亿美元。世界500强企业的资产总额也同样呈现出增速逐年回落的态势。2012世界500强企业的资产总额比上年增长了4.42%，2013世界500强企业资产总额增速回落至3.45%，2014世界500强企业的资产总额增速进一步回落至1.54%。资产规模的微小变化可能表明，连续多年来世界500强企业的兼并重组并不活跃，企业投资也相对比较谨慎，融资需求相对不足。受企业资产规模增长缓慢影响，世界500强企业的员工总量同样增长缓慢。2012世界500强企业雇员总数比上年增长了4.64%，2013世界500强企业的雇员总数增速回落至2.16%，2014世界500强企业的雇员增速进一步回落至0.86%。具体见图6-5。

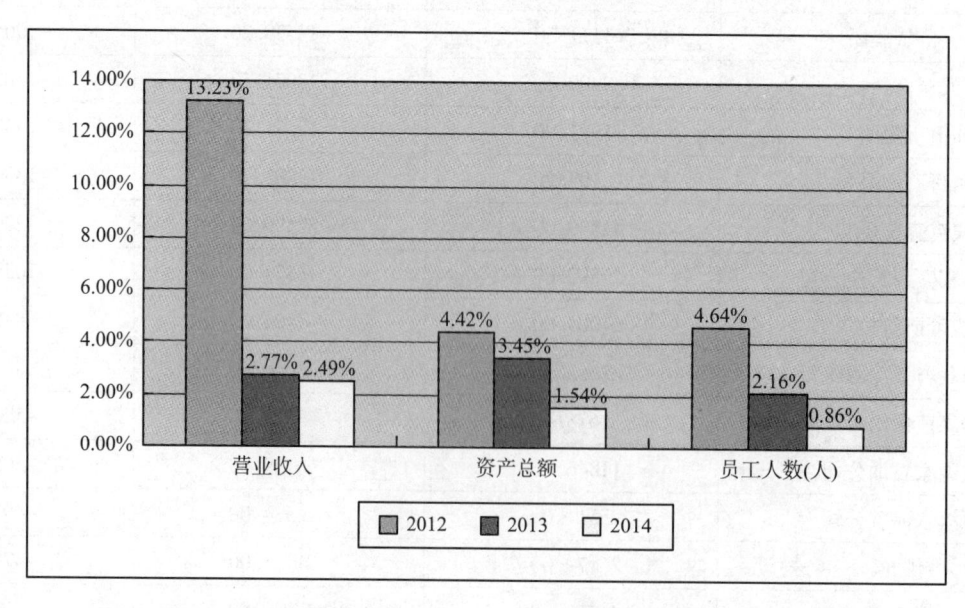

图6-5 世界500强企业营业收入、资产总额与员工人数变化趋势

4. 世界500强企业近年来行业分布发生较明显变动

2014世界500强企业来自53个行业，与2013世界500强企业相比多了1个。与2013世界500强企业相比，炼油业入围企业少了3家，化学品、人寿与健康保险（股份）两行业的入围企业均减少了2家，半导体与电子元器件、采矿与原油生产、电信、多元化金融、金属产品、娱乐、制药以及其他类几个行业入围企业均减少了1家。电子与办公设备批发、天然气和电力、能源、工程与建筑4个行业的入围企业均增加了3家，管道运输、财产与意外保险（股份）两行业入围企业数均增加了2家，商业储蓄银行、网络与通讯设备、人寿与健康保险（互助）、贸易、航天与防务、电子与电气设备、车辆与零部件入围企业数量均增加了1家。

近年来世界500强企业分布较集中的前10行业基本上维持了稳定，2014世界500强分布最集中的前10行业分别是商业储蓄银行、炼油、车辆与零部件、采矿与原油生产、食品店和杂货店、人寿与健康保险（股份）、电信、公用设施、电子与电气设备，能源、金属产品、财产与意外保险（股份）均为16家，并列排第10位。与2013世界500强相比，前9个行业的名称与排序均一致，仅有第10个行业不同。2012-2014世界500强分布最集中的前12个行业均相同，只是在排序上有所变化。从表6-7看，三年来，有些行业入围企业数量基本上较稳定，有些行业入围企业数量变动非常大。变动最大的是炼油行业和能源行业，三年来炼油行业入围企业数量增加了22家，能源行业入围企业则减少了28家。采矿与原油生产企业增加了7家，金属产品企业增加了4家，人寿与健康保险（股份）入围企业减少了6家，公用设施行业减少了4家。总体上看，2014世界500强中，重化工特征类的企业有一定程度增加，而服务性行业数量有所减少，整体的重化工特征被进一步强化。

表6-7　　　　　　　　　　2012-2014世界500强企业行业分布变化　　　　　　　　　（单位：家）

排序	行业	2012	2013	2014
1	银行：商业储蓄	54	54	55
2	炼油	18	43	40
3	车辆与零部件	32	32	33
4	采矿、原油生产	17	25	24
5	食品店和杂货店	24	24	22
6	人寿与健康保险（股份）	27	23	21
7	电信	20	20	19
8	公用设施	22	18	18
9	电子、电气设备	14	16	17
10	能源	44	13	16
11	财产与意外保险（股份）	14	14	16
12	金属产品	12	17	16

5. 主要经济体之间地位发生明显变化

美国地位继续下降，中国地位持续上升。2014 世界 500 强中，随着美国企业入围数量的下降，美国企业营业收入在全部 500 强企业中占比下降了 0.8 个百分点，而中国企业营业收入的贡献则随着中国入围企业数量的持续增长，增加了 2.44 个百分点。中国企业的平均营业收入为 616.17 亿美元，已经相当于美国企业平均营业收入的 92.15%。尽管中国企业的平均营业收入在主要经济体中仅列在第四位，仅稍高于英国和日本企业，但在企业平均净利润上，中国企业的平均净利润仅排在美国企业与英国企业之后，远高于日本企业、德国企业和法国企业。具体见表 6-8。在主要经济体的平均利润率变化上，中国企业这三年的平均利润率虽然有所下降，但下降并不明显，而且在主要经济体中，企业平均利润率只比英国企业和美国企业低，但比日本企业、法国企业与德国企业高。

表 6-8　　　　　　　　　　主要经济体关键指标比较

国家	企业数量	营业收入（百万美元）	利润（百万美元）	企均营收（百万美元）	企均利润（百万美元）	2012 平均利润率	2013 平均利润率	2014 平均利润率
美国	128	8558906.40	798710.80	66866.46	6239.93	6.59%	6.60%	9.33%
中国	92	5668801.20	299628.50	61617.40	3256.83	5.56%	5.36%	5.29%
日本	57	3085732.90	138654.20	54135.66	2432.53	2.00%	2.77%	4.49%
法国	31	2078681.60	50934.50	67054.25	1643.05	4.22%	2.68%	2.45%
德国	28	2060564.30	69975.30	73591.58	2499.12	3.65%	3.49%	3.40%
英国	27	1598958.60	163035.80	59220.69	6038.36	7.72%	2.87%	10.20%

日本企业地位在持续较快下降，法国、德国、英国企业地位相对稳定。2013 世界 500 强中，日本企业比上年减少了 6 家；2014 世界 500 强中，日本企业再次减少了 5 家。近年来，世界 500 强中的日本企业在持续较快减少。2012 世界 500 强中，日本企业的营业收入占全部世界 500 强企业营业收入的 12.31%，2013 世界 500 强中占比下降到了 11.38%，2014 世界 500 强中近一步下降为 9.94%。近年来法国、德国和英国企业在世界 500 强中的地位变化不明显，合计入围企业的数量变化不大；与 2012 世界 500 强榜单相比，三国入围企业共减少了 4 家，但与 2013 世界 500 强中入围数量持平。虽然随着中国入围企业数量的快速增加和入围中国企业营业收入份额的增长，法国、德国与英国企业在世界 500 强中营业收入份额有所下降，但变化并不明显。2012 世界 500 强中，法国企业、德国企业和英国企业对世界 500 强营业收入的贡献比分别为 7.17%、7.44% 和 5.24%，2013 世界 500 强中的贡献比分别为 6.72%、6.84% 和 5.25%，2014 世界 500 强中的贡献比分别为 6.69%、6.63% 和 5.15%。

（二）2014 美国企业 500 强基本情况分析

《财富》杂志 2014 年 6 月 3 日公布了 2014 美国企业 500 强榜单。2014 美国 500 强企业实现营业收入12.21万亿美元，实现归属母公司的净利润1.08万亿美元。2014美国500强企业的营业收入与上年相比略增了1.23%，但归属母公司的净利润大幅增长了31.69%，企业的盈利能力显著提升。以归属母公司净利润计算的营业收入利润率达到了8.85%，为2001年以来的最高值。总体上看，2013年是美国500强企业实现提质增效发展的一年；虽然2014美国企业500强的营业收入增速慢于2013年美国经济增速，但在房地产繁荣和页岩气革命的推动下，大企业盈利能力已经创下了新世纪以来的最佳水平。

1. 最赚钱50公司继续贡献半数以上利润，房利美、房地美成最赚钱领头羊

2014美国企业500强净利润排名前50的美国500强企业实现归属母公司的净利润6704亿美元，占全部企业净利润总额的62.06%，占比与上年相当。上年净利润排名前50的企业中，有40家企业今年继续排名在前50名，威瑞森电信、达美航空、美国国际集团、21世纪福克斯、州立农业保险公司、惠普、赫斯、杜邦、陶氏化学、Visa进入2014美国500强最赚钱50强。受益于美国房地产行业的繁荣，房地产抵押贷款业务迅猛增长，房利美、房地美再次成为美国最赚钱企业；房利美实现净利润839.63亿美元，房地美实现净利润486.68亿美元，分别比上年增长了3.88倍、3.43倍，位居500强企业净利润额排行榜前两位。房利美与房地美合计实现净利润1326.31亿美元，比上年增加1044.29亿美元；房利美、房地美净利润增加额相当于2014美国500强企业净利润总额增长额的40.17%，成为推动美国企业500强净利润总额增长的关键因素。但随着房地产业增速的放缓，房利美、房地美业务与利润增长空间将日益收窄，难以继续推动美国企业500强净利润高速增长。

2. 营业收入增速继续放缓，整体盈利能力大幅提高

2014美国500强营业收入为12.21万亿美元，比上年略有增长，增长率为1.23%。这一增长率也维持了2011年以来增长率持续下降的趋势，并创下新低。但2014美国500强的整体盈利能力有大幅提高，总利润比上年提高了32%。同时也创下了自2002年以来，美国500强实现总利润的最高值。另外，美国500强的权益净利率率近年来始终在高位徘徊，今年达到了16.56%，比上年增长了3.18个百分点。纵观2002-2014年的数据，这一数值是继2007年的17.08%的第二高值。收入净利润率也创下自2002年以来的新高，达到8.85%。2014美国500强的表现表明，金融危机以来，美国大企业更加重视发展质量，而不是速度和规模。

3. 页岩气革命助力美国经济复苏，提升美国大企业盈利能力

随着页岩气开采技术的突破，美国页岩气、页岩油的产量大幅增长，根据美国能源顾问公司PIRA数据，2013年美国已取代沙特阿拉伯成为全球最大产油国，大幅度减少了美国企业对石油进口的依赖。一方面，页岩气革命为美国油气资源开采类企业的持续发展做出了积极贡献；其中5家能源类公司的扭亏为盈，可能在一定程度上受益于美国在页岩气技术方面的重大突破。另一方面，页岩气革命推动北美地区天然气价格明显下降，石油价格不断走低，为美国工商企业提供了低成本能源，刺激了美国制造业复苏；尤其是对化工厂和钢铁厂等能源密集型企业而言，能源成本一般占到总成本的10%以上，页岩气技术的突破对其盈利能力的提升具有更为重要的意义；杜邦、陶氏化学能够成为2014美国企业500强最赚钱的50家企业之一，作为原材料的油气价格的下降，是一个不可忽视的因素。

4. 企业亏损面大幅缩减，企业亏损状况显著好转

2014美国企业500强中有37家企业出现亏损，比去年大幅减少18家，亏损面从11%缩减至7.4%。37家亏损企业合计亏损265.58亿美元，比上年减少328.70亿美元。从企业平均亏损额看，2013美国500强中的55家亏损企业平均每家亏损10.80亿美元，美国企业500强中的37家亏损企业平均每家亏损额为7.18亿美元，与上年相比平均少亏3.72亿美元，单一大企业的亏损状况也明显好转。在2013美国企业500强的55家亏损企业中，有30家企业在2013年成功实现扭亏为盈。继续亏损的25家公司2012年的亏损总额为234.34亿美元，但2013年亏损额已经下降为173.48亿美元，亏损幅度明显有所收敛。从亏损企业的行业分布来看，金属产品和能源行业出现全行业利润总额亏损的现象，金属产品行业亏损额在所有行业中最高，达到29亿美元。能源行业已经是继2012年以来，第二次出现全行业利润总额亏损。电信行业亏损企业数最多，12家入围企业中有4家亏损；金属产品行业7家入围企业中有3家亏损。

5. 新进企业排名大部分靠后，电信行业落选企业最多

2013美国500强企业中有470家企业再次入围2014美国500强，有30家企业出局。新入围企业中，有22家企业排名位居2014美国500强榜单400名以后，新入围企业最高排名为70位，是一家来自管道运输行业的企业。另外，从行业分布来看，新入围企业数最多的行业是住宅建筑商，有3家企业新入围。其他企业主要集中在与居民生活密切相关的消费产品和传统服务业行业，如专业零售商：其他，批发商、多元化、酒店、赌场、度假村、财产与意外保险（股份）等。在退出榜单的30家企业中，电信及通讯行业的企业最多，有5家；其次是管道运输行业，有3家；电脑、办公设备行业，工业机械以及食品、消费产品行业分别有2家企业落选。

6. "制造业回归"收效不明显，服务业比重有所提高

自2008年金融危机以来，美国经济遭受重创，尤其以金融业为代表的服务业受到严重打击，因此奥巴马政府推出了"制造业回归"的政策。但纵观这几年来的变化，效果并没有像想象中那样令人满意。多年来，制造业在美国经济中的表现始终在低位徘徊。这两年美国经济有所好转，主要还是以金融服务业为主的服务业的复苏起了决定性作用。2014美国500强中，共有制造业企业182家，比上年减少8家。这182家制造业企业共实现营业收入4.61万亿美元，占2014美国500强总营业收入的37.74%，比上年降低了1.34个百分点；共实现利润4036亿美元，占2014美国500强利润总额的37.36%，比上年降低了7.64个百分点。2014美国500强中，共有服务业企业258家，比上年增加了3家。这265家服务业企业共实现营业收入6.86万亿美元，占2014美国500强总营业收入的56.30%，比上年提高了0.98个百分点；共实现利润6181亿美元，占2014美国500强利润总额的57.23%，比上年提高了7.43个百分点。

7. 电信及通讯行业并购高潮迭起

2014美国企业500强中电信通讯行业是落榜企业最多的行业。究其原因，其中有3家企业在2013年发生了并购行为。MetroPCS Communications被美国第四大移动运营商T-MobileUSA收购，Sprint Nextel被软银并购，Liberty Global以股票加现金的方式收购了荷兰有线电视公司Ziggo NV。对

2013年的全球电信业来讲,"并购"一词贯穿始末。透过并购现象探究其背后的原因,语音、短信等传统电信业务的不断萎缩,新媒体业务疯狂增长,加剧了电信业的竞争压力,致使行业优胜劣汰加剧,"大鱼吃小鱼"现象频繁;另一方面,面对新兴的业务,运营商急需结盟产业链上下游,提升创新能力,增强竞争力,避免错过大数据和移动互联时代给运营商带来的良好发展机遇。可以预见,未来并购热潮还将延续。但据业界预测,在完成了前期市场整合后,今后几年电信业的并购对象将向产业链上下游延伸,特别是向互联网企业延伸,以适应信息化大潮。

三、2014中国企业500强与世界和美国企业500强比较分析

中国企业500强、世界企业500强、美国企业500强分别代表了中国大企业、世界大企业、美国大企业的发展状况,中国企业500强、世界企业500强、美国企业500强之间的差异,也相应反映了中国大企业、世界大企业、美国大企业发展变化的不同之处。从总体上看,2014中国企业500强的规模扩张继续领先,但绩效表现要差于2014世界企业500强和2014美国企业500强,中国大企业与世界大企业和美国大企业之间盈利能力差距再次扩大。

(一)中国大企业规模扩张继续领先世界和美国大企业

世界经济增长与中国经济增长之间的速度差距,很明显地体现在了三个500强的榜单之上。尽管中国经济在金融危机以后出现了增速下滑,但依然保持在中高速增长轨道上,即使是2013年的7.7%的增速,也远远超过了欧美国家增速和世界经济平均增速。这一增长速度的差异,在很大程度上使得以中国区域市场为主的中国大企业在金融危机以来继续维持着快速的规模扩张。当然,也不能忽视我国企业出于各种原因或动机实施的大规模的兼并重组活动对我国大企业规模扩张的影响。

2014中国企业500强的规模指标继续领先世界500强和美国500强。2014中国企业500强共实现营业收入56.68万亿元,比上年增长13.31%。2014世界500强营业收入仅增长了2.49%,2014美国500强营业收入仅微弱增长了1.23%,中国企业500强营业收入增速显著高于世界500强与美国500强。2014中国企业500强的资产规模也继续实现了较快增长,2014中国企业500强的资产总额为176.43万亿元,比上年增长了16.86%,而2014世界500强企业的资产总额仅增长了1.54%,2014美国企业500强的资产总额也仅增长了2.69%,均明显低于中国企业500强资产总额增速。2014中国企业500强的归属母公司的股东权益总额为21.03万亿元,增长了12.76%,而2014世界500强归属母公司股东权益的增长率为6.55%,2014美国500强归属母公司的股东权益增长率为6.36%。2014中国企业500强的员工总数为3138.84万人,比上年增长了2.19%,而2014世界500强员工总数仅微增长了0.86%,2014美国500强员工总数也只增长了1.14%。具体见图6-6。

从较长时间看,近年来中国企业500强的规模扩张速度一直都领先于世界500强和美国500强。2011中国企业500强营业收入增长了31.44%,2012中国企业500强营业收入增长了23.63%,2013中国企业500强营业收入增长了11.41%;2011美国500强营业收入增长了10.46%,2012美国500强营业收入增长了8.96%,2013美国500强营业收入增长了2.66%。2012世界500强营业收入增长

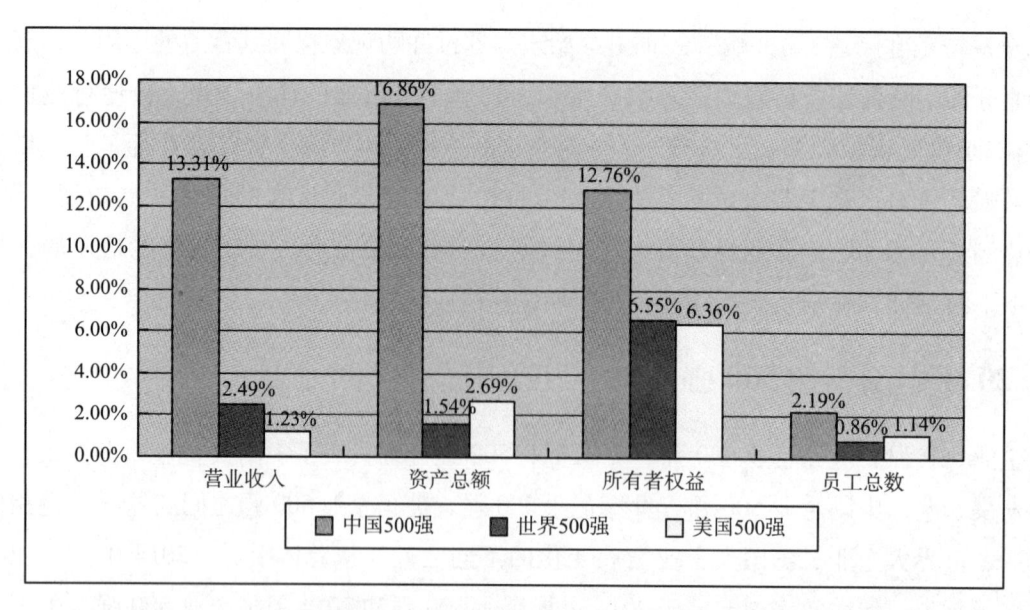

图 6-6 2014 中国企业 500 强、世界 500 强、美国 500 强规模增长指标比较

了 13.23%，2013 世界 500 强营业收入增长了 2.77%。尽管三个 500 强的营业收入增速近年来都呈现出下降态势，但中国企业 500 强营业收入增速一直都明显高于同期世界 500 强和美国 500 强。具体见图 6-7。

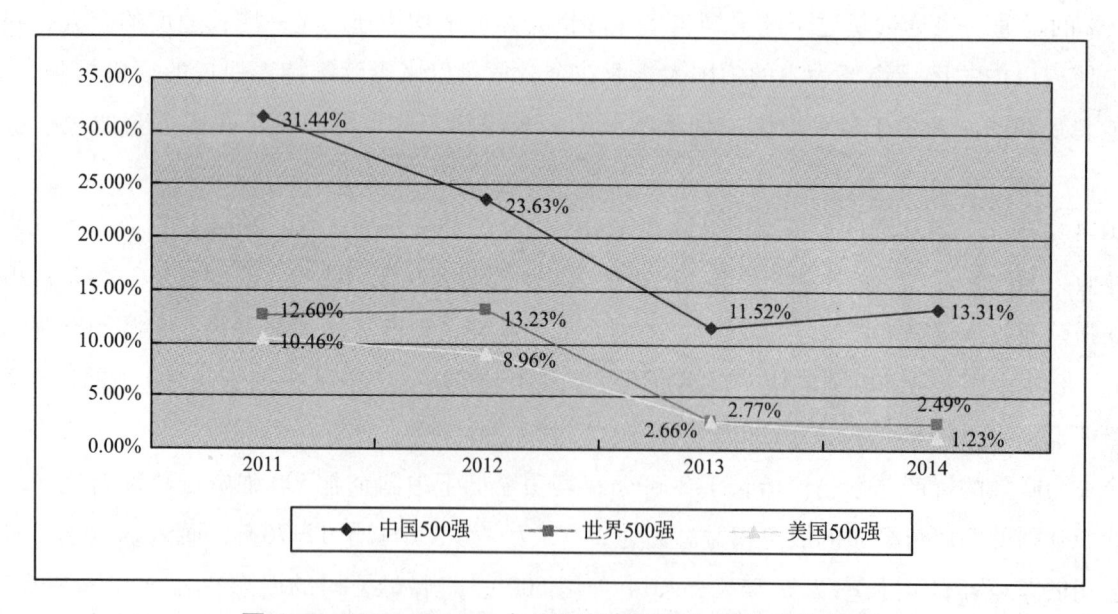

图 6-7 2011—2014 三个 500 强营业收入增速变化趋势

与 2008 年的榜单相比，中国企业 500 强的营业收入规模增长了 159.32%，同期世界 500 强、美国 500 强营业收入分别增长了 31.50% 和 15.18%，增量变化远没有中国企业 500 强显著。2008 中国企业 500 强营业收入只相当于同期世界 500 强的 12.67%、美国 500 强的 28.22%；经过高速增长，2014 中国企业 500 强营业收入已经相当于同期世界 500 强的 29.55%、美国 500 强的 75.16%，中国

企业500强已经相当于世界500强的3成，相当于美国500强的3/4。2014美国500强的入围门槛是49.55亿美元，按此规模，2014中国企业500强中有375家企业可以入围。具体见表6-9。

表6-9　　　2011-2014中国企业500强与世界500强、美国500强的相对占比

		营业收入占比	资产占比	权益占比	雇员占比
中/世	2011	20.69%	14.26%	19.26%	44.87%
	2012	23.55%	17.59%	19.55%	47.49%
	2013	26.19%	19.77%	20.80%	47.31%
	2014	29.55%	23.45%	22.69%	47.95%
中/美	2011	49.85%	48.41%	43.00%	109.46%
	2012	59.10%	59.64%	46.37%	118.25%
	2013	65.81%	66.61%	49.35%	116.76%
	2014	75.16%	78.14%	53.93%	118.03%

（二）中国大企业与世界和美国大企业之间的盈利能力差距再次扩大

2014中国企业500强的盈利能力被世界500强、美国500强明显超越。2014中国企业500强实现归属母公司的净利润2.40万亿元，比上年增长了10.64%，与世界500强26.96%和美国500强31.69%的增速相比明显落后。尽管世界500强、美国500强在2013年度的营业收入并没有太多增长，但它们更多地转向了寻求实现经营效益的增加，在企业提质增效发展上取得了显著成效，把来自中国的竞争者远远地抛在了后面。受此影响，2014中国企业500强归属母公司净利润占世界500强归属母公司净利润、美国500强归属母公司净利润的相对占比分别从22.36%、42.00%下滑至19.88%、36.02%。尤其是与美国500强相比，中国大企业的盈利能力不尽人意，中国企业500强以相当于同期美国500强3/4的营业收入，却只实现了相当于美国500强4成不到的净利润。

表6-10列出了2014中国企业500强、世界500强、美国500强营业收入利润率、资产利润率、归属母公司权益利润率和人均利润指标，在所有4个利润率指标上，中国企业500强均落后于世界500强与美国500强，中国大企业的盈利能力确实非常令人担忧。2014中国企业500强的营业收入利润率为4.30%，不到美国500强营业收入利润率的一半，也比世界500强的营业收入利润率低2个百分点。2014中国企业500强的资产利润率为1.36%，同样不到美国500强资产利润率的一半，比世界500强资产利润率低0.23个百分点。2014中国企业500强归属母公司权益利润率为11.21%，比美国500强低5.35个百分点，比世界500强低1.41个百分点。受沉重人员压力影响，中国企业500强的人均利润长期以来都明显落后于美国500强与世界500强。2014中国企业500强的人均利润为1.24万美元，只相当于世界500强的42.16%，相当于美国500强的31.02%。

表 6-10　　　　　　　　　　　2014 三个 500 强主要利润率指标比较

	营收利润率	资产利润率	权益利润率	人均净利润（万美元）
中国 500 强	4.24%	1.36%	11.21%	1.26
世界 500 强	6.30%	1.59%	12.62%	2.99
美国 500 强	8.85%	2.92%	16.56%	4.06

从亏损情况看，中国 500 强的亏损面小于世界 500 强，略大于美国 500 强，但亏损总额在三者中最小。2014 中国企业 500 强中有 43 家企业亏损，亏损面为 8.6%，合计亏损 727.08 亿元，折算亏损 119.25 亿美元。2014 世界 500 强中有 50 家企业发生亏损，亏损面为 10%，合计亏损 1212.69 亿美元。2014 美国 500 强中有 37 家企业亏损，亏损面为 7.4%，合计亏损 265.58 亿美元。

（三）三个 500 强分别表现出不同的三次产业结构特征

按照分类目录，2014 中国企业 500 强中有制造类企业 260 家，服务业企业 157 家，其他类企业 83 家。与 2013 中国企业 500 强相比，制造类企业减少了 8 家，服务业企业增加了 9 家，服务业企业呈现出逐年增加的趋势。但从总体上看，中国 500 强仍然是一个以制造业为主体的企业集群。2014 中国企业 500 强中，服务业与制造业的企业数量比为 0.60，服务业企业营业收入与制造业企业营业收入比是 0.91，服务业企业净利润与制造业企业净利润比是 3.49，服务业企业资产总额与制造业企业资产总额比是 6.58，服务业企业归属母公司权益与制造业企业归属母公司权益比是 2.29，服务业企业员工人数与制造业企业员工人数比是 0.96。中国企业 500 强虽然在数量上仍然是以制造业为主体，但其赢利更多是来自服务业企业。上述数据也表明，中国企业 500 强中的服务业企业已经明显表现出重资产的特征，而且与制造业企业相比，服务业企业明显吸纳了更多的就业者。具体见表 6-11。2014 中国企业 500 强服务业与制造业之间利润比表明，中国制造企业的盈利能力相对更低，2014 中国企业 500 强的净利润更多是来自仅占入围企业数量 30% 的服务业企业。在 2014 中国企业 500 强中，服务业企业仅用 36.93% 的数量，贡献了全部中国企业 500 强净利润的 67.77%。

表 6-11　　　　　　　　　　三个 500 强服务业与制造业结构比　　　　　　　　（单位：百万美元）

		企业数	营业收入	净利润	资产总额	母公司权益	员工人数（人）
中国	制造业	260	3724632.90	76480.99	3425827.41	865627.42	10867645
	服务业	157	3389248.52	267137.48	22525775.98	1978997.52	10478421
	服务业/制造业	0.60	0.91	3.49	6.58	2.29	0.96
世界	制造业	184	13088582.10	746909.10	14925974.40	5480825.20	24495673
	服务业	233	13535604.60	1092910.30	99366933.80	7899004.10	31278077
	服务业/制造业	1.27	1.03	1.46	6.66	1.44	1.28

		企业数	营业收入	净利润	资产总额	母公司权益	员工人数（人）
美国	制造业	182	4608343.00	403585.00	5219281.00	2063710.00	8269294
	服务业	258	6875076.00	618101.00	29909380.00	3817605.00	17327200
	服务业/制造业	1.42	1.49	1.53	5.73	1.85	2.10

2014美国500强呈现出典型的现代服务业为主导的特征，这突出反映了美国产业结构高级化的历史特征。在2014美国500强中有服务业企业258家，制造业企业182家，其他类企业60家。2014美国500强中服务业企业实现的营业收入占全部美国500强营业收入的56.30%，净利润占57.22%，资产占80.77%，归属母公司的权益占58.53%，员工数量占65.15%；服务业在美国500强中占据了非常突出的地位。2014美国500强中，服务业与制造业企业数量的比为1.42，服务业企业营业收入与制造业企业营业收入比是1.49，服务业企业净利润与制造业企业净利润比是1.53，服务业企业资产总额与制造业企业资产总额比是5.73，服务业企业归属母公司权益与制造业企业归属母公司权益比是1.85，服务业企业员工人数与制造业企业员工人数比是2.10。与中国企业500强相比，美国500强中服务业的地位显著加强，服务业吸纳劳动力的能力也显著强于中国服务业企业。具体见表6-11。

2014世界500强三次产业结构特征居于中国企业500强和美国500强之间，既部分反映了美日欧等发达国家产业结构高级化的特征，也体现了广大发展中国家入围企业的产业结构相对低级化的特征。由于世界500强中企业主要来自发达国家，在2014世界500强，服务业已经占据了主导地位，但主导地位显然不如美国500强那么突出。在2014世界500强中，服务业与制造业企业数量的比为1.27，服务业企业营业收入与制造业企业营业收入比是1.03，服务业企业净利润与制造业企业净利润比是1.46，服务业企业资产总额与制造业企业资产总额比是6.66，服务业企业归属母公司权益与制造业企业归属母公司权益比是1.44，服务业企业员工人数与制造业企业员工人数比是1.28。具体见表6-11。

（四）三个500强企业的细分行业差异十分显著

表6-12列出了2014中国企业500强、世界500强和美国500强的前10行业分布状况。

表6-12　　　　　　　　　　　　2014三个500强企业的行业分布情况

中国500强		世界500强		美国500强	
所属行业	企业数量	所属行业	企业数量	所属行业	企业数量
黑色冶金及压延加工业	51	银行：商业储蓄	55	专业零售商：其他	25
建筑业	46	炼油	40	公用事业：天然气和电力	23
一般有色冶金及压延加工业	25	车辆与零部件	33	商业银行	18
煤炭采掘及采选业	24	采矿、原油生产	24	财产与意外保险（股份）	19
房地产开发与经营、物业及房屋装饰、修缮、管理等服务业	17	食品店和杂货店	22	采矿、原油生产	16

中国 500 强		世界 500 强		美国 500 强	
所属行业	企业数量	所属行业	企业数量	所属行业	企业数量
汽车及零配件制造业	16	人寿与健康保险（股份）	21	车辆与零部件	15
银行业	16	电信	19	化学品	15
化学原料及化学制品制造业	14	公用设施	18	电信	12
电力、电气、输变电等机械、设备、器材、元器件和线缆制造业	13	电子、电气设备	17	食品：消费产品	12
石化产品、炼焦及其他燃料加工业	12	财产与意外保险（股份）	16	制药	12
		金属产品	16		
		能源	16		

表6-12表明，2104中国企业500强更多分布在黑色冶金及压延加工业、建筑业、一般有色冶金及压延加工业、煤炭采掘及采选业等传统的重化工特征显著的行业，在现代服务业与先进制造业中的分布较少。2014世界500强中来源最多的是商业储蓄银行，其分布数量占到全部500强企业的11%，此外，保险类金融机构在2014世界500强中也占有非常大的比重。在2014美国500强中，分布最多的是专业零售商，共有25家其他类的专业零售商进入了2014美国500强；公用事业企业数量23家，排在第二位；食品：消费产品、制药分别都有12家企业入围，并列居第九位。2014美国500强的行业分布呈现出典型的居民消费特征，此外，金融服务业在美国500强中也占据较重要地位。中国企业500强依然是重化工的大企业为主导，世界500强已经呈现出金融服务主导特征，美国500强则更多体现出消费与金融服务特征。

2014中国企业500强、世界500强和美国500强在营业收入利润率上也存在有显著差异。在2014中国企业500强中，营业收入利润率最高的行业是银行业，而2014世界500强和美国500强中营业收入利润率最高的都是多元化金融。2014中国企业500强中营业收入利润率排在第二位的是互联网传媒、商务、娱乐服务业，而2014世界500强与美国500强则都是计算机软件。烟草业在中国企业500强中虽然也是排位较靠前的行业，但与世界500强与美国500强中烟草业相比，其营业收入利润率要低得多，中国烟草企业的营业收入利润率还不及世界烟草企业和美国烟草企业的一半。具体见表6-13。

表6-13　　　　　　　　　　2014三个500强行业营收利润率前10行业

中国		世界		美国	
行业	行业营收利润率	行业	行业营收利润率	行业	行业营收利润率
银行业	23.36%	多元化金融	33.16%	多元化金融	34.85%
互联网传媒、商务、娱乐服务业	11.84%	计算机软件	28.50%	计算机软件	27.52%
酿酒制造业	10.38%	烟草	23.98%	烟草	25.78%

中国		世界		美国	
行业	行业营收利润率	行业	行业营收利润率	行业	行业营收利润率
烟草加工业	9.94%	饮料	20.62%	制药	22.77%
饮料加工业	8.87%	制药	18.30%	网络、通讯设备	20.98%
乳制品加工业	6.67%	娱乐	15.19%	金融数据服务	20.75%
港口服务业	6.53%	电信	14.75%	住宅建筑商	19.93%
综合保险业	6.15%	家居、个人用品	13.29%	铁路运输	18.04%
房地产开发与经营、物业及房屋装饰、修缮、管理等服务业	5.92%	半导体、电子元件	12.67%	商业银行	16.90%
通讯器材及设备、元器件制造业	5.75%	信息技术服务	12.52%	证券	16.62%

中国大企业在总体上呈现出劳动密集型特征，人均利润远低于世界500强和美国500强。同时，中国企业500强与世界500强、美国500强在行业人均利润率分布上也存在有显著差异。2014中国企业500强人均利润排名前三位的分别是银行业、烟草加工业和综合保险业，2014世界500强行业人均利润率排位前三的分别是多元化金融、计算机软件和管道运输，2014美国500强排位前三的行业分别是多元化金融、炼油和住宅建筑商。从人均利润净值看，中国企业500强和世界500强、美国500强的差距非常明显，中国企业500强整体上都低于世界500强，而世界500强则又整体上都低于美国500强。与行业营业收入利润率一样，中国烟草企业的人均利润也低于世界烟草大企业和美国烟草大企业。具体见表6-14。

表6-14　　三个500强企业的行业人均利润率排名前10的行业

中国		世界		美国	
行业	人均利润（万美元）	行业	人均利润（万美元）	行业	人均利润（万美元）
银行业	9.58	多元化金融	30.57	多元化金融	38.05
烟草加工业	9.24	计算机软件	14.97	炼油	29.42
综合保险业	7.06	管道运输	10.12	住宅建筑商	25.16
金属内外商贸及加工、配送、批发零售业	4.45	烟草	9.46	采矿、原油生产	17.92
互联网传媒、商务、娱乐服务业	3.54	制药	9.11	烟草	14.79
房地产开发与经营、物业及房屋装饰、修缮、管理等服务业	3.38	网络服务和零售	7.99	制药	14.69
饮料加工业	2.91	家居、个人用品	7.68	计算机软件	13.95
港口服务业	2.22	娱乐	7.21	网络、通讯设备	11.67
橡胶制品业	2.16	电信	6.59	运输设备	11.47
酿酒制造业	2.06	饮料	6.52	管道运输	11.18

(五) 2014中国企业500强的营业收入与利润更加集中于前100位企业

与2014世界500强、2014美国500强相比,无论是在营业收入分布上,还是在净利润分布上,2014中国企业500强都表现出更高的前端集中度;而且相对而言,中国企业500强净利润的前端集中度比营业收入前端集中度更高。在三个500强榜单中,无论是在营业收入分布上,还是在净利润分布上,中国企业500强都是前端集中度最高的,其次是美国500强,最后是世界500强。总体上说,世界500强的营业收入和净利润分布,都相对比较均匀化分布。

中国企业500强中,将近2/3的营业收入由排名前100位的企业实现。2014中国企业500强中,中国石油化工集团公司、中国石油天然气集团公司、国家电网公司的营业收入都已经突破2万亿元大关,其中中国石油化工集团公司营业收入已经十分逼近3万亿元。仅仅是中国石油化工集团公司、中国石油天然气集团公司、国家电网公司这3家公司的营业收入,就已经占了2014中国企业500强的13.68%。2014中国企业500强最后一位的营业收入是228.62亿元,中国企业500强首末位之间的比是128.82。与之相比,2014美国500强前100位的营业收入只占全部美国500强的63.16%,占比稍低于中国企业500强;2014美国500强第一位的营业收入是4762.94亿美元,最后一位的营业收入是49.55亿美元,首末位比是96.12。2014世界500强前100位的营业收入总和只占全部世界500强营业收入的45.93%,占比远低于美国500强和中国企业500强,其营业收入的分布均匀度明显好于美国500强和中国企业500强。2014世界500强第一位的营业收入是4762.94亿美元,最末一位的营业收入是237.06亿美元,首末位比是20.09。无论是前端集中度,还是首末位比,中国企业500强都明显大于美国500强与世界500强,二者一致反映了中国企业500强内部之间营业收入存在巨大差异。具体见表6-15。

表6-15　　　　　　　　　　三个500强营业收入集中度比较

	中国500强	世界500强	美国500强
1-100	64.58%	45.93%	63.16%
101-200	16.38%	20.53%	16.60%
201-300	8.56%	13.95%	9.33%
301-400	5.89%	10.94%	6.26%
401-500	4.59%	8.65%	4.65%

与营业收入相比,2014中国企业500强净利润的前端集中度更加显著。2014中国企业500强中,有77.47%的净利润是由来自营业收入排名前100位的企业贡献的,排名前100位的企业所贡献的净利润,已经超过了全部500强企业净利润的3/4,净利润的前端集中程度非常显著。而在2014美国500强中,营业收入排名前100位的企业,只贡献了净利润的68.06%;在2014世界500强中,营业收入排名前100位的企业,只贡献了净利润的50.51%;无论是美国500强,还是世界500强,其净利润的前端集中程度都显著低于中国企业500强。在2014中国企业500强中,盈利最多的企业共实现净利润430.79亿美元,而盈利最少的企业全年亏损12.66亿美元,二者相差443.45亿美元。2014美国500强中,企业最

大盈利为839.63亿美元，亏损企业最大亏损为29.48亿美元，二者相差869.11亿美元；2014世界500强中，企业最大盈利为941.32亿美元，亏损企业最大亏损为185.39亿美元，二者相差1126.71亿美元。也就是说，虽然中国企业500强净利润的前端集中度高于世界500强和美国500强，但企业盈利能力的极端差距却没有世界500强和美国500强那么明显。具体见表6-16。

表6-16　　　　　　　　　　　三个500强净利润集中度比较

	中国500强	世界500强	美国500强
1-100	77.47%	50.51%	68.06%
101-200	11.32%	23.02%	15.94%
201-300	5.06%	11.13%	7.71%
301-400	3.72%	8.27%	4.47%
401-500	2.43%	7.07%	3.81%

（六）2014中国企业500强中金融类企业的地位十分突出

金融类企业在中国企业500强中占有非常重要的特殊地位。2014中国企业500强中共有金融类企业25家，占全部500强的5%；其中银行16家，占全部500强的3.2%。无论是在金融大类上，还是在具体的银行小类上，与世界500强和美国500强相比，中国500强中的金融企业数量都不占优势。但在营业收入、净利润的贡献上，以及在资产总额和股东权益的占比上，金融类企业在中国500强中却表现得明显比世界500强和美国500强更重要。在2014中国企业500强中，25家金融类企业虽然只占企业数量的5%，却贡献了营业收入的12.19%，贡献了净利润的52.79%；尤其是对净利润的贡献率，显著高于金融类企业在世界500强和美国500强的贡献率。中国银行业的利润贡献尤为突出，16家入围的银行合计贡献了2014中国企业500强净利润的50.13%，而2014世界500强中的55家银行，合计也只贡献了全部世界500强净利润的20.58%；全部18家入围2014美国500强的银行，也只贡献了美国500强净利润的10.04%。具体见表6-17。

表6-17　　　　　三个500强中金融类企业主要指标占比分析　　　　　（单位：%）

		数量	营业收入	净利润	资产总额	股东权益	员工人数
中国500强	金融类企业	5.00	12.19	52.79	62.52	32.34	9.74
	其中银行	3.20	9.10	50.13	57.56	29.99	6.57
世界500强	金融类企业	21.40	20.78	34.48	73.59	36.01	15.51
	其中银行	11.00	10.72	20.58	52.97	25.77	10.76
美国500强	金融类企业	14.00	17.06	31.14	68.60	36.51	11.43
	其中银行	3.60	5.26	10.04	33.10	19.39	5.74

中国银行业在利润分割上更占优势，可能在一定程度上严重侵蚀了中国实体企业的利润。表6-18列出了2014中国企业500强、世界500强和美国500强中金融类企业、银行和其他非金融企业的营业收入利润率。表6-18表明，中国金融企业的营业收入利润率达到了18.37%，远高于世界500强中金融企业营业收入利润率（10.45%）和美国500强中金融企业营业收入利润率（16.15%）。在金融企业中，无论是在中国企业500强，还是在世界500强和美国500强中，银行的营业收入利润率均高于金融企业的平均利润率；但中国企业500强中银行的营业收入利润率要显著高于世界500强和美国500强。扣除金融企业外，2014中国企业500强中剩下的475家实体企业的营业收入利润率只有2.28%，远低于500强的平均营业收入利润率（4.24%）。在2014世界500强中，393家其他非金融企业的营业收入利润率为5.21%；在2014美国500强中，430家非金融企业的营业收入利润率为7.35%。2014世界500强和2014美国500强中，非金融类企业和金融企业之间营业收入利润率也存在较大差距，但其差距远不如2014中国企业500强那么明显。在2013年度，中国475家实体企业以2.28%的极低营业收入利润率，支持16家中国银行机构实现了高得有点异常的营业收入利润率（23.36%）。

表6-18　　三个500强中金融企业、非金融企业和总体的营业收入利润率

	中国500强	世界500强	美国500强
金融企业合计	18.37%	10.45%	16.15%
银行	23.36%	12.09%	16.62%
其他非金融企业	2.28%	5.21%	7.35%
500强总体	4.24%	6.30%	8.85%

第七章
2014 中国 500 强与世界 500 强行业领先企业主要经济指标对比

表 7-1　　2014 中国 500 强与世界 500 强金属产品业领先企业比较

	安赛乐米塔尔（1）（卢森堡）	宝钢集团有限公司（2）	（2）/（1）（%）
营业收入（万元人民币）	48842890	30310026	62.06
利润（万元人民币）	-1564768	568710	
资产（万元人民币）	67990140	51946195	76.40
所有者权益（万元人民币）	30144184	22665163	75.19
收入利润率（%）	-3.20	1.88	
资产利润率（%）	-2.30	1.09	
净资产利润率（%）	-5.19	2.51	
劳动生产率（万元人民币/人）	210.53	220.36	104.67
人均利润（万元人民币）	-6.74	4.13	

表 7-2　　2014 中国 500 强与世界 500 强计算机、办公设备业领先企业比较

	苹果公司（1）（美国）	联想集团（2）	（2）/（1）（%）
营业收入（万元人民币）	105082304	23798673	22.65
利润（万元人民币）	22771829	502447	2.21
资产（万元人民币）	125315730	11113205	8.87
所有者权益（万元人民币）	74795329	1822284	2.44
收入利润率（%）	21.67	2.11	9.74
资产利润率（%）	18.17	4.52	24.88
净资产利润率（%）	30.45	27.57	90.54
劳动生产率（万元人民币/人）	1245.05	440.72	35.40
人均利润（万元人民币）	269.81	9.30	3.45

表 7-3　　2014 中国 500 强与世界 500 强工程与建筑业领先企业比较

	万喜集团（1）（法国）	中国建筑股份有限公司（2）	（2）/（1）（%）
营业收入（万元人民币）	33460085	68131404	203.62
利润（万元人民币）	1601474	1139421	71.15
资产（万元人民币）	52612084	79039052	150.23
所有者权益（万元人民币）	11795903	6921666	58.68
收入利润率（%）	4.79	1.67	34.86
资产利润率（%）	3.04	1.44	47.37
净资产利润率（%）	13.58	16.46	121.21
劳动生产率（万元人民币/人）	175.46	314.36	179.16
人均利润（万元人民币）	8.40	5.26	62.62

表 7-4　　2014 中国 500 强与世界 500 强银行业领先企业比较

	法国兴业银行（1）（法国）	中国工商银行（2）	（2）/（1）（%）
营业收入（万元人民币）	81596093	91489791	112.13
利润（万元人民币）	1775289	26264797	1479.47
资产（万元人民币）	1030339878	1891775280	183.61
所有者权益（万元人民币）	42546083	127413406	299.47
收入利润率（%）	2.18	28.71	1316.97
资产利润率（%）	0.17	1.39	817.65
净资产利润率（%）	4.17	20.61	494.24
劳动生产率（万元人民币/人）	531.72	207.04	38.94
人均利润（万元人民币）	11.57	59.44	513.74

表 7-5　　2014 中国 500 强与世界 500 强航天与防务业领先企业比较

	波音（1）（美国）	中国兵器工业集团公司（2）	（2）/（1）（%）
营业收入（万元人民币）	53259285	38525321	72.34
利润（万元人民币）	2819041	439918	15.61
资产（万元人民币）	56097254	29843427	53.20
所有者权益（万元人民币）	9005176	7812558	86.76
收入利润率（%）	5.29	1.14	21.55
资产利润率（%）	5.03	1.47	29.22
净资产利润率（%）	31.30	5.63	17.99
劳动生产率（万元人民币/人）	316.27	149.22	47.18
人均利润（万元人民币）	16.74	1.70	10.16

表 7-6　　2014 中国 500 强与世界 500 强公用设施事业领先企业比较

	意大利国家电力公司（1）（意大利）	国家电网公司（2）	（2）/（1）（%）
营业收入（万元人民币）	65735742	204979356	311.82
利润（万元人民币）	2640553	4908145	185.88
资产（万元人民币）	1462433964	257007125	17.57
所有者权益（万元人民币）	127845049	107742953	84.28
收入利润率（%）	4.02	2.39	59.45
资产利润率（%）	0.18	1.91	1061.11
净资产利润率（%）	2.07	4.56	220.29
劳动生产率（万元人民币/人）	261.69	236.20	90.26
人均利润（万元人民币）	10.51	5.66	53.85

表 7-7　　2014 中国 500 强与世界 500 强电子、电气设备业领先企业比较

	三星电子（1）(韩国)	中国电子信息产业集团有限公司（2）	（2）/（1）(%)
营业收入（万元人民币）	128463686	19378465	15.08
利润（万元人民币）	16751500	173529	1.04
资产（万元人民币）	122819223	18021175	14.67
所有者权益（万元人民币）	82869718	2114232	2.55
收入利润率（%）	13.04	0.90	6.90
资产利润率（%）	13.64	0.96	7.04
净资产利润率（%）	20.21	8.21	58.04
劳动生产率（万元人民币/人）	449.17	155.90	34.71
人均利润（万元人民币）	58.57	1.40	2.39

表 7-8　　2014 中国 500 强与世界 500 强采掘业领先企业比较

	墨西哥石油公司（1）(墨西哥)	中国海洋石油总公司（2）	（2）/（1）(%)
营业收入（万元人民币）	77435347	59007117	76.20
利润（万元人民币）	-8179032	4734760	
资产（万元人民币）	94643464	104164977	110.06
所有者权益（万元人民币）	-8586549	41142728	
收入利润率（%）	-10.56	8.02	
资产利润率（%）	-8.64	4.55	
净资产利润率（%）		11.51	
劳动生产率（万元人民币/人）	530.75	543.11	102.33
人均利润（万元人民币）	-56.06	43.58	

表 7-9　　2014 中国 500 强与世界 500 强化学品制造业领先企业比较

	巴斯夫公司（1）(德国)	中国化工集团公司（2）	（2）/（1）(%)
营业收入（万元人民币）	60379624	24403553	40.42
利润（万元人民币）	3952253	-85709	
资产（万元人民币）	53701423	27251086	50.75
所有者权益（万元人民币）	22613435	2008805	8.88
收入利润率（%）	6.55	-0.35	
资产利润率（%）	7.36	-0.31	
净资产利润率（%）	17.48	-4.27	
劳动生产率（万元人民币/人）	538.11	224.62	41.74
人均利润（万元人民币）	35.22	-0.78	

表 7-10　2014 中国 500 强与世界 500 强建材玻璃业领先企业比较

	圣戈班集团（1）（法国）	中国建筑材料集团有限公司（2）	(2)/(1)（%）
营业收入（万元人民币）	34302415	25225594	73.54
利润（万元人民币）	485662	267640	55.11
资产（万元人民币）	38140357	36441572	95.55
所有者权益（万元人民币）	14618534	2181704	14.92
收入利润率（%）	1.42	1.06	74.65
资产利润率（%）	1.27	0.73	57.48
净资产利润率（%）	3.32	12.27	369.58
劳动生产率（万元人民币/人）	183.37	140.59	76.67
人均利润（万元人民币）	2.60	1.49	57.31

表 7-11　2014 中国 500 强与世界 500 强炼油业领先企业比较

	荷兰皇家壳牌石油公司（1）（荷兰）	中国石油化工集团公司（2）	(2)/(1)（%）
营业收入（万元人民币）	282579849	281105524	99.48
利润（万元人民币）	10065546	5491812	54.56
资产（万元人民币）	216434190	213692318	98.73
所有者权益（万元人民币）	108998653	70599674	64.77
收入利润率（%）	3.56	1.95	54.78
资产利润率（%）	4.65	2.57	55.27
净资产利润率（%）	9.23	7.78	84.29
劳动生产率（万元人民币/人）	3071.52	292.30	9.52
人均利润（万元人民币）	109.41	5.71	5.22

表 7-12　2014 中国 500 强与世界 500 强贸易业领先企业比较

	三菱商事株式会社（1）（日本）	中国中化集团公司（2）	(2)/(1)（%）
营业收入（万元人民币）	46577450	46690335	100.24
利润（万元人民币）	2729828	464266	17.01
资产（万元人民币）	89904289	31777890	35.35
所有者权益（万元人民币）	28069150	6781397	24.16
收入利润率（%）	5.86	0.99	16.89
资产利润率（%）	3.04	1.46	48.03
净资产利润率（%）	9.73	6.85	70.40
劳动生产率（万元人民币/人）	681.13	930.10	136.55
人均利润（万元人民币）	54.38	9.25	17.01

表7-13　2014中国500强与世界500强汽车业领先企业比较

	大众公司（1）（德国）	上海汽车集团股份有限公司（2）	(2)/(1)(%)
营业收入（万元人民币）	160804700	56580528	35.19
利润（万元人民币）	7422041	2480326	33.42
资产（万元人民币）	270528208	37364065	13.81
所有者权益（万元人民币）	73178635	13775710	18.82
收入利润率（%）	4.62	4.38	94.81
资产利润率（%）	2.74	6.64	242.34
净资产利润率（%）	10.14	18.01	177.61
劳动生产率（万元人民币/人）	280.73	602.53	214.63
人均利润（万元人民币）	12.96	26.41	203.78

表7-14　2014中国500强与世界500强财产和意外保险业领先企业比较

	伯克希尔-哈撒韦公司(1)（美国）	中国人民保险集团股份有限公司(2)	(2)/(1)(%)
营业收入（万元人民币）	111993106	30473684	27.21
利润（万元人民币）	11974624	812081	6.78
资产（万元人民币）	293572378	75531907	25.73
所有者权益（万元人民币）	134329987	7157526	5.33
收入利润率（%）	10.69	2.66	24.88
资产利润率（%）	4.08	1.08	26.47
净资产利润率（%）	8.91	11.35	127.38
劳动生产率（万元人民币/人）	370.84	282.15	76.08
人均利润（万元人民币）	39.65	7.52	18.97

表7-15　2014中国500强与世界500强电信业领先企业比较

	美国电话电报公司（1）（美国）	中国移动通信集团公司（2）	(2)/(1)(%)
营业收入（万元人民币）	79161880	66185866	83.61
利润（万元人民币）	11220215	5655237	50.40
资产（万元人民币）	168169472	140458168	83.52
所有者权益（万元人民币）	55083225	78791266	143.04
收入利润率（%）	14.17	8.54	60.27
资产利润率（%）	6.67	4.03	60.42
净资产利润率（%）	20.37	7.18	35.25
劳动生产率（万元人民币/人）	325.29	280.82	86.33
人均利润（万元人民币）	46.11	23.99	52.03

表7-16　　2014中国500强与世界500强邮件包裹货运业领先企业比较

	德国邮政（1）（德国）	中国邮政集团公司（2）	（2）/（1）（%）
营业收入（万元人民币）	46563124	36253795	77.86
利润（万元人民币）	1706734	2530005	148.24
资产（万元人民币）	29592432	574732384	1942.16
所有者权益（万元人民币）	8221802	19154297	232.97
收入利润率（%）	3.67	6.98	190.19
资产利润率（%）	5.77	0.44	7.63
净资产利润率（%）	20.76	13.21	63.03
劳动生产率（万元人民币/人）	106.97	37.99	35.51
人均利润（万元人民币）	3.92	5.81	148.21

表7-17　　2014中国500强与世界500强制药业领先企业比较

	强生（1）（美国）	中国医药集团（2）	（2）/（1）（%）
营业收入（万元人民币）	43845470	20456711	46.66
利润（万元人民币）	8503852	211382	2.49
资产（万元人民币）	80324961	16833414	20.96
所有者权益（万元人民币）	44830946	2768448	6.18
收入利润率（%）	19.40	1.03	5.31
资产利润率（%）	10.59	1.26	11.90
净资产利润率（%）	18.97	7.64	40.27
劳动生产率（万元人民币/人）	342.28	231.80	67.72
人均利润（万元人民币）	66.38	2.40	3.62

表7-18　　2014中国500强与世界500强网络通信设备业领先企业比较

	思科公司（1）（美国）	华为投资控股有限公司（2）	（2）/（1）（%）
营业收入（万元人民币）	29885528	23902397	79.98
利润（万元人民币）	6137948	2091870	34.08
资产（万元人民币）	61260019	23153201	37.79
所有者权益（万元人民币）	35790657	8620693	24.09
收入利润率（%）	20.54	8.75	41.72
资产利润率（%）	10.02	9.03	90.12
净资产利润率（%）	17.15	24.27	141.52
劳动生产率（万元人民币/人）	398.21	159.35	40.02
人均利润（万元人民币）	81.79	13.95	17.06

表 7-19　2014 中国 500 强与世界 500 强能源业领先企业比较

	嘉能可（1）(瑞士)	中国华能集团公司（2）	(2)/(1)(%)
营业收入（万元人民币）	143069579	29316248	20.49
利润（万元人民币）	-4551046	262291	
资产（万元人民币）	93794283	85521932	91.18
所有者权益（万元人民币）	30243468	4152309	13.73
收入利润率（%）	-3.18	0.89	
资产利润率（%）	-4.85	0.31	
净资产利润率（%）	-15.05	6.32	
劳动生产率（万元人民币/人）	1296.18	204.22	15.76
人均利润（万元人民币）	-41.23	1.83	

表 7-20　2014 中国 500 强与世界 500 强人寿健康保险业领先企业比较

	安盛（1）(法国)	中国人寿保险（集团）公司（2）	(2)/(1)(%)
营业收入（万元人民币）	101997960	49746335	48.78
利润（万元人民币）	3658359	365707	10.00
资产（万元人民币）	631537763	240711782	38.12
所有者权益（万元人民币）	44143404	4228286	9.58
收入利润率（%）	3.59	0.74	20.61
资产利润率（%）	0.58	0.15	25.86
净资产利润率（%）	8.29	8.65	104.34
劳动生产率（万元人民币/人）	1095.03	340.72	31.12
人均利润（万元人民币）	39.28	2.50	6.36

表 7-21　2014 中国 500 强与世界 500 强工业机械业领先企业比较

	韩国现代重工集团（1）(韩国)	徐州工程机械集团有限公司（2）	(2)/(1)(%)
营业收入（万元人民币）	30439130	9302287	30.56
利润（万元人民币）	156538	119324	76.23
资产（万元人民币）	30524793	8048644	26.37
所有者权益（万元人民币）	9896431	1417945	14.33
收入利润率（%）	0.51	1.28	250.98
资产利润率（%）	0.51	1.48	290.20
净资产利润率（%）	1.58	8.42	1115.19
劳动生产率（万元人民币/人）	725.35	352.35	48.53
人均利润（万元人民币）	3.73	4.52	121.18

表 7-22　　　　　2014 中国 500 强与世界 500 强综合商业领先企业比较

	沃尔玛（1）（美国）	百联集团（2）	（2）/（1）（%）
营业收入（万元人民币）	292844603	16391646	5.60
利润（万元人民币）	9850966	61116	0.62
资产（万元人民币）	123954208	8135575	6.56
所有者权益（万元人民币）	46164014	1271153	2.75
收入利润率（%）	3.36	0.37	11.01
资产利润率（%）	7.95	0.75	9.43
净资产利润率（%）	21.34	4.81	22.54
劳动生产率（万元人民币/人）	133.11		
人均利润（万元人民币）	4.48		

表 7-23　　　　　2014 中国 500 强与世界 500 强多元化金融业领先企业比较

	通用电气公司（1）（美国）	中国中信集团有限公司（2）	（2）/（1）（%）
营业收入（万元人民币）	89908668	37508745	41.72
利润（万元人民币）	8027966	3783910	47.13
资产（万元人民币）	397474858	429967774	108.17
所有者权益（万元人民币）	79043351	27190971	34.40
收入利润率（%）	8.93	10.09	112.99
资产利润率（%）	2.02	0.88	43.56
净资产利润率（%）	10.16	13.92	137.01
劳动生产率（万元人民币/人）	292.86	212.91	72.70
人均利润（万元人民币）	26.15	21.48	82.14

表 7-24　　　　　2014 中国 500 强与世界 500 强批发商业领先企业比较

	全球燃料服务公司（1）（美国）	中国航空油料集团公司（2）	（2）/（1）（%）
利润（万元人民币）	124874	22582950	88.37
利润（万元人民币）	124874	93886	75.18
资产（万元人民币）	2869125	3896956	135.82
所有者权益（万元人民币）	1013362	940171	92.78
收入利润率（%）	0.49	0.42	85.71
资产利润率（%）	4.35	2.41	55.40
净资产利润率（%）	12.32	9.99	81.09
劳动生产率（万元人民币/人）	9265.38	2092.37	22.58
人均利润（万元人民币）	45.28	8.70	19.21

表7-25　　2014中国500强与世界500强船务业领先企业比较

	马士基集团（1）(丹麦)	中国远洋运输（集团）总公司（2）	（2）/（1）(%)
营业收入（万元人民币）	35367872	16481094	46.60
利润（万元人民币）	2121690	-229458	
资产（万元人民币）	45101313	34184012	75.79
所有者权益（万元人民币）	24108930	9766636	40.51
收入利润率（%）	6.00	-1.39	
资产利润率（%）	4.70	-0.67	
净资产利润率（%）	8.80	-2.35	
劳动生产率（万元人民币/人）	299.73	221.78	73.99
人均利润（万元人民币）	17.98	-3.09	

注：本章营业收入、利润美元与人民币换算比例为1：6.1763，资产、所有者权益美元与人民币换算比例为1：6.0969。

第八章
2014 中国企业 500 强数据

表 8-1　　2014 中国企业 500 强

上年名次	名次	企业名称	地区	营业收入（万元）	净利润（万元）	资产（万元）	所有者权益（万元）	从业人数
1	1	中国石油化工集团公司	北京	294507498	5491780	213692292	70599722	961703
2	2	中国石油天然气集团公司	北京	275930341	11377507	375735986	178753100	1602898
3	3	国家电网公司	北京	204980014	4908187	257007115	107742921	885766
4	4	中国工商银行股份有限公司	北京	92563700	26264900	1891775200	127413400	441902
5	5	中国建设银行股份有限公司	北京	77099800	21465700	1536321000	106595100	368410
6	6	中国农业银行股份有限公司	北京	70633300	16631500	1456210200	84310800	478980
9	7	中国建筑股份有限公司	北京	68104799	2039851	78382109	11803675	216824
8	8	中国移动通信集团公司	北京	66186053	5655285	140458151	78791256	233052
7	9	中国银行股份有限公司	北京	64941100	15691100	1387429900	92391600	305675
10	10	中国海洋石油总公司	北京	59007283	4734832	104165019	41142743	108646
11	11	中国铁道建筑总公司	北京	58869123	606558	56398838	5050836	297239
13	12	上海汽车集团股份有限公司	上海	56580701	2480363	37364074	13775724	91870
12	13	中国中铁股份有限公司	北京	56044417	937463	62820053	8663345	289547
14	14	中国人寿保险（集团）公司	北京	49746478	365675	240711807	4228332	146002
15	15	中国中化集团公司	北京	46690480	464255	31777903	6781379	49307
17	16	中国第一汽车集团公司	吉林	46116614	2006573	30129536	11581442	91646
18	17	东风汽车公司	湖北	45503340	890548	29529385	5368535	184635
16	18	中国南方电网有限责任公司	广东	44697219	814999	58424791	19859545	309114
	19	国家开发银行	北京	43895400	7958400	818795300	55920600	8468
22	20	中国平安保险（集团）股份有限公司	广东	41547100	2815400	336031200	18270900	
25	21	中国五矿集团公司	北京	41465041	247138	29407790	3747681	118030
24	22	华润股份有限公司	广东	40554765	1294146	84903230	12200333	442861
19	23	中国兵器工业集团公司	北京	38525437	439935	29843431	7812536	258186
23	24	中国电信集团公司	北京	38148967	956648	67394021	36380056	414673
20	25	中国中信集团有限公司	北京	37508844	3783894	429967747	27190977	176175
21	26	神华集团有限责任公司	北京	36781691	3652206	88265652	33040698	208658
	27	太平洋建设集团有限公司	江苏	36658252	1704736	18254910	7989124	287816
26	28	中国邮政集团公司	北京	36253897	2530018	574732340	19154275	954419
27	29	中国兵器装备集团公司	北京	36175535	13867	31180906	4240505	242430
28	30	中国航空工业集团公司	北京	34941074	458949	68501391	14544906	513554
51	31	天津物产集团有限公司	天津	33793983	161240	11478382	1240311	18452
29	32	中国交通建设集团有限公司	北京	33576370	821276	53837946	7056917	110140
33	33	中国人民保险集团股份有限公司	北京	30473800	812100	75531900	7157500	514228

上年名次	名次	企业名称	地区	营业收入（万元）	净利润（万元）	资产（万元）	所有者权益（万元）	从业人数
34	34	中国联合网络通信集团有限公司	北京	30470065	448849	57347240	16034657	288679
30	35	宝钢集团有限公司	上海	30310026	568710	51946195	22665163	137546
32	36	交通银行股份有限公司	上海	29650594	6229508	596093674	41956118	97210
31	37	中国华能集团公司	北京	29316330	262296	85521906	4152326	138651
39	38	苏宁控股集团	江苏	27981265	31414	16167894	2879547	180000
36	39	中国铝业公司	北京	27941915	-702675	46628512	1508101	175602
50	40	北京汽车集团有限公司	北京	26638445	567108	18290576	3492001	99533
46	41	中国建筑材料集团有限公司	北京	25225679	267625	36441569	2181699	179421
55	42	绿地控股集团有限公司	上海	25218186	818511	36767814	3293774	5900
35	43	河北钢铁集团有限公司	河北	25103530	-84967	32840956	5228432	125708
53	44	中国化工集团公司	北京	24403620	-85722	27251067	2008825	110005
42	45	联想控股股份有限公司	北京	24403077	207772	20701663	1984148	60796
48	46	中国机械工业集团有限公司	北京	24236099	153345	23460378	4184368	119523
60	47	山东魏桥创业集团有限公司	山东	24138650	678104	12692231	5274943	132091
44	48	华为技术有限公司	广东	23902500	2091900	23153200	8620700	150000
65	49	山西焦煤集团有限责任公司	山西	23608769	45903	22757956	2091447	235338
59	50	正威国际集团有限公司	广东	23382562	512350	10378051	4837405	16720
41	51	中国国电集团公司	北京	22998856	351233	78602736	4258114	139886
43	52	冀中能源集团有限责任公司	河北	22990319	-156640	16102056	1880881	99469
57	53	山东能源集团有限公司	山东	22972301	137081	22561589	4987990	233072
45	54	江苏沙钢集团有限公司	江苏	22807761	106319	16665667	3205331	40797
62	55	晋能有限责任公司	山西	22801762	-1464	18350940	3513511	112957
49	56	武汉钢铁（集团）公司	湖北	22704781	7495	23994208	4950444	111318
52	57	中国电力建设集团有限公司	北京	22630455	512065	35083008	4485377	202850
37	58	中国航空油料集团公司	北京	22581763	93866	3896940	940152	10443
107	59	渤海钢铁集团有限公司	天津	22008633	39528	23416984	4074587	68407
66	60	河南能源化工集团有限责任公司	河南	21987835	-228799	26945513	2470310	242786
70	61	中国民生银行股份有限公司	北京	21811200	4227800	322621000	19771200	54927
75	62	兴业银行股份有限公司	福建	21401800	4121100	367743500	19976900	47841
56	63	浙江省物产集团公司	浙江	21212481	36385	6534501	613580	18608
47	64	首钢总公司	北京	21084265	-88628	39177705	8586450	117180
	65	中国华信能源有限公司	上海	20998533	212404	3954200	1504336	20000
72	66	招商银行股份有限公司	广东	20936700	5197789	401639900	26546500	68078
40	67	中国冶金科工集团有限公司	北京	20718777	-463836	33246212	1697435	132613

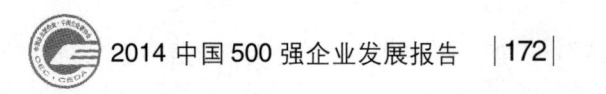

上年名次	名次	企业名称	地区	营业收入（万元）	净利润（万元）	资产（万元）	所有者权益（万元）	从业人数
80	68	中国医药集团总公司	北京	20456769	211391	16833401	2768439	82766
67	69	新兴际华集团有限公司	北京	20160541	237208	10222386	2342019	69649
87	70	广州汽车工业集团有限公司	广东	20151834	127843	14923925	1899009	53965
61	71	中国华电集团公司	北京	20012285	492284	65338998	3820936	115000
78	72	大同煤矿集团有限责任公司	山西	19928050	-164304	19137287	2450746	160660
77	73	山西潞安矿业（集团）有限责任公司	山西	19879287	-112051	15230275	1603522	100205
71	74	江西铜业集团公司	江西	19452404	57039	11124265	2030663	28334
63	75	中国电子信息产业集团有限公司	北京	19378465	173529	18021175	2114232	124304
83	76	上海浦东发展银行股份有限公司	上海	19331100	4092200	368012500	20437500	38976
76	77	中国太平洋保险（集团）股份有限公司	上海	19313700	926100	72353300	9896800	86893
79	78	山西晋城无烟煤矿业集团有限责任公司	山西	19259494	104245	21431586	4315788	164692
68	79	阳泉煤业（集团）有限责任公司	山西	19179052	-23707	15985943	1534821	150469
69	80	中国电力投资集团公司	北京	19101050	286345	61804674	4116144	126154
73	81	开滦（集团）有限责任公司	河北	19098788	-16303	6980807	1245202	64338
58	82	中国大唐集团公司	北京	19029227	122449	69799733	2239719	1027777
86	83	中国有色矿业集团有限公司	北京	19000889	-41739	11264107	843305	56799
54	84	中粮集团有限公司	北京	18905157	25580	28433268	5575748	107271
74	85	中国船舶重工集团公司	北京	18739660	712196	37102724	9269192	164000
90	86	天津中环电子信息集团有限公司	天津	18691929	655655	7180885	3205227	75216
91	87	大连万达集团股份有限公司	辽宁	18664000	839775	39715359	2202393	99752
82	88	陕西延长石油（集团）有限责任公司	陕西	18654820	971886	24052690	8547091	143674
88	89	金川集团股份有限公司	甘肃	18484269	60025	13597564	4070551	34785
81	90	海尔集团公司	山东	18029936	883309	17920763	3989080	73451
38	91	中国铁路物资股份有限公司	北京	16693891	-772107	7431781	46710	11266
64	92	中国远洋运输（集团）总公司	北京	16481142	-229456	34184011	9766620	74312
84	93	百联集团有限公司	上海	16391646	61116	8135575	1271153	
95	94	光明食品（集团）有限公司	上海	15938217	196050	27624160	2689704	111780
94	95	中国能源建设集团有限公司	北京	15843876	157630	18722407	2148354	170056
85	96	浙江吉利控股集团有限公司	浙江	15842925	72639	12616175	1214777	41579
92	97	中国通用技术（集团）控股有限责任公司	北京	15802681	274625	11407849	3033363	42020
89	98	鞍钢集团公司	辽宁	15512764	-634133	28458231	6633966	192500
99	99	陕西煤业化工集团有限责任公司	陕西	15077824	-368762	34848650	2739319	132689
97	100	大商集团有限公司	辽宁	15041856	193659	2247333	625722	218858
96	101	中国农业发展银行	北京	14887326	1413662	262268311	6393269	52136

上年名次	名次	企业名称	地区	营业收入(万元)	净利润(万元)	资产(万元)	所有者权益(万元)	从业人数
93	102	太原钢铁（集团）有限公司	山西	14604034	41295	12696488	3001823	38116
	103	中国航天科工集团公司	北京	14230137	685934	17882218	6549589	135984
98	104	中国平煤神马能源化工集团有限责任公司	河南	14008232	-92310	12796407	1627399	158852
136	105	恒力集团有限公司	江苏	13534917	295583	6335392	2136565	61120
103	106	中国光大银行股份有限公司	北京	13533600	2671500	241508600	15283900	36290
100	107	国美电器有限公司	北京	13334000	199000	5027100	1635600	56202
124	108	中国保利集团公司	北京	13180074	636410	45533119	3877051	45688
104	109	黑龙江北大荒农垦集团总公司	黑龙江	13039311	13994	16908630	2005252	575608
112	110	雨润控股集团有限公司	江苏	12997856	247189	9922872	1971851	130000
101	111	新华人寿保险股份有限公司	北京	12959400	442200	56584900	3931200	55262
109	112	华晨汽车集团控股有限公司	辽宁	12802170	45163	9294529	460224	47762
106	113	山西煤炭进出口集团有限公司	山西	12726860	25660	7161586	1250940	15821
116	114	酒泉钢铁（集团）有限责任公司	甘肃	12234323	86761	12632913	2930584	36863
111	115	铜陵有色金属集团控股有限公司	安徽	12222433	36303	6934000	1067746	28764
114	116	美的集团股份有限公司	广东	12126518	531746	9694602	3284743	109085
102	117	山东钢铁集团有限公司	山东	12073814	-299343	18452314	1624435	87281
123	118	珠海格力电器股份有限公司	广东	12004307	1087067	13370210	3548281	72150
125	119	万向集团公司	浙江	11861050	85793	6576749	1607307	26358
108	120	海航集团有限公司	海南	11556538	100672	41022413	2123821	108416
120	121	中国黄金集团公司	北京	11140672	64963	7473526	1272610	50432
118	122	上海烟草集团有限责任公司	上海	11124666	1814547	13008474	11010658	16280
121	123	本钢集团有限公司	辽宁	11027227	-6671	14151221	3673299	81542
	124	广东物资集团公司	广东	10927656	12547	3115633	629351	9129
142	125	新疆广汇实业投资（集团）有限责任公司	新疆	10923638	327840	12539908	2150881	66841
105	126	中国中煤能源集团有限公司	北京	10747952	137827	28000623	6290449	110210
163	127	中天钢铁集团有限公司	江苏	10509107	45112	4717852	1344786	15846
127	128	厦门建发集团有限公司	福建	10466368	187721	9732636	1201798	15737
131	129	杭州钢铁集团公司	浙江	10373586	67184	4465914	1247406	14694
137	130	上海建工集团股份有限公司	上海	10203605	161809	9558973	1297354	27221
122	131	兖矿集团有限公司	山东	10133163	-437968	18457404	1236048	88973
135	132	江苏悦达集团有限公司	江苏	10122154	44193	7025436	744668	31017
151	133	海亮集团有限公司	浙江	10043837	143378	4950982	1186010	12569
129	134	中国南车集团公司	北京	10042432	216059	12821215	2157389	91515
117	135	中国航空集团公司	北京	9981399	160758	21613366	3470299	75763

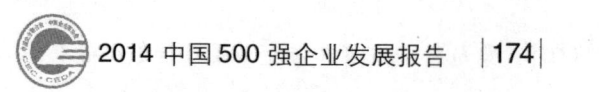

上年名次	名次	企业名称	地区	营业收入（万元）	净利润（万元）	资产（万元）	所有者权益（万元）	从业人数
115	136	中国南方航空集团公司	广东	9941148	123243	17422749	1889529	73660
139	137	国家开发投资公司	北京	9864838	379601	34182038	5553000	88263
130	138	中国北方机车车辆工业集团公司	北京	9856012	276430	12815983	2740546	85064
185	139	广东振戎能源有限公司	广东	9783531	27576	3991042	75238	717
110	140	中国外运长航集团有限公司	北京	9674900	-755473	10741082	2805212	69102
132	141	红塔烟草（集团）有限责任公司	云南	9639634	755002	11358365	7353456	24432
138	142	陕西有色金属控股集团有限责任公司	陕西	9637762	18383	11308612	2809290	44940
168	143	上海东浩兰生国际服务贸易（集团）有限公司	上海	9480170	57855	2554656	730235	4724
128	144	上海电气（集团）总公司	上海	9474796	94443	16694968	2010503	
176	145	恒大地产集团有限公司	广东	9387178	1370903	34814819	7934263	48681
146	146	海信集团有限公司	山东	9324355	509236	8500823	2661022	52418
165	147	安徽海螺集团有限责任公司	安徽	9324274	340718	10073656	2022234	50968
119	148	徐州工程机械集团有限公司	江苏	9302287	119324	8048644	1417945	26401
149	149	四川长虹电子集团有限公司	四川	9156167	-12404	7166906	270505	72071
134	150	中国东方航空集团公司	上海	9118428	199940	14959310	1782538	53421
147	151	潍柴动力股份有限公司	山东	9089544	357079	7852181	2772317	44327
150	152	广厦控股集团有限公司	浙江	9078628	91922	3278587	1091456	121025
153	153	山东大王集团有限公司	山东	8578386	332496	6191602	2080209	26398
164	154	TCL集团股份有限公司	广东	8532409	210907	7808064	1416832	73809
156	155	红云红河烟草（集团）有限责任公司	云南	8436772	955139	7856415	5682648	13382
154	156	泰康人寿保险股份有限公司	北京	8410321	374451	44150271	2418815	47009
180	157	大冶有色金属集团控股有限公司	湖北	8348881	6656	3222476	634094	15701
152	158	华夏银行股份有限公司	北京	8311865	1550604	167244638	8541997	25200
166	159	湖南华菱钢铁集团有限责任公司	湖南	8276252	107501	11280884	1420801	48470
144	160	马钢（集团）控股有限公司	安徽	8210520	8569	8982650	1656928	50030
177	161	厦门国贸控股有限公司	福建	8163458	29434	4507139	266096	14797
160	162	南山集团有限公司	山东	8063663	695039	9004936	4350368	46472
161	163	湖北宜化集团有限责任公司	湖北	8020161	103315	6300097	859782	44160
181	164	大印集团有限公司	海南	7893103	66141	1219977	441430	2156
179	165	杭州娃哈哈集团有限公司	浙江	7827856	773972	3982021	2525781	30259
169	166	上海医药集团股份有限公司	上海	7822282	224293	5631152	2595381	39646
162	167	浙江恒逸集团有限公司	浙江	7806579	30187	3161759	565457	8100
148	168	新希望集团有限公司	四川	7789271	166401	5911583	1420597	81184
171	169	浙江省能源集团有限公司	浙江	7753973	700892	15547289	5223567	16854

上年名次	名次	企业名称	地区	营业收入（万元）	净利润（万元）	资产（万元）	所有者权益（万元）	从业人数
155	170	中国诚通控股集团有限公司	北京	7740561	42719	7719780	1184927	25894
133	171	中联重科股份有限公司	湖南	7575583	383897	8953715	4161908	27028
193	172	广发银行股份有限公司	广东	7544348	1158348	146984993	7329147	23328
140	173	中兴通讯股份有限公司	广东	7523372	135766	10007950	2253265	69093
182	174	山东省商业集团有限公司	山东	7449205	19528	7217027	231398	200000
178	175	中国中材集团有限公司	北京	7370806	-130333	11158126	888044	79030
170	176	北京建龙重工集团有限公司	北京	7300434	11586	7845698	1246296	50058
143	177	三一集团有限公司	湖南	7224984	345073	11108264	3457461	40000
158	178	淮南矿业（集团）有限责任公司	安徽	7125232	-120888	15590885	2380258	83864
173	179	天津渤海化工集团有限责任公司	天津	7101906	25871	14035281	4319397	41047
186	180	浙江省兴合集团公司	浙江	7003607	27651	3115503	291995	14169
157	181	珠海振戎公司	北京	6963072	23220	434312	188100	122
	182	京东商城电子商务有限公司	北京	6933981	-4990	2600981		32953
175	183	广东省广新控股集团有限公司	广东	6906822	16490	3799452	311965	24409
172	184	中国海运（集团）总公司	上海	6826053	207279	17646847	4880074	44462
183	185	北大方正集团有限公司	北京	6757118	69173	9317763	1464699	32478
189	186	河北新华联合冶金投资有限公司	北京	6628908	138586	4235380	1850303	14260
	187	玖隆钢铁物流有限公司	江苏	6619737	14108	445811	93786	182
205	188	三胞集团有限公司	江苏	6546007	117828	5062818	992835	40254
190	189	湖北中烟工业有限责任公司	湖北	6521318	411715	4213436	2031930	9756
199	190	绿城房地产集团有限公司	浙江	6510000	488551	12233570	2494733	4928
222	191	浙江荣盛控股集团有限公司	浙江	6503560	65736	4386278	1151352	8870
194	192	庞大汽贸集团股份有限公司	河北	6398528	21077	6506392	903886	35762
184	193	天津市一轻集团（控股）有限公司	天津	6364231	92527	3599633	1204837	31650
191	194	云天化集团有限责任公司	云南	6355541	-205157	9221865	958139	38352
188	195	四川省宜宾五粮液集团有限公司	四川	6309445	606507	7019365	5100358	48000
196	196	北京银行	北京	6278461	1345931	133676385	7811401	9193
197	197	山东黄金集团有限公司	山东	6212099	-60678	6702036	200048	24470
251	198	山东东明石化集团有限公司	山东	6206184	38020	2251861	390275	5562
	199	中国重型汽车集团有限公司	山东	6206056	89647	10228293	3191184	44222
203	200	中国化学工程股份有限公司	北京	6172770	335839	7161360	2178330	45541
187	201	安徽省徽商集团有限公司	安徽	6161577	15797	1500471	75343	12507
217	202	陕西东岭工贸集团股份有限公司	陕西	6084083	13021	2535323	532011	11086
231	203	上海华谊（集团）公司	上海	6062725	52465	5272603	1515242	28188

上年名次	名次	企业名称	地区	营业收入（万元）	净利润（万元）	资产（万元）	所有者权益（万元）	从业人数
	204	腾讯控股有限公司	广东	6043700	1919400	10723500		24000
198	205	内蒙古电力（集团）有限责任公司	内蒙古	6033769	172812	6070267	2627379	36480
212	206	淮北矿业（集团）有限责任公司	安徽	6009133	−1896	8948995	1262398	89159
208	207	浙江中烟工业有限责任公司	浙江	6001962	322007	3396746	2846956	3560
202	208	太平人寿保险有限公司	上海	5955024	103356	20663817	1632087	19740
223	209	杭州汽轮动力集团有限公司	浙江	5950838	56270	2647261	464805	5333
274	210	河北省物流产业集团有限公司	河北	5803130	1959	833856	128266	2069
201	211	中国国际海运集装箱（集团）股份有限公司	广东	5787441	218032	7260597	2067404	57686
209	212	中国港中旅集团公司	北京	5770758	70642	7107025	1500230	43655
195	213	南方石化集团有限公司	广东	5743393	150790	2307119	255782	1175
241	214	长城汽车股份有限公司	河北	5678431	822364	5260481	2799589	65236
300	215	超威电源有限公司	浙江	5573238	38462	751983	285461	21149
200	216	广东省粤电集团有限公司	广东	5570999	392897	12895221	6088794	13332
210	217	无锡产业发展集团有限公司	江苏	5461512	126359	3806570	1871708	21658
174	218	南京钢铁集团有限公司	江苏	5459298	71166	3748099	795539	12672
242	219	广州医药集团有限公司	广东	5450338	39356	2380897	320564	15825
238	220	广西建工集团有限责任公司	广西	5411966	23827	2755246	355673	17916
235	221	雅戈尔集团股份有限公司	浙江	5325026	200848	6208839	1467601	46029
262	222	北京控股集团有限公司	北京	5316369	66794	16028157	2251798	74004
218	223	江苏西城三联控股集团有限公司	江苏	5308871	12438	983572	170611	5903
221	224	比亚迪股份有限公司	广东	5286328	77587	7639291	2485641	159440
245	225	广西投资集团有限公司	广西	5282524	41787	7092803	961662	19625
248	226	北京金隅集团有限责任公司	北京	5272806	164668	10242778	1391238	33739
215	227	中升集团控股有限公司	辽宁	5252738	101007	3373518	841897	16308
236	228	上海城建（集团）公司	上海	5225000	72257	7203244	827817	15319
206	229	上海复星高科技（集团）有限公司	上海	5204104	264901	15891947	2431905	36139
282	230	盛虹控股集团有限公司	江苏	5134714	46524	4629126	2164667	22596
258	231	陕西建工集团总公司	陕西	5121945	24953	2393526	334234	22052
232	232	浙江省国际贸易集团有限公司	浙江	5121380	78890	3826600	785104	13929
244	233	青山控股集团有限公司	浙江	5081412	59038	2186804	393284	18000
211	234	河北津西钢铁集团股份有限公司	河北	5079253	28820	3037063	851211	13953
213	235	包头钢铁（集团）有限责任公司	内蒙古	5075733	−81171	14711151	2091294	68876
226	236	重庆商社（集团）有限公司	重庆	5065631	31842	2139531	237403	101903
214	237	天津百利机电控股集团有限公司	天津	5042586	273300	4261409	1610426	43731

上年名次	名次	企业名称	地区	营业收入（万元）	净利润（万元）	资产（万元）	所有者权益（万元）	从业人数
229	238	河北敬业集团	河北	5042501	39642	1800187	594718	19818
224	239	天津荣程联合钢铁集团有限公司	天津	5030457	20213	1317580	577044	7813
216	240	隆基泰和实业有限公司	河北	5021674	230804	4052183	1204876	22659
252	241	中天发展控股集团有限公司	浙江	5016315	144692	3309486	753265	6438
219	242	重庆建工投资控股有限责任公司	重庆	5000065	33129	5818073	365272	16287
220	243	紫金矿业集团股份有限公司	福建	4977151	212592	6689839	2761226	27240
270	244	江苏南通三建集团有限公司	江苏	4956966	175326	1663802	755888	94760
227	245	山东晨鸣纸业集团股份有限公司	山东	4911647	71066	4781621	1403989	12594
239	246	四川华西集团有限公司	四川	4887600	48442	3813236	582613	43251
310	247	华盛江泉集团有限公司	山东	4856058	77786	2165676	811097	25660
233	248	江苏汇鸿国际集团有限公司	江苏	4852703	39937	3321692	576250	5516
	249	玖龙纸业（控股）有限公司	广东	4823712	189611	6527813	2388721	17804
254	250	华侨城集团公司	广东	4823545	482146	10455544	3301051	41984
255	251	奥克斯集团有限公司	浙江	4806871	139101	2646427	742173	20235
256	252	浙江省建设投资集团有限公司	浙江	4789850	52978	3272621	230260	187363
247	253	内蒙古伊利实业集团股份有限公司	内蒙古	4777887	318724	3287739	1612510	58639
273	254	四川省川威集团有限公司	四川	4752855	28142	4194220	1643746	17218
207	255	江苏华西集团公司	江苏	4722412	28582	4308564	1239375	20508
240	256	江苏新长江实业集团有限公司	江苏	4720592	67285	2876239	695801	8491
263	257	河南省漯河市双汇实业集团有限责任公司	河南	4720541	417498	2111060	1304605	72640
	258	宁夏天元锰业有限公司	宁夏	4705264	496263	2969897	957185	26826
234	259	中国中纺集团公司	北京	4678239	46800	2683949	643449	21686
253	260	通威集团有限公司	四川	4611678	105972	1323989	603756	22536
290	261	青建集团股份有限公司	山东	4577476	32105	3039294	278533	11397
264	262	浙江省商业集团有限公司	浙江	4573114	24027	5611731	292347	14636
243	263	中国东方电气集团有限公司	四川	4545393	28854	9274065	1016804	28116
269	264	新华联集团有限公司	北京	4525846	123300	5088722	1062620	42315
284	265	远大物产集团有限公司	浙江	4519400	9607	507629	59043	546
297	266	科创控股集团有限公司	四川	4517354	361005	4605579	3356508	28916
278	267	中国恒天集团有限公司	北京	4515436	-41653	5810889	216146	58021
261	268	浪潮集团有限公司	山东	4510533	106175	1251055	604582	14236
306	269	广西北部湾国际港务集团有限公司	广西	4510003	101093	4903167	1254162	11930
257	270	山东招金集团有限公司	山东	4434270	52954	3318984	862732	15531
228	271	日照钢铁控股集团有限公司	山东	4380513	45238	6330470	1290573	16183

上年名次	名次	企业名称	地区	营业收入（万元）	净利润（万元）	资产（万元）	所有者权益（万元）	从业人数
265	272	盾安控股集团有限公司	浙江	4363204	86958	3976077	838578	19200
259	273	红豆集团有限公司	江苏	4351833	108271	2407434	772512	19987
293	274	中南控股集团有限公司	江苏	4344719	196377	6446362	717334	52000
237	275	上海纺织（集团）有限公司	上海	4325971	39773	2533998	741628	14795
342	276	华泰集团有限公司	山东	4310219	77613	2716994	460042	10014
314	277	海澜集团有限公司	江苏	4300568	267088	2555341	1486619	27389
249	278	广西玉柴机器集团有限公司	广西	4246677	85799	3701652	1080872	24658
346	279	云南冶金集团股份有限公司	云南	4231133	-77403	7831465	1065031	35235
316	280	银亿集团有限公司	浙江	4210593	117851	4661164	574110	9131
267	281	吉林亚泰（集团）股份有限公司	吉林	4197052	21760	4883895	803644	32396
340	282	山东高速集团有限公司	山东	4184385	50532	27363855	3144183	23052
204	283	江苏三房巷集团有限公司	江苏	4153372	20146	2267471	822755	6258
281	284	北京城建集团有限责任公司	北京	4152774	73541	7243224	625156	16780
485	285	深圳市神州通投资集团有限公司	广东	4110089	43337	1690832	485485	10518
272	286	江阴澄星实业集团有限公司	江苏	4084185	68227	2229616	739225	4741
412	287	浙江桐昆控股集团有限公司	浙江	4070796	4378	1669021	316571	14663
313	288	江铃汽车集团公司	江西	4048710	20461	3417194	552144	29375
302	289	安阳钢铁集团有限责任公司	河南	4046168	11172	4324527	400832	27171
287	290	天津一商集团有限公司	天津	4045218	7278	1294899	200576	4113
307	291	中国国际技术智力合作公司	北京	4045068	43528	566750	205153	3534
291	292	广州市建筑集团有限公司	广东	4040336	18431	2078027	210032	16204
280	293	四川宏达集团	四川	4035897	81732	3391936	1303592	20499
	294	深圳市爱施德股份有限公司	广东	4024348	75448	1192795	459117	2559
318	295	云南建工集团有限公司	云南	4017477	76467	4290937	1072559	19263
285	296	广东省广晟资产经营有限公司	广东	4016542	98466	8804942	2031384	38421
277	297	中太建设集团股份有限公司	河北	4005086	119984	824484	465119	123816
292	298	湖南省建筑工程集团总公司	湖南	4004835	20542	1346487	321265	41095
298	299	中国盐业总公司	北京	3982552	13689	4846390	482799	39696
283	300	广东省丝绸纺织集团有限公司	广东	3969228	16024	1435741	155708	5374
317	301	厦门象屿集团有限公司	福建	3924702	47944	2806482	340547	3802
279	302	北京首都旅游集团有限责任公司	北京	3924603	38935	4174589	814303	50000
354	303	重庆龙湖企业拓展有限公司	重庆	3914310	555946	11589425	291990	12012
296	304	安徽江淮汽车集团有限公司	安徽	3901861	41981	3562523	388803	30145
304	305	山东如意科技集团有限公司	山东	3890528	220036	2104093	1001205	24231

上年名次	名次	企业名称	地区	营业收入（万元）	净利润（万元）	资产（万元）	所有者权益（万元）	从业人数
260	306	黑龙江龙煤矿业控股集团有限责任公司	黑龙江	3868351	-199326	7485344	1374049	243000
299	307	泸州老窖集团有限责任公司	四川	3853574	89268	8186379	573799	28422
406	308	江苏南通二建集团有限公司	江苏	3852631	195070	1606816	721702	92180
294	309	安徽省皖北煤电集团有限责任公司	安徽	3816730	-27200	4685221	581696	47031
332	310	双胞胎（集团）股份有限公司	江西	3733080	83762	625006	108495	10036
338	311	江苏国泰国际集团有限公司	江苏	3712896	11057	1328074	163479	11000
312	312	山东泰山钢铁集团有限公司	山东	3700495	8821	1303111	221061	8965
320	313	昆明钢铁控股有限公司	云南	3697068	2467	5108265	1327468	22571
286	314	唐山瑞丰钢铁（集团）有限公司	河北	3684075	44950	1137054	318413	13007
	315	广州钢铁企业集团有限公司	广东	3680318	126629	2893032	314153	6878
288	316	江苏申特钢铁有限公司	江苏	3656785	925	1280381	132265	4098
230	317	内蒙古伊泰集团有限公司	内蒙古	3646355	76344	8046068	1648929	7408
	318	江苏金浦集团有限公司	江苏	3642983	32135	1604535	244305	9200
268	319	新余钢铁集团有限公司	江西	3620791	3326	3573427	705530	27072
295	320	中国煤炭科工集团有限公司	北京	3605496	182359	4055790	1323611	31991
	321	正邦集团有限公司	江西	3604589	11648	777682	77666	30186
325	322	重庆化医控股（集团）公司	重庆	3602568	613	5501778	736155	37361
392	323	山东大海集团有限公司	山东	3600523	158352	812517	434440	6270
309	324	阳光保险集团股份有限公司	北京	3571282	10881	10255064	1080769	115357
	325	云南中豪置业有限责任公司	云南	3561249	65639	5637288	3125557	2598
366	326	山东京博控股股份有限公司	山东	3540123	63614	1890546	399409	7660
410	327	新疆特变电工集团有限公司	新疆	3533083	164296	6510120	2085413	20404
301	328	中国广核集团有限公司	广东	3533007	562142	31562264	5520106	29528
322	329	合肥百货大楼集团股份有限公司	安徽	3520000	43772	751771	302829	8101
	330	广东温氏食品集团股份有限公司	广东	3518706	61080	2393886	1004420	36800
333	331	山东太阳控股集团有限公司	山东	3515118	37254	2439639	509135	10562
436	332	江苏省苏中建设集团股份有限公司	江苏	3510523	61260	1719069	154619	87563
357	333	四川科伦实业集团有限公司	四川	3507583	137974	2011323	1020676	21075
266	334	大连西太平洋石油化工有限公司	辽宁	3497872	-82758	1185141	-425715	983
327	335	宁波金田投资控股有限公司	浙江	3482392	5030	643813	120340	4986
341	336	唐山港陆钢铁有限公司	河北	3471990	18601	1724439	734129	10084
336	337	中国贵州茅台酒厂（集团）有限责任公司	贵州	3462301	1037631	7096022	4107537	23428
345	338	重庆市能源投资集团有限公司	重庆	3449339	457	8064944	2030591	73329
330	339	北京能源投资（集团）有限公司	北京	3443472	201962	15067624	3967969	19365

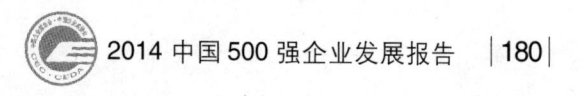

上年名次	名次	企业名称	地区	营业收入（万元）	净利润（万元）	资产（万元）	所有者权益（万元）	从业人数
372	340	浙江前程投资股份有限公司	浙江	3441091	32959	1131433	117968	620
275	341	白银有色集团股份有限公司	甘肃	3416733	33565	3510713	1194259	16725
328	342	陕西汽车控股集团有限公司	陕西	3404173	5154	3345413	399118	31310
417	343	腾邦投资控股有限公司	广东	3393609	27185	558585	141672	5955
347	344	北京建工集团有限责任公司	北京	3386659	36351	4504526	599599	19094
319	345	江苏阳光集团有限公司	江苏	3372436	176571	2074619	911476	16900
323	346	金龙精密铜管集团股份有限公司	河南	3354200	7153	1762973	163897	4716
352	347	九州通医药集团股份有限公司	湖北	3343805	47793	1859618	509952	9552
384	348	天津市医药集团有限公司	天津	3329515	143683	4097625	2061945	22916
321	349	华勤橡胶工业集团有限公司	山东	3327163	58334	1537402	404505	7536
464	350	上海永达控股（集团）有限公司	上海	3326267	58429	1414230	399147	7890
326	351	正泰集团股份有限公司	浙江	3322428	97415	3248706	718051	23181
349	352	贵州中烟工业有限责任公司	贵州	3321897	317279	2137211	1452742	9499
276	353	江西萍钢实业股份有限公司	江西	3321783	9546	2960085	801098	19273
442	354	嘉晨集团有限公司	辽宁	3316567	153622	3310000	2366679	16600
370	355	德力西集团有限公司	浙江	3315360	66687	1282701	336146	22500
393	356	老凤祥股份有限公司	上海	3298466	88985	933746	333302	2502
435	357	万达控股集团有限公司	山东	3280802	72617	2060033	407835	13106
359	358	浙江中成控股集团有限公司	浙江	3280045	66387	1305540	495415	52770
409	359	甘肃省建设投资（控股）集团总公司	甘肃	3219198	2486	2574805	519163	51139
367	360	亚邦投资控股集团有限公司	江苏	3205036	50778	2281169	787117	14360
	361	新疆生产建设兵团棉麻公司	新疆	3194501	3701	253753	27492	579
	362	百度股份有限公司	北京	3194392		7098579	3842492	31676
353	363	成都建筑工程集团总公司	四川	3187267	20517	4241349	638620	141897
344	364	申能（集团）有限公司	上海	3177296	224104	10650182	5054627	16215
289	365	青岛钢铁控股集团有限责任公司	山东	3159280	1529	1392458	271205	10121
396	366	山西省国新能源发展集团有限公司	山西	3155430	11503	1975098	76193	2180
371	367	北京外企服务集团有限责任公司	北京	3152256	6653	462959	95110	5698
364	368	山东时风（集团）有限责任公司	山东	3124547	100348	709760	521102	22780
379	369	亨通集团有限公司	江苏	3121035	27891	2505658	595724	9830
360	370	北京市政路桥集团有限公司	北京	3111474	26075	3450139	347400	16523
401	371	世纪金源投资集团有限公司	北京	3109383	185792	8184510	2405000	20997
375	372	利华益集团股份有限公司	山东	3100653	89352	2025444	657993	3916
381	373	安徽建工集团有限公司	安徽	3099769	31182	2776540	178625	11910

上年名次	名次	企业名称	地区	营业收入（万元）	净利润（万元）	资产（万元）	所有者权益（万元）	从业人数
	374	山东海科化工集团	山东	3098855	63907	1102783	238178	2700
365	375	上海人民企业（集团）有限公司	上海	3093624	129758	1712214	633567	25020
380	376	云南锡业集团（控股）有限责任公司	云南	3087954	-104427	4761803	388875	37036
358	377	重庆机电控股（集团）公司	重庆	3083701	92365	3024093	635594	36210
368	378	福建省三钢（集团）有限责任公司	福建	3068208	9872	2159712	645280	17462
411	379	永辉超市股份有限公司	福建	3054282	72058	1297282	590998	57561
350	380	天狮集团有限公司	天津	3048834	338982	1206065	925018	2099
356	381	山东金诚石化集团有限公司	山东	3032125	30344	468771	365643	1700
454	382	天瑞集团股份有限公司	河南	3031559	164714	5028397	3017950	16598
437	383	重庆市金科投资控股（集团）有限责任公司	重庆	3027247	90918	7942421	394678	8919
	384	生命人寿保险股份有限公司	广东	3021381	537856	19586886	1778313	12100
	385	宁夏宝塔石化集团有限公司	宁夏	3018130	59879	3471622	1229048	15300
395	386	石家庄北国人百集团有限责任公司	河北	3016801	35094	891935	193055	41263
351	387	江苏扬子江船业集团公司	江苏	3009256	201722	5603708	1701826	11007
	388	广东省广业资产经营有限公司	广东	3001570	40055	2764355	90058	20279
369	389	人民电器集团有限公司	浙江	2978871	109427	789948	501899	23500
348	390	广东省交通集团有限公司	广东	2977088	33784	23044858	5781372	47315
	391	渤海银行股份有限公司	天津	2956142	456237	56821104	2419732	5213
315	392	郑州煤炭工业（集团）有限责任公司	河南	2951517	-39188	3562757	409713	47320
398	393	山西建筑工程（集团）总公司	山西	2947031	3913	2134673	53631	21485
432	394	西部矿业集团有限公司	青海	2921381	-18078	4230679	369696	11204
324	395	天音通信有限公司	广东	2918098	2091	1049490	261478	12000
	396	大汉控股集团有限公司	湖南	2915493	68287	1213418	333387	2341
383	397	晟通科技集团有限公司	湖南	2897897	58388	1379307	547263	6312
490	398	天津住宅建设发展集团有限公司	天津	2886323	85528	4490541	987462	5567
374	399	东北特殊钢集团有限责任公司	辽宁	2883175	5149	5180361	636688	26462
416	400	江苏双良集团有限公司	江苏	2877515	45313	2411406	655175	5421
400	401	浙江昆仑控股集团有限公司	浙江	2861083	76430	1435333	349385	33876
	402	福建中烟工业有限公司	福建	2859763	186942	2720334	1579916	7629
408	403	山东金岭集团有限公司	山东	2856039	134606	1057788	607452	4008
399	404	天津港（集团）有限公司	天津	2834328	36460	11406718	2520051	17253
413	405	河北建工集团有限责任公司	河北	2833695	7362	833240	97232	8132
439	406	广州轻工工贸集团有限公司	广东	2830246	45842	1492886	474130	7219
390	407	青岛啤酒股份有限公司	山东	2829098	197337	2736487	1402056	42235

上年名次	名次	企业名称	地区	营业收入（万元）	净利润（万元）	资产（万元）	所有者权益（万元）	从业人数
423	408	长春欧亚集团股份有限公司	吉林	2827826	24526	947719	134326	5984
385	409	福佳集团有限公司	辽宁	2827561	86709	4989266	2313552	3942
486	410	湖南博长控股集团有限公司	湖南	2822388	7968	1190361	152287	8295
425	411	杉杉控股有限公司	浙江	2817365	49929	2532149	384404	13401
361	412	上海国际港务（集团）股份有限公司	上海	2816230	525553	8861162	4981961	19842
427	413	浙江省交通投资集团有限公司	浙江	2811102	98155	15040091	2955334	22355
386	414	山东胜通集团股份有限公司	山东	2807556	298809	1322676	538233	7000
415	415	辽宁日林实业集团有限公司	辽宁	2801816	99922	4892325	720928	24062
397	416	沂州集团有限公司	山东	2793868	129110	1054387	856204	5450
457	417	隆鑫控股有限公司	重庆	2791130	50892	3264005	607678	13135
404	418	江苏金辉铜业集团有限公司	江苏	2782507	26251	473514	306582	605
382	419	徐州矿务集团有限公司	江苏	2765206	20447	4316232	1426549	55090
475	420	丰立集团有限公司	江苏	2760240	32876	2210264	600442	2581
460	421	中基宁波集团股份有限公司	浙江	2759217	14574	820009	58787	1756
468	422	弘阳集团有限公司	江苏	2750765	161349	2502642	865051	2396
402	423	河北普阳钢铁有限公司	河北	2743957	29593	1519315	735582	9200
	424	天津能源投资集团有限公司	天津	2741100	66379	6260058	2886230	11151
	425	大棒集团有限公司	海南	2740206	54937	451263	382947	560
355	426	河南神火集团有限公司	河南	2730872	-30473	2110734	153191	34888
496	427	杭州锦江集团有限公司	浙江	2729972	49041	4065166	1016931	9206
434	428	江苏华厦融创置地集团有限公司	江苏	2714921	314496	6079814	3464261	2600
	429	张家港保税区旭江贸易有限公司	江苏	2712108	25353	147918	-144166	37
387	430	西王集团有限公司	山东	2712007	30112	3151825	1039123	16000
303	431	滨化集团公司	山东	2706726	50089	1488497	662201	4726
335	432	奇瑞汽车股份有限公司	安徽	2704690	114205	6618086	1542734	18956
430	433	郑州宇通集团有限公司	河南	2698448	132234	3755295	665930	17191
403	434	金东纸业（江苏）股份有限公司	江苏	2686911	109713	6509818	1698695	12041
378	435	天正集团有限公司	浙江	2686149	83390	412833	160003	9267
441	436	浙江八达建设集团有限公司	浙江	2683674	82506	584325	214615	48786
377	437	百兴集团有限公司	江苏	2683581	39892	759912	552029	4736
456	438	山东玉皇化工有限公司	山东	2681915	80516	1526948	455997	4950
418	439	东营方圆有色金属有限公司	山东	2679225	80486	1403874	614891	1200
	440	广州金创利经贸有限公司	广东	2675130	970	243701	19180	70
463	441	安徽国贸集团控股有限公司	安徽	2670779	13556	5364037	182409	5770

上年名次	名次	企业名称	地区	营业收入（万元）	净利润（万元）	资产（万元）	所有者权益（万元）	从业人数
431	442	东营鲁方金属材料有限公司	山东	2662265	150201	874555	472131	1568
	443	旭阳控股有限公司	北京	2658811	31733	2620172	346052	6057
455	444	山东科达集团有限公司	山东	2651912	89885	1080578	622675	8506
414	445	四川公路桥梁建设集团有限公司	四川	2651219	55397	4104265	567680	8867
462	446	江西省煤炭集团公司	江西	2649384	-33893	2575625	468104	62401
	447	山东天信集团有限公司	山东	2644383	97096	631551	303912	4230
	448	云南省能源投资集团有限公司	云南	2634178	75526	4243237	1645960	2718
	449	山东渤海实业股份有限公司	山东	2630598	6917	1602787	255167	3700
447	450	河北建设集团有限公司	河北	2624965	39975	2443860	126302	5569
448	451	维维集团股份有限公司	江苏	2618069	152420	1783719	1152907	21950
373	452	华芳集团有限公司	江苏	2604977	28673	980716	431421	16435
461	453	重庆力帆控股有限公司	重庆	2601570	38893	3013880	610588	16253
443	454	广西有色金属集团有限公司	广西	2594226	-1940	3209073	99145	18781
388	455	重庆钢铁（集团）有限责任公司	重庆	2586232	-199756	7150846	1439180	20309
429	456	河北新金钢铁有限公司	河北	2569709	13051	855165	358774	6306
	457	中策橡胶集团有限公司	浙江	2568167	137844	2147066	604294	24140
	458	山河建设集团有限公司	湖北	2562963	85506	536447	267300	55264
474	459	武安市裕华钢铁有限公司	河北	2560125	25368	1377366	842560	10530
440	460	海南省农垦集团有限公司	海南	2554192	2044	2118375	946060	81647
426	461	广东省建筑工程集团有限公司	广东	2553369	30633	1427606	231646	27838
483	462	浙江宝业建设集团有限公司	浙江	2536892	32499	435501	158469	3600
394	463	重庆轻纺控股（集团）公司	重庆	2534509	42038	2977179	543601	28498
339	464	云南煤化工集团有限公司	云南	2532935	15665	6933207	719436	42498
428	465	天津市建工集团（控股）有限公司	天津	2532254	11694	1272630	220734	7280
	466	中球冠集团有限公司	浙江	2513618	15521	406476	140520	369
473	467	浙江龙盛控股有限公司	浙江	2510021	132000	2159981	956497	10053
453	468	宁波富邦控股集团有限公司	浙江	2496565	38145	3564315	445736	9216
444	469	江苏法尔胜泓昇集团有限公司	江苏	2496089	65159	991161	401611	6584
	470	稻花香集团	湖北	2486100	35433	2776140	192588	14558
	471	江西省建工集团有限责任公司	江西	2481544	31942	1059352	86862	4800
422	472	河北文丰钢铁有限公司	河北	2471542	12817	1330113	397518	5922
	473	逸盛大化石化有限公司	辽宁	2469552	18627	1707837	517513	584
451	474	新疆天业（集团）有限公司	新疆	2456389	2753	3091808	433122	19075
471	475	苏州创元投资发展（集团）有限公司	江苏	2453610	66399	1997082	635371	20500

上年名次	名次	企业名称	地区	营业收入（万元）	净利润（万元）	资产（万元）	所有者权益（万元）	从业人数
	476	北京京煤集团有限责任公司	北京	2447694	15012	4713525	1077312	28176
488	477	冀东发展集团有限责任公司	河北	2446085	-30091	6255210	364858	26900
405	478	传化集团有限公司	浙江	2439341	19713	2117088	231201	9112
	479	山西能源交通投资有限公司	山西	2437883	23089	6600397	1556901	21873
	480	金鼎重工股份有限公司	河北	2436976	36043	686000	101033	5500
	481	福建省能源集团有限责任公司	福建	2430000	93649	4697452	944576	33323
469	482	三河汇福粮油集团有限公司	河北	2411415	46310	1291500	276034	3000
	483	天津友发钢管集团股份有限公司	天津	2408312	17559	590179	29246	6639
470	484	远东控股集团有限公司	江苏	2404890	20286	1974133	283497	8850
487	485	北京住总集团有限责任公司	北京	2400787	21077	3722343	347928	10941
480	486	宝胜集团有限公司	江苏	2398371	14003	1134392	308662	9730
334	487	哈尔滨电气集团公司	黑龙江	2397295	41648	6545741	983322	27351
	488	卓尔控股有限公司	湖北	2392919	203409	3958966	2986773	1231
	489	巨力环球控股有限公司	上海	2387378	17946	316702	131199	457
500	490	天津纺织集团（控股）有限公司	天津	2386868	10888	2422806	422079	11293
	491	江苏新华发集团有限公司	江苏	2386861	4883	1228248	62172	1000
497	492	太极集团有限公司	重庆	2384357	4548	1049811	181022	11865
420	493	广西交通投资集团有限公司	广西	2375798	57194	15017073	4779676	10361
	494	凌源钢铁集团有限责任公司	辽宁	2372193	5843	2555391	486747	12143
433	495	万基控股集团有限公司	河南	2350808	9405	2414872	286445	13865
477	496	广州万宝集团有限公司	广东	2312952	10566	1411022	250246	15378
	497	西林钢铁集团有限公司	黑龙江	2300966	12932	2073879	95622	11578
	498	新奥能源控股有限公司	河北	2296600	125200	3590500	954300	
	499	北京首都创业集团有限公司	北京	2292733	24617	12945351	745396	18473
472	500	利群集团股份有限公司	山东	2286202	46532	1555808	592710	11153
		合计		5667961808	240315450	17642957514	2144588109	31388386

说 明

1. 2014 中国企业 500 强是中国企业联合会、中国企业家协会参照国际惯例，组织企业自愿申报，并经专家审定确认后产生的。申报企业包括在中国境内注册、2013 年完成营业收入达到 180 亿元人民币以上（含 180 亿元）的企业，不包括行政性公司和资产经营公司，不包括在华外资、港澳台独资、控股企业，也不包括行政性公司、政企合一的单位（如铁路局）以及各类资产经营公司，但包括在境外注册、投资主体为中国自然人或法人、主要业务在境内，属于我国银监会、保监会和各级国资委监管的企业，都有资格申报参加排序。属于集团公司的控股子公司或相对控股子公司，由于其财务报表最后能被合并到集团母公司的财务会计报表中去，因此只允许其母公司申报。

2. 表中所列数据由企业自愿申报或属于上市公司公开数据、并经会计师事务所或审计师事务所等单位认可。

3. 营业收入是2013年不含增值税的收入，包括企业的所有收入，即主营业务和非主营业务、境内和境外的收入。商业银行的营业收入为2013年利息收入和非利息营业收入之和（不减掉对应的支出）。保险公司的营业收入是2013年保险费和年金收入扣除储蓄的资本收益或损失。净利润是2013年上交所得税的净利润扣除少数股东权益后的归属母公司所有者的净利润。资产是2013年度末的资产总额。归属母公司所有者权益是2013年末所有者权益总额扣除少数股东权益后的母公司所有者权益。研究开发费用是2013年企业投入研究开发的所有费用。从业人数是2013年度的平均人数（含所有被合并报表企业的人数）。

4. 行业分类参照了国家统计局的分类方法，依据其主营业务收入所在行业来划分；地区分类是按企业总部所在地划分。

表 8-2　　　　　　　　　　　　2014 中国企业 500 强新上榜企业名单

名次	企业名称	地区	营业收入（万元）	净利润（万元）	资产（万元）	所有者权益（万元）	从业人数
19	国家开发银行	北京	43895400	7958400	818795300	55920600	8468
27	太平洋建设集团有限公司	江苏	36658252	1704736	18254910	7989124	287816
65	中国华信能源有限公司	上海	20998533	212404	3954200	1504336	20000
103	中国航天科工集团公司	北京	14230137	685934	17882218	6549589	135984
124	广东物资集团公司	广东	10927656	12547	3115633	629351	9129
182	京东商城电子商务有限公司	北京	6933981	-4990	2600981		32953
187	玖隆钢铁物流有限公司	江苏	6619737	14108	445811	93786	182
199	中国重型汽车集团有限公司	山东	6206056	89647	10228293	3191184	44222
204	腾讯控股有限公司	广东	6043700	1919400	10723500		24000
249	玖龙纸业（控股）有限公司	广东	4823712	189611	6527813	2388721	17804
258	宁夏天元锰业有限公司	宁夏	4705264	496263	2969897	957185	26826
294	深圳市爱施德股份有限公司	广东	4024348	75448	1192795	459117	2559
315	广州钢铁企业集团有限公司	广东	3680318	126629	2893032	314153	6878
318	江苏金浦集团有限公司	江苏	3642983	32135	1604535	244305	9200
321	正邦集团有限公司	江西	3604589	11648	777682	77666	30186
325	云南中豪置业有限责任公司	云南	3561249	65639	5637288	3125557	2598
330	广东温氏食品集团股份有限公司	广东	3518706	61080	2393886	1004420	36800
361	新疆生产建设兵团棉麻公司	新疆	3194501	3701	253753	27492	579
362	百度股份有限公司	北京	3194392		7098579	3842492	31676
374	山东海科化工集团	山东	3098855	63907	1102783	238178	2700
384	生命人寿保险股份有限公司	广东	3021381	537856	19586886	1778313	12100
385	宁夏宝塔石化集团有限公司	宁夏	3018130	59879	3471622	1229048	15300
388	广东省广业资产经营有限公司	广东	3001570	40055	2764355	90058	20279
391	渤海银行股份有限公司	天津	2956142	456237	56821104	2419732	5213
396	大汉控股集团有限公司	湖南	2915493	68287	1213418	333387	2341
402	福建中烟工业有限责任公司	福建	2859763	186942	2720334	1579916	7629

名次	企业名称	地区	营业收入（万元）	净利润（万元）	资产（万元）	所有者权益（万元）	从业人数
424	天津能源投资集团有限公司	天津	2741100	66379	6260058	2886230	11151
425	大棒集团有限公司	海南	2740206	54937	451263	382947	560
429	张家港保税区旭江贸易有限公司	江苏	2712108	25353	147918	-144166	37
440	广州金创利经贸有限公司	广东	2675130	970	243701	19180	70
443	旭阳控股有限公司	北京	2658811	31733	2620172	346052	6057
447	山东天信集团有限公司	山东	2644383	97096	631551	303912	4230
448	云南省能源投资集团有限公司	云南	2634178	75526	4243237	1645960	2718
449	山东渤海实业股份有限公司	山东	2630598	6917	1602787	255167	3700
457	中策橡胶集团有限公司	浙江	2568167	137844	2147066	604294	24140
458	山河建设集团有限公司	湖北	2562963	85506	536447	267300	55264
466	中球冠集团有限公司	浙江	2513618	15521	406476	140520	369
470	稻花香集团	湖北	2486100	35433	2776140	192588	14558
471	江西省建工集团有限责任公司	江西	2481544	31942	1059352	86862	4800
473	逸盛大化石化有限公司	辽宁	2469552	18627	1707837	517513	584
476	北京京煤集团有限责任公司	北京	2447694	15012	4713525	1077312	28176
479	山西能源交通投资有限公司	山西	2437883	23089	6600397	1556901	21873
480	金鼎重工股份有限公司	河北	2436976	36043	686000	101033	5500
481	福建省能源集团有限责任公司	福建	2430000	93649	4697452	944576	33323
483	天津友发钢管集团股份有限公司	天津	2408312	17559	590179	29246	6639
488	卓尔控股有限公司	湖北	2392919	203409	3958966	2986773	1231
489	巨力环球控股有限公司	上海	2387378	17946	316702	131199	457
491	江苏新华发集团有限公司	江苏	2386861	4883	1228248	62172	1000
494	凌源钢铁集团有限责任公司	辽宁	2372193	5843	2555391	486747	12143
497	西林钢铁集团有限公司	黑龙江	2300966	12932	2073879	95622	11578
498	新奥能源控股有限公司	河北	2296600	125200	3590500	954300	
499	北京首都创业集团有限公司	北京	2292733	24617	12945351	745396	18473

表 8-3　　2014 中国企业 500 强各行业企业分布

排名	企业名称	总排名	营业收入（万元）	排名	企业名称	总排名	营业收入（万元）
农业、渔业、畜牧业及林业				5	中国交通建设集团有限公司	32	33576370
1	黑龙江北大荒农垦集团总公司	109	13039311	6	中国电力建设集团有限公司	57	22630455
2	海南省农垦集团有限公司	460	2554192	7	中国冶金科工集团有限公司	67	20718777
	合计		15593503	8	中国能源建设集团有限公司	95	15843876
				9	上海建工集团股份有限公司	130	10203605
煤炭采掘及采选业				10	广厦控股集团有限公司	152	9078628
1	神华集团有限责任公司	26	36781691	11	中国化学工程股份有限公司	200	6172770
2	山西焦煤集团有限责任公司	49	23608769	12	广西建工集团有限责任公司	220	5411966
3	冀中能源集团有限责任公司	52	22990319	13	上海城建（集团）公司	228	5225000
4	山东能源集团有限公司	53	22972301	14	陕西建工集团总公司	231	5121945
5	河南能源化工集团有限责任公司	60	21987835	15	中天发展控股集团有限公司	241	5016315
6	大同煤矿集团有限责任公司	72	19928050	16	重庆建工投资控股有限责任公司	242	5000065
7	山西潞安矿业（集团）有限公司	73	19879287	17	江苏南通三建集团有限公司	244	4956966
8	山西晋城无烟煤矿业集团有限责任公司	78	19259494	18	四川华西集团有限公司	246	4887600
9	阳泉煤业（集团）有限责任公司	79	19179052	19	浙江省建设投资集团有限公司	252	4789850
10	开滦（集团）有限责任公司	81	19098788	20	青建集团股份有限公司	261	4577476
11	陕西煤业化工集团有限责任公司	99	15077824	21	中南控股集团有限公司	274	4344719
12	中国平煤神马能源化工集团有限责任公司	104	14008232	22	北京城建集团有限责任公司	284	4152774
13	中国中煤能源集团有限公司	126	10747952	23	广州市建筑集团有限公司	292	4040336
14	兖矿集团有限公司	131	10133163	24	云南建工集团有限公司	295	4017477
15	淮南矿业（集团）有限责任公司	178	7125232	25	中太建设集团股份有限公司	297	4005086
16	淮北矿业（集团）有限责任公司	206	6009133	26	湖南省建筑工程集团总公司	298	4004835
17	黑龙江龙煤矿业控股集团有限责任公司	306	3868351	27	江苏南通二建集团有限公司	308	3852631
18	安徽省皖北煤电集团有限责任公司	309	3816730	28	江苏省苏中建设集团股份有限公司	332	3510523
19	内蒙古伊泰集团有限公司	317	3646355	29	北京建工集团有限责任公司	344	3386659
20	郑州煤炭工业（集团）有限责任公司	392	2951517	30	浙江中成控股集团有限公司	358	3280045
21	徐州矿务集团有限公司	419	2765206	31	甘肃省建设投资（控股）集团总公司	359	3219198
22	河南神火集团有限公司	426	2730872	32	成都建筑工程集团总公司	363	3187267
23	江西省煤炭集团公司	446	2649384	33	北京市政路桥集团有限公司	370	3111474
24	北京京煤集团有限责任公司	476	2447694	34	安徽建工集团有限公司	373	3099769
	合计		313663231	35	山西建筑工程（集团）总公司	393	2947031
				36	浙江昆仑控股集团有限公司	401	2861083
石油、天然气开采及生产业				37	河北建工集团有限公司	405	2833695
1	中国石油天然气集团公司	2	275930341	38	浙江八达建设集团有限公司	436	2683674
2	中国海洋石油总公司	10	59007283	39	四川公路桥梁建设集团有限公司	445	2651219
3	陕西延长石油（集团）有限责任公司	88	18654820	40	河北建设集团有限公司	450	2624965
	合计		353592444	41	山河建设集团有限公司	458	2562963
				42	广东省建筑工程集团有限公司	461	2553369
建筑业				43	浙江宝业建设集团有限公司	462	2536892
1	中国建筑股份有限公司	7	68104799	44	天津市建工集团（控股）有限公司	465	2532254
2	中国铁道建筑总公司	11	58869123	45	江西省建工集团有限责任公司	471	2481544
3	中国中铁股份有限公司	13	56044417	46	北京住总集团有限责任公司	485	2400787
4	太平洋建设集团有限公司	27	36658252		合计		465770524

第八章 2014中国企业500强数据

排名	企业名称	总排名	营业收入（万元）	排名	企业名称	总排名	营业收入（万元）
	电力生产业			2	泸州老窖集团有限责任公司	307	3853574
1	中国华能集团公司	37	29316330	3	中国贵州茅台酒厂（集团）有限责任公司	337	3462301
2	中国国电集团公司	51	22998856	4	青岛啤酒股份有限公司	407	2829098
3	中国华电集团公司	71	20012285	5	稻花香集团	470	2486100
4	中国电力投资集团公司	80	19101050		合计		18940518
5	中国大唐集团公司	82	19029227		烟草加工业		
6	内蒙古电力（集团）有限责任公司	205	6033769	1	上海烟草集团有限公司	122	11124666
7	广东省粤电集团有限公司	216	5570999	2	红塔烟草（集团）有限责任公司	141	9639634
8	中国广核集团有限公司	328	3533007	3	红云红河烟草（集团）有限责任公司	155	8436772
	合计		125595523	4	湖北中烟工业有限责任公司	189	6521318
				5	浙江中烟工业有限责任公司	207	6001962
	农副食品及农产品加工业			6	贵州中烟工业有限责任公司	352	3321897
1	新希望集团有限公司	168	7789271	7	福建中烟工业有限责任公司	402	2859763
2	通威集团有限公司	260	4611678		合计		47906012
3	双胞胎（集团）股份有限公司	310	3733080				
4	正邦集团有限公司	321	3604589		纺织、印染业		
5	广东温氏食品集团股份有限公司	330	3518706	1	山东魏桥创业集团有限公司	47	24138650
6	西王集团有限公司	430	2712007	2	上海纺织（集团）有限公司	275	4325971
7	山东渤海实业股份有限公司	449	2630598	3	山东如意科技集团有限公司	305	3890528
8	三河汇福粮油集团有限公司	482	2411415	4	山东大海集团有限公司	323	3600523
	合计		31011344	5	江苏阳光集团有限公司	345	3372436
				6	华芳集团有限公司	452	2604977
	食品加工制造业			7	天津纺织集团（控股）有限公司	490	2386868
1	光明食品（集团）有限公司	94	15938217		合计		44319953
2	中国盐业总公司	299	3982552				
3	天狮集团有限公司	380	3048834		纺织品、服装、鞋帽、服饰加工业		
	合计		22969603	1	雅戈尔集团股份有限公司	221	5325026
				2	红豆集团有限公司	273	4351833
	乳制品加工业			3	海澜集团有限公司	277	4300568
1	内蒙古伊利实业集团股份有限公司	253	4777887	4	杉杉控股有限公司	411	2817365
	合计		4777887		合计		16794792
	肉食品加工业				造纸及纸制品加工业		
1	雨润控股集团有限公司	110	12997856	1	山东大王集团有限公司	153	8578386
2	河南省漯河市双汇实业集团有限责任公司	257	4720541	2	山东晨鸣纸业集团股份有限公司	245	4911647
	合计		17718397	3	玖龙纸业（控股）有限公司	249	4823712
				4	华泰集团有限公司	276	4310219
	饮料加工业			5	山东太阳控股集团有限公司	331	3515118
1	杭州娃哈哈集团有限公司	165	7827856	6	金东纸业（江苏）股份有限公司	434	2686911
2	维维集团股份有限公司	451	2618069		合计		28825993
	合计		10445925				
					生活用品（含文体、玩具、工艺品、珠宝）等轻工产品加工制造业		
	酿酒制造业			1	天津市一轻集团（控股）有限公司	193	6364231
1	四川省宜宾五粮液集团有限公司	195	6309445	2	老凤祥股份有限公司	356	3298466

排名	企业名称	总排名	营业收入（万元）	排名	企业名称	总排名	营业收入（万元）
3	重庆轻纺控股（集团）公司	463	2534509	1	恒力集团有限公司	105	13534917
	合计		12197206	2	浙江恒逸集团有限公司	167	7806579
				3	浙江荣盛控股集团有限公司	191	6503560
石化产品、炼焦及其他燃料生产加工业				4	盛虹控股集团有限公司	230	5134714
1	中国石油化工集团公司	1	294507498	5	江苏三房巷集团有限公司	283	4153372
2	中国华信能源有限公司	65	20998533	6	浙江桐昆控股集团有限公司	287	4070796
3	山东东明石化集团有限公司	198	6206184		合计		41203938
4	山东京博控股股份有限公司	326	3540123				
5	大连西太平洋石油化工有限公司	334	3497872	**橡胶制品业**			
6	嘉晨集团有限公司	354	3316567	1	华勤橡胶工业集团有限公司	349	3327163
7	利华益集团股份有限公司	372	3100653	2	山东胜通集团股份有限公司	414	2807556
8	山东海科化工集团	374	3098855	3	山东玉皇化工有限公司	438	2681915
9	山东金诚石化集团有限公司	381	3032125	4	中策橡胶集团有限公司	457	2568167
10	宁夏宝塔石化集团有限公司	385	3018130		合计		11384801
11	旭阳控股有限公司	443	2658811				
12	云南煤化工集团有限公司	464	2532935	**建筑材料及玻璃等制造业**			
	合计		349508286	1	中国建筑材料集团有限公司	41	25225679
				2	安徽海螺集团有限责任公司	147	9324274
化学原料及化学制品制造业				3	中国中材集团有限公司	175	7370806
1	中国化工集团公司	44	24403620	4	北京金隅集团有限责任公司	226	5272806
2	湖北宜化集团有限责任公司	163	8020161	5	吉林亚泰（集团）股份有限公司	281	4197052
3	天津渤海化工集团有限责任公司	179	7101906	6	天瑞集团有限公司	382	3031559
4	云天化集团有限责任公司	194	6355541	7	沂州集团有限公司	416	2793868
5	上海华谊（集团）公司	203	6062725	8	冀东发展集团有限责任公司	477	2446085
6	江阴澄星实业集团有限公司	286	4084185		合计		59662129
7	江苏金浦集团有限公司	318	3642983				
8	亚邦投资控股集团有限公司	360	3205036	**黑色冶金及压延加工业**			
9	山东金岭集团有限公司	403	2856039	1	宝钢集团有限公司	35	30310026
10	滨化集团公司	431	2706726	2	河北钢铁集团有限公司	43	25103530
11	浙江龙盛控股有限公司	467	2510021	3	江苏沙钢集团有限公司	54	22807761
12	逸盛大化石化有限公司	473	2469552	4	武汉钢铁（集团）公司	56	22704781
13	新疆天业（集团）有限公司	474	2456389	5	渤海钢铁集团有限公司	59	22008633
14	传化集团有限公司	478	2439341	6	首钢总公司	64	21084265
	合计		78314225	7	新兴际华集团有限公司	69	20160541
				8	鞍钢集团公司	98	15512764
医药、医疗设备制造业				9	太原钢铁（集团）有限公司	102	14604034
1	上海医药集团股份有限公司	166	7822282	10	酒泉钢铁（集团）有限责任公司	114	12234323
2	广州医药集团有限公司	219	5450338	11	山东钢铁集团有限公司	117	12073814
3	科创控股集团有限公司	266	4517354	12	本钢集团有限公司	123	11027227
4	四川科伦实业集团有限公司	333	3507583	13	中天钢铁集团有限公司	127	10509107
5	天津市医药集团有限公司	348	3329515	14	杭州钢铁集团公司	129	10373586
6	太极集团有限公司	492	2384357	15	湖南华菱钢铁集团有限责任公司	159	8276252
	合计		27011429	16	马钢（集团）控股有限公司	160	8210520
				17	北京建龙重工集团有限公司	176	7300434
化学纤维制造业				18	河北新华联合冶金投资有限公司	186	6628908

排名	企业名称	总排名	营业收入（万元）	排名	企业名称	总排名	营业收入（万元）
19	陕西东岭工贸集团股份有限公司	202	6084083	10	南山集团有限公司	162	8063663
20	南京钢铁集团有限公司	218	5459298	11	广西投资集团有限公司	225	5282524
21	江苏西城三联控股集团有限公司	223	5308871	12	宁夏天元锰业有限公司	258	4705264
22	青山控股集团有限公司	233	5081412	13	云南冶金集团股份有限公司	279	4231133
23	河北津西钢铁集团股份有限公司	234	5079253	14	四川宏达集团	293	4035897
24	包头钢铁（集团）有限责任公司	235	5075733	15	宁波金田投资控股有限公司	335	3482392
25	河北敬业集团	238	5042501	16	白银有色集团股份有限公司	341	3416733
26	天津荣程联合钢铁集团有限公司	239	5030457	17	金龙精密铜管集团股份有限公司	346	3354200
27	四川省川威集团有限公司	254	4752855	18	云南锡业集团（控股）有限责任公司	376	3087954
28	江苏新长江实业集团有限公司	256	4720592	19	西部矿业集团有限公司	394	2921381
29	日照钢铁控股集团有限公司	271	4380513	20	晟通科技集团有限公司	397	2897897
30	安阳钢铁集团有限责任公司	289	4046168	21	东营方圆有色金属有限公司	439	2679225
31	山东泰山钢铁集团有限公司	312	3700495	22	东营鲁方金属材料有限公司	442	2662265
32	昆明钢铁控股有限公司	313	3697068	23	山东天信集团有限公司	447	2644383
33	唐山瑞丰钢铁（集团）有限公司	314	3684075	24	广西有色金属集团有限公司	454	2594226
34	广州钢铁企业集团有限公司	315	3680318	25	万基控股集团有限公司	495	2350808
35	江苏申特钢铁有限公司	316	3656785		合计		206924897
36	新余钢铁集团有限公司	319	3620791				
37	唐山港陆钢铁有限公司	336	3471990		金属制品、加工工具、工业辅助产品加工制造业		
38	江西萍钢实业股份有限公司	353	3321783	1	江苏法尔胜泓昇集团有限公司	469	2496089
39	青岛钢铁控股集团有限责任公司	365	3159280	2	江苏新华发集团有限公司	491	2386861
40	福建省三钢（集团）有限责任公司	378	3068208		合计		4882950
41	东北特殊钢集团有限责任公司	399	2883175				
42	湖南博长控股有限公司	410	2822388		工程机械、设备及零配件制造业		
43	河北普阳钢铁有限公司	423	2743957	1	徐州工程机械集团有限公司	148	9302287
44	重庆钢铁（集团）有限责任公司	455	2586232	2	中联重科股份有限公司	171	7575583
45	河北新金钢铁有限公司	456	2569709	3	三一集团有限公司	177	7224984
46	武安市裕华钢铁有限公司	459	2560125		合计		24102854
47	河北文丰钢铁有限公司	472	2471542				
48	金鼎重工股份有限公司	480	2436976		工业机械、设备及零配件制造业		
49	天津友发钢管集团股份有限公司	483	2408312	1	中国恒天集团有限公司	267	4515436
50	凌源钢铁集团有限责任公司	494	2372193	2	盾安控股集团有限公司	272	4363204
51	西林钢铁集团有限公司	497	2300966		合计		8878640
	合计		404208610				
					农林机械、设备及零配件制造业		
	一般有色冶金及压延加工业			1	山东时风（集团）有限责任公司	368	3124547
1	中国铝业公司	39	27941915		合计		3124547
2	正威国际集团有限公司	50	23382562				
3	江西铜业集团公司	74	19452404		电力、电气等设备、机械、元器件及光伏、电池、线缆制造业		
4	中国有色矿业集团有限公司	83	19000889	1	超威电源有限公司	215	5573238
5	金川集团股份有限公司	89	18484269	2	天津百利机电控股集团有限公司	237	5042586
6	铜陵有色金属集团控股有限公司	115	12222433	3	新疆特变电工集团有限公司	327	3533083
7	海亮集团有限公司	133	10043837	4	正泰集团股份有限公司	351	3322428
8	陕西有色金属控股集团有限责任公司	142	9637762	5	德力西集团有限公司	355	3315360
9	大冶有色金属集团控股有限公司	157	8348881	6	亨通集团有限公司	369	3121035

排名	企业名称	总排名	营业收入（万元）	排名	企业名称	总排名	营业收入（万元）
7	上海人民企业（集团）有限公司	375	3093624		合计		31160195
8	人民电器集团有限公司	389	2978871				
9	江苏金辉铜业集团有限公司	418	2782507		通讯器材及设备、元器件制造业		
10	天正集团有限公司	435	2686149	1	华为技术有限公司	48	23902500
11	宁波富邦控股集团有限公司	468	2496565	2	天津中环电子信息集团有限公司	86	18691929
12	远东控股集团有限公司	484	2404890	3	中兴通讯股份有限公司	173	7523372
13	宝胜集团有限公司	486	2398371		合计		50117801
	合计		42748707				
					汽车及零配件制造业		
	电梯及运输、仓储设备与设施制造业			1	上海汽车集团股份有限公司	12	56580701
1	中国国际海运集装箱（集团）股份有限公司	211	5787441	2	中国第一汽车集团公司	16	46116614
	合计		5787441	3	东风汽车公司	17	45503340
				4	北京汽车集团有限公司	40	26638445
	轨道交通设备及零部件制造业			5	广州汽车工业集团有限公司	70	20151834
1	中国南车集团公司	134	10042432	6	浙江吉利控股集团有限公司	96	15842925
2	中国北方机车车辆工业集团公司	138	9856012	7	华晨汽车集团控股有限公司	112	12802170
	合计		19898444	8	万向集团公司	119	11861050
				9	江苏悦达集团有限公司	132	10122154
	家用电器及零配件制造业			10	中国重型汽车集团有限公司	199	6206056
1	海尔集团公司	90	18029936	11	长城汽车股份有限公司	214	5678431
2	美的集团股份有限公司	116	12126518	12	江铃汽车集团公司	288	4048710
3	珠海格力电器股份有限公司	118	12004307	13	安徽江淮汽车集团有限公司	304	3901861
4	海信集团有限公司	146	9324355	14	陕西汽车控股集团有限公司	342	3404173
5	四川长虹电子集团有限公司	149	9156167	15	奇瑞汽车股份有限公司	432	2704690
6	TCL集团股份有限公司	154	8532409	16	郑州宇通集团有限公司	433	2698448
7	奥克斯集团有限公司	251	4806871		合计		274261602
8	江苏双良集团有限公司	400	2877515				
9	广州万宝集团有限公司	496	2312952		摩托车及零配件制造业		
	合计		79171030	1	隆鑫控股有限公司	417	2791130
				2	重庆力帆控股有限公司	453	2601570
	黄金冶炼及压延加工业				合计		5392700
1	中国黄金集团公司	121	11140672				
2	山东黄金集团有限公司	197	6212099		航空航天及国防军工业		
3	紫金矿业集团股份有限公司	243	4977151	1	中国兵器工业集团公司	23	38525437
4	山东招金集团有限公司	270	4434270	2	中国兵器装备集团公司	29	36175535
	合计		26764192	3	中国航空工业集团公司	30	34941074
				4	中国航天科工集团公司	103	14230137
	电子元器件与仪器仪表、自动化控制设备制造业				合计		123872183
1	中国电子信息产业集团有限公司	75	19378465				
2	山东科达集团有限公司	444	2651912		船舶工业		
	合计		22030377	1	中国船舶重工集团公司	85	18739660
				2	江苏扬子江船业集团公司	387	3009256
	计算机及零部件制造业				合计		21748916
1	联想控股股份有限公司	45	24403077				
2	北大方正集团有限公司	185	6757118		动力、电力生产等装备、设备制造业		

排名	企业名称	总排名	营业收入（万元）	排名	企业名称	总排名	营业收入（万元）
1	上海电气（集团）总公司	144	9474796		水上运输业		
2	潍柴动力股份有限公司	151	9089544	1	中国远洋运输（集团）总公司	92	16481142
3	杭州汽轮动力集团有限公司	209	5950838	2	中国海运（集团）总公司	184	6826053
4	中国东方电气集团有限公司	263	4545393		合计		23307195
5	广西玉柴机器集团有限公司	278	4246677				
6	哈尔滨电气集团公司	487	2397295		港口服务业		
	合计		35704543	1	广西北部湾国际港务集团有限公司	269	4510003
				2	天津港（集团）有限公司	404	2834328
	综合制造业（以制造业为主，含有服务业）			3	上海国际港务（集团）股份有限公司	412	2816230
1	中国五矿集团公司	21	41465041		合计		10160561
2	无锡产业发展集团有限公司	217	5461512				
3	比亚迪股份有限公司	224	5286328		航空运输及相关服务业		
4	上海复星高科技（集团）有限公司	229	5204104	1	海航集团有限公司	120	11556538
5	华盛江泉集团有限公司	247	4856058	2	中国航空集团公司	135	9981399
6	江苏华西集团有限公司	255	4722412	3	中国南方航空集团公司	136	9941148
7	新华联集团有限公司	264	4525846	4	中国东方航空集团公司	150	9118428
8	重庆化医控股（集团）公司	322	3602568		合计		40597513
9	万达控股集团有限公司	357	3280802				
10	重庆机电控股（集团）公司	377	3083701		电信、邮寄、速递等服务业		
11	杭州锦江集团有限公司	427	2729972	1	中国移动通信集团公司	8	66186053
12	苏州创元投资发展（集团）有限公司	475	2453610	2	中国电信集团公司	24	38148967
	合计		86671954	3	中国邮政集团公司	28	36253897
				4	中国联合网络通信集团有限公司	34	30470065
	能源（电、热、燃气等能）供应、开发、减排及再循环服务业				合计		171058982
1	国家电网公司	3	204980014				
2	中国南方电网有限责任公司	18	44697219		软件、程序、计算机应用、网络工程等计算机、微电子服务业		
3	浙江省能源集团有限公司	169	7753973	1	三胞集团有限公司	188	6546007
4	北京能源投资（集团）有限公司	339	3443472	2	浪潮集团有限公司	268	4510533
5	申能（集团）有限公司	364	3177296		合计		11056540
6	山西省国新能源发展集团有限公司	366	3155430				
7	天津能源投资集团有限公司	424	2741100		物流、仓储、运输、配送服务业		
8	福建省能源集团有限责任公司	481	2430000	1	厦门建发集团有限公司	128	10466368
9	新奥能源控股有限公司	498	2296600	2	中国外运长航集团有限公司	140	9674900
	合计		274675104	3	中国诚通控股集团有限公司	170	7740561
				4	玖隆钢铁物流有限公司	187	6619737
	铁路运输及辅助服务业			5	河北省物流产业集团有限公司	210	5803130
1	中国铁路物资股份有限公司	91	16693891	6	厦门象屿集团有限公司	301	3924702
	合计		16693891	7	腾邦投资控股集团有限公司	343	3393609
				8	山西能源交通投资有限公司	479	2437883
	陆路运输、城市公交、道路及交通辅助等服务业			9	广西交通投资集团有限公司	493	2375798
1	山东高速集团有限公司	282	4184385		合计		52436688
2	广东省交通集团有限公司	390	2977088				
3	浙江省交通投资集团有限公司	413	2811102		矿产、能源内外商贸批发业		
	合计		9972575	1	晋能有限责任公司	55	22801762
				2	中国航空油料集团公司	58	22581763

排名	企业名称	总排名	营业收入（万元）	排名	企业名称	总排名	营业收入（万元）
3	山西煤炭进出口集团有限公司	113	12726860				
4	珠海振戎公司	181	6963072		综合性内外商贸及批发、零售业		
5	南方石化集团有限公司	213	5743393	1	厦门国贸控股有限公司	161	8163458
6	中球冠集团有限公司	466	2513618	2	浙江省兴合集团公司	180	7003607
	合计		73330468	3	远大物产集团有限公司	265	4519400
				4	中基宁波集团股份有限公司	421	2759217
	化工产品及医药内外商贸批发业			5	广州金创利经贸有限公司	440	2675130
1	中国中化集团公司	15	46690480		合计		25120812
2	巨力环球控股有限公司	489	2387378				
	合计		49077858		汽车和摩托车商贸、维修保养及租赁业		
				1	庞大汽贸集团股份有限公司	192	6398528
	机电、电子产品内外商贸及批发业			2	中升集团控股有限公司	227	5252738
1	中国通用技术（集团）控股有限责任公司	97	15802681	3	上海永达控股（集团）有限公司	350	3326267
2	广东省广新控股集团有限公司	183	6906822		合计		14977533
	合计		22709503				
					电器商贸批发、零售业		
	生活消费品（家用、文体、玩具、工艺品、珠宝等）内外批发及商贸业			1	苏宁控股集团	38	27981265
1	浙江省国际贸易集团有限公司	232	5121380	2	国美电器有限公司	107	13334000
2	中国中纺集团公司	259	4678239	3	深圳市爱施德股份有限公司	294	4024348
3	广东省丝绸纺织集团有限公司	300	3969228	4	天音通信有限公司	395	2918098
4	江苏国泰国际集团有限公司	311	3712896		合计		48257711
5	广州轻工工贸集团有限公司	406	2830246				
6	安徽国贸集团控股有限公司	441	2670779		医药专营批发、零售业		
	合计		22982768	1	中国医药集团总公司	68	20456769
				2	九州通医药集团股份有限公司	347	3343805
	粮油食品及农林、土畜、果蔬、水产品等内外商贸批发、零售业				合计		23800574
1	中粮集团有限公司	84	18905157				
2	新疆生产建设兵团棉麻公司	361	3194501		商业零售业及连锁超市		
	合计		22099658	1	百联集团有限公司	93	16391646
				2	大商集团有限公司	100	15041856
	生产资料内外贸易批发、零售业			3	山东省商业集团有限公司	174	7449205
1	天津物产集团有限公司	31	33793983	4	重庆商社（集团）有限公司	236	5065631
2	浙江省物产集团公司	63	21212481	5	浙江省商业集团有限公司	262	4573114
3	广东物资集团公司	124	10927656	6	天津一商集团有限公司	290	4045218
4	安徽省徽商集团有限公司	201	6161577	7	合肥百货大楼集团股份有限公司	329	3520000
5	江苏汇鸿国际集团有限公司	248	4852703	8	永辉超市股份有限公司	379	3054282
6	大棒集团有限公司	425	2740206	9	石家庄北国人百集团有限责任公司	386	3016801
	合计		79688606	10	长春欧亚集团股份有限公司	408	2827826
				11	利群集团股份有限公司	500	2286202
	金属内外贸易及加工、配送、批发零售业				合计		67271781
1	广东振戎能源有限公司	139	9783531				
2	大汉控股集团有限公司	396	2915493		银行业		
3	丰立集团有限公司	420	2760240	1	中国工商银行股份有限公司	4	92563700
4	张家港保税区旭江贸易有限公司	429	2712108	2	中国建设银行股份有限公司	5	77099800
	合计		18171372	3	中国农业银行股份有限公司	6	70633300

排名	企业名称	总排名	营业收入（万元）	排名	企业名称	总排名	营业收入（万元）
4	中国银行股份有限公司	9	64941100	1	绿地控股集团有限公司	42	25218186
5	国家开发银行	19	43895400	2	大连万达集团股份有限公司	87	18664000
6	交通银行股份有限公司	36	29650594	3	恒大地产集团有限公司	145	9387178
7	中国民生银行股份有限公司	61	21811200	4	绿城房地产集团有限公司	190	6510000
8	兴业银行股份有限公司	62	21401800	5	隆基泰和实业有限公司	240	5021674
9	招商银行股份有限公司	66	20936700	6	华侨城集团公司	250	4823545
10	上海浦东发展银行股份有限公司	76	19331100	7	银亿集团有限公司	280	4210593
11	中国农业发展银行	101	14887326	8	重庆龙湖企业拓展有限公司	303	3914310
12	中国光大银行股份有限公司	106	13533600	9	云南中豪置业有限责任公司	325	3561249
13	华夏银行股份有限公司	158	8311865	10	世纪金源投资集团有限公司	371	3109383
14	广发银行股份有限公司	172	7544348	11	重庆市金科投资控股（集团）有限责任公司	383	3027247
15	北京银行	196	6278461	12	天津住宅建设发展集团有限公司	398	2886323
16	渤海银行股份有限公司	391	2956142	13	福佳集团有限公司	409	2827561
	合计		515776436	14	弘阳集团有限公司	422	2750765
				15	江苏华厦融创置地集团有限公司	428	2714921
人寿保险业				16	百兴集团有限公司	437	2683581
1	中国人寿保险（集团）公司	14	49746478	17	卓尔控股有限公司	488	2392919
2	新华人寿保险股份有限公司	111	12959400		合计		103703435
3	泰康人寿保险股份有限公司	156	8410321				
4	太平人寿保险有限公司	208	5955024	旅游、旅馆及娱乐服务业			
5	阳光保险集团股份有限公司	324	3571282	1	中国港中旅集团公司	212	5770758
6	生命人寿保险股份有限公司	384	3021381	2	北京首都旅游集团有限责任公司	302	3924603
	合计		83663886		合计		9695361
财产保险业				公用事业、市政、水务、航道等公共设施投资、经营与管理业			
1	中国人民保险集团股份有限公司	33	30473800	1	北京控股集团有限公司	222	5316369
	合计		30473800	2	辽宁日林实业集团有限公司	415	2801816
				3	北京首都创业集团有限公司	499	2292733
综合保险业					合计		10410918
1	中国平安保险（集团）股份有限公司	20	41547100				
2	中国太平洋保险（集团）股份有限公司	77	19313700	人力资源、会展博览、国内外经作等社会综合服务业			
	合计		60860800	1	中国国际技术智力合作公司	291	4045068
				2	北京外企服务集团有限责任公司	367	3152256
多元化投资控股、商务服务业					合计		7197324
1	华润股份有限公司	22	40554765				
2	中国中信集团有限公司	25	37508844	科技研发、推广及地勘、规划、设计、评估、咨询、认证等承包服务业			
3	国家开发投资公司	137	9864838				
4	深圳市神州通投资集团有限公司	285	4110089	1	中国煤炭科工集团有限公司	320	3605496
5	广东省广晟资产经营有限公司	296	4016542		合计		3605496
6	重庆市能源投资集团有限公司	338	3449339				
7	浙江前程投资股份有限公司	340	3441091	信息、传媒、电子商务、网购、娱乐等互联网服务业			
8	云南省能源投资集团有限公司	448	2634178	1	京东商城电子商务有限公司	182	6933981
	合计		105579686	2	腾讯控股有限公司	204	6043700
				3	百度股份有限公司	362	3194392
房地产开发与经营、物业及房屋装饰、修缮、管理等服务业					合计		16172073

排名	企业名称	总排名	营业收入（万元）	排名	企业名称	总排名	营业收入（万元）
				4	上海东浩兰生国际服务贸易（集团）有限公司	143	9480170
综合服务业（以服务业为主，含有制造业）				5	大印集团有限公司	164	7893103
1	中国机械工业集团有限公司	46	24236099	6	广东省广业资产经营有限公司	388	3001570
2	中国保利集团公司	108	13180074		合计		68714654
3	新疆广汇实业投资（集团）有限责任公司	125	10923638				

表 8-4　　2014 中国企业 500 强各地区企业分布

排名	企业名称	营业收入（万元）	排名	企业名称	营业收入（万元）
北京			43	中国电子信息产业集团有限公司	19378465
1	中国石油化工集团公司	294507498	44	中国电力投资集团公司	19101050
2	中国石油天然气集团公司	275930341	45	中国大唐集团公司	19029227
3	国家电网公司	204980014	46	中国有色矿业集团有限公司	19000889
4	中国工商银行股份有限公司	92563700	47	中粮集团有限公司	18905157
5	中国建设银行股份有限公司	77099800	48	中国船舶重工集团公司	18739660
6	中国农业银行股份有限公司	70633300	49	中国铁路物资股份有限公司	16693891
7	中国建筑股份有限公司	68104799	50	中国远洋运输（集团）总公司	16481142
8	中国移动通信集团公司	66186053	51	中国能源建设集团有限公司	15843876
9	中国银行股份有限公司	64941100	52	中国通用技术（集团）控股有限责任公司	15802681
10	中国海洋石油总公司	59007283	53	中国农业发展银行	14887326
11	中国铁道建筑总公司	58869123	54	中国航天科工集团公司	14230137
12	中国中铁股份有限公司	56044417	55	中国光大银行股份有限公司	13533600
13	中国人寿保险（集团）公司	49746478	56	国美电器有限公司	13334000
14	中国中化集团公司	46690480	57	中国保利集团公司	13180074
15	国家开发银行	43895400	58	新华人寿保险股份有限公司	12959400
16	中国五矿集团公司	41465041	59	中国黄金集团公司	11140672
17	中国兵器工业集团公司	38525437	60	中国中煤能源集团有限公司	10747952
18	中国电信集团公司	38148967	61	中国南车集团公司	10042432
19	中国中信集团有限公司	37508844	62	中国航空集团公司	9981399
20	神华集团有限责任公司	36781691	63	国家开发投资公司	9864838
21	中国邮政集团公司	36253897	64	中国北方机车车辆工业集团公司	9856012
22	中国兵器装备集团公司	36175535	65	中国外运长航集团有限公司	9674900
23	中国航空工业集团公司	34941074	66	泰康人寿保险股份有限公司	8410321
24	中国交通建设集团有限公司	33576370	67	华夏银行股份有限公司	8311865
25	中国人民保险集团股份有限公司	30473800	68	中国诚通控股集团有限公司	7740561
26	中国联合网络通信集团有限公司	30470065	69	中国中材集团有限公司	7370806
27	中国华能集团公司	29316330	70	北京建龙重工集团有限公司	7300434
28	中国铝业公司	27941915	71	珠海振戎公司	6963072
29	北京汽车集团有限公司	26638445	72	京东商城电子商务有限公司	6933981
30	中国建筑材料集团有限公司	25225679	73	北大方正集团有限公司	6757118
31	中国化工集团公司	24403620	74	河北新华联合冶金投资有限公司	6628908
32	联想控股股份有限公司	24403077	75	北京银行	6278461
33	中国机械工业集团有限公司	24236099	76	中国化学工程股份有限公司	6172770
34	中国国电集团公司	22998856	77	中国港中旅集团公司	5770758
35	中国电力建设集团有限公司	22630455	78	北京控股集团有限公司	5316369
36	中国航空油料集团公司	22581763	79	北京金隅集团有限责任公司	5272806
37	中国民生银行股份有限公司	21811200	80	中国中纺集团公司	4678239
38	首钢总公司	21084265	81	新华联集团有限公司	4525846
39	中国冶金科工集团公司	20718777	82	中国恒天集团有限公司	4515436
40	中国医药集团总公司	20456769	83	北京城建集团有限责任公司	4152774
41	新兴际华集团有限公司	20160541	84	中国国际技术智力合作公司	4045068
42	中国华电集团公司	20012285	85	中国盐业总公司	3982552

排名	企业名称	营业收入（万元）	排名	企业名称	营业收入（万元）
86	北京首都旅游集团有限责任公司	3924603	天津		
87	中国煤炭科工集团有限公司	3605496	1	天津物产集团有限公司	33793983
88	阳光保险集团股份有限公司	3571282	2	渤海钢铁集团有限公司	22008633
89	北京能源投资（集团）有限公司	3443472	3	天津中环电子信息集团有限公司	18691929
90	北京建工集团有限责任公司	3386659	4	天津渤海化工集团有限责任公司	7101906
91	百度股份有限公司	3194392	5	天津市一轻集团（控股）有限公司	6364231
92	北京外企服务集团有限责任公司	3152256	6	天津百利机电控股集团有限公司	5042586
93	北京市政路桥集团有限公司	3111474	7	天津荣程联合钢铁集团有限公司	5030457
94	世纪金源投资集团有限公司	3109383	8	天津一商集团有限公司	4045218
95	旭阳控股有限公司	2658811	9	天津市医药集团有限公司	3329515
96	北京京煤集团有限责任公司	2447694	10	天狮集团有限公司	3048834
97	北京住总集团有限责任公司	2400787	11	渤海银行股份有限公司	2956142
98	北京首都创业集团有限公司	2292733	12	天津住宅建设发展集团有限公司	2886323
	合计	2791976550	13	天津港（集团）有限公司	2834328
			14	天津能源投资集团有限公司	2741100
上海			15	天津市建工集团（控股）有限公司	2532254
1	上海汽车集团股份有限公司	56580701	16	天津友发钢管集团有限公司	2408312
2	宝钢集团有限公司	30310026	17	天津纺织集团（控股）有限公司	2386868
3	交通银行股份有限公司	29650594		合计	127202619
4	绿地控股集团有限公司	25218186			
5	中国华信能源有限公司	20998533	重庆		
6	上海浦东发展银行股份有限公司	19331100	1	重庆商社（集团）有限公司	5065631
7	中国太平洋保险（集团）股份有限公司	19313700	2	重庆建工投资控股有限责任公司	5000065
8	百联集团有限公司	16391646	3	重庆龙湖企业拓展有限公司	3914310
9	光明食品（集团）有限公司	15938217	4	重庆化医控股（集团）公司	3602568
10	上海烟草集团有限责任公司	11124666	5	重庆市能源投资集团有限公司	3449339
11	上海建工集团股份有限公司	10203605	6	重庆机电控股（集团）公司	3083701
12	上海东浩兰生国际服务贸易（集团）有限公司	9480170	7	重庆市金科投资控股（集团）有限责任公司	3027247
13	上海电气（集团）总公司	9474796	8	隆鑫控股有限公司	2791130
14	中国东方航空集团公司	9118428	9	重庆力帆控股有限公司	2601570
15	上海医药集团股份有限公司	7822282	10	重庆钢铁（集团）有限责任公司	2586232
16	中国海运（集团）总公司	6826053	11	重庆轻纺控股（集团）公司	2534509
17	上海华谊（集团）公司	6062725	12	太极集团有限公司	2384357
18	太平人寿保险有限公司	5955024		合计	40040659
19	上海城建（集团）公司	5225000			
20	上海复星高科技（集团）有限公司	5204104	黑龙江		
21	上海纺织（集团）有限公司	4325971	1	黑龙江北大荒农垦集团总公司	13039311
22	上海永达控股（集团）有限公司	3326267	2	黑龙江龙煤矿业控股集团有限责任公司	3868351
23	老凤祥股份有限公司	3298466	3	哈尔滨电气集团公司	2397295
24	申能（集团）有限公司	3177296	4	西林钢铁集团有限公司	2300966
25	上海人民企业（集团）有限公司	3093624		合计	21605923
26	上海国际港务（集团）股份有限公司	2816230			
27	巨力环球控股有限公司	2387378	吉林		
	合计	342654788	1	中国第一汽车集团公司	46116614
			2	吉林亚泰（集团）股份有限公司	4197052

排名	企业名称	营业收入（万元）	排名	企业名称	营业收入（万元）
3	长春欧亚集团股份有限公司	2827826	河南		
	合计	53141492	1	河南能源化工集团有限责任公司	21987835
			2	中国平煤神马能源化工集团有限责任公司	14008232
辽宁			3	河南省漯河市双汇实业集团有限公司	4720541
1	大连万达集团股份有限公司	18664000	4	安阳钢铁集团有限责任公司	4046168
2	鞍钢集团公司	15512764	5	金龙精密铜管集团股份有限公司	3354200
3	大商集团有限公司	15041856	6	天瑞集团股份有限公司	3031559
4	华晨汽车集团控股有限公司	12802170	7	郑州煤炭工业（集团）有限责任公司	2951517
5	本钢集团有限公司	11027227	8	河南神火集团有限公司	2730872
6	中升集团控股有限公司	5252738	9	郑州宇通集团有限公司	2698448
7	大连西太平洋石油化工有限公司	3497872	10	万基控股集团有限公司	2350808
8	嘉晨集团有限公司	3316567		合计	61880180
9	东北特殊钢集团有限责任公司	2883175			
10	福佳集团有限公司	2827561	山东		
11	辽宁日林实业集团有限公司	2801816	1	山东魏桥创业集团有限公司	24138650
12	逸盛大化石化有限公司	2469552	2	山东能源集团有限公司	22972301
13	凌源钢铁集团有限责任公司	2372193	3	海尔集团公司	18029936
	合计	98469491	4	山东钢铁集团有限公司	12073814
			5	兖矿集团有限公司	10133163
河北			6	海信集团有限公司	9324355
1	河北钢铁集团有限公司	25103530	7	潍柴动力股份有限公司	9089544
2	冀中能源集团有限责任公司	22990319	8	山东大王集团有限公司	8578386
3	开滦（集团）有限责任公司	19098788	9	南山集团有限公司	8063663
4	庞大汽贸集团股份有限公司	6398528	10	山东省商业集团有限公司	7449205
5	河北省物流产业集团有限公司	5803130	11	山东黄金集团有限公司	6212099
6	长城汽车股份有限公司	5678431	12	山东东明石化集团有限公司	6206184
7	河北津西钢铁集团股份有限公司	5079253	13	中国重型汽车集团有限公司	6206056
8	河北敬业集团	5042501	14	山东晨鸣纸业集团股份有限公司	4911647
9	隆基泰和实业有限公司	5021674	15	华盛江泉集团有限公司	4856058
10	中太建设集团股份有限公司	4005086	16	青建集团股份有限公司	4577476
11	唐山瑞丰钢铁（集团）有限公司	3684075	17	浪潮集团有限公司	4510533
12	唐山港陆钢铁有限公司	3471990	18	山东招金集团有限公司	4434270
13	石家庄北国人百集团有限公司	3016801	19	日照钢铁控股集团有限公司	4380513
14	河北建工集团有限责任公司	2833695	20	华泰集团有限公司	4310219
15	河北普阳钢铁有限公司	2743957	21	山东高速集团有限公司	4184385
16	河北建设集团有限公司	2624965	22	山东如意科技集团有限公司	3890528
17	河北新金钢铁有限公司	2569709	23	山东泰山钢铁集团有限公司	3700495
18	武安市裕华钢铁有限公司	2560125	24	山东大海集团有限公司	3600523
19	河北文丰钢铁有限公司	2471542	25	山东京博控股股份有限公司	3540123
20	冀东发展集团有限责任公司	2446085	26	山东太阳控股集团有限公司	3515118
21	金鼎重工股份有限公司	2436976	27	华勤橡胶工业集团有限公司	3327163
22	三河汇福粮油集团有限公司	2411415	28	万达控股集团有限公司	3280802
23	新奥能源控股有限公司	2296600	29	青岛钢铁控股集团有限责任公司	3159280
	合计	139789175	30	山东时风（集团）有限责任公司	3124547
			31	利华益集团股份有限公司	3100653

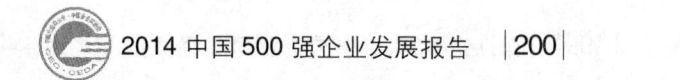

排名	企业名称	营业收入（万元）	排名	企业名称	营业收入（万元）
32	山东海科化工集团	3098855	5	安徽省徽商集团有限公司	6161577
33	山东金诚石化集团有限公司	3032125	6	淮北矿业（集团）有限责任公司	6009133
34	山东金岭集团有限公司	2856039	7	安徽江淮汽车集团有限公司	3901861
35	青岛啤酒股份有限公司	2829098	8	安徽省皖北煤电集团有限责任公司	3816730
36	山东胜通集团股份有限公司	2807556	9	合肥百货大楼集团股份有限公司	3520000
37	沂州集团有限公司	2793868	10	安徽建工集团有限公司	3099769
38	西王集团有限公司	2712007	11	奇瑞汽车股份有限公司	2704690
39	滨化集团公司	2706726	12	安徽国贸集团控股有限公司	2670779
40	山东玉皇化工有限公司	2681915		合计	68766998
41	东营方圆有色金属有限公司	2679225			
42	东营鲁方金属材料有限公司	2662265	江苏		
43	山东科达集团有限公司	2651912	1	太平洋建设集团有限公司	36658252
44	山东天信集团有限公司	2644383	2	苏宁控股集团	27981265
45	山东渤海实业股份有限公司	2630598	3	江苏沙钢集团有限公司	22807761
46	利群集团股份有限公司	2286202	4	恒力集团有限公司	13534917
	合计	259954463	5	雨润控股集团有限公司	12997856
			6	中天钢铁集团有限公司	10509107
山西			7	江苏悦达集团有限公司	10122154
1	山西焦煤集团有限责任公司	23608769	8	徐州工程机械集团有限公司	9302287
2	晋能有限责任公司	22801762	9	玖隆钢铁物流有限公司	6619737
3	大同煤矿集团有限责任公司	19928050	10	三胞集团有限公司	6546007
4	山西潞安矿业（集团）有限公司	19879287	11	无锡产业发展集团有限公司	5461512
5	山西晋城无烟煤矿业集团有限责任公司	19259494	12	南京钢铁集团有限公司	5459298
6	阳泉煤业（集团）有限责任公司	19179052	13	江苏西城三联控股集团有限公司	5308871
7	太原钢铁（集团）有限公司	14604034	14	盛虹控股集团有限公司	5134714
8	山西煤炭进出口集团有限公司	12726860	15	江苏南通三建集团有限公司	4956966
9	山西省国新能源发展集团有限公司	3155430	16	江苏汇鸿国际集团有限公司	4852703
10	山西建筑工程（集团）总公司	2947031	17	江苏华西集团公司	4722412
11	山西能源交通投资有限公司	2437883	18	江苏新长江实业集团有限公司	4720592
	合计	160527652	19	红豆集团有限公司	4351833
			20	中南控股集团有限公司	4344719
陕西			21	海澜集团有限公司	4300568
1	陕西延长石油（集团）有限责任公司	18654820	22	江苏三房巷集团有限公司	4153372
2	陕西煤业化工集团有限责任公司	15077824	23	江阴澄星实业集团有限公司	4084185
3	陕西有色金属控股集团有限责任公司	9637762	24	江苏南通二建集团有限公司	3852631
4	陕西东岭工贸集团股份有限公司	6084083	25	江苏国泰国际集团有限公司	3712896
5	陕西建工集团总公司	5121945	26	江苏申特钢铁有限公司	3656785
6	陕西汽车控股集团有限公司	3404173	27	江苏金浦集团有限公司	3642983
	合计	57980607	28	江苏省苏中建设集团股份有限公司	3510523
			29	江苏阳光集团有限公司	3372436
安徽			30	亚邦投资控股集团有限公司	3205036
1	铜陵有色金属集团控股有限公司	12222433	31	亨通集团有限公司	3121035
2	安徽海螺集团有限责任公司	9324274	32	江苏扬子江船业集团公司	3009256
3	马钢（集团）控股有限公司	8210520	33	江苏双良集团有限公司	2877515
4	淮南矿业（集团）有限责任公司	7125232	34	江苏金辉铜业集团有限公司	2782507

排名	企业名称	营业收入（万元）	排名	企业名称	营业收入（万元）
35	徐州矿务集团有限公司	2765206	7	江西省煤炭集团公司	2649384
36	丰立集团有限公司	2760240	8	江西省建工集团有限责任公司	2481544
37	弘阳集团有限公司	2750765		合计	42912285
38	江苏华厦融创置地集团有限公司	2714921			
39	张家港保税区旭江贸易有限公司	2712108	浙江		
40	金东纸业（江苏）股份有限公司	2686911	1	浙江省物产集团公司	21212481
41	百兴集团有限公司	2683581	2	浙江吉利控股集团有限公司	15842925
42	维维集团股份有限公司	2618069	3	万向集团公司	11861050
43	华芳集团有限公司	2604977	4	杭州钢铁集团公司	10373586
44	江苏法尔胜泓昇集团有限公司	2496089	5	海亮集团有限公司	10043837
45	苏州创元投资发展（集团）有限公司	2453610	6	广厦控股集团有限公司	9078628
46	远东控股集团有限公司	2404890	7	杭州娃哈哈集团公司	7827856
47	宝胜集团有限公司	2398371	8	浙江恒逸集团有限公司	7806579
48	江苏新华发集团有限公司	2386861	9	浙江省能源集团有限公司	7753973
	合计	292111290	10	浙江省兴合集团公司	7003607
			11	绿城房地产集团有限公司	6510000
湖南			12	浙江荣盛控股集团有限公司	6503560
1	湖南华菱钢铁集团有限责任公司	8276252	13	浙江中烟工业有限责任公司	6001962
2	中联重科股份有限公司	7575583	14	杭州汽轮动力集团有限公司	5950838
3	三一集团有限公司	7224984	15	超威电源有限公司	5573238
4	湖南省建筑工程集团总公司	4004835	16	雅戈尔集团股份有限公司	5325026
5	大汉控股集团有限公司	2915493	17	浙江省国际贸易集团有限公司	5121380
6	晟通科技集团有限公司	2897897	18	青山控股集团有限公司	5081412
7	湖南博长控股集团有限公司	2822388	19	中天发展控股集团有限公司	5016315
	合计	35717432	20	奥克斯集团有限公司	4806871
			21	浙江省建设投资集团有限公司	4789850
湖北			22	浙江省商业集团有限公司	4573114
1	东风汽车公司	45503340	23	远大物产集团有限公司	4519400
2	武汉钢铁（集团）公司	22704781	24	盾安控股集团有限公司	4363204
3	大冶有色金属集团控股有限公司	8348881	25	银亿集团有限公司	4210593
4	湖北宜化集团有限责任公司	8020161	26	浙江桐昆控股集团有限公司	4070796
5	湖北中烟工业有限责任公司	6521318	27	宁波金田投资控股有限公司	3482392
6	九州通医药集团股份有限公司	3343805	28	浙江前程投资集团有限公司	3441091
7	山河建设集团有限公司	2562963	29	正泰集团股份有限公司	3322428
8	稻花香集团	2486100	30	德力西集团有限公司	3315360
9	卓尔控股有限公司	2392919	31	浙江中成控股集团有限公司	3280045
	合计	101884268	32	人民电器集团有限公司	2978871
			33	浙江昆仑控股集团有限公司	2861083
			34	杉杉控股有限公司	2817365
江西			35	浙江省交通投资集团有限公司	2811102
1	江西铜业集团公司	19452404	36	中基宁波集团有限公司	2759217
2	江铃汽车集团公司	4048710	37	杭州锦江集团有限公司	2729972
3	双胞胎（集团）股份有限公司	3733080	38	天正集团有限公司	2686149
4	新余钢铁集团有限公司	3620791	39	浙江八达建设集团有限公司	2683674
5	正邦集团有限公司	3604589	40	中策橡胶集团有限公司	2568167
6	江西萍钢实业股份有限公司	3321783			

排名	企业名称	营业收入（万元）	排名	企业名称	营业收入（万元）
41	浙江宝业建设集团有限公司	2536892	38	天音通信有限公司	2918098
42	中球冠集团有限公司	2513618	39	广州轻工工贸集团有限公司	2830246
43	浙江龙盛控股有限公司	2510021	40	广州金创利经贸有限公司	2675130
44	宁波富邦控股集团有限公司	2496565	41	广东省建筑工程集团有限公司	2553369
45	传化集团有限公司	2439341	42	广州万宝集团有限公司	2312952
	合计	245455434		合计	409955442

广东			四川		
1	中国南方电网有限责任公司	44697219	1	四川长虹电子集团有限公司	9156167
2	中国平安保险（集团）股份有限公司	41547100	2	新希望集团有限公司	7789271
3	华润股份有限公司	40554765	3	四川省宜宾五粮液集团有限公司	6309445
4	华为技术有限公司	23902500	4	四川华西集团有限公司	4887600
5	正威国际集团有限公司	23382562	5	四川省川威集团有限公司	4752855
6	招商银行股份有限公司	20936700	6	通威集团有限公司	4611678
7	广州汽车工业集团有限公司	20151834	7	中国东方电气集团有限公司	4545393
8	美的集团股份有限公司	12126518	8	科创控股集团有限公司	4517354
9	珠海格力电器股份有限公司	12004307	9	四川宏达集团	4035897
10	广东物资集团公司	10927656	10	泸州老窖集团有限责任公司	3853574
11	中国南方航空集团公司	9941148	11	四川科伦实业集团有限公司	3507583
12	广东振戎能源有限公司	9783531	12	成都建筑工程集团总公司	3187267
13	恒大地产集团有限公司	9387178	13	四川公路桥梁建设集团有限公司	2651219
14	TCL集团股份有限公司	8532409		合计	63805303
15	广发银行股份有限公司	7544348			
16	中兴通讯股份有限公司	7523372	福建		
17	广东省广新控股集团有限公司	6906822	1	兴业银行股份有限公司	21401800
18	腾讯控股有限公司	6043700	2	厦门建发集团有限公司	10466368
19	中国国际海运集装箱（集团）股份有限公司	5787441	3	厦门国贸控股有限公司	8163458
20	南方石化集团有限公司	5743393	4	紫金矿业集团股份有限公司	4977151
21	广东省粤电集团有限公司	5570999	5	厦门象屿集团有限公司	3924702
22	广州医药集团有限公司	5450338	6	福建省三钢（集团）有限责任公司	3068208
23	比亚迪股份有限公司	5286328	7	永辉超市股份有限公司	3054282
24	玖龙纸业（控股）有限公司	4823712	8	福建中烟工业有限责任公司	2859763
25	华侨城集团公司	4823545	9	福建省能源集团有限责任公司	2430000
26	深圳市神州通投资集团有限公司	4110089		合计	60345732
27	广州市建筑集团有限公司	4040336			
28	深圳市爱施德股份有限公司	4024348	广西		
29	广东省广晟资产经营有限公司	4016542	1	广西建工集团有限责任公司	5411966
30	广东省丝绸纺织集团有限公司	3969228	2	广西投资集团有限公司	5282524
31	广州钢铁企业集团有限公司	3680318	3	广西北部湾国际港务集团有限公司	4510003
32	中国广核集团有限公司	3533007	4	广西玉柴机器集团有限公司	4246677
33	广东温氏食品集团股份有限公司	3518706	5	广西有色金属集团有限公司	2594226
34	腾邦投资控股有限公司	3393609	6	广西交通投资集团有限公司	2375798
35	生命人寿保险股份有限公司	3021381		合计	24421194
36	广东省广业资产经营有限公司	3001570			
37	广东省交通集团有限公司	2977088	贵州		

排名	企业名称	营业收入（万元）	排名	企业名称	营业收入（万元）
1	中国贵州茅台酒厂（集团）有限责任公司	3462301			
2	贵州中烟工业有限责任公司	3321897		**宁夏**	
	合计	6784198	1	宁夏天元锰业有限公司	4705264
			2	宁夏宝塔石化集团有限公司	3018130
	云南			合计	7723394
1	红塔烟草（集团）有限责任公司	9639634			
2	红云红河烟草（集团）有限责任公司	8436772		**新疆**	
3	云天化集团有限责任公司	6355541	1	新疆广汇实业投资（集团）有限责任公司	10923638
4	云南冶金集团股份有限公司	4231133	2	新疆特变电工集团有限公司	3533083
5	云南建工集团有限公司	4017477	3	新疆生产建设兵团棉麻公司	3194501
6	昆明钢铁控股有限公司	3697068	4	新疆天业（集团）有限公司	2456389
7	云南中豪置业有限责任公司	3561249		合计	20107611
8	云南锡业集团（控股）有限公司	3087954			
9	云南省能源投资集团有限公司	2634178		**内蒙古**	
10	云南煤化工集团有限公司	2532935	1	内蒙古电力（集团）有限责任公司	6033769
	合计	48193941	2	包头钢铁（集团）有限责任公司	5075733
			3	内蒙古伊利实业集团股份有限公司	4777887
	甘肃		4	内蒙古伊泰集团有限公司	3646355
1	金川集团股份有限公司	18484269		合计	19533744
2	酒泉钢铁（集团）有限责任公司	12234323			
3	白银有色集团股份有限公司	3416733		**海南**	
4	甘肃省建设投资（控股）集团总公司	3219198	1	海航集团有限公司	11556538
	合计	37354523	2	大印集团有限公司	7893103
			3	大棒集团有限公司	2740206
	青海		4	海南省农垦集团有限公司	2554192
1	西部矿业集团有限公司	2921381		合计	24744039
	合计	2921381			

表 8-5　　　　　　　　　　2014 中国企业 500 强净利润排序前 100 名企业

排名	公司名称	净利润（万元）	排名	公司名称	净利润（万元）
1	中国工商银行股份有限公司	26264900	51	中国船舶重工集团公司	712196
2	中国建设银行股份有限公司	21465700	52	浙江省能源集团有限公司	700892
3	中国农业银行股份有限公司	16631500	53	南山集团有限公司	695039
4	中国银行股份有限公司	15691100	54	中国航天科工集团公司	685934
5	中国石油天然气集团公司	11377507	55	山东魏桥创业集团有限公司	678104
6	国家开发银行	7958400	56	天津中环电子信息集团有限公司	655655
7	交通银行股份有限公司	6229508	57	中国保利集团公司	636410
8	中国移动通信集团公司	5655285	58	中国铁道建筑总公司	606558
9	中国石油化工集团公司	5491780	59	四川省宜宾五粮液集团有限公司	606507
10	招商银行股份有限公司	5197789	60	宝钢集团有限公司	568710
11	国家电网公司	4908187	61	北京汽车集团有限公司	567108
12	中国海洋石油总公司	4734832	62	中国广核集团有限公司	562142
13	中国民生银行股份有限公司	4227800	63	重庆龙湖企业拓展有限公司	555946
14	兴业银行股份有限公司	4121100	64	生命人寿保险股份有限公司	537856
15	上海浦东发展银行股份有限公司	4092200	65	美的集团股份有限公司	531746
16	中国中信集团有限公司	3783894	66	上海国际港务（集团）股份有限公司	525553
17	神华集团有限责任公司	3652206	67	正威国际集团有限公司	512350
18	中国平安保险（集团）股份有限公司	2815400	68	中国电力建设集团有限公司	512065
19	中国光大银行股份有限公司	2671500	69	海信集团有限公司	509236
20	中国邮政集团公司	2530018	70	宁夏天元锰业有限公司	496263
21	上海汽车集团股份有限公司	2480363	71	中国华电集团公司	492284
22	华为技术有限公司	2091900	72	绿城房地产集团有限公司	488551
23	中国建筑股份有限公司	2039851	73	华侨城集团公司	482146
24	中国第一汽车集团公司	2006573	74	中国中化集团公司	464255
25	腾讯控股有限公司	1919400	75	中国航空工业集团公司	458949
26	上海烟草集团有限责任公司	1814547	76	渤海银行股份有限公司	456237
27	太平洋建设集团有限公司	1704736	77	中国联合网络通信集团有限公司	448849
28	华夏银行股份有限公司	1550604	78	新华人寿保险股份有限公司	442200
29	中国农业发展银行	1413662	79	中国兵器工业集团公司	439935
30	恒大地产集团有限公司	1370903	80	河南省漯河市双汇实业集团有限责任公司	417498
31	北京银行	1345931	81	湖北中烟工业有限责任公司	411715
32	华润股份有限公司	1294146	82	广东省粤电集团有限公司	392897
33	广发银行股份有限公司	1158348	83	中联重科股份有限公司	383897
34	珠海格力电器股份有限公司	1087067	84	国家开发投资公司	379601
35	中国贵州茅台酒厂（集团）有限责任公司	1037631	85	泰康人寿保险股份有限公司	374451
36	陕西延长石油（集团）有限责任公司	971886	86	中国人寿保险（集团）公司	365675
37	中国电信集团公司	956648	87	科创控股集团有限公司	361005
38	红云红河烟草（集团）有限责任公司	955139	88	潍柴动力股份有限公司	357079
39	中国中铁股份有限公司	937463	89	中国国电集团公司	351233
40	中国太平洋保险（集团）股份有限公司	926100	90	三一集团有限公司	345073
41	东风汽车公司	890548	91	安徽海螺集团有限责任公司	340718
42	海尔集团公司	883309	92	天狮集团有限公司	338982
43	大连万达集团股份有限公司	839775	93	中国化学工程股份有限公司	335839
44	长城汽车股份有限公司	822364	94	山东大王集团有限公司	332496
45	中国交通建设集团有限公司	821276	95	新疆广汇实业投资（集团）有限责任公司	327840
46	绿地控股集团有限公司	818511	96	浙江中烟工业有限责任公司	322007
47	中国南方电网有限责任公司	814999	97	内蒙古伊利实业集团股份有限公司	318724
48	中国人民保险集团股份有限公司	812100	98	贵州中烟工业有限责任公司	317279
49	杭州娃哈哈集团有限公司	773972	99	江苏华厦融创置地有限公司	314496
50	红塔烟草（集团）有限责任公司	755002	100	山东胜通集团股份有限公司	298809
				中国企业 500 强平均数	482451

表 8-6　　2014 中国企业 500 强资产排序前 100 名企业

排名	公司名称	资产（万元）	排名	公司名称	资产（万元）
1	中国工商银行股份有限公司	1891775200	51	上海汽车集团股份有限公司	37364074
2	中国建设银行股份有限公司	1536321000	52	中国船舶重工集团公司	37102724
3	中国农业银行股份有限公司	1456210200	53	绿地控股集团有限公司	36767814
4	中国银行股份有限公司	1387429900	54	中国建筑材料集团有限公司	36441569
5	国家开发银行	818795300	55	中国电力建设集团有限公司	35083008
6	交通银行股份有限公司	596093674	56	陕西煤业化工集团有限责任公司	34848650
7	中国邮政集团公司	574732340	57	恒大地产集团有限公司	34814819
8	中国中信集团有限公司	429967747	58	中国远洋运输（集团）总公司	34184011
9	招商银行股份有限公司	401639900	59	国家开发投资公司	34182038
10	中国石油天然气集团公司	375735986	60	中国冶金科工集团有限公司	33246212
11	上海浦东发展银行股份有限公司	368012500	61	河北钢铁集团有限公司	32840956
12	兴业银行股份有限公司	367743500	62	中国中化集团公司	31777903
13	中国平安保险（集团）股份有限公司	336031200	63	中国广核集团有限公司	31562264
14	中国民生银行股份有限公司	322621000	64	中国兵器装备集团公司	31180906
15	中国农业发展银行	262268311	65	中国第一汽车集团公司	30129536
16	国家电网公司	257007115	66	中国兵器工业集团公司	29843431
17	中国光大银行股份有限公司	241508600	67	东风汽车公司	29529385
18	中国人寿保险（集团）公司	240711807	68	中国五矿集团公司	29407790
19	中国石油化工集团公司	213692292	69	鞍钢集团公司	28458231
20	华夏银行股份有限公司	167244638	70	中粮集团有限公司	28433268
21	广发银行股份有限公司	146984993	71	中国中煤能源集团有限公司	28000623
22	中国移动通信集团公司	140458151	72	光明食品（集团）有限公司	27624160
23	北京银行	133676385	73	山东高速集团有限公司	27363855
24	中国海洋石油总公司	104165019	74	中国化工集团公司	27251067
25	神华集团有限责任公司	88265652	75	河南能源化工集团有限责任公司	26945513
26	中国华能集团公司	85521906	76	陕西延长石油（集团）有限责任公司	24052690
27	华润股份有限公司	84903230	77	武汉钢铁（集团）公司	23994208
28	中国国电集团公司	78602736	78	中国机械工业集团有限公司	23460378
29	中国建筑股份有限公司	78382109	79	渤海钢铁集团有限公司	23416984
30	中国人民保险集团股份有限公司	75531900	80	华为技术有限公司	23153200
31	中国太平洋保险（集团）股份有限公司	72353300	81	广东省交通集团有限公司	23044858
32	中国大唐集团公司	69799733	82	山西焦煤集团有限责任公司	22757956
33	中国航空工业集团公司	68501391	83	山东能源集团有限公司	22561589
34	中国电信集团公司	67394021	84	中国航空集团公司	21613366
35	中国华电集团公司	65338998	85	山西晋城无烟煤矿业集团有限责任公司	21431586
36	中国中铁股份有限公司	62820053	86	联想控股股份有限公司	20701663
37	中国电力投资集团公司	61804674	87	太平人寿保险有限公司	20663817
38	中国南方电网有限责任公司	58424791	88	生命人寿保险股份有限公司	19586886
39	中国联合网络通信集团有限公司	57347240	89	大同煤矿集团有限责任公司	19137287
40	渤海银行股份有限公司	56821104	90	中国能源建设集团有限公司	18722407
41	新华人寿保险股份有限公司	56584900	91	兖矿集团有限公司	18457404
42	中国铁道建筑总公司	56398838	92	山东钢铁集团有限公司	18452314
43	中国交通建设集团有限公司	53837946	93	晋能有限责任公司	18350940
44	宝钢集团有限公司	51946195	94	北京汽车集团有限公司	18290576
45	中国铝业公司	46628512	95	太平洋建设集团有限公司	18254910
46	中国保利集团公司	45533119	96	中国电子信息产业集团有限公司	18021175
47	泰康人寿保险股份有限公司	44150271	97	海尔集团公司	17920763
48	海航集团有限公司	41022413	98	中国航天科工集团公司	17882218
49	大连万达集团股份有限公司	39715359	99	中国海运（集团）总公司	17646847
50	首钢总公司	39177705	100	中国南方航空集团公司	17422749
				中国企业 500 强平均数	35285915

表 8-7　　2014 中国企业 500 强从业人数排序前 100 名企业

排名	公司名称	从业人数	排名	公司名称	从业人数
1	中国石油天然气集团公司	1602898	51	中国华能集团公司	138651
2	中国大唐集团公司	1027777	52	宝钢集团有限公司	137546
3	中国石油化工集团公司	961703	53	中国航天科工集团公司	135984
4	中国邮政集团公司	954419	54	陕西煤业化工集团有限责任公司	132689
5	国家电网公司	885766	55	中国冶金科工集团有限公司	132613
6	黑龙江北大荒农垦集团总公司	575608	56	山东魏桥创业集团有限公司	132091
7	中国人民保险集团股份有限公司	514228	57	雨润控股集团有限公司	130000
8	中国航空工业集团公司	513554	58	中国电力投资集团公司	126154
9	中国农业银行股份有限公司	478980	59	河北钢铁集团有限公司	125708
10	华润股份有限公司	442861	60	中国电子信息产业集团有限公司	124304
11	中国工商银行股份有限公司	441902	61	中太建设集团股份有限公司	123816
12	中国电信集团公司	414673	62	广厦控股集团有限公司	121025
13	中国建设银行股份有限公司	368410	63	中国机械工业集团有限公司	119523
14	中国南方电网有限责任公司	309114	64	中国五矿集团公司	118030
15	中国银行股份有限公司	305675	65	首钢总公司	117180
16	中国铁道建筑总公司	297239	66	阳光保险集团股份有限公司	115357
17	中国中铁股份有限公司	289547	67	中国华电集团公司	115000
18	中国联合网络通信集团有限公司	288679	68	晋能有限责任公司	112957
19	太平洋建设集团有限公司	287816	69	光明食品（集团）有限公司	111780
20	中国兵器工业集团公司	258186	70	武汉钢铁（集团）公司	111318
21	黑龙江龙煤矿业控股集团有限责任公司	243000	71	中国中煤能源集团有限公司	110210
22	河南能源化工集团有限责任公司	242786	72	中国交通建设集团有限公司	110140
23	中国兵器装备集团公司	242430	73	中国化工集团公司	110005
24	山西焦煤集团有限责任公司	235338	74	美的集团股份有限公司	109085
25	山东能源集团有限公司	233072	75	中国海洋石油总公司	108646
26	中国移动通信集团公司	233052	76	海航集团有限公司	108416
27	大商集团有限公司	218858	77	中粮集团有限公司	107271
28	中国建筑股份有限公司	216824	78	重庆商社（集团）有限公司	101903
29	神华集团有限责任公司	208658	79	山西潞安矿业（集团）有限责任公司	100205
30	中国电力建设集团有限公司	202850	80	大连万达集团股份有限公司	99752
31	山东省商业集团有限公司	200000	81	北京汽车集团有限公司	99533
32	鞍钢集团公司	192500	82	冀中能源集团有限责任公司	99469
33	浙江省建设投资集团有限公司	187363	83	交通银行股份有限公司	97210
34	东风汽车公司	184635	84	江苏南通三建集团有限公司	94760
35	苏宁控股集团	180000	85	江苏南通二建集团有限公司	92180
36	中国建筑材料集团有限公司	179421	86	上海汽车集团股份有限公司	91870
37	中国中信集团有限公司	176175	87	中国第一汽车集团公司	91646
38	中国铝业公司	175602	88	中国南车集团公司	91515
39	中国能源建设集团有限公司	170056	89	淮北矿业（集团）有限责任公司	89159
40	山西晋城无烟煤矿业集团有限责任公司	164692	90	兖矿集团有限公司	88973
41	中国船舶重工集团公司	164000	91	国家开发投资公司	88263
42	大同煤矿集团有限责任公司	160660	92	江苏省苏中建设集团股份有限公司	87563
43	比亚迪股份有限公司	159440	93	山东钢铁集团有限公司	87281
44	中国平煤神马能源化工集团有限公司	158852	94	中国太平洋保险（集团）股份有限公司	86893
45	阳泉煤业（集团）有限责任公司	150469	95	中国北方机车车辆工业集团公司	85064
46	华为技术有限公司	150000	96	淮南矿业（集团）有限责任公司	83864
47	中国人寿保险（集团）公司	146002	97	中国医药集团总公司	82766
48	陕西延长石油（集团）有限责任公司	143674	98	海南省农垦集团有限公司	81647
49	成都建筑工程集团总公司	141897	99	本钢集团有限公司	81542
50	中国国电集团公司	139886	100	新希望集团有限公司	81184
				中国企业 500 强平均数	63283

表 8-8　2014 中国企业 500 强研发费用排序前 100 名企业

排名	公司名称	研发费用（万元）	排名	公司名称	研发费用（万元）
1	华为技术有限公司	3067200	51	中国建设银行股份有限公司	297648
2	中国石油天然气集团公司	2802389	52	山东钢铁集团有限公司	288238
3	中国航空工业集团公司	2333879	53	比亚迪股份有限公司	287248
4	中国移动通信集团公司	1899093	54	恒力集团有限公司	282510
5	中国航天科工集团公司	1668621	55	中国海洋石油总公司	282320
6	中国兵器装备集团公司	1137821	56	中国北方机车车辆工业集团公司	280731
7	中国电信集团公司	956337	57	北京汽车集团有限公司	280585
8	中国船舶重工集团公司	923144	58	中国机械工业集团有限公司	276993
9	海尔集团公司	901497	59	三一集团有限公司	275579
10	中国石油化工集团公司	893410	60	华晨汽车集团控股有限公司	273373
11	中国兵器工业集团公司	887349	61	中国有色矿业集团有限公司	268397
12	山东魏桥创业集团有限公司	878647	62	中国能源建设集团有限公司	268001
13	中国中铁股份有限公司	851575	63	山东能源集团有限公司	266160
14	中国第一汽车集团公司	838194	64	潍柴动力股份有限公司	251738
15	浙江吉利控股集团有限公司	764030	65	新希望集团有限公司	249113
16	陕西延长石油（集团）有限责任公司	759569	66	河北钢铁集团有限公司	245703
17	中兴通讯股份有限公司	738389	67	江西铜业集团公司	245695
18	武汉钢铁（集团）公司	726553	68	太原钢铁（集团）有限公司	241263
19	东风汽车公司	639738	69	四川长虹电子集团有限公司	241051
20	中国工商银行股份有限公司	602149	70	兖矿集团有限公司	236700
21	上海汽车集团股份有限公司	589027	71	中国中煤能源集团有限公司	235844
22	宝钢集团有限公司	588029	72	中国南方电网有限责任公司	234061
23	神华集团有限责任公司	582390	73	中联重科股份有限公司	230108
24	国家电网公司	578851	74	南山集团有限公司	221781
25	中国电子信息产业集团有限公司	574351	75	中国华电集团公司	211176
26	中国南车集团公司	525767	76	中国铝业公司	211097
27	首钢总公司	511725	77	冀中能源集团有限公司	206186
28	阳泉煤业（集团）有限公司	477561	78	天津中环电子信息集团有限公司	205611
29	中国铁道建筑总公司	467891	79	湖南华菱钢铁集团有限公司	204061
30	中国电力建设集团有限公司	464092	80	新兴际华集团有限公司	194776
31	河南能源化工集团有限责任公司	461745	81	中国重型汽车集团有限公司	181015
32	美的集团股份有限公司	460807	82	中国化工集团公司	181001
33	陕西煤业化工集团有限责任公司	450391	83	大同煤矿集团有限责任公司	179550
34	山西晋城无烟煤矿业集团有限责任公司	449267	84	日照钢铁控股集团有限公司	175220
35	联想控股股份有限公司	446593	85	山东胜通集团股份有限公司	168453
36	酒泉钢铁（集团）有限责任公司	446015	86	哈尔滨电气集团公司	163636
37	鞍钢集团公司	444879	87	徐州工程机械集团有限公司	161452
38	中国平煤神马能源化工集团有限责任公司	435400	88	包头钢铁（集团）有限责任公司	158900
39	百度股份有限公司	410683	89	利华益集团股份有限公司	156539
40	渤海钢铁集团有限公司	395166	90	中国中材集团有限公司	153428
41	海信集团有限公司	374933	91	安阳钢铁集团有限责任公司	150920
42	铜陵有色金属集团控股有限公司	374470	92	奇瑞汽车股份有限公司	150127
43	上海电气（集团）总公司	373000	93	山东科达集团有限公司	149623
44	中国冶金科工集团有限公司	366602	94	浪潮集团有限公司	149228
45	中国建筑材料集团有限公司	361792	95	新疆特变电工集团有限公司	148937
46	山西潞安矿业（集团）有限责任公司	353000	96	湖北宜化集团有限责任公司	147812
47	中国交通建设集团有限公司	338306	97	天津渤海化工集团有限责任公司	146429
48	TCL 集团股份有限公司	324700	98	中国国电集团公司	144956
49	广州汽车工业集团有限公司	309879	99	华泰集团有限公司	137927
50	江苏沙钢集团有限公司	299801	100	四川省宜宾五粮液集团有限公司	136594
				中国企业 500 强平均数	141545

表 8-9　　2014 中国企业 500 强研发费所占比例排序前 100 名企业

排名	公司名称	研发费所占比例（%）	排名	公司名称	研发费所占比例（%）
1	百度股份有限公司	12.86	51	东营鲁方金属材料有限公司	3.00
2	华为技术有限公司	12.83	52	华勤橡胶工业集团公司	3.00
3	中国航天科工集团公司	11.73	53	山东如意科技集团有限公司	3.00
4	中兴通讯股份有限公司	9.81	54	陕西煤业化工集团有限责任公司	2.99
5	哈尔滨电气集团公司	6.83	55	重庆钢铁（集团）有限责任公司	2.97
6	中国航空工业集团公司	6.68	56	中国电子信息产业集团有限公司	2.96
7	山东胜通集团股份有限公司	6.00	57	青岛啤酒股份有限公司	2.95
8	山东科达集团有限公司	5.64	58	中国重型汽车集团有限公司	2.92
9	奇瑞汽车股份有限公司	5.55	59	山东金诚石化集团有限公司	2.91
10	比亚迪股份有限公司	5.43	60	正泰集团股份有限公司	2.89
11	中国南车集团公司	5.24	61	中国移动通信集团公司	2.87
12	利华益集团股份有限公司	5.05	62	鞍钢集团公司	2.87
13	海尔集团公司	5.00	63	中国北方机车车辆工业集团公司	2.85
14	中国船舶重工集团公司	4.93	64	山东泰山钢铁集团有限公司	2.83
15	浙江吉利控股集团有限公司	4.82	65	江苏双良集团有限公司	2.78
16	重庆力帆控股有限公司	4.66	66	潍柴动力股份有限公司	2.77
17	新疆特变电工集团有限公司	4.22	67	南山集团有限公司	2.75
18	陕西延长石油（集团）有限责任公司	4.07	68	四川长虹电子集团有限公司	2.63
19	海信集团有限公司	4.02	69	中国东方电气集团有限公司	2.58
20	日照钢铁控股集团有限公司	4.00	70	中国电信集团公司	2.51
21	陕西汽车控股集团有限公司	4.00	71	盾安控股集团有限公司	2.50
22	上海电气（集团）总公司	3.94	72	阳泉煤业（集团）有限责任公司	2.49
23	TCL集团股份有限公司	3.81	73	湖南华菱钢铁集团有限责任公司	2.47
24	三一集团有限公司	3.81	74	江铃汽车集团公司	2.44
25	美的集团股份有限公司	3.80	75	东北特殊钢集团有限责任公司	2.43
26	郑州宇通集团有限公司	3.78	76	首钢总公司	2.43
27	安阳钢铁集团有限责任公司	3.73	77	中国煤炭科工集团有限公司	2.39
28	酒泉钢铁（集团）有限责任公司	3.65	78	山东钢铁集团有限公司	2.39
29	山东魏桥创业集团有限公司	3.64	79	上海复星高科技（集团）有限公司	2.38
30	山东天信集团有限公司	3.40	80	兖矿集团有限公司	2.34
31	浪潮集团有限公司	3.31	81	江苏法尔胜泓昇集团有限公司	2.34
32	中策橡胶集团有限公司	3.29	82	山西晋城无烟煤矿业集团有限公司	2.33
33	安徽江淮汽车集团有限公司	3.28	83	天狮集团有限公司	2.32
34	武汉钢铁（集团）公司	3.20	84	中国兵器工业集团公司	2.30
35	华泰集团有限公司	3.20	85	苏州创元投资发展（集团）有限公司	2.27
36	新希望集团有限公司	3.20	86	福建省三钢（集团）有限责任公司	2.25
37	亨通集团有限公司	3.19	87	玖龙纸业（控股）有限公司	2.22
38	中国兵器装备集团公司	3.15	88	河北敬业集团	2.22
39	人民电器集团有限公司	3.14	89	中国中煤能源集团有限公司	2.19
40	包头钢铁（集团）有限责任公司	3.13	90	四川省宜宾五粮液集团有限公司	2.16
41	中国广核集团有限公司	3.13	91	华晨汽车集团控股有限公司	2.14
42	中国平煤神马能源化工集团有限责任公司	3.11	92	宝胜集团有限公司	2.11
43	山东渤海实业股份有限公司	3.10	93	河南能源化工集团有限公司	2.10
44	中国贵州茅台酒厂（集团）有限责任公司	3.10	94	天津市一轻集团（控股）有限公司	2.10
45	逸盛大化石化有限公司	3.08	95	恒力集团有限公司	2.09
46	铜陵有色金属集团控股有限公司	3.06	96	中国中材集团有限公司	2.08
47	郑州煤炭工业（集团）有限责任公司	3.05	97	河北津西钢铁集团股份有限公司	2.06
48	中联重科股份有限公司	3.04	98	天津渤海化工集团有限责任公司	2.06
49	山东金岭集团有限公司	3.02	99	万达控股集团有限公司	2.05
50	东营方圆有色金属有限公司	3.00	100	广东省广晟资产经营有限公司	2.05
				中国企业 500 强平均数	1.25

表 8-10　　2014 中国企业 500 强净资产利润率排序前 100 名企业

排名	公司名称	净资产利润率（%）	排名	公司名称	净资产利润率（%）
1	重庆龙湖企业拓展有限公司	190.40	51	中国国际技术智力合作公司	21.22
2	双胞胎（集团）股份有限公司	77.20	52	安徽省徽商集团有限公司	20.97
3	天津友发钢管集团股份有限公司	60.04	53	兴业银行股份有限公司	20.63
4	南方石化集团有限公司	58.95	54	中国工商银行股份有限公司	20.61
5	山东胜通集团股份有限公司	55.52	55	银亿集团有限公司	20.53
6	天正集团有限公司	52.12	56	浙江宝业建设集团有限公司	20.51
7	宁夏天元锰业有限公司	51.85	57	大汉控股集团有限公司	20.48
8	广东省广业资产经营有限公司	44.48	58	上海人民企业（集团）有限公司	20.48
9	广州钢铁企业集团有限公司	40.31	59	天津中环电子信息集团有限公司	20.46
10	江苏省苏中建设集团股份有限公司	39.62	60	湖北中烟工业有限责任公司	20.26
11	浙江八达建设集团有限公司	38.44	61	中国建设银行股份有限公司	20.14
12	大连万达集团股份有限公司	38.13	62	上海浦东发展银行股份有限公司	20.02
13	江西省建工集团有限责任公司	36.77	63	郑州宇通集团有限公司	19.86
14	广东振戎能源有限公司	36.65	64	德力西集团有限公司	19.84
15	天狮集团有限公司	36.65	65	内蒙古伊利实业集团股份有限公司	19.77
16	山东大海集团有限公司	36.45	66	中国农业银行股份有限公司	19.73
17	金鼎重工股份有限公司	35.67	67	招商银行股份有限公司	19.58
18	河南省漯河市双汇实业集团有限责任公司	32.00	68	绿城房地产集团有限公司	19.58
19	山河建设集团有限公司	31.99	69	江苏阳光集团有限公司	19.37
20	山东天信集团有限公司	31.95	70	山东时风（集团）有限责任公司	19.26
21	东营鲁方金属材料有限公司	31.81	71	中天发展控股集团有限公司	19.21
22	河北建设集团有限公司	31.65	72	腾邦投资控股集团有限公司	19.19
23	大商集团有限公司	30.95	73	隆基泰和实业有限公司	19.16
24	杭州娃哈哈集团有限公司	30.64	74	海信集团有限公司	19.14
25	珠海格力电器股份有限公司	30.64	75	渤海银行股份有限公司	18.85
26	生命人寿保险股份有限公司	30.25	76	奥克斯集团有限公司	18.74
27	长城汽车股份有限公司	29.37	77	弘阳集团有限公司	18.65
28	浙江前程投资股份有限公司	27.94	78	稻花香集团	18.40
29	中南控股集团有限公司	27.38	79	长春欧亚集团股份有限公司	18.26
30	江苏南通二建集团有限公司	27.03	80	石家庄北国人百集团有限责任公司	18.18
31	山东海科化工集团	26.83	81	华夏银行股份有限公司	18.15
32	老凤祥股份有限公司	26.70	82	上海汽车集团股份有限公司	18.01
33	中太建设集团股份有限公司	25.80	83	海澜集团有限公司	17.97
34	中国贵州茅台酒厂（集团）有限责任公司	25.26	84	万达控股集团有限公司	17.81
35	绿地控股集团有限公司	24.85	85	山东玉皇化工有限公司	17.66
36	中基宁波集团股份有限公司	24.79	86	浪潮集团有限公司	17.56
37	华为技术有限公司	24.27	87	通威集团有限公司	17.55
38	江苏南通三建集团有限公司	23.19	88	中国光大银行股份有限公司	17.48
39	重庆市金科投资控股（集团）有限责任公司	23.04	89	安徽建工集团有限公司	17.46
40	浙江省建设投资集团有限公司	23.01	90	中国第一汽车集团公司	17.33
41	中策橡胶集团有限公司	22.81	91	恒大地产集团有限公司	17.28
42	山东金岭集团有限公司	22.16	92	中国建筑股份有限公司	17.28
43	海尔集团公司	22.14	93	北京银行	17.23
44	中国农业发展银行	22.11	94	中国银行股份有限公司	16.98
45	山东如意科技集团有限公司	21.98	95	天津百利机电控股集团有限公司	16.97
46	浙江昆仑控股集团有限公司	21.88	96	华泰集团有限公司	16.87
47	贵州中烟工业有限责任公司	21.84	97	安徽海螺集团有限责任公司	16.85
48	人民电器集团有限公司	21.80	98	红云红河烟草（集团）有限责任公司	16.81
49	中国民生银行股份有限公司	21.38	99	三河汇福粮油集团有限公司	16.78
50	太平洋建设集团有限公司	21.34	100	东风汽车公司	16.59
				中国企业 500 强平均数	11.14

表 8-11　　2014 中国企业 500 强资产利润率排序前 100 名企业

排名	公司名称	资产利润率（%）	排名	公司名称	资产利润率（%）
1	天狮集团有限公司	28.11	51	福建中烟工业有限责任公司	6.87
2	山东胜通集团股份有限公司	22.59	52	四川科伦实业集团有限公司	6.86
3	天正集团有限公司	20.20	53	中国第一汽车集团公司	6.66
4	河南省漯河市双汇实业集团有限责任公司	19.78	54	红塔烟草（集团）有限责任公司	6.65
5	山东大海集团有限公司	19.49	55	上海汽车集团股份有限公司	6.64
6	杭州娃哈哈集团有限公司	19.44	56	江苏法尔胜泓昇集团有限公司	6.57
7	腾讯控股有限公司	17.90	57	南方石化集团有限公司	6.54
8	东营鲁方金属材料有限公司	17.17	58	山东金诚石化集团有限公司	6.47
9	张家港保税区旭江贸易有限公司	17.14	59	弘阳集团有限公司	6.45
10	宁夏天元锰业有限公司	16.71	60	中策橡胶集团有限公司	6.42
11	山河建设集团有限公司	15.94	61	天津百利机电控股集团有限公司	6.41
12	长城汽车股份有限公司	15.63	62	深圳市爱施德股份有限公司	6.33
13	山东天信集团有限公司	15.37	63	浙江龙盛控股有限公司	6.11
14	贵州中烟工业有限责任公司	14.85	64	海信集团有限公司	5.99
15	中国贵州茅台酒厂（集团）有限责任公司	14.62	65	上海国际港务（集团）股份有限公司	5.93
16	中太建设集团股份有限公司	14.55	66	合肥百货大楼集团有限公司	5.82
17	山东时风（集团）有限责任公司	14.14	67	山东海科化工集团	5.80
18	浙江八达建设集团有限公司	14.12	68	东营方圆有色金属有限公司	5.73
19	上海烟草集团有限公司	13.95	69	隆基泰和实业有限公司	5.70
20	人民电器集团有限公司	13.85	70	巨力环球控股有限公司	5.67
21	双胞胎（集团）股份有限公司	13.40	71	大汉控股集团有限公司	5.63
22	山东金岭集团有限公司	12.73	72	永辉超市股份有限公司	5.55
23	沂州集团有限公司	12.25	73	江苏金辉铜业集团有限公司	5.54
24	大棒集团有限公司	12.17	74	美的集团股份有限公司	5.48
25	红云红河烟草（集团）有限责任公司	12.16	75	大印集团有限公司	5.42
26	江苏南通二建集团有限公司	12.14	76	中国华信能源有限公司	5.37
27	江苏南通三建集团有限公司	10.54	77	山东大王集团有限公司	5.37
28	山东如意科技集团有限公司	10.46	78	珠海振戎公司	5.35
29	海澜集团有限公司	10.45	79	山东魏桥创业集团有限公司	5.34
30	湖北中烟工业有限责任公司	9.77	80	浙江昆仑控股集团有限公司	5.32
31	内蒙古伊利实业集团股份有限公司	9.69	81	山东玉皇化工有限公司	5.27
32	老凤祥股份有限公司	9.53	82	奥克斯集团有限公司	5.26
33	浙江中烟工业有限责任公司	9.48	83	金鼎重工股份有限公司	5.25
34	太平洋建设集团有限公司	9.34	84	百兴集团有限公司	5.25
35	天津中环电子信息集团有限公司	9.13	85	德力西集团有限公司	5.20
36	华为技术有限公司	9.04	86	江苏华厦融创置地集团有限公司	5.17
37	四川省宜宾五粮液集团有限公司	8.64	87	卓尔控股有限公司	5.14
38	大商集团有限公司	8.62	88	超威电源有限公司	5.11
39	维维集团股份有限公司	8.55	89	浙江中成控股集团有限公司	5.09
40	江苏阳光集团有限公司	8.51	90	正威国际集团有限公司	4.94
41	浪潮集团有限公司	8.49	91	海尔集团公司	4.93
42	山东科达集团有限公司	8.32	92	腾邦投资控股集团	4.87
43	珠海格力电器股份有限公司	8.13	93	重庆龙湖企业拓展有限公司	4.80
44	通威集团有限公司	8.00	94	中国化学工程股份有限公司	4.69
45	科创控股集团有限公司	7.84	95	恒力集团有限公司	4.67
46	南山集团有限公司	7.72	96	嘉晨集团有限公司	4.64
47	中国国际技术智力合作公司	7.68	97	华侨城集团公司	4.61
48	上海人民企业（集团）有限公司	7.58	98	中国海洋石油总公司	4.55
49	浙江宝业建设集团有限公司	7.46	99	潍柴动力股份有限公司	4.55
50	青岛啤酒股份有限公司	7.21	100	浙江省能源集团有限公司	4.51
				中国企业 500 强平均数	1.36

表 8-12 2014 中国企业 500 强收入利润率排序前 100 名企业

排名	公司名称	收入利润率（%）	排名	公司名称	收入利润率（%）
1	腾讯控股有限公司	31.76	51	中国邮政集团公司	6.98
2	中国贵州茅台酒厂（集团）有限责任公司	29.97	52	中国平安保险（集团）股份有限公司	6.78
3	中国工商银行股份有限公司	28.37	53	江苏扬子江船业集团公司	6.70
4	中国建设银行股份有限公司	27.84	54	内蒙古伊利实业集团股份有限公司	6.67
5	招商银行股份有限公司	24.83	55	福建中烟工业有限责任公司	6.54
6	中国银行股份有限公司	24.16	56	湖北中烟工业有限责任公司	6.31
7	中国农业银行股份有限公司	23.55	57	海澜集团有限公司	6.21
8	北京银行	21.44	58	世纪金源投资集团有限公司	5.98
9	上海浦东发展银行股份有限公司	21.17	59	弘阳集团有限公司	5.87
10	交通银行股份有限公司	21.01	60	北京能源投资（集团）有限公司	5.87
11	中国光大银行股份有限公司	19.74	61	维维集团股份有限公司	5.82
12	中国民生银行股份有限公司	19.38	62	山东如意科技集团有限公司	5.66
13	兴业银行股份有限公司	19.26	63	东营鲁方金属材料有限公司	5.64
14	华夏银行股份有限公司	18.66	64	海信集团有限公司	5.46
15	上海国际港务（集团）股份有限公司	18.66	65	新奥能源控股有限公司	5.45
16	国家开发银行	18.13	66	中国化学工程股份有限公司	5.44
17	生命人寿保险股份有限公司	17.80	67	天瑞集团股份有限公司	5.43
18	上海烟草集团有限责任公司	16.31	68	天津百利机电控股集团有限公司	5.42
19	中国广核集团有限公司	15.91	69	浙江中烟工业有限责任公司	5.37
20	渤海银行股份有限公司	15.43	70	中策橡胶集团有限公司	5.37
21	广发银行股份有限公司	15.35	71	浙江龙盛控股有限公司	5.26
22	恒大地产集团有限公司	14.60	72	江苏阳光集团有限公司	5.24
23	长城汽车股份有限公司	14.48	73	陕西延长石油（集团）有限责任公司	5.21
24	重庆龙湖企业拓展有限公司	14.20	74	上海复星高科技（集团）有限公司	5.09
25	江苏华夏融创置地集团有限公司	11.58	75	中联重科股份有限公司	5.07
26	红云红河烟草（集团）有限责任公司	11.32	76	中国煤炭科工集团有限公司	5.06
27	天狮集团有限公司	11.12	77	江苏南通二建集团有限公司	5.06
28	山东胜通集团股份有限公司	10.64	78	郑州宇通集团有限公司	4.90
29	宁夏天元锰业有限公司	10.55	79	海尔集团公司	4.90
30	中国中信集团有限公司	10.09	80	中国保利集团公司	4.83
31	华侨城集团公司	10.00	81	中国航天科工集团公司	4.82
32	神华集团有限责任公司	9.93	82	中国太平洋保险（集团）股份有限公司	4.80
33	杭州娃哈哈集团有限公司	9.89	83	三一集团有限公司	4.78
34	四川省宜宾五粮液集团有限公司	9.61	84	山东金岭集团有限公司	4.71
35	贵州中烟工业有限责任公司	9.55	85	新疆特变电工集团有限公司	4.65
36	中国农业发展银行	9.50	86	太平洋建设集团有限公司	4.65
37	珠海格力电器股份有限公司	9.06	87	嘉晨集团有限公司	4.63
38	浙江省能源集团有限公司	9.04	88	沂州集团有限公司	4.62
39	河南省漯河市双汇实业集团有限责任公司	8.84	89	隆基泰和实业有限公司	4.60
40	华为技术有限公司	8.75	90	中南控股集团有限公司	4.52
41	南山集团有限公司	8.62	91	大连万达集团股份有限公司	4.50
42	中国移动通信集团公司	8.54	92	泰康人寿保险股份有限公司	4.45
43	卓尔控股有限公司	8.50	93	山东大海集团有限公司	4.40
44	中国海洋石油总公司	8.02	94	美的集团股份有限公司	4.38
45	科创控股集团有限公司	7.99	95	上海汽车集团股份有限公司	4.38
46	红塔烟草（集团）有限责任公司	7.83	96	中国第一汽车集团公司	4.35
47	绿城房地产集团有限公司	7.50	97	天津市医药集团有限公司	4.32
48	申能（集团）有限公司	7.05	98	紫金矿业集团股份有限公司	4.27
49	广东省粤电集团有限公司	7.05	99	奇瑞汽车股份有限公司	4.22
50	青岛啤酒股份有限公司	6.98	100	上海人民企业（集团）有限公司	4.19
				中国企业 500 强平均数	4.24

表 8-13　　2014 中国企业 500 强人均营业收入排序前 100 名企业

排名	公司名称	人均收入（万元）	排名	公司名称	人均收入（万元）
1	张家港保税区旭江贸易有限公司	73300	51	云南省能源投资集团有限公司	969
2	珠海振戎公司	57074	52	浙江恒逸集团有限公司	964
3	广州金创利经贸有限公司	38216	53	中国中化集团公司	947
4	玖隆钢铁物流有限公司	36372	54	江苏西城三联控股集团有限公司	899
5	广东振戎能源有限公司	13645	55	江苏申特钢铁有限公司	892
6	远大物产集团有限公司	8277	56	江苏汇鸿国际集团有限公司	880
7	中球冠集团有限公司	6812	57	江阴澄星实业集团有限公司	861
8	浙江前程投资股份有限公司	5550	58	山西煤炭进出口集团有限公司	804
9	新疆生产建设兵团棉麻公司	5517	59	三河汇福粮油集团有限公司	804
10	巨力环球控股有限公司	5224	60	海亮集团有限公司	799
11	国家开发银行	5184	61	利华益集团股份有限公司	792
12	大棒集团有限公司	4893	62	中天发展控股集团有限公司	779
13	南方石化集团有限公司	4888	63	广东省丝绸纺织集团有限公司	739
14	江苏金辉铜业集团有限公司	4599	64	浙江荣盛控股集团有限公司	733
15	绿地控股集团有限公司	4274	65	福佳集团有限公司	717
16	逸盛大化石化有限公司	4229	66	山东金岭集团有限公司	713
17	大印集团有限公司	3661	67	金龙精密铜管集团有限公司	711
18	大连西太平洋石油化工有限公司	3558	68	山东渤海实业股份有限公司	711
19	河北省物流产业集团有限公司	2805	69	杭州钢铁集团公司	706
20	江苏新华发集团有限公司	2387	70	浙江宝业建设集团有限公司	705
21	东营方圆有色金属有限公司	2233	71	宁波金田投资控股有限公司	698
22	中国航空油料集团公司	2162	72	江西铜业集团公司	687
23	上海东浩兰生国际服务贸易（集团）有限公司	2007	73	上海烟草集团有限责任公司	683
24	卓尔控股有限公司	1944	74	北京银行	683
25	天津物产集团有限公司	1831	75	湖北中烟工业有限责任公司	668
26	山东金诚石化集团有限公司	1784	76	厦门建发集团有限公司	665
27	东营鲁方金属材料有限公司	1698	77	江苏三房巷集团有限公司	664
28	浙江中烟工业有限责任公司	1686	78	中天钢铁集团有限公司	663
29	深圳市爱施德股份有限公司	1573	79	天津荣程联合钢铁集团有限公司	644
30	中基宁波集团股份有限公司	1571	80	红云红河烟草（集团）有限责任公司	630
31	中国铁路物资有限公司	1482	81	山东天信集团有限公司	625
32	天狮集团有限公司	1453	82	上海汽车集团股份有限公司	616
33	山西省国新能源发展集团有限公司	1447	83	山东大海集团有限公司	574
34	正威国际集团有限公司	1398	84	滨化集团公司	573
35	云南中豪置业有限责任公司	1371	85	腾邦投资控股集团	570
36	绿城房地产集团有限公司	1321	86	渤海银行股份有限公司	567
37	老凤祥股份有限公司	1318	87	百兴集团有限公司	567
38	大汉控股集团有限公司	1245	88	江苏沙钢集团有限公司	559
39	广东物资集团公司	1197	89	江苏新长江实业集团有限公司	556
40	弘阳集团有限公司	1148	90	北京外企服务集团有限责任公司	553
41	山东海科化工集团	1148	91	厦门国贸控股有限公司	552
42	中国国际技术智力合作公司	1145	92	陕西东岭工贸集团股份有限公司	549
43	浙江省物产集团公司	1140	93	中国海洋石油总公司	543
44	杭州汽轮动力集团有限公司	1116	94	山东玉皇化工有限公司	542
45	山东东明石化集团有限公司	1116	95	广州钢铁企业集团有限公司	535
46	丰立集团有限公司	1069	96	大冶有色金属集团控股有限公司	532
47	中国华信能源有限公司	1050	97	金川集团股份有限公司	531
48	江苏华夏融创置地集团有限公司	1044	98	江苏双良集团有限公司	531
49	厦门象屿集团有限公司	1032	99	天津住宅建设发展有限公司	518
50	天津一商集团有限公司	984	100	江西省建工集团有限责任公司	517
				中国企业 500 强平均数	178

表 8-14　　2014 中国企业 500 强人均净利润排序前 100 名企业

排名	公司名称	人均净利润（万元）	排名	公司名称	人均净利润（万元）
1	国家开发银行	939.82	51	正威国际集团有限公司	30.64
2	张家港保税区旭江贸易有限公司	685.22	52	深圳市爱施德股份有限公司	29.48
3	珠海振戎公司	190.33	53	广东省粤电集团有限公司	29.47
4	卓尔控股有限公司	165.24	54	大汉控股集团有限公司	29.17
5	天狮集团有限公司	161.50	55	恒大地产集团有限公司	28.16
6	北京银行	146.41	56	云南省能源投资集团有限公司	27.79
7	绿地控股集团有限公司	138.73	57	中国农业发展银行	27.11
8	南方石化集团有限公司	128.33	58	上海汽车集团股份有限公司	27.00
9	江苏华厦融创置地集团有限公司	120.96	59	上海国际港务（集团）股份有限公司	26.49
10	上海烟草集团有限责任公司	111.46	60	杭州娃哈哈集团有限公司	25.58
11	上海浦东发展银行股份有限公司	104.99	61	云南中豪置业有限责任公司	25.27
12	绿城房地产集团有限公司	99.14	62	山东大海集团有限公司	25.26
13	大棒集团有限公司	98.10	63	福建中烟工业有限责任公司	24.50
14	东营鲁方金属材料有限公司	95.79	64	中国移动通信集团公司	24.27
15	浙江中烟工业有限责任公司	90.45	65	沂州集团有限公司	23.69
16	渤海银行股份有限公司	87.52	66	山东海科工集团	23.67
17	兴业银行股份有限公司	86.14	67	山东天信集团有限公司	22.95
18	腾讯控股有限公司	79.98	68	利华益集团股份有限公司	22.82
19	玖隆钢铁物流有限公司	77.52	69	中天发展控股集团有限公司	22.47
20	中国民生银行股份有限公司	76.97	70	福佳集团有限公司	22.00
21	招商银行股份有限公司	76.35	71	中国第一汽车集团公司	21.89
22	中国光大银行股份有限公司	73.62	72	中国中信集团有限公司	21.48
23	红云红河烟草（集团）有限责任公司	71.37	73	中国广核集团有限公司	19.04
24	弘阳集团有限公司	67.34	74	宁夏天元锰业有限公司	18.50
25	东营方圆有色金属有限公司	67.07	75	广州钢铁企业集团有限公司	18.41
26	交通银行股份有限公司	64.08	76	江苏扬子江船业集团公司	18.33
27	华夏银行股份有限公司	61.53	77	山东金诚石化集团有限公司	17.85
28	中国工商银行股份有限公司	59.44	78	远大物产集团有限公司	17.60
29	中国建设银行股份有限公司	58.27	79	神华集团有限责任公司	17.50
30	浙江前程投资股份有限公司	53.16	80	山东玉皇化工有限公司	16.27
31	中国银行股份有限公司	51.33	81	三河汇福粮油集团有限公司	15.44
32	广发银行股份有限公司	49.65	82	天津住宅建设发展集团有限公司	15.36
33	重庆龙湖企业拓展有限公司	46.28	83	珠海格力电器股份有限公司	15.07
34	生命人寿保险股份有限公司	44.45	84	南山集团有限公司	14.96
35	中国贵州茅台酒厂（集团）有限责任公司	44.29	85	江阴澄星实业集团有限公司	14.39
36	中国海洋石油总公司	43.58	86	中联重科股份有限公司	14.20
37	江苏金辉铜业集团有限公司	43.39	87	华为技术有限公司	13.95
38	山东胜通集团股份有限公司	42.69	88	中国保利集团公司	13.93
39	湖北中烟工业有限责任公司	42.20	89	广州金创利经贸有限公司	13.86
40	中球冠集团有限公司	42.06	90	申能（集团）有限公司	13.82
41	浙江省能源集团有限公司	41.59	91	浙江龙盛控股有限公司	13.13
42	巨力环球控股集团有限公司	39.27	92	银亿集团有限公司	12.91
43	广东振戎能源有限公司	38.46	93	丰立集团有限公司	12.74
44	老凤祥股份有限公司	35.57	94	四川省宜宾五粮液集团有限公司	12.64
45	中国农业银行股份有限公司	34.72	95	厦门象屿集团有限公司	12.61
46	山东金岭集团有限公司	33.58	96	长城汽车股份有限公司	12.61
47	贵州中烟工业有限责任公司	33.40	97	山东大王集团有限公司	12.60
48	逸盛大化石化有限公司	31.90	98	科创控股集团有限公司	12.48
49	红塔烟草（集团）有限责任公司	30.90	99	中国国际技术智力合作公司	12.32
50	大印集团有限公司	30.68	100	上海东浩兰生国际服务贸易（集团）有限公司	12.25
				中国企业 500 强平均数	7.57

表 8-15　　2014 中国企业 500 强人均资产排序前 100 名企业

排名	公司名称	人均资产（万元）	排名	公司名称	人均资产（万元）
1	国家开发银行	96693	51	泰康人寿保险股份有限公司	939
2	北京银行	14541	52	远大物产集团有限公司	930
3	渤海银行股份有限公司	10900	53	安徽国贸集团控股有限公司	930
4	上海浦东发展银行股份有限公司	9442	54	浙江省能源集团有限公司	922
5	兴业银行股份有限公司	7687	55	山西省国新能源发展集团有限公司	906
6	中国光大银行股份有限公司	6655	56	重庆市金科投资控股（集团）有限责任公司	891
7	华夏银行股份有限公司	6637	57	丰立集团有限公司	856
8	广发银行股份有限公司	6301	58	中国太平洋保险（集团）股份有限公司	833
9	绿地控股集团有限公司	6232	59	天津住宅建设发展集团有限公司	807
10	交通银行股份有限公司	6132	60	大棒集团有限公司	806
11	招商银行股份有限公司	5900	61	上海烟草集团有限责任公司	799
12	中国民生银行股份有限公司	5874	62	江苏金辉铜业集团有限公司	783
13	广东振戎能源有限公司	5566	63	北京能源投资（集团）有限公司	778
14	中国农业发展银行	5030	64	厦门象屿集团有限公司	738
15	中国银行股份有限公司	4539	65	恒大地产集团有限公司	715
16	中国工商银行股份有限公司	4281	66	北京首都创业集团有限公司	701
17	中国建设银行股份有限公司	4170	67	巨力环球控股有限公司	693
18	张家港保税区旭江贸易有限公司	3998	68	浙江省交通投资集团有限公司	673
19	珠海振戎公司	3560	69	天津港（集团）有限公司	661
20	广州金创利经贸有限公司	3481	70	中国铁路物资股份有限公司	660
21	卓尔控股有限公司	3216	71	申能（集团）有限公司	657
22	中国农业银行股份有限公司	3040	72	中国中化集团公司	644
23	逸盛大化石化有限公司	2924	73	天津物产集团有限公司	622
24	绿城房地产集团有限公司	2482	74	正威国际集团有限公司	621
25	玖隆钢铁物流有限公司	2450	75	厦门建发集团有限公司	618
26	中国中信集团有限公司	2441	76	中国华能集团公司	617
27	江苏华厦融创置地集团有限公司	2338	77	中国移动通信集团公司	603
28	云南中豪置业有限责任公司	2170	78	江苏汇鸿国际集团有限公司	602
29	南方石化集团有限公司	1964	79	中国邮政集团公司	602
30	浙江前程投资股份有限公司	1825	80	红云红河烟草（集团）有限责任公司	587
31	中国人寿保险（集团）公司	1649	81	天狮集团有限公司	575
32	生命人寿保险股份有限公司	1619	82	中国华电集团公司	568
33	云南省能源投资集团有限公司	1561	83	大印集团有限公司	566
34	广西交通投资集团有限公司	1449	84	中国国电集团公司	562
35	福佳集团有限公司	1266	85	天津能源投资集团有限公司	561
36	江苏新华发集团有限公司	1228	86	东营鲁方金属材料有限公司	558
37	大连西太平洋石油化工有限公司	1206	87	上海东浩兰生国际服务贸易（集团）有限公司	541
38	山东高速集团有限公司	1187	88	金东纸业（江苏）股份有限公司	541
39	东营方圆有色金属有限公司	1170	89	大汉控股集团有限公司	518
40	中球冠集团有限公司	1102	90	利华益集团股份有限公司	517
41	内蒙古伊泰集团有限公司	1086	91	中天发展控股集团有限公司	514
42	中国广核集团有限公司	1069	92	银亿集团有限公司	510
43	太平人寿保险有限公司	1047	93	江苏扬子江船业集团公司	509
44	弘阳集团有限公司	1045	94	杭州汽轮动力集团有限公司	496
45	新华人寿保险股份有限公司	1024	95	浙江荣盛控股集团有限公司	495
46	中国保利集团公司	997	96	中国电力投资集团公司	490
47	广东省粤电集团有限公司	967	97	中国交通建设集团有限公司	489
48	重庆龙湖企业拓展有限公司	965	98	广东省交通集团有限公司	487
49	中国海洋石油总公司	959	99	江阴澄星实业集团有限公司	470
50	浙江中烟工业有限责任公司	954	100	上海城建（集团）公司	470
				中国企业 500 强平均数	551

表 8-16　　2014 中国企业 500 强收入增长率排序前 100 名企业

排名	公司名称	收入增长率（%）	排名	公司名称	收入增长率（%）
1	新疆生产建设兵团棉麻公司	548.11	51	中球冠集团有限公司	37.78
2	云南省能源投资集团有限公司	460.94	52	腾讯控股有限公司	37.69
3	玖隆钢铁物流有限公司	442.44	53	湖南博长控股集团有限公司	37.38
4	张家港保税区旭江贸易有限公司	164.17	54	太平洋建设集团有限公司	36.41
5	宁夏天元锰业有限公司	113.11	55	杭州锦江集团有限公司	35.73
6	江苏新华发集团有限公司	109.67	56	安徽海螺集团有限责任公司	35.09
7	深圳市爱施德股份有限公司	105.53	57	福建省能源集团有限责任公司	35.06
8	广东振戎能源有限公司	101.98	58	天瑞集团股份有限公司	34.51
9	深圳市神州通投资集团有限公司	99.95	59	中国保利集团公司	34.08
10	巨力环球控股有限公司	97.56	60	重庆龙湖企业拓展有限公司	33.94
11	广州金创利经贸有限公司	81.98	61	广西北部湾国际港务集团有限公司	33.36
12	山河建设集团有限公司	68.24	62	山东渤海实业股份有限公司	32.91
13	京东商城电子商务有限公司	67.57	63	北京控股集团有限公司	32.90
14	卓尔控股有限公司	67.38	64	新疆广汇实业投资（集团）有限责任公司	32.07
15	广州钢铁企业集团有限公司	67.17	65	大连万达集团股份有限公司	31.73
16	广东物资集团公司	66.87	66	长城汽车股份有限公司	31.57
17	浙江桐昆控股集团有限公司	65.05	67	大冶有色金属集团控股有限公司	31.46
18	天津物产集团有限公司	62.98	68	渤海银行股份有限公司	31.18
19	超威电源有限公司	61.45	69	山西焦煤集团有限责任公司	30.62
20	江西省建工集团有限责任公司	59.56	70	海澜集团有限公司	30.24
21	恒力集团有限公司	58.70	71	丰立集团有限公司	30.18
22	宁夏宝塔石化集团有限公司	56.74	72	甘肃省建设投资（控股）集团总公司	30.11
23	稻花香集团	55.34	73	上海华谊（集团）公司	29.93
24	中国华信能源有限公司	54.88	74	江苏南通三建集团有限公司	29.88
25	河北省物流产业集团有限公司	54.20	75	科创控股集团有限公司	29.80
26	大汉控股集团有限公司	54.07	76	广州汽车工业集团有限公司	29.47
27	逸盛大化石化有限公司	53.06	77	山东魏桥创业集团有限公司	29.42
28	上海永达控股（集团）有限公司	51.94	78	老凤祥股份有限公司	29.08
29	山东东明石化集团有限公司	49.90	79	银亿集团有限公司	28.84
30	江苏省苏中建设集团股份有限公司	49.31	80	重庆市金科投资控股（集团）有限责任公司	28.82
31	华盛江泉集团有限公司	46.05	81	利群集团股份有限公司	28.60
32	嘉晨集团有限公司	44.16	82	天津中环电子信息集团有限公司	28.43
33	恒大地产集团有限公司	43.84	83	海亮集团有限公司	27.90
34	百度股份有限公司	43.21	84	青建集团股份有限公司	27.89
35	新疆特变电工集团有限公司	42.97	85	杭州汽轮动力集团有限公司	27.74
36	山东海科化工集团	42.93	86	金鼎重工有限公司	27.57
37	华泰集团有限公司	42.82	87	新奥能源控股有限公司	27.40
38	天津住宅建设发展集团有限公司	42.09	88	广州医药集团有限公司	27.37
39	太平人寿保险有限公司	42.01	89	陕西建工集团总公司	27.34
40	云南冶金集团股份有限公司	40.98	90	天津市医药集团有限公司	27.33
41	山东大海集团有限公司	40.48	91	绿地控股集团有限公司	27.00
42	盛虹控股集团有限公司	40.41	92	弘阳集团有限公司	27.00
43	大棒集团有限公司	40.38	93	中国五矿集团公司	26.86
44	中天钢铁集团有限公司	39.84	94	北京汽车集团有限公司	26.51
45	万达控股集团有限公司	39.29	95	山东京博控股股份有限公司	26.43
46	山西能源交通投资有限公司	39.16	96	广发银行股份有限公司	26.34
47	山东高速集团有限公司	39.10	97	浙江前程投资股份有限公司	25.90
48	浙江荣盛控股集团有限公司	38.88	98	北京金隅集团有限责任公司	25.88
49	上海东浩兰生国际服务贸易（集团）有限公司	38.58	99	厦门国贸控股股份有限公司	25.76
50	腾邦投资控股有限公司	38.42	100	四川省川威集团有限公司	25.50
				中国企业 500 强平均数	12.39

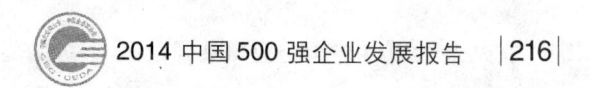

表 8-17　　2014 中国企业 500 强净利润增长率排序前 100 名企业

排名	公司名称	净利润增长率（%）	排名	公司名称	净利润增长率（%）
1	厦门国贸控股有限公司	1361.47	51	浙江省建设投资集团有限公司	82.34
2	南方石化集团有限公司	1158.79	52	江苏沙钢集团有限公司	78.38
3	日照钢铁控股集团有限公司	634.50	53	远大物产集团有限公司	77.12
4	山西能源交通投资有限公司	422.73	54	科创控股集团有限公司	76.05
5	中国国电集团公司	421.76	55	新疆生产建设兵团棉麻公司	69.93
6	生命人寿保险股份有限公司	390.39	56	云南建工集团有限公司	69.16
7	腾邦投资控股有限公司	385.01	57	浙江省能源集团有限公司	66.72
8	中国华能集团公司	382.85	58	中国华信能源有限公司	66.70
9	广东省广新控股集团有限公司	362.16	59	江苏汇鸿国际集团有限公司	66.61
10	传化集团有限公司	321.04	60	唐山瑞丰钢铁（集团）有限公司	66.04
11	湖南博长控股集团有限公司	314.57	61	申能（集团）有限公司	63.56
12	国美电器有限公司	306.12	62	美的集团股份有限公司	63.15
13	旭阳控股有限公司	303.37	63	中国盐业总公司	62.62
14	奇瑞汽车股份有限公司	293.85	64	中国华电集团公司	62.07
15	广州金创利经贸有限公司	291.13	65	中国广核集团有限公司	61.22
16	宁夏天元锰业有限公司	288.29	66	广厦控股集团有限公司	60.69
17	广州钢铁企业集团有限公司	282.77	67	浙江龙盛控股有限公司	59.19
18	酒泉钢铁（集团）有限责任公司	272.99	68	安徽建工集团有限公司	55.30
19	比亚迪股份有限公司	264.45	69	上海复星高科技（集团）有限公司	54.71
20	天津能源投资集团有限公司	251.92	70	正泰集团股份有限公司	52.99
21	山东晨鸣纸业集团股份有限公司	221.52	71	杭州锦江集团有限公司	52.99
22	广州汽车工业集团有限公司	206.92	72	江苏华西集团公司	52.74
23	北京城建集团有限责任公司	196.81	73	亚邦投资控股集团有限公司	52.03
24	广东省粤电集团有限公司	182.51	74	新华人寿保险股份有限公司	50.77
25	TCL 集团股份有限公司	164.93	75	恒大地产集团有限公司	49.30
26	浙江恒逸集团有限公司	151.08	76	安徽江淮汽车集团有限公司	48.15
27	中国电力投资集团公司	150.69	77	中策橡胶集团有限公司	47.46
28	江苏双良集团有限公司	137.56	78	珠海格力电器股份有限公司	47.31
29	凌源钢铁集团有限责任公司	127.89	79	玖龙纸业（控股）有限公司	47.29
30	丰立集团有限公司	123.63	80	太平人寿保险有限公司	47.22
31	浙江吉利控股集团有限公司	119.69	81	中国联合网络通信集团有限公司	47.14
32	河北建设集团有限公司	117.11	82	山东海科化工集团	47.03
33	天津物产集团有限公司	116.71	83	安徽海螺集团有限责任公司	46.34
34	陕西汽车控股集团有限公司	109.26	84	江西省建工集团有限责任公司	46.10
35	广东省丝绸纺织集团有限公司	107.06	85	深圳市神州通投资集团有限公司	45.72
36	浙江省交通投资集团有限公司	103.43	86	老凤祥股份有限公司	45.56
37	山西建筑工程（集团）总公司	102.64	87	红塔烟草（集团）有限责任公司	44.64
38	大汉控股集团有限公司	99.96	88	长城汽车股份有限公司	44.47
39	中天钢铁集团有限公司	99.93	89	中基宁波集团有限公司	44.00
40	江苏省苏中建设集团股份有限公司	98.89	90	陕西建工集团总公司	43.81
41	北京首都旅游集团有限责任公司	97.71	91	永辉超市股份有限公司	43.51
42	云南省能源投资集团有限公司	95.45	92	太平洋建设集团有限公司	43.21
43	嘉晨集团有限公司	92.83	93	正威国际集团有限公司	42.67
44	山河建设集团有限公司	92.22	94	东北特殊钢集团有限责任公司	42.63
45	江苏新华发集团有限公司	90.52	95	广东省广晟资产经营有限公司	42.54
46	内蒙古伊利实业集团股份有限公司	85.61	96	中国电信集团公司	42.17
47	福建省三钢（集团）有限责任公司	85.56	97	广州市建筑集团有限公司	41.82
48	重庆市金科投资控股（集团）有限公司	85.50	98	中国平安保险（集团）股份有限公司	40.42
49	中国海运（集团）总公司	83.42	99	大连万达集团股份有限公司	40.30
50	中国太平洋保险（集团）股份有限公司	82.41	100	奥克斯集团有限公司	40.26
				中国企业 500 强平均数	7.63

表 8-18　　2014 中国企业 500 强资产增长率排序前 100 名企业

排名	公司名称	资产增长率（%）	排名	公司名称	资产增长率（%）
1	中国华信能源有限公司	242.80	51	新兴际华集团有限公司	32.62
2	安徽国贸集团控股有限公司	182.83	52	广州汽车工业集团有限公司	32.62
3	苏宁控股集团	112.28	53	江苏新华发集团有限公司	32.50
4	金鼎重工股份有限公司	107.67	54	北京住总集团有限责任公司	32.30
5	卓尔控股有限公司	100.24	55	山东京博控股股份有限公司	32.29
6	三胞集团有限公司	98.00	56	奥克斯集团有限公司	32.28
7	生命人寿保险股份有限公司	73.82	57	西王集团有限公司	32.15
8	山东海科化工集团	73.20	58	甘肃省建设投资（控股）集团总公司	31.89
9	宁夏天元锰业有限公司	67.99	59	超威电源有限公司	31.74
10	盛虹控股集团有限公司	62.90	60	大连西太平洋石油化工有限公司	31.30
11	宁夏宝塔石化集团有限公司	61.94	61	新疆广汇实业投资（集团）有限责任公司	31.18
12	内蒙古伊利实业集团股份有限公司	60.67	62	青建集团股份有限公司	31.15
13	深圳市爱施德股份有限公司	59.97	63	金龙精密铜管集团股份有限公司	30.92
14	中基宁波集团股份有限公司	59.78	64	青山控股集团有限公司	30.79
15	山河建设集团有限公司	59.30	65	华纪江泉集团有限公司	30.28
16	百度股份有限公司	55.44	66	山东高速集团有限公司	30.05
17	上海东浩兰生国际服务贸易（集团）有限公司	55.07	67	浙江前程投资股份有限公司	29.95
18	广东物资集团公司	54.38	68	云南煤化工集团有限公司	29.50
19	玖隆钢铁物流有限公司	54.10	69	东风汽车公司	29.31
20	科创控股集团有限公司	54.06	70	天津渤海化工集团有限责任公司	29.11
21	绿地控股集团有限公司	54.01	71	北京京煤集团有限责任公司	28.97
22	广西建工集团有限责任公司	53.63	72	山东玉皇化工有限公司	28.91
23	广东振戎能源有限公司	50.19	73	浙江省能源集团有限公司	28.86
24	深圳市神州通投资集团有限公司	48.93	74	天津物产集团有限公司	28.76
25	稻花香集团	47.30	75	山东黄金集团有限公司	28.48
26	大汉控股集团有限公司	46.76	76	河北建工集团有限责任公司	28.40
27	新华联集团有限公司	45.68	77	山东魏桥创业集团有限公司	28.38
28	恒大地产集团有限公司	45.67	78	山东如意科技集团有限公司	28.32
29	厦门象屿集团有限公司	45.44	79	弘阳集团有限公司	28.19
30	京东商城电子商务有限公司	45.42	80	厦门建发集团有限公司	27.67
31	中太建设集团股份有限公司	44.81	81	北京控股集团有限公司	27.53
32	云南建工集团有限公司	43.36	82	中国海洋石油总公司	27.33
33	腾讯控股有限公司	42.49	83	四川公路桥梁建设集团有限公司	26.74
34	山西能源交通投资有限公司	42.25	84	隆鑫控股有限公司	26.66
35	山东东明石化集团有限公司	39.57	85	长春欧亚集团股份有限公司	26.29
36	太平洋建设集团有限公司	39.53	86	广发银行股份有限公司	25.83
37	天津一商集团有限公司	38.68	87	世纪金源投资集团有限公司	25.79
38	双胞胎（集团）股份有限公司	37.60	88	福建省能源集团有限责任公司	25.70
39	河北建设集团有限公司	36.69	89	九州通医药集团股份有限公司	25.62
40	河北新金钢铁有限公司	36.64	90	华晨汽车集团控股有限公司	25.46
41	天津市医药集团有限公司	36.13	91	云南省能源投资集团有限公司	25.41
42	正泰集团股份有限公司	35.78	92	天音通信有限公司	25.28
43	大连万达集团股份有限公司	35.50	93	广州轻工工贸集团有限公司	25.23
44	晋能有限责任公司	35.02	94	金川集团股份有限公司	25.17
45	河南能源化工集团有限责任公司	34.94	95	上海永达控股（集团）有限公司	25.13
46	河北省物流产业集团有限公司	34.90	96	中国电力建设集团有限公司	25.05
47	腾邦投资控股集团有限公司	34.11	97	北大方正集团有限公司	24.65
48	江西省建工集团有限责任公司	34.10	98	天津住宅建设发展集团有限公司	24.35
49	中国医药集团总公司	33.47	99	珠海格力电器股份有限公司	24.30
50	大同煤矿集团有限责任公司	32.91	100	天津能源投资集团有限公司	24.23
				中国企业 500 强平均数	11.53

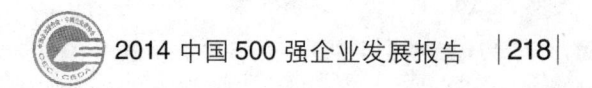

表 8-19　　2014 中国企业 500 强研发费用增长率排序前 100 名企业

排名	公司名称	研发费增长率（%）	排名	公司名称	研发费增长率（%）
1	广州钢铁企业集团有限公司	2176.67	51	云南省能源投资集团有限公司	55.58
2	宁夏天元锰业有限公司	682.61	52	天津市建工集团（控股）有限公司	55.54
3	广西有色金属集团有限公司	642.15	53	广州汽车工业集团有限公司	53.86
4	大汉控股集团有限公司	632.60	54	山东东明石化集团有限公司	53.01
5	阳光保险集团股份有限公司	576.01	55	京东商城电子商务有限公司	51.43
6	唐山港陆钢铁有限公司	373.81	56	重庆市金科投资控股（集团）有限责任公司	50.16
7	山东高速集团有限公司	341.19	57	河北建设集团有限公司	49.25
8	中南控股集团有限公司	340.00	58	江苏南通二建集团有限公司	48.45
9	苏宁控股集团	308.57	59	华泰集团有限公司	47.43
10	内蒙古伊泰集团有限公司	272.73	60	中国煤炭科工集团有限公司	46.19
11	广发银行股份有限公司	263.26	61	新兴际华集团有限公司	45.53
12	凌源钢铁集团有限责任公司	228.51	62	海南省农垦集团有限公司	45.23
13	安徽建工集团有限公司	228.31	63	中国交通建设集团有限公司	44.96
14	山东科达集团有限公司	227.24	64	黑龙江北大荒农垦集团总公司	44.46
15	中国铁路物资股份有限公司	219.05	65	逸盛大化石化有限公司	43.95
16	上海建工集团股份有限公司	215.86	66	传化集团有限公司	43.38
17	新疆特变电工集团有限公司	187.85	67	北京建工集团有限责任公司	42.68
18	江西省建工集团有限责任公司	173.98	68	山东招金集团有限公司	41.71
19	山东黄金集团有限公司	165.93	69	德力西集团有限公司	40.69
20	天瑞集团股份有限公司	163.60	70	中国国际海运集装箱（集团）股份有限公司	40.35
21	浙江省能源集团有限公司	152.55	71	老凤祥股份有限公司	39.46
22	江苏国泰国际集团有限公司	139.31	72	科创控股集团有限公司	38.97
23	北京城建集团有限责任公司	138.45	73	广西建工集团有限责任公司	38.34
24	浙江省交通投资集团有限公司	133.02	74	北京银行	38.28
25	腾邦投资控股有限公司	122.83	75	泰康人寿保险股份有限公司	38.08
26	云南建工集团有限公司	115.00	76	美的集团股份有限公司	35.85
27	天音通信有限公司	111.84	77	正邦集团有限公司	35.05
28	中国黄金集团有限公司	103.71	78	江西萍钢实业股份有限公司	34.06
29	山东海科化工集团	97.04	79	上海电气（集团）总公司	33.89
30	山东省商业集团有限公司	96.27	80	江苏双良集团有限公司	33.58
31	中国华信能源有限公司	89.27	81	国家开发投资公司	33.40
32	陕西延长石油（集团）有限责任公司	87.58	82	中国医药集团总公司	33.19
33	浙江龙盛控股有限公司	86.59	83	中国中铁股份有限公司	32.69
34	北京控股集团有限公司	85.97	84	西王集团有限公司	32.68
35	马钢（集团）控股有限公司	79.29	85	山西潞安矿业（集团）有限责任公司	32.66
36	百度股份有限公司	78.18	86	杉杉控股有限公司	32.60
37	北京首都创业集团有限公司	74.30	87	广西投资集团有限公司	31.82
38	中国华电集团公司	73.85	88	四川公路桥梁建设集团有限公司	31.43
39	天津市医药集团有限公司	71.33	89	浙江中成控股集团有限公司	31.14
40	中国国电集团公司	70.60	90	山西煤炭进出口集团有限公司	30.61
41	中国贵州茅台酒厂（集团）有限责任公司	69.78	91	陕西汽车控股集团有限公司	30.38
42	山河建设集团有限公司	69.44	92	浙江省物产集团公司	30.33
43	江苏南通三建集团有限公司	68.97	93	北京建龙重工集团有限公司	30.18
44	江苏申特钢铁有限公司	66.67	94	中国建筑股份有限公司	29.50
45	厦门国贸控股有限公司	63.95	95	山东大海集团有限公司	27.35
46	华晨汽车集团控股有限公司	61.81	96	万向集团公司	27.35
47	山东金岭集团有限公司	60.80	97	山东魏桥创业集团有限公司	27.19
48	江铃汽车集团公司	59.12	98	中国远洋运输（集团）总公司	26.30
49	无锡产业发展集团有限公司	58.33	99	杭州锦江集团有限公司	26.27
50	山东如意科技集团有限公司	56.98	100	大冶有色金属集团控股有限公司	26.27
				中国企业 500 强平均数	7.28

第九章
2014 中国制造业企业 500 强数据

表 9-1　　2014 中国制造业企业 500 强

名次	企业名称	地区	营业收入（万元）	净利润（万元）	资产（万元）	所有者权益（万元）	从业人数（人）
1	中国石油化工集团公司	北京	294507498	5491780	213692292	70599722	961703
2	上海汽车集团股份有限公司	上海	56580701	2480363	37364074	13775724	91870
3	中国第一汽车集团公司	吉林	46116614	2006573	30129536	11581442	91646
4	东风汽车公司	湖北	45503340	890548	29529385	5368535	184635
5	中国五矿集团公司	北京	41465041	247138	29407790	3747681	118030
6	中国兵器工业集团公司	北京	38525437	439935	29843431	7812536	258186
7	中国兵器装备集团公司	北京	36175535	13867	31180906	4240505	242430
8	中国航空工业集团公司	北京	34941074	458949	68501391	14544906	513554
9	宝钢集团有限公司	上海	30310026	568710	51946195	22665163	137546
10	中国铝业公司	北京	27941915	-702675	46628512	1508101	175602
11	北京汽车集团有限公司	北京	26638445	567108	18290576	3492001	99533
12	中国建筑材料集团有限公司	北京	25225679	267625	36441569	2181699	179421
13	河北钢铁集团有限公司	河北	25103530	-84967	32840956	5228432	125708
14	中国化工集团公司	北京	24403620	-85722	27251067	2008825	110005
15	联想控股股份有限公司	北京	24403077	207772	20701663	1984148	60796
16	山东魏桥创业集团有限公司	山东	24138650	678104	12692231	5274943	132091
17	华为技术有限公司	广东	23902500	2091900	23153200	8620700	150000
18	正威国际集团有限公司	广东	23382562	512350	10378051	4837405	16720
19	江苏沙钢集团有限公司	江苏	22807761	106319	16665667	3205331	40797
20	武汉钢铁（集团）公司	湖北	22704781	7495	23994208	4950444	111318
21	渤海钢铁集团有限公司	天津	22008633	39528	23416984	4074587	68407
22	首钢总公司	北京	21084265	-88628	39177705	8586450	117180
23	中国华信能源有限公司	上海	20998533	212404	3954200	1504336	20000
24	新兴际华集团有限公司	北京	20160541	237208	10222386	2342019	69649
25	广州汽车工业集团有限公司	广东	20151834	127843	14923925	1899009	53965
26	江西铜业集团公司	江西	19452404	57039	11124265	2030663	28334
27	中国电子信息产业集团有限公司	北京	19378465	173529	18021175	2114232	124304
28	中国有色矿业集团有限公司	北京	19000889	-41739	11264107	843305	56799
29	中国船舶重工集团公司	北京	18739660	712196	37102724	9269192	164000
30	天津中环电子信息集团有限公司	天津	18691929	655655	7180885	3205227	75216
31	金川集团股份有限公司	甘肃	18484269	60025	13597564	4070551	34785
32	海尔集团公司	山东	18029936	883309	17920763	3989080	73451
33	光明食品（集团）有限公司	上海	15938217	196050	27624160	2689704	111780
34	浙江吉利控股集团有限公司	浙江	15842925	72639	12616175	1214777	41579

名次	企业名称	地区	营业收入（万元）	净利润（万元）	资产（万元）	所有者权益（万元）	从业人数（人）
35	鞍钢集团公司	辽宁	15512764	-634133	28458231	6633966	192500
36	太原钢铁（集团）有限公司	山西	14604034	41295	12696488	3001823	38116
37	中国航天科工集团公司	北京	14230137	685934	17882218	6549589	135984
38	恒力集团有限公司	江苏	13534917	295583	6335392	2136565	61120
39	雨润控股集团有限公司	江苏	12997856	247189	9922872	1971851	130000
40	华晨汽车集团控股有限公司	辽宁	12802170	45163	9294529	460224	47762
41	酒泉钢铁（集团）有限责任公司	甘肃	12234323	86761	12632913	2930584	36863
42	铜陵有色金属集团控股有限公司	安徽	12222433	36303	6934000	1067746	28764
43	美的集团股份有限公司	广东	12126518	531746	9694602	3284743	109085
44	山东钢铁集团有限公司	山东	12073814	-299343	18452314	1624435	87281
45	珠海格力电器股份有限公司	广东	12004307	1087067	13370210	3548281	72150
46	万向集团公司	浙江	11861050	85793	6576749	1607307	26358
47	中国黄金集团公司	北京	11140672	64963	7473526	1272610	50432
48	上海烟草集团有限责任公司	上海	11124666	1814547	13008474	11010658	16280
49	本钢集团有限公司	辽宁	11027227	-6671	14151221	3673299	81542
50	中天钢铁集团有限公司	江苏	10509107	45112	4717852	1344786	15846
51	杭州钢铁集团公司	浙江	10373586	67184	4465914	1247406	14694
52	江苏悦达集团有限公司	江苏	10122154	44193	7025436	744668	31017
53	海亮集团有限公司	浙江	10043837	143378	4950982	1186010	12569
54	中国南车集团公司	北京	10042432	216059	12821215	2157389	91515
55	中国北方机车车辆工业集团公司	北京	9856012	276430	12815983	2740546	85064
56	红塔烟草（集团）有限责任公司	云南	9639634	755002	11358365	7353456	24432
57	陕西有色金属控股集团有限责任公司	陕西	9637762	18383	11308612	2809290	44940
58	上海电气（集团）总公司	上海	9474796	94443	16694968	2010503	
59	海信集团有限公司	山东	9324355	509236	8500823	2661022	52418
60	安徽海螺集团有限责任公司	安徽	9324274	340718	10073656	2022234	50968
61	徐州工程机械集团有限公司	江苏	9302287	119324	8048644	1417945	26401
62	四川长虹电子集团有限公司	四川	9156167	-12404	7166906	270505	72071
63	潍柴动力股份有限公司	山东	9089544	357079	7852181	2772317	44327
64	山东大王集团有限公司	山东	8578386	332496	6191602	2080209	26398
65	TCL集团股份有限公司	广东	8532409	210907	7808064	1416832	73809
66	红云红河烟草（集团）有限责任公司	云南	8436772	955139	7856415	5682648	13382
67	大冶有色金属集团控股有限公司	湖北	8348881	6656	3222476	634094	15701
68	湖南华菱钢铁集团有限责任公司	湖南	8276252	107501	11280884	1420801	48470
69	马钢（集团）控股有限公司	安徽	8210520	8569	8982650	1656928	50030

名次	企业名称	地区	营业收入（万元）	净利润（万元）	资产（万元）	所有者权益（万元）	从业人数（人）
70	南山集团有限公司	山东	8063663	695039	9004936	4350368	46472
71	湖北宜化集团有限责任公司	湖北	8020161	103315	6300097	859782	44160
72	杭州娃哈哈集团有限公司	浙江	7827856	773972	3982021	2525781	30259
73	上海医药集团股份有限公司	上海	7822282	224293	5631152	2595381	39646
74	浙江恒逸集团有限公司	浙江	7806579	30187	3161759	565457	8100
75	新希望集团有限公司	四川	7789271	166401	5911583	1420597	81184
76	中联重科股份有限公司	湖南	7575583	383897	8953715	4161908	27028
77	中兴通讯股份有限公司	广东	7523372	135766	10007950	2253265	69093
78	中国中材集团有限公司	北京	7370806	−130333	11158126	888044	79030
79	北京建龙重工集团有限公司	北京	7300434	11586	7845698	1246296	50058
80	三一集团有限公司	湖南	7224984	345073	11108264	3457461	40000
81	天津渤海化工集团有限责任公司	天津	7101906	25871	14035281	4319397	41047
82	北大方正集团有限公司	北京	6757118	69173	9317763	1464699	32478
83	河北新华联合冶金投资有限公司	北京	6628908	138586	4235380	1850303	14260
84	湖北中烟工业有限责任公司	湖北	6521318	411715	4213436	2031930	9756
85	浙江荣盛控股集团有限公司	浙江	6503560	65736	4386278	1151352	8870
86	天津市一轻集团（控股）有限公司	天津	6364231	92527	3599633	1204837	31650
87	云天化集团有限责任公司	云南	6355541	−205157	9221865	958139	38352
88	四川省宜宾五粮液集团有限公司	四川	6309445	606507	7019365	5100358	48000
89	山东黄金集团有限公司	山东	6212099	−60678	6702036	200048	24470
90	山东东明石化集团有限公司	山东	6206184	38020	2251861	390275	5562
91	中国重型汽车集团有限公司	山东	6206056	89647	10228293	3191184	44222
92	陕西东岭工贸集团股份有限公司	陕西	6084083	13021	2535323	532011	11086
93	上海华谊（集团）公司	上海	6062725	52465	5272603	1515242	28188
94	浙江中烟工业有限责任公司	浙江	6001962	322007	3396746	2846956	3560
95	杭州汽轮动力集团有限公司	浙江	5950838	56270	2647261	464805	5333
96	中国国际海运集装箱（集团）股份有限公司	广东	5787441	218032	7260597	2067404	57686
97	长城汽车股份有限公司	河北	5678431	822364	5260481	2799589	65236
98	超威电源有限公司	浙江	5573238	38462	751983	285461	21149
99	无锡产业发展集团有限公司	江苏	5461512	126359	3806570	1871708	21658
100	南京钢铁集团有限公司	江苏	5459298	71166	3748099	795539	12672
101	广州医药集团有限公司	广东	5450338	39356	2380897	320564	15825
102	雅戈尔集团股份有限公司	浙江	5325026	200848	6208839	1467601	46029
103	江苏西城三联控股集团有限公司	江苏	5308871	12438	983572	170611	5903
104	比亚迪股份有限公司	广东	5286328	77587	7639291	2485641	159440

名次	企业名称	地区	营业收入（万元）	净利润（万元）	资产（万元）	所有者权益（万元）	从业人数（人）
105	广西投资集团有限公司	广西	5282524	41787	7092803	961662	19625
106	北京金隅集团有限责任公司	北京	5272806	164668	10242778	1391238	33739
107	上海复星高科技（集团）有限公司	上海	5204104	264901	15891947	2431905	36139
108	盛虹控股集团有限公司	江苏	5134714	46524	4629126	2164667	22596
109	青山控股集团有限公司	浙江	5081412	59038	2186804	393284	18000
110	河北津西钢铁集团股份有限公司	河北	5079253	28820	3037063	851211	13953
111	包头钢铁（集团）有限责任公司	内蒙古	5075733	-81171	14711151	2091294	68876
112	天津百利机电控股集团有限公司	天津	5042586	273300	4261409	1610426	43731
113	河北敬业集团	河北	5042501	39642	1800187	594718	19818
114	天津荣程联合钢铁集团有限公司	天津	5030457	20213	1317580	577044	7813
115	紫金矿业集团股份有限公司	福建	4977151	212592	6689839	2761226	27240
116	山东晨鸣纸业集团股份有限公司	山东	4911647	71066	4781621	1403989	12594
117	华盛江泉集团有限公司	山东	4856058	77786	2165676	811097	25660
118	玖龙纸业（控股）有限公司	广东	4823712	189611	6527813	2388721	17804
119	奥克斯集团有限公司	浙江	4806871	139101	2646427	742173	20235
120	内蒙古伊利实业集团股份有限公司	内蒙古	4777887	318724	3287739	1612510	58639
121	四川省川威集团有限公司	四川	4752855	28142	4194220	1643746	17218
122	江苏华西集团公司	江苏	4722412	28582	4308564	1239375	20508
123	江苏新长江实业集团有限公司	江苏	4720592	67285	2876239	695801	8491
124	河南省漯河市双汇实业集团有限责任公司	河南	4720541	417498	2111060	1304605	72640
125	宁夏天元锰业有限公司	宁夏	4705264	496263	2969897	957185	26826
126	通威集团有限公司	四川	4611678	105972	1323989	603756	22536
127	中国东方电气集团有限公司	四川	4545393	28854	9274065	1016804	28116
128	新华联集团有限公司	北京	4525846	123300	5088722	1062620	42315
129	科创控股集团有限公司	四川	4517354	361005	4605579	3356508	28916
130	中国恒天集团有限公司	北京	4515436	-41653	5810889	216146	58021
131	山东招金集团有限公司	山东	4434270	52954	3318984	862732	15531
132	日照钢铁控股集团有限公司	山东	4380513	45238	6330470	1290573	16183
133	盾安控股集团有限公司	浙江	4363204	86958	3976077	838578	19200
134	红豆集团有限公司	江苏	4351833	108271	2407434	772512	19987
135	上海纺织（集团）有限公司	上海	4325971	39773	2533998	741628	14795
136	华泰集团有限公司	山东	4310219	77613	2716994	460042	10014
137	海澜集团有限公司	江苏	4300568	267088	2555341	1486619	27389
138	广西玉柴机器集团有限公司	广西	4246677	85799	3701652	1080872	24658
139	云南冶金集团股份有限公司	云南	4231133	-77403	7831465	1065031	35235

名次	企业名称	地区	营业收入（万元）	净利润（万元）	资产（万元）	所有者权益（万元）	从业人数（人）
140	吉林亚泰（集团）股份有限公司	吉林	4197052	21760	4883895	803644	32396
141	江苏三房巷集团有限公司	江苏	4153372	20146	2267471	822755	6258
142	江阴澄星实业集团有限公司	江苏	4084185	68227	2229616	739225	4741
143	浙江桐昆控股集团有限公司	浙江	4070796	4378	1669021	316571	14663
144	江铃汽车集团公司	江西	4048710	20461	3417194	552144	29375
145	安阳钢铁集团有限责任公司	河南	4046168	11172	4324527	400832	27171
146	四川宏达集团	四川	4035897	81732	3391936	1303592	20499
147	中国盐业总公司	北京	3982552	13689	4846390	482799	39696
148	安徽江淮汽车集团有限公司	安徽	3901861	41981	3562523	388803	30145
149	山东如意科技集团有限公司	山东	3890528	220036	2104093	1001205	24231
150	泸州老窖集团有限责任公司	四川	3853574	89268	8186379	573799	28422
151	双胞胎（集团）股份有限公司	江西	3733080	83762	625006	108495	10036
152	山东泰山钢铁集团有限公司	山东	3700495	8821	1303111	221061	8965
153	昆明钢铁控股有限公司	云南	3697068	2467	5108265	1327468	22571
154	唐山瑞丰钢铁（集团）有限公司	河北	3684075	44950	1137054	318413	13007
155	广州钢铁企业集团有限公司	广东	3680318	126629	2893032	314153	6878
156	江苏申特钢铁有限公司	江苏	3656785	925	1280381	132265	4098
157	江苏金浦集团有限公司	江苏	3642983	32135	1604535	244305	9200
158	新余钢铁集团有限公司	江西	3620791	3326	3573427	705530	27072
159	正邦集团有限公司	江西	3604589	11648	777682	77666	30186
160	重庆化医控股（集团）公司	重庆	3602568	613	5501778	736155	37361
161	山东大海集团有限公司	山东	3600523	158352	812517	434440	6270
162	山东京博控股股份有限公司	山东	3540123	63614	1890546	399409	7660
163	新疆特变电工集团有限公司	新疆	3533083	164296	6510120	2085413	20404
164	广东温氏食品集团股份有限公司	广东	3518706	61080	2393886	1004420	36800
165	山东太阳控股集团有限公司	山东	3515118	37254	2439639	509135	10562
166	四川科伦实业集团有限公司	四川	3507583	137974	2011323	1020676	21075
167	大连西太平洋石油化工有限公司	辽宁	3497872	-82758	1185141	-425715	983
168	宁波金田投资控股有限公司	浙江	3482392	5030	643813	120340	4986
169	唐山港陆钢铁有限公司	河北	3471990	18601	1724439	734129	10084
170	中国贵州茅台酒厂（集团）有限责任公司	贵州	3462301	1037631	7096022	4107537	23428
171	白银有色集团股份有限公司	甘肃	3416733	33565	3510713	1194259	16725
172	陕西汽车控股集团有限公司	陕西	3404173	5154	3345413	399118	31310
173	江苏阳光集团有限公司	江苏	3372436	176571	2074619	911476	16900
174	金龙精密铜管集团股份有限公司	河南	3354200	7153	1762973	163897	4716

名次	企业名称	地区	营业收入（万元）	净利润（万元）	资产（万元）	所有者权益（万元）	从业人数（人）
175	天津市医药集团有限公司	天津	3329515	143683	4097625	2061945	22916
176	华勤橡胶工业集团有限公司	山东	3327163	58334	1537402	404505	7536
177	正泰集团股份有限公司	浙江	3322428	97415	3248706	718051	23181
178	贵州中烟工业有限责任公司	贵州	3321897	317279	2137211	1452742	9499
179	江西萍钢实业股份有限公司	江西	3321783	9546	2960085	801098	19273
180	嘉晨集团有限公司	辽宁	3316567	153622	3310000	2366679	16600
181	德力西集团有限公司	浙江	3315360	66687	1282701	336146	22500
182	老凤祥股份有限公司	上海	3298466	88985	933746	333302	2502
183	万达控股集团有限公司	山东	3280802	72617	2060033	407835	13106
184	亚邦投资控股集团有限公司	江苏	3205036	50778	2281169	787117	14360
185	青岛钢铁控股集团有限责任公司	山东	3159280	1529	1392458	271205	10121
186	山东时风（集团）有限责任公司	山东	3124547	100348	709760	521102	22780
187	亨通集团有限公司	江苏	3121035	27891	2505658	595724	9830
188	利华益集团股份有限公司	山东	3100653	89352	2025444	657993	3916
189	山东海科化工集团	山东	3098855	63907	1102783	238178	2700
190	上海人民企业（集团）有限公司	上海	3093624	129758	1712214	633567	25020
191	云南锡业集团（控股）有限责任公司	云南	3087954	-104427	4761803	388875	37036
192	重庆机电控股（集团）公司	重庆	3083701	92365	3024093	635594	36210
193	福建省三钢（集团）有限责任公司	福建	3068208	9872	2159712	645280	17462
194	天狮集团有限公司	天津	3048834	338982	1206065	925018	2099
195	山东金诚石化集团有限公司	山东	3032125	30344	468771	365643	1700
196	天瑞集团股份有限公司	河南	3031559	164714	5028397	3017950	16598
197	宁夏宝塔石化集团有限公司	宁夏	3018130	59879	3471622	1229048	15300
198	江苏扬子江船业集团公司	江苏	3009256	201722	5603708	1701826	11007
199	人民电器集团有限公司	浙江	2978871	109427	789948	501899	23500
200	西部矿业集团有限公司	青海	2921381	-18078	4230679	369696	11204
201	晟通科技集团有限公司	湖南	2897897	58388	1379307	547263	6312
202	东北特殊钢集团有限责任公司	辽宁	2883175	5149	5180361	636688	26462
203	江苏双良集团有限公司	江苏	2877515	45313	2411406	655175	5421
204	福建中烟工业有限责任公司	福建	2859763	186942	2720334	1579916	7629
205	山东金岭集团有限公司	山东	2856039	134606	1057788	607452	4008
206	青岛啤酒股份有限公司	山东	2829098	197337	2736487	1402056	42235
207	湖南博长控股集团有限公司	湖南	2822388	7968	1190361	152287	8295
208	杉杉控股有限公司	浙江	2817365	49929	2532149	384404	13401
209	山东胜通集团股份有限公司	山东	2807556	298809	1322676	538233	7000

名次	企业名称	地区	营业收入（万元）	净利润（万元）	资产（万元）	所有者权益（万元）	从业人数（人）
210	沂州集团有限公司	山东	2793868	129110	1054387	856204	5450
211	隆鑫控股有限公司	重庆	2791130	50892	3264005	607678	13135
212	江苏金辉铜业集团有限公司	江苏	2782507	26251	473514	306582	605
213	河北普阳钢铁有限公司	河北	2743957	29593	1519315	735582	9200
214	杭州锦江集团有限公司	浙江	2729972	49041	4065166	1016931	9206
215	西王集团有限公司	山东	2712007	30112	3151825	1039123	16000
216	滨化集团公司	山东	2706726	50089	1488497	662201	4726
217	奇瑞汽车股份有限公司	安徽	2704690	114205	6618086	1542734	18956
218	郑州宇通集团有限公司	河南	2698448	132234	3755295	665930	17191
219	金东纸业（江苏）股份有限公司	江苏	2686911	109713	6509818	1698695	12041
220	天正集团有限公司	浙江	2686149	83390	412833	160003	9267
221	山东玉皇化工有限公司	山东	2681915	80516	1526948	455997	4950
222	东营方圆有色金属有限公司	山东	2679225	80486	1403874	614891	1200
223	东营鲁方金属材料有限公司	山东	2662265	150201	874555	472131	1568
224	旭阳控股有限公司	北京	2658811	31733	2620172	346052	6057
225	山东科达集团有限公司	山东	2651912	89885	1080578	622675	8506
226	山东天信集团有限公司	山东	2644383	97096	631551	303912	4230
227	山东渤海实业股份有限公司	山东	2630598	6917	1602787	255167	3700
228	维维集团股份有限公司	江苏	2618069	152420	1783719	1152907	21950
229	华芳集团有限公司	江苏	2604977	28673	980716	431421	16435
230	重庆力帆控股有限公司	重庆	2601570	38893	3013880	610588	16253
231	广西有色金属集团有限公司	广西	2594226	-1940	3209073	99145	18781
232	重庆钢铁（集团）有限责任公司	重庆	2586232	-199756	7150846	1439180	20309
233	河北新金钢铁有限公司	河北	2569709	13051	855165	358774	6306
234	中策橡胶集团有限公司	浙江	2568167	137844	2147066	604294	24140
235	武安市裕华钢铁有限公司	河北	2560125	25368	1377366	842560	10530
236	重庆轻纺控股（集团）公司	重庆	2534509	42038	2977179	543601	28498
237	云南煤化工集团有限公司	云南	2532935	15665	6933207	719436	42498
238	浙江龙盛控股有限公司	浙江	2510021	132000	2159981	956497	10053
239	宁波富邦控股集团有限公司	浙江	2496565	38145	3564315	445736	9216
240	江苏法尔胜泓昇集团有限公司	江苏	2496089	65159	991161	401611	6584
241	稻花香集团	湖北	2486100	35433	2776140	192588	14558
242	河北文丰钢铁有限公司	河北	2471542	12817	1330113	397518	5922
243	逸盛大化石化有限公司	辽宁	2469552	18627	1707837	517513	584
244	新疆天业（集团）有限公司	新疆	2456389	2753	3091808	433122	19075

名次	企业名称	地区	营业收入（万元）	净利润（万元）	资产（万元）	所有者权益（万元）	从业人数（人）
245	苏州创元投资发展（集团）有限公司	江苏	2453610	66399	1997082	635371	20500
246	冀东发展集团有限责任公司	河北	2446085	-30091	6255210	364858	26900
247	传化集团有限公司	浙江	2439341	19713	2117088	231201	9112
248	金鼎重工股份有限公司	河北	2436976	36043	686000	101033	5500
249	三河汇福粮油集团有限公司	河北	2411415	46310	1291500	276034	3000
250	天津友发钢管集团股份有限公司	天津	2408312	17559	590179	29246	6639
251	远东控股集团有限公司	江苏	2404890	20286	1974133	283497	8850
252	宝胜集团有限公司	江苏	2398371	14003	1134392	308662	9730
253	哈尔滨电气集团公司	黑龙江	2397295	41648	6545741	983322	27351
254	天津纺织集团（控股）有限公司	天津	2386868	10888	2422806	422079	11293
255	江苏新华发集团有限公司	江苏	2386861	4883	1228248	62172	1000
256	太极集团有限公司	重庆	2384357	4548	1049811	181022	11865
257	凌源钢铁集团有限责任公司	辽宁	2372193	5843	2555391	486747	12143
258	万基控股集团有限公司	河南	2350808	9405	2414872	286445	13865
259	广州万宝集团有限公司	广东	2312952	10566	1411022	250246	15378
260	西林钢铁集团有限公司	黑龙江	2300966	12932	2073879	95622	11578
261	河南豫光金铅集团有限责任公司	河南	2283820	-30018	1474386	73754	6436
262	同方股份有限公司	北京	2265014	67695	4256759	1070708	19121
263	福田雷沃国际重工股份有限公司	山东	2263824	23263	1395349	378506	15670
264	广西农垦集团有限责任公司	广西	2248326	26839	3647366	1076448	60653
265	澳洋集团有限公司	江苏	2221545	34679	1257563	206512	10719
266	西子联合控股有限公司	浙江	2210849	104647	3129976	670113	11814
267	精功集团有限公司	浙江	2209287	39819	2585200	457513	14789
268	四川省达州钢铁集团有限责任公司	四川	2207618	12016	1133563	311513	7227
269	杭州华东医药集团有限公司	浙江	2189557	87693	1572855	58309	8016
270	山东万通石油化工集团有限公司	山东	2134574	64650	1406128	351566	3000
271	四平红嘴集团总公司	吉林	2120381	20348	929756	490512	9376
272	深圳市中金岭南有色金属股份有限公司	广东	2116195	41312	1444966	596584	10502
273	宜昌兴发集团有限公司	湖北	2114479	10265	1943589	269114	7861
274	沈阳远大企业集团	辽宁	2110336	9990	1932636	700764	14225
275	晶龙实业集团有限公司	河北	2108352	16102	2497863	509852	27000
276	江苏天地龙控股集团有限公司	江苏	2104856	26393	515506	226886	1309
277	天津塑力线缆集团有限公司	天津	2097285	108028	1272940	640479	3920
278	北京二商集团有限责任公司	北京	2091617	20893	1288950	388093	15187
279	北京京城机电控股有限责任公司	北京	2089790	-1290	3618926	733310	23219

名次	企业名称	地区	营业收入（万元）	净利润（万元）	资产（万元）	所有者权益（万元）	从业人数（人）
280	浙江元立金属制品集团有限公司	浙江	2088428	6675	1270565	138981	16000
281	厦门金龙汽车集团股份有限公司	福建	2081231	22962	1608870	227450	14700
282	太原重型机械集团有限公司	山西	2056121	-3743	3896103	289288	14474
283	天士力控股集团有限公司	天津	2046300	220424	2614172	1172432	16928
284	巨化集团公司	浙江	2020775	38917	1753623	422817	15614
285	威高集团有限公司	山东	2020593	220870	2024689	1203880	19256
286	正和集团股份有限公司	山东	2017675	32830	662345	238780	2013
287	内蒙古鄂尔多斯羊绒集团有限责任公司	内蒙古	1998569	119080	5256790	655466	20752
288	天津市二轻集团（控股）有限公司	天津	1996896	15440	1159905	428798	14178
289	上海良友（集团）有限公司	上海	1973972	9319	1629212	491697	5921
290	广西中烟工业有限责任公司	广西	1941027	270898	1430499	1198347	3226
291	江苏三木集团有限公司	江苏	1918865	64940	1245522	518637	5795
292	江西钨业集团有限公司	江西	1917498	38866	625931	169580	12762
293	卧龙控股集团有限公司	浙江	1916811	84398	1850367	493090	10136
294	红狮控股集团有限公司	浙江	1874900	183831	2065176	635222	11026
295	武汉邮电科学研究院	湖北	1867601	22752	2354968	523667	20613
296	维科控股集团股份有限公司	浙江	1862208	26251	1620582	275118	12829
297	哈药集团有限公司	黑龙江	1850000	8585	1900000	594251	19695
298	杭州富春江冶炼有限公司	浙江	1840959	8215	607492	216224	2223
299	中国庆华能源集团有限公司	北京	1838209	16868	5700101	68511	30110
300	四川九洲电器集团有限责任公司	四川	1827046	59322	1786924	398216	14764
301	福星集团	湖北	1806066	84107	3410648	356260	8857
302	山东淄博傅山企业集团有限公司	山东	1802481	6837	639794	27852	8638
303	广东海大集团股份有限公司	广东	1793041	45459	613924	303893	10472
304	三角集团有限公司	山东	1783201	70437	853459	289283	9342
305	五得利面粉集团有限公司	河北	1747849	32647	371671	272509	4720
306	攀枝花钢城集团有限公司	四川	1745421	908	1017460	241700	15401
307	浙江大东南集团有限公司	浙江	1709949	70263	514096	265875	2563
308	大连市机床集团有限责任公司	辽宁	1681323	56618	1832830	408763	5715
309	奥康集团有限公司	浙江	1668811	76799	633862		16251
310	金猴集团有限公司	山东	1662349	40753	351465		4020
311	升华集团控股有限公司	浙江	1655603	23105	1147882	166960	5663
312	山东垦利石化有限责任公司	山东	1639227	9769	591441	67620	3022
313	广西盛隆冶金有限公司	广西	1627551	2888	1252355		6000
314	中国西电集团公司	陕西	1622957	16853	3656451	1099137	25153

名次	企业名称	地区	营业收入（万元）	净利润（万元）	资产（万元）	所有者权益（万元）	从业人数（人）
315	广西柳工集团有限公司	广西	1610379	5636	3132888	418373	19799
316	东辰控股集团有限公司	山东	1606892	151663	777888	560532	1596
317	华新水泥股份有限公司	湖北	1598436	118060	2582468	874047	13574
318	天津华北集团有限公司	天津	1591527	377492	716987	377492	720
319	唐山三友集团有限公司	河北	1591410	−710	2139397	321015	16109
320	香驰控股有限公司	山东	1582570	30761	603523	166298	3065
321	兴达投资集团有限公司	江苏	1581189	49372	650518	318370	965
322	三环集团公司	湖北	1553022	10144	1738005	437508	23725
323	永鼎集团有限公司	江苏	1548170	13269	1270761	98023	3112
324	河南济源钢铁（集团）有限公司	河南	1547363	3680	1041501	283478	6354
325	深圳融禾投资发展有限公司	广东	1542921	26435	257677	101639	276
326	华鲁控股集团有限公司	山东	1533206	18020	2291218	967142	17558
327	宜华企业（集团）有限公司	广东	1515810	31326	3251226	817813	11432
328	纳爱斯集团有限公司	浙江	1514942	98244	1204495		13267
329	江苏大明金属制品有限公司	江苏	1514428	9851	522180	125526	1950
330	天津聚龙嘉华投资集团有限公司	天津	1510242	21944	720310	163409	7160
331	柳州五菱汽车有限责任公司	广西	1507584	22384	1484111	376636	10703
332	沈阳机床（集团）有限责任公司	辽宁	1505160	674	2607969	168180	19414
333	江苏洋河酒厂股份有限公司	江苏	1502362	500207	2821844	1738907	11668
334	富通集团有限公司	浙江	1474622	45451	1211151	570483	5864
335	沪东中华造船（集团）有限公司	上海	1457556	6508	2826050	370473	11774
336	晶科能源有限公司	江西	1454255	12369	835948	253279	10800
337	华峰集团有限公司	浙江	1451349	38873	1863589	421452	7803
338	武安市广耀铸业有限公司	河北	1444082	13489	194676	150423	4000
339	金发科技股份有限公司	广东	1442598	75495	133008	780408	1954
340	天津农垦集团有限公司	天津	1442121	37606	2216445	569646	7328
341	山东恒源石油化工股份有限公司	山东	1439064	16851	351934	158418	1846
342	重庆烟草工业有限责任公司	重庆	1418396	85715	854805	418605	2615
343	上海外高桥造船有限公司	上海	1414901	14665	3038563	827987	6100
344	江西中烟工业有限责任公司	江西	1408279	115408	1081091	807757	4703
345	浙江翔盛集团有限公司	浙江	1393928	1118	901145	183013	4402
346	天津市建筑材料集团（控股）有限公司	天津	1392857	5282	1191858	194820	6758
347	江苏华宏实业集团有限公司	江苏	1383209	16184	622709	242688	3950
348	河北天柱钢铁集团有限公司	河北	1375208	19551	563676	145368	6300
349	诸城外贸有限责任公司	山东	1365331	42398	1366657	528231	8936

名次	企业名称	地区	营业收入（万元）	净利润（万元）	资产（万元）	所有者权益（万元）	从业人数（人）
350	华立集团股份有限公司	浙江	1363905	10224	1251285	200944	10409
351	山东创新金属科技股份有限公司	山东	1362300	21820	539895	71252	1800
352	森马集团有限公司	浙江	1359206	82715	1302659	692235	3018
353	北方重工集团有限公司	辽宁	1356082	5997	1652615	300484	8760
354	宗申产业集团有限公司	重庆	1352189	21415	1240706	224883	13965
355	重庆市博赛矿业（集团）有限公司	重庆	1338434	13947	543962	300660	6369
356	湘电集团有限公司	湖南	1333982	10874	2920789	178745	12435
357	河南省淅川铝业（集团）有限公司	河南	1330507	45839	812586	86691	1900
358	三花控股集团有限公司	浙江	1324082	52180	1347385	365233	8085
359	方大特钢科技股份有限公司	江西	1321466	56277	997516	258424	8800
360	万丰奥特控股集团有限公司	浙江	1305567	65090	906540		9895
361	宜宾丝丽雅集团有限公司	四川	1286913	9212	1266281	124400	12701
362	新凤鸣集团股份有限公司	浙江	1282941	4535	671370	186969	6605
363	浙江东南网架集团有限公司	浙江	1282531	4855	1891801	413553	8680
364	华仪电器集团有限公司	浙江	1259437	34445	1067496	252651	6035
365	精工控股集团有限公司	浙江	1254550	1504	1753257	180267	8269
366	万华化学（宁波）有限公司	浙江	1251410	211111	1060244	403934	1116
367	河北前进钢铁集团有限公司	河北	1243411	17881	738269	259210	4602
368	红太阳集团有限公司	江苏	1239211	17177	1640870	272366	6378
369	重庆小康控股有限公司	重庆	1233780	24530	1202020	154540	11600
370	中条山有色金属集团有限公司	山西	1232321	−1203	1025535	331213	12430
371	新疆金风科技股份有限公司	新疆	1230848	42765	3436965	1336753	4191
372	广西洋浦南华糖业集团股份有限公司	广西	1228263	11060	1592664	459248	22316
373	利时集团股份有限公司	浙江	1228197	40547	1059413	371041	6580
374	河南龙成集团有限公司	河南	1224932	61776	1338283	658685	9576
375	人本集团有限公司	浙江	1196303	15248	814163	137124	19570
376	兴乐集团有限公司	浙江	1196184	19623	279308	167321	3122
377	沈阳化工集团有限公司	辽宁	1185119	3409	730533	70572	3884
378	浙江栋梁新材股份有限公司	浙江	1178634	9941	154896	95140	1157
379	大化集团有限责任公司	辽宁	1178010	7555	1613609	248565	5211
380	浙江协和集团有限公司	浙江	1163465	4571	429226	39389	1256
381	华通机电集团有限公司	浙江	1151978	60511	324838	118172	5125
382	花园集团有限公司	浙江	1151499	55277	880666	434414	14160
383	安徽淮海实业发展集团有限公司	安徽	1150733	6772	809260	269966	12869
384	河北诚信有限责任公司	河北	1150287	134870	612119	411678	5754

名次	企业名称	地区	营业收入（万元）	净利润（万元）	资产（万元）	所有者权益（万元）	从业人数（人）
385	杭州金鱼电器集团有限公司	浙江	1140239	10555	583636	37038	8374
386	广州电气装备集团有限公司	广东	1136176	62413	767251	361802	13215
387	春和集团有限公司	浙江	1131012	4593	2039023	188272	25000
388	浙江天圣控股集团有限公司	浙江	1130918	63318	532308	129132	4257
389	宁波博洋控股集团有限公司	浙江	1130006	21231	408569	62106	4892
390	浙江航民实业集团有限公司	浙江	1118334	13972	611059	98151	9748
391	骆驼集团股份有限公司	湖北	1118280	52485	527126	347884	4903
392	广州东凌实业集团有限公司	广东	1118242	1272	871283	168840	2664
393	庆铃汽车（集团）有限公司	重庆	1115932	19373	1334639	567234	3795
394	厦门银鹭集团有限公司	福建	1115727	44330	971318	293154	14000
395	浙江富春江通信集团有限公司	浙江	1108155	19370	883215	277322	3081
396	高深（集团）有限公司	云南	1106253	2210	691291	41098	1026
397	辛集市澳森钢铁有限公司	河北	1098328	16378	613312	365995	7442
398	祐康食品集团有限公司	浙江	1097465	69161	788991		8827
399	大连冰山集团有限公司	辽宁	1096579	51141	1005634	437798	12740
400	胜达集团有限公司	浙江	1085409	62758	673243	330480	4158
401	湖北枝江酒业集团	湖北	1082917	13352	224351	57890	5972
402	江苏上上电缆集团有限公司	江苏	1072252	28663	426771	262235	2840
403	陕西法士特汽车传动集团有限责任公司	陕西	1071794	45956	1301450	928136	9558
404	景德镇市焦化工业集团有限责任公司	江西	1069290	-3380	1454236	140152	9964
405	杭州诺贝尔集团有限公司	浙江	1068563	33976	1419653		9950
406	华翔集团股份有限公司	浙江	1063552	38832	1350174	217311	8500
407	天洁集团有限公司	浙江	1060582	43644	418135		1838
408	振石控股集团有限公司	浙江	1055597	38540	1230042	342023	3270
409	上海奥盛投资控股（集团）有限公司	上海	1052932	29752	601373	355209	1380
410	济源市万洋冶炼（集团）有限公司	河南	1052652	32489	416397	24469	2850
411	春风实业集团有限责任公司	河北	1048354	4324	259562	70558	13400
412	金海重工股份有限公司	浙江	1045130	441	2806024	892941	2914
413	邯郸市正大制管有限公司	河北	1044701	9623	127808	52236	2200
414	杭叉集团股份有限公司	浙江	1033539	31455	332558	143699	2118
415	河南金利金铅有限公司	河南	1026882	635	451216	121289	2237
416	澳柯玛股份有限公司	山东	1026758	15215	554232	91952	7778
417	得力集团有限公司	浙江	1025786	44016	796303	110068	6999
418	海马汽车集团股份有限公司	海南	1023523	29842	1382271	698529	8932
419	桂林市力源粮油食品集团有限公司	广西	1021972	7691	185536	45760	4187

名次	企业名称	地区	营业收入（万元）	净利润（万元）	资产（万元）	所有者权益（万元）	从业人数（人）
420	农夫山泉股份有限公司	浙江	1018746	123720	796976	382051	8988
421	海天塑机集团有限公司	浙江	1016717	130940	1545318	628994	7155
422	青岛即发集团控股有限公司	山东	1007909	38986	591043	308012	21262
423	江西济民可信集团有限公司	江西	1006486	58402	407817	203337	12000
424	宁波申洲针织有限公司	浙江	1004722	180299	1131727	1031626	57100
425	湖北东圣化工集团有限公司	湖北	995894	60884	257468	100666	1800
426	沈阳鼓风机集团股份有限公司	辽宁	992863	11943	1565709	338337	6974
427	黑龙江烟草工业有限责任公司	黑龙江	989355	90635	811335	658404	4727
428	厦门钨业股份有限公司	福建	987545	45955	1544954	416012	11110
429	上海浦东电线电缆（集团）有限公司	上海	981319	42498	280390	209182	2158
430	新龙药业集团	湖北	972077	12289	420163	69569	3200
431	唐山东华钢铁企业集团有限公司	河北	968461	10486	413549	145673	3906
432	兴惠化纤集团有限公司	浙江	965566	9380	634672	197583	2930
433	天津市恒兴钢业有限公司	天津	955113	41081	544273	269085	700
434	铜陵精达铜材（集团）有限责任公司	安徽	954973	503	529651	35699	2750
435	邢台钢铁有限责任公司	河北	951083	8245	969328	243490	6710
436	河北立中有色金属集团	河北	947406	14640	566558	151973	6835
437	无锡市凌峰铜业有限公司	江苏	945286	6943	503503	34898	136
438	兴源轮胎集团有限公司	山东	937159	61993	670714	305321	5800
439	铜陵化学工业集团有限公司	安徽	936191	-2089	1295354	79842	8684
440	富丽达集团控股有限公司	浙江	923592	15214	1844042	199310	6510
441	湖南金龙国际集团	湖南	921437	4829	113400	44827	515
442	河北白沙烟草有限责任公司	河北	920521	88713	687597	558796	3988
443	宜宾天原集团股份有限公司	四川	915205	5642	1401721	395750	4018
444	北京顺鑫农业股份有限公司	北京	907236	19765	1378948	306143	6613
445	中国吉林森林工业集团有限责任公司	吉林	903437	8030	2509333	145837	62000
446	潍坊特钢集团有限公司	山东	902751	18951	754169	471145	5912
447	云南南磷集团股份有限公司	云南	900417	21190	541376	226933	3802
448	金洲集团有限公司	浙江	895508	5098	483795	98179	3800
449	孚日控股集团股份有限公司	山东	886226	27512	692269	287910	17982
450	宁波宝新不锈钢有限公司	浙江	885189	17722	572229		893
451	浙江南方控股集团有限公司	浙江	884710	2819	228576	47694	1729
452	大连重工·起重集团有限公司	辽宁	883183	-14554	2059722	671443	6089
453	河北鑫海化工集团有限公司	河北	880286	1305	228965	19625	786
454	崇利制钢有限公司	河北	879823	1030	653414	239019	2652

名次	企业名称	地区	营业收入（万元）	净利润（万元）	资产（万元）	所有者权益（万元）	从业人数（人）
455	江苏海达科技集团有限公司	江苏	879763	28423	720108		4053
456	东北制药集团有限责任公司	辽宁	878929	303	954592	107645	9553
457	北京同仁堂股份有限公司	北京	871465	65601	1191190	501797	10439
458	浙江海正药业股份有限公司	浙江	860431	30186	1397209	488682	8428
459	兰溪自立铜业有限公司	浙江	850709	1502	391730		1154
460	浙江日月首饰集团有限公司	浙江	845124	12156	697696	185840	1605
461	天津大桥焊材集团有限公司	天津	843337	5480	296487	121775	4000
462	中国第一重型机械集团公司	黑龙江	836907	3121	3648534	1182827	11839
463	龙大食品集团有限公司	山东	825443	19550	508323	197431	6680
464	浙江富陵控股集团有限公司	浙江	823373	20319	860557	174000	1006
465	致达控股集团有限公司	上海	820652	11060	1371607	297564	5898
466	安徽中鼎控股（集团）股份有限公司	安徽	817392	35175	684756	227759	11827
467	青海盐湖工业股份有限公司	青海	809457	105221	5380067	1641046	17180
468	郑州煤矿机械集团股份有限公司	河南	805531	86671	1263456	951885	5653
469	杭州制氧机集团有限公司	浙江	804153	20894	1207689	313264	5340
470	鲁泰纺织股份有限公司	山东	802115	99926	1087499	598805	24499
471	安徽楚江投资集团有限公司	安徽	783612	-2156	299651	69086	4752
472	山东石大科技集团有限公司	山东	781539	17247	382986	108322	498
473	巨力集团有限公司	河北	779587	39868	939448	220627	7726
474	中国四联仪器仪表集团有限公司	重庆	773518	12393	1042019	111744	11725
475	四川龙蟒集团有限责任公司	四川	771474	41845	1122841	450953	7868
476	共青城赛龙通信技术有限公司	江西	768169	60521	256663	112932	2500
477	北京纺织控股有限责任公司	北京	765755	22554	1525693	582277	10771
478	张家口卷烟厂有限责任公司	河北	764517	41375	327826	221692	2642
479	河南财鑫集团有限公司	河南	758684	23751	366957	223268	5218
480	开氏集团有限公司	浙江	744397	15130	561842	231585	3000
481	河北养元智汇饮品股份有限公司	河北	743657	161013	522027	234562	1348
482	河北新启元能源技术开发股份有限公司	河北	741130	19066	188129	53533	479
483	浙江万凯新材料有限公司	浙江	737250	1707	432117	48354	630
484	青岛九联集团股份有限公司	山东	736495	-6006	285236	114423	16815
485	北京君诚实业投资集团有限公司	北京	731867	700	184757	22397	1550
486	西宁特殊钢集团有限责任公司	青海	725468	12846	1963100	249754	10170
487	四川高金食品股份有限公司	四川	725261	19534	297112	128344	9846
488	浙江古纤道新材料股份有限公司	浙江	714800	9372	673147	161941	1622
489	武安市运丰冶金工业有限公司	河北	709893	129469	254968	166891	1860

名次	企业名称	地区	营业收入（万元）	净利润（万元）	资产（万元）	所有者权益（万元）	从业人数（人）
490	成都神钢工程机械（集团）有限公司	四川	708146	4886	1258218	162334	3441
491	石家庄常山纺织集团有限责任公司	河北	707377	284	765628	218854	11721
492	黄石东贝机电集团有限责任公司	湖北	706394	3608	398113	35127	8146
493	重庆润通动力有限公司	重庆	704460	21464	456399	132986	12593
494	江苏盛虹科贸有限公司	江苏	693323	16	7032	212	125
495	湖北新洋丰肥业股份有限公司	湖北	688914	42974	468106	213322	5810
496	罗蒙集团股份有限公司	浙江	688880	42772	617267	245024	5328
497	恒威集团有限公司	浙江	682107	21977	514299	121802	1235
498	浙江新安化工集团股份有限公司	浙江	676533	43531	723896	438904	5341
499	侨兴集团有限公司	广东	673012	69782	1631315	1160263	5178
500	华意压缩机股份有限公司	江西	671000	16122	636542	192540	6122
	合计		2608728508	56101785	2374360343	607056881	12809325

说　明

1. 2014 中国制造业企业 500 强是中国企业联合会、中国企业家协会参照国际惯例，组织企业自愿申报，并经专家审定确认后产生的。申报企业包括在中国境内注册、2013 年完成营业收入达到 55 亿元（人民币）以上（含 55 亿元）的企业（不包括行政性公司和资产经营公司，不包括在华外资、港澳台独资、控股企业；但包括在境外注册、投资主体为中国自然人或法人、主要业务在境内的企业，属于我国银监会、保监会和各级国资委监管的企业）。为了避免重复，属于集团公司控股的企业，如果其财务报表最后能被合并到母公司的财务会计报表中去，则只允许其母公司申报。

2. 表中所列数据由企业自愿申报或属于上市公司公开数据、并经会计师事务所或审计师事务所等单位认可。

3. 营业收入是 2013 年不含增值税的收入，包括企业的所有收入，即主营业务和非主营业务、境内和境外的收入。净利润是 2013 年上交所得税后的净利润扣除少数股权收益后归属母公司所有者的净利润。资产是 2013 年度末的资产总额。归属母公司所有者权益是 2013 年末所有者权益总额扣除少数股东权益后的母公司所有者权益。研究开发费用是 2013 年企业投入研究开发的所有费用。从业人数是 2013 年度的平均人数（含所有被合并报表企业的人数）。

4. 行业分类参照了国家统计局的分类方法，依据其主营业务收入所在行业来划分；地区分类是按企业总部所在地划分。

表 9-2　　2014 中国制造业企业 500 强各行业企业分布

排名	企业名称	营业收入（万元）	排名	企业名称	营业收入（万元）
农副食品及农产品加工业			1	四川省宜宾五粮液集团有限公司	6309445
1	新希望集团有限公司	7789271	2	泸州老窖集团有限责任公司	3853574
2	通威集团有限公司	4611678	3	中国贵州茅台酒厂（集团）有限责任公司	3462301
3	双胞胎（集团）股份有限公司	3733080	4	青岛啤酒股份有限公司	2829098
4	正邦集团有限公司	3604589	5	稻花香集团	2486100
5	广东温氏食品集团股份有限公司	3518706	6	江苏洋河酒厂股份有限公司	1502362
6	西王集团有限公司	2712007	7	湖北枝江酒业集团	1082917
7	山东渤海实业股份有限公司	2630598		合计	21525797
8	三河汇福粮油集团有限公司	2411415			
9	广西农垦集团有限责任公司	2248326	烟草加工业		
10	广东海大集团股份有限公司	1793041	1	上海烟草集团有限责任公司	11124666
11	五得利面粉集团有限公司	1747849	2	红塔烟草（集团）有限责任公司	9639634
12	天津农垦集团有限公司	1442121	3	红云红河烟草（集团）有限责任公司	8436772
13	桂林市力源粮油食品集团有限公司	1021972	4	湖北中烟工业有限责任公司	6521318
14	青岛九联集团股份有限公司	736495	5	浙江中烟工业有限责任公司	6001962
	合计	40001148	6	贵州中烟工业有限责任公司	3321897
			7	福建中烟工业有限责任公司	2859763
食品加工制造业			8	广西中烟工业有限责任公司	1941027
1	光明食品（集团）有限公司	15938217	9	重庆烟草工业有限责任公司	1418396
2	中国盐业总公司	3982552	10	江西中烟工业有限责任公司	1408279
3	天狮集团有限公司	3048834	11	黑龙江烟草工业有限责任公司	989355
4	北京二商集团有限责任公司	2091617	12	河北白沙烟草有限责任公司	920521
5	上海良友（集团）有限公司	1973972	13	张家口卷烟厂有限责任公司	764517
6	香驰控股有限公司	1582570		合计	55348107
7	天津聚龙嘉华投资集团有限公司	1510242			
8	广西洋浦南华糖业集团股份有限公司	1228263	纺织、印染业		
9	厦门银鹭集团有限公司	1115727	1	山东魏桥创业集团有限公司	24138650
10	祐康食品集团有限公司	1097465	2	上海纺织（集团）有限公司	4325971
11	龙大食品集团有限公司	825443	3	山东如意科技集团有限公司	3890528
	合计	34394902	4	山东大海集团有限公司	3600523
			5	江苏阳光集团有限公司	3372436
乳制品加工业			6	华芳集团有限公司	2604977
1	内蒙古伊利实业集团股份有限公司	4777887	7	天津纺织集团（控股）有限公司	2386868
	合计	4777887	8	澳洋集团有限公司	2221545
			9	浙江天圣控股集团有限公司	1130918
饮料加工业			10	兴惠化纤集团有限公司	965566
1	杭州娃哈哈集团有限公司	7827856	11	富丽达集团控股有限公司	923592
2	维维集团股份有限公司	2618069	12	北京纺织控股有限责任公司	765755
3	农夫山泉股份有限公司	1018746	13	石家庄常山纺织集团有限责任公司	707377
4	河北养元智汇饮品股份有限公司	743657		合计	51034706
	合计	12208328			
			纺织品、服装、鞋帽、服饰加工业		
酿酒制造业			1	雅戈尔集团股份有限公司	5325026

排名	企业名称	营业收入（万元）
2	红豆集团有限公司	4351833
3	海澜集团有限公司	4300568
4	杉杉控股有限公司	2817365
5	内蒙古鄂尔多斯羊绒集团有限责任公司	1998569
6	维科控股集团股份有限公司	1862208
7	奥康集团有限公司	1668811
8	金猴集团有限公司	1662349
9	森马集团有限公司	1359206
10	宜宾丝丽雅集团有限公司	1286913
11	宁波博洋控股集团有限公司	1130006
12	青岛即发集团控股有限公司	1007909
13	宁波申洲针织有限公司	1004722
14	孚日控股集团股份有限公司	886226
15	鲁泰纺织股份有限公司	802115
16	罗蒙集团股份有限公司	688880
	合计	32152706

肉食品加工业

排名	企业名称	营业收入（万元）
1	雨润控股集团有限公司	12997856
2	河南省漯河市双汇实业集团有限责任公司	4720541
3	诸城外贸有限责任公司	1365331
4	北京顺鑫农业股份有限公司	907236
5	四川高金食品股份有限公司	725261
	合计	20716225

木材、藤、竹、家具等加工及木制品、纸制品等印刷、包装业

排名	企业名称	营业收入（万元）
1	宜华企业（集团）有限公司	1515810
2	中国吉林森林工业集团有限责任公司	903437
3	巨力集团有限公司	779587
	合计	3198834

造纸及纸制品加工业

排名	企业名称	营业收入（万元）
1	山东大王集团有限公司	8578386
2	山东晨鸣纸业集团股份有限公司	4911647
3	玖龙纸业（控股）有限公司	4823712
4	华泰集团有限公司	4310219
5	山东太阳控股集团有限公司	3515118
6	金东纸业（江苏）股份有限公司	2686911
7	胜达集团有限公司	1085409
	合计	29911402

生活用品（含文体、玩具、工艺品、珠宝）等轻工产品加工制造业

排名	企业名称	营业收入（万元）
1	天津市一轻集团（控股）有限公司	6364231
2	老凤祥股份有限公司	3298466
3	重庆轻纺控股（集团）公司	2534509
4	天津市二轻集团（控股）有限公司	1996896
	合计	14194102

石化产品、炼焦及其他燃料生产加工业

排名	企业名称	营业收入（万元）
1	中国石油化工集团公司	294507498
2	中国华信能源有限公司	20998533
3	山东东明石化集团有限公司	6206184
4	山东京博控股股份有限公司	3540123
5	大连西太平洋石油化工有限公司	3497872
6	嘉晨集团有限公司	3316567
7	利华益集团股份有限公司	3100653
8	山东海科化工集团	3098855
9	山东金诚石化集团有限公司	3032125
10	宁夏宝塔石化集团有限公司	3018130
11	旭阳控股有限公司	2658811
12	云南煤化工集团有限公司	2532935
13	山东万通石油化工集团有限公司	2134574
14	正和集团股份有限公司	2017675
15	山东垦利石化有限责任公司	1639227
16	山东恒源石油化工股份有限公司	1439064
17	景德镇市焦化工业集团有限责任公司	1069290
18	河北鑫海化工集团有限公司	880286
19	山东石大科技集团有限公司	781539
20	河北新启元能源技术开发股份有限公司	741130
	合计	360211071

化学原料及化学制品制造业

排名	企业名称	营业收入（万元）
1	中国化工集团公司	24403620
2	湖北宜化集团有限公司	8020161
3	天津渤海化工集团有限责任公司	7101906
4	云天化集团有限责任公司	6355541
5	上海华谊（集团）公司	6062725
6	江阴澄星实业集团有限公司	4084185
7	江苏金浦集团有限公司	3642983
8	亚邦投资控股集团有限公司	3205036
9	山东金岭集团有限公司	2856039
10	滨化集团公司	2706726
11	浙江龙盛控股有限公司	2510021
12	逸盛大化石化有限公司	2469552
13	新疆天业（集团）有限公司	2456389
14	传化集团有限公司	2439341
15	宜昌兴发集团有限公司	2114479
16	巨化集团公司	2020775
17	江苏三木集团有限公司	1918865
18	升华集团控股有限公司	1655603

排名	企业名称	营业收入（万元）	排名	企业名称	营业收入（万元）
19	东辰控股集团有限公司	1606892	5	江苏三房巷集团有限公司	4153372
20	唐山三友集团有限公司	1591410	6	浙江桐昆控股集团有限公司	4070796
21	纳爱斯集团有限公司	1514942	7	兴达投资集团有限公司	1581189
22	万华化学（宁波）有限公司	1251410	8	华峰集团有限公司	1451349
23	红太阳集团有限公司	1239211	9	浙江翔盛集团有限公司	1393928
24	沈阳化工集团有限公司	1185119	10	江苏华宏实业集团有限公司	1383209
25	大化集团有限责任公司	1178010	11	新凤鸣集团股份有限公司	1282941
26	河北诚信有限责任公司	1150287	12	开氏集团有限公司	744397
27	广州东凌实业集团有限公司	1118242	13	浙江古纤道新材料股份有限公司	714800
28	湖北东圣化工集团有限公司	995894	14	江苏盛虹科贸有限公司	693323
29	铜陵化学工业集团有限公司	936191		合计	50449074
30	宜宾天原集团股份有限公司	915205			
31	云南南磷集团股份有限公司	900417	橡胶制品业		
32	浙江南方控股集团有限公司	884710	1	华勤橡胶工业集团有限公司	3327163
33	青海盐湖工业股份有限公司	809457	2	山东胜通集团股份有限公司	2807556
34	四川龙蟒集团有限责任公司	771474	3	山东玉皇化工有限公司	2681915
35	浙江万凯新材料有限公司	737250	4	中策橡胶集团有限公司	2568167
36	湖北新洋丰肥业股份有限公司	688914	5	三角集团有限公司	1783201
37	浙江新安化工集团股份有限公司	676533	6	高深（集团）有限公司	1106253
	合计	106175515	7	兴源轮胎集团有限公司	937159
				合计	15211414
医药、医疗设备制造业					
1	上海医药集团股份有限公司	7822282	塑料制品业		
2	广州医药集团有限公司	5450338	1	浙江大东南集团有限公司	1709949
3	科创控股集团有限公司	4517354	2	金发科技股份有限公司	1442598
4	四川科伦实业集团有限公司	3507583	3	浙江富陵控股集团有限公司	823373
5	天津市医药集团有限公司	3329515		合计	3975920
6	太极集团有限公司	2384357			
7	杭州华东医药集团有限公司	2189557	建筑材料及玻璃等制造业		
8	天士力控股集团有限公司	2046300	1	中国建筑材料集团有限公司	25225679
9	威高集团有限公司	2020593	2	安徽海螺集团有限责任公司	9324274
10	哈药集团有限公司	1850000	3	中国中材集团有限公司	7370806
11	华鲁控股集团有限公司	1533206	4	北京金隅集团有限责任公司	5272806
12	江西济民可信集团有限公司	1006486	5	吉林亚泰（集团）股份有限公司	4197052
13	新龙药业集团	972077	6	天瑞集团股份有限公司	3031559
14	东北制药集团有限责任公司	878929	7	沂州集团有限公司	2793868
15	北京同仁堂股份有限公司	871465	8	冀东发展集团有限责任公司	2446085
16	浙江海正药业股份有限公司	860431	9	沈阳远大企业集团	2110336
	合计	41240473	10	红狮控股集团有限公司	1874900
			11	华新水泥股份有限公司	1598436
化学纤维制造业			12	天津市建筑材料集团（控股）有限公司	1392857
1	恒力集团有限公司	13534917	13	杭州诺贝尔集团有限公司	1068563
2	浙江恒逸集团有限公司	7806579	14	上海奥盛投资控股（集团）有限公司	1052932
3	浙江荣盛控股集团有限公司	6503560		合计	68760153
4	盛虹控股集团有限公司	5134714			

排名	企业名称	营业收入（万元）	排名	企业名称	营业收入（万元）
	黑色冶金及压延加工业		45	河北新金钢铁有限公司	2569709
1	宝钢集团有限公司	30310026	46	武安市裕华钢铁有限公司	2560125
2	河北钢铁集团有限公司	25103530	47	河北文丰钢铁有限公司	2471542
3	江苏沙钢集团有限公司	22807761	48	金鼎重工股份有限公司	2436976
4	武汉钢铁（集团）公司	22704781	49	天津友发钢管集团股份有限公司	2408312
5	渤海钢铁集团有限公司	22008633	50	凌源钢铁集团有限责任公司	2372193
6	首钢总公司	21084265	51	西林钢铁集团有限公司	2300966
7	新兴际华集团有限公司	20160541	52	四川省达州钢铁集团有限责任公司	2207618
8	鞍钢集团公司	15512764	53	四平红嘴集团总公司	2120381
9	太原钢铁（集团）有限公司	14604034	54	中国庆华能源集团有限公司	1838209
10	酒泉钢铁（集团）有限责任公司	12234323	55	山东淄博傅山企业集团有限公司	1802481
11	山东钢铁集团有限公司	12073814	56	广西盛隆冶金有限公司	1627551
12	本钢集团有限公司	11027227	57	河南济源钢铁（集团）有限公司	1547363
13	中天钢铁集团有限公司	10509107	58	武安市广耀铸业有限公司	1444082
14	杭州钢铁集团公司	10373586	59	河北天柱钢铁集团有限公司	1375208
15	湖南华菱钢铁集团有限责任公司	8276252	60	方大特钢科技股份有限公司	1321466
16	马钢（集团）控股有限公司	8210520	61	河北前进钢铁集团有限公司	1243411
17	北京建龙重工集团有限公司	7300434	62	浙江协和集团有限公司	1163465
18	河北新华联合冶金投资有限公司	6628908	63	辛集市澳森钢铁有限公司	1098328
19	陕西东岭工贸集团股份有限公司	6084083	64	振石控股集团有限公司	1055597
20	南京钢铁集团有限公司	5459298	65	唐山东华钢铁企业集团有限公司	968461
21	江苏西城三联控股集团有限公司	5308871	66	天津市恒兴钢业有限公司	955113
22	青山控股集团有限公司	5081412	67	邢台钢铁有限责任公司	951083
23	河北津西钢铁集团股份有限公司	5079253	68	潍坊特钢集团有限公司	902751
24	包头钢铁（集团）有限责任公司	5075733	69	宁波宝新不锈钢有限公司	885189
25	河北敬业集团	5042501	70	崇利制钢有限公司	879823
26	天津荣程联合钢铁集团有限公司	5030457	71	西宁特殊钢集团有限责任公司	725468
27	四川省川威集团有限公司	4752855	72	武安市运丰冶金工业有限公司	709893
28	江苏新长江实业集团有限公司	4720592		合计	431031551
29	日照钢铁控股集团有限公司	4380513			
30	安阳钢铁集团有限责任公司	4046168		一般有色冶金及压延加工业	
31	山东泰山钢铁集团有限公司	3700495	1	中国铝业公司	27941915
32	昆明钢铁控股有限公司	3697068	2	正威国际集团有限公司	23382562
33	唐山瑞丰钢铁（集团）有限公司	3684075	3	江西铜业集团公司	19452404
34	广州钢铁企业集团有限公司	3680318	4	中国有色矿业集团有限公司	19000889
35	江苏申特钢铁有限公司	3656785	5	金川集团股份有限公司	18484269
36	新余钢铁集团有限公司	3620791	6	铜陵有色金属集团控股有限公司	12222433
37	唐山港陆钢铁有限公司	3471990	7	海亮集团有限公司	10043837
38	江西萍钢实业股份有限公司	3321783	8	陕西有色金属控股集团有限责任公司	9637762
39	青岛钢铁控股集团有限公司	3159280	9	大冶有色金属集团控股有限公司	8348881
40	福建省三钢（集团）有限责任公司	3068208	10	南山集团有限公司	8063663
41	东北特殊钢集团有限责任公司	2883175	11	广西投资集团有限公司	5282524
42	湖南博长控股集团有限公司	2822388	12	宁夏天元锰业有限公司	4705264
43	河北普阳钢铁有限公司	2743957	13	云南冶金集团股份有限公司	4231133
44	重庆钢铁（集团）有限责任公司	2586232	14	四川宏达集团	4035897

排名	企业名称	营业收入（万元）	排名	企业名称	营业收入（万元）
15	宁波金田投资控股有限公司	3482392	15	江苏海达科技集团有限公司	879763
16	白银有色集团股份有限公司	3416733	16	天津大桥焊材集团有限公司	843337
17	金龙精密铜管集团股份有限公司	3354200	17	北京君诚实业投资集团有限公司	731867
18	云南锡业集团（控股）有限责任公司	3087954		合计	23806773
19	西部矿业集团有限公司	2921381			
20	晟通科技集团有限公司	2897897	\multicolumn{3}{l	}{工程机械、设备及零配件制造业}
21	东营方圆有色金属有限公司	2679225	1	徐州工程机械集团有限公司	9302287
22	东营鲁方金属材料有限公司	2662265	2	中联重科股份有限公司	7575583
23	山东天信集团有限公司	2644383	3	三一集团有限公司	7224984
24	广西有色金属集团有限公司	2594226	4	太原重型机械集团有限公司	2056121
25	万基控股集团有限公司	2350808	5	广西柳工集团有限公司	1610379
26	河南豫光金铅集团有限责任公司	2283820	6	杭叉集团股份有限公司	1033539
27	深圳市中金岭南有色金属股份有限公司	2116195	7	大连重工·起重集团有限公司	883183
28	江西钨业集团有限公司	1917498	8	中国第一重型机械集团公司	836907
29	杭州富春江冶炼有限公司	1840959	9	郑州煤矿机械集团股份有限公司	805531
30	天津华北集团有限公司	1591527	10	成都神钢工程机械（集团）有限公司	708146
31	深圳融禾投资发展有限公司	1542921		合计	32036660
32	山东创新金属科技股份有限公司	1362300			
33	河南省淅川铝业（集团）有限公司	1330507	\multicolumn{3}{l	}{工业机械、设备及零配件制造业}
34	中条山有色金属集团有限公司	1232321	1	中国恒天集团有限公司	4515436
35	人本集团有限公司	1196303	2	盾安控股集团有限公司	4363204
36	济源市万洋冶炼（集团）有限公司	1052652	3	大连市机床集团有限责任公司	1681323
37	河南金利金铅有限公司	1026882	4	沈阳机床（集团）有限责任公司	1505160
38	厦门钨业股份有限公司	987545	5	北方重工集团有限公司	1356082
39	河北立中有色金属集团	947406	6	大连冰山集团有限公司	1096579
40	无锡市凌峰铜业有限公司	945286	7	天洁集团有限公司	1060582
41	兰溪自立铜业有限公司	850709	8	海天塑机集团有限公司	1016717
42	安徽楚江投资集团有限公司	783612	9	沈阳鼓风机集团有限公司	992863
	合计	229933340	10	杭州制氧机集团有限公司	804153
				合计	18392099
\multicolumn{3}{l	}{金属制品、加工工具、工业辅助产品加工制造业}	\multicolumn{3}{l	}{农林机械、设备及零配件制造业}
1	江苏法尔胜泓昇集团有限公司	2496089	1	山东时风（集团）有限责任公司	3124547
2	江苏新华发集团有限公司	2386861	2	福田雷沃国际重工股份有限公司	2263824
3	精功集团有限公司	2209287		合计	5388371
4	浙江元立金属制品集团有限公司	2088428			
5	福星集团	1806066	\multicolumn{3}{l	}{电力、电气等设备、机械、元器件及光伏、电池、线缆制造业}
6	江苏大明金属制品有限公司	1514428	1	超威电源有限公司	5573238
7	浙江东南网架集团有限公司	1282531	2	天津百利机电控股集团有限公司	5042586
8	精工控股集团有限公司	1254550	3	新疆特变电工集团有限公司	3533083
9	河南龙成集团有限公司	1224932	4	正泰集团股份有限公司	3322428
10	浙江栋梁新材股份有限公司	1178634	5	德力西集团有限公司	3315360
11	春风实业集团有限责任公司	1048354	6	亨通集团有限公司	3121035
12	邯郸市正大制管有限公司	1044701	7	上海人民企业（集团）有限公司	3093624
13	湖南金龙国际集团	921437	8	人民电器集团有限公司	2978871
14	金洲集团有限公司	895508			

排名	企业名称	营业收入(万元)	排名	企业名称	营业收入(万元)
9	江苏金辉铜业集团有限公司	2782507	12	华意压缩机股份有限公司	671000
10	天正集团有限公司	2686149		合计	82009027
11	宁波富邦控股集团有限公司	2496565			
12	远东控股集团有限公司	2404890		黄金冶炼及压延加工业	
13	宝胜集团有限公司	2398371	1	中国黄金集团公司	11140672
14	天津塑力线缆集团有限公司	2097285	2	山东黄金集团有限公司	6212099
15	北京京城机电控股有限责任公司	2089790	3	紫金矿业集团股份有限公司	4977151
16	中国西电集团公司	1622957	4	山东招金集团有限公司	4434270
17	永鼎集团有限公司	1548170	5	浙江日月首饰集团有限公司	845124
18	富通集团有限公司	1474622		合计	27609316
19	晶科能源有限公司	1454255			
20	湘电集团有限公司	1333982		电子元器件与仪器仪表、自动化控制设备制造业	
21	华仪电器集团有限公司	1259437	1	中国电子信息产业集团有限公司	19378465
22	兴乐集团有限公司	1196184	2	山东科达集团有限公司	2651912
23	华通机电集团有限公司	1151978	3	晶龙实业集团有限公司	2108352
24	广州电气装备集团有限公司	1136176	4	三花控股集团有限公司	1324082
25	浙江富春江通信集团有限公司	1108155	5	新疆金风科技股份有限公司	1230848
26	江苏上上电缆集团有限公司	1072252	6	中国四联仪器仪表集团有限公司	773518
27	上海浦东电线电缆（集团）有限公司	981319		合计	27467177
28	铜陵精达铜材（集团）有限责任公司	954973			
29	黄石东贝机电集团有限责任公司	706394		动力、电力生产等装备、设备制造业	
	合计	63936636	1	上海电气（集团）总公司	9474796
			2	潍柴动力股份有限公司	9089544
	电梯及运输、仓储设备与设施制造业		3	杭州汽轮动力集团有限公司	5950838
1	中国国际海运集装箱（集团）股份有限公司	5787441	4	中国东方电气集团有限公司	4545393
2	西子联合控股有限公司	2210849	5	广西玉柴机器集团有限公司	4246677
	合计	7998290	6	哈尔滨电气集团公司	2397295
			7	卧龙控股集团有限公司	1916811
	轨道交通设备及零部件制造业			合计	37621354
1	中国南车集团公司	10042432			
2	中国北方机车车辆工业集团公司	9856012		计算机及零部件制造业	
	合计	19898444	1	联想控股股份有限公司	24403077
			2	北大方正集团有限公司	6757118
	家用电器及零配件制造业		3	同方股份有限公司	2265014
1	海尔集团公司	18029936		合计	33425209
2	美的集团股份有限公司	12126518			
3	珠海格力电器股份有限公司	12004307		通讯器材及设备、元器件制造业	
4	海信集团有限公司	9324355	1	华为技术有限公司	23902500
5	四川长虹电子集团有限公司	9156167	2	天津中环电子信息集团有限公司	18691929
6	TCL集团股份有限公司	8532409	3	中兴通讯股份有限公司	7523372
7	奥克斯集团有限公司	4806871	4	武汉邮电科学研究院	1867601
8	江苏双良集团有限公司	2877515	5	四川九洲电器集团有限责任公司	1827046
9	广州万宝集团有限公司	2312952	6	共青城赛龙通信技术有限公司	768169
10	杭州金鱼电器集团有限公司	1140239	7	侨兴集团有限公司	673012
11	澳柯玛股份有限公司	1026758		合计	55253629

排名	企业名称	营业收入（万元）	排名	企业名称	营业收入（万元）
	办公、影像等电子设备、元器件制造业			航空航天及国防军工业	
1	得力集团有限公司	1025786	1	中国兵器工业集团公司	38525437
	合计	1025786	2	中国兵器装备集团公司	36175535
			3	中国航空工业集团公司	34941074
	汽车及零配件制造业		4	中国航天科工集团公司	14230137
1	上海汽车集团股份有限公司	56580701		合计	123872183
2	中国第一汽车集团公司	46116614			
3	东风汽车公司	45503340		船舶工业	
4	北京汽车集团有限公司	26638445	1	中国船舶重工集团公司	18739660
5	广州汽车工业集团有限公司	20151834	2	江苏扬子江船业集团公司	3009256
6	浙江吉利控股集团有限公司	15842925	3	沪东中华造船（集团）有限公司	1457556
7	华晨汽车集团控股有限公司	12802170	4	上海外高桥造船有限公司	1414901
8	万向集团公司	11861050	5	春和集团有限公司	1131012
9	江苏悦达集团有限公司	10122154	6	金海重工股份有限公司	1045130
10	中国重型汽车集团有限公司	6206056		合计	26797515
11	长城汽车股份有限公司	5678431			
12	江铃汽车集团公司	4048710		综合制造业（以制造业为主，含有服务业）	
13	安徽江淮汽车集团有限公司	3901861	1	中国五矿集团公司	41465041
14	陕西汽车控股集团有限公司	3404173	2	无锡产业发展集团有限公司	5461512
15	奇瑞汽车股份有限公司	2704690	3	比亚迪股份有限公司	5286328
16	郑州宇通集团有限公司	2698448	4	上海复星高科技（集团）有限公司	5204104
17	厦门金龙汽车集团股份有限公司	2081231	5	华盛江泉集团有限公司	4856058
18	三环集团公司	1553022	6	江苏华西集团公司	4722412
19	柳州五菱汽车有限责任公司	1507584	7	新华联集团有限公司	4525846
20	万丰奥特控股集团有限公司	1305567	8	重庆化医控股（集团）公司	3602568
21	重庆小康控股有限公司	1233780	9	万达控股集团有限公司	3280802
22	骆驼集团股份有限公司	1118280	10	重庆机电控股（集团）公司	3083701
23	庆铃汽车（集团）有限公司	1115932	11	杭州锦江集团有限公司	2729972
24	陕西法士特汽车传动集团有限责任公司	1071794	12	苏州创元投资发展（集团）有限公司	2453610
25	华翔集团股份有限公司	1063552	13	江苏天地龙控股集团有限公司	2104856
26	海马汽车集团股份有限公司	1023523	14	攀枝花钢城集团有限公司	1745421
27	安徽中鼎控股（集团）股份有限公司	817392	15	华立集团股份有限公司	1363905
28	恒威集团有限公司	682107	16	重庆市博赛矿业（集团）有限公司	1338434
	合计	288835366	17	利时集团股份有限公司	1228197
			18	花园集团有限公司	1151499
			19	安徽淮海实业发展集团有限公司	1150733
	摩托车及零配件制造业		20	浙江航民实业集团有限公司	1118334
1	隆鑫控股有限公司	2791130	21	致达控股集团有限公司	820652
2	重庆力帆控股有限公司	2601570	22	河南财鑫集团有限责任公司	758684
3	宗申产业集团有限公司	1352189		合计	99452669
4	重庆润通动力有限公司	704460			
	合计	7449349			

表 9-3　　2014 中国制造业企业 500 强各地区企业分布

排名	企业名称	营业收入（万元）	排名	企业名称	营业收入（万元）
北京			4	光明食品（集团）有限公司	15938217
1	中国石油化工集团公司	294507498	5	上海烟草集团有限责任公司	11124666
2	中国五矿集团公司	41465041	6	上海电气（集团）总公司	9474796
3	中国兵器工业集团公司	38525437	7	上海医药集团股份有限公司	7822282
4	中国兵器装备集团公司	36175535	8	上海华谊（集团）公司	6062725
5	中国航空工业集团公司	34941074	9	上海复星高科技（集团）有限公司	5204104
6	中国铝业公司	27941915	10	上海纺织（集团）有限公司	4325971
7	北京汽车集团有限公司	26638445	11	老凤祥股份有限公司	3298466
8	中国建筑材料集团有限公司	25225679	12	上海人民企业（集团）有限公司	3093624
9	中国化工集团公司	24403620	13	上海良友（集团）有限公司	1973972
10	联想控股股份有限公司	24403077	14	沪东中华造船（集团）有限公司	1457556
11	首钢总公司	21084265	15	上海外高桥造船有限公司	1414901
12	新兴际华集团有限公司	20160541	16	上海奥盛投资控股（集团）有限公司	1052932
13	中国电子信息产业集团有限公司	19378465	17	上海浦东电线电缆（集团）有限公司	981319
14	中国有色矿业集团有限公司	19000889	18	致达控股集团有限公司	820652
15	中国船舶重工集团公司	18739660		合计	181935443
16	中国航天科工集团公司	14230137			
17	中国黄金集团公司	11140672	天津		
18	中国南车集团公司	10042432	1	渤海钢铁集团有限公司	22008633
19	中国北方机车车辆工业集团公司	9856012	2	天津中环电子信息集团有限公司	18691929
20	中国中材集团有限公司	7370806	3	天津渤海化工集团有限责任公司	7101906
21	北京建龙重工集团有限公司	7300434	4	天津市一轻集团（控股）有限公司	6364231
22	北大方正集团有限公司	6757118	5	天津百利机电控股集团有限公司	5042586
23	河北新华联合冶金投资有限公司	6628908	6	天津荣程联合钢铁集团有限公司	5030457
24	北京金隅集团有限责任公司	5272806	7	天津市医药集团有限公司	3329515
25	新华联集团有限公司	4525846	8	天狮集团有限公司	3048834
26	中国恒天集团有限公司	4515436	9	天津友发钢管集团股份有限公司	2408312
27	中国盐业总公司	3982552	10	天津纺织集团（控股）有限公司	2386868
28	旭阳控股有限公司	2658811	11	天津塑力线缆集团有限公司	2097285
29	同方股份有限公司	2265014	12	天士力控股集团有限公司	2046300
30	北京二商集团有限责任公司	2091617	13	天津市二轻集团（控股）有限公司	1996896
31	北京京城机电控股有限责任公司	2089790	14	天津华北集团有限公司	1591527
32	中国庆华能源集团有限公司	1838209	15	天津聚龙嘉华投资集团有限公司	1510242
33	北京顺鑫农业股份有限公司	907236	16	天津农垦集团有限公司	1442121
34	北京同仁堂股份有限公司	871465	17	天津市建筑材料集团（控股）有限公司	1392857
35	北京纺织控股有限责任公司	765755	18	天津市恒兴钢业有限公司	955113
36	北京君诚实业投资集团有限公司	731867	19	天津大桥焊材集团有限公司	843337
	合计	778434064		合计	89288949
上海			重庆		
1	上海汽车集团股份有限公司	56580701	1	重庆化医控股（集团）公司	3602568
2	宝钢集团有限公司	30310026	2	重庆机电控股（集团）公司	3083701
3	中国华信能源有限公司	20998533	3	隆鑫控股有限公司	2791130

第九章 2014中国制造业企业500强数据

排名	企业名称	营业收入（万元）	排名	企业名称	营业收入（万元）
4	重庆力帆控股有限公司	2601570	17	大连重工·起重集团有限公司	883183
5	重庆钢铁（集团）有限责任公司	2586232	18	东北制药集团有限责任公司	878929
6	重庆轻纺控股（集团）公司	2534509		合计	66749104
7	太极集团有限公司	2384357			
8	重庆烟草工业有限责任公司	1418396	河北		
9	宗申产业集团有限公司	1352189	1	河北钢铁集团有限公司	25103530
10	重庆市博赛矿业（集团）有限公司	1338434	2	长城汽车股份有限公司	5678431
11	重庆小康控股有限公司	1233780	3	河北津西钢铁集团股份有限公司	5079253
12	庆铃汽车（集团）有限公司	1115932	4	河北敬业集团	5042501
13	中国四联仪器仪表集团有限公司	773518	5	唐山瑞丰钢铁（集团）有限公司	3684075
14	重庆润通动力有限公司	704460	6	唐山港陆钢铁有限公司	3471990
	合计	27520776	7	河北普阳钢铁有限公司	2743957
			8	河北新金钢铁有限公司	2569709
黑龙江			9	武安市裕华钢铁有限公司	2560125
1	哈尔滨电气集团公司	2397295	10	河北文丰钢铁有限公司	2471542
2	西林钢铁集团有限公司	2300966	11	冀东发展集团有限责任公司	2446085
3	哈药集团有限公司	1850000	12	金鼎重工股份有限公司	2436976
4	黑龙江烟草工业有限责任公司	989355	13	三河汇福粮油集团有限公司	2411415
5	中国第一重型机械集团公司	836907	14	晶龙实业集团有限公司	2108352
	合计	8374523	15	五得利面粉集团有限公司	1747849
			16	唐山三友集团有限公司	1591410
吉林			17	武安市广耀铸业有限公司	1444082
1	中国第一汽车集团公司	46116614	18	河北天柱钢铁集团有限公司	1375208
2	吉林亚泰（集团）股份有限公司	4197052	19	河北前进钢铁集团有限公司	1243411
3	四平红嘴集团总公司	2120381	20	河北诚信有限责任公司	1150287
4	中国吉林森林工业集团有限责任公司	903437	21	辛集市澳森钢铁集团有限公司	1098328
	合计	53337484	22	春风实业集团有限公司	1048354
			23	邯郸市正大制管有限公司	1044701
辽宁			24	唐山东华钢铁企业集团有限公司	968461
1	鞍钢集团公司	15512764	25	邢台钢铁有限责任公司	951083
2	华晨汽车集团控股有限公司	12802170	26	河北立中有色金属集团	947406
3	本钢集团有限公司	11027227	27	河北白沙烟草有限公司	920521
4	大连西太平洋石油化工有限公司	3497872	28	河北鑫海化工集团有限公司	880286
5	嘉晨集团有限公司	3316567	29	崇利制钢有限公司	879823
6	东北特殊钢集团有限责任公司	2883175	30	巨力集团有限公司	779587
7	逸盛大化石化有限公司	2469552	31	张家口卷烟厂有限责任公司	764517
8	凌源钢铁集团有限责任公司	2372193	32	河北养元智汇饮品股份有限公司	743657
9	沈阳远大企业集团	2110336	33	河北新启元能源技术开发股份有限公司	741130
10	大连市机床集团有限责任公司	1681323	34	武安市运丰冶金工业有限公司	709893
11	沈阳机床（集团）有限责任公司	1505160	35	石家庄常山纺织集团有限责任公司	707377
12	北方重工集团有限公司	1356082		合计	89545312
13	沈阳化工集团有限公司	1185119			
14	大化集团有限责任公司	1178010	河南		
15	大连冰山集团有限公司	1096579	1	河南省漯河市双汇实业集团有限责任公司	4720541
16	沈阳鼓风机集团股份有限公司	992863	2	安阳钢铁集团有限责任公司	4046168

排名	企业名称	营业收入（万元）	排名	企业名称	营业收入（万元）
3	金龙精密铜管集团股份有限公司	3354200	31	沂州集团有限公司	2793868
4	天瑞集团股份有限公司	3031559	32	西王集团有限公司	2712007
5	郑州宇通集团有限公司	2698448	33	滨化集团公司	2706726
6	万基控股集团有限公司	2350808	34	山东玉皇化工有限公司	2681915
7	河南豫光金铅集团有限责任公司	2283820	35	东营方圆有色金属有限公司	2679225
8	河南济源钢铁（集团）有限公司	1547363	36	东营鲁方金属材料有限公司	2662265
9	河南省淅川铝业（集团）有限公司	1330507	37	山东科达集团有限公司	2651912
10	河南龙成集团有限公司	1224932	38	山东天信集团有限公司	2644383
11	济源市万洋冶炼（集团）有限公司	1052652	39	山东渤海实业股份有限公司	2630598
12	河南金利金铅有限公司	1026882	40	福田雷沃国际重工股份有限公司	2263824
13	郑州煤矿机械集团股份有限公司	805531	41	山东万通石油化工集团有限公司	2134574
14	河南财鑫集团有限责任公司	758684	42	威高集团有限公司	2020593
	合计	30232095	43	正和集团股份有限公司	2017675
			44	山东淄博傅山企业集团有限公司	1802481
山东			45	三角集团有限公司	1783201
1	山东魏桥创业集团有限公司	24138650	46	金猴集团有限公司	1662349
2	海尔集团公司	18029936	47	山东垦利石化有限责任公司	1639227
3	山东钢铁集团有限公司	12073814	48	东辰控股集团有限公司	1606892
4	海信集团有限公司	9324355	49	香驰控股有限公司	1582570
5	潍柴动力股份有限公司	9089544	50	华鲁控股集团有限公司	1533206
6	山东大王集团有限公司	8578386	51	山东恒源石油化工股份有限公司	1439064
7	南山集团有限公司	8063663	52	诸城外贸有限责任公司	1365331
8	山东黄金集团有限公司	6212099	53	山东创新金属科技有限公司	1362300
9	山东东明石化集团有限公司	6206184	54	澳柯玛股份有限公司	1026758
10	中国重型汽车集团有限公司	6206056	55	青岛即发集团控股有限公司	1007909
11	山东晨鸣纸业集团股份有限公司	4911647	56	兴源轮胎集团有限公司	937159
12	华盛江泉集团有限公司	4856058	57	潍坊特钢集团有限公司	902751
13	山东招金集团有限公司	4434270	58	孚日控股集团股份有限公司	886226
14	日照钢铁控股集团有限公司	4380513	59	龙大食品集团有限公司	825443
15	华泰集团有限公司	4310219	60	鲁泰纺织股份有限公司	802115
16	山东如意科技集团有限公司	3890528	61	山东石大科技集团有限公司	781539
17	山东泰山钢铁集团有限公司	3700495	62	青岛九联集团股份有限公司	736495
18	山东大海集团有限公司	3600523		合计	235960880
19	山东京博控股股份有限公司	3540123			
20	山东太阳控股集团有限公司	3515118	山西		
21	华勤橡胶工业集团有限公司	3327163	1	太原钢铁（集团）有限公司	14604034
22	万达控股集团有限公司	3280802	2	太原重型机械集团有限公司	2056121
23	青岛钢铁控股集团有限责任公司	3159280	3	中条山有色金属集团有限公司	1232321
24	山东时风（集团）有限责任公司	3124547		合计	17892476
25	利华益集团股份有限公司	3100653			
26	山东海科化工集团	3098855	陕西		
27	山东金诚石化集团有限公司	3032125	1	陕西有色金属控股集团有限责任公司	9637762
28	山东金岭集团有限公司	2856039	2	陕西东岭工贸集团股份有限公司	6084083
29	青岛啤酒股份有限公司	2829098	3	陕西汽车控股集团有限公司	3404173
30	山东胜通集团股份有限公司	2807556	4	中国西电集团公司	1622957

第九章 2014 中国制造业企业 500 强数据

排名	企业名称	营业收入（万元）	排名	企业名称	营业收入（万元）
5	陕西法士特汽车传动集团有限责任公司	1071794	29	苏州创元投资发展（集团）有限公司	2453610
	合计	21820769	30	远东控股集团有限公司	2404890
			31	宝胜集团有限公司	2398371
安徽			32	江苏新华发集团有限公司	2386861
1	铜陵有色金属集团控股有限公司	12222433	33	澳洋集团有限公司	2221545
2	安徽海螺集团有限责任公司	9324274	34	江苏天地龙控股集团有限公司	2104856
3	马钢（集团）控股有限公司	8210520	35	江苏三木集团有限公司	1918865
4	安徽江淮汽车集团有限公司	3901861	36	兴达投资集团有限公司	1581189
5	奇瑞汽车股份有限公司	2704690	37	永鼎集团有限公司	1548170
6	安徽淮海实业发展集团有限公司	1150733	38	江苏大明金属制品有限公司	1514428
7	铜陵精达铜材（集团）有限责任公司	954973	39	江苏洋河酒厂股份有限公司	1502362
8	铜陵化学工业集团有限公司	936191	40	江苏华宏实业集团有限公司	1383209
9	安徽中鼎控股（集团）股份有限公司	817392	41	红太阳集团有限公司	1239211
10	安徽楚江投资集团有限公司	783612	42	江苏上上电缆集团有限公司	1072252
	合计	41006679	43	无锡市凌峰铜业有限公司	945286
			44	江苏海达科技集团有限公司	879763
江苏			45	江苏盛虹科贸有限公司	693323
1	江苏沙钢集团有限公司	22807761		合计	191293229
2	恒力集团有限公司	13534917			
3	雨润控股集团有限公司	12997856	湖南		
4	中天钢铁集团有限公司	10509107	1	湖南华菱钢铁集团有限责任公司	8276252
5	江苏悦达集团有限公司	10122154	2	中联重科股份有限公司	7575583
6	徐州工程机械集团有限公司	9302287	3	三一集团有限公司	7224984
7	无锡产业发展集团有限公司	5461512	4	晟通科技集团有限公司	2897897
8	南京钢铁集团有限公司	5459298	5	湖南博长控股集团有限公司	2822388
9	江苏西城三联控股集团有限公司	5308871	6	湘电集团有限公司	1333982
10	盛虹控股集团有限公司	5134714	7	湖南金龙国际集团	921437
11	江苏华西集团公司	4722412		合计	31052523
12	江苏新长江实业集团有限公司	4720592			
13	红豆集团有限公司	4351833	湖北		
14	海澜集团有限公司	4300568	1	东风汽车公司	45503340
15	江苏三房巷集团有限公司	4153372	2	武汉钢铁（集团）公司	22704781
16	江阴澄星实业集团有限公司	4084185	3	大冶有色金属集团控股有限公司	8348881
17	江苏申特钢铁有限公司	3656785	4	湖北宜化集团有限责任公司	8020161
18	江苏金浦集团有限公司	3642983	5	湖北中烟工业有限责任公司	6521318
19	江苏阳光集团有限公司	3372436	6	稻花香集团	2486100
20	亚邦投资控股集团有限公司	3205036	7	宜昌兴发集团有限责任公司	2114479
21	亨通集团有限公司	3121035	8	武汉邮电科学研究院	1867601
22	江苏扬子江船业集团公司	3009256	9	福星集团	1806066
23	江苏双良集团有限公司	2877515	10	华新水泥股份有限公司	1598436
24	江苏金辉铜业集团有限公司	2782507	11	三环集团公司	1553022
25	金东纸业（江苏）股份有限公司	2686911	12	骆驼集团股份有限公司	1118280
26	维维集团股份有限公司	2618069	13	湖北枝江酒业集团	1082917
27	华芳集团有限公司	2604977	14	湖北东圣化工集团有限公司	995894
28	江苏法尔胜泓昇集团有限公司	2496089	15	新龙药业集团	972077

排名	企业名称	营业收入（万元）	排名	企业名称	营业收入（万元）
16	黄石东贝机电集团有限责任公司	706394	24	浙江龙盛控股有限公司	2510021
17	湖北新洋丰肥业股份有限公司	688914	25	宁波富邦控股集团有限公司	2496565
	合计	108088661	26	传化集团有限公司	2439341
			27	西子联合控股有限公司	2210849

江西

排名	企业名称	营业收入（万元）
1	江西铜业集团公司	19452404
2	江铃汽车集团公司	4048710
3	双胞胎（集团）股份有限公司	3733080
4	新余钢铁集团有限公司	3620791
5	正邦集团有限公司	3604589
6	江西萍钢实业股份有限公司	3321783
7	江西钨业集团有限公司	1917498
8	晶科能源有限公司	1454255
9	江西中烟工业有限责任公司	1408279
10	方大特钢科技股份有限公司	1321466
11	景德镇市焦化工业集团有限责任公司	1069290
12	江西济民可信集团有限公司	1006486
13	共青城赛龙通信技术有限公司	768169
14	华意压缩机股份有限公司	671000
	合计	47397800

浙江

排名	企业名称	营业收入（万元）
1	浙江吉利控股集团有限公司	15842925
2	万向集团公司	11861050
3	杭州钢铁集团公司	10373586
4	海亮集团有限公司	10043837
5	杭州娃哈哈集团有限公司	7827856
6	浙江恒逸集团有限公司	7806579
7	浙江荣盛控股集团有限公司	6503560
8	浙江中烟工业有限责任公司	6001962
9	杭州汽轮动力集团有限公司	5950838
10	超威电源有限公司	5573238
11	雅戈尔集团股份有限公司	5325026
12	青山控股集团有限公司	5081412
13	奥克斯集团有限公司	4806871
14	盾安控股集团有限公司	4363204
15	浙江桐昆控股集团有限公司	4070796
16	宁波金田投资控股有限公司	3482392
17	正泰集团股份有限公司	3322428
18	德力西集团有限公司	3315360
19	人民电器集团有限公司	2978871
20	杉杉控股有限公司	2817365
21	杭州锦江集团有限公司	2729972
22	天正集团有限公司	2686149
23	中策橡胶集团有限公司	2568167
28	精功集团有限公司	2209287
29	杭州华东医药集团有限公司	2189557
30	浙江元立金属制品集团有限公司	2088428
31	巨化集团公司	2020775
32	卧龙控股集团有限公司	1916811
33	红狮控股集团有限公司	1874900
34	维科控股集团股份有限公司	1862208
35	杭州富春江冶炼有限公司	1840959
36	浙江大东南集团有限公司	1709949
37	奥康集团有限公司	1668811
38	升华集团控股有限公司	1655603
39	纳爱斯集团有限公司	1514942
40	富通集团有限公司	1474622
41	华峰集团有限公司	1451349
42	浙江翔盛集团有限公司	1393928
43	华立集团股份有限公司	1363905
44	森马集团有限公司	1359206
45	三花控股集团有限公司	1324082
46	万丰奥特控股集团有限公司	1305567
47	新凤鸣集团股份有限公司	1282941
48	浙江东南网架集团有限公司	1282531
49	华仪电器集团有限公司	1259437
50	精工控股集团有限公司	1254550
51	万华化学（宁波）有限公司	1251410
52	利时集团股份有限公司	1228197
53	人本集团有限公司	1196303
54	兴乐集团有限公司	1196184
55	浙江栋梁新材股份有限公司	1178634
56	浙江协和集团有限公司	1163465
57	华通机电集团有限公司	1151978
58	花园集团有限公司	1151499
59	杭州金鱼电器集团有限公司	1140239
60	春和集团有限公司	1131012
61	浙江天圣控股集团有限公司	1130918
62	宁波博洋控股集团有限公司	1130006
63	浙江航民实业集团有限公司	1118334
64	浙江富春江通信集团有限公司	1108155
65	祐康食品集团有限公司	1097465
66	胜达集团有限公司	1085409
67	杭州诺贝尔集团有限公司	1068563
68	华翔集团股份有限公司	1063552

排名	企业名称	营业收入（万元）	排名	企业名称	营业收入（万元）
69	天洁集团有限公司	1060582	19	金发科技股份有限公司	1442598
70	振石控股集团有限公司	1055597	20	广州电气装备集团有限公司	1136176
71	金海重工股份有限公司	1045130	21	广州东凌实业集团有限公司	1118242
72	杭叉集团股份有限公司	1033539	22	侨兴集团有限公司	673012
73	得力集团有限公司	1025786		合计	149821292
74	农夫山泉股份有限公司	1018746			
75	海天塑机集团有限公司	1016717	四川		
76	宁波申洲针织有限公司	1004722	1	四川长虹电子集团有限公司	9156167
77	兴惠化纤集团有限公司	965566	2	新希望集团有限公司	7789271
78	富丽达集团控股有限公司	923592	3	四川省宜宾五粮液集团有限公司	6309445
79	金洲集团有限公司	895508	4	四川省川威集团有限公司	4752855
80	宁波宝新不锈钢有限公司	885189	5	通威集团有限公司	4611678
81	浙江南方控股集团有限公司	884710	6	中国东方电气集团有限公司	4545393
82	浙江海正药业股份有限公司	860431	7	科创控股集团有限公司	4517354
83	兰溪自立铜业有限公司	850709	8	四川宏达集团	4035897
84	浙江日月首饰集团有限公司	845124	9	泸州老窖集团有限责任公司	3853574
85	浙江富陵控股集团有限公司	823373	10	四川科伦实业集团有限公司	3507583
86	杭州制氧机集团有限公司	804153	11	四川省达州钢铁集团有限责任公司	2207618
87	开氏集团有限公司	744397	12	四川九洲电器集团有限责任公司	1827046
88	浙江万凯新材料有限公司	737250	13	攀枝花钢城集团有限公司	1745421
89	浙江古纤道新材料股份有限公司	714800	14	宜宾丝丽雅集团有限公司	1286913
90	罗蒙集团股份有限公司	688880	15	宜宾天原集团股份有限公司	915205
91	恒威集团有限公司	682107	16	四川龙蟒集团有限责任公司	771474
92	浙江新安化工集团股份有限公司	676533	17	四川高金食品股份有限公司	725261
	合计	224129032	18	成都神钢工程机械（集团）有限公司	708146
				合计	63266301
广东					
1	华为技术有限公司	23902500	福建		
2	正威国际集团有限公司	23382562	1	紫金矿业集团股份有限公司	4977151
3	广州汽车工业集团有限公司	20151834	2	福建省三钢（集团）有限责任公司	3068208
4	美的集团股份有限公司	12126518	3	福建中烟工业有限责任公司	2859763
5	珠海格力电器股份有限公司	12004307	4	厦门金龙汽车集团股份有限公司	2081231
6	TCL集团股份有限公司	8532409	5	厦门银鹭集团有限公司	1115727
7	中兴通讯股份有限公司	7523372	6	厦门钨业股份有限公司	987545
8	中国国际海运集装箱（集团）股份有限公司	5787441		合计	15089625
9	广州医药集团有限公司	5450338			
10	比亚迪股份有限公司	5286328	广西		
11	玖龙纸业（控股）有限公司	4823712	1	广西投资集团有限公司	5282524
12	广州钢铁企业集团有限公司	3680318	2	广西玉柴机器集团有限公司	4246677
13	广东温氏食品集团股份有限公司	3518706	3	广西有色金属集团有限公司	2594226
14	广州万宝集团有限公司	2312952	4	广西农垦集团有限责任公司	2248326
15	深圳市中金岭南有色金属股份有限公司	2116195	5	广西中烟工业有限责任公司	1941027
16	广东海大集团股份有限公司	1793041	6	广西盛隆冶金有限公司	1627551
17	深圳融禾投资发展有限公司	1542921	7	广西柳工集团有限公司	1610379
18	宜华企业（集团）有限公司	1515810	8	柳州五菱汽车有限责任公司	1507584

排名	企业名称	营业收入（万元）	排名	企业名称	营业收入（万元）
9	广西洋浦南华糖业集团股份有限公司	1228263		青海	
10	桂林市力源粮油食品集团有限公司	1021972	1	西部矿业集团有限公司	2921381
	合计	23308529	2	青海盐湖工业股份有限公司	809457
			3	西宁特殊钢集团有限责任公司	725468
	贵州			合计	4456306
1	中国贵州茅台酒厂（集团）有限责任公司	3462301			
2	贵州中烟工业有限责任公司	3321897		宁夏	
	合计	6784198	1	宁夏天元锰业有限公司	4705264
			2	宁夏宝塔石化集团有限公司	3018130
	云南			合计	7723394
1	红塔烟草（集团）有限责任公司	9639634			
2	红云红河烟草（集团）有限责任公司	8436772		新疆	
3	云天化集团有限责任公司	6355541	1	新疆特变电工集团有限公司	3533083
4	云南冶金集团股份有限公司	4231133	2	新疆天业（集团）有限公司	2456389
5	昆明钢铁控股有限公司	3697068	3	新疆金风科技股份有限公司	1230848
6	云南锡业集团（控股）有限责任公司	3087954		合计	7220320
7	云南煤化工集团有限公司	2532935			
8	高深（集团）有限公司	1106253		内蒙古	
9	云南南磷集团股份有限公司	900417	1	包头钢铁（集团）有限责任公司	5075733
	合计	39987707	2	内蒙古伊利实业集团股份有限公司	4777887
			3	内蒙古鄂尔多斯羊绒集团有限责任公司	1998569
	甘肃			合计	11852189
1	金川集团股份有限公司	18484269			
2	酒泉钢铁（集团）有限责任公司	12234323		海南	
3	白银有色集团股份有限公司	3416733	1	海马汽车集团股份有限公司	1023523
	合计	34135325		合计	1023523

表9-4　　2014中国制造业企业500强净利润排序前100名企业

排名	公司名称	净利润（万元）	排名	公司名称	净利润（万元）
1	中国石油化工集团公司	5491780	51	中国五矿集团公司	247138
2	上海汽车集团股份有限公司	2480363	52	新兴际华集团有限公司	237208
3	华为技术有限公司	2091900	53	上海医药集团股份有限公司	224293
4	中国第一汽车集团公司	2006573	54	威高集团有限公司	220870
5	上海烟草集团有限责任公司	1814547	55	天士力控股集团有限公司	220424
6	珠海格力电器股份有限公司	1087067	56	山东如意科技集团有限公司	220036
7	中国贵州茅台酒厂（集团）有限责任公司	1037631	57	中国国际海运集装箱（集团）股份有限公司	218032
8	红云红河烟草（集团）有限责任公司	955139	58	中国南车集团公司	216059
9	东风汽车公司	890548	59	紫金矿业集团股份有限公司	212592
10	海尔集团公司	883309	60	中国华信能源有限公司	212404
11	长城汽车股份有限公司	822364	61	万华化学（宁波）有限公司	211111
12	杭州娃哈哈集团有限公司	773972	62	TCL集团股份有限公司	210907
13	红塔烟草（集团）有限责任公司	755002	63	联想控股股份有限公司	207772
14	中国船舶重工集团公司	712196	64	江苏扬子江船业集团公司	201722
15	南山集团有限公司	695039	65	雅戈尔集团股份有限公司	200848
16	中国航天科工集团公司	685934	66	青岛啤酒股份有限公司	197337
17	山东魏桥创业集团有限公司	678104	67	光明食品（集团）有限公司	196050
18	天津中环电子信息集团有限公司	655655	68	玖龙纸业（控股）有限公司	189611
19	四川省宜宾五粮液集团有限公司	606507	69	福建中烟工业有限责任公司	186942
20	宝钢集团有限公司	568710	70	红狮控股集团有限公司	183831
21	北京汽车集团有限公司	567108	71	宁波申洲针织有限公司	180299
22	美的集团股份有限公司	531746	72	江苏阳光集团有限公司	176571
23	正威国际集团有限公司	512350	73	中国电子信息产业集团有限公司	173529
24	海信集团有限公司	509236	74	新希望集团有限公司	166401
25	江苏洋河酒厂股份有限公司	500207	75	天瑞集团股份有限公司	164714
26	宁夏天元锰业有限公司	496263	76	北京金隅集团有限公司	164668
27	中国航空工业集团公司	458949	77	新疆特变电工集团有限公司	164296
28	中国兵器工业集团公司	439935	78	河北养元智汇饮品股份有限公司	161013
29	河南省漯河市双汇实业集团有限责任公司	417498	79	山东大海集团有限公司	158352
30	湖北中烟工业有限责任公司	411715	80	嘉晨集团有限公司	153622
31	中联重科股份有限公司	383897	81	维维集团股份有限公司	152420
32	天津华北集团有限公司	377492	82	东辰控股集团有限公司	151663
33	科创控股集团有限公司	361005	83	东营鲁方金属材料有限公司	150201
34	潍柴动力股份有限公司	357079	84	天津市医药集团有限公司	143683
35	三一集团有限公司	345073	85	海亮集团有限公司	143378
36	安徽海螺集团有限公司	340718	86	奥克斯集团有限公司	139101
37	天狮集团有限公司	338982	87	河北新华联合冶金投资有限公司	138586
38	山东大王集团有限公司	332496	88	四川科伦实业集团有限公司	137974
39	浙江中烟工业有限责任公司	322007	89	中策橡胶集团有限公司	137844
40	内蒙古伊利实业集团股份有限公司	318724	90	中兴通讯股份有限公司	135766
41	贵州中烟工业有限责任公司	317279	91	河北诚信有限责任公司	134870
42	山东胜通集团股份有限公司	298809	92	山东金岭集团有限公司	134606
43	恒力集团有限公司	295583	93	郑州宇通集团有限公司	132234
44	中国北方机车车辆工业集团公司	276430	94	浙江龙盛控股有限公司	132000
45	天津百利机电控股集团有限公司	273300	95	海天塑机集团有限公司	130940
46	广西中烟工业有限责任公司	270898	96	上海人民企业（集团）有限公司	129758
47	中国建筑材料集团有限公司	267625	97	武安市运丰冶金工业有限公司	129469
48	海澜集团有限公司	267088	98	沂州集团有限公司	129110
49	上海复星高科技（集团）有限公司	264901	99	广州汽车工业集团有限公司	127843
50	雨润控股集团有限公司	247189	100	广州钢铁企业集团有限公司	126629
				中国制造业企业500强平均数	104685

表 9-5　　2014 中国制造业企业 500 强资产排序前 100 名企业

排名	公司名称	资产（万元）	排名	公司名称	资产（万元）
1	中国石油化工集团公司	213692292	51	北京金隅集团有限责任公司	10242778
2	中国航空工业集团公司	68501391	52	中国重型汽车集团有限公司	10228293
3	宝钢集团有限公司	51946195	53	新兴际华集团有限公司	10222386
4	中国铝业公司	46628512	54	安徽海螺集团有限责任公司	10073656
5	首钢总公司	39177705	55	中兴通讯股份有限公司	10007950
6	上海汽车集团股份有限公司	37364074	56	雨润控股集团有限公司	9922872
7	中国船舶重工集团公司	37102724	57	美的集团股份有限公司	9694602
8	中国建筑材料集团有限公司	36441569	58	北大方正集团有限公司	9317763
9	河北钢铁集团有限公司	32840956	59	华晨汽车集团控股有限公司	9294529
10	中国兵器装备集团公司	31180906	60	中国东方电气集团有限公司	9274065
11	中国第一汽车集团公司	30129536	61	云天化集团有限责任公司	9221865
12	中国兵器工业集团公司	29843431	62	南山集团有限公司	9004936
13	东风汽车公司	29529385	63	马钢（集团）控股有限公司	8982650
14	中国五矿集团公司	29407790	64	中联重科股份有限公司	8953715
15	鞍钢集团公司	28458231	65	海信集团有限公司	8500823
16	光明食品（集团）有限公司	27624160	66	泸州老窖集团有限责任公司	8186379
17	中国化工集团公司	27251067	67	徐州工程机械集团有限公司	8048644
18	武汉钢铁（集团）公司	23994208	68	红云红河烟草（集团）有限责任公司	7856415
19	渤海钢铁集团有限公司	23416984	69	潍柴动力股份有限公司	7852181
20	华为技术有限公司	23153200	70	北京建龙重工集团有限公司	7845698
21	联想控股股份有限公司	20701663	71	云南冶金集团股份有限公司	7831465
22	山东钢铁集团有限公司	18452314	72	TCL集团股份有限公司	7808064
23	北京汽车集团有限公司	18290576	73	比亚迪股份有限公司	7639291
24	中国电子信息产业集团有限公司	18021175	74	中国黄金集团公司	7473526
25	海尔集团公司	17920763	75	中国国际海运集装箱（集团）股份有限公司	7260597
26	中国航天科工集团公司	17882218	76	天津中环电子信息集团有限公司	7180885
27	上海电气（集团）总公司	16694968	77	四川长虹电子集团有限公司	7166906
28	江苏沙钢集团有限公司	16665667	78	重庆钢铁（集团）有限责任公司	7150846
29	上海复星高科技（集团）有限公司	15891947	79	中国贵州茅台酒厂（集团）有限责任公司	7096022
30	广州汽车工业集团有限公司	14923925	80	广西投资集团有限公司	7092803
31	包头钢铁（集团）有限责任公司	14711151	81	江苏悦达集团有限公司	7025436
32	本钢集团有限公司	14151221	82	四川省宜宾五粮液集团有限公司	7019365
33	天津渤海化工集团有限责任公司	14035281	83	铜陵有色金属集团控股有限公司	6934000
34	金川集团股份有限公司	13597564	84	云南煤化工集团有限公司	6933207
35	珠海格力电器股份有限公司	13370210	85	山东黄金集团有限公司	6702036
36	上海烟草集团有限公司	13008474	86	紫金矿业集团股份有限公司	6689839
37	中国南车集团公司	12821215	87	奇瑞汽车股份有限公司	6618086
38	中国北方机车车辆工业集团公司	12815983	88	万向集团公司	6576749
39	太原钢铁（集团）有限公司	12696488	89	哈尔滨电气集团公司	6545741
40	山东魏桥创业集团有限公司	12692231	90	玖龙纸业（控股）有限公司	6527813
41	酒泉钢铁（集团）有限责任公司	12632913	91	新疆特变电工集团有限公司	6510120
42	浙江吉利控股集团有限公司	12616175	92	金东纸业（江苏）股份有限公司	6509818
43	红塔烟草（集团）有限责任公司	11358365	93	恒力集团有限公司	6335392
44	陕西有色金属控股集团有限责任公司	11308612	94	日照钢铁控股集团有限公司	6330470
45	湖南华菱钢铁集团有限责任公司	11280884	95	湖北宜化集团有限责任公司	6300097
46	中国有色矿业集团有限公司	11264107	96	冀东发展集团有限责任公司	6255210
47	中国中材集团有限公司	11158126	97	雅戈尔集团股份有限公司	6208839
48	江西铜业集团公司	11124265	98	山东大王集团有限公司	6191602
49	三一集团有限公司	11108264	99	新希望集团有限公司	5911583
50	正威国际集团有限公司	10378051	100	中国恒天集团有限公司	5810889
				中国制造业企业500强平均数	4287853

表 9-6　2014 中国制造业企业 500 强从业人数排序前 100 名企业

排名	公司名称	从业人数	排名	公司名称	从业人数
1	中国石油化工集团公司	961703	51	宁波申洲针织有限公司	57100
2	中国航空工业集团公司	513554	52	中国有色矿业集团有限公司	56799
3	中国兵器工业集团公司	258186	53	广州汽车工业集团有限公司	53965
4	中国兵器装备集团公司	242430	54	海信集团有限公司	52418
5	鞍钢集团公司	192500	55	安徽海螺集团有限责任公司	50968
6	东风汽车公司	184635	56	中国黄金集团公司	50432
7	中国建筑材料集团有限公司	179421	57	北京建龙重工集团有限公司	50058
8	中国铝业公司	175602	58	马钢（集团）控股有限公司	50030
9	中国船舶重工集团公司	164000	59	湖南华菱钢铁集团有限责任公司	48470
10	比亚迪股份有限公司	159440	60	四川省宜宾五粮液集团有限公司	48000
11	华为技术有限公司	150000	61	华晨汽车集团控股有限公司	47762
12	宝钢集团有限公司	137546	62	南山集团有限公司	46472
13	中国航天科工集团公司	135984	63	雅戈尔集团股份有限公司	46029
14	山东魏桥创业集团有限公司	132091	64	陕西有色金属控股集团有限责任公司	44940
15	雨润控股集团有限公司	130000	65	潍柴动力股份有限公司	44327
16	河北钢铁集团有限公司	125708	66	中国重型汽车集团有限公司	44222
17	中国电子信息产业集团有限公司	124304	67	湖北宜化集团有限责任公司	44160
18	中国五矿集团公司	118030	68	天津百利机电控股集团有限公司	43731
19	首钢总公司	117180	69	云南煤化工集团有限公司	42498
20	光明食品（集团）有限公司	111780	70	新华联集团有限公司	42315
21	武汉钢铁（集团）公司	111318	71	青岛啤酒股份有限公司	42235
22	中国化工集团公司	110005	72	浙江吉利控股集团有限公司	41579
23	美的集团股份有限公司	109085	73	天津渤海化工集团有限责任公司	41047
24	北京汽车集团有限公司	99533	74	江苏沙钢集团有限公司	40797
25	上海汽车集团股份有限公司	91870	75	三一集团有限公司	40000
26	中国第一汽车集团公司	91646	76	中国盐业总公司	39696
27	中国南车集团公司	91515	77	上海医药集团股份有限公司	39646
28	山东钢铁集团有限公司	87281	78	云天化集团有限责任公司	38352
29	中国北方机车车辆工业集团公司	85064	79	太原钢铁（集团）有限公司	38116
30	本钢集团有限公司	81542	80	重庆化医控股（集团）公司	37361
31	新希望集团有限公司	81184	81	云南锡业集团（控股）有限责任公司	37036
32	中国中材集团公司	79030	82	酒泉钢铁（集团）有限责任公司	36863
33	天津中环电子信息集团有限公司	75216	83	广东温氏食品集团股份有限公司	36800
34	TCL集团股份有限公司	73809	84	重庆机电控股（集团）公司	36210
35	海尔集团公司	73451	85	上海复星高科技（集团）有限公司	36139
36	河南省漯河市双汇实业集团有限责任公司	72640	86	云南冶金集团股份有限公司	35235
37	珠海格力电器股份有限公司	72150	87	金川集团股份有限公司	34785
38	四川长虹电子集团有限公司	72071	88	北京金隅集团有限责任公司	33739
39	新兴际华集团有限公司	69649	89	北大方正集团有限公司	32478
40	中兴通讯股份有限公司	69093	90	吉林亚泰（集团）股份有限公司	32396
41	包头钢铁（集团）有限责任公司	68876	91	天津市一轻集团（控股）有限公司	31650
42	渤海钢铁集团有限公司	68407	92	陕西汽车控股集团有限公司	31310
43	长城汽车股份有限公司	65236	93	江苏悦达集团有限公司	31017
44	中国吉林森林工业集团有限公司	62000	94	杭州娃哈哈集团有限公司	30259
45	恒力集团有限公司	61120	95	正邦集团有限公司	30186
46	联想控股股份有限公司	60796	96	安徽江淮汽车集团有限公司	30145
47	广西农垦集团有限责任公司	60653	97	中国庆华能源集团有限公司	30110
48	内蒙古伊利实业集团股份有限公司	58639	98	江铃汽车集团公司	29375
49	中国恒天集团有限公司	58021	99	科创控股有限公司	28916
50	中国国际海运集装箱（集团）股份有限公司	57686	100	铜陵有色金属集团控股有限公司	28764
				中国制造业企业500强平均数	25389

表 9-7　　2014 中国制造业企业 500 强研发费用排序前 100 名企业

排名	公司名称	研发费用（万元）	排名	公司名称	研发费用（万元）
1	华为技术有限公司	3067200	51	河南龙成集团有限公司	46175
2	中国航天科工集团公司	1668621	52	安阳钢铁集团有限责任公司	150920
3	中兴通讯股份有限公司	738389	53	诸城外贸有限责任公司	50863
4	武汉邮电科学研究院	149397	54	内蒙古鄂尔多斯羊绒集团有限责任公司	73691
5	哈尔滨电气集团公司	163636	55	巨力集团有限公司	28531
6	中国航空工业集团公司	2333879	56	酒泉钢铁（集团）有限责任公司	446015
7	新疆金风科技股份有限公司	77913	57	山东魏桥创业集团有限公司	878647
8	中国西电集团公司	100983	58	青岛即发集团控股有限公司	36285
9	金发科技股份有限公司	89425	59	沪东中华造船（集团）有限公司	52539
10	山东胜通集团股份有限公司	168453	60	安徽中鼎控股（集团）股份有限公司	28921
11	澳柯玛股份有限公司	60167	61	三环集团公司	54356
12	四川九洲电器集团有限责任公司	104725	62	金海重工股份有限公司	35523
13	山东科达集团有限公司	149623	63	山东天信集团有限公司	89916
14	奇瑞汽车股份有限公司	150127	64	三角集团有限公司	60535
15	春风实业集团有限责任公司	58023	65	河北新启元能源技术开发股份有限公司	24351
16	比亚迪股份有限公司	287248	66	中策橡胶集团有限公司	84380
17	中国南车集团公司	525767	67	安徽江淮汽车集团有限公司	127960
18	威高集团有限公司	105891	68	河北立中有色金属集团	31061
19	东辰控股集团有限公司	82273	69	华鲁控股集团有限公司	49360
20	利华益集团股份有限公司	156539	70	厦门银鹭集团有限公司	35694
21	大连重工·起重集团有限公司	44407	71	华泰集团有限公司	137927
22	海尔集团公司	901497	72	武汉钢铁（集团）公司	726553
23	北方重工集团有限公司	67804	73	新希望集团有限公司	249113
24	中国船舶重工集团公司	923144	74	鲁泰纺织股份有限公司	25630
25	海马汽车集团股份有限公司	50487	75	上海浦东电线电缆（集团）有限公司	31421
26	湘电集团有限公司	65083	76	华峰集团有限公司	46490
27	陕西法士特汽车传动集团有限责任公司	51896	77	亨通集团有限公司	99704
28	浙江吉利控股集团有限公司	764030	78	中国兵器装备集团公司	1137821
29	重庆力帆控股有限公司	121293	79	人民电器集团有限公司	93590
30	浙江海正药业股份有限公司	39665	80	包头钢铁（集团）有限责任公司	158900
31	万丰奥特控股集团有限公司	59611	81	方大特钢科技股份有限公司	41318
32	沈阳鼓风机集团股份有限公司	43045	82	华意压缩机股份有限公司	20943
33	四川龙蟒集团有限责任公司	33489	83	中国第一重型机械集团公司	26030
34	邢台钢铁有限责任公司	41058	84	唐山三友集团有限公司	49552
35	同方股份有限公司	97559	85	山东渤海实业股份有限公司	81549
36	新疆特变电工集团有限公司	148937	86	中国贵州茅台酒厂（集团）有限公司	107350
37	太原重型机械集团有限公司	85616	87	四川高金食品股份有限公司	22360
38	海信集团有限公司	374933	88	逸盛大化石化有限公司	75969
39	日照钢铁控股集团有限公司	175220	89	铜陵有色金属集团控股有限公司	374470
40	陕西汽车控股集团有限公司	136167	90	卧龙控股集团有限公司	58463
41	海天塑机集团有限公司	40593	91	胜达集团有限公司	32986
42	沈阳机床（集团）有限责任公司	60036	92	中联重科股份有限公司	230108
43	上海电气（集团）总公司	373000	93	广西盛隆冶金有限公司	49315
44	广西柳工集团有限公司	62987	94	山东金岭集团有限公司	86299
45	福田雷沃国际重工股份有限公司	88039	95	红太阳集团有限公司	37282
46	三一集团有限公司	275579	96	万华化学（宁波）有限公司	37662
47	TCL集团股份有限公司	324700	97	四川省达州钢铁集团有限责任公司	66449
48	美的集团股份有限公司	460807	98	东营方圆有色金属有限公司	80376
49	郑州宇通集团有限公司	102048	99	华勤橡胶工业集团有限公司	99815
50	宁波宝新不锈钢有限公司	33448	100	河北诚信有限责任公司	34508
				中国制造业企业500强平均数	90542

表 9-8　2014 中国制造业企业 500 强研发费所占比例前 100 名企业

排名	公司名称	研发费所占比例（%）	排名	公司名称	研发费所占比例（%）
1	华为技术有限公司	12.83	51	河南龙成集团有限公司	3.77
2	中国航天科工集团公司	11.73	52	安阳钢铁集团有限责任公司	3.73
3	中兴通讯股份有限公司	9.81	53	诸城外贸有限责任公司	3.73
4	武汉邮电科学研究院	8.00	54	内蒙古鄂尔多斯羊绒集团有限责任公司	3.69
5	哈尔滨电气集团公司	6.83	55	巨力集团有限公司	3.66
6	中国航空工业集团公司	6.68	56	酒泉钢铁（集团）有限责任公司	3.65
7	新疆金风科技股份有限公司	6.33	57	山东魏桥创业集团有限公司	3.64
8	中国西电集团公司	6.22	58	青岛即发集团控股有限公司	3.60
9	金发科技股份有限公司	6.20	59	沪东中华造船（集团）有限公司	3.60
10	山东胜通集团股份有限公司	6.00	60	安徽中鼎控股（集团）股份有限公司	3.54
11	澳柯玛股份有限公司	5.86	61	三环集团公司	3.50
12	四川九洲电器集团有限责任公司	5.73	62	金海重工股份有限公司	3.40
13	山东科达集团有限公司	5.64	63	山东天信集团有限公司	3.40
14	奇瑞汽车股份有限公司	5.55	64	三角集团有限公司	3.39
15	春风实业集团有限责任公司	5.53	65	河北新启元能源技术开发股份有限公司	3.29
16	比亚迪股份有限公司	5.43	66	中策橡胶集团有限公司	3.29
17	中国南车集团公司	5.24	67	安徽江淮汽车集团有限公司	3.28
18	威高集团有限公司	5.24	68	河北立中有色金属集团	3.28
19	东辰控股集团有限公司	5.12	69	华鲁控股集团有限公司	3.22
20	利华益集团股份有限公司	5.05	70	厦门银鹭集团有限公司	3.20
21	大连重工·起重集团有限公司	5.03	71	华泰集团有限公司	3.20
22	海尔集团公司	5.00	72	武汉钢铁（集团）公司	3.20
23	北方重工集团有限公司	5.00	73	新希望集团有限公司	3.20
24	中国船舶重工集团公司	4.93	74	鲁泰纺织股份有限公司	3.20
25	海马汽车集团股份有限公司	4.93	75	上海浦东电线电缆（集团）有限公司	3.20
26	湘电集团有限公司	4.88	76	华峰集团有限公司	3.20
27	陕西法士特汽车传动集团有限责任公司	4.84	77	亨通集团有限公司	3.19
28	浙江吉利控股集团有限公司	4.82	78	中国兵器装备集团公司	3.15
29	重庆力帆控股有限公司	4.66	79	人民电器集团有限公司	3.14
30	浙江海正药业股份有限公司	4.61	80	包头钢铁（集团）有限责任公司	3.13
31	万丰奥特控股集团有限公司	4.57	81	方大特钢科技股份有限公司	3.13
32	沈阳鼓风机集团股份有限公司	4.34	82	华意压缩机股份有限公司	3.12
33	四川龙蟒集团有限责任公司	4.34	83	中国第一重型机械集团公司	3.11
34	邢台钢铁有限责任公司	4.32	84	唐山三友集团有限公司	3.11
35	同方股份有限公司	4.31	85	山东渤海实业股份有限公司	3.10
36	新疆特变电工集团有限公司	4.22	86	中国贵州茅台酒厂（集团）有限责任公司	3.10
37	太原重型机械集团有限公司	4.16	87	四川高金食品股份有限公司	3.08
38	海信集团有限公司	4.02	88	逸盛大化石化有限公司	3.08
39	日照钢铁控股集团有限公司	4.00	89	铜陵有色金属集团控股有限公司	3.06
40	陕西汽车控股集团有限公司	4.00	90	卧龙控股集团有限公司	3.05
41	海天塑机集团有限公司	3.99	91	胜达集团有限公司	3.04
42	沈阳机床（集团）有限公司	3.99	92	中联重科股份有限公司	3.04
43	上海电气（集团）总公司	3.94	93	广西盛隆冶金有限公司	3.03
44	广西柳工集团有限公司	3.91	94	山东金岭集团有限公司	3.02
45	福田雷沃国际重工股份有限公司	3.89	95	红太阳集团有限公司	3.01
46	三一集团有限公司	3.81	96	万华化学（宁波）有限公司	3.01
47	TCL集团股份有限公司	3.81	97	四川省达州钢铁集团有限责任公司	3.01
48	美的集团股份有限公司	3.80	98	东营方圆有色金属有限公司	3.00
49	郑州宇通集团有限公司	3.78	99	华勤橡胶工业集团有限公司	3.00
50	宁波宝新不锈钢有限公司	3.78	100	河北诚信有限责任公司	3.00
				中国制造业企业500强平均数	1.87

表 9-9　　2014 中国制造业企业 500 强净资产利润率排序前 100 名企业

排名	公司名称	净资产利润率（%）	排名	公司名称	净资产利润率（%）
1	杭州华东医药集团有限公司	150.39	51	广西中烟工业有限责任公司	22.61
2	济源市万洋冶炼（集团）有限公司	132.78	52	山东金岭集团有限公司	22.16
3	天津华北集团有限公司	100	53	海尔集团公司	22.14
4	武安市运丰冶金工业有限公司	77.58	54	山东如意科技集团有限公司	21.98
5	双胞胎（集团）股份有限公司	77.2	55	杭叉集团股份有限公司	21.89
6	河北养元智汇饮品股份有限公司	68.64	56	贵州中烟工业有限责任公司	21.84
7	湖北东圣化工集团有限公司	60.48	57	人民电器集团有限公司	21.8
8	天津友发钢管集团股份有限公司	60.04	58	方大特钢科技股份有限公司	21.78
9	山东胜通集团股份有限公司	55.52	59	海天塑机集团有限公司	20.82
10	共青城赛龙通信技术有限公司	53.59	60	重庆烟草工业有限责任公司	20.48
11	河南省淅川铝业（集团）有限公司	52.88	61	上海人民企业（集团）有限公司	20.48
12	万华化学（宁波）有限公司	52.26	62	天津中环电子信息集团有限公司	20.46
13	天正集团有限公司	52.12	63	上海浦东电线电缆（集团）有限公司	20.32
14	宁夏天元锰业有限公司	51.85	64	兴源轮胎集团有限公司	20.3
15	华通机电集团有限公司	51.21	65	湖北中烟工业有限责任公司	20.26
16	浙江天圣控股集团有限公司	49.03	66	湖北新洋丰肥业股份有限公司	20.15
17	广州钢铁企业集团有限公司	40.31	67	无锡市凌峰铜业有限公司	19.9
18	得力集团有限公司	39.99	68	郑州宇通集团有限公司	19.86
19	天狮集团有限公司	36.65	69	德力西集团有限公司	19.84
20	山东大海集团有限公司	36.45	70	内蒙古伊利实业集团股份有限公司	19.77
21	金鼎重工股份有限公司	35.67	71	江苏阳光集团有限公司	19.37
22	河北新启元能源技术开发股份有限公司	35.62	72	山东时风（集团）有限公司	19.26
23	宁波博洋控股集团有限公司	34.19	73	海信集团有限公司	19.14
24	河北诚信有限责任公司	32.76	74	胜达集团有限公司	18.99
25	农夫山泉股份有限公司	32.38	75	天士力控股集团有限公司	18.8
26	河南省漯河市双汇实业集团有限责任公司	32	76	奥克斯集团有限公司	18.74
27	山东天信集团有限公司	31.95	77	张家口卷烟厂有限责任公司	18.66
28	东营鲁方金属材料有限公司	31.81	78	香驰控股有限公司	18.5
29	珠海格力电器股份有限公司	30.64	79	邯郸市正大制管有限公司	18.42
30	杭州娃哈哈集团有限公司	30.64	80	稻花香集团	18.4
31	山东创新金属科技股份有限公司	30.62	81	山东万通石油化工集团有限公司	18.39
32	长城汽车股份有限公司	29.37	82	威高集团有限公司	18.35
33	红狮控股集团有限公司	28.94	83	内蒙古鄂尔多斯羊绒集团有限责任公司	18.17
34	江苏洋河酒厂股份有限公司	28.77	84	巨力集团有限公司	18.07
35	江西济民可信集团有限公司	28.72	85	恒威集团有限公司	18.04
36	杭州金鱼电器集团有限公司	28.5	86	上海汽车集团股份有限公司	18.01
37	东辰控股集团有限公司	27.06	87	海澜集团有限公司	17.97
38	山东海科化工集团	26.83	88	华翔集团股份有限公司	17.87
39	老凤祥股份有限公司	26.7	89	万达控股集团有限公司	17.81
40	浙江大东南集团有限公司	26.43	90	新龙药业集团	17.66
41	深圳融禾投资发展有限公司	26.01	91	山东玉皇化工有限公司	17.66
42	中国贵州茅台酒厂（集团）有限责任公司	25.26	92	通威集团有限公司	17.55
43	中国庆华能源集团有限公司	24.62	93	宁波申洲针织有限公司	17.48
44	山东淄博傅山企业集团有限公司	24.55	94	罗蒙集团股份有限公司	17.46
45	三角集团有限公司	24.35	95	中国第一汽车集团公司	17.33
46	华为技术有限公司	24.27	96	广州电气装备集团有限公司	17.25
47	福星集团	23.61	97	卧龙控股集团有限公司	17.12
48	湖北枝江酒业集团	23.06	98	天津百利机电控股集团有限公司	16.97
49	江西钨业集团有限公司	22.92	99	华泰集团有限公司	16.87
50	中策橡胶集团有限公司	22.81	100	天津塑力线缆集团有限公司	16.87
				中国制造业企业 500 强平均数	9.35

表 9-10　　2014 中国制造业企业 500 强资产利润率排序前 100 名企业

排名	公司名称	资产利润率（%）	排名	公司名称	资产利润率（%）
1	金发科技股份有限公司	56.76	51	骆驼集团股份有限公司	9.96
2	天津华北集团有限公司	52.65	52	湖北中烟工业有限责任公司	9.77
3	武安市运丰冶金工业有限公司	50.78	53	内蒙古伊利实业集团股份有限公司	9.69
4	河北养元智汇饮品股份有限公司	30.84	54	老凤祥股份有限公司	9.53
5	天狮集团有限公司	28.11	55	浙江中烟工业有限责任公司	9.48
6	湖北东圣化工集团有限公司	23.65	56	杭叉集团股份有限公司	9.46
7	共青城赛龙通信技术有限公司	23.58	57	胜达集团有限公司	9.32
8	山东胜通集团股份有限公司	22.59	58	兴源轮胎集团有限公司	9.24
9	河北诚信有限责任公司	22.03	59	鲁泰纺织股份有限公司	9.19
10	天正集团有限公司	20.20	60	湖北新洋丰肥业股份有限公司	9.18
11	万华化学（宁波）有限公司	19.91	61	天津中环电子信息集团有限公司	9.13
12	河南省漯河市双汇实业集团有限责任公司	19.78	62	华为技术有限公司	9.04
13	东辰控股集团有限公司	19.50	63	红狮控股集团有限公司	8.90
14	山东大海集团有限公司	19.49	64	五得利面粉集团有限公司	8.78
15	杭州娃哈哈集团有限公司	19.44	65	祐康食品集团有限公司	8.77
16	广西中烟工业有限责任公司	18.94	66	四川省宜宾五粮液集团有限公司	8.64
17	华通机电集团有限公司	18.63	67	维维集团股份有限公司	8.55
18	江苏洋河酒厂股份有限公司	17.73	68	江苏阳光集团有限公司	8.51
19	东营鲁方金属材料有限公司	17.17	69	天津塑力线缆集团有限公司	8.49
20	宁夏天元锰业有限公司	16.71	70	海天塑机集团有限公司	8.47
21	宁波申洲针织有限公司	15.93	71	天士力控股集团有限公司	8.43
22	长城汽车股份有限公司	15.63	72	山东科达集团有限公司	8.32
23	农夫山泉股份有限公司	15.52	73	三角集团有限公司	8.25
24	山东天信集团有限公司	15.37	74	纳爱斯集团有限公司	8.16
25	上海浦东电线电缆（集团）有限公司	15.16	75	珠海格力电器股份有限公司	8.13
26	贵州中烟工业有限责任公司	14.85	76	广州电气装备集团有限公司	8.13
27	中国贵州茅台酒厂（集团）有限责任公司	14.62	77	通威集团有限公司	8.00
28	江西济民可信集团有限公司	14.32	78	科创控股集团有限公司	7.84
29	山东时风（集团）有限责任公司	14.14	79	济源市万洋冶炼（集团）有限公司	7.80
30	上海烟草集团有限公司	13.95	80	南山集团有限公司	7.72
31	人民电器集团有限公司	13.85	81	兴达投资集团有限公司	7.59
32	浙江大东南集团有限公司	13.67	82	上海人民企业（集团）有限公司	7.58
33	双胞胎（集团）股份有限公司	13.40	83	天津市恒兴钢业有限公司	7.55
34	河北白沙烟草有限公司	12.90	84	邯郸市正大制管有限公司	7.53
35	山东金岭集团有限公司	12.73	85	广东海大集团股份有限公司	7.40
36	张家口卷烟厂有限公司	12.62	86	青岛啤酒股份有限公司	7.21
37	沂州集团有限公司	12.25	87	万丰奥特控股集团有限公司	7.18
38	红云红河烟草（集团）有限责任公司	12.16	88	兴乐集团有限公司	7.03
39	奥康集团有限公司	12.12	89	罗蒙集团股份有限公司	6.93
40	浙江天圣控股集团有限公司	11.89	90	武安市广耀铸业有限公司	6.93
41	金猴集团有限公司	11.60	91	福建中烟工业有限责任公司	6.87
42	黑龙江烟草工业有限责任公司	11.17	92	郑州煤矿机械集团股份有限公司	6.86
43	威高集团有限公司	10.91	93	四川科伦实业集团有限公司	6.86
44	江西中烟工业有限责任公司	10.68	94	江苏上上电缆集团有限公司	6.72
45	山东如意科技集团有限公司	10.46	95	中国第一汽车集团公司	6.66
46	海澜集团有限公司	10.45	96	红塔烟草（集团）有限责任公司	6.65
47	天洁集团有限公司	10.44	97	上海汽车集团股份有限公司	6.64
48	深圳融禾投资发展有限公司	10.26	98	青岛即发集团控股有限公司	6.60
49	河北新启元能源技术开发股份有限公司	10.13	99	江苏法尔胜泓昇集团有限公司	6.57
50	重庆烟草工业有限责任公司	10.03	100	四川高金食品股份有限公司	6.57
				中国制造业企业 500 强平均数	2.43

表9-11　　2014中国制造业企业500强收入利润率排序前100名企业

排名	公司名称	收入利润率（%）	排名	公司名称	收入利润率（%）
1	江苏洋河酒厂股份有限公司	33.29	51	罗蒙集团股份有限公司	6.21
2	中国贵州茅台酒厂（集团）有限责任公司	29.97	52	海澜集团有限公司	6.21
3	天津华北集团有限公司	23.72	53	湖北东圣化工集团有限公司	6.11
4	河北养元智汇饮品股份有限公司	21.65	54	森马集团有限公司	6.09
5	武安市运丰冶金工业有限公司	18.24	55	重庆烟草工业有限责任公司	6.04
6	宁波申洲针织有限公司	17.95	56	内蒙古鄂尔多斯羊绒集团有限责任公司	5.96
7	万华化学（宁波）有限公司	16.87	57	维维集团股份有限公司	5.82
8	上海烟草集团有限责任公司	16.31	58	江西济民可信集团有限公司	5.80
9	长城汽车股份有限公司	14.48	59	胜达集团有限公司	5.78
10	广西中烟工业有限责任公司	13.96	60	山东如意科技集团有限公司	5.66
11	青海盐湖工业股份有限公司	13.00	61	东营鲁方金属材料有限公司	5.64
12	海天塑机集团有限公司	12.88	62	浙江天圣控股集团有限公司	5.60
13	鲁泰纺织股份有限公司	12.46	63	广州电气装备集团有限公司	5.49
14	农夫山泉股份有限公司	12.14	64	海信集团有限公司	5.46
15	河北诚信有限责任公司	11.72	65	天瑞集团股份有限公司	5.43
16	红云红河烟草（集团）有限责任公司	11.32	66	四川龙蟒集团有限责任公司	5.42
17	天狮集团有限公司	11.12	67	天津百利机电控股集团有限公司	5.42
18	威高集团有限公司	10.93	68	张家口卷烟厂有限责任公司	5.41
19	天士力控股集团有限公司	10.77	69	浙江中烟工业有限责任公司	5.37
20	郑州煤矿机械集团股份有限公司	10.76	70	中策橡胶集团有限公司	5.37
21	山东胜通集团股份有限公司	10.64	71	浙江龙盛控股有限公司	5.26
22	宁夏天元锰业有限公司	10.55	72	华通机电集团有限公司	5.25
23	侨兴集团有限公司	10.37	73	江苏阳光集团有限公司	5.24
24	杭州娃哈哈集团有限公司	9.89	74	金发科技股份有限公司	5.23
25	红狮控股集团有限公司	9.80	75	天津塑力线缆集团有限公司	5.15
26	河北白沙烟草有限责任公司	9.64	76	巨力集团有限公司	5.11
27	四川省宜宾五粮液集团有限公司	9.61	77	上海复星高科技（集团）有限公司	5.09
28	贵州中烟工业有限责任公司	9.55	78	中联重科股份有限公司	5.07
29	东辰控股集团有限公司	9.44	79	河南龙成集团有限公司	5.04
30	黑龙江烟草工业有限责任公司	9.16	80	万丰奥特控股集团有限公司	4.99
31	珠海格力电器股份有限公司	9.06	81	海尔集团公司	4.90
32	河南省漯河市双汇实业集团有限责任公司	8.84	82	郑州宇通集团有限公司	4.90
33	华为技术有限公司	8.75	83	中国航天科工集团公司	4.82
34	南山集团有限公司	8.62	84	花园集团有限公司	4.80
35	江西中烟工业有限责任公司	8.19	85	三一集团有限公司	4.78
36	科创控股集团有限公司	7.99	86	西子联合控股有限公司	4.73
37	共青城赛龙通信技术有限公司	7.88	87	山东金岭集团有限公司	4.71
38	红塔烟草（集团）有限责任公司	7.83	88	骆驼集团股份有限公司	4.69
39	北京同仁堂股份有限公司	7.53	89	福星集团	4.66
40	华新水泥股份有限公司	7.39	90	大连冰山集团有限公司	4.66
41	青岛啤酒股份有限公司	6.98	91	厦门钨业股份有限公司	4.65
42	江苏扬子江船业集团公司	6.70	92	新疆特变电工集团有限公司	4.65
43	内蒙古伊利实业集团股份有限公司	6.67	93	嘉晨集团有限公司	4.63
44	兴源轮胎集团有限公司	6.61	94	沂州集团有限公司	4.62
45	福建中烟工业有限责任公司	6.54	95	奥康集团有限公司	4.60
46	纳爱斯集团有限公司	6.49	96	卧龙控股集团有限公司	4.40
47	浙江新安化工集团股份有限公司	6.43	97	山东大海集团有限公司	4.40
48	湖北中烟工业有限责任公司	6.31	98	上海汽车集团股份有限公司	4.38
49	祐康食品集团有限公司	6.30	99	美的集团股份有限公司	4.38
50	湖北新洋丰肥业股份有限公司	6.24	100	中国第一汽车集团公司	4.35
				中国制造业企业500强平均数	2.23

表 9-12　　2014 中国制造业企业 500 强人均营业收入排序前 100 名企业

排名	公司名称	人均收入（万元）	排名	公司名称	人均收入（万元）
1	无锡市凌峰铜业有限公司	6951	51	山东金岭集团有限公司	713
2	深圳融禾投资发展有限公司	5590	52	山东万通石油化工集团有限公司	712
3	江苏盛虹科贸有限公司	5547	53	金龙精密铜管集团股份有限公司	711
4	江苏金辉铜业集团有限公司	4599	54	山东渤海实业股份有限公司	711
5	逸盛大化石化有限公司	4229	55	杭州钢铁集团公司	706
6	大连西太平洋石油化工有限公司	3558	56	河南省淅川铝业（集团）有限公司	700
7	江苏新华发集团有限公司	2387	57	宁波金田投资控股有限公司	698
8	东营方圆有色金属有限公司	2233	58	江西铜业集团公司	687
9	天津华北集团有限公司	2210	59	上海烟草集团有限责任公司	683
10	湖南金龙国际集团	1789	60	湖北中烟工业有限责任公司	668
11	山东金诚石化集团有限公司	1784	61	浙江大东南集团有限公司	667
12	东营鲁方金属材料有限公司	1698	62	江苏三房巷集团有限公司	664
13	浙江中烟工业有限责任公司	1686	63	中天钢铁集团有限公司	663
14	兴达投资集团有限公司	1639	64	天津荣程联合钢铁集团有限公司	644
15	江苏天地龙控股集团有限公司	1608	65	红云红河烟草（集团）有限责任公司	630
16	山东石大科技集团有限公司	1569	66	山东天信集团有限公司	625
17	河北新启元能源技术开发股份有限公司	1547	67	上海汽车集团股份有限公司	616
18	天狮集团有限公司	1453	68	广西中烟工业有限责任公司	602
19	正威国际集团有限公司	1398	69	天洁集团有限公司	577
20	天津市恒兴钢业有限公司	1364	70	山东大海集团有限公司	574
21	老凤祥股份有限公司	1318	71	滨化集团公司	573
22	浙江万凯新材料有限公司	1170	72	江苏沙钢集团有限公司	559
23	山东海科化工集团	1148	73	江苏新长江实业集团有限公司	556
24	万华化学（宁波）有限公司	1121	74	湖北东圣化工集团有限公司	553
25	河北鑫海化工集团有限公司	1120	75	恒威集团有限公司	552
26	杭州汽轮动力集团有限公司	1116	76	河北养元智汇饮品股份有限公司	552
27	山东东明石化集团有限公司	1116	77	陕西东岭工贸集团股份有限公司	549
28	高深（集团）有限公司	1078	78	山东垦利石化有限责任公司	542
29	中国华信能源有限公司	1050	79	重庆烟草工业有限责任公司	542
30	浙江栋梁新材股份有限公司	1019	80	山东玉皇化工有限公司	542
31	东辰控股集团有限公司	1007	81	广州钢铁企业集团有限公司	535
32	正和集团股份有限公司	1002	82	天津塑力线缆集团有限公司	535
33	宁波宝新不锈钢有限公司	991	83	大冶有色金属集团控股有限公司	532
34	浙江恒逸集团有限公司	964	84	金川集团股份有限公司	531
35	浙江协和集团有限公司	926	85	江苏双良集团有限公司	531
36	江苏西城三联控股集团有限公司	899	86	浙江日月首饰集团有限公司	527
37	江苏申特钢铁有限公司	892	87	香驰控股有限公司	516
38	江阴澄星实业集团有限公司	861	88	沂州集团有限公司	513
39	杭州富春江冶炼有限公司	828	89	浙江南方控股集团有限公司	512
40	浙江富陵控股集团有限公司	818	90	中国第一汽车集团公司	503
41	三河汇福粮油集团有限公司	804	91	永鼎集团有限公司	497
42	海亮集团有限公司	799	92	杭叉集团股份有限公司	488
43	利华益集团股份有限公司	792	93	邯郸市正大制管有限公司	475
44	山东恒源石油化工股份有限公司	780	94	北京君诚实业投资集团有限公司	472
45	江苏大明金属制品有限公司	777	95	河北新华联合冶金投资有限公司	465
46	上海奥盛投资控股（集团）有限公司	763	96	山东京博控股股份有限公司	462
47	山东创新金属科技股份有限公司	757	97	晟通科技集团有限公司	459
48	金发科技股份有限公司	738	98	河南金利金铅有限公司	459
49	兰溪自立铜业有限公司	737	99	上海浦东电线电缆（集团）有限公司	455
50	浙江荣盛控股集团有限公司	733	100	森马集团有限公司	450
				中国制造业企业 500 强平均数	185

表 9-13　　2014 中国制造业企业 500 强人均净利润排序前 100 名企业

排名	公司名称	人均净利润（万元）	排名	公司名称	人均净利润（万元）
1	天津华北集团有限公司	524.29	51	上海奥盛投资控股（集团）有限公司	21.56
2	万华化学（宁波）有限公司	189.17	52	山东万通石油化工集团有限公司	21.55
3	天狮集团有限公司	161.50	53	浙江富陵控股集团有限公司	20.20
4	河北养元智汇饮品股份有限公司	119.45	54	江苏天地龙控股集团有限公司	20.16
5	上海烟草集团有限责任公司	111.46	55	宁波宝新不锈钢有限公司	19.85
6	东营鲁方金属材料有限公司	95.79	56	上海浦东电线电缆（集团）有限公司	19.69
7	深圳融禾投资发展有限公司	95.78	57	黑龙江烟草工业有限责任公司	19.17
8	东辰控股集团有限公司	95.03	58	宁夏天元锰业有限公司	18.50
9	浙江中烟工业有限责任公司	90.45	59	广州钢铁企业集团有限公司	18.41
10	广西中烟工业有限责任公司	83.97	60	江苏扬子江船业集团公司	18.33
11	红云红河烟草（集团）有限责任公司	71.37	61	海天塑机集团有限公司	18.30
12	武安市运丰冶金工业有限公司	69.61	62	山东金诚石化集团有限公司	17.85
13	东营方圆有色金属有限公司	67.07	63	恒威集团有限公司	17.80
14	天津市恒兴钢业有限公司	58.69	64	红狮控股集团有限公司	16.67
15	兴达投资集团有限公司	51.16	65	正和集团股份有限公司	16.31
16	无锡市凌峰铜业有限公司	51.05	66	山东玉皇化工有限公司	16.27
17	中国贵州茅台酒厂（集团）有限责任公司	44.29	67	张家口卷烟厂有限责任公司	15.66
18	江苏金辉铜业集团有限公司	43.39	68	三河汇福粮油集团有限公司	15.44
19	江苏洋河酒厂股份有限公司	42.87	69	郑州煤矿机械集团股份有限公司	15.33
20	山东胜通集团股份有限公司	42.69	70	胜达集团有限公司	15.09
21	湖北中烟工业有限责任公司	42.20	71	珠海格力电器股份有限公司	15.07
22	河北新启元能源技术开发股份有限公司	39.80	72	南山集团有限公司	14.96
23	金发科技股份有限公司	38.64	73	浙江天圣控股集团有限公司	14.87
24	老凤祥股份有限公司	35.57	74	杭叉集团股份有限公司	14.85
25	山东石大科技集团有限公司	34.63	75	江阴澄星实业集团有限公司	14.39
26	湖北东圣化工集团有限公司	33.82	76	中联重科股份有限公司	14.20
27	山东金岭集团有限公司	33.58	77	华为技术有限公司	13.95
28	贵州中烟工业有限责任公司	33.40	78	农夫山泉股份有限公司	13.77
29	重庆烟草工业有限责任公司	32.78	79	侨兴集团有限公司	13.48
30	逸盛大化石化有限公司	31.90	80	浙江龙盛控股股份有限公司	13.13
31	红塔烟草（集团）有限责任公司	30.90	81	天士力控股集团有限公司	13.02
32	正威国际集团有限公司	30.64	82	四川省宜宾五粮液集团有限公司	12.64
33	天津塑力线缆集团有限公司	27.56	83	长城汽车股份有限公司	12.61
34	浙江大东南集团有限公司	27.41	84	山东大王集团有限公司	12.60
35	森马集团有限公司	27.41	85	科创控股集团有限公司	12.48
36	上海汽车集团股份有限公司	27.00	86	山东创新金属科技有限公司	12.12
37	杭州娃哈哈集团有限公司	25.58	87	海尔集团公司	12.03
38	山东大海集团有限公司	25.26	88	华通机电集团有限公司	11.81
39	江西中烟工业有限责任公司	24.54	89	振石控股集团有限公司	11.79
40	福建中烟工业有限责任公司	24.50	90	威高集团有限公司	11.47
41	共青城赛龙通信技术有限公司	24.21	91	海亮集团有限公司	11.41
42	河南省浙川铝业（集团）有限公司	24.13	92	济源市万洋冶炼（集团）有限公司	11.40
43	天洁集团有限公司	23.75	93	江苏三木集团有限公司	11.21
44	沂州集团有限公司	23.69	94	杭州华东医药集团有限公司	10.94
45	山东海科化工集团	23.67	95	骆驼集团股份有限公司	10.70
46	河北诚信有限责任公司	23.44	96	兴源轮胎集团有限公司	10.69
47	山东天信集团有限公司	22.95	97	玖龙纸业（控股）有限公司	10.65
48	利华益集团股份有限公司	22.82	98	中国华信能源有限公司	10.62
49	河北白沙烟草有限责任公司	22.24	99	滨化集团公司	10.60
50	中国第一汽车集团公司	21.89	100	山东科达集团有限公司	10.57
				中国制造业企业500强平均数	4.11

表 9-14　2014 中国制造业企业 500 强人均资产排序前 100 名企业

排名	公司名称	人均资产（万元）	排名	公司名称	人均资产（万元）
1	无锡市凌峰铜业有限公司	3702.23	51	山东海科化工集团	408.44
2	逸盛大化石化有限公司	2924.38	52	永鼎集团有限公司	408.34
3	江苏新华发集团有限公司	1228.25	53	上海汽车集团股份有限公司	406.71
4	大连西太平洋石油化工有限公司	1205.64	54	山东东明石化集团有限公司	404.87
5	东营方圆有色金属有限公司	1169.90	55	海亮集团有限公司	393.90
6	天津华北集团有限公司	995.82	56	江苏天地龙控股集团有限公司	393.82
7	金海重工股份有限公司	962.95	57	河北新启元能源技术开发股份有限公司	392.75
8	浙江中烟工业有限责任公司	954.14	58	江西铜业集团公司	392.61
9	万华化学（宁波）有限公司	950.04	59	日照钢铁控股集团有限公司	391.18
10	深圳融禾投资发展有限公司	933.61	60	金川集团股份有限公司	390.90
11	浙江富陵控股集团有限公司	855.42	61	浙江恒逸集团有限公司	390.34
12	新疆金风科技股份有限公司	820.08	62	河北养元智汇饮品股份有限公司	387.26
13	上海烟草集团有限责任公司	799.05	63	宁波富邦控股集团有限公司	386.75
14	江苏金辉铜业集团有限公司	782.67	64	福星集团	385.08
15	天津市恒兴钢业有限公司	777.53	65	山东晨鸣纸业集团股份有限公司	379.67
16	山东石大科技集团有限公司	769.05	66	宝钢集团有限公司	377.66
17	浙江万凯新材料有限公司	685.90	67	西部矿业集团有限公司	377.60
18	兴达投资集团有限公司	674.11	68	振石控股集团有限公司	376.16
19	高深（集团）有限公司	673.77	69	金龙精密铜管集团股份有限公司	373.83
20	宁波宝新不锈钢有限公司	640.79	70	老凤祥股份有限公司	373.20
21	正威国际集团有限公司	620.70	71	玖龙纸业（控股）有限公司	366.65
22	红云红河烟草（集团）有限责任公司	587.09	72	成都神钢工程机械（集团）有限公司	365.65
23	天狮集团有限公司	574.59	73	江苏三房巷集团有限公司	362.33
24	东营鲁方金属材料有限公司	557.75	74	广西投资集团有限公司	361.42
25	金东纸业（江苏）股份有限公司	540.64	75	福建中烟工业有限责任公司	356.58
26	利华益集团股份有限公司	517.22	76	重庆钢铁（集团）有限责任公司	352.10
27	江苏扬子江船业集团公司	509.10	77	庆铃汽车（集团）有限公司	351.68
28	上海外高桥造船有限公司	498.13	78	奇瑞汽车股份有限公司	349.13
29	杭州汽轮动力集团有限公司	496.39	79	宜宾天原集团股份有限公司	348.86
30	浙江荣盛控股集团有限公司	494.51	80	酒泉钢铁（集团）有限公司	342.70
31	东辰控股集团有限公司	487.40	81	渤海钢铁集团有限公司	342.32
32	江阴澄星实业集团有限公司	470.28	82	天津渤海化工集团有限公司	341.93
33	山东万通石油化工集团有限公司	468.71	83	浙江协和钢业有限公司	341.74
34	红塔烟草（集团）有限责任公司	464.90	84	联想控股股份有限公司	340.51
35	江苏双良集团有限公司	444.83	85	兰溪自立铜业有限公司	339.45
36	广西中烟工业有限责任公司	443.43	86	江苏新长江实业集团有限公司	338.74
37	杭州锦江集团有限公司	441.58	87	大连重工·起重集团有限公司	338.27
38	上海复星高科技（集团）有限公司	439.75	88	首钢总公司	334.34
39	上海奥盛投资控股（集团）有限公司	435.78	89	太原钢铁（集团）有限公司	333.10
40	浙江日月首饰集团有限公司	434.70	90	中联重科股份有限公司	331.28
41	山东渤海实业股份有限公司	433.19	91	中国东方电气集团有限公司	329.85
42	旭阳控股有限公司	432.59	92	正和集团股份有限公司	329.03
43	湖北中烟工业有限责任公司	431.88	93	中国第一汽车集团公司	328.76
44	森马集团有限公司	431.63	94	广州东凌实业集团有限公司	327.06
45	三河汇福粮油集团有限公司	430.50	95	重庆烟草工业有限责任公司	326.89
46	河南省淅川铝业（集团）有限公司	427.68	96	天津塑力线缆集团有限公司	324.73
47	广州钢铁企业集团有限公司	420.62	97	大连市机床集团有限责任公司	320.71
48	恒威集团有限公司	416.44	98	新疆特变电工集团有限公司	319.06
49	浙江古纤道新材料股份有限公司	415.01	99	侨兴集团有限公司	315.05
50	江苏沙钢集团有限公司	408.50	100	滨化集团公司	314.96
				中国制造业企业 500 强平均数	170.00

表 9-15　　2014 中国制造业企业 500 强收入增长率排序前 100 名

排名	公司名称	收入增长率（%）	排名	公司名称	收入增长率（%）
1	河北新启元能源技术开发股份有限公司	162.75	51	安徽海螺集团有限责任公司	35.09
2	宁夏天元锰业有限公司	113.11	52	天瑞集团股份有限公司	34.51
3	江苏新华发集团有限公司	109.67	53	桂林市力源粮油食品集团有限公司	33.14
4	河北养元智汇饮品股份有限公司	97.71	54	广州电气装备集团有限公司	33.01
5	浙江万凯新材料有限公司	92.97	55	山东渤海实业股份有限公司	32.91
6	浙江南方控股集团有限公司	85.18	56	正和集团股份有限公司	32.06
7	深圳融禾投资发展有限公司	79.07	57	巨化集团公司	31.91
8	共青城赛龙通信技术有限公司	67.58	58	长城汽车股份有限公司	31.57
9	江西济民可信集团有限公司	67.30	59	大冶有色金属集团控股有限公司	31.46
10	广州钢铁企业集团有限公司	67.17	60	东辰控股集团有限公司	31.06
11	浙江桐昆控股集团有限公司	65.05	61	武安市运丰冶金工业有限公司	31.00
12	超威电源有限公司	61.45	62	陕西法士特汽车传动集团有限责任公司	30.26
13	金猴集团有限公司	60.54	63	红狮控股集团有限公司	30.24
14	广西盛隆冶金有限公司	59.98	64	海澜集团有限公司	30.24
15	恒力集团有限公司	58.70	65	杭州富春江冶炼有限公司	30.12
16	宜宾天原集团股份有限公司	57.04	66	上海华谊（集团）公司	29.93
17	宁夏宝塔石化集团有限公司	56.74	67	科创控股集团有限公司	29.80
18	稻花香集团	55.34	68	三花控股集团有限公司	29.79
19	中国华信能源有限公司	54.88	69	广州汽车工业集团有限公司	29.47
20	逸盛大化石化有限公司	53.06	70	山东魏桥创业集团有限公司	29.42
21	河北天柱钢铁集团有限公司	52.79	71	河北诚信有限责任公司	29.37
22	山东东明石化集团有限公司	49.90	72	万华化学（宁波）有限公司	29.36
23	浙江海正药业股份有限公司	48.30	73	江苏大明金属制品有限公司	29.36
24	华盛江泉集团有限公司	46.05	74	老凤祥股份有限公司	29.08
25	华仪电器集团有限公司	45.68	75	浙江协和集团有限公司	28.80
26	得力集团有限公司	45.17	76	天津市建筑材料集团（控股）有限公司	28.64
27	中国庆华能源集团有限公司	44.30	77	天津中环电子信息集团有限公司	28.43
28	嘉晨集团有限公司	44.16	78	海亮集团有限公司	27.90
29	新疆特变电工集团有限公司	42.97	79	华峰集团有限公司	27.87
30	山东海科化工集团	42.93	80	杭州汽轮动力集团有限公司	27.74
31	华泰集团有限公司	42.82	81	华新水泥股份有限公司	27.67
32	天洁集团有限公司	42.10	82	河南省浙川铝业（集团）有限公司	27.62
33	云南冶金集团股份有限公司	40.98	83	金鼎重工股份有限公司	27.57
34	山东大海集团有限公司	40.48	84	广西农垦集团有限责任公司	27.45
35	盛虹控股集团有限公司	40.41	85	广州医药集团有限公司	27.37
36	中天钢铁集团有限公司	39.84	86	天津市医药集团有限公司	27.33
37	万达控股集团有限公司	39.29	87	中国五矿集团公司	26.86
38	高深（集团）有限公司	39.13	88	北京汽车集团有限公司	26.51
39	邯郸市正大制管有限公司	38.92	89	山东京博控股股份有限公司	26.43
40	浙江荣盛控股集团有限公司	38.88	90	江苏天地龙控股集团有限公司	25.95
41	五得利面粉集团有限公司	38.84	91	北京金隅集团有限责任公司	25.88
42	浙江航民实业集团有限公司	37.94	92	安徽中鼎控股（集团）股份有限公司	25.77
43	湖南博长控股集团有限公司	37.38	93	四川省川威集团有限公司	25.50
44	天津塑力线缆集团有限公司	37.09	94	卧龙控股集团有限公司	25.47
45	杭州诺贝尔集团有限公司	36.07	95	正威国际集团有限公司	25.25
46	山东万通石油化工集团有限公司	35.97	96	潍柴动力股份有限公司	25.19
47	山东创新金属科技股份有限公司	35.82	97	广西投资集团有限公司	24.80
48	新凤鸣集团股份有限公司	35.78	98	中国有色矿业集团有限公司	24.72
49	杭州锦江集团有限公司	35.73	99	江铃汽车集团公司	24.51
50	华翔集团股份有限公司	35.24	100	西林钢铁集团有限公司	24.48
				中国制造业企业 500 强平均数	9.77

表 9-16　　2014 中国制造业企业 500 强净利润增长率排序前 100 名企业

排名	公司名称	净利润增长率（%）	排名	公司名称	净利润增长率（%）
1	四川省达州钢铁集团有限责任公司	5761.46	51	天士力控股集团有限公司	92.79
2	浙江元立金属制品集团有限公司	659.39	52	江苏新华发集团有限公司	90.52
3	日照钢铁控股集团有限公司	634.50	53	华峰集团有限公司	89.89
4	湘电集团有限公司	456.78	54	内蒙古伊利实业集团股份有限公司	85.61
5	中国西电集团公司	377.56	55	福建省三钢（集团）有限责任公司	85.56
6	内蒙古鄂尔多斯羊绒集团有限责任公司	344.54	56	江西济民可信集团有限公司	85.28
7	传化集团有限公司	321.04	57	海马汽车集团股份有限公司	81.42
8	湖南博长控股集团有限公司	314.57	58	陕西法士特汽车传动集团有限责任公司	79.65
9	旭阳控股有限公司	303.37	59	上海外高桥造船有限公司	79.04
10	奇瑞汽车股份有限公司	293.85	60	江苏沙钢集团有限公司	78.38
11	宁夏天元锰业有限公司	288.29	61	山东石大科技集团有限公司	77.68
12	广州钢铁企业集团有限公司	282.77	62	科创控股集团有限公司	76.05
13	酒泉钢铁（集团）有限责任公司	272.99	63	侨兴集团有限公司	73.81
14	宜宾丝丽雅集团有限公司	270.56	64	河北诚信有限责任公司	71.87
15	比亚迪股份有限公司	264.45	65	江苏三木集团有限公司	70.07
16	浙江新安化工集团股份有限公司	231.56	66	中国华信能源有限公司	66.70
17	山东晨鸣纸业集团股份有限公司	221.52	67	唐山瑞丰钢铁（集团）有限公司	66.04
18	山东淄博傅山企业集团有限公司	208.95	68	共青城赛龙通信技术有限公司	65.04
19	广州汽车工业集团有限公司	206.92	69	美的集团股份有限公司	63.15
20	深圳融禾投资发展有限公司	195.26	70	中国盐业总公司	62.62
21	新疆金风科技股份有限公司	179.42	71	春和集团有限公司	61.33
22	江苏大明金属制品有限公司	177.88	72	东辰控股集团有限公司	59.90
23	西宁特殊钢集团有限责任公司	177.51	73	宗申产业集团有限公司	59.66
24	浙江协和集团有限公司	165.14	74	宁波宝新不锈钢有限公司	59.64
25	TCL 集团股份有限公司	164.93	75	浙江龙盛控股有限公司	59.19
26	浙江古纤道新材料股份有限公司	164.45	76	北京顺鑫农业股份有限公司	57.09
27	高深（集团）有限公司	160.92	77	华意压缩机股份有限公司	56.59
28	浙江航民实业集团有限公司	156.51	78	唐山东华钢铁企业集团有限公司	56.16
29	福星集团	155.67	79	广西盛隆冶金有限公司	55.02
30	开氏集团有限公司	153.82	80	上海复星高科技（集团）有限公司	54.71
31	浙江恒逸集团有限公司	151.08	81	正泰集团股份有限公司	52.99
32	邢台钢铁有限责任公司	151.07	82	杭州锦江集团有限公司	52.99
33	大化集团有限责任公司	150.75	83	江苏华西集团公司	52.74
34	得力集团有限公司	143.61	84	亚邦投资控股集团有限公司	52.03
35	江苏双良集团有限公司	137.56	85	杭叉集团股份有限公司	51.56
36	广州电气装备集团有限公司	136.85	86	山东创新金属科技股份有限公司	49.81
37	凌源钢铁集团有限责任公司	127.89	87	三角集团有限公司	48.17
38	振石控股集团有限公司	124.45	88	安徽江淮汽车集团有限公司	48.15
39	浙江天圣控股集团有限公司	124.04	89	中策橡胶集团有限公司	47.46
40	浙江吉利控股集团有限公司	119.69	90	金猴集团有限公司	47.35
41	河北养元智汇饮品股份有限公司	117.14	91	珠海格力电器股份有限公司	47.31
42	中国第一重型机械集团公司	113.04	92	玖龙纸业（控股）有限公司	47.29
43	华新水泥股份有限公司	112.47	93	山东海科化工集团	47.03
44	陕西汽车控股集团有限公司	109.26	94	安徽海螺集团有限责任公司	46.34
45	孚日控股集团股份有限公司	103.61	95	老凤祥股份有限公司	45.56
46	广西洋浦南华糖业集团股份有限公司	103.46	96	无锡市凌峰铜业有限公司	45.16
47	中天钢铁集团有限公司	99.93	97	红塔烟草（集团）有限责任公司	44.64
48	河北新启元能源技术开发股份有限公司	96.09	98	长城汽车股份有限公司	44.47
49	华翔集团股份有限公司	95.63	99	正威国际集团有限公司	42.67
50	嘉晨集团有限公司	92.83	100	东北特殊钢集团有限责任公司	42.63
				中国制造业企业 500 强平均数	-13.63

表 9-17   2014 中国制造业企业 500 强资产增长率排序前 100 名企业

排名	公司名称	资产增长率（%）	排名	公司名称	资产增长率（%）
1	深圳融禾投资发展有限公司	299.02	51	天士力控股集团有限公司	31.68
2	中国华信能源有限公司	242.80	52	大连西太平洋石油化工有限公司	31.30
3	侨兴集团有限公司	166.14	53	金龙精密铜管集团股份有限公司	30.92
4	河北养元智汇饮品股份有限公司	119.28	54	青山控股集团有限公司	30.79
5	金鼎重工股份有限公司	107.67	55	北京君诚实业投资集团有限公司	30.63
6	新龙药业集团	84.20	56	桂林市力源粮油食品集团有限公司	30.45
7	山东海科化工集团	73.20	57	杭州诺贝尔集团有限公司	30.33
8	杭州富春江冶炼有限公司	70.96	58	红狮控股集团有限公司	30.28
9	宁夏天元锰业有限公司	67.99	59	华盛江泉集团有限公司	30.28
10	共青城赛龙通信技术有限公司	64.63	60	云南煤化工集团有限公司	29.50
11	盛虹控股集团有限公司	62.90	61	东风汽车公司	29.31
12	宁夏宝塔石化集团有限公司	61.94	62	天津渤海化工集团有限责任公司	29.11
13	内蒙古伊利实业集团股份有限公司	60.67	63	浙江协和集团有限公司	28.94
14	新凤鸣集团股份有限公司	59.18	64	山东玉皇化工有限公司	28.91
15	科创控股集团有限公司	54.06	65	崇利制钢有限公司	28.81
16	浙江万凯新材料有限公司	53.98	66	广西盛隆冶金有限公司	28.61
17	花园集团有限公司	50.01	67	山东黄金集团有限公司	28.48
18	万丰奥特控股集团有限公司	49.57	68	山东魏桥创业集团有限公司	28.38
19	华仪电器集团有限公司	48.02	69	山东如意科技集团有限公司	28.32
20	河北新启元能源技术开发股份有限公司	47.31	70	江苏三木集团有限公司	27.59
21	稻花香集团	47.30	71	永鼎集团有限公司	27.19
22	山东创新金属科技股份有限公司	46.89	72	巨化集团公司	27.01
23	新华联集团有限公司	45.68	73	河北前进钢铁集团有限公司	26.86
24	五得利面粉集团有限公司	45.40	74	青海盐湖工业股份有限公司	26.77
25	北京同仁堂股份有限公司	44.41	75	隆鑫控股有限公司	26.66
26	金洲集团有限公司	40.77	76	同方股份有限公司	26.31
27	富通集团有限公司	40.32	77	浙江富陵控股集团有限公司	25.80
28	山东东明石化集团有限公司	39.57	78	中国庆华能源集团有限公司	25.67
29	河北诚信有限责任公司	39.18	79	金猴集团有限公司	25.47
30	双胞胎（集团）股份有限公司	37.60	80	华晨汽车集团控股有限公司	25.46
31	东辰控股集团有限公司	36.81	81	宜宾丝丽雅集团有限公司	25.30
32	河北新金钢铁有限公司	36.64	82	金川集团股份有限公司	25.17
33	天津市医药集团有限公司	36.13	83	北大方正集团有限公司	24.65
34	正泰集团股份有限公司	35.78	84	珠海格力电器股份有限公司	24.30
35	浙江大东南集团有限公司	34.80	85	河北白沙烟草有限责任公司	24.02
36	华意压缩机股份有限公司	34.60	86	山东万通石油化工集团有限公司	23.95
37	香驰控股有限公司	33.46	87	中国第一汽车集团公司	23.71
38	晶科能源有限公司	33.36	88	兴惠化纤集团有限公司	23.62
39	威高集团有限公司	33.34	89	长城汽车股份有限公司	23.57
40	新兴际华集团有限公司	32.62	90	江铃汽车集团公司	23.54
41	广州汽车工业集团有限公司	32.62	91	利华益集团股份有限公司	23.47
42	江苏新华发集团有限公司	32.50	92	嘉晨集团有限公司	23.21
43	山东京博控股股份有限公司	32.29	93	浙江荣盛控股集团有限公司	23.16
44	奥克斯集团有限公司	32.28	94	重庆力帆控股有限公司	23.04
45	浙江海正药业股份有限公司	32.20	95	太原重型机械集团有限公司	22.94
46	西王集团有限公司	32.15	96	黑龙江烟草工业有限责任公司	22.63
47	华翔集团股份有限公司	32.10	97	广州医药集团有限公司	22.52
48	中国吉林森林工业集团有限责任公司	32.10	98	光明食品（集团）有限公司	22.45
49	超威电源有限公司	31.74	99	宁波富邦控股集团有限公司	22.40
50	富丽达集团控股有限公司	31.68	100	卧龙控股集团有限公司	22.30
				中国制造业企业 500 强平均数	12.35

表 9-18　　2014 中国制造业企业 500 强研发费增长率前 100 名企业

排名	公司名称	研发费增长率（%）	排名	公司名称	研发费增长率（%）
1	广州东凌实业集团有限公司	11000.00	51	河南省浙川铝业（集团）有限公司	42.86
2	广州钢铁企业集团有限公司	2176.67	52	山东招金集团有限公司	41.71
3	安徽淮海实业发展集团有限公司	777.54	53	浙江日月首饰集团有限公司	40.91
4	宁夏天元锰业有限公司	682.61	54	德力西集团有限公司	40.69
5	广西有色金属集团有限公司	642.15	55	中国国际海运集装箱（集团）股份有限公司	40.35
6	唐山港陆钢铁有限公司	373.81	56	老凤祥股份有限公司	39.46
7	天津市建筑材料集团（控股）有限公司	307.16	57	科创控股集团有限公司	38.97
8	凌源钢铁集团有限责任公司	228.51	58	天津塑力线缆集团有限公司	37.08
9	山东科达集团有限公司	227.24	59	美的集团股份有限公司	35.85
10	新疆特变电工集团有限公司	187.85	60	正邦集团有限公司	35.05
11	山东黄金集团有限公司	165.93	61	邯郸市正大制管有限公司	34.84
12	侨兴集团有限公司	164.33	62	广州电气装备集团有限公司	34.29
13	天瑞集团股份有限公司	163.60	63	江西萍钢实业股份有限公司	34.06
14	河北新启元能源技术开发股份有限公司	163.08	64	上海电气（集团）总公司	33.89
15	唐山东华钢铁企业集团有限公司	149.21	65	兴惠化纤集团有限公司	33.67
16	金发科技股份有限公司	105.26	66	江苏双良集团有限公司	33.58
17	河南济源钢铁（集团）有限公司	104.71	67	西王集团有限公司	32.68
18	中国黄金集团公司	103.71	68	杉杉控股有限公司	32.60
19	山东海科化工集团	97.04	69	北京二商集团有限责任公司	32.47
20	中国华信能源有限公司	89.27	70	江苏海达科技集团有限公司	32.00
21	浙江龙盛控股有限公司	86.59	71	广西投资集团有限公司	31.82
22	江苏华宏实业集团有限公司	84.98	72	中条山有色金属集团有限公司	31.06
23	重庆小康控股有限公司	80.00	73	杭州华东医药集团有限公司	30.82
24	马钢（集团）控股有限公司	79.29	74	华翔集团股份有限公司	30.39
25	五得利面粉集团有限公司	72.49	75	陕西汽车控股集团有限公司	30.38
26	天津市医药集团有限公司	71.33	76	北京建龙重工集团有限公司	30.18
27	中国贵州茅台酒厂（集团）有限责任公司	69.78	77	万丰奥特控股集团有限公司	29.84
28	浙江新安化工集团股份有限公司	69.12	78	河北诚信有限责任公司	29.36
29	江苏申特钢铁有限公司	66.67	79	石家庄常山纺织集团有限公司	29.06
30	高深（集团）有限公司	65.11	80	卧龙控股集团有限公司	28.71
31	浙江万凯新材料有限公司	62.25	81	山东淄博傅山企业集团有限公司	28.36
32	华晨汽车集团控股有限公司	61.81	82	厦门钨业股份有限公司	27.83
33	山东金岭集团有限公司	60.80	83	杭州富春江冶炼有限公司	27.60
34	华峰集团有限公司	60.49	84	山东大海集团有限公司	27.35
35	浙江南方控股集团有限公司	60.25	85	万向集团公司	27.35
36	江铃汽车集团公司	59.12	86	罗蒙集团股份有限公司	27.27
37	无锡产业发展集团有限公司	58.33	87	山东魏桥创业集团有限公司	27.19
38	山东如意科技集团有限公司	56.98	88	宗申产业集团有限公司	27.11
39	广西盛隆冶金有限公司	56.70	89	杭州诺贝尔集团有限公司	26.84
40	广州汽车工业集团有限公司	53.86	90	铜陵精达铜材（集团）有限责任公司	26.84
41	山东东明石化集团有限公司	53.01	91	大冶有色金属集团控股有限公司	26.27
42	华意压缩机股份有限公司	49.77	92	杭州锦江集团有限公司	26.27
43	华新水泥股份有限公司	49.09	93	江苏洋河酒厂股份有限公司	26.26
44	森马集团有限公司	47.52	94	万华化学（宁波）有限公司	26.20
45	华泰集团有限公司	47.43	95	潍柴动力股份有限公司	26.10
46	陕西法士特汽车传动集团有限责任公司	47.15	96	盛虹控股集团有限公司	25.89
47	新兴际华集团有限公司	45.53	97	杭州汽轮动力集团有限公司	25.42
48	华仪电器集团有限公司	44.70	98	海马汽车集团股份有限公司	25.34
49	逸盛大化石化有限公司	43.95	99	安徽中鼎控股（集团）股份有限公司	25.20
50	传化集团有限公司	43.38	100	共青城赛龙通信技术有限公司	25.00
				中国制造业企业 500 强平均数	12.96

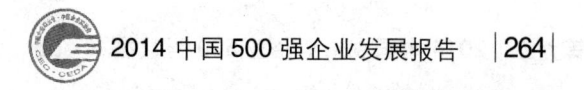

表 9-19　　2014 中国制造业企业 500 强行业平均净利润

名次	行业名称	平均净利润（万元）	名次	行业名称	平均净利润（万元）
1	烟草加工业	51.25	23	船舶工业	4.26
2	塑料制品业	30.07	24	化学纤维制造业	3.98
3	饮料加工业	19.36	25	建筑材料及玻璃等制造业	3.91
4	酿酒制造业	14.23	26	黄金冶炼及压延加工业	3.61
5	橡胶制品业	11.88	27	食品加工制造业	3.28
6	造纸及纸制品加工业	9.41	28	肉食品加工业	3.27
7	通讯器材及设备、元器件制造业	9.18	29	金属制品、加工工具、工业辅助产品加工制造业	3.26
8	家用电器及零配件制造业	7.79			
9	汽车及零配件制造业	7.75	30	农林机械、设备及零配件制造业	3.21
10	一般有色冶金及压延加工业	7.73	31	生活用品（含文体、玩具、工艺品、珠宝）等轻工产品加工制造业	3.11
11	工程机械、设备及零配件制造业	7.19			
12	办公、影像等电子设备、元器件制造业	6.29	32	计算机及零部件制造业	3.07
13	医药、医疗设备制造业	6.16	33	轨道交通设备及零部件制造业	2.79
14	石化产品、炼焦及其他燃料生产加工业	5.85	34	摩托车及零配件制造业	2.37
15	化学原料及化学制品制造业	5.70	35	综合制造业（以制造业为主，含有服务业）	2.28
16	乳制品加工业	5.44	36	农副食品及农产品加工业	2.28
17	纺织、印染业	5.42	37	黑色冶金及压延加工业	2.21
18	工业机械、设备及零配件制造业	4.69	38	电子元器件与仪器仪表、自动化控制设备制造业	2.10
19	电力、电气等设备、机械、元器件及光伏、电池、线缆制造业	4.68			
			39	航空航天及国防军工业	1.39
20	动力、电力生产等装备、设备制造业	4.67	40	木材、藤、竹、家具等加工及木制品、纸制品等印刷、包装业	0.98
21	电梯及运输、仓储设备与设施制造业	4.64			
22	纺织品、服装、鞋帽、服饰加工业	4.53			

表 9-20　　2014 中国制造业企业 500 强行业平均营业收入

名次	行业名称	平均营业收入（万元）	名次	行业名称	平均营业收入（万元）
1	航空航天及国防军工业	30968046	22	化学纤维制造业	3603505
2	石化产品、炼焦及其他燃料生产加工业	18010554	23	生活用品（含文体、玩具、工艺品、珠宝）等轻工产品加工制造业	3548526
3	计算机及零部件制造业	11141736	24	工程机械、设备及零配件制造业	3203666
4	汽车及零配件制造业	10315549	25	食品加工制造业	3126809
5	轨道交通设备及零部件制造业	9949222	26	酿酒制造业	3075114
6	通讯器材及设备、元器件制造业	7893376	27	饮料加工业	3052082
7	家用电器及零配件制造业	6834086	28	化学原料及化学制品制造业	2869609
8	黑色冶金及压延加工业	5986549	29	农副食品及农产品加工业	2857225
9	黄金冶炼及压延加工业	5521863	30	农林机械、设备及零配件制造业	2694186
10	一般有色冶金及压延加工业	5474603	31	医药、医疗设备制造业	2577530
11	动力、电力生产等装备、设备制造业	5374479	32	电力、电气等设备、机械、元器件及光伏、电池、线缆制造业	2204712
12	建筑材料及玻璃等制造业	4911440	33	橡胶制品业	2173059
13	乳制品加工业	4777887	34	纺织品、服装、鞋帽、服饰加工业	2009544
14	电子元器件与仪器仪表、自动化控制设备制造业	4577863	35	摩托车及零配件制造业	1862337
15	综合制造业（以制造业为主，含有服务业）	4520576	36	工业机械、设备及零配件制造业	1839210
16	船舶工业	4466253	37	金属制品、加工工具、工业辅助产品加工制造业	1400398
17	造纸及纸制品加工业	4273057	38	塑料制品业	1325307
18	烟草加工业	4257547	39	木材、藤、竹、家具等加工及木制品、纸制品等印刷、包装业	1066278
19	肉食品加工业	4143245			
20	电梯及运输、仓储设备与设施制造业	3999145			
21	纺织、印染业	3925747	40	办公、影像等电子设备、元器件制造业	1025786

表 9-21　　2014 中国制造业企业 500 强行业平均资产

名次	行业名称	平均资产（万元）	名次	行业名称	平均资产（万元）
1	烟草加工业	468.66	22	综合制造业（以制造业为主，含有服务业）	148.68
2	造纸及纸制品加工业	318.91	23	橡胶制品业	146.33
3	计算机及零部件制造业	304.96	24	轨道交通设备及零部件制造业	145.19
4	工程机械、设备及零配件制造业	278.64	25	摩托车及零配件制造业	142.55
5	塑料制品业	272.98	26	家用电器及零配件制造业	140.82
6	船舶工业	241.93	27	通讯器材及设备、元器件制造业	137.45
7	一般有色冶金及压延加工业	239.40	28	电力、电气等设备、机械、元器件及光伏、电池、线缆制造业	135.12
8	黑色冶金及压延加工业	230.45			
9	动力、电力生产等装备、设备制造业	227.78	29	医药、医疗设备制造业	130.22
10	石化产品、炼焦及其他燃料生产加工业	224.33	30	航空航天及国防军工业	128.16
11	化学原料及化学制品制造业	223.35	31	办公、影像等电子设备、元器件制造业	113.77
12	汽车及零配件制造业	210.87	32	饮料加工业	113.27
13	黄金冶炼及压延加工业	208.61	33	生活用品（含文体、玩具、工艺品、珠宝）等轻工产品加工制造业	112.86
14	建筑材料及玻璃等制造业	197.19			
15	化学纤维制造业	189.24	34	纺织、印染业	112.23
16	酿酒制造业	177.07	35	纺织品、服装、鞋帽、服饰加工业	93.23
17	食品加工制造业	176.49	36	木材、藤、竹、家具等加工及木制品、纸制品等印刷、包装业	82.56
18	金属制品、加工工具、工业辅助产品加工制造业	162.93			
19	电梯及运输、仓储设备与设施制造业	149.50	37	农副食品及农产品加工业	79.31
			38	肉食品加工业	66.12
20	电子元器件与仪器仪表、自动化控制设备制造业	149.21	39	乳制品加工业	56.07
21	工业机械、设备及零配件制造业	148.96	40	农林机械、设备及零配件制造业	54.75

表 9-22　　2014 中国制造业企业 500 强平均纳税总额

名次	行业名称	人均纳税总额（万元）	名次	行业名称	人均纳税总额（万元）
1	烟草加工业	319.06	23	电力、电气等设备、机械、元器件及光伏、电池、线缆制造业	5.39
2	石化产品、炼焦及其他燃料生产加工业	32.06	24	电梯及运输、仓储设备与设施制造业	5.27
3	汽车及零配件制造业	29.61	25	工业机械、设备及零配件制造业	5.25
4	酿酒制造业	23.65	26	黑色冶金及压延加工业	5.19
5	通讯器材及设备、元器件制造业	20.79	27	金属制品、加工工具、工业辅助产品加工制造业	4.98
6	饮料加工业	15.53	28	纺织品、服装、鞋帽、服饰加工业	4.93
7	塑料制品业	13.20	29	综合制造业（以制造业为主，含有服务业）	4.92
8	造纸及纸制品加工业	9.58	30	食品加工制造业	4.70
9	建筑材料及玻璃等制造业	9.53	31	电子元器件与仪器仪表、自动化控制设备制造业	4.65
10	黄金冶炼及压延加工业	8.81			
11	动力、电力生产等装备、设备制造业	8.61	32	生活用品（含文体、玩具、工艺品、珠宝）等轻工产品加工制造业	4.34
12	橡胶制品业	8.50			
13	家用电器及零配件制造业	8.21	33	乳制品加工业	4.27
14	工程机械、设备及零配件制造业	7.92	34	船舶工业	4.25
15	纺织、印染业	7.43	35	摩托车及零配件制造业	4.14
16	化学原料及化学制品制造业	7.42	36	航空航天及国防军工业	4.10
17	医药、医疗设备制造业	7.15	37	肉食品加工业	3.44
18	计算机及零部件制造业	7.13	38	农副食品及农产品加工业	2.66
19	化学纤维制造业	6.12	39	农林机械、设备及零配件制造业	2.19
20	轨道交通设备及零部件制造业	6.06	40	木材、藤、竹、家具等加工及木制品、纸制品等印刷、包装业	2.07
21	一般有色冶金及压延加工业	5.71			
22	办公、影像等电子设备、元器件制造业	5.53			

表 9-23　　2014 中国制造业企业 500 强行业平均研发费用

名次	行业名称	平均研发费用（万元）	名次	行业名称	平均研发费用（万元）
1	塑料制品业	24.04	21	金属制品、加工工具、工业辅助产品加工制造业	3.06
2	通讯器材及设备、元器件制造业	12.67	22	一般有色冶金及压延加工业	3.03
3	橡胶制品业	7.73	23	摩托车及零配件制造业	2.91
4	工程机械、设备及零配件制造业	5.94	24	烟草加工业	2.78
5	家用电器及零配件制造业	5.81	25	生活用品（含文体、玩具、工艺品、珠宝）等轻工产品加工制造业	2.77
6	汽车及零配件制造业	5.25			
7	航空航天及国防军工业	5.24	26	酿酒制造业	2.35
8	船舶工业	5.00	27	医药、医疗设备制造业	2.20
9	计算机及零部件制造业	4.91	28	建筑材料及玻璃等制造业	1.87
10	动力、电力生产等装备、设备制造业	4.90	29	农副食品及农产品加工业	1.81
11	电子元器件与仪器仪表、自动化控制设备制造业	4.67	30	饮料加工业	1.57
			31	综合制造业（以制造业为主，含有服务业）	1.41
12	造纸及纸制品加工业	4.59	32	电梯及运输、仓储设备与设施制造业	1.27
13	轨道交通设备及零部件制造业	4.57	33	石化产品、炼焦及其他燃料生产加工业	1.24
14	化学纤维制造业	4.32	34	纺织品、服装、鞋帽、服饰加工业	1.24
15	纺织、印染业	4.25	35	乳制品加工业	1.19
16	农林机械、设备及零配件制造业	3.77	36	黄金冶炼及压延加工业	1.19
17	黑色冶金及压延加工业	3.67	37	办公、影像等电子设备、元器件制造业	1.03
18	电力、电气等设备、机械、元器件及光伏、电池、线缆制造业	3.49	38	肉食品加工业	1.00
			39	食品加工制造业	0.78
19	化学原料及化学制品制造业	3.18	40	木材、藤、竹、家具等加工及木制品、纸制品等印刷、包装业	0.48
20	工业机械、设备及零配件制造业	3.06			

表 9-24　　2014 中国制造业企业 500 强行业人均净利润

名次	行业名称	人均净利润（万元）	名次	行业名称	人均净利润（万元）
1	烟草加工业	51.25	22	纺织品、服装、鞋帽、服饰加工业	4.53
2	塑料制品业	30.07	23	船舶工业	4.26
3	饮料加工业	19.36	24	化学纤维制造业	3.98
4	酿酒制造业	14.23	25	建筑材料及玻璃等制造业	3.91
5	橡胶制品业	11.88	26	黄金冶炼及压延加工业	3.61
6	造纸及纸制品加工业	9.41	27	食品加工制造业	3.28
7	通讯器材及设备、元器件制造业	9.18	28	肉食品加工业	3.27
8	家用电器及零配件制造业	7.79	29	金属制品、加工工具、工业辅助产品加工制造业	3.26
9	汽车及零配件制造业	7.75			
10	一般有色冶金及压延加工业	7.73	30	农林机械、设备及零配件制造业	3.21
11	工程机械、设备及零配件制造业	7.19	31	生活用品（含文体、玩具、工艺品、珠宝）等轻工产品加工制造业	3.11
12	办公、影像等电子设备、元器件制造业	6.29			
13	医药、医疗设备制造业	6.16	32	计算机及零部件制造业	3.07
14	石化产品、炼焦及其他燃料生产加工业	5.85	33	轨道交通设备及零部件制造业	2.79
15	化学原料及化学制品制造业	5.70	34	摩托车及零配件制造业	2.37
16	乳制品加工业	5.44	35	综合制造业（以制造业为主，含有服务业）	2.28
17	纺织、印染业	5.42	36	农副食品及农产品加工业	2.28
18	工业机械、设备及零配件制造业	4.69	37	黑色冶金及压延加工业	2.21
19	电力、电气等设备、机械、元器件及光伏、电池、线缆制造业	4.68	38	电子元器件与仪器仪表、自动化控制设备制造业	2.10
			39	航空航天及国防军工业	1.39
20	动力、电力生产等装备、设备制造业	4.67	40	木材、藤、竹、家具等加工及木制品、纸制品等印刷、包装业	0.98
21	电梯及运输、仓储设备与设施制造业	4.64			

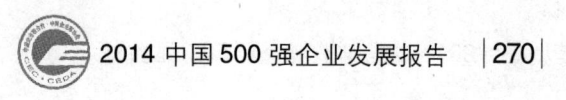

表 9-25　　2014 中国制造业企业 500 强行业人均营业收入

名次	行业名称	人均营业收入（万元）	名次	行业名称	人均营业收入（万元）
1	塑料制品业	719.88	21	家用电器及零配件制造业	158.84
2	烟草加工业	520	22	综合制造业（以制造业为主，含有服务业）	158.34
3	化学纤维制造业	336.15	23	医药、医疗设备制造业	155.44
4	石化产品、炼焦及其他燃料生产加工业	325.6	24	电子元器件与仪器仪表、自动化控制设备制造业	149.43
5	造纸及纸制品加工业	319.67			
6	计算机及零部件制造业	297.39	25	办公、影像等电子设备、元器件制造业	146.56
7	一般有色冶金及压延加工业	294.34	26	食品加工制造业	145.29
8	汽车及零配件制造业	282.02	27	建筑材料及玻璃等制造业	142.83
9	橡胶制品业	254.4	28	农林机械、设备及零配件制造业	140.14
10	黄金冶炼及压延加工业	231.47	29	摩托车及零配件制造业	133.15
11	黑色冶金及压延加工业	223.79	30	农副食品及农产品加工业	130.04
12	金属制品、加工工具、工业辅助产品加工制造业	223.79	31	工业机械、设备及零配件制造业	126.7
13	化学原料及化学制品制造业	218.74	32	酿酒制造业	123.51
14	工程机械、设备及零配件制造业	204.26	33	船舶工业	121.37
15	动力、电力生产等装备、设备制造业	201.16	34	电梯及运输、仓储设备与设施制造业	115.08
16	饮料加工业	195.19	35	轨道交通设备及零部件制造业	112.69
17	纺织、印染业	189.77	36	航空航天及国防军工业	107.7
18	生活用品（含文体、玩具、工艺品、珠宝）等轻工产品加工制造业	184.75	37	纺织品、服装、鞋帽、服饰加工业	104.58
			38	肉食品加工业	90.85
19	电力、电气等设备、机械、元器件及光伏、电池、线缆制造业	178.61	39	乳制品加工业	81.48
20	通讯器材及设备、元器件制造业	163.78	40	木材、藤、竹、家具等加工及木制品、纸制品等印刷、包装业	39.41

表 9-26　　2014 中国制造业企业 500 强行业人均资产

名次	行业名称	人均资产（万元）	名次	行业名称	人均资产（万元）
1	烟草加工业	468.66	22	综合制造业（以制造业为主，含有服务业）	148.68
2	造纸及纸制品加工业	318.91	23	橡胶制品业	146.33
3	计算机及零部件制造业	304.96	24	轨道交通设备及零部件制造业	145.19
4	工程机械、设备及零配件制造业	278.64	25	摩托车及零配件制造业	142.55
5	塑料制品业	272.98	26	家用电器及零部件制造业	140.82
6	船舶工业	241.93	27	通讯器材及设备、元器件制造业	137.45
7	一般有色冶金及压延加工业	239.40	28	电力、电气等设备、机械、元器件及光伏、电池、线缆制造业	135.12
8	黑色冶金及压延加工业	230.45			
9	动力、电力生产等装备、设备制造业	227.78	29	医药、医疗设备制造业	130.22
10	石化产品、炼焦及其他燃料生产加工业	224.33	30	航空航天及国防军工业	128.16
11	化学原料及化学制品制造业	223.35	31	办公、影像等电子设备、元器件制造业	113.77
12	汽车及零配件制造业	210.87	32	饮料加工业	113.27
13	黄金冶炼及压延加工业	208.61	33	生活用品（含文体、玩具、工艺品、珠宝）等轻工产品加工制造业	112.86
14	建筑材料及玻璃等制造业	197.19			
15	化学纤维制造业	189.24	34	纺织、印染业	112.23
16	酿酒制造业	177.07	35	纺织品、服装、鞋帽、服饰加工业	93.23
17	食品加工制造业	176.49	36	木材、藤、竹、家具等加工及木制品、纸制品等印刷、包装业	82.56
18	金属制品、加工工具、工业辅助产品加工制造业	162.93			
19	电梯及运输、仓储设备与设施制造业	149.50	37	农副食品及农产品加工业	79.31
20	电子元器件与仪器仪表、自动化控制设备制造业	149.21	38	肉食品加工业	66.12
			39	乳制品加工业	56.07
21	工业机械、设备及零配件制造业	148.96	40	农林机械、设备及零配件制造业	54.75

表 9-27　　2014 中国制造业企业 500 强人均纳税总额

名次	行业名称	人均纳税总额（万元）	名次	行业名称	人均纳税总额（万元）
1	烟草加工业	319.06	23	电力、电气等设备、机械、元器件及光伏、电池、线缆制造业	5.39
2	石化产品、炼焦及其他燃料生产加工业	32.06	24	电梯及运输、仓储设备与设施制造业	5.27
3	汽车及零配件制造业	29.61	25	工业机械、设备及零配件制造业	5.25
4	酿酒制造业	23.65	26	黑色冶金及压延加工业	5.19
5	通讯器材及设备、元器件制造业	20.79	27	金属制品、加工工具、工业辅助产品加工制造业	4.98
6	饮料加工业	15.53	28	纺织品、服装、鞋帽、服饰加工业	4.93
7	塑料制品业	13.20	29	综合制造业（以制造业为主，含有服务业）	4.92
8	造纸及纸制品加工业	9.58	30	食品加工制造业	4.70
9	建筑材料及玻璃等制造业	9.53	31	电子元器件与仪器仪表、自动化控制设备制造业	4.65
10	黄金冶炼及压延加工业	8.81	32	生活用品（含文体、玩具、工艺品、珠宝）等轻工产品加工制造业	4.34
11	动力、电力生产等装备、设备制造业	8.61	33	乳制品加工业	4.27
12	橡胶制品业	8.50	34	船舶工业	4.25
13	家用电器及零配件制造业	8.21	35	摩托车及零配件制造业	4.14
14	工程机械、设备及零配件制造业	7.92	36	航空航天及国防军工业	4.10
15	纺织、印染业	7.43	37	肉食品加工业	3.44
16	化学原料及化学制品制造业	7.42	38	农副食品及农产品加工业	2.66
17	医药、医疗设备制造业	7.15	39	农林机械、设备及零配件制造业	2.19
18	计算机及零部件制造业	7.13	40	木材、藤、竹、家具等加工及木制品、纸制品等印刷、包装业	2.07
19	化学纤维制造业	6.12			
20	轨道交通设备及零部件制造业	6.06			
21	一般有色冶金及压延加工业	5.71			
22	办公、影像等电子设备、元器件制造业	5.53			

表 9-28　　2014 中国制造业企业 500 强行业人均研发费用

名次	行业名称	人均研发费用（万元）	名次	行业名称	人均研发费用（万元）
1	塑料制品业	24.04	21	金属制品、加工工具、工业辅助产品加工制造业	3.06
2	通讯器材及设备、元器件制造业	12.67	22	一般有色冶金及压延加工业	3.03
3	橡胶制品业	7.73	23	摩托车及零配件制造业	2.91
4	工程机械、设备及零配件制造业	5.94	24	烟草加工业	2.78
5	家用电器及零配件制造业	5.81	25	生活用品（含文体、玩具、工艺品、珠宝）等轻工产品加工制造业	2.77
6	汽车及零配件制造业	5.25			
7	航空航天及国防军工业	5.24	26	酿酒制造业	2.35
8	船舶工业	5.00	27	医药、医疗设备制造业	2.20
9	计算机及零部件制造业	4.91	28	建筑材料及玻璃等制造业	1.87
10	动力、电力生产等装备、设备制造业	4.90	29	农副食品及农产品加工业	1.81
11	电子元器件与仪器仪表、自动化控制设备制造业	4.67	30	饮料加工业	1.57
			31	综合制造业（以制造业为主，含有服务业）	1.41
12	造纸及纸制品加工业	4.59	32	电梯及运输、仓储设备与设施制造业	1.27
13	轨道交通设备及零部件制造业	4.57	33	石化产品、炼焦及其他燃料生产加工业	1.24
14	化学纤维制造业	4.32	34	纺织品、服装、鞋帽、服饰加工业	1.24
15	纺织、印染业	4.25	35	乳制品加工业	1.19
16	农林机械、设备及零配件制造业	3.77	36	黄金冶炼及压延加工业	1.19
17	黑色冶金及压延加工业	3.67	37	办公、影像等电子设备、元器件制造业	1.03
18	电力、电气等设备、机械、元器件及光伏、电池、线缆制造业	3.49	38	肉食品加工业	1.00
			39	食品加工制造业	0.78
19	化学原料及化学制品制造业	3.18	40	木材、藤、竹、家具等加工及木制品、纸制品等印刷、包装业	0.48
20	工业机械、设备及零配件制造业	3.06			

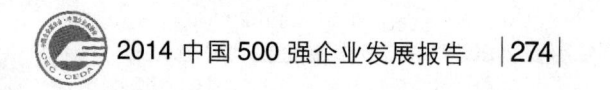

表 9-29　　　　　　　　　2014 中国制造业企业 500 强行业平均资产利润率

名次	行业名称	平均资产利润率（%）	名次	行业名称	平均资产利润率（%）
1	饮料加工业	17.09	21	石化产品、炼焦及其他燃料生产加工业	2.55
2	塑料制品业	11.02	22	工程机械、设备及零配件制造业	2.20
3	烟草加工业	10.94	23	化学纤维制造业	2.10
4	乳制品加工业	9.69	24	金属制品、加工工具、工业辅助产品加工制造业	2.00
5	橡胶制品业	8.12	25	轨道交通设备及零部件制造业	1.92
6	酿酒制造业	8.04	26	食品加工制造业	1.86
7	通讯器材及设备、元器件制造业	6.68	27	船舶工业	1.76
8	农林机械、设备及零配件制造业	5.87	28	工业机械、设备及零配件制造业	1.70
9	办公、影像等电子设备、元器件制造业	5.53	29	摩托车及零配件制造业	1.66
10	肉食品加工业	4.95	30	动力、电力生产等装备、设备制造业	1.54
11	纺织品、服装、鞋帽、服饰加工业	4.86	31	综合制造业（以制造业为主，含有服务业）	1.53
12	纺织、印染业	4.83	32	电子元器件与仪器仪表、自动化控制设备制造业	1.41
13	家用电器及零配件制造业	4.74			
14	医药、医疗设备制造业	4.73	33	建筑材料及玻璃等制造业	1.38
15	汽车及零配件制造业	3.67	34	化学原料及化学制品制造业	1.37
16	电力、电气等设备、机械、元器件及光伏、电池、线缆制造业	3.24	35	一般有色冶金及压延加工业	1.22
17	电梯及运输、仓储设备与设施制造业	3.11	36	木材、藤、竹、家具等加工及木制品、纸制品等印刷、包装业	1.18
18	造纸及纸制品加工业	2.95	37	黄金冶炼及压延加工业	1.13
19	生活用品（含文体、玩具、工艺品、珠宝）等轻工产品加工制造业	2.76	38	航空航天及国防军工业	1.08
			39	计算机及零部件制造业	1.01
20	农副食品及农产品加工业	2.69	40	黑色冶金及压延加工业	0.30

第十章
2014 中国服务业企业 500 强数据

表 10-1　　2014 中国服务业企业 500 强

名次	企业名称	地区	营业收入（万元）	净利润（万元）	资产（万元）	所有者权益（万元）	从业人数
1	国家电网公司	北京	204980014	4908187	257007115	107742921	885766
2	中国工商银行股份有限公司	北京	92563700	26264900	1891775200	127413400	441902
3	中国建设银行股份有限公司	北京	77099800	21465700	1536321000	106595100	368410
4	中国农业银行股份有限公司	北京	70633300	16631500	1456210200	84310800	478980
5	中国移动通信集团公司	北京	66186053	5655285	140458151	78791256	233052
6	中国银行股份有限公司	北京	64941100	15691100	1387429900	92391600	305675
7	中国人寿保险（集团）公司	北京	49746478	365675	240711807	4228332	146002
8	中国中化集团公司	北京	46690480	464255	31777903	6781379	49307
9	中国南方电网有限责任公司	广东	44697219	814999	58424791	19859545	309114
10	国家开发银行	北京	43895400	7958400	818795300	55920600	8468
11	中国平安保险（集团）股份有限公司	广东	41547100	2815400	336031200	18270900	
12	华润股份有限公司	广东	40554765	1294146	84903230	12200333	442861
13	中国电信集团公司	北京	38148967	956648	67394021	36380056	414673
14	中国中信集团有限公司	北京	37508844	3783894	429967747	27190977	176175
15	中国邮政集团公司	北京	36253897	2530018	574732340	19154275	954419
16	天津物产集团有限公司	天津	33793983	161240	11478382	1240311	18452
17	中国人民保险集团股份有限公司	北京	30473800	812100	75531900	7157500	514228
18	中国联合网络通信集团有限公司	北京	30470065	448849	57347240	16034657	288679
19	交通银行股份有限公司	上海	29650594	6229508	596093674	41956118	97210
20	苏宁控股集团	江苏	27981265	31414	16167894	2879547	180000
21	绿地控股集团有限公司	上海	25218186	818511	36767814	3293774	5900
22	中国机械工业集团有限公司	北京	24236099	153345	23460378	4184368	119523
23	晋能有限责任公司	山西	22801762	-1464	18350940	3513511	112957
24	中国航空油料集团公司	北京	22581763	93866	3896940	940152	10443
25	中国民生银行股份有限公司	北京	21811200	4227800	322621000	19771200	54927
26	兴业银行股份有限公司	福建	21401800	4121100	367743500	19976900	47841
27	浙江省物产集团公司	浙江	21212481	36385	6534501	613580	18608
28	招商银行股份有限公司	广东	20936700	5197789	401639900	26546500	68078
29	中国医药集团总公司	北京	20456769	211391	16833401	2768439	82766
30	上海浦东发展银行股份有限公司	上海	19331100	4092200	368012500	20437500	38976
31	中国太平洋保险（集团）股份有限公司	上海	19313700	926100	72353300	9896800	86893
32	中粮集团有限公司	北京	18905157	25580	28433268	5575748	107271
33	大连万达集团股份有限公司	辽宁	18664000	839775	39715359	2202393	99752
34	中国铁路物资股份有限公司	北京	16693891	-772107	7431781	46710	11266

名次	企业名称	地区	营业收入（万元）	净利润（万元）	资产（万元）	所有者权益（万元）	从业人数
35	中国远洋运输（集团）总公司	北京	16481142	-229456	34184011	9766620	74312
36	百联集团有限公司	上海	16391646	61116	8135575	1271153	
37	中国通用技术（集团）控股有限责任公司	北京	15802681	274625	11407849	3033363	42020
38	大商集团有限公司	辽宁	15041856	193659	2247333	625722	218858
39	中国农业发展银行	北京	14887326	1413662	262268311	6393269	52136
40	中国光大银行股份有限公司	北京	13533600	2671500	241508600	15283900	36290
41	国美电器有限公司	北京	13334000	199000	5027100	1635600	56202
42	中国保利集团公司	北京	13180074	636410	45533119	3877051	45688
43	新华人寿保险股份有限公司	北京	12959400	442200	56584900	3931200	55262
44	山西煤炭进出口集团有限公司	山西	12726860	25660	7161586	1250940	15821
45	海航集团有限公司	海南	11556538	100672	41022413	2123821	108416
46	广东物资集团公司	广东	10927656	12547	3115633	629351	9129
47	新疆广汇实业投资（集团）有限责任公司	新疆	10923638	327840	12539908	2150881	66841
48	厦门建发集团有限公司	福建	10466368	187721	9732636	1201798	15737
49	中国航空集团公司	北京	9981399	160758	21613366	3470299	75763
50	中国南方航空集团公司	广东	9941148	123243	17422749	1889529	73660
51	国家开发投资公司	北京	9864838	379601	34182038	5553000	88263
52	广东振戎能源有限公司	广东	9783531	27576	3991042	75238	717
53	中国外运长航集团有限公司	北京	9674900	-755473	10741082	2805212	69102
54	上海东浩兰生国际服务贸易（集团）有限公司	上海	9480170	57855	2554656	730235	4724
55	恒大地产集团有限公司	广东	9387178	1370903	34814819	7934263	48681
56	中国东方航空集团公司	上海	9118428	199940	14959310	1782538	53421
57	泰康人寿保险股份有限公司	北京	8410321	374451	44150271	2418815	47009
58	华夏银行股份有限公司	北京	8311865	1550604	167244638	8541997	25200
59	厦门国贸控股有限公司	福建	8163458	29434	4507139	266096	14797
60	大印集团有限公司	海南	7893103	66141	1219977	441430	2156
61	浙江省能源集团有限公司	浙江	7753973	700892	15547289	5223567	16854
62	中国诚通控股集团有限公司	北京	7740561	42719	7719780	1184927	25894
63	广发银行股份有限公司	广东	7544348	1158348	146984993	7329147	23328
64	山东省商业集团有限公司	山东	7449205	19528	7217027	231398	200000
65	浙江省兴合集团公司	浙江	7003607	27651	3115503	291995	14169
66	珠海振戎公司	北京	6963072	23220	434312	188100	122
67	京东商城电子商务有限公司	北京	6933981	-4990	2600981		32953
68	广东省广新控股集团有限公司	广东	6906822	16490	3799452	311965	24409
69	中国海运（集团）总公司	上海	6826053	207279	17646847	4880074	44462

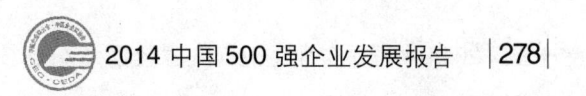

名次	企业名称	地区	营业收入（万元）	净利润（万元）	资产（万元）	所有者权益（万元）	从业人数
70	玖隆钢铁物流有限公司	江苏	6619737	14108	445811	93786	182
71	三胞集团有限公司	江苏	6546007	117828	5062818	992835	40254
72	绿城房地产集团有限公司	浙江	6510000	488551	12233570	2494733	4928
73	庞大汽贸集团股份有限公司	河北	6398528	21077	6506392	903886	35762
74	北京银行	北京	6278461	1345931	133676385	7811401	9193
75	安徽省徽商集团有限公司	安徽	6161577	15797	1500471	75343	12507
76	腾讯控股有限公司	广东	6043700	1919400	10723500		24000
77	太平人寿保险有限公司	上海	5955024	103356	20663817	1632087	19740
78	河北省物流产业集团有限公司	河北	5803130	1959	833856	128266	2069
79	中国港中旅集团公司	北京	5770758	70642	7107025	1500230	43655
80	南方石化集团有限公司	广东	5743393	150790	2307119	255782	1175
81	北京控股集团有限公司	北京	5316369	66794	16028157	2251798	74004
82	中升集团控股有限公司	辽宁	5252738	101007	3373518	841897	16308
83	浙江省国际贸易集团有限公司	浙江	5121380	78890	3826600	785104	13929
84	重庆商社（集团）有限公司	重庆	5065631	31842	2139531	237403	101903
85	隆基泰和实业有限公司	河北	5021674	230804	4052183	1204876	22659
86	江苏汇鸿国际集团有限公司	江苏	4852703	39937	3321692	576250	5516
87	华侨城集团公司	广东	4823545	482146	10455544	3301051	41984
88	中国中纺集团公司	北京	4678239	46800	2683949	643449	21686
89	浙江省商业集团有限公司	浙江	4573114	24027	5611731	292347	14636
90	远大物产集团有限公司	浙江	4519400	9607	507629	59043	546
91	浪潮集团有限公司	山东	4510533	106175	1251055	604582	14236
92	广西北部湾国际港务集团有限公司	广西	4510003	101093	4903167	1254162	11930
93	银亿集团有限公司	浙江	4210593	117851	4661164	574110	9131
94	山东高速集团有限公司	山东	4184385	50532	27363855	3144183	23052
95	深圳市神州通投资集团有限公司	广东	4110089	43337	1690832	485485	10518
96	天津一商集团有限公司	天津	4045218	7278	1294899	200576	4113
97	中国国际技术智力合作公司	北京	4045068	43528	566750	205153	3534
98	深圳市爱施德股份有限公司	广东	4024348	75448	1192795	459117	2559
99	广东省广晟资产经营有限公司	广东	4016542	98466	8804942	2031384	38421
100	广东省丝绸纺织集团有限公司	广东	3969228	16024	1435741	155708	5374
101	厦门象屿集团有限公司	福建	3924702	47944	2806482	340547	3802
102	北京首都旅游集团有限责任公司	北京	3924603	38935	4174589	814303	50000
103	重庆龙湖企业拓展有限公司	重庆	3914310	555946	11589425	291990	12012
104	江苏国泰国际集团有限公司	江苏	3712896	11057	1328074	163479	11000

名次	企业名称	地区	营业收入（万元）	净利润（万元）	资产（万元）	所有者权益（万元）	从业人数
105	中国煤炭科工集团有限公司	北京	3605496	182359	4055790	1323611	31991
106	阳光保险集团股份有限公司	北京	3571282	10881	10255064	1080769	115357
107	云南中豪置业有限责任公司	云南	3561249	65639	5637288	3125557	2598
108	合肥百货大楼集团股份有限公司	安徽	3520000	43772	751771	302829	8101
109	重庆市能源投资集团有限公司	重庆	3449339	457	8064944	2030591	73329
110	北京能源投资（集团）有限公司	北京	3443472	201962	15067624	3967969	19365
111	浙江前程投资股份有限公司	浙江	3441091	32959	1131433	117968	620
112	腾邦投资控股有限公司	广东	3393609	27185	558585	141672	5955
113	九州通医药集团股份有限公司	湖北	3343805	47793	1859618	509952	9552
114	上海永达控股（集团）有限公司	上海	3326267	58429	1414230	399147	7890
115	新疆生产建设兵团棉麻公司	新疆	3194501	3701	253753	27492	579
116	百度股份有限公司	北京	3194392		7098579	3842492	31676
117	申能（集团）有限公司	上海	3177296	224104	10650182	5054627	16215
118	山西省国新能源发展集团有限公司	山西	3155430	11503	1975098	76193	2180
119	北京外企服务集团有限责任公司	北京	3152256	6653	462959	95110	5698
120	世纪金源投资集团有限公司	北京	3109383	185792	8184510	2405000	20997
121	永辉超市股份有限公司	福建	3054282	72058	1297282	590998	57561
122	重庆市金科投资控股（集团）有限责任公司	重庆	3027247	90918	7942421	394678	8919
123	生命人寿保险股份有限公司	广东	3021381	537856	19586886	1778313	12100
124	石家庄北国人百集团有限责任公司	河北	3016801	35094	891935	193055	41263
125	广东省广业资产经营有限公司	广东	3001570	40055	2764355	90058	20279
126	广东省交通集团有限公司	广东	2977088	33784	23044858	5781372	47315
127	渤海银行股份有限公司	天津	2956142	456237	56821104	2419732	5213
128	天音通信有限公司	广东	2918098	2091	1049490	261478	12000
129	大汉控股集团有限公司	湖南	2915493	68287	1213418	333387	2341
130	天津住宅建设发展集团有限公司	天津	2886323	85528	4490541	987462	5567
131	天津港（集团）有限公司	天津	2834328	36460	11406718	2520051	17253
132	广州轻工工贸集团有限公司	广东	2830246	45842	1492886	474130	7219
133	长春欧亚集团股份有限公司	吉林	2827826	24526	947719	134326	5984
134	福佳集团有限公司	辽宁	2827561	86709	4989266	2313552	3942
135	上海国际港务（集团）股份有限公司	上海	2816230	525553	8861162	4981961	19842
136	浙江省交通投资集团有限公司	浙江	2811102	98155	15040091	2955334	22355
137	辽宁日林实业集团有限公司	辽宁	2801816	99922	4892325	720928	24062
138	丰立集团有限公司	江苏	2760240	32876	2210264	600442	2581
139	中基宁波集团股份有限公司	浙江	2759217	14574	820009	58787	1756

名次	企业名称	地区	营业收入（万元）	净利润（万元）	资产（万元）	所有者权益（万元）	从业人数
140	弘阳集团有限公司	江苏	2750765	161349	2502642	865051	2396
141	天津能源投资集团有限公司	天津	2741100	66379	6260058	2886230	11151
142	大棒集团有限公司	海南	2740206	54937	451263	382947	560
143	江苏华厦融创置地集团有限公司	江苏	2714921	314496	6079814	3464261	2600
144	张家港保税区旭江贸易有限公司	江苏	2712108	25353	147918	−144166	37
145	百兴集团有限公司	江苏	2683581	39892	759912	552029	4736
146	广州金创利经贸有限公司	广东	2675130	970	243701	19180	70
147	安徽国贸集团控股有限公司	安徽	2670779	13556	5364037	182409	5770
148	云南省能源投资集团有限公司	云南	2634178	75526	4243237	1645960	2718
149	中球冠集团有限公司	浙江	2513618	15521	406476	140520	369
150	山西能源交通投资有限公司	山西	2437883	23089	6600397	1556901	21873
151	福建省能源集团有限责任公司	福建	2430000	93649	4697452	944576	33323
152	卓尔控股有限公司	湖北	2392919	203409	3958966	2986773	1231
153	巨力环球控股有限公司	上海	2387378	17946	316702	131199	457
154	广西交通投资集团有限公司	广西	2375798	57194	15017073	4779676	10361
155	新奥能源控股有限公司	河北	2296600	125200	3590500	954300	
156	北京首都创业集团有限公司	北京	2292733	24617	12945351	745396	18473
157	利群集团股份有限公司	山东	2286202	46532	1555808	592710	11153
158	北京粮食集团有限责任公司	北京	2102087	15898	1591201	380242	7955
159	天津银行股份有限公司	天津	2070197	341803	40568701	1923421	4882
160	广州农村商业银行股份有限公司	广东	2068810	484902	37866514	2627243	7789
161	盛京银行股份有限公司	辽宁	2035090	481348	35758548	2111021	3545
162	江苏省苏豪控股集团有限公司	江苏	2034202	23925	2306279	545284	8402
163	南通化工轻工股份有限公司	江苏	2017586	8429	187872	75769	153
164	广州越秀集团有限公司	广东	2011726	140482	15037115	1880344	11995
165	日照港集团有限公司	山东	2005367	−18675	4441096	700675	8803
166	东方国际（集团）有限公司	上海	2003305	26011	1294090	573552	5492
167	上海均和集团有限公司	上海	2000807	637	226784	43659	1200
168	北京王府井百货（集团）股份有限公司	北京	1978990	69408	1404010	626320	12096
169	徽商银行股份有限公司	安徽	1955708	492620	38210909	3162512	6036
170	银泰商业（集团）有限公司	浙江	1898071	113637	2255629		9095
171	苏州金螳螂企业集团有限公司	江苏	1897536	101720	1936837	234935	12455
172	福建省交通运输集团有限责任公司	福建	1864098	21377	2294421	575021	26168
173	宁波神化化学品经营有限责任公司	浙江	1756332	4797	144394	34113	120
174	广州元亨能源有限公司	广东	1752625	3986	694198	58941	28

名次	企业名称	地区	营业收入（万元）	净利润（万元）	资产（万元）	所有者权益（万元）	从业人数
175	重庆医药（集团）股份有限公司	重庆	1744538	27516	1071773	197086	10297
176	北京物美商业集团股份有限公司	北京	1698817	45903	1141973	370716	25863
177	广州发展集团股份有限公司	广东	1662845	102804	3373244	1339172	5661
178	大华（集团）有限公司	上海	1657828	250676	3526180	939348	327
179	华南物资集团有限公司	重庆	1648714	8525	599232	46456	683
180	新华锦集团	山东	1628378	12152	578630	79997	9200
181	重庆农村商业银行股份有限公司	重庆	1620979	599105	50200584	3581132	15443
182	广东粤合资产经营有限公司	广东	1584841	3732	720103	81029	2631
183	安徽省高速公路控股集团有限公司	安徽	1579912	99587	11263202	3049880	7302
184	四川航空股份有限公司	四川	1570726	47611	2091304	231661	8911
185	安徽辉隆农资集团	安徽	1557105	26939	1135157	390636	1226
186	上海均瑶（集团）有限公司	上海	1552399	38439	1975315	408533	9200
187	广东粤海控股有限公司	广东	1529654	420299	7806550	2538879	10813
188	淄博商厦股份有限公司	山东	1520075	13333	485984	200287	8902
189	安徽新华发行（集团）控股有限公司	安徽	1518962	48097	1154986	445437	4938
190	广西物资集团有限责任公司	广西	1516606	7768	621337	94057	2077
191	欧美投资集团有限公司	山东	1513594	26695	652431	400785	2600
192	河北港口集团有限公司	河北	1468157	89796	4842500	1810580	16468
193	安徽省能源集团有限公司	安徽	1458387	125506	3366674	1038595	4872
194	四川省烟草公司成都市公司	四川	1447924	172156	725484	666847	1592
195	安徽安粮控股股份有限公司	安徽	1439051	31962	1462495	90640	1743
196	杭州联华华商集团有限公司	浙江	1417739	44013	922224	78706	18094
197	安徽出版集团有限责任公司	安徽	1414732	40712	1152653	378348	4640
198	中国江苏国际经济技术合作集团有限公司	江苏	1396943	18293	1776803	173955	7973
199	广州纺织工贸企业集团有限公司	广东	1373268	10181	691926	250026	1434
200	北京祥龙博瑞汽车服务（集团）有限公司	北京	1349508	24490	615742	173371	5059
201	吉林银行	吉林	1302651	246241	26224284	1548319	8781
202	黑龙江倍丰农业生产资料集团有限公司	黑龙江	1275172	14533	935718	78224	519
203	浙江宝利德控股集团有限公司	浙江	1273998	21446	462006	101161	1837
204	人人乐连锁商业集团股份有限公司	广东	1271646	2367	744003	483375	20503
205	重庆对外经贸（集团）有限公司	重庆	1271361	15621	1335983	352970	41338
206	宁波华东物资城市场建设开发有限公司	浙江	1254700	6422	42000		3016
207	山东远通汽车贸易集团有限公司	山东	1253109	29192	397301	179725	6298
208	广州银行股份有限公司	广东	1242191	317725	30473236	1508507	2666
209	浙江英特药业有限责任公司	浙江	1236929	15793	478807	109121	2330

名次	企业名称	地区	营业收入（万元）	净利润（万元）	资产（万元）	所有者权益（万元）	从业人数
210	成都银行股份有限公司	四川	1232066	297115	26127665	1521447	4966
211	张家港百维物贸有限公司	江苏	1227900	4840	110704	22492	14
212	广州岭南国际企业集团有限公司	广东	1219582	24808	1137460	413057	16596
213	河北省国和汽车投资有限公司	河北	1215682	496	304858	21663	2693
214	青岛世纪瑞丰国际贸易有限公司	山东	1215517	3691	423497	33623	130
215	山东航空集团有限公司	山东	1183120	25638	1259093	189326	9218
216	月星集团有限公司	上海	1180395	53795	1236774	470841	8670
217	广州百货企业集团有限公司	广东	1173597	57421	1089848	338817	5508
218	北京菜市口百货股份有限公司	北京	1156673	32857	441102	127435	864
219	浙江康桥汽车工贸集团股份有限公司	浙江	1155626	-2107	427981	46454	6500
220	南昌市政公用投资控股有限责任公司	江西	1117039	38628	5055359	2243191	20500
221	湖北能源集团股份有限公司	湖北	1111855	94376	3168746	1348675	3602
222	天津市房地产开发经营集团有限公司	天津	1108814	68100	9031283	252768	1985
223	重庆交通运输控股（集团）有限公司	重庆	1101405	18654	1265995	499261	24150
224	上海春秋国际旅行社（集团）有限公司	上海	1096365	64734	869473	252483	6024
225	润华集团股份有限公司	山东	1095493	30346	964314	370881	6400
226	湖南九龙经贸集团有限公司	湖南	1094727	23607	310004	186379	5026
227	新疆西部银力棉业（集团）有限责任公司	新疆	1088883	-9489	421125	40438	150
228	太平鸟集团有限公司	浙江	1057219	46546	749738	196450	5709
229	云南物流产业集团有限公司	云南	1056893	711	685085	153218	2329
230	海通证券股份有限公司	上海	1045495	403504	16912360	6150699	7034
231	西安高科（集团）公司	陕西	1043569	59482	3617781	397981	10649
232	天津城市基础设施建设投资集团有限公司	天津	1032971	161323	54244890	16400311	7669
233	浙江建华集团有限公司	浙江	1020611	4467	276984	59172	3345
234	天津立业钢铁集团有限公司	天津	1016411	9748	251455	128432	800
235	广州珠江实业集团有限公司	广东	1015425	50081	1693806	331563	10058
236	广州无线电集团有限公司	广东	1008939	49361	2969223	332526	14775
237	西安曲江文化产业投资（集团）有限公司	陕西	998073	16757	3784380	592884	8339
238	天津现代集团有限公司	天津	986212	41348	1305835	514961	868
239	河南交通投资集团有限公司	河南	970365	-271599	13528314	2151611	29579
240	上海机场（集团）有限公司	上海	968064	129446	6136371	3894037	17522
241	新疆友好（集团）股份有限公司	新疆	960186	28873	736823	163541	19563
242	厦门路桥工程物资有限公司	福建	953915	8073	558459	81596	415
243	宁波君安物产有限公司	浙江	952214	2671	116966	81596	86
244	中铁集装箱运输有限责任公司	北京	951035	216756	1022996	948528	950

名次	企业名称	地区	营业收入（万元）	净利润（万元）	资产（万元）	所有者权益（万元）	从业人数
245	北方国际集团有限公司	天津	941548	2215	649375	14529	2176
246	湖北银丰实业集团有限责任公司	湖北	939809	4587	464689	105148	1920
247	东华能源股份有限公司	江苏	939755	12504	769647	154123	81
248	唐山百货大楼集团有限责任公司	河北	938318	1502	417653	120347	17594
249	中青旅控股股份有限公司	北京	931604	32058	825977	292682	7878
250	亿达集团有限公司	辽宁	928998	74118	4389992	862758	8200
251	汉口银行股份有限公司	湖北	923611	206665	17822175	1337981	2682
252	大连港集团有限公司	辽宁	923047	57013	7254555	2089117	9606
253	上海申华控股股份有限公司	上海	920583	17279	904873	202895	1537
254	锦联控股集团有限公司	辽宁	920182	46173	1254260	457969	5090
255	天安财产保险股份有限公司	上海	917399	37451	1467816	355849	13328
256	营口港务集团有限公司	辽宁	915185	13576	9703509	2635539	6901
257	长沙银行股份有限公司	湖南	894691	219339	19336036	905122	2970
258	广东珠江投资股份有限公司	广东	894032	106222	4920985	863839	1661
259	重庆港务物流集团有限公司	重庆	890093	2581	1952529	474581	7281
260	无锡商业大厦大东方股份有限公司	江苏	889887	18686	457066	137334	4440
261	浙江华瑞集团有限公司	浙江	882843	19646	908377	184792	544
262	宁波市慈溪进出口股份有限公司	浙江	879599	50585	863539	97040	1079
263	天津市政建设集团有限公司	天津	869472	4929	4952294	395808	2106
264	深圳广田装饰集团股份有限公司	广东	869133	52817	883666	375034	2512
265	武汉市城市建设投资开发集团有限公司	湖北	869111	61935	17987007	4065643	17309
266	滨海投资集团股份有限公司	天津	866836	5567	769289	64099	1158
267	成都建国汽车贸易有限公司	四川	861302	15725	345883	106661	5824
268	广西水利电业集团有限公司	广西	860544	3196	3441478	543985	26163
269	上海新世界（集团）有限公司	上海	859151	44183	1683492	491574	10495
270	深圳市燃气集团股份有限公司	广东	857455	72665	1208062	525767	5949
271	上海华拓控股集团有限公司	上海	855914	9322	692883	30146	3340
272	哈尔滨银行股份有限公司	黑龙江	854384	335034	32217544	1972754	7500
273	厦门海沧投资集团有限公司	福建	847543	54919	1948103	355361	3688
274	融信（福建）投资集团有限公司	福建	847349	121198	3607073	1020691	1524
275	上海交运集团股份有限公司	上海	838128	30038	671929	317135	7343
276	天津国际民众控股有限公司	天津	826373	20301	760261	181537	717
277	广发证券股份有限公司	广东	820754	281250	11734900	3465012	9230
278	无锡市国联发展（集团）有限公司	江苏	817285	99029	4461277	1430904	7161
279	青岛农村商业银行股份有限公司	山东	813708	165298	12618156		5119

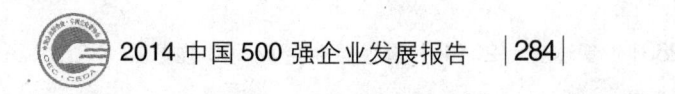

名次	企业名称	地区	营业收入（万元）	净利润（万元）	资产（万元）	所有者权益（万元）	从业人数
280	宁波轿辰集团股份有限公司	浙江	810124	6	337738	69239	3500
281	重庆中汽西南汽车（集团）有限公司	重庆	809910	11927	301140	93104	2870
282	利泰集团有限公司	广东	807779	11613	318782	111950	4501
283	天津市丽兴京津钢铁贸易有限公司	天津	806571	1692	215920	68566	483
284	睿恒科技装备集团有限公司	北京	805494	5691	156054	51733	320
285	河北怀特集团股份有限公司	河北	792336	52364	1392845	793627	9520
286	湖南省新华书店有限责任公司	湖南	787732	60167	514878	236127	7328
287	华融湘江银行股份有限公司	湖南	773865	151570	14810770	937268	3074
288	万向三农集团有限公司	浙江	773197	112021	2547218	585225	3010
289	唯品会（中国）有限公司	广东	766836	9095	330654		2594
290	天津金元宝商厦集团有限公司	天津	755550	2046	148765	24912	1300
291	广西北部湾投资集团有限公司	广西	755131	42842	3145781	1364275	2584
292	安徽省交通投资集团有限责任公司	安徽	748654	45778	6343598	2000469	14453
293	中国银河证券股份有限公司	北京	748231	213525	7828437	2517483	8772
294	厦门禹洲集团股份有限公司	福建	747061	147122	2736232	736163	2006
295	四川富临实业集团有限公司	四川	745379	18407	1007881	253698	9216
296	天津市交通（集团）有限公司	天津	742600	8764	462564	159751	14094
297	吉林粮食集团有限公司	吉林	742594	3526	995618	195332	5789
298	庆丰农业生产资料集团有限责任公司	黑龙江	741878	5024	626534	43570	1276
299	新疆维吾尔自治区棉麻公司	新疆	741412	720	794465	43623	6494
300	泰德煤网股份有限公司	辽宁	731482	5513	277678	63996	392
301	上海百营钢铁集团有限公司	上海	729387	21389	277287	151379	528
302	山西大昌汽车集团有限公司	山西	726315	16243	269548	142558	2600
303	中原出版传媒投资控股集团有限公司	河南	722785	49404	1017189	462797	17954
304	天津贻成集团有限公司	天津	720160	63318	2641995	799611	2720
305	浙江出版联合集团有限公司	浙江	714838	73711	1359549	820550	8619
306	河北省新合作控股集团有限公司	河北	714362	6678	698726	163488	1550
307	广西北部湾银行股份有限公司	广西	706825	25481	9158941	742003	2514
308	苏州国信集团有限公司	江苏	705640	10544	547771	19434	320
309	张家港保税区荣德贸易有限公司	江苏	701625	6902	83740	53546	92
310	宁波滕头集团有限公司	浙江	700895	18775	292701	57742	12580
311	荣安集团股份有限公司	浙江	694184	68339	1202511	493800	698
312	武汉经济发展投资（集团）有限公司	湖北	690627	22455	2807963	419482	3813
313	厦门翔业集团有限公司	福建	690349	40378	1477198	426544	11165
314	重庆市锦天投资控股有限公司	重庆	689660	47528	715941	315888	2696

名次	企业名称	地区	营业收入（万元）	净利润（万元）	资产（万元）	所有者权益（万元）	从业人数
315	武汉农村商业银行股份有限公司	湖北	689186	204196	13032208	1192084	3788
316	湖南友谊阿波罗控股股份有限公司	湖南	678626	20510	915045	152665	3403
317	浙江省农村发展集团有限公司	浙江	677944	11523	854035	75694	1537
318	江阴长三角钢铁集团有限公司	江苏	672072	47045	120785	28022	330
319	重庆华宇物业（集团）有限公司	重庆	668544	129676	2545026	1135484	6429
320	上海顺朝企业发展集团有限公司	上海	668474	1196	63706	23187	120
321	日出实业集团有限公司	浙江	665906	2052	135885	18214	225
322	广州港集团有限公司	广东	663987	75497	2415479	846850	10900
323	中国免税品（集团）有限责任公司	北京	663469	121580	819298	635753	4335
324	银川新华百货商业集团股份有限公司	宁夏	660496	20136	396491	154680	18000
325	青岛银行股份有限公司	山东	658793	114191	13568937	820515	2125
326	联发集团有限公司	福建	658749	92319	2262087	477483	827
327	江苏恒大置业投资发展有限公司	江苏	658000				
328	山东机械进出口集团有限公司	山东	656616	5854	283184		328
329	新疆生产建设兵团第一师棉麻有限责任公司	新疆	639674	5743	393267	8026	52
330	安徽亚夏实业股份有限公司	安徽	639140	12567	401171	105804	3667
331	新疆农资（集团）有限责任公司	新疆	633945	3817	437262	109760	1698
332	厦门经济特区房地产开发集团有限公司	福建	632522	37340	1521507	345230	10800
333	青海省物资产业集团总公司	青海	632467	6722	281405	78100	1739
334	青岛佐德国际贸易有限公司	山东	615787	1499	174165	13921	47
335	安徽省盐业总公司	安徽	610860	19168	607234	155217	4404
336	厦门夏商集团有限公司	福建	603109	19265	660479	197866	6338
337	邯郸市阳光百货集团总公司	河北	602000	3881	281109	24296	24000
338	吉峰农机连锁股份有限公司	四川	595377	-14413	38538	46785	3345
339	波鸿集团有限公司	四川	591714	22766	707669	276474	5800
340	开元旅业集团有限公司	浙江	591241	66802	1919753	346080	22490
341	广州市水务投资集团有限公司	广东	590646	-92771	7706368	2491014	8178
342	上海闵熙投资控股集团有限公司	上海	587819	8115	165501		126
343	重庆银行股份有限公司	重庆	582209	232927	20678702	1347927	3307
344	中国海诚工程科技股份有限公司	上海	575809	15947	338333	70974	4911
345	北京北辰实业集团有限责任公司	北京	573969	33001	3404922	588887	5930
346	山西汽车运输集团有限公司	山西	572443	2342	598702	167843	15129
347	四川省开元集团有限公司	四川	571244	6398	253359	67469	
348	武汉工贸有限公司	湖北	563629	21554	370011	78207	3116
349	龙江银行股份有限公司	黑龙江	561752	183007	17196891	1050931	5131

名次	企业名称	地区	营业收入（万元）	净利润（万元）	资产（万元）	所有者权益（万元）	从业人数
350	江苏省粮食集团有限责任公司	江苏	560470	4245	344337	108401	1078
351	广东省广告股份有限公司	广东	559090	28756	309051	149576	2551
352	天津恒运能源股份有限公司	天津	558890	7906	215131	73029	600
353	浙江凯喜雅国际股份有限公司	浙江	557856	3236	368841	64690	239
354	山西美特好连锁超市股份有限公司	山西	557142	6063	363300	43676	13755
355	四川新华发行集团有限公司	四川	554241	36297	1139629	448309	10903
356	鹭燕（福建）药业股份有限公司	福建	551897	10840	282393	55278	1978
357	蓝池集团有限公司	河北	549323	11111	328350	152227	4100
358	四川省能源投资集团有限责任公司	四川	546064	-3189	4058883	785737	10974
359	南京大地建设集团有限责任公司	江苏	544168	5344	231120	69757	1068
360	浙江大华技术股份有限公司	浙江	541009	113092	602751	416858	4609
361	天津海泰控股集团有限公司	天津	538277	-18987	3301132	507032	2870
362	新疆前海集团公司	新疆	538206	2965	629383	10121	614
363	天津市自来水集团有限公司	天津	536145	-29696	2130808	422751	5718
364	湖南兰天集团有限公司	湖南	532130	1742	151266		2100
365	万合集团股份有限公司	河北	523960	9031	296100	42356	7260
366	河北省农业生产资料有限公司	河北	523660	6172	308580	46499	501
367	广州中大控股有限公司	广东	521905	18576	404359		2220
368	浙大网新科技股份有限公司	浙江	520524	3620	497895	182276	5717
369	浙江万丰企业集团公司	浙江	517027	3572	292599	65774	2275
370	银江科技集团有限公司	浙江	516782	6806	615866	20125	1469
371	上海闽路润贸易有限公司	上海	514360	2840	222507	18625	100
372	广州市地下铁道总公司	广东	512690	5538	14211236	7753980	20120
373	宁波海田控股集团有限公司	浙江	512100	2609	84219		206
374	宁波伟立投资集团有限公司	浙江	511689	5270	212536		664
375	武汉商贸国有控股集团有限公司	湖北	506250	9471	931218	125348	2560
376	广州佳都集团有限公司	广东	505558	20693	520453	71594	2800
377	青岛维客集团股份有限公司	山东	503800	2239	203450	44843	2633
378	厦门市嘉晟对外贸易有限公司	福建	500887	3727	773779	21398	159
379	重庆百事达汽车有限公司	重庆	499595	6567	114387	29914	2150
380	天津劝业华联集团有限公司	天津	498506	1513	253879	110090	1856
381	河南蓝天集团有限公司	河南	497463	7941	683473	94749	2322
382	北京东方园林股份有限公司	北京	497364	88939	1199953	512536	3020
383	中国天津国际经济技术合作集团公司	天津	492927	8055	500929	104713	729
384	上海临港经济发展（集团）有限公司	上海	492226	2632	5185019	794262	2357

名次	企业名称	地区	营业收入（万元）	净利润（万元）	资产（万元）	所有者权益（万元）	从业人数
385	洛阳银行股份有限公司	河南	492125	141952	9772729	716970	1749
386	万事利集团有限公司	浙江	482545	12099	449036	107136	2070
387	厦门新景地集团有限公司	福建	482505	90400	698649	419570	121
388	祥生实业集团有限公司	浙江	472740	39459	1557533	477951	1634
389	重庆华轻商业有限公司	重庆	470790	1649	91825	30117	340
390	四川华油集团有限责任公司	四川	467281	29582	453325	139158	3460
391	桂林银行股份有限公司	广西	462331	93412	10405185	474578	2092
392	云南出版集团有限责任公司	云南	461675	26770	524992	282522	5850
393	宁夏银行股份有限公司	宁夏	461177	132954	7968295	743542	2499
394	青岛利客来集团股份有限公司	山东	460059	2728	208128	61900	1818
395	大连金玛商城企业集团有限公司	辽宁	459923	29755	466092	199086	1000
396	嘉兴良友进出口集团股份有限公司	浙江	456547	1145	120769	22984	513
397	唐山港集团股份有限公司	河北	454992	88758	1280056	599722	3100
398	浙江海越股份有限公司	浙江	453278	6294	683844	112030	394
399	中国民航信息集团公司	北京	451028	43705	1431703	425010	4926
400	天津渤海润德钢铁集团有限公司	天津	450188	3429	113233	37556	260
401	上海尚友实业集团有限公司	上海	448450	2651	27922	22190	87
402	厦门华澄集团有限公司	福建	448315	13389	249217		389
403	天津滨海农村商业银行股份有限公司	天津	446003	91164	8794192	652610	1682
404	厦门恒兴集团有限公司	福建	443278	5791	958783	350267	173
405	中国河南国际合作集团有限公司	河南	440365	19893	260809	82457	893
406	广西西江开发投资集团有限公司	广西	439530	16220	1623843	633589	2465
407	上海丝绸集团股份有限公司	上海	439527	10293	154743	54326	579
408	天津三和众诚石油制品销售有限公司	天津	438154	2634	114847	180297	108
409	山西宝力金属材料集团有限公司	山西	432762	10501	265850	243074	780
410	长沙通程控股股份有限公司	湖南	430744	15173	381494	177336	17789
411	中国对外贸易中心（集团）	广东	427064	203010	2258314	1958223	1846
412	上海金开利集团有限公司	上海	426650	92386	263479	129037	3000
413	江苏江阴农村商业银行股份有限公司	江苏	424449	100235	7600602	556181	1091
414	九禾股份有限公司	重庆	422961	969	247245	17755	804
415	宁波宁兴房地产开发集团有限公司	浙江	419333	11472	643557	144882	115
416	苏州汽车客运集团有限公司	江苏	418440	38258	796883	265435	18821
417	新疆银隆农业国际合作股份有限公司	新疆	418364	14760	237070	50172	880
418	常州市化工轻工材料总公司	江苏	415836	1350	51768	21528	125
419	赛鼎工程有限公司	山西	415541	34883	501389	123417	1545

名次	企业名称	地区	营业收入（万元）	净利润（万元）	资产（万元）	所有者权益（万元）	从业人数
420	上海华通机电（集团）有限公司	上海	412276	29226	127780	42148	
421	宁波市绿顺集团股份有限公司	浙江	411807	1975	77613	27323	326
422	武汉市燃气热力集团有限公司	湖北	410635	13300	661006	158801	4464
423	潮州华丰集团股份有限公司	广东	409703	3654	169272	28583	328
424	广州友谊集团股份有限公司	广东	409205	30889	360800	209053	1611
425	上海强生控股股份有限公司	上海	405526	17005	630228	297557	31152
426	宁波医药股份有限公司	浙江	400316	5190	158483	46889	266
427	安徽国祯集团股份有限公司	安徽	400003	7321	549183	76704	2575
428	张家港福洛瑞物贸有限公司	江苏	396783	476	61040		29
429	华茂集团股份有限公司	浙江	395837	15697	933425	325928	2616
430	无锡市交通产业集团有限公司	江苏	392724	94918	2746564	1237933	11860
431	雄风集团有限公司	浙江	392707	3585	236634	69993	6400
432	江西赣粤高速公路股份有限公司	江西	391331	65368	2811921	1142705	3816
433	广州广之旅国际旅行社股份有限公司	广东	390484	3955	133066	12472	2219
434	中国大连国际经济技术合作集团有限公司	辽宁	389279	9215	1041902	68844	2238
435	青岛能源集团有限公司	山东	388992	-9714	1049203	357473	4148
436	上海大众公用事业（集团）股份有限公司	上海	387409	27902	1076014	394661	23956
437	福建省福农农资集团有限公司	福建	376165	2262	279389	39397	410
438	上海外经集团控股有限公司	上海	375249	6522	417127	38351	1001
439	交运集团公司	山东	374190	1419	452103	97278	15000
440	上海强劲产业发展投资股份有限公司	上海	373879	3982	67964	41453	75
441	广东省航运集团有限公司	广东	372604	20689	787429		4607
442	全洲药业集团有限公司	湖南	368589	14556	196190	81803	1160
443	广州凯得控股有限公司	广东	366455	19738	2946454	1053187	1750
444	张家口市商业银行股份有限公司	河北	365774	102016	6663691	388913	1406
445	广东省广播电视网络股份有限公司	广东	365119	35090	1509038	1098709	7751
446	上海恒升企业（集团）有限公司	上海	364909	227	226020	68168	1068
447	上海东方明珠（集团）股份有限公司	上海	362642	68432	1420692	762567	1642
448	长江勘测规划设计研究院	湖北	362508	8998	615583	70821	2944
449	四川安吉物流集团有限公司	四川	360954	4381	127781	108392	1287
450	湖州市浙北大厦有限责任公司	浙江	357216	7847	506976	157897	2675
451	天津二商集团有限公司	天津	352595	3998	426399	137512	3886
452	东冠集团有限公司	浙江	348647	12893	706820	186075	1756
453	厦门嘉联恒进出口有限公司	福建	348506	252	128137		70
454	中兴-沈阳商业大厦（集团）股份有限公司	辽宁	347951	10664	220180	127241	2940

名次	企业名称	地区	营业收入（万元）	净利润（万元）	资产（万元）	所有者权益（万元）	从业人数
455	方正证券股份有限公司	湖南	344154	110563	3659836	1545949	4373
456	江苏吴江农村商业银行股份有限公司	江苏	344026	96451	6248347	543526	1079
457	安徽省旅游集团有限责任公司	安徽	341081	11413	915625	79929	3155
458	上海亚东国际货运有限公司	上海	340513	324	120909	21158	1520
459	浙江华联商厦有限公司	浙江	337575	7004	125041	23085	5135
460	浙江省医药工业有限公司	浙江	332940	3316	111565	39625	208
461	河北保百集团有限公司	河北	330500	4690	120603	23376	6371
462	华星北方汽车贸易有限公司	天津	329493	1930	124751	15827	1209
463	赣州银行股份有限公司	江西	327103	97790	6684498	461934	1996
464	武汉地产开发投资集团有限公司	湖北	324752	32344	5378404	1690369	456
465	大众交通（集团）股份有限公司	上海	316276	40821	1017386	552343	21005
466	厦门源昌集团有限公司	福建	315513	18126	630334	251102	105
467	快乐购物股份有限公司	湖南	314988	18488	139716	85777	2117
468	重庆河东控股（集团）有限公司	重庆	314286	10942	152628	51357	264
469	厦门海澳集团有限公司	福建	314172	4158	117992		170
470	广西富满地农资股份有限公司	广西	311500	4753	119795	31197	158
471	浙江供销超市有限公司	浙江	310102	5163	73090		1719
472	加贝物流股份有限公司	浙江	306875	4992	77108	33473	5012
473	厦门华融集团有限公司	福建	304444	256	335756	70631	100
474	天津市公共交通集团（控股）有限公司	天津	303702	-53056	614404	175899	18035
475	广西金融投资集团有限公司	广西	302789	29034	2628791	613678	1620
476	武汉有色金属投资有限公司	湖北	302501	-1966	97320	15238	68
477	重庆市新大兴实业（集团）有限公司	重庆	299505	1472	68646	23226	3946
478	厦门市明穗粮油贸易有限公司	福建	298829	625	102354		63
479	厦门住宅建设集团有限公司	福建	298350	32167	1887153	385475	
480	话机世界数码连锁集团股份有限公司	浙江	294992	2669	100219	21375	2903
481	厦门盛元集团	福建	293361	2633	105949	27691	1124
482	宁波萌恒工贸有限公司	浙江	291226	2850	202590	65002	3376
483	南宁百货大楼股份有限公司	广西	289511	1696	218919	107125	1202
484	安徽文峰置业有限公司	安徽	284327	25321	532807	123261	387
485	广东南方报业传媒集团有限公司	广东	284213	15086	443936	175408	6475
486	山西华宇集团有限公司	山西	282769	3183	812770	356412	10500
487	华天实业控股集团有限公司	湖南	282574	7624	915993	119665	10254
488	宁波联合集团股份有限公司	浙江	282346	6003	772991	177819	743
489	浙江省经协集团有限公司	浙江	282158	7580	234850	32203	198

名次	企业名称	地区	营业收入（万元）	净利润（万元）	资产（万元）	所有者权益（万元）	从业人数
490	广州红海人力资源集团股份有限公司	广东	279876	390	20550	7706	205
491	心连心集团有限公司	湖南	272831	4292	123492	32138	8000
492	上海三湘（集团）有限公司	上海	272278	48025	613781	185120	101
493	民生轮船股份有限公司	重庆	270059	8903	202468	95668	2051
494	广州华新集团有限公司	广东	269883	4988	421117	102146	5945
495	上海埃圣玛金属科技集团有限公司	上海	268242	796	117901	19601	306
496	国宏电气集团股份有限公司	浙江	266755	3730	38728	12055	535
497	重庆市黔龙实业（集团）有限责任公司	重庆	266065	15192	373328	124428	2080
498	安徽广电传媒产业集团	安徽	264141	8883	465101	73437	4761
499	江苏金一文化发展有限公司	江苏	262899	11410	122600	29976	490
500	青海银行股份有限公司	青海	261330	90952	4917295	432530	1236
合计			2355821091	178318253	14762440757	1383475385	12095905

说　明

1. 2014 中国服务业企业 500 强是中国企业联合会、中国企业家协会参照国际惯例，组织企业自愿申报，并经专家审定确认后产生的。申报企业包括在中国境内注册、2013 年完成营业收入达到 15 亿元（人民币）以上（含 15 亿元）的企业，不包括行政性公司和资产经营公司，不包括在华外资、港澳台独资、控股企业；也不包括行政性公司、政企合一的单位（如铁路局）以及各类资产经营公司，但包括在境外注册、投资主体为中国自然人或法人、主要业务在境内，属于我国银监会、保监会和各级国资委监管的企业，都有资格申报参加排序。属于集团公司的控股子公司或相对控股子公司，由于其财务报表最后能被合并到集团母公司的财务会计报表中去，因此只允许其母公司申报。

2. 表中所列数据由企业自愿申报或属于上市公司公开数据、并经会计师事务所或审计师事务所等单位认可。

3. 营业收入是 2013 年不含增值税的收入，包括企业的所有收入，即主营业务和非主营业务、境内和境外的收入。商业银行的营业收入为 2013 年利息收入和非利息营业收入之和（不减掉对应的支出）。保险公司的营业收入是 2013 年保险费和年金收入扣除储蓄的资本收益或损失。净利润是 2013 年上交所得税的净利润扣除少数股东权益后的归属母公司所有者的净利润。资产是 2013 年度末的资产总额。归属母公司所有者权益是 2013 年末所有者权益总额扣除少数股东权益后的母公司所有者权益。研究开发费用是 2013 年企业投入研究开发的所有费用。从业人数是 2013 年度的平均人数（含所有被合并报表企业的人数）。

4. 行业分类参照了国家统计局的分类方法，依据其主营业务收入所在行业来划分；地区分类是按企业总部所在地划分。

表 10-2　　2014 中国服务业企业 500 强各行业企业分布

排名	企业名称	营业收入（万元）	排名	企业名称	营业收入（万元）
能源（电、热、燃气等能）供应、开发、减排及再循环服务业			12	苏州汽车客运集团有限公司	418440
1	国家电网公司	204980014	13	上海强生控股股份有限公司	405526
2	中国南方电网有限责任公司	44697219	14	江西赣粤高速公路股份有限公司	391331
3	浙江省能源集团有限公司	7753973	15	交运集团公司	374190
4	北京能源投资（集团）有限公司	3443472	16	大众交通（集团）股份有限公司	316276
5	申能（集团）有限公司	3177296	17	天津市公共交通集团（控股）有限公司	303702
6	山西省国新能源发展集团有限公司	3155430		合计	18801832
7	天津能源投资集团有限公司	2741100			
8	福建省能源集团有限责任公司	2430000	水上运输业		
9	新奥能源控股有限公司	2296600	1	中国远洋运输（集团）总公司	16481142
10	广州发展集团股份有限公司	1662845	2	中国海运（集团）总公司	6826053
11	安徽省能源集团有限公司	1458387	3	广东省航运集团有限公司	372604
12	东华能源股份有限公司	939755	4	民生轮船股份有限公司	270059
13	广西水利电业集团有限公司	860544		合计	23949858
14	深圳市燃气集团股份有限公司	857455			
15	无锡市国联发展（集团）有限公司	817285	港口服务业		
16	四川省能源投资集团有限责任公司	546064	1	广西北部湾国际港务集团有限公司	4510003
17	四川华油集团有限责任公司	467281	2	天津港（集团）有限公司	2834328
18	浙江海越股份有限公司	453278	3	上海国际港务（集团）股份有限公司	2816230
19	武汉市燃气热力集团有限公司	410635	4	日照港集团有限公司	2005367
20	潮州华丰集团股份有限公司	409703	5	河北港口集团有限公司	1468157
21	安徽国祯集团股份有限公司	400003	6	大连港集团有限公司	923047
22	青岛能源集团有限公司	388992	7	营口港务集团有限公司	915185
23	上海大众公用事业（集团）股份有限公司	387409	8	广州港集团有限公司	663987
	合计	284734740	9	唐山港集团股份有限公司	454992
				合计	16591296
铁路运输及辅助服务业					
1	中国铁路物资股份有限公司	16693891	航空运输及相关服务业		
2	中铁集装箱运输有限责任公司	951035	1	海航集团有限公司	11556538
	合计	17644926	2	中国航空集团公司	9981399
			3	中国南方航空集团公司	9941148
陆路运输、城市公交、道路及交通辅助等服务业			4	中国东方航空集团公司	9118428
1	山东高速集团有限公司	4184385	5	四川航空股份有限公司	1570726
2	广东省交通集团有限公司	2977088	6	山东航空集团有限公司	1183120
3	浙江省交通投资集团有限公司	2811102		合计	43351359
4	安徽省高速公路控股集团有限公司	1579912			
5	重庆交通运输控股（集团）有限公司	1101405	航空港及相关服务业		
6	上海交运集团股份有限公司	838128	1	上海机场（集团）有限公司	968064
7	安徽省交通投资集团有限责任公司	748654	2	厦门翔业集团有限公司	690349
8	天津市交通（集团）有限公司	742600	3	中国民航信息集团公司	451028
9	山西汽车运输集团有限公司	572443		合计	2109441
10	万合集团股份有限公司	523960			
11	广州市地下铁道总公司	512690	电信、邮寄、速递等服务业		

排名	企业名称	营业收入（万元）	排名	企业名称	营业收入（万元）
1	中国移动通信集团公司	66186053	10	天津恒运能源股份有限公司	558890
2	中国电信集团公司	38148967	11	天津三和众诚石油制品销售有限公司	438154
3	中国邮政集团公司	36253897	12	厦门海澳集团有限公司	314172
4	中国联合网络通信集团有限公司	30470065		合计	77741578
	合计	171058982			

排名	企业名称	营业收入（万元）
	软件、程序、计算机应用、网络工程等计算机、微电子服务业	
1	三胞集团有限公司	6546007
2	浪潮集团有限公司	4510533
3	广州无线电集团有限公司	1008939
4	浙江大华技术股份有限公司	541009
5	浙大网新科技股份有限公司	520524
	合计	13127012

排名	企业名称	营业收入（万元）
	化工产品及医药内外商贸批发业	
1	中国中化集团公司	46690480
2	巨力环球控股有限公司	2387378
3	南通化工轻工股份有限公司	2017586
4	宁波神化化学品经营有限责任公司	1756332
5	日出实业集团有限公司	665906
6	河南蓝天集团有限公司	497463
	合计	54015145

排名	企业名称	营业收入（万元）
	物流、仓储、运输、配送服务业	
1	厦门建发集团有限公司	10466368
2	中国外运长航集团有限公司	9674900
3	中国诚通控股集团有限公司	7740561
4	玖隆钢铁物流有限公司	6619737
5	河北省物流产业集团有限公司	5803130
6	厦门象屿集团有限公司	3924702
7	腾邦投资控股有限公司	3393609
8	山西能源交通投资有限公司	2437883
9	广西交通投资集团有限公司	2375798
10	福建省交通运输集团有限责任公司	1864098
11	云南物流产业集团有限公司	1056893
12	重庆港务物流集团有限公司	890093
13	新疆维吾尔自治区棉麻公司	741412
14	青海省物资产业集团总公司	632467
15	武汉商贸国有控股集团有限公司	506250
16	四川安吉物流集团有限公司	360954
17	上海亚东国际货运有限公司	340513
18	广州华新集团有限公司	269883
	合计	59099251

排名	企业名称	营业收入（万元）
	机电、电子产品内外商贸及批发业	
1	中国通用技术（集团）控股有限责任公司	15802681
2	广东省广新控股集团有限公司	6906822
3	宁波市慈溪进出口股份有限公司	879599
4	广州佳都集团有限公司	505558
5	上海金开利集团有限公司	426650
6	上海华通机电（集团）有限公司	412276
7	厦门嘉联恒进出口有限公司	348506
8	国宏电气集团股份有限公司	266755
	合计	25548847

排名	企业名称	营业收入（万元）
	生活消费品（家用、文体、玩具、工艺品、珠宝等）内外批发及商贸业	
1	浙江省国际贸易集团有限公司	5121380
2	中国中纺集团公司	4678239
3	广东省丝绸纺织集团有限公司	3969228
4	江苏国泰国际集团有限公司	3712896
5	广州轻工工贸集团有限公司	2830246
6	安徽国贸集团控股有限公司	2670779
7	江苏省苏豪控股集团有限公司	2034202
8	新华锦集团	1628378
9	四川省烟草公司成都市公司	1447924
10	广州纺织工贸企业集团有限公司	1373268
11	太平鸟集团有限公司	1057219
12	湖北银丰实业集团有限责任公司	939809
13	浙江华瑞集团有限公司	882843
14	中国免税品（集团）有限责任公司	663469
15	浙江凯喜雅国际股份有限公司	557856
16	厦门市嘉晟对外贸易有限公司	500887
17	万事利集团有限公司	482545
18	上海丝绸集团股份有限公司	439527

排名	企业名称	营业收入（万元）
	矿产、能源内外商贸批发业	
1	晋能有限责任公司	22801762
2	中国航空油料集团公司	22581763
3	山西煤炭进出口集团有限公司	12726860
4	珠海振戎公司	6963072
5	南方石化集团有限公司	5743393
6	中球冠集团有限公司	2513618
7	广州元亨能源有限公司	1752625
8	泰德煤网股份有限公司	731482
9	青岛佐德国际贸易有限公司	615787

排名	企业名称	营业收入（万元）	排名	企业名称	营业收入（万元）
19	厦门华融集团有限公司	304444	23	广西富满地农资股份有限公司	311500
	合计	35295139		合计	92608813

排名	企业名称	营业收入（万元）	排名	企业名称	营业收入（万元）
\multicolumn{3}{l}{粮油食品及农林、土畜、果蔬、水产品等内外商贸批发、零售业}	\multicolumn{3}{l}{金属内外贸易及加工、配送、批发零售业}

排名	企业名称	营业收入（万元）	排名	企业名称	营业收入（万元）
1	中粮集团有限公司	18905157	1	广东振戎能源有限公司	9783531
2	新疆生产建设兵团棉麻公司	3194501	2	大汉控股集团有限公司	2915493
3	北京粮食集团有限责任公司	2102087	3	丰立集团有限公司	2760240
4	安徽安粮控股股份有限公司	1439051	4	张家港保税区旭江贸易有限公司	2712108
5	新疆西部银力棉业（集团）有限责任公司	1088883	5	上海均和集团有限公司	2000807
6	万向三农集团有限公司	773197	6	华南物资集团有限公司	1648714
7	吉林粮食集团有限公司	742594	7	青岛世纪瑞丰国际贸易有限公司	1215517
8	浙江省农村发展集团有限公司	677944	8	天津立业钢铁集团有限公司	1016411
9	新疆生产建设兵团第一师棉麻有限责任公司	639674	9	天津市丽兴京津钢铁贸易有限公司	806571
10	安徽省盐业总公司	610860	10	上海百营钢铁集团有限公司	729387
11	厦门夏商集团有限公司	603109	11	张家港保税区荣德贸易有限公司	701625
12	江苏省粮食集团有限责任公司	560470	12	江阴长三角钢铁集团有限公司	672072
13	新疆前海集团公司	538206	13	上海顺朝企业发展集团有限公司	668474
14	新疆银隆农业国际合作股份有限公司	418364	14	上海闽路润贸易有限公司	514360
15	宁波市绿顺集团股份有限公司	411807	15	天津渤海润德钢铁集团有限公司	450188
16	厦门市明穗粮油贸易有限公司	298829	16	上海尚友实业集团有限公司	448450
	合计	33004733	17	山西宝力金属材料集团有限公司	432762
			18	张家港福洛瑞物贸有限公司	396783
\multicolumn{3}{l}{生产资料内外贸易批发、零售业}	19	上海强劲产业发展投资股份有限公司	373879
1	天津物产集团有限公司	33793983	20	重庆河东控股（集团）有限公司	314286
2	浙江省物产集团公司	21212481	21	武汉有色金属投资有限公司	302501
3	广东物资集团公司	10927656	22	上海埃圣玛金属科技集团有限公司	268242
4	安徽省徽商集团有限公司	6161577	23	江苏金一文化发展有限公司	262899
5	江苏汇鸿国际集团有限公司	4852703		合计	31395300
6	大棒集团有限公司	2740206			
7	安徽辉隆农资集团	1557105	\multicolumn{3}{l}{综合性内外商贸及批发、零售业}
8	黑龙江倍丰农业生产资料集团有限公司	1275172	1	厦门国贸控股有限公司	8163458
9	重庆对外经贸（集团）有限公司	1271361	2	浙江省兴合集团公司	7003607
10	张家港百维物贸有限公司	1227900	3	远大物产集团有限公司	4519400
11	浙江建华集团有限公司	1020611	4	中基宁波集团股份有限公司	2759217
12	厦门路桥工程物资有限公司	953915	5	广州金创利经贸有限公司	2675130
13	庆丰农业生产资料集团有限责任公司	741878	6	东方国际（集团）有限公司	2003305
14	山东机械进出口集团有限公司	656616	7	广西物资集团有限责任公司	1516606
15	新疆农资（集团）有限责任公司	633945	8	欧美投资集团有限公司	1513594
16	吉峰农机连锁股份有限公司	595377	9	宁波君安物产有限公司	952214
17	河北省农业生产资料有限公司	523660	10	北方国际集团有限公司	941548
18	中国天津国际经济技术合作集团公司	492927	11	睿恒科技装备集团有限公司	805494
19	厦门恒兴集团有限公司	443278	12	浙江万丰企业集团公司	517027
20	九禾股份有限公司	422961	13	宁波海田控股集团有限公司	512100
21	常州市化工轻工材料总公司	415836	14	嘉兴良友进出口集团股份有限公司	456547
22	福建省福农农资集团有限公司	376165	15	上海外经集团控股有限公司	375249

排名	企业名称	营业收入（万元）	排名	企业名称	营业收入（万元）
16	宁波萌恒工贸有限公司	291226	8	浙江省医药工业有限公司	332940
	合计	35005722		合计	28435783

排名	企业名称	营业收入（万元）	排名	企业名称	营业收入（万元）
汽车和摩托车商贸、维修保养及租赁业			**商业零售业及连锁超市**		
1	庞大汽贸集团股份有限公司	6398528	1	百联集团有限公司	16391646
2	中升集团控股有限公司	5252738	2	大商集团有限公司	15041856
3	上海永达控股（集团）有限公司	3326267	3	山东省商业集团有限公司	7449205
4	北京祥龙博瑞汽车服务（集团）有限公司	1349508	4	重庆商社（集团）有限公司	5065631
5	山东远通汽车贸易集团有限公司	1253109	5	浙江省商业集团有限公司	4573114
6	河北省国和汽车投资有限公司	1215682	6	天津一商集团有限公司	4045218
7	浙江康桥汽车工贸集团股份有限公司	1155626	7	合肥百货大楼集团股份有限公司	3520000
8	润华集团股份有限公司	1095493	8	永辉超市股份有限公司	3054282
9	上海申华控股股份有限公司	920583	9	石家庄北国人百集团有限责任公司	3016801
10	成都建国汽车贸易有限公司	861302	10	长春欧亚集团股份有限公司	2827826
11	天津国际民众控股有限公司	826373	11	利群集团股份有限公司	2286202
12	宁波轿辰集团股份有限公司	810124	12	北京王府井百货（集团）股份有限公司	1978990
13	重庆中汽西南汽车（集团）有限公司	809910	13	银泰商业（集团）有限公司	1898071
14	利泰集团有限公司	807779	14	淄博商厦股份有限公司	1520075
15	山西大昌汽车集团有限公司	726315	15	杭州联华华商集团有限公司	1417739
16	安徽亚夏实业股份有限公司	639140	16	浙江宝利德控股集团有限公司	1273998
17	波鸿集团有限公司	591714	17	月星集团有限公司	1180395
18	蓝池集团有限公司	549323	18	广州百货企业集团有限公司	1173597
19	湖南兰天集团有限公司	532130	19	北京菜市口百货股份有限公司	1156673
20	重庆百事达汽车有限公司	499595	20	新疆友好（集团）股份有限公司	960186
21	华星北方汽车贸易有限公司	329493	21	唐山百货大楼集团有限责任公司	938318
	合计	29950732	22	无锡商业大厦大东方股份有限公司	889887
			23	上海新世界（集团）有限公司	859151
电器商贸批发、零售业			24	河北怀特集团有限公司	792336
1	苏宁控股集团	27981265	25	天津金元宝商厦集团有限公司	755550
2	国美电器有限公司	13334000	26	河北省新合作控股集团有限公司	714362
3	深圳市爱施德股份有限公司	4024348	27	湖南友谊阿波罗控股股份有限公司	678626
4	天音通信有限公司	2918098	28	银川新华百货商业集团有限公司	660496
5	武汉工贸有限公司	563629	29	江苏恒大置业投资发展有限公司	658000
6	话机世界数码连锁集团股份有限公司	294992	30	邯郸市阳光百货集团总公司	602000
7	厦门盛元集团	293361	31	山西美特好连锁超市股份有限公司	557142
	合计	49409693	32	青岛维客集团股份有限公司	503800
			33	天津劝业华联集团有限公司	498506
医药专营批发、零售业			34	重庆华轻商业有限公司	470790
1	中国医药集团总公司	20456769	35	青岛利客来集团股份有限公司	460059
2	九州通医药集团股份有限公司	3343805	36	大连金玛商城企业集团有限公司	459923
3	重庆医药（集团）股份有限公司	1744538	37	长沙通程控股股份有限公司	430744
4	浙江英特药业有限责任公司	1236929	38	广州友谊集团有限公司	409205
5	鹭燕（福建）药业股份有限公司	551897	39	雄风集团有限公司	392707
6	宁波医药股份有限公司	400316	40	湖州市浙北大厦有限责任公司	357216
7	全洲药业集团有限公司	368589	41	天津二商集团有限公司	352595

排名	企业名称	营业收入（万元）	排名	企业名称	营业收入（万元）
42	中兴-沈阳商业大厦（集团）股份有限公司	347951	28	青岛农村商业银行股份有限公司	813708
43	浙江华联商厦有限公司	337575	29	华融湘江银行股份有限公司	773865
44	河北保百集团有限公司	330500	30	广西北部湾银行股份有限公司	706825
45	快乐购物股份有限公司	314988	31	武汉农村商业银行股份有限公司	689186
46	浙江供销超市有限公司	310102	32	青岛银行股份有限公司	658793
47	加贝物流股份有限公司	306875	33	重庆银行股份有限公司	582209
48	重庆市新大兴实业（集团）有限公司	299505	34	龙江银行股份有限公司	561752
49	南宁百货大楼股份有限公司	289511	35	洛阳银行股份有限公司	492125
50	山西华宇集团有限公司	282769	36	桂林银行股份有限公司	462331
51	心连心集团有限公司	272831	37	宁夏银行股份有限公司	461177
	合计	95365525	38	天津滨海农村商业银行股份有限公司	446003
			39	江苏江阴农村商业银行股份有限公司	424449
家具、家居专营批发、零售业			40	张家口市商业银行股份有限公司	365774
1	北京物美商业集团股份有限公司	1698817	41	江苏吴江农村商业银行股份有限公司	344026
2	人人乐连锁商业集团股份有限公司	1271646	42	赣州银行股份有限公司	327103
	合计	2970463	43	青海银行股份有限公司	261330
				合计	540347470
银行业					
1	中国工商银行股份有限公司	92563700	人寿保险业		
2	中国建设银行股份有限公司	77099800	1	中国人寿保险（集团）公司	49746478
3	中国农业银行股份有限公司	70633300	2	新华人寿保险股份有限公司	12959400
4	中国银行股份有限公司	64941100	3	泰康人寿保险股份有限公司	8410321
5	国家开发银行	43895400	4	太平人寿保险有限公司	5955024
6	交通银行股份有限公司	29650594	5	阳光保险集团股份有限公司	3571282
7	中国民生银行股份有限公司	21811200	6	生命人寿保险股份有限公司	3021381
8	兴业银行股份有限公司	21401800		合计	83663886
9	招商银行股份有限公司	20936700			
10	上海浦东发展银行股份有限公司	19331100	证券业		
11	中国农业发展银行	14887326	1	海通证券股份有限公司	1045495
12	中国光大银行股份有限公司	13533600	2	广发证券股份有限公司	820754
13	华夏银行股份有限公司	8311865	3	中国银河证券股份有限公司	748231
14	广发银行股份有限公司	7544348	4	方正证券股份有限公司	344154
15	北京银行	6278461		合计	2958634
16	渤海银行股份有限公司	2956142			
17	天津银行股份有限公司	2070197	财产保险业		
18	广州农村商业银行股份有限公司	2068810	1	中国人民保险集团股份有限公司	30473800
19	盛京银行股份有限公司	2035090	2	天安财产保险股份有限公司	917399
20	徽商银行股份有限公司	1955708		合计	31391199
21	重庆农村商业银行股份有限公司	1620979			
22	吉林银行	1302651	综合保险业		
23	广州银行股份有限公司	1242191	1	中国平安保险（集团）股份有限公司	41547100
24	成都银行股份有限公司	1232066	2	中国太平洋保险（集团）股份有限公司	19313700
25	汉口银行股份有限公司	923611		合计	60860800
26	长沙银行股份有限公司	894691			
27	哈尔滨银行股份有限公司	854384	其他金融服务业		

排名	企业名称	营业收入（万元）	排名	企业名称	营业收入（万元）
1	厦门华澄集团有限公司	448315	17	卓尔控股有限公司	2392919
	合计	448315	18	广州越秀集团有限公司	2011726
			19	苏州金螳螂企业集团有限公司	1897536
多元化投资控股、商务服务业			20	大华（集团）有限公司	1657828
1	华润股份有限公司	40554765	21	天津市房地产开发经营集团有限公司	1108814
2	中国中信集团有限公司	37508844	22	西安高科（集团）公司	1043569
3	国家开发投资公司	9864838	23	广州珠江实业集团有限公司	1015425
4	深圳市神州通投资集团有限公司	4110089	24	天津现代集团有限公司	986212
5	广东省广晟资产经营有限公司	4016542	25	亿达集团有限公司	928998
6	重庆市能源投资集团有限公司	3449339	26	锦联控股集团有限公司	920182
7	浙江前程投资股份有限公司	3441091	27	广东珠江投资股份有限公司	894032
8	云南省能源投资集团有限公司	2634178	28	深圳广田装饰集团股份有限公司	869133
9	广东粤合资产经营有限公司	1584841	29	滨海投资集团股份有限公司	866836
10	广东粤海控股有限公司	1529654	30	上海华拓控股集团有限公司	855914
11	湖北能源集团股份有限公司	1111855	31	融信（福建）投资集团有限公司	847349
12	河南交通投资集团有限公司	970365	32	厦门禹洲集团股份有限公司	747061
13	厦门海沧投资集团有限公司	847543	33	四川富临实业集团有限公司	745379
14	武汉经济发展投资（集团）有限公司	690627	34	天津贻成集团有限公司	720160
15	上海闵熙投资控股集团有限公司	587819	35	荣安集团股份有限公司	694184
16	四川省开元集团有限公司	571244	36	重庆市锦天投资控股有限公司	689660
17	广州中大控股有限公司	521905	37	重庆华宇物业（集团）有限公司	668544
18	广西西江开发投资集团有限公司	439530	38	联发集团有限公司	658749
19	无锡市交通产业集团有限公司	392724	39	厦门经济特区房地产开发集团有限公司	632522
20	广州凯得控股有限公司	366455	40	北京北辰实业集团有限责任公司	573969
21	广西金融投资集团有限公司	302789	41	天津海泰控股集团有限公司	538277
22	上海三湘（集团）有限公司	272278	42	宁波伟立投资集团有限公司	511689
	合计	115769315	43	厦门新景地集团有限公司	482505
			44	祥生实业集团有限公司	472740
房地产开发与经营、物业及房屋装饰、修缮、管理等服务业			45	宁波宁兴房地产开发集团有限公司	419333
1	绿地控股集团有限公司	25218186	46	东冠集团有限公司	348647
2	大连万达集团股份有限公司	18664000	47	武汉地产开发投资集团有限公司	324752
3	恒大地产集团有限公司	9387178	48	厦门源昌集团有限公司	315513
4	绿城房地产集团有限公司	6510000	49	厦门住宅建设集团有限公司	298350
5	隆基泰和实业有限公司	5021674	50	安徽文峰置业有限公司	284327
6	华侨城集团公司	4823545	51	宁波联合集团股份有限公司	282346
7	银亿集团有限公司	4210593	52	浙江省经协集团有限公司	282158
8	重庆龙湖企业拓展有限公司	3914310	53	重庆市黔龙实业（集团）有限责任公司	266065
9	云南中豪置业有限责任公司	3561249		合计	130563919
10	世纪金源投资集团有限公司	3109383			
11	重庆市金科投资控股（集团）有限责任公司	3027247	**旅游、旅馆及娱乐服务业**		
12	天津住宅建设发展集团有限公司	2886323	1	中国港中旅集团公司	5770758
13	福佳集团有限公司	2827561	2	北京首都旅游集团有限责任公司	3924603
14	弘阳集团有限公司	2750765	3	上海春秋国际旅行社（集团）有限公司	1096365
15	江苏华厦融创置地集团有限公司	2714921	4	中青旅控股股份有限公司	931604
16	百兴集团有限公司	2683581	5	开元旅业集团有限公司	591241

排名	企业名称	营业收入（万元）	排名	企业名称	营业收入（万元）
6	广州广之旅国际旅行社股份有限公司	390484		合计	5916501
7	安徽省旅游集团有限责任公司	341081			
8	华天实业控股集团有限公司	282574	文化产业（书刊出版、印刷、发行与销售及影视、音像、文体、演艺等）		
	合计	13328710			
			1	安徽新华发行（集团）控股有限公司	1518962
公用事业、市政、水务、航道等公共设施投资、经营与管理业			2	安徽出版集团有限责任公司	1414732
1	北京控股集团有限公司	5316369	3	西安曲江文化产业投资（集团）有限公司	998073
2	辽宁日林实业集团有限公司	2801816	4	湖南省新华书店有限责任公司	787732
3	北京首都创业集团有限公司	2292733	5	中原出版传媒投资控股集团有限公司	722785
4	宁波华东物资城市场建设开发有限公司	1254700	6	浙江出版联合集团有限公司	714838
5	南昌市政公用投资控股有限责任公司	1117039	7	四川新华发行集团有限公司	554241
6	天津城市基础设施建设投资集团有限公司	1032971	8	云南出版集团有限责任公司	461675
7	天津市政建设集团有限公司	869472	9	上海东方明珠（集团）股份有限公司	362642
8	武汉市城市建设投资开发集团有限公司	869111	10	广东南方报业传媒集团有限公司	284213
9	广西北部湾投资集团有限公司	755131	11	安徽广电传媒产业集团	264141
10	广州市水务投资集团有限公司	590646		合计	8084034
11	广东省广告股份有限公司	559090			
12	南京大地建设集团有限责任公司	544168	信息、传媒、电子商务、网购、娱乐等互联网服务业		
13	天津市自来水集团有限公司	536145	1	京东商城电子商务有限公司	6933981
14	北京东方园林股份有限公司	497364	2	腾讯控股有限公司	6043700
15	上海临港经济发展（集团）有限公司	492226	3	百度股份有限公司	3194392
	合计	19528981	4	唯品会（中国）有限公司	766836
			5	广东省广播电视网络股份有限公司	365119
人力资源、会展博览、国内外经济合作等社会综合服务业				合计	17304028
1	中国国际技术智力合作公司	4045068			
2	北京外企服务集团有限责任公司	3152256	综合服务业（以服务业为主，含有制造业）		
3	中国江苏国际经济技术合作集团有限公司	1396943	1	中国机械工业集团有限公司	24236099
4	中国对外贸易中心（集团）	427064	2	中国保利集团公司	13180074
5	中国大连国际经济技术合作集团有限公司	389279	3	新疆广汇实业投资（集团）有限责任公司	10923638
6	广州红海人力资源集团股份有限公司	279876	4	上海东浩兰生国际服务贸易（集团）有限公司	9480170
	合计	9690486	5	大印集团有限公司	7893103
			6	广东省广业资产经营有限公司	3001570
科技研发、推广及地勘、规划、设计、评估、咨询、认证等承包服务业			7	上海均瑶（集团）有限公司	1552399
			8	广州岭南国际企业集团有限公司	1219582
1	中国煤炭科工集团有限公司	3605496	9	湖南九龙经贸集团有限公司	1094727
2	中国海诚工程科技股份有限公司	575809	10	苏州国信集团有限公司	705640
3	银江科技集团有限公司	516782	11	宁波滕头集团有限公司	700895
4	中国河南国际合作集团有限公司	440365	12	华茂集团股份有限公司	395837
5	赛鼎工程有限公司	415541	13	上海恒升企业（集团）有限公司	364909
6	长江勘测规划设计研究院	362508		合计	74748643

表 10-3　　2014 中国服务业企业 500 强各地区企业分布

排名	企业名称	营业收入（万元）	排名	企业名称	营业收入（万元）
北京			43	阳光保险集团股份有限公司	3571282
1	国家电网公司	204980014	44	北京能源投资（集团）有限公司	3443472
2	中国工商银行股份有限公司	92563700	45	百度股份有限公司	3194392
3	中国建设银行股份有限公司	77099800	46	北京外企服务集团有限责任公司	3152256
4	中国农业银行股份有限公司	70633300	47	世纪金源投资集团有限公司	3109383
5	中国移动通信集团公司	66186053	48	北京首都创业集团有限公司	2292733
6	中国银行股份有限公司	64941100	49	北京粮食集团有限责任公司	2102087
7	中国人寿保险（集团）公司	49746478	50	北京王府井百货（集团）股份有限公司	1978990
8	中国中化集团公司	46690480	51	北京物美商业集团股份有限公司	1698817
9	国家开发银行	43895400	52	北京祥龙博瑞汽车服务（集团）有限公司	1349508
10	中国电信集团公司	38148967	53	北京菜市口百货股份有限公司	1156673
11	中国中信集团有限公司	37508844	54	中铁集装箱运输有限责任公司	951035
12	中国邮政集团公司	36253897	55	中青旅控股股份有限公司	931604
13	中国人民保险集团股份有限公司	30473800	56	睿恒科技装备集团有限公司	805494
14	中国联合网络通信集团有限公司	30470065	57	中国银河证券股份有限公司	748231
15	中国机械工业集团有限公司	24236099	58	中国免税品（集团）有限责任公司	663469
16	中国航空油料集团公司	22581763	59	北京北辰实业集团有限责任公司	573969
17	中国民生银行股份有限公司	21811200	60	北京东方园林股份有限公司	497364
18	中国医药集团总公司	20456769	61	中国民航信息集团公司	451028
19	中粮集团有限公司	18905157		合计	1248626718
20	中国铁路物资股份有限公司	16693891			
21	中国远洋运输（集团）总公司	16481142	上海		
22	中国通用技术（集团）控股有限责任公司	15802681	1	交通银行股份有限公司	29650594
23	中国农业发展银行	14887326	2	绿地控股集团有限公司	25218186
24	中国光大银行股份有限公司	13533600	3	上海浦东发展银行股份有限公司	19331100
25	国美电器有限公司	13334000	4	中国太平洋保险（集团）股份有限公司	19313700
26	中国保利集团公司	13180074	5	百联集团有限公司	16391646
27	新华人寿保险股份有限公司	12959400	6	上海东浩兰生国际服务贸易（集团）有限公司	9480170
28	中国航空集团公司	9981399	7	中国东方航空集团公司	9118428
29	国家开发投资公司	9864838	8	中国海运（集团）总公司	6826053
30	中国外运长航集团有限公司	9674900	9	太平人寿保险有限公司	5955024
31	泰康人寿保险股份有限公司	8410321	10	上海永达控股（集团）有限公司	3326267
32	华夏银行股份有限公司	8311865	11	申能（集团）有限公司	3177296
33	中国诚通控股集团有限公司	7740561	12	上海国际港务（集团）股份有限公司	2816230
34	珠海振戎公司	6963072	13	巨力环球控股有限公司	2387378
35	京东商城电子商务有限公司	6933981	14	东方国际（集团）有限公司	2003305
36	北京银行	6278461	15	上海均和集团有限公司	2000807
37	中国港中旅集团公司	5770758	16	大华（集团）有限公司	1657828
38	北京控股集团有限公司	5316369	17	上海均瑶（集团）有限公司	1552399
39	中国中纺集团公司	4678239	18	月星集团有限公司	1180395
40	中国国际技术智力合作公司	4045068	19	上海春秋国际旅行社（集团）有限公司	1096365
41	北京首都旅游集团有限责任公司	3924603	20	海通证券股份有限公司	1045495
42	中国煤炭科工集团有限公司	3605496	21	上海机场（集团）有限公司	968064

排名	企业名称	营业收入（万元）	排名	企业名称	营业收入（万元）
22	上海申华控股股份有限公司	920583	18	天津市交通（集团）有限公司	742600
23	天安财产保险股份有限公司	917399	19	天津贻成集团有限公司	720160
24	上海新世界（集团）有限公司	859151	20	天津恒运能源股份有限公司	558890
25	上海华拓控股集团有限公司	855914	21	天津海泰控股集团有限公司	538277
26	上海交运集团股份有限公司	838128	22	天津市自来水集团有限公司	536145
27	上海百营钢铁集团有限公司	729387	23	天津劝业华联集团有限公司	498506
28	上海顺朝企业发展集团有限公司	668474	24	中国天津国际经济技术合作集团公司	492927
29	上海闵熙投资控股集团有限公司	587819	25	天津渤海润德钢铁集团有限公司	450188
30	中国海诚工程科技股份有限公司	575809	26	天津滨海农村商业银行股份有限公司	446003
31	上海闽路润贸易有限公司	514360	27	天津三和众诚石油制品销售有限公司	438154
32	上海临港经济发展（集团）有限公司	492226	28	天津二商集团有限公司	352595
33	上海尚友实业集团有限公司	448450	29	华星北方汽车贸易有限公司	329493
34	上海丝绸集团股份有限公司	439527	30	天津市公共交通集团（控股）有限公司	303702
35	上海金开利集团有限公司	426650		合计	66945689
36	上海华通机电（集团）有限公司	412276			
37	上海强生控股股份有限公司	405526	**重庆**		
38	上海大众公用事业（集团）股份有限公司	387409	1	重庆商社（集团）有限公司	5065631
39	上海外经集团控股有限公司	375249	2	重庆龙湖企业拓展有限公司	3914310
40	上海强劲产业发展投资有限公司	373879	3	重庆市能源投资集团有限公司	3449339
41	上海恒升企业（集团）有限公司	364909	4	重庆市金科投资控股（集团）有限责任公司	3027247
42	上海东方明珠（集团）股份有限公司	362642	5	重庆医药（集团）股份有限公司	1744538
43	上海亚东国际货运有限公司	340513	6	华南物资集团有限公司	1648714
44	大众交通（集团）股份有限公司	316276	7	重庆农村商业银行股份有限公司	1620979
45	上海三湘（集团）有限公司	272278	8	重庆对外经贸（集团）有限公司	1271361
46	上海埃圣玛金属科技集团有限公司	268242	9	重庆交通运输控股（集团）有限公司	1101405
	合计	177649806	10	重庆港务物流集团有限公司	890093
			11	重庆中汽西南汽车（集团）有限公司	809910
天津			12	重庆市锦天投资控股有限公司	689660
1	天津物产集团有限公司	33793983	13	重庆华宇物业（集团）有限公司	668544
2	天津一商集团有限公司	4045218	14	重庆银行股份有限公司	582209
3	渤海银行股份有限公司	2956142	15	重庆百事达汽车有限公司	499595
4	天津住宅建设发展集团有限公司	2886323	16	重庆华轻商业有限公司	470790
5	天津港（集团）有限公司	2834328	16	重庆华轻商业有限公司	470790
6	天津能源投资集团有限公司	2741100	17	九禾股份有限公司	422961
7	天津银行股份有限公司	2070197	18	重庆河东控股（集团）有限公司	314286
8	天津市房地产开发经营集团有限公司	1108814	19	重庆市新大兴实业（集团）有限公司	299505
9	天津城市基础设施建设投资集团有限公司	1032971	20	民生轮船股份有限公司	270059
10	天津立业钢铁集团有限公司	1016411	21	重庆黔龙实业（集团）有限责任公司	266065
11	天津现代集团有限公司	986212		合计	29027201
12	北方国际集团有限公司	941548			
13	天津市政建设集团有限公司	869472	**黑龙江**		
14	滨海投资集团股份有限公司	866836	1	黑龙江倍丰农业生产资料集团有限公司	1275172
15	天津国际民众控股有限公司	826373	2	哈尔滨银行股份有限公司	854384
16	天津市丽兴京津钢铁贸易有限公司	806571	3	庆丰农业生产资料集团有限责任公司	741878
17	天津金元宝商厦集团有限公司	755550	4	龙江银行股份有限公司	561752

排名	企业名称	营业收入（万元）	排名	企业名称	营业收入（万元）
	合计	3433186			
				河南	
	吉林		1	河南交通投资集团有限公司	970365
1	长春欧亚集团股份有限公司	2827826	2	中原出版传媒投资控股集团有限公司	722785
2	吉林银行	1302651	3	河南蓝天集团有限公司	497463
3	吉林粮食集团有限公司	742594	4	洛阳银行股份有限公司	492125
	合计	4873071	5	中国河南国际合作集团有限公司	440365
				合计	3123103
	辽宁				
1	大连万达集团股份有限公司	18664000		山东	
2	大商集团有限公司	15041856	1	山东省商业集团有限公司	7449205
3	中升集团控股有限公司	5252738	2	浪潮集团有限公司	4510533
4	福佳集团有限公司	2827561	3	山东高速集团有限公司	4184385
5	辽宁日林实业集团有限公司	2801816	4	利群集团股份有限公司	2286202
6	盛京银行股份有限公司	2035090	5	日照港集团有限公司	2005367
7	亿达集团有限公司	928998	6	新华锦集团	1628378
8	大连港集团有限公司	923047	7	淄博商厦股份有限公司	1520075
9	锦联控股集团有限公司	920182	8	欧美投资集团有限公司	1513594
10	营口港务集团有限公司	915185	9	山东远通汽车贸易集团有限公司	1253109
11	泰德煤网股份有限公司	731482	10	青岛世纪瑞丰国际贸易有限公司	1215517
12	大连金玛商城企业集团有限公司	459923	11	山东航空集团有限公司	1183120
13	中国大连国际经济技术合作集团有限公司	389279	12	润华集团股份有限公司	1095493
14	中兴-沈阳商业大厦（集团）股份有限公司	347951	13	青岛农村商业银行股份有限公司	813708
	合计	52239108	14	青岛银行股份有限公司	658793
			15	山东机械进出口集团有限公司	656616
	河北		16	青岛佐德国际贸易有限公司	615787
1	庞大汽贸集团股份有限公司	6398528	17	青岛维客集团有限公司	503800
2	河北省物流产业集团有限公司	5803130	18	青岛利客来集团有限公司	460059
3	隆基泰和实业有限公司	5021674	19	青岛能源集团有限公司	388992
4	石家庄北国人百集团有限责任公司	3016801	20	交运集团公司	374190
5	新奥能源控股有限公司	2296600		合计	34316923
6	河北港口集团有限公司	1468157			
7	河北省国和汽车投资有限公司	1215682		山西	
8	唐山百货大楼集团有限责任公司	938318	1	晋能有限责任公司	22801762
9	河北怀特集团股份有限公司	792336	2	山西煤炭进出口集团有限公司	12726860
10	河北省新合作控股集团有限公司	714362	3	山西省国新能源发展集团有限公司	3155430
11	邯郸市阳光百货集团总公司	602000	4	山西能源交通投资有限公司	2437883
12	蓝池集团有限公司	549323	5	山西大昌汽车集团有限公司	726315
13	万合集团股份有限公司	523960	6	山西汽车运输集团有限公司	572443
14	河北省农业生产资料有限公司	523660	7	山西美特好连锁超市股份有限公司	557142
15	唐山港集团股份有限公司	454992	8	山西宝力金属材料集团有限公司	432762
16	张家口市商业银行股份有限公司	365774	9	赛鼎工程有限公司	415541
17	河北保百集团有限公司	330500	10	山西华宇集团有限公司	282769
	合计	31015797		合计	44108907

排名	企业名称	营业收入（万元）
陕西		
1	西安高科（集团）公司	1043569
2	西安曲江文化产业投资（集团）有限公司	998073
	合计	2041642
安徽		
1	安徽省徽商集团有限公司	6161577
2	合肥百货大楼集团股份有限公司	3520000
3	安徽国贸集团控股有限公司	2670779
4	徽商银行股份有限公司	1955708
5	安徽省高速公路控股集团有限公司	1579912
6	安徽辉隆农资集团	1557105
7	安徽新华发行（集团）控股有限公司	1518962
8	安徽省能源集团有限公司	1458387
9	安徽安粮控股股份有限公司	1439051
10	安徽出版集团有限责任公司	1414732
11	安徽省交通投资集团有限责任公司	748654
12	安徽亚夏实业股份有限公司	639140
13	安徽省盐业总公司	610860
14	安徽国祯集团股份有限公司	400003
15	安徽省旅游集团有限责任公司	341081
16	安徽文峰置业有限公司	284327
17	安徽广电传媒产业集团	264141
	合计	26564419
江苏		
1	苏宁控股集团	27981265
2	玖隆钢铁物流有限公司	6619737
3	三胞集团有限公司	6546007
4	江苏汇鸿国际集团有限公司	4852703
5	江苏国泰国际集团有限公司	3712896
6	丰立集团有限公司	2760240
7	弘阳集团有限公司	2750765
8	江苏华厦融创置地集团有限公司	2714921
9	张家港保税区旭江贸易有限公司	2712108
10	百兴集团有限公司	2683581
11	江苏省苏豪控股集团有限公司	2034202
12	南通化工轻工股份有限公司	2017586
13	苏州金螳螂企业集团有限公司	1897536
14	中国江苏国际经济技术合作集团有限公司	1396943
15	张家港百维物贸有限公司	1227900
16	东华能源股份有限公司	939755
17	无锡商业大厦大东方股份有限公司	889887
18	无锡市国联发展（集团）有限公司	817285
19	苏州国信集团有限公司	705640

排名	企业名称	营业收入（万元）
20	张家港保税区荣德贸易有限公司	701625
21	江阴长三角钢铁集团有限公司	672072
22	江苏恒大置业投资发展有限公司	658000
23	江苏省粮食集团有限责任公司	560470
24	南京大地建设集团有限责任公司	544168
25	江苏江阴农村商业银行股份有限公司	424449
26	苏州汽车客运集团有限公司	418440
27	常州市化工轻工材料总公司	415836
28	张家港福洛瑞物贸有限公司	396783
29	无锡市交通产业集团有限公司	392724
30	江苏吴江农村商业银行股份有限公司	344026
31	江苏金一文化发展有限公司	262899
	合计	81052449
湖南		
1	大汉控股集团有限公司	2915493
2	湖南九龙经贸集团有限公司	1094727
3	长沙银行股份有限公司	894691
4	湖南省新华书店有限责任公司	787732
5	华融湘江银行股份有限公司	773865
6	湖南友谊阿波罗控股股份有限公司	678626
7	湖南兰天集团有限公司	532130
8	长沙通程控股股份有限公司	430744
9	全洲药业集团有限公司	368589
10	方正证券股份有限公司	344154
11	快乐购物股份有限公司	314988
12	华天实业控股集团有限公司	282574
13	心连心集团有限公司	272831
	合计	9691144
湖北		
1	九州通医药集团股份有限公司	3343805
2	卓尔控股有限公司	2392919
3	湖北能源集团股份有限公司	1111855
4	湖北银丰实业集团有限责任公司	939809
5	汉口银行股份有限公司	923611
6	武汉市城市建设投资开发集团有限公司	869111
7	武汉经济发展投资（集团）有限公司	690627
8	武汉农村商业银行股份有限公司	689186
9	武汉工贸有限公司	563629
10	武汉商贸国有控股集团有限公司	506250
11	武汉市燃气热力集团有限公司	410635
12	长江勘测规划设计研究院	362508
13	武汉地产开发投资集团有限公司	324752
14	武汉有色金属投资有限公司	302501

排名	企业名称	营业收入（万元）	排名	企业名称	营业收入（万元）
	合计	13431198	37	银江科技集团有限公司	516782
			38	宁波海田控股集团有限公司	512100
江西			39	宁波伟立投资集团有限公司	511689
1	南昌市政公用投资控股有限责任公司	1117039	40	万事利集团有限公司	482545
2	江西赣粤高速公路股份有限公司	391331	41	祥生实业集团有限公司	472740
3	赣州银行股份有限公司	327103	42	嘉兴良友进出口集团股份有限公司	456547
	合计	1835473	43	浙江海越股份有限公司	453278
			44	宁波宁兴房地产开发集团有限公司	419333
浙江			45	宁波市绿顺集团股份有限公司	411807
1	浙江省物产集团公司	21212481	46	宁波医药股份有限公司	400316
2	浙江省能源集团有限公司	7753973	47	华茂集团股份有限公司	395837
3	浙江省兴合集团公司	7003607	48	雄风集团有限公司	392707
4	绿城房地产集团有限公司	6510000	49	湖州市浙北大厦有限责任公司	357216
5	浙江省国际贸易集团有限公司	5121380	50	东冠集团有限公司	348647
6	浙江省商业集团有限公司	4573114	51	浙江华联商厦有限公司	337575
7	远大物产集团有限公司	4519400	52	浙江省医药工业有限公司	332940
8	银亿集团有限公司	4210593	53	浙江供销超市有限公司	310102
9	浙江前程投资股份有限公司	3441091	54	加贝物流股份有限公司	306875
10	浙江省交通投资集团有限公司	2811102	55	话机世界数码连锁集团股份有限公司	294992
11	中基宁波集团股份有限公司	2759217	56	宁波萌恒工贸有限公司	291226
12	中球冠集团有限公司	2513618	57	宁波联合集团股份有限公司	282346
13	银泰商业（集团）有限公司	1898071	58	浙江省经协集团有限公司	282158
14	宁波神化化学品经营有限责任公司	1756332	59	国宏电气集团股份有限公司	266755
15	杭州联华华商集团有限公司	1417739		合计	103816715
16	浙江宝利德控股集团有限公司	1273998			
17	宁波华东物资城市场建设开发有限公司	1254700	**广东**		
18	浙江英特药业有限公司	1236929	1	中国南方电网有限责任公司	44697219
19	浙江康桥汽车工贸集团股份有限公司	1155626	2	中国平安保险（集团）股份有限公司	41547100
20	太平鸟集团有限公司	1057219	3	华润股份有限公司	40554765
21	浙江建华集团有限公司	1020611	4	招商银行股份有限公司	20936700
22	宁波君安物产有限公司	952214	5	广东物资集团公司	10927656
23	浙江华瑞集团有限公司	882843	6	中国南方航空集团公司	9941148
24	宁波市慈溪进出口股份有限公司	879599	7	广东振戎能源有限公司	9783531
25	宁波轿辰集团股份有限公司	810124	8	恒大地产集团有限公司	9387178
26	万向三农集团有限公司	773197	9	广发银行股份有限公司	7544348
27	浙江出版联合集团有限公司	714838	10	广东省广新控股集团有限公司	6906822
28	宁波滕头集团有限公司	700895	11	腾讯控股有限公司	6043700
29	荣安集团股份有限公司	694184	12	南方石化集团有限公司	5743393
30	浙江省农村发展集团有限公司	677944	13	华侨城集团公司	4823545
31	日出实业集团有限公司	665906	14	深圳市神州通投资集团有限公司	4110089
32	开元旅业集团有限公司	591241	15	深圳市爱施德股份有限公司	4024348
33	浙江凯喜雅国际股份有限公司	557856	16	广东省广晟资产经营有限公司	4016542
34	浙江大华技术股份有限公司	541009	17	广东省丝绸纺织集团有限公司	3969228
35	浙大网新科技股份有限公司	520524	18	腾邦投资控股有限公司	3393609
36	浙江万丰企业集团公司	517027	19	生命人寿保险股份有限公司	3021381

排名	企业名称	营业收入（万元）	排名	企业名称	营业收入（万元）
20	广东省广业资产经营有限公司	3001570	3	成都银行股份有限公司	1232066
21	广东省交通集团有限公司	2977088	4	成都建国汽车贸易有限公司	861302
22	天音通信有限公司	2918098	5	四川富临实业集团有限公司	745379
23	广州轻工工贸集团有限公司	2830246	6	吉峰农机连锁股份有限公司	595377
24	广州金创利经贸有限公司	2675130	7	波鸿集团有限公司	591714
25	广州农村商业银行股份有限公司	2068810	8	四川省开元集团有限公司	571244
26	广州越秀集团有限公司	2011726	9	四川新华发行集团有限公司	554241
27	广州元亨能源有限公司	1752625	10	四川省能源投资集团有限责任公司	546064
28	广州发展集团股份有限公司	1662845	11	四川华油集团有限责任公司	467281
29	广东粤合资产经营有限公司	1584841	12	四川安吉物流集团有限公司	360954
30	广东粤海控股有限公司	1529654		合计	9544272
31	广州纺织工贸企业集团有限公司	1373268			
32	人人乐连锁商业集团股份有限公司	1271646	福建		
33	广州银行股份有限公司	1242191	1	兴业银行股份有限公司	21401800
34	广州岭南国际企业集团有限公司	1219582	2	厦门建发集团有限公司	10466368
35	广州百货企业集团有限公司	1173597	3	厦门国贸控股有限公司	8163458
36	广州珠江实业集团有限公司	1015425	4	厦门象屿集团有限公司	3924702
37	广州无线电集团有限公司	1008939	5	永辉超市股份有限公司	3054282
38	广东珠江投资股份有限公司	894032	6	福建省能源集团有限责任公司	2430000
39	深圳广田装饰集团股份有限公司	869133	7	福建省交通运输集团有限责任公司	1864098
40	深圳市燃气集团股份有限公司	857455	8	厦门路桥工程物资有限公司	953915
41	广发证券股份有限公司	820754	9	厦门海沧投资集团有限公司	847543
42	利泰集团有限公司	807779	10	融信（福建）投资集团有限公司	847349
43	唯品会（中国）有限公司	766836	11	厦门禹洲集团股份有限公司	747061
44	广州港集团有限公司	663987	12	厦门翔业集团有限公司	690349
45	广州市水务投资集团有限公司	590646	13	联发集团有限公司	658749
46	广东省广告股份有限公司	559090	14	厦门经济特区房地产开发集团有限公司	632522
47	广州中大控股有限公司	521905	15	厦门夏商集团有限公司	603109
48	广州市地下铁道总公司	512690	16	鹭燕（福建）药业股份有限公司	551897
49	广州佳都集团有限公司	505558	17	厦门市嘉晟对外贸易有限公司	500887
50	中国对外贸易中心（集团）	427064	18	厦门新景地集团有限公司	482505
51	潮州华丰集团股份有限公司	409703	19	厦门华澄集团有限公司	448315
52	广州友谊集团股份有限公司	409205	20	厦门恒兴集团有限公司	443278
53	广州广之旅国际旅行社股份有限公司	390484	21	福建省福农农资集团有限公司	376165
54	广东省航运集团有限公司	372604	22	厦门嘉联恒进出口有限公司	348506
55	广州凯得控股有限公司	366455	23	厦门源昌集团有限公司	315513
56	广东省广播电视网络股份有限公司	365119	24	厦门海澳集团有限公司	314172
57	广东南方报业传媒集团有限公司	284213	25	厦门华融集团有限公司	304444
58	广州红海人力资源集团股份有限公司	279876	26	厦门市明穗粮油贸易有限公司	298829
59	广州华新集团有限公司	269883	27	厦门住宅建设集团有限公司	298350
	合计	286634054	28	厦门盛元集团	293361
				合计	62261527
四川					
1	四川航空股份有限公司	1570726	广西		
2	四川省烟草公司成都市公司	1447924	1	广西北部湾国际港务集团有限公司	4510003

排名	企业名称	营业收入（万元）	排名	企业名称	营业收入（万元）
2	广西交通投资集团有限公司	2375798			
3	广西物资集团有限责任公司	1516606		宁夏	
4	广西水利电业集团有限公司	860544	1	银川新华百货商业集团股份有限公司	660496
5	广西北部湾投资集团有限公司	755131	2	宁夏银行股份有限公司	461177
6	广西北部湾银行股份有限公司	706825		合计	1121673
7	桂林银行股份有限公司	462331			
8	广西西江开发投资集团有限公司	439530		新疆	
9	广西富满地农资股份有限公司	311500	1	新疆广汇实业投资（集团）有限责任公司	10923638
10	广西金融投资集团有限公司	302789	2	新疆生产建设兵团棉麻公司	3194501
11	南宁百货大楼股份有限公司	289511	3	新疆西部银力棉业（集团）有限公司	1088883
	合计	12530568	4	新疆友好（集团）股份有限公司	960186
			5	新疆维吾尔自治区棉麻公司	741412
	云南		6	新疆生产建设兵团第一师棉麻有限责任公司	639674
1	云南中豪置业有限责任公司	3561249	7	新疆农资（集团）有限责任公司	633945
2	云南省能源投资集团有限公司	2634178	8	新疆前海集团公司	538206
3	云南物流产业集团有限公司	1056893	9	新疆银隆农业国际合作股份有限公司	418364
4	云南出版集团有限责任公司	461675		合计	19138809
	合计	7713995			
				海南	
	青海		1	海航集团有限公司	11556538
1	青海省物资产业集团总公司	632467	2	大印集团有限公司	7893103
2	青海银行股份有限公司	261330	3	大棒集团有限公司	2740206
	合计	893797		合计	22189847

表 10-4　　2014 中国服务业企业 500 强净利润排序前 100 名企业

排名	公司名称	净利润（万元）	排名	公司名称	净利润（万元）
1	中国工商银行股份有限公司	26264900	51	哈尔滨银行股份有限公司	335034
2	中国建设银行股份有限公司	21465700	52	新疆广汇实业投资（集团）有限责任公司	327840
3	中国农业银行股份有限公司	16631500	53	广州银行股份有限公司	317725
4	中国银行股份有限公司	15691100	54	江苏华夏融创置地集团有限公司	314496
5	国家开发银行	7958400	55	成都银行股份有限公司	297115
6	交通银行股份有限公司	6229508	56	广发证券股份有限公司	281250
7	中国移动通信集团公司	5655285	57	中国通用技术（集团）控股有限责任公司	274625
8	招商银行股份有限公司	5197789	58	大华（集团）有限公司	250676
9	国家电网公司	4908187	59	吉林银行	246241
10	中国民生银行股份有限公司	4227800	60	重庆银行股份有限公司	232927
11	兴业银行股份有限公司	4121100	61	隆基泰和实业有限公司	230804
12	上海浦东发展银行股份有限公司	4092200	62	申能（集团）有限公司	224104
13	中国中信集团有限公司	3783894	63	长沙银行股份有限公司	219339
14	中国平安保险（集团）股份有限公司	2815400	64	中铁集装箱运输有限责任公司	216756
15	中国光大银行股份有限公司	2671500	65	中国银河证券股份有限公司	213525
16	中国邮政集团公司	2530018	66	中国医药集团总公司	211391
17	腾讯控股有限公司	1919400	67	中国海运（集团）总公司	207279
18	华夏银行股份有限公司	1550604	68	汉口银行股份有限公司	206665
19	中国农业发展银行	1413662	69	武汉农村商业银行股份有限公司	204196
20	恒大地产集团有限公司	1370903	70	卓尔控股有限公司	203409
21	北京银行	1345931	71	中国对外贸易中心（集团）	203010
22	华润股份有限公司	1294146	72	北京能源投资（集团）有限公司	201962
23	广发银行股份有限公司	1158348	73	中国东方航空集团公司	199940
24	中国电信集团公司	956648	74	国美电器有限公司	199000
25	中国太平洋保险（集团）股份有限公司	926100	75	大商集团有限公司	193659
26	大连万达集团股份有限公司	839775	76	厦门建发集团有限公司	187721
27	绿地控股集团有限公司	818511	77	世纪金源投资集团有限公司	185792
28	中国南方电网有限责任公司	814999	78	龙江银行股份有限公司	183007
29	中国人民保险集团股份有限公司	812100	79	中国煤炭科工集团有限公司	182359
30	浙江省能源集团有限公司	700892	80	四川省烟草公司成都市公司	172156
31	中国保利集团公司	636410	81	青岛农村商业银行股份有限公司	165298
32	重庆农村商业银行股份有限公司	599105	82	弘阳集团有限公司	161349
33	重庆龙湖企业拓展有限公司	555946	83	天津城市基础设施建设投资集团有限公司	161323
34	生命人寿保险股份有限公司	537856	84	天津物产集团有限公司	161240
35	上海国际港务（集团）股份有限公司	525553	85	中国航空集团公司	160758
36	徽商银行股份有限公司	492620	86	中国机械工业集团有限公司	153345
37	绿城房地产集团有限公司	488551	87	华融湘江银行股份有限公司	151570
38	广州农村商业银行股份有限公司	484902	88	南方石化集团有限公司	150790
39	华侨城集团公司	482146	89	厦门禹洲集团股份有限公司	147122
40	盛京银行股份有限公司	481348	90	洛阳银行股份有限公司	141952
41	中国中化集团公司	464255	91	广州越秀集团有限公司	140482
42	渤海银行股份有限公司	456237	92	宁夏银行股份有限公司	132954
43	中国联合网络通信集团有限公司	448849	93	重庆华宇物业（集团）有限公司	129676
44	新华人寿保险股份有限公司	442200	94	上海机场（集团）有限公司	129446
45	广东粤海控股有限公司	420299	95	安徽省能源集团有限公司	125506
46	海通证券股份有限公司	403504	96	新奥能源控股有限公司	125200
47	国家开发投资公司	379601	97	中国南方航空集团公司	123243
48	泰康人寿保险股份有限公司	374451	98	中国免税品（集团）有限责任公司	121580
49	中国人寿保险（集团）公司	365675	99	融信（福建）投资集团有限公司	121198
50	天津银行股份有限公司	341803	100	银亿集团有限公司	117851
				中国服务业企业 500 强平均数	359361

表 10-5　　　　　　　　2014 中国服务业企业 500 强资产排序前 100 名企业

排名	公司名称	资产（万元）	排名	公司名称	资产（万元）
1	中国工商银行股份有限公司	1891775200	51	中国机械工业集团有限公司	23460378
2	中国建设银行股份有限公司	1536321000	52	广东省交通集团有限公司	23044858
3	中国农业银行股份有限公司	1456210200	53	中国航空集团公司	21613366
4	中国银行股份有限公司	1387429900	54	重庆银行股份有限公司	20678702
5	国家开发银行	818795300	55	太平人寿保险有限公司	20663817
6	交通银行股份有限公司	596093674	56	生命人寿保险股份有限公司	19586886
7	中国邮政集团公司	574732340	57	长沙银行股份有限公司	19336036
8	中国中信集团有限公司	429967747	58	晋能有限责任公司	18350940
9	招商银行股份有限公司	401639900	59	武汉市城市建设投资开发集团有限公司	17987007
10	上海浦东发展银行股份有限公司	368012500	60	汉口银行股份有限公司	17822175
11	兴业银行股份有限公司	367743500	61	中国海运（集团）总公司	17646847
12	中国平安保险（集团）股份有限公司	336031200	62	中国南方航空集团公司	17422749
13	中国民生银行股份有限公司	322621000	63	龙江银行股份有限公司	17196891
14	中国农业发展银行	262268311	64	海通证券股份有限公司	16912360
15	国家电网公司	257007115	65	中国医药集团总公司	16833401
16	中国光大银行股份有限公司	241508600	66	苏宁控股集团	16167894
17	中国人寿保险（集团）公司	240711807	67	北京控股集团有限公司	16028157
18	华夏银行股份有限公司	167244638	68	浙江省能源集团有限公司	15547289
19	广发银行股份有限公司	146984993	69	北京能源投资（集团）有限公司	15067624
20	中国移动通信集团公司	140458151	70	浙江省交通投资集团有限公司	15040091
21	北京银行	133676385	71	广州越秀集团有限公司	15037115
22	华润股份有限公司	84903230	72	广西交通投资集团有限公司	15017073
23	中国人民保险集团股份有限公司	75531900	73	中国东方航空集团公司	14959310
24	中国太平洋保险（集团）股份有限公司	72353300	74	华融湘江银行股份有限公司	14810770
25	中国电信集团公司	67394021	75	广州市地下铁道总公司	14211236
26	中国南方电网有限责任公司	58424791	76	青岛银行股份有限公司	13568937
27	中国联合网络通信集团有限公司	57347240	77	河南交通投资集团有限公司	13528314
28	渤海银行股份有限公司	56821104	78	武汉农村商业银行股份有限公司	13032208
29	新华人寿保险股份有限公司	56584900	79	北京首都创业集团有限公司	12945351
30	天津城市基础设施建设投资集团有限公司	54244890	80	青岛农村商业银行股份有限公司	12618156
31	重庆农村商业银行股份有限公司	50200584	81	新疆广汇实业投资（集团）有限责任公司	12539908
32	中国保利集团公司	45533119	82	绿城房地产集团有限公司	12233570
33	泰康人寿保险股份有限公司	44150271	83	广发证券股份有限公司	11734900
34	海航集团有限公司	41022413	84	重庆龙湖企业拓展有限公司	11589425
35	天津银行股份有限公司	40568701	85	天津物产集团有限公司	11478382
36	大连万达集团股份有限公司	39715359	86	中国通用技术（集团）控股有限责任公司	11407849
37	徽商银行股份有限公司	38210909	87	天津港（集团）有限公司	11406718
38	广州农村商业银行股份有限公司	37866514	88	安徽省高速公路控股集团有限公司	11263202
39	绿地控股集团有限公司	36767814	89	中国外运长航集团有限公司	10741082
40	盛京银行股份有限公司	35758548	90	腾讯控股有限公司	10723500
41	恒大地产集团有限公司	34814819	91	申能（集团）有限公司	10650182
42	中国远洋运输（集团）总公司	34184011	92	华侨城集团公司	10455544
43	国家开发投资公司	34182038	93	桂林银行股份有限公司	10405185
44	哈尔滨银行股份有限公司	32217544	94	阳光保险集团股份有限公司	10255064
45	中国中化集团公司	31777903	95	洛阳银行股份有限公司	9772729
46	广州银行股份有限公司	30473236	96	厦门建发集团有限公司	9732636
47	中粮集团有限公司	28433268	97	营口港务集团有限公司	9703509
48	山东高速集团有限公司	27363855	98	广西北部湾银行股份有限公司	9158941
49	吉林银行	26224284	99	天津市房地产开发经营集团有限公司	9031283
50	成都银行股份有限公司	26127665	100	上海国际港务（集团）股份有限公司	8861162
				中国服务业企业 500 强平均数	29643215

表 10-6　　　　　2014 中国服务业企业 500 强从业人数排序前 100 名企业

排名	公司名称	从业人数	排名	公司名称	从业人数
1	中国邮政集团公司	954419	51	中国港中旅集团公司	43655
2	国家电网公司	885766	52	中国通用技术（集团）控股有限责任公司	42020
3	中国人民保险集团股份有限公司	514228	53	华侨城集团公司	41984
4	中国农业银行股份有限公司	478980	54	重庆对外经贸（集团）有限公司	41338
5	华润股份有限公司	442861	55	石家庄北国人百集团有限责任公司	41263
6	中国工商银行股份有限公司	441902	56	三胞集团有限公司	40254
7	中国电信集团公司	414673	57	上海浦东发展银行股份有限公司	38976
8	中国建设银行股份有限公司	368410	58	广东省广晟资产经营有限公司	38421
9	中国南方电网有限责任公司	309114	59	中国光大银行股份有限公司	36290
10	中国银行股份有限公司	305675	60	庞大汽贸集团股份有限公司	35762
11	中国联合网络通信集团有限公司	288679	61	福建省能源集团有限责任公司	33323
12	中国移动通信集团公司	233052	62	京东商城电子商务有限公司	32953
13	大商集团有限公司	218858	63	中国煤炭科工集团有限公司	31991
14	山东省商业集团有限公司	200000	64	百度股份有限公司	31676
15	苏宁控股集团	180000	65	上海强生控股股份有限公司	31152
16	中国中信集团有限公司	176175	66	河南交通投资集团有限公司	29579
17	中国人寿保险（集团）公司	146002	67	福建省交通运输集团有限责任公司	26168
18	中国机械工业集团有限公司	119523	68	广西水利电业集团有限公司	26163
19	阳光保险集团股份有限公司	115357	69	中国诚通控股集团有限公司	25894
20	晋能有限责任公司	112957	70	北京物美商业集团股份有限公司	25863
21	海航集团有限公司	108416	71	华夏银行股份有限公司	25200
22	中粮集团有限公司	107271	72	广东省广新控股集团有限公司	24409
23	重庆商社（集团）有限公司	101903	73	重庆交通运输控股（集团）有限公司	24150
24	大连万达集团股份有限公司	99752	74	辽宁日林实业集团有限公司	24062
25	交通银行股份有限公司	97210	75	腾讯控股有限公司	24000
26	国家开发投资公司	88263	76	邯郸市阳光百货集团总公司	24000
27	中国太平洋保险（集团）股份有限公司	86893	77	上海大众公用事业（集团）股份有限公司	23956
28	中国医药集团总公司	82766	78	广发银行股份有限公司	23328
29	中国航空集团公司	75763	79	山东高速集团有限公司	23052
30	中国远洋运输（集团）总公司	74312	80	隆基泰和实业有限公司	22659
31	北京控股集团有限公司	74004	81	开元旅业集团有限公司	22490
32	中国南方航空集团公司	73660	82	浙江省交通投资集团有限公司	22355
33	重庆市能源投资集团有限公司	73329	83	山西能源交通投资有限公司	21873
34	中国外运长航集团有限公司	69102	84	中国中纺集团公司	21686
35	招商银行股份有限公司	68078	85	大众交通（集团）股份有限公司	21005
36	新疆广汇实业投资（集团）有限责任公司	66841	86	世纪金源投资集团有限公司	20997
37	永辉超市股份有限公司	57561	87	人人乐连锁商业集团股份有限公司	20503
38	国美电器有限公司	56202	88	南昌市政公用投资控股有限责任公司	20500
39	新华人寿保险股份有限公司	55262	89	广东省广业资产经营有限公司	20279
40	中国民生银行股份有限公司	54927	90	广州市地下铁道总公司	20120
41	中国东方航空集团公司	53421	91	上海国际港务（集团）股份有限公司	19842
42	中国农业发展银行	52136	92	太平人寿保险有限公司	19740
43	北京首都旅游集团有限责任公司	50000	93	新疆友好（集团）股份有限公司	19563
44	中国中化集团公司	49307	94	北京能源投资（集团）有限公司	19365
45	恒大地产集团有限公司	48681	95	苏州汽车客运集团有限公司	18821
46	兴业银行股份有限公司	47841	96	浙江省物产集团公司	18608
47	广东省交通集团有限公司	47315	97	北京首都创业集团有限公司	18473
48	泰康人寿保险股份有限公司	47009	98	天津物产集团有限公司	18452
49	中国保利集团公司	45688	99	杭州联华华商集团有限公司	18094
50	中国海运（集团）总公司	44462	100	天津市公共交通集团（控股）有限公司	18035
				中国服务业企业 500 强平均数	24535

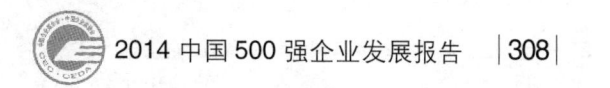

表 10-7　　2014 中国服务业企业 500 强研发费用排序前 100 名企业

排名	公司名称	研发费用（万元）	排名	公司名称	研发费用（万元）
1	中国移动通信集团公司	1899093	51	长江勘测规划设计研究院	15236
2	中国电信集团公司	956337	52	天津住宅建设发展集团有限公司	15093
3	中国工商银行股份有限公司	602149	53	广东省广新控股集团有限公司	15053
4	国家电网公司	578851	54	泰康人寿保险股份有限公司	14881
5	百度股份有限公司	410683	55	赛鼎工程有限公司	14593
6	中国建设银行股份有限公司	297648	56	广东省广业资产经营有限公司	13518
7	中国机械工业集团有限公司	276993	57	山西煤炭进出口集团有限公司	13348
8	中国南方电网有限责任公司	234061	58	广州港集团有限公司	12000
9	浪潮集团有限公司	149228	59	万事利集团有限公司	11348
10	中国中信集团有限公司	109186	60	四川富临实业集团有限公司	10970
11	中国中化集团公司	97637	61	浙江省交通投资集团有限公司	10544
12	京东商城电子商务有限公司	96365	62	徽商银行股份有限公司	10295
13	中国煤炭科工集团有限公司	86305	63	中国海运（集团）总公司	10287
14	广东省广晟资产经营有限公司	82376	64	广州珠江实业集团有限公司	9569
15	华润股份有限公司	82136	65	上海交运集团股份有限公司	9408
16	中国医药集团总公司	82116	66	申能（集团）有限公司	9067
17	中国远洋运输（集团）总公司	78064	67	天音通信有限公司	8768
18	重庆龙湖企业拓展有限公司	75567	68	生命人寿保险股份有限公司	8594
19	海航集团有限公司	72726	69	北京银行	8356
20	银亿集团有限公司	71830	70	浙大网新科技股份有限公司	8267
21	安徽安粮控股股份有限公司	59803	71	东冠集团有限公司	8260
22	中国民航信息集团公司	57683	72	天津银行股份有限公司	8148
23	苏州金螳螂企业集团有限公司	57134	73	浙江省物产集团公司	8083
24	浙江大华技术股份有限公司	50009	74	全洲药业集团有限公司	8000
25	中国通用技术（集团）控股有限责任公司	49061	75	辽宁日林实业集团有限公司	7966
26	广州无线电集团有限公司	47730	76	万向三农集团有限公司	7901
27	交通银行股份有限公司	47065	77	阳光保险集团股份有限公司	7693
28	苏宁控股集团	46806	78	无锡市国联发展（集团）有限公司	7692
29	隆基泰和实业有限公司	46795	79	广发证券股份有限公司	7629
30	山西省国新能源发展集团有限公司	46716	80	重庆市金科投资控股（集团）有限责任公司	7526
31	北京控股集团有限公司	33661	81	江苏国泰国际集团有限公司	7299
32	广州轻工工贸集团有限公司	32271	82	银江科技集团有限公司	7276
33	新疆广汇实业投资（集团）有限责任公司	32184	83	北京能源投资（集团）有限公司	7219
34	深圳广田装饰集团股份有限公司	30321	84	广州中大控股有限公司	6933
35	中国联合网络通信集团有限公司	29971	85	西安高科（集团）公司	6787
36	国家开发投资公司	29003	86	广西北部湾国际港务集团有限公司	6500
37	安徽出版集团有限责任公司	25000	87	桂林银行股份有限公司	6147
38	中国诚通控股集团有限公司	23928	88	广州银行股份有限公司	5747
39	浙江省能源集团有限公司	21121	89	广东粤海控股有限公司	5487
40	北京东方园林股份有限公司	20333	90	心连心集团有限公司	5457
41	西安曲江文化产业投资（集团）有限公司	20000	91	重庆市黔龙实业（集团）有限责任公司	5321
42	华侨城集团公司	19194	92	腾邦投资控股有限公司	5270
43	哈尔滨银行股份有限公司	18791	93	青岛维客集团股份有限公司	5174
44	中国海诚工程科技股份有限公司	18612	94	宁波市慈溪进出口股份有限公司	4714
45	重庆市能源投资集团有限公司	18566	95	广发银行股份有限公司	4697
46	中国外运长航集团有限公司	18420	96	山东高速集团有限公司	4681
47	天津港（集团）有限公司	17493	97	中国港中旅集团公司	4443
48	吉林银行	17374	98	河南蓝天集团有限公司	4368
49	广东省交通集团有限公司	17175	99	快乐购物股份有限公司	4189
50	广州市地下铁道总公司	15729	100	天津贻成集团有限公司	4000
				中国服务业企业 500 强平均数	34688

表 10-8　　2014 中国服务业企业 500 强研发费用所占比例排序前 100 名企业

排名	公司名称	研发费所占比例（%）	排名	公司名称	研发费所占比例（%）
1	百度股份有限公司	12.86	51	江苏江阴农村商业银行股份有限公司	0.78
2	中国民航信息集团公司	12.79	52	广州佳都集团有限公司	0.70
3	浙江大华技术股份有限公司	9.24	53	西安高科（集团）公司	0.65
4	广州无线电集团有限公司	4.73	54	中国工商银行股份有限公司	0.65
5	长江勘测规划设计研究院	4.20	55	海航集团有限公司	0.63
6	安徽安粮控股股份有限公司	4.16	56	北京控股集团有限公司	0.63
7	北京东方园林股份有限公司	4.09	57	天津港（集团）有限公司	0.62
8	赛鼎工程有限公司	3.51	58	南京大地建设集团有限责任公司	0.60
9	深圳广田装饰集团股份有限公司	3.49	59	广东省交通集团有限公司	0.58
10	浪潮集团有限公司	3.31	60	天津贻成集团有限公司	0.56
11	中国海诚工程科技股份有限公司	3.23	61	重庆市能源投资集团有限公司	0.54
12	广州市地下铁道总公司	3.07	62	宁波市慈溪进出口股份有限公司	0.54
13	苏州金螳螂企业集团有限公司	3.01	63	徽商银行股份有限公司	0.53
14	中国移动通信集团公司	2.87	64	天津住宅建设发展集团有限公司	0.52
15	中国电信集团公司	2.51	65	中国南方电网有限责任公司	0.52
16	中国煤炭科工集团有限公司	2.39	66	安徽国祯集团股份有限公司	0.51
17	东冠集团有限公司	2.37	67	广州市水务投资集团有限公司	0.50
18	万事利集团有限公司	2.35	68	方正证券股份有限公司	0.48
19	哈尔滨银行股份有限公司	2.20	69	中国远洋运输（集团）总公司	0.47
20	全洲药业集团有限公司	2.17	70	广州银行股份有限公司	0.46
21	广东省广晟资产经营有限公司	2.05	71	广东省产业资产经营有限公司	0.45
22	西安曲江文化产业投资（集团）有限公司	2.00	72	重庆华宇物业（集团）有限公司	0.44
23	心连心集团有限公司	2.00	73	武汉农村商业银行股份有限公司	0.43
24	重庆市黔龙实业（集团）有限责任公司	2.00	74	上海华拓控股集团有限公司	0.43
25	重庆龙湖企业拓展有限公司	1.93	75	浙江凯喜雅国际股份有限公司	0.42
26	广州港集团有限公司	1.81	76	华侨城集团公司	0.40
27	安徽出版集团有限责任公司	1.77	77	中国医药集团总公司	0.40
28	银亿集团有限公司	1.71	78	厦门华澄集团有限公司	0.40
29	浙大网新科技股份有限公司	1.59	79	江苏金一文化发展有限公司	0.40
30	山西省国新能源发展集团有限公司	1.48	80	天津市自来水集团有限公司	0.39
31	四川富临实业集团有限公司	1.47	81	中国建设银行股份有限公司	0.39
32	银江科技集团有限公司	1.41	82	天津银行股份有限公司	0.39
33	京东商城电子商务有限公司	1.39	83	太平鸟集团有限公司	0.38
34	桂林银行股份有限公司	1.33	84	浙江省交通投资集团有限公司	0.38
35	广州中大控股有限公司	1.33	85	青海银行股份有限公司	0.38
36	快乐购物股份有限公司	1.33	86	广东粤海控股有限公司	0.36
37	吉林银行	1.33	87	广西金融投资集团有限公司	0.36
38	安徽广电传媒产业集团	1.32	88	广东南方报业传媒集团有限公司	0.35
39	中国机械工业集团有限公司	1.14	89	上海丝绸集团股份有限公司	0.33
40	广州轻工工贸集团有限公司	1.14	90	海通证券股份有限公司	0.33
41	上海交运集团股份有限公司	1.12	91	汉口银行股份有限公司	0.32
42	安徽省旅游集团有限公司	1.07	92	交运集团公司	0.32
43	青岛维客集团股份有限公司	1.03	93	中国通用技术（集团）控股有限责任公司	0.31
44	万向三农集团有限公司	1.02	94	中国诚通控股集团有限公司	0.31
45	广州珠江实业集团有限公司	0.94	95	天音通信有限公司	0.30
46	无锡市国联发展（集团）有限公司	0.94	96	宁波萌恒工贸有限公司	0.30
47	广发证券股份有限公司	0.93	97	中国中信集团公司	0.29
48	隆基泰和实业有限公司	0.93	98	新疆广汇实业投资（集团）有限责任公司	0.29
49	河南蓝天集团有限公司	0.88	99	国家开发投资公司	0.29
50	江苏吴江农村商业银行股份有限公司	0.86	100	申能（集团）有限公司	0.29
				中国服务业企业 500 强平均数	0.56

表 10-9　　2014 中国服务业企业 500 强净资产利润率排序前 100 名企业

排名	公司名称	净资产利润率（%）	排名	公司名称	净资产利润率（%）
1	重庆龙湖企业拓展有限公司	190.40	51	厦门新景地集团有限公司	21.55
2	江阴长三角钢铁集团有限公司	167.89	52	快乐购物股份有限公司	21.55
3	上海金开利集团有限公司	71.60	53	张家港百维物贸有限公司	21.52
4	新疆生产建设兵团第一师棉麻有限责任公司	71.55	54	中国民生银行股份有限公司	21.38
5	上海华通机电（集团）有限公司	69.34	55	万合集团股份有限公司	21.32
6	南方石化集团有限公司	58.95	56	重庆河东控股（集团）有限公司	21.31
7	杭州联华华商集团有限公司	55.92	57	四川华油集团有限责任公司	21.26
8	苏州国信集团有限公司	54.26	58	中国国际技术智力合作公司	21.22
9	宁波市慈溪进出口股份有限公司	52.13	59	浙江宝利德控股集团有限公司	21.20
10	广东省广业资产经营有限公司	44.48	60	赣州银行股份有限公司	21.17
11	苏州金螳螂企业集团有限公司	43.30	61	广州银行股份有限公司	21.06
12	大连万达集团股份有限公司	38.13	62	青海银行股份有限公司	21.03
13	江苏金一文化发展有限公司	38.06	63	安徽省徽商集团有限公司	20.97
14	广东振戎能源有限公司	36.65	64	兴业银行股份有限公司	20.63
15	安徽安粮控股股份有限公司	35.26	65	中国工商银行股份有限公司	20.61
16	银江科技集团有限公司	33.82	66	四川航空股份有限公司	20.55
17	宁波滕头集团有限公司	32.52	67	安徽文峰置业有限公司	20.54
18	广州广之旅国际旅行社股份有限公司	31.71	68	银亿集团有限公司	20.53
19	大商集团有限公司	30.95	69	大汉控股集团有限公司	20.48
20	国宏电气集团股份有限公司	30.94	70	中国建设银行股份有限公司	20.14
21	上海华拓控股集团有限公司	30.92	71	河北保百集团有限公司	20.06
22	浙江华联商厦有限公司	30.34	72	上海浦东发展银行股份有限公司	20.02
23	生命人寿保险股份有限公司	30.25	73	厦门禹洲集团有限公司	19.98
24	新疆银隆农业国际合作有限公司	29.42	74	洛阳银行股份有限公司	19.80
25	新疆前海集团公司	29.30	75	中国农业银行股份有限公司	19.73
26	广州佳都集团有限公司	28.90	76	桂林银行股份有限公司	19.68
27	赛鼎工程有限公司	28.26	77	鹭燕（福建）药业股份有限公司	19.61
28	浙江前程投资股份有限公司	27.94	78	招商银行股份有限公司	19.58
29	武汉工贸有限公司	27.56	79	绿城房地产集团有限公司	19.58
30	浙江大华技术股份有限公司	27.13	80	成都银行股份有限公司	19.53
31	天津市房地产开发经营集团有限公司	26.94	81	联发集团有限公司	19.33
32	大华（集团）有限公司	26.69	82	开元旅业集团有限公司	19.30
33	张家口市商业银行股份有限公司	26.23	83	广东省广告股份有限公司	19.23
34	上海三湘（集团）有限公司	25.94	84	腾邦投资控股有限公司	19.19
35	四川省烟草公司成都市公司	25.82	85	隆基泰和实业有限公司	19.16
36	北京菜市口百货股份有限公司	25.78	86	万向三农集团有限公司	19.14
37	上海春秋国际旅行社（集团）有限公司	25.64	87	中国免税品（集团）有限责任公司	19.12
38	湖南省新华书店有限责任公司	25.48	88	上海丝绸集团股份有限公司	18.95
39	绿地控股集团有限公司	24.85	89	渤海银行股份有限公司	18.85
40	中基宁波集团股份有限公司	24.79	90	弘阳集团有限公司	18.65
41	长沙银行股份有限公司	24.23	91	黑龙江倍丰农业生产资料集团有限公司	18.58
42	中国河南国际合作集团有限公司	24.13	92	广州农村商业银行股份有限公司	18.46
43	太平鸟集团有限公司	23.69	93	华南物资集团有限公司	18.35
44	浙江省经协集团有限公司	23.54	94	长春欧亚集团股份有限公司	18.26
45	重庆市金科投资控股（集团）有限责任公司	23.04	95	石家庄北国人百集团有限公司	18.18
46	中铁集装箱运输有限责任公司	22.85	96	华夏银行股份有限公司	18.15
47	盛京银行股份有限公司	22.80	97	江苏江阴农村商业银行股份有限公司	18.02
48	中国海诚工程科技股份有限公司	22.47	98	宁夏银行股份有限公司	17.88
49	中国农业发展银行	22.11	99	全洲药业集团有限公司	17.79
50	重庆百事达汽车有限公司	21.95	100	天津银行股份有限公司	17.77
				中国服务业企业 500 强平均数	12.76

表 10-10　　2014 中国服务业企业 500 强资产利润率排序前 100 名企业

排名	公司名称	资产利润率（%）	排名	公司名称	资产利润率（%）
1	江阴长三角钢铁集团有限公司	38.95	51	深圳市燃气集团股份有限公司	6.02
2	上海金开利集团有限公司	35.06	52	深圳广田装饰集团股份有限公司	5.98
3	四川省烟草公司成都市公司	23.73	53	上海国际港务（集团）股份有限公司	5.93
4	上海华通机电（集团）有限公司	22.87	54	宁波市慈溪进出口股份有限公司	5.86
5	中铁集装箱运输有限责任公司	21.19	55	上海强劲产业发展投资股份有限公司	5.86
6	浙江大华技术股份有限公司	18.76	56	武汉工贸有限公司	5.83
7	腾讯控股有限公司	17.90	57	合肥百货大楼集团股份有限公司	5.82
8	张家港保税区旭江贸易有限公司	17.14	58	重庆百事达汽车有限公司	5.74
9	宁波华东物资城市场建设开发有限公司	15.29	59	隆基泰和实业有限公司	5.70
10	中国免税品（集团）有限责任公司	14.84	60	荣安集团股份有限公司	5.68
11	快乐购物股份有限公司	13.23	61	巨力环球控股有限公司	5.67
12	厦门新景地集团有限公司	12.94	62	大汉控股集团有限公司	5.63
13	大棒集团有限公司	12.17	63	浙江华联商厦有限公司	5.60
14	湖南省新华书店有限责任公司	11.69	64	永辉超市股份有限公司	5.55
15	国宏电气集团股份有限公司	9.63	65	大印集团有限公司	5.42
16	上海尚友实业集团有限公司	9.49	66	浙江出版联合集团有限公司	5.42
17	江苏金一文化发展有限公司	9.31	67	厦门禹洲集团有限公司	5.38
18	广东省广告股份有限公司	9.30	68	广东粤海控股有限公司	5.38
19	中国对外贸易中心（集团）	8.99	69	厦门华澄集团有限公司	5.37
20	大商集团有限公司	8.62	70	珠海振戎公司	5.35
21	广州友谊集团有限公司	8.56	71	广州百货企业集团有限公司	5.27
22	浪潮集团有限公司	8.49	72	苏州金螳螂企业集团有限公司	5.25
23	张家港保税区荣德贸易有限公司	8.24	73	百兴集团有限公司	5.25
24	上海三湘（集团）有限公司	7.82	74	江苏华厦融创置地集团有限公司	5.17
25	上海百营钢铁集团有限公司	7.71	75	卓尔控股有限公司	5.14
26	中国国际技术智力合作公司	7.68	76	云南出版集团有限责任公司	5.10
27	中国河南国际合作集团有限公司	7.63	77	重庆华宇物业（集团）有限公司	5.10
28	湖南九龙经贸集团有限公司	7.62	78	银川新华百货商业集团股份有限公司	5.08
29	上海春秋国际旅行社（集团）有限公司	7.45	79	银泰商业（集团）有限公司	5.04
30	北京菜市口百货股份有限公司	7.45	80	北京王府井百货（集团）股份有限公司	4.94
31	全洲药业集团有限公司	7.42	81	上海闵熙投资控股集团有限公司	4.90
32	北京东方园林股份有限公司	7.41	82	腾邦投资控股有限公司	4.87
33	山东远通汽车贸易集团有限公司	7.35	83	中原出版传媒投资控股集团有限公司	4.86
34	重庆河东控股（集团）有限公司	7.17	84	中兴-沈阳商业大厦（集团）股份有限公司	4.84
35	大华（集团）有限公司	7.11	85	上海东方明珠（集团）股份有限公司	4.82
36	浙江供销超市有限公司	7.06	86	重庆龙湖企业拓展有限公司	4.80
37	赛鼎工程有限公司	6.96	87	苏州汽车客运集团有限公司	4.80
38	唐山港集团股份有限公司	6.93	88	杭州联华华商集团有限公司	4.77
39	上海丝绸集团有限公司	6.65	89	安徽文峰置业有限公司	4.75
40	重庆市锦天投资控股有限公司	6.64	90	中国海诚工程科技股份有限公司	4.71
41	南方石化集团有限公司	6.54	91	浙江宝利德控股集团有限公司	4.64
42	四川华油集团有限责任公司	6.53	92	华侨城集团公司	4.61
43	加贝物流股份有限公司	6.47	93	广州中大控股有限公司	4.59
44	弘阳集团有限公司	6.45	94	成都建国汽车贸易有限公司	4.55
45	宁波滕头集团有限公司	6.41	95	浙江省能源集团有限公司	4.51
46	大连金玛商城企业集团有限公司	6.38	96	中国煤炭科工集团有限公司	4.50
47	深圳市爱施德股份有限公司	6.33	97	南通化工轻工股份有限公司	4.49
48	新疆银隆农业国际合作股份有限公司	6.23	98	上海交运集团股份有限公司	4.47
49	太平鸟集团有限公司	6.21	99	万向三农集团有限公司	4.40
50	山西大昌汽车集团有限公司	6.03	100	民生轮船股份有限公司	4.40
				中国服务业企业 500 强平均数	1.21

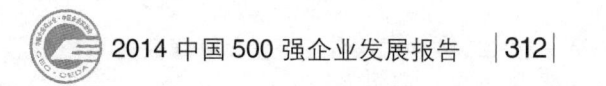

表 10-11　　　2014 中国服务业企业 500 强收入利润率排序前 100 名企业

排名	公司名称	利润率（%）	排名	公司名称	利润率（%）
1	中国对外贸易中心（集团）	47.54	51	厦门新景地集团有限公司	18.74
2	重庆银行股份有限公司	40.01	52	华夏银行股份有限公司	18.66
3	哈尔滨银行股份有限公司	39.21	53	上海国际港务（集团）股份有限公司	18.66
4	海通证券股份有限公司	38.59	54	中国免税品（集团）有限责任公司	18.32
5	重庆农村商业银行股份有限公司	36.96	55	国家开发银行	18.13
6	青海银行股份有限公司	34.80	56	北京东方园林股份有限公司	17.88
7	广发证券股份有限公司	34.27	57	生命人寿保险股份有限公司	17.80
8	龙江银行股份有限公司	32.58	58	上海三湘（集团）有限公司	17.64
9	方正证券股份有限公司	32.13	59	青岛银行股份有限公司	17.33
10	腾讯控股有限公司	31.76	60	江西赣粤高速公路股份有限公司	16.70
11	赣州银行股份有限公司	29.90	61	天津银行股份有限公司	16.51
12	武汉农村商业银行股份有限公司	29.63	62	天津城市基础设施建设投资集团有限公司	15.62
13	洛阳银行股份有限公司	28.84	63	渤海银行股份有限公司	15.43
14	宁夏银行股份有限公司	28.83	64	广发银行股份有限公司	15.35
15	中国银河证券股份有限公司	28.54	65	大华（集团）有限公司	15.12
16	中国工商银行股份有限公司	28.37	66	恒大地产集团有限公司	14.60
17	江苏吴江农村商业银行股份有限公司	28.04	67	万向三农集团有限公司	14.49
18	张家口市商业银行股份有限公司	27.89	68	融信（福建）投资集团有限公司	14.30
19	中国建设银行股份有限公司	27.84	69	重庆龙湖企业拓展有限公司	14.20
20	广东粤海控股有限公司	27.48	70	联发集团有限公司	14.01
21	广州银行股份有限公司	25.58	71	上海机场（集团）有限公司	13.37
22	徽商银行股份有限公司	25.19	72	大众交通（集团）股份有限公司	12.91
23	招商银行股份有限公司	24.83	73	无锡市国联发展（集团）有限公司	12.12
24	长沙银行股份有限公司	24.52	74	四川省烟草公司成都市公司	11.89
25	无锡市交通产业集团有限公司	24.17	75	广东珠江投资股份有限公司	11.88
26	中国银行股份有限公司	24.16	76	江苏华厦融创置地集团有限公司	11.58
27	成都银行股份有限公司	24.12	77	广州港集团有限公司	11.37
28	盛京银行股份有限公司	23.65	78	开元旅业集团有限公司	11.30
29	江苏江阴农村商业银行股份有限公司	23.62	79	厦门住宅建设集团有限公司	10.78
30	中国农业银行股份有限公司	23.55	80	浙江出版联合集团有限公司	10.31
31	广州农村商业银行股份有限公司	23.44	81	中国中信集团有限公司	10.09
32	中铁集装箱运输有限责任公司	22.79	82	华侨城集团公司	10.00
33	汉口银行股份有限公司	22.38	83	武汉地产开发投资集团有限公司	9.96
34	上海金开利集团有限公司	21.65	84	荣安集团股份有限公司	9.84
35	北京银行	21.44	85	中国民航信息集团公司	9.69
36	上海浦东发展银行股份有限公司	21.17	86	广东省广播电视网络股份有限公司	9.61
37	交通银行股份有限公司	21.01	87	广西金融投资集团有限公司	9.59
38	浙江大华技术股份有限公司	20.90	88	中国农业发展银行	9.50
39	天津滨海农村商业银行股份有限公司	20.44	89	苏州汽车客运集团有限公司	9.14
40	青岛农村商业银行股份有限公司	20.31	90	浙江省能源集团有限公司	9.04
41	桂林银行股份有限公司	20.20	91	安徽文峰置业有限公司	8.91
42	中国光大银行股份有限公司	19.74	92	天津贻成集团有限公司	8.79
43	厦门禹洲集团股份有限公司	19.69	93	安徽省能源集团有限公司	8.61
44	华融湘江银行股份有限公司	19.59	94	中国移动通信集团公司	8.54
45	唐山港集团股份有限公司	19.51	95	卓尔控股有限公司	8.50
46	重庆华宇物业（集团）有限公司	19.40	96	湖北能源集团股份有限公司	8.49
47	中国民生银行股份有限公司	19.38	97	深圳市燃气集团股份有限公司	8.47
48	兴业银行股份有限公司	19.26	98	赛鼎工程有限公司	8.39
49	吉林银行	18.90	99	祥生实业集团有限公司	8.35
50	上海东方明珠（集团）股份有限公司	18.87	100	亿达集团有限公司	7.98
				中国服务业企业 500 强平均数	7.58

表 10-12　　2014 中国服务业企业 500 强人均净利润排序前 100 名企业

排名	公司名称	人均净利润（万元）	排名	公司名称	人均净利润（万元）
1	国家开发银行	939.82	51	安徽文峰置业有限公司	65.43
2	大华（集团）有限公司	766.59	52	上海闵熙投资控股集团有限公司	64.40
3	厦门新景地集团有限公司	747.11	53	交通银行股份有限公司	64.08
4	张家港保税区旭江贸易有限公司	685.22	54	广东珠江投资股份有限公司	63.95
5	上海三湘（集团）有限公司	475.50	55	广州农村商业银行股份有限公司	62.25
6	张家港百维物贸有限公司	345.71	56	华夏银行股份有限公司	61.53
7	中铁集装箱运输有限责任公司	228.16	57	成都银行股份有限公司	59.83
8	珠海振戎公司	190.33	58	中国工商银行股份有限公司	59.44
9	厦门源昌集团有限公司	172.63	59	中国建设银行股份有限公司	58.27
10	卓尔控股有限公司	165.24	60	海通证券股份有限公司	57.36
11	东华能源股份有限公司	154.37	61	南通化工轻工股份有限公司	55.09
12	北京银行	146.41	62	天津滨海农村商业银行股份有限公司	54.20
13	江阴长三角钢铁集团有限公司	142.56	63	武汉农村商业银行股份有限公司	53.91
14	广州元亨能源有限公司	142.36	64	青岛银行股份有限公司	53.74
15	绿地控股集团有限公司	138.73	65	宁夏银行股份有限公司	53.20
16	盛京银行股份有限公司	135.78	66	浙江前程投资股份有限公司	53.16
17	南方石化集团有限公司	128.33	67	上海强劲产业发展投资股份有限公司	53.09
18	江苏华厦融创置地集团有限公司	120.96	68	中国银行股份有限公司	51.33
19	广州银行股份有限公司	119.18	69	广发银行股份有限公司	49.65
20	联发集团有限公司	111.63	70	华融湘江银行股份有限公司	49.31
21	新疆生产建设兵团第一师棉麻有限责任公司	110.44	71	赣州银行股份有限公司	48.99
22	中国对外贸易中心（集团）	109.97	72	天津现代集团有限公司	47.64
23	四川省烟草公司成都市公司	108.14	73	宁波市慈溪进出口股份有限公司	46.88
24	上海浦东发展银行股份有限公司	104.99	74	重庆龙湖企业拓展有限公司	46.28
25	宁波宁兴房地产开发集团有限公司	99.76	75	哈尔滨银行股份有限公司	44.67
26	绿城房地产集团有限公司	99.14	76	桂林银行股份有限公司	44.65
27	大棒集团有限公司	98.10	77	生命人寿保险股份有限公司	44.45
28	荣安集团股份有限公司	97.91	78	中球冠集团有限公司	42.06
29	江苏江阴农村商业银行股份有限公司	91.87	79	上海东方明珠（集团）股份有限公司	41.68
30	江苏吴江农村商业银行股份有限公司	89.39	80	浙江省能源集团有限公司	41.59
31	渤海银行股份有限公司	87.52	81	重庆河东控股（集团）有限公司	41.45
32	兴业银行股份有限公司	86.14	82	上海百营钢铁集团有限公司	40.51
33	徽商银行股份有限公司	81.61	83	宁波神化化学品经营有限责任公司	39.98
34	洛阳银行股份有限公司	81.16	84	巨力环球控股有限公司	39.27
35	腾讯控股有限公司	79.98	85	广东粤海控股有限公司	38.87
36	融信（福建）投资集团有限公司	79.53	86	重庆农村商业银行股份有限公司	38.79
37	玖隆钢铁物流有限公司	77.52	87	广东振戎能源有限公司	38.46
38	汉口银行股份有限公司	77.06	88	浙江省经协集团有限公司	38.28
39	中国民生银行股份有限公司	76.97	89	北京菜市口百货股份有限公司	38.03
40	招商银行股份有限公司	76.35	90	万向三农集团有限公司	37.22
41	张家港保税区荣德贸易有限公司	75.02	91	浙江华瑞集团有限公司	36.11
42	长沙银行股份有限公司	73.85	92	龙江银行股份有限公司	35.67
43	中国光大银行股份有限公司	73.62	93	中国农业银行股份有限公司	34.72
44	青海银行股份有限公司	73.59	94	厦门华澄集团有限公司	34.42
45	厦门禹洲集团股份有限公司	73.34	95	天津市房地产开发经营集团有限公司	34.31
46	张家口市商业银行股份有限公司	72.56	96	厦门恒兴集团有限公司	33.47
47	武汉地产开发投资集团有限公司	70.93	97	苏州国信集团有限公司	32.95
48	重庆银行股份有限公司	70.43	98	青岛农村商业银行股份有限公司	32.29
49	天津银行股份有限公司	70.01	99	青岛佐德国际贸易有限公司	31.89
50	弘阳集团有限公司	67.34	100	宁波君安物产有限公司	31.06
				中国服务业企业 500 强平均数	14.53

表 10-13　　2014 中国服务业企业 500 强人均营业收入排序前 100 名企业

排名	公司名称	人均收入（万元）	排名	公司名称	人均收入（万元）
1	张家港百维物贸有限公司	87707	51	华南物资集团有限公司	2414
2	张家港保税区旭江贸易有限公司	73300	52	浙江凯喜雅国际股份有限公司	2334
3	广州元亨能源有限公司	62594	53	厦门路桥工程物资有限公司	2299
4	珠海振戎公司	57074	54	苏州国信集团有限公司	2205
5	广州金创利经贸有限公司	38216	55	中国航空油料集团公司	2162
6	玖隆钢铁物流有限公司	36372	56	江阴长三角钢铁集团有限公司	2037
7	宁波神化化学品经营有限责任公司	14636	57	上海东浩兰生国际服务贸易（集团）有限公司	2007
8	张家港福洛瑞物贸有限公司	13682	58	山东机械进出口集团有限公司	2002
9	广东振戎能源有限公司	13645	59	广西富满地农资股份有限公司	1972
10	南通化工轻工股份有限公司	13187	60	卓尔控股有限公司	1944
11	青岛佐德国际贸易有限公司	13102	61	泰德煤网股份有限公司	1866
12	新疆生产建设兵团第一师棉麻有限责任公司	12301	62	厦门海澳集团有限公司	1848
13	东华能源股份有限公司	11602	63	天津物产集团有限公司	1831
14	宁波君安物产有限公司	11072	64	天津渤海润德钢铁集团有限公司	1731
15	青岛世纪瑞丰国际贸易有限公司	9350	65	天津市丽兴京津钢铁贸易有限公司	1670
16	远大物产集团有限公司	8277	66	上海均和集团有限公司	1667
17	张家港保税区荣德贸易有限公司	7626	67	浙江华瑞集团有限公司	1623
18	新疆西部银力棉业（集团）有限责任公司	7259	68	浙江省医药工业有限公司	1601
19	中球冠集团有限公司	6812	69	深圳市爱施德股份有限公司	1573
20	上海顺朝企业发展集团有限公司	5571	70	中基宁波集团股份有限公司	1571
21	浙江前程投资股份有限公司	5550	71	宁波医药股份有限公司	1505
22	新疆生产建设兵团棉麻公司	5517	72	中国铁路物资股份有限公司	1482
23	巨力环球控股有限公司	5224	73	山西省国新能源发展集团有限公司	1447
24	国家开发银行	5184	74	浙江省经协集团有限公司	1425
25	上海尚友实业集团有限公司	5155	75	重庆华轻商业有限公司	1385
26	上海闽路润贸易有限公司	5144	76	上海百营钢铁集团有限公司	1381
27	大华（集团）有限公司	5070	77	云南中豪置业有限责任公司	1371
28	上海强劲产业发展投资股份有限公司	4985	78	广州红海人力资源集团股份有限公司	1365
29	厦门嘉联恒进出口有限公司	4979	79	北京菜市口百货股份有限公司	1339
30	大棒集团有限公司	4893	80	绿城房地产集团有限公司	1321
31	南方石化集团有限公司	4888	81	天津立业钢铁集团有限公司	1271
32	厦门市明穗粮油贸易有限公司	4743	82	安徽辉隆农资集团	1270
33	上海闵熙投资控股集团有限公司	4665	83	宁波市绿顺集团股份有限公司	1263
34	武汉有色金属投资有限公司	4449	84	潮州华丰集团股份有限公司	1249
35	绿地控股集团有限公司	4274	85	大汉控股集团有限公司	1245
36	天津三和众诚石油制品销售有限公司	4057	86	广东物资集团公司	1197
37	厦门新景地集团有限公司	3988	87	重庆河东控股（集团）有限公司	1190
38	大印集团有限公司	3661	88	天津国际民众控股集团有限公司	1153
39	宁波宁兴房地产开发集团有限公司	3646	89	厦门华澄集团有限公司	1152
40	常州市化工轻工材料总公司	3327	90	浙江海越股份有限公司	1150
41	厦门市嘉晟对外贸易有限公司	3150	91	弘阳集团有限公司	1148
42	厦门华融集团有限公司	3044	92	中国国际技术智力合作公司	1145
43	厦门源昌集团有限公司	3005	93	浙江省物产集团公司	1140
44	日出实业集团有限公司	2960	94	天津现代集团有限公司	1136
45	河北省物流产业集团有限公司	2805	95	丰立集团有限公司	1069
46	上海三湘（集团）有限公司	2696	96	河北省农业生产资料有限公司	1045
47	厦门恒兴集团有限公司	2562	97	江苏华厦融创置地集团有限公司	1044
48	睿恒科技装备集团有限公司	2517	98	厦门象屿集团有限公司	1032
49	宁波海田控股集团有限公司	2486	99	中铁集装箱运输有限责任公司	1001
50	黑龙江倍丰农业生产资料集团有限公司	2457	100	荣安集团股份有限公司	995
				中国服务业企业 500 强平均数	190

表 10-14   2014 中国服务业企业 500 强人均资产排序前 100 名企业

排名	公司名称	人均资产（万元）	排名	公司名称	人均资产（万元）
1	国家开发银行	96693	51	青海银行股份有限公司	3978
2	广州元亨能源有限公司	24793	52	青岛佐德国际贸易有限公司	3706
3	北京银行	14541	53	广西北部湾银行股份有限公司	3643
4	武汉地产开发投资集团有限公司	11795	54	珠海振戎公司	3560
5	广州银行股份有限公司	11430	55	广州金创利经贸有限公司	3481
6	渤海银行股份有限公司	10900	56	武汉农村商业银行股份有限公司	3440
7	大华（集团）有限公司	10783	57	厦门华融集团有限公司	3358
8	盛京银行股份有限公司	10087	58	龙江银行股份有限公司	3352
9	东华能源股份有限公司	9502	59	赣州银行股份有限公司	3349
10	上海浦东发展银行股份有限公司	9442	60	青岛世纪瑞丰国际贸易有限公司	3258
11	天津银行有限公司	8310	61	重庆农村商业银行股份有限公司	3251
12	张家港百维物贸有限公司	7907	62	卓尔控股有限公司	3216
13	兴业银行股份有限公司	7687	63	宁夏银行股份有限公司	3189
14	新疆生产建设兵团第一师棉麻有限责任公司	7563	64	中国农业银行股份有限公司	3040
15	天津城市基础设施建设投资集团有限公司	7073	65	吉林银行	2986
16	江苏江阴农村商业银行股份有限公司	6967	66	广东珠江投资股份有限公司	2963
17	中国光大银行股份有限公司	6655	67	新疆西部银力棉业（集团）有限责任公司	2808
18	汉口银行股份有限公司	6645	68	联发集团有限公司	2735
19	华夏银行股份有限公司	6637	69	绿城房地产集团有限公司	2482
20	长沙银行股份有限公司	6510	70	青岛农村商业银行股份有限公司	2465
21	青岛银行股份有限公司	6385	71	玖隆钢铁物流有限公司	2450
22	徽商银行股份有限公司	6331	72	中国中信集团有限公司	2441
23	广发银行股份有限公司	6301	73	海通证券股份有限公司	2404
24	重庆银行股份有限公司	6253	74	融信（福建）投资集团有限公司	2367
25	绿地控股集团有限公司	6232	75	天津市政建设集团有限公司	2352
26	交通银行股份有限公司	6132	76	江苏华夏融创置地集团有限公司	2338
27	上海三湘（集团）有限公司	6077	77	上海闽路润贸易有限公司	2225
28	厦门源昌集团有限公司	6003	78	上海临港经济发展（集团）有限公司	2200
29	招商银行股份有限公司	5900	79	云南中豪置业有限责任公司	2170
30	中国民生银行股份有限公司	5874	80	张家港福洛瑞物贸有限公司	2105
31	江苏吴江农村商业银行股份有限公司	5791	81	南方石化集团有限公司	1964
32	厦门新景地集团有限公司	5774	82	厦门嘉联恒进出口有限公司	1831
33	宁波宁兴房地产开发集团有限公司	5596	83	浙江前程投资股份有限公司	1825
34	洛阳银行股份有限公司	5588	84	黑龙江倍丰农业生产资料集团有限公司	1803
35	广东振戎能源有限公司	5566	85	浙江海越股份有限公司	1736
36	厦门恒兴集团有限公司	5542	86	荣安集团股份有限公司	1723
37	成都银行股份有限公司	5261	87	苏州国信集团有限公司	1712
38	天津滨海农村商业银行股份有限公司	5228	88	广州凯得控股有限公司	1684
39	中国农业发展银行	5030	89	浙江华瑞集团有限公司	1670
40	桂林银行股份有限公司	4974	90	中国人寿保险（集团）公司	1649
41	厦门市嘉晟对外贸易有限公司	4867	91	厦门市明穗粮油贸易有限公司	1625
42	广州农村商业银行股份有限公司	4862	92	广西金融投资集团有限公司	1623
43	华融湘江银行股份有限公司	4818	93	生命人寿保险股份有限公司	1619
44	张家口市商业银行股份有限公司	4739	94	云南省能源投资集团有限公司	1561
45	天津市房地产开发经营集团有限公司	4550	95	浙江凯喜雅国际股份有限公司	1543
46	中国银行股份有限公司	4539	96	安徽省高速公路控股集团有限公司	1542
47	哈尔滨银行股份有限公司	4296	97	天津现代集团有限公司	1504
48	中国工商银行股份有限公司	4281	98	广西交通投资集团有限公司	1449
49	中国建设银行股份有限公司	4170	99	武汉有色金属投资有限公司	1431
50	张家港保税区旭江贸易有限公司	3998	100	营口港务集团有限公司	1406
				中国服务业企业 500 强平均数	1194

表 10-15　　2014 中国服务业企业 500 强收入增长率排序前 100 名企业

排名	公司名称	收入增长率（%）	排名	公司名称	收入增长率（%）
1	新疆生产建设兵团棉麻公司	548.11	51	上海永达控股（集团）有限公司	51.94
2	云南省能源投资集团有限公司	460.94	52	银江科技集团有限公司	50.51
3	玖隆钢铁物流有限公司	442.44	53	新疆前海集团公司	48.80
4	张家港百维物贸有限公司	438.23	54	滨海投资集团股份有限公司	48.76
5	青岛佐德国际贸易有限公司	227.70	55	重庆市锦天投资控股有限公司	47.89
6	武汉经济发展投资（集团）有限公司	217.05	56	张家港保税区荣德贸易有限公司	47.87
7	张家港保税区旭江贸易有限公司	164.17	57	天津银行股份有限公司	47.77
8	宁波宁兴房地产开发集团有限公司	161.05	58	方正证券股份有限公司	47.60
9	广西金融投资集团有限公司	152.17	59	桂林银行股份有限公司	45.44
10	安徽国祯集团股份有限公司	149.66	60	蓝池集团有限公司	44.86
11	浙江海越股份有限公司	141.41	61	上海三湘（集团）有限公司	44.33
12	广西北部湾投资集团有限公司	127.94	62	恒大地产集团有限公司	43.84
13	国宏电气集团股份有限公司	125.00	63	百度股份有限公司	43.21
14	徽商银行股份有限公司	111.77	64	天津住宅建设发展集团有限公司	42.09
15	深圳市爱施德股份有限公司	105.53	65	太平人寿保险有限公司	42.01
16	厦门住宅建设集团有限公司	103.70	66	睿恒科技装备集团有限公司	41.75
17	广东振戎能源有限公司	101.98	67	广西物资集团有限责任公司	41.11
18	深圳市神州通投资集团有限公司	99.95	68	广州越秀集团有限公司	40.67
19	巨力环球控股有限公司	97.56	69	大棒集团有限公司	40.38
20	四川省能源投资集团有限责任公司	93.97	70	成都建国汽车贸易有限公司	40.08
21	唯品会（中国）有限公司	93.77	71	江苏省粮食集团有限责任公司	39.89
22	厦门禹洲集团股份有限公司	91.86	72	山西能源交通投资有限公司	39.16
23	厦门新景地集团有限公司	88.69	73	山东高速集团有限公司	39.10
24	湖南九龙经贸集团有限公司	87.39	74	上海东浩兰生国际服务贸易（集团）有限公司	38.58
25	新疆西部银力棉业（集团）有限责任公司	83.66	75	腾邦投资控股有限公司	38.42
26	广州金创利经贸有限公司	81.98	76	江苏金一文化发展有限公司	38.25
27	宁波市绿顺集团股份有限公司	77.69	77	天津海泰控股集团有限公司	38.06
28	厦门源昌集团有限公司	76.42	78	苏州国信集团有限公司	37.81
29	宁波君安物产有限公司	74.09	79	中球冠集团有限公司	37.78
30	青海省物资产业集团总公司	72.89	80	青岛银行股份有限公司	37.78
31	东华能源股份有限公司	72.41	81	腾讯控股有限公司	37.69
32	大连港集团有限公司	67.74	82	广西西江开发投资集团有限公司	37.60
33	京东商城电子商务有限公司	67.57	83	盛京银行股份有限公司	37.10
34	卓尔控股有限公司	67.38	84	广州珠江实业集团有限公司	36.79
35	广东物资集团公司	66.87	85	广东粤合资产经营有限公司	36.61
36	天津物产集团有限公司	62.98	86	河北港口集团有限公司	36.46
37	大华（集团）有限公司	61.76	87	融信（福建）投资集团有限公司	36.26
38	上海均和集团有限公司	61.40	88	中原出版传媒投资控股集团有限公司	35.97
39	大连金玛商城企业集团有限公司	58.67	89	江苏恒大置业投资发展有限公司	35.39
40	上海临港经济发展（集团）有限公司	58.13	90	福建省能源集团有限责任公司	35.06
41	广州元亨能源有限公司	56.23	91	天津滨海农村商业银行股份有限公司	34.86
42	浙江省经协集团有限公司	56.10	92	中国银河证券股份有限公司	34.76
43	安徽新华发行（集团）控股有限公司	55.66	93	中国保利集团公司	34.08
44	日照港集团有限公司	54.67	94	重庆龙湖企业拓展有限公司	33.94
45	河北省物流产业集团有限公司	54.20	95	广西北部湾国际港务集团有限公司	33.36
46	大汉控股集团有限公司	54.07	96	广东珠江投资股份有限公司	33.16
47	湖北银丰实业集团有限责任公司	53.73	97	月星集团有限公司	33.00
48	宁波医药股份有限公司	53.62	98	北京控股集团有限公司	32.90
49	中国天津国际经济技术合作集团公司	53.43	99	青岛世纪瑞丰国际贸易有限公司	32.89
50	浙江大华技术股份有限公司	53.21	100	苏州金螳螂企业集团有限公司	32.51
				中国服务业企业 500 强平均数	13.86

表 10-16　　　　2014 中国服务业企业 500 强净利润增长率排序前 100 名企业

排名	公司名称	净利润增长率(%)	排名	公司名称	净利润增长率(%)
1	上海外经集团控股有限公司	162950.00	51	云南省能源投资集团有限公司	95.45
2	安徽省交通投资集团有限责任公司	20428.25	52	成都建国汽车贸易有限公司	92.24
3	吉林粮食集团有限公司	3774.73	53	中国天津国际经济技术合作集团公司	91.42
4	张家港百维物贸有限公司	1471.43	54	华天实业控股集团有限公司	89.98
5	厦门国贸控股有限公司	1361.47	55	大华（集团）有限公司	87.54
6	南方石化集团有限公司	1158.79	56	湖南友谊阿波罗控股股份有限公司	86.90
7	浙江海越股份有限公司	1065.56	57	重庆市金科投资控股（集团）有限责任公司	85.50
8	安徽省旅游集团有限责任公司	751.72	58	中国海运（集团）总公司	83.42
9	宁波市慈溪进出口股份有限公司	701.92	59	中国太平洋保险（集团）股份有限公司	82.41
10	天津劝业华联集团有限公司	590.87	60	安徽安粮控股股份有限公司	81.64
11	山西能源交通投资有限公司	422.73	61	宁波联合集团股份有限公司	81.30
12	厦门住宅建设集团有限公司	394.50	62	远大物产集团有限公司	77.12
13	生命人寿保险股份有限公司	390.39	63	新疆生产建设兵团第一师棉麻有限责任公司	75.52
14	腾邦投资控股有限公司	385.01	64	天津三和众诚石油制品销售有限公司	75.13
15	厦门市嘉晟对外贸易有限公司	365.88	65	广州华新集团有限公司	72.00
16	广东省广新控股集团有限公司	362.16	66	厦门海沧投资集团有限公司	70.61
17	安徽省高速公路控股集团有限公司	356.93	67	新疆生产建设兵团棉麻公司	69.93
18	国美电器有限公司	306.12	68	浙江省能源集团有限公司	66.72
19	广州金创利经贸有限公司	291.13	69	江苏汇鸿国际集团有限公司	66.61
20	唯品会（中国）有限公司	268.82	70	湖南九龙经贸集团有限公司	65.50
21	天津能源投资集团有限公司	251.92	71	广州凯得控股有限公司	64.70
22	华星北方汽车贸易有限公司	238.00	72	大连港集团有限公司	64.69
23	万向三农集团有限公司	218.74	73	上海均瑶（集团）有限公司	64.04
24	苏州金螳螂企业集团有限公司	215.01	74	申能（集团）有限公司	63.56
25	厦门市明穗粮油贸易有限公司	204.88	75	南昌市政公用投资控股有限责任公司	62.83
26	广东南方报业传媒集团有限公司	204.09	76	浙江大华技术股份有限公司	61.53
27	天津市房地产开发经营集团有限公司	195.33	77	华南物资集团有限公司	61.09
28	重庆百事达汽车有限公司	192.91	78	广西西江开发投资集团有限公司	59.33
29	安徽文峰置业有限公司	182.66	79	广东省广告股份有限公司	58.95
30	浙江省经协集团有限公司	151.16	80	浙江省农村发展集团有限公司	58.87
31	重庆港务物流集团有限公司	140.32	81	厦门夏商集团有限公司	57.51
32	融信（福建）投资集团有限公司	136.65	82	广州佳都集团有限公司	56.94
33	国宏电气集团股份有限公司	124.97	83	青岛农村商业银行股份有限公司	56.58
34	丰立集团有限公司	123.63	84	张家港保税区荣德贸易有限公司	55.87
35	天津渤海润德钢铁集团有限公司	119.95	85	安徽辉隆农资集团	54.96
36	万事利集团有限公司	118.35	86	长江勘测规划设计研究院	54.68
37	广西金融投资集团有限公司	117.14	87	无锡商业大厦大东方股份有限公司	54.01
38	武汉经济发展投资（集团）有限公司	116.73	88	北京祥龙博瑞汽车服务（集团）有限公司	53.69
39	天津物产集团有限公司	116.71	89	利泰集团有限公司	51.65
40	江苏金一文化发展有限公司	115.08	90	新华人寿保险股份有限公司	50.77
41	太平鸟集团有限公司	114.44	91	中国银河证券股份有限公司	50.39
42	广东省丝绸纺织集团有限公司	107.06	92	恒大地产集团有限公司	49.30
43	浙江省交通投资集团有限公司	103.43	93	太平人寿保险有限公司	47.22
44	厦门禹洲集团股份有限公司	102.59	94	中国联合网络通信集团有限公司	47.14
45	大汉控股集团有限公司	99.96	95	厦门新景地集团有限公司	46.81
46	睿恒科技装备集团有限公司	99.06	96	西安高科（集团）公司	46.72
47	广东粤海控股有限公司	98.23	97	河北港口集团有限公司	46.44
48	北京首都旅游集团有限责任公司	97.71	98	广西富满地农资股份有限公司	46.20
49	方正证券股份有限公司	96.65	99	话机世界数码连锁集团股份有限公司	46.01
50	中原出版传媒投资控股集团有限公司	95.61	100	深圳市神州通投资集团有限公司	45.72
				中国服务业企业 500 强平均数	9.72

表 10-17　2014 中国服务业企业 500 强资产增长率排序前 100 名企业

排名	公司名称	资产增长率（%）	排名	公司名称	资产增长率（%）
1	张家港百维物贸有限公司	737.21	51	安徽新华发行（集团）控股有限公司	42.29
2	广州佳都集团有限公司	267.16	52	重庆市新大兴实业（集团）有限公司	42.27
3	浙江海越股份有限公司	201.33	53	山西能源交通投资有限公司	42.25
4	安徽国贸集团控股有限公司	182.83	54	湖南九龙经贸集团有限公司	41.16
5	宁波市慈溪进出口股份有限公司	134.94	55	安徽安粮控股有限公司	40.55
6	中国免税品（集团）有限责任公司	132.12	56	天津一商集团有限公司	38.68
7	广西金融投资集团有限公司	114.74	57	银江科技集团有限公司	38.47
8	四川省开元集团有限公司	112.98	58	广西西江开发投资集团有限公司	37.55
9	苏宁控股集团	112.28	59	青岛佐德国际贸易有限公司	37.45
10	新疆前海集团公司	107.47	60	广州无线电集团有限公司	37.18
11	万向三农集团有限公司	105.66	61	宁波滕头集团有限公司	36.92
12	青岛世纪瑞丰国际贸易有限公司	105.23	62	安徽亚夏实业股份有限公司	36.88
13	卓尔控股有限公司	100.24	63	广东粤合资产经营有限公司	36.59
14	三胞集团有限公司	98.00	64	华星北方汽车贸易有限公司	36.47
15	天津恒运能源股份有限公司	95.57	65	重庆河东控股（集团）有限公司	36.22
16	上海闽路润贸易有限公司	88.16	66	大连万达集团股份有限公司	35.50
17	融信（福建）投资集团有限公司	82.48	67	广州珠江实业集团有限公司	35.22
18	北京东方园林股份有限公司	77.84	68	晋能有限责任公司	35.02
19	浙江大华技术股份有限公司	77.41	69	新疆维吾尔自治区棉麻公司	35.01
20	生命人寿保险股份有限公司	73.82	70	河北省物流产业集团有限公司	34.90
21	广西物资集团有限责任公司	69.47	71	青海银行股份有限公司	34.38
22	天津国际民众控股有限公司	68.46	72	广州市水务投资集团有限公司	34.21
23	波鸿集团有限公司	67.61	73	天津银行股份有限公司	34.18
24	武汉经济发展投资（集团）有限公司	60.20	74	腾邦投资控股有限公司	34.11
25	深圳市爱施德股份有限公司	59.97	75	成都建国汽车贸易有限公司	34.04
26	中基宁波集团股份有限公司	59.78	76	海通证券股份有限公司	33.71
27	蓝池集团有限公司	59.16	77	苏州金螳螂企业集团有限公司	33.62
28	东华能源股份有限公司	58.33	78	青岛银行股份有限公司	33.48
29	天津市房地产开发经营集团有限公司	57.78	79	中国医药集团总公司	33.47
30	百度股份有限公司	55.44	80	四川富临实业集团有限公司	33.39
31	上海东浩兰生国际服务贸易（集团）有限公司	55.07	81	天津渤海润德钢铁集团有限公司	33.04
32	广东物资集团公司	54.38	82	四川省能源投资集团有限责任公司	32.48
33	玖隆钢铁物流有限公司	54.10	83	日出实业集团有限公司	32.48
34	绿地控股集团有限公司	54.01	84	重庆银行股份有限公司	32.43
35	浙江华瑞集团有限公司	53.59	85	天津市公共交通集团（控股）有限公司	31.56
36	河北省新合作控股集团有限公司	52.80	86	新疆广汇实业投资（集团）有限责任公司	31.18
37	上海申华控股股份有限公司	51.99	87	厦门市嘉晟对外贸易有限公司	31.10
38	广东振戎能源有限公司	50.19	88	邯郸市阳光百货集团总公司	30.86
39	天津滨海农村商业银行	49.00	89	浙江宝利德控股集团有限公司	30.81
40	深圳市神州通投资集团有限公司	48.93	90	方正证券股份有限公司	30.78
41	大汉控股集团有限公司	46.76	91	广发证券股份有限公司	30.42
42	桂林银行股份有限公司	46.42	92	青海省物资产业集团总公司	30.41
43	厦门路桥工程物资有限公司	46.39	93	重庆市锦天投资控股有限公司	30.29
44	安徽省盐业总公司	45.72	94	山东高速集团有限公司	30.05
45	恒大地产集团有限公司	45.67	95	河北怀特集团股份有限公司	30.00
46	厦门象屿集团有限公司	45.44	96	浙江前程投资股份有限公司	29.95
47	京东商城电子商务有限公司	45.42	97	安徽文峰置业有限公司	29.34
48	重庆市黔龙实业（集团）有限责任公司	45.22	98	安徽国祯集团股份有限公司	29.34
49	张家口市商业银行股份有限公司	44.80	99	浙江省能源集团有限公司	28.86
50	腾讯控股有限公司	42.49	100	祥生实业集团有限公司	28.83
				中国服务业企业 500 强平均数	11.73

表 10-18　　2014 中国服务业企业 500 强研发费增长率排序前 100 名企业

排名	公司名称	研发费增长率（%）	排名	公司名称	研发费增长率（%）
1	河南交通投资集团有限公司	713.79	51	苏州金螳螂企业集团有限公司	44.19
2	大汉控股集团有限公司	632.60	52	华茂集团股份有限公司	41.31
3	阳光保险集团股份有限公司	576.01	53	广州银行股份有限公司	40.86
4	山东高速集团有限公司	341.19	54	北京银行	38.28
5	四川省烟草公司成都市公司	326.17	55	广发证券股份有限公司	38.13
6	宁波市慈溪进出口股份有限公司	323.16	56	泰康人寿保险股份有限公司	38.08
7	苏宁控股集团	308.57	57	北京粮食集团有限责任公司	34.62
8	广发银行股份有限公司	263.26	58	湖北能源集团股份有限公司	33.87
9	中国铁路物资股份有限公司	219.05	59	国家开发投资公司	33.40
10	武汉农村商业银行股份有限公司	214.21	60	中国医药集团总公司	33.19
11	广东南方报业传媒集团有限公司	185.71	61	青岛维客集团股份有限公司	33.01
12	中国江苏国际经济技术合作集团有限公司	180.09	62	河北港口集团有限公司	31.21
13	青岛世纪瑞丰国际贸易有限公司	178.00	63	北京东方园林股份有限公司	30.67
14	广州市地下铁道总公司	172.18	64	山西煤炭进出口集团有限公司	30.61
15	重庆交通运输控股（集团）有限公司	164.71	65	浙江省物产集团公司	30.33
16	浙江省能源集团有限公司	152.55	66	哈尔滨银行股份有限公司	30.14
17	上海外经集团控股有限公司	141.67	67	广州广之旅国际旅行社股份有限公司	29.94
18	江苏国泰国际集团有限公司	139.31	68	交运集团公司	29.17
19	浙江大华技术股份有限公司	136.16	69	深圳广田装饰集团股份有限公司	28.36
20	浙江省交通投资集团有限公司	133.02	70	广西金融投资集团有限公司	27.36
21	厦门翔业集团有限公司	123.13	71	中国远洋运输（集团）总公司	26.30
22	腾邦投资控股集团	122.83	72	心连心集团有限公司	26.26
23	天音通信有限公司	111.84	73	上海国际港务（集团）股份有限公司	25.92
24	安徽出版集团有限责任公司	108.33	74	汉口银行股份有限公司	25.67
25	山东省商业集团有限公司	96.27	75	重庆龙湖企业拓展有限公司	25.45
26	北京控股集团有限公司	85.97	76	西安曲江文化产业投资（集团）有限公司	25.00
27	青海银行股份有限公司	79.42	77	广州无线电集团有限公司	24.96
28	百度股份有限公司	78.18	78	中国航空油料集团公司	24.89
29	北京首都创业集团有限公司	74.30	79	天津二商集团有限公司	22.64
30	上海埃圣玛金属科技集团有限公司	73.53	80	九州通医药集团股份有限公司	22.49
31	广州中大控股集团有限公司	73.07	81	武汉市燃气热力集团有限公司	22.06
32	安徽广电传媒产业集团	69.96	82	广东省产业资产经营有限公司	21.65
33	湖南九龙经贸集团有限公司	69.53	83	安徽安粮控股股份有限公司	21.29
34	盛京银行股份有限公司	67.82	84	中国移动通信集团公司	20.29
35	厦门国贸控股集团有限公司	63.95	85	中国中纺集团公司	20.25
36	天津海泰控股集团有限公司	63.91	86	广州金创利经贸有限公司	20.25
37	广州百货企业集团有限公司	63.61	87	江苏恒大置业投资发展有限公司	20.00
38	全洲药业集团有限公司	60.00	88	江苏吴江农村商业银行股份有限公司	19.42
39	广州岭南国际企业集团有限公司	59.21	89	四川富临实业集团有限公司	18.95
40	安徽国祯集团股份有限公司	57.22	90	安徽省能源集团有限公司	18.90
41	云南省能源投资集团有限公司	55.58	91	厦门华澄集团有限公司	18.73
42	万向三农集团有限公司	54.77	92	浙江省国际贸易集团有限公司	18.57
43	银江科技集团有限公司	53.05	93	青岛能源集团有限公司	18.48
44	河南蓝天集团有限公司	52.94	94	天津银行股份有限公司	17.92
45	京东商城电子商务有限公司	51.43	95	天津三和众诚石油制品销售有限公司	17.65
46	重庆市金科投资控股（集团）有限责任公司	50.16	96	重庆市黔龙实业（集团）有限责任公司	17.64
47	武汉商贸国有控股集团有限公司	50.06	97	广东省丝绸纺织集团有限公司	17.57
48	深圳市燃气集团股份有限公司	50.00	98	赛鼎工程有限公司	17.04
49	宁波萌恒工贸有限公司	48.19	99	波鸿集团有限公司	16.67
50	中国煤炭科工集团有限公司	46.19	100	上海交运集团股份有限公司	16.45
				中国服务业企业 500 强合计数	9.36

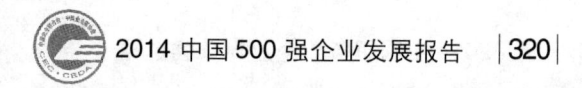

表 10-19　　2014 中国服务业企业 500 强行业平均净利润

名次	行业名称	平均净利润（万元）	名次	行业名称	平均净利润（万元）
1	银行业	2942367	21	电器商贸批发、零售业	47830
2	电信、邮寄、速递等服务业	2397700	22	人力资源、会展博览、国内外经合作等社会综合服务业	46848
3	综合保险业	1870750			
4	信息、传媒、电子商务、网购、娱乐等互联网服务业	654528	23	科技研发、推广及地勘、规划、设计、评估、咨询、认证等承包服务业	44814
5	财产保险业	424776	24	医药专营批发、零售业	42049
6	能源（电、热、燃气等能）供应、开发、减排及再循环服务业	364316	25	文化产业（书刊出版、印刷、发行与销售及影视、音像、文体、演艺等）	40392
7	多元化投资控股、商务服务业	311676	26	旅游、旅馆及娱乐服务业	37020
8	人寿保险业	305737	27	陆路运输、城市公交、道路及交通辅助等服务业	35317
9	证券业	252211			
10	铁路运输及辅助服务业	216756	28	生活消费品（家用、文体、玩具、工艺品、珠宝等）内外批发及商贸业	34345
11	房地产开发与经营、物业及房屋装饰、修缮、管理等服务业	157669			
			29	矿产、能源内外商贸批发业	30432
12	港口服务业	123468	30	物流、仓储、运输、配送服务业	26658
13	航空运输及相关服务业	109644	31	商业零售业及连锁超市	26626
14	综合服务业（以服务业为主，含有制造业）	108749	32	家具、家居专营批发、零售业	24135
15	化工产品及医药内外商贸批发业	84237	33	汽车和摩托车商贸、维修保养及租赁业	20741
16	水上运输业	78957	34	生产资料内外贸易批发、零售业	19971
17	软件、程序、计算机应用、网络工程等计算机、微电子服务业	78015	35	粮油食品及农林、土畜、果蔬、水产品等内外商贸批发、零售业	18197
18	航空港及相关服务业	71176	36	金属内外贸易及加工、配送、批发零售业	13725
19	机电、电子产品内外商贸及批发业	60998	37	其他金融服务业	13389
20	公用事业、市政、水务、航道等公共设施投资、经营与管理业	48699	38	综合性内外商贸及批发、零售业	10624

表 10-20　　2014 中国服务业企业 500 强行业平均营业收入

名次	行业名称	平均营业收入（万元）	名次	行业名称	平均营业收入（万元）
1	电信、邮寄、速递等服务业	42764746	22	综合性内外商贸及批发、零售业	2187858
2	综合保险业	30430400	23	粮油食品及农林、土畜、果蔬、水产品等内外商贸批发、零售业	2062796
3	财产保险业	15695600	24	商业零售业及连锁超市	1869912
4	人寿保险业	13943981	25	生活消费品（家用、文体、玩具、工艺品、珠宝等）内外批发及商贸业	1857639
5	银行业	12566220	26	港口服务业	1843477
6	能源（电、热、燃气等能）供应、开发、减排及再循环服务业	12379771	27	旅游、旅馆及娱乐服务业	1666089
7	化工产品及医药内外商贸批发业	9002524	28	人力资源、会展博览、国内外经合作等社会综合服务业	1615081
8	铁路运输及辅助服务业	8822463	29	家具、家居专营批发、零售业	1485232
9	航空运输及相关服务业	7225227	30	汽车和摩托车商贸、维修保养及租赁业	1426225
10	电器商贸批发、零售业	7058528	31	金属内外贸易及加工、配送、批发零售业	1365013
11	矿产、能源内外商贸批发业	6478465	32	公用事业、市政、水务、航道等公共设施投资、经营与管理业	1301932
12	水上运输业	5987465	33	陆路运输、城市公交、道路及交通辅助等服务业	1105990
13	综合服务业（以服务业为主，含有制造业）	5749896	34	科技研发、推广及地勘、规划、设计、评估、咨询、认证等承包服务业	986084
14	多元化投资控股、商务服务业	5262242	35	证券业	739659
15	生产资料内外贸易批发、零售业	4026470	36	文化产业（书刊出版、印刷、发行与销售及影视、音像、文体、演艺等）	734912
16	医药专营批发、零售业	3554473	37	航空港及相关服务业	703147
17	信息、传媒、电子商务、网购、娱乐等互联网服务业	3460806	38	其他金融服务业	448315
18	物流、仓储、运输、配送服务业	3283292			
19	机电、电子产品内外商贸及批发业	3193606			
20	软件、程序、计算机应用、网络工程等计算机、微电子服务业	2625402			
21	房地产开发与经营、物业及房屋装饰、修缮、管理等服务业	2463470			

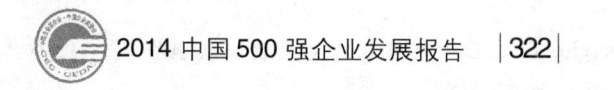

表 10-21　　2014 中国服务业企业 500 强行业平均资产

名次	行业名称	平均资产（万元）	名次	行业名称	平均资产（万元）
1	银行业	248373764	21	航空港及相关服务业	3015091
2	电信、邮寄、速递等服务业	209982938	22	矿产、能源内外商贸批发业	2845949
3	综合保险业	204192250	23	医药专营批发、零售业	2624029
4	人寿保险业	65325458	24	粮油食品及农林、土畜、果蔬、水产品等内外商贸批发、零售业	2475653
5	财产保险业	38499858
6	多元化投资控股、商务服务业	27925038	25	机电、电子产品内外商贸及批发业	2143677
7	能源（电、热、燃气等能）供应、开发、减排及再循环服务业	17327879	26	旅游、旅馆及娱乐服务业	2107688
			27	软件、程序、计算机应用、网络工程等计算机、微电子服务业	2076748
8	航空运输及相关服务业	16394706
9	水上运输业	13205189	28	生产资料内外贸易批发、零售业	1504650
10	证券业	10033883	29	生活消费品（家用、文体、玩具、工艺品、珠宝等）内外批发及商贸业	1339888
11	公用事业、市政、水务、航道等公共设施投资、经营与管理业	9070366
12	综合服务业（以服务业为主，含有制造业）	7191930	30	文化产业（书刊出版、印刷、发行与销售及影视、音像、文体、演艺等）	1179817
13	陆路运输、城市公交、道路及交通辅助等服务业	6287356	31	科技研发、推广及地勘、规划、设计、评估、咨询、认证等承包服务业	1064628
14	港口服务业	6123138
15	化工产品及医药内外商贸批发业	5541038	32	商业零售业及连锁超市	1059895
16	房地产开发与经营、物业及房屋装饰、修缮、管理等服务业	5405102	33	人力资源、会展博览、国内外经合作等社会综合服务业	1021213
17	信息、传媒、电子商务、网购、娱乐等互联网服务业	4452550	34	家具、家居专营批发、零售业	942988
			35	汽车和摩托车商贸、维修保养及租赁业	908103
18	铁路运输及辅助服务业	4227389	36	综合性内外商贸及批发、零售业	862596
19	物流、仓储、运输、配送服务业	3448035	37	金属内外贸易及加工、配送、批发零售业	481479
20	电器商贸批发、零售业	3430494	38	其他金融服务业	249217

表 10-22　　2014 中国服务业企业 500 强行业平均纳税总额

名次	行业名称	平均纳税总额（万元）	名次	行业名称	平均纳税总额（万元）
1	电信、邮寄、速递等服务业	3438880	22	陆路运输、城市公交、道路及交通辅助等服务业	76607
2	综合保险业	1444750	23	信息、传媒、电子商务、网购、娱乐等互联网服务业	72930
3	银行业	1338773	24	旅游、旅馆及娱乐服务业	71715
4	能源（电、热、燃气等）供应、开发、减排及再循环服务业	849819	25	航空港及相关服务业	65144
5	财产保险业	847611	26	软件、程序、计算机应用、网络工程等计算机、微电子服务业	62823
6	多元化投资控股、商务服务业	444586			
7	航空运输及相关服务业	375871	27	人力资源、会展博览、国内外经合作等社会综合服务业	60022
8	人寿保险业	307583			
9	综合服务业（以服务业为主，含有制造业）	302701	28	商业零售业及连锁超市	53683
10	房地产开发与经营、物业及房屋装饰、修缮、管理等服务业	225936	29	科技研发、推广及地勘、规划、设计、评估、咨询、认证等承包服务业	51432
11	化工产品及医药内外商贸批发业	170609	30	生活消费品（家用、文体、玩具、工艺品、珠宝等）内外批发及商贸业	47995
12	水上运输业	146921			
13	矿产、能源内外商贸批发业	121879	31	文化产业（书刊出版、印刷、发行与销售及影视、音像、文体、演艺等）	39578
14	铁路运输及辅助服务业	117439			
15	港口服务业	108685	32	生产资料内外贸易批发、零售业	31439
16	电器商贸批发、零售业	108377	33	综合性内外商贸及、零售业	29188
17	证券业	105196	34	汽车和摩托车商贸、维修保养及租赁业	23108
18	机电、电子产品内外商贸及批发业	98020	35	家具、家居专营批发、零售业	21904
19	物流、仓储、运输、配送服务业	97664	36	粮油食品及农林、土畜、果蔬、水产品等内外商贸批发、零售业	19646
20	医药专营批发、零售业	92830			
21	公用事业、市政、水务、航道等公共设施投资、经营与管理业	91622	37	金属内外贸易及加工、配送、批发零售业	7641
			38	其他金融服务业	4493

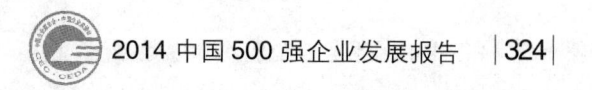

表 10-23　　2014 中国服务业企业 500 强行业平均研发费用排序

名次	行业名称	平均研发费用（万元）	名次	行业名称	平均研发费用（万元）
1	电信、邮寄、速递等服务业	961800	18	人寿保险业	10389
2	信息、传媒、电子商务、网购、娱乐等互联网服务业	253524	19	文化产业（书刊出版、印刷、发行与销售及影视、音像、文体、演艺等）	9944
3	软件、程序、计算机应用、网络工程等计算机、微电子服务业	63809	20	公用事业、市政、水务、航道等公共设施投资、经营与管理业	8176
4	能源（电、热、燃气等能）供应、开发、减排及再循环服务业	57226	21	物流、仓储、运输、配送服务业	7083
5	银行业	49875	22	港口服务业	6817
6	水上运输业	44176	23	陆路运输、城市公交、道路及交通辅助等服务业	6791
7	化工产品及医药内外商贸批发业	34070	24	生活消费品（家用、文体、玩具、工艺品、珠宝等）内外批发及商贸业	4515
8	综合服务业（以服务业为主，含有制造业）	30766	25	矿产、能源内外商贸批发业	3414
9	科技研发、推广及地勘、规划、设计、评估、咨询、认证等承包服务业	28404	26	证券业	3205
10	多元化投资控股、商务服务业	26327	27	旅游、旅馆及娱乐服务业	2238
11	医药专营批发、零售业	23122	28	生产资料内外贸易批发、零售业	1923
12	航空港及相关服务业	19963	29	其他金融服务业	181
13	航空运输及相关服务业	19495	30	商业零售业及连锁超市	1791
14	电器商贸批发、零售业	19065	31	汽车和摩托车商贸、维修保养及租赁业	1400
15	机电、电子产品内外商贸及批发业	18090	32	人力资源、会展博览、国内外合作等社会综合服务业	1391
16	房地产开发与经营、物业及房屋装饰、修缮、管理等服务业	18018	33	综合性内外商贸及批发、零售业	1130
17	粮油食品及农林、土畜、果蔬、水产品等内外商贸批发、零售业	17097	34	金属内外贸易及加工、配送、批发零售业	1128
			35	铁路运输及辅助服务业	67

表 10-24　　2014 中国服务业企业 500 强行业平均人均净利润

名次	行业名称	人均净利润（万元）	名次	行业名称	人均净利润（万元）
1	铁路运输及辅助服务业	228.16	19	能源（电、热、燃气等能）供应、开发、减排及再循环服务业	5.46
2	银行业	58.33	20	电信、邮寄、速递等服务业	5.07
3	信息、传媒、电子商务、网购、娱乐等互联网服务业	57.17	21	软件、程序、计算机应用、网络工程等计算机、微电子服务业	4.90
4	其他金融服务业	34.42	22	人寿保险业	4.64
5	证券业	34.30	23	水上运输业	4.63
6	金属内外贸易及加工、配送、批发零售业	24.29	24	综合服务业（以服务业为主，含有制造业）	4.61
7	房地产开发与经营、物业及房屋装饰、修缮、管理等服务业	19.47	25	生产资料内外贸易批发、零售业	3.73
8	人力资源、会展博览、国内外经济合作等社会综合服务业	18.21	26	公用事业、市政、水务、航道等公共设施投资、经营与管理业	3.54
9	矿产、能源内外商贸批发业	11.43	27	汽车和摩托车商贸、维修保养及租赁业	3.43
10	综合保险业	10.66	28	综合性内外商贸及批发、零售业	3.30
11	港口服务业	10.29	29	物流、仓储、运输、配送服务业	3.21
12	化工产品及医药内外商贸批发业	9.61	30	医药专营批发、零售业	3.10
13	多元化投资控股、商务服务业	7.45	31	旅游、旅馆及娱乐服务业	2.03
14	生活消费品（家用、文体、玩具、工艺品、珠宝等）内外批发及商贸业	6.44	32	航空运输及相关服务业	2.00
15	航空港及相关服务业	6.35	33	粮油食品及农林、土畜、果蔬、水产品等内外商贸批发、零售业	1.93
16	机电、电子产品内外商贸及批发业	6.21	34	陆路运输、城市公交、道路及交通辅助等服务业	1.93
17	科技研发、推广及地勘、规划、设计、评估、咨询、认证等承包服务业	6.15	35	财产保险业	1.61
			36	商业零售业及连锁超市	1.35
18	文化产业（书刊出版、印刷、发行与销售及影视、音像、文体、演艺等）	5.46	37	电器商贸批发、零售业	1.30
			38	家具、家居专营批发、零售业	1.04

表 10-25　　2014 中国服务业企业 500 强行业平均人均营业收入

名次	行业名称	人均营业收入（万元）	名次	行业名称	人均营业收入（万元）
1	金属内外贸易及加工、配送、批发零售业	2511.42	21	电器商贸批发、零售业	191.58
2	铁路运输及辅助服务业	1444.41	22	水上运输业	190.94
3	其他金融服务业	1152.48	23	信息、传媒、电子商务、网购、娱乐等互联网服务业	174.83
4	化工产品及医药内外商贸批发业	1027.22			
5	生产资料内外贸易批发、零售业	764.25	24	软件、程序、计算机应用、网络工程等计算机、微电子服务业	164.93
6	综合性内外商贸及批发、零售业	680.25			
7	人力资源、会展博览、国内外经济合作等社会综合服务业	627.91	25	港口服务业	158.31
			26	科技研发、推广及地勘、规划、设计、评估、咨询、认证等承包服务业	135.23
8	矿产、能源内外商贸批发业	546.58			
9	生活消费品（家用、文体、玩具、工艺品、珠宝等）内外批发及商贸业	348.56	27	航空运输及相关服务业	131.61
			28	多元化投资控股、商务服务业	126.99
10	机电、电子产品内外商贸及批发业	340.08	29	公用事业、市政、水务、航道等公共设施投资、经营与管理业	101.39
11	房地产开发与经营、物业及房屋装饰、修缮、管理等服务业	308.46			
			30	证券业	100.6
12	物流、仓储、运输、配送服务业	281.03	31	文化产业（书刊出版、印刷、发行与销售及影视、音像、文体、演艺等）	99.25
13	医药专营批发、零售业	261.94			
14	银行业	249.13	32	旅游、旅馆及娱乐服务业	91.5
15	综合服务业（以服务业为主，含有制造业）	243.79	33	电信、邮寄、速递等服务业	90.47
16	汽车和摩托车商贸、维修保养及租赁业	234.94	34	商业零售业及连锁超市	83.39
17	粮油食品及农林、土畜、果蔬、水产品等内外商贸批发、零售业	232.77	35	家具、家居专营批发、零售业	64.07
			36	航空港及相关服务业	62.76
18	综合保险业	222.27	37	陆路运输、城市公交、道路及交通辅助等服务业	60.57
19	人寿保险业	211.56			
20	能源（电、热、燃气等能）供应、开发、减排及再循环服务业	202.59	38	财产保险业	59.5

表 10-26　　2014 中国服务业企业 500 强行业平均人均资产

名次	行业名称	人均资产（万元）	名次	行业名称	人均资产（万元）
1	银行业	4924.02	22	粮油食品及农林、土畜、果蔬、水产品等内外商贸批发、零售业	279.36
2	证券业	1364.74	23	航空港及相关服务业	269.10
3	人寿保险业	991.11	24	综合性内外商贸及批发、零售业	268.20
4	金属内外贸易及加工、配送、批发零售业	885.85	25	生活消费品（家用、文体、玩具、工艺品、珠宝等）内外批发及商贸业	251.41
5	综合保险业	832.67	26	矿产、能源内外商贸批发业	240.11
6	公用事业、市政、水务、航道等公共设施投资、经营与管理业	706.36	27	机电、电子产品内外商贸及批发业	230.29
7	铁路运输及辅助服务业	692.11	28	信息、传媒、电子商务、网购、娱乐等互联网服务业	224.94
8	多元化投资控股、商务服务业	676.94	29	医药专营批发、零售业	193.38
9	房地产开发与经营、物业及房屋装饰、修缮、管理等服务业	673.88	30	文化产业（书刊出版、印刷、发行与销售及影视、音像、文体、演艺等）	159.34
10	其他金融服务业	640.66	31	汽车和摩托车商贸、维修保养及租赁业	149.59
11	化工产品及医药内外商贸批发业	632.25	32	科技研发、推广及地勘、规划、设计、评估、咨询、认证等承包服务业	146.00
12	港口服务业	525.83	33	财产保险业	145.96
13	电信、邮寄、速递等服务业	444.21	34	软件、程序、计算机应用、网络工程等计算机、微电子服务业	130.46
14	水上运输业	421.11	35	旅游、旅馆及娱乐服务业	115.75
15	人力资源、会展博览、国内外经济合作等社会综合服务业	397.02	36	电器商贸批发、零售业	93.11
16	陆路运输、城市公交、道路及交通辅助等服务业	344.34	37	商业零售业及连锁超市	47.76
17	综合服务业（以服务业为主，含有制造业）	304.92	38	家具、家居专营批发、零售业	40.68
18	航空运输及相关服务业	298.64			
19	物流、仓储、运输、配送服务业	295.13			
20	生产资料内外贸易批发、零售业	285.59			
21	能源（电、热、燃气等能）供应、开发、减排及再循环服务业	283.29			

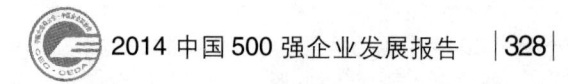

表 10-27　　2014 中国服务业企业 500 强行业平均人均纳税总额

名次	行业名称	人均纳税总额（万元）	名次	行业名称	人均纳税总额（万元）
1	房地产开发与经营、物业及房屋装饰、修缮、管理等服务业	28.21	20	电信、邮寄、速递等服务业	7.27
2	银行业	26.03	21	公用事业、市政、水务、航道等公共设施投资、经营与管理业	7.14
3	人力资源、会展博览、国内外经济合作等社会综合服务业	23.34	22	科技研发、推广及地勘、规划、设计、评估、咨询、认证等承包服务业	7.05
4	化工产品及医药内外商贸批发业	19.47	23	航空运输及相关服务业	6.85
5	铁路运输及辅助服务业	19.23	24	医药专营批发、零售业	6.84
6	证券业	14.31	25	生产资料内外贸易批发、零售业	5.97
7	金属内外贸易及加工、配送、批发零售业	14.06	26	航空港及相关服务业	5.81
8	能源（电、热、燃气等能）供应、开发、减排及再循环服务业	13.41	27	文化产业（书刊出版、印刷、发行与销售及影视、音像、文体、演艺等）	5.35
9	综合服务业（以服务业为主，含有制造业）	12.83	28	信息、传媒、电子商务、网购、娱乐等互联网服务业	5.21
10	其他金融服务业	11.55			
11	多元化投资控股、商务服务业	10.78	29	人寿保险业	4.67
12	机电、电子产品内外商贸及批发业	10.29	30	陆路运输、城市公交、道路及交通辅助等服务业	4.2
13	矿产、能源内外商贸批发业	10.28	31	软件、程序、计算机应用、网络工程等计算机、微电子服务业	3.95
14	港口服务业	9.33			
15	综合性内外商贸及批发、零售业	9.08	32	旅游、旅馆及娱乐服务业	3.94
16	生活消费品（家用、文体、玩具、工艺品、珠宝等）内外批发及商贸业	9.01	33	汽车和摩托车商贸、维修保养及租赁业	3.81
			34	水上运输业	3.65
17	综合保险业	9.01	35	财产保险业	3.21
18	粮油食品及农林、土畜、果蔬、水产品等内外商贸批发、零售业	8.54	36	电器商贸批发、零售业	2.94
			37	商业零售业及连锁超市	2.53
19	物流、仓储、运输、配送服务业	8.36	38	家具、家居专营批发、零售业	0.94

表 10-28　　2014中国服务业企业500强行业平均人均研发费用

名次	行业名称	人均研发费用（万元）	名次	行业名称	人均研发费用（万元）
1	信息、传媒、电子商务、网购、娱乐等互联网服务业	7.85	17	水上运输业	0.74
2	软件、程序、计算机应用、网络工程等计算机、微电子服务业	6.49	18	能源（电、热、燃气等能）供应、开发、减排及再循环服务业	0.68
3	粮油食品及农林、土畜、果蔬、水产品等内外商贸批发、零售业	5.35	19	人力资源、会展博览、国内外经济合作等社会综合服务业	0.57
4	其他金融服务业	4.66	20	公用事业、市政、水务、航道等公共设施投资、经营与管理业	0.51
5	科技研发、推广及地勘、规划、设计、评估、咨询、认证等承包服务业	3.31	21	港口服务业	0.48
			22	证券业	0.44
6	电信、邮寄、速递等服务业	3.08	23	多元化投资控股、商务服务业	0.39
7	房地产开发与经营、物业及房屋装饰、修缮、管理等服务业	1.99	24	物流、仓储、运输、配送服务业	0.35
			25	陆路运输、城市公交、道路及交通辅助等服务业	0.34
8	化工产品及医药内外商贸批发业	1.97			
9	文化产业（书刊出版、印刷、发行与销售及影视、音像、文体、演艺等）	1.92	26	航空运输及相关服务业	0.32
			27	综合性内外商贸及批发、零售业	0.32
10	航空港及相关服务业	1.78	28	电器商贸批发、零售业	0.29
11	金属内外贸易及加工、配送、批发零售业	1.38	29	汽车和摩托车商贸、维修保养及租赁业	0.24
12	综合服务业（以服务业为主，含有制造业）	1.11	30	生产资料内外贸易批发、零售业	0.18
13	机电、电子产品内外商贸及批发业	1.03	31	人寿保险业	0.18
14	银行业	0.98	32	矿产、能源内外商贸批发业	0.12
15	医药专营批发、零售业	0.89	33	商业零售业及连锁超市	0.1
16	生活消费品（家用、文体、玩具、工艺品、珠宝等）内外批发及商贸业	0.75	34	旅游、旅馆及娱乐服务业	0.09
			35	铁路运输及辅助服务业	0.01

表 10-29　　2014 中国服务业企业 500 强行业平均资产利润率

名次	行业名称	平均资产利润率（%）	名次	行业名称	平均资产利润率（%）
1	信息、传媒、电子商务、网购、娱乐等互联网服务业	12.92	17	港口服务业	1.76
			18	旅游、旅馆及娱乐服务业	1.76
2	其他金融服务业	5.37	19	医药专营批发、零售业	1.60
3	人力资源、会展博览、国内外经合作等社会综合服务业	4.59	20	化工产品及医药内外商贸批发业	1.52
			21	综合服务业（以服务业为主，含有制造业）	1.51
4	科技研发、推广及地勘、规划、设计、评估、咨询、认证等承包服务业	4.21	22	电器商贸批发、零售业	1.39
			23	生产资料内外贸易批发、零售业	1.23
5	软件、程序、计算机应用、网络工程等计算机、微电子服务业	3.76	24	综合性内外商贸及批发、零售业	1.23
			25	银行业	1.18
6	文化产业（书刊出版、印刷、发行与销售及影视、音像、文体、演艺等）	3.42	26	电信、邮寄、速递等服务业	1.14
			27	财产保险业	1.10
7	房地产开发与经营、物业及房屋装饰、修缮、管理等服务业	2.86	28	多元化投资控股、商务服务业	1.02
			29	矿产、能源内外商贸批发业	0.98
8	机电、电子产品内外商贸及批发业	2.85	30	综合保险业	0.92
9	金属内外贸易及加工、配送、批发零售业	2.71	31	粮油食品及农林、土畜、果蔬、水产品等内外商贸批发、零售业	0.67
10	生活消费品（家用、文体、玩具、工艺品、珠宝等）内外批发及商贸业	2.56	32	航空运输及相关服务业	0.67
11	家具、家居专营批发、零售业	2.56	33	陆路运输、城市公交、道路及交通辅助等服务业	0.48
12	证券业	2.51	34	人寿保险业	0.47
13	商业零售业及连锁超市	2.51	35	公用事业、市政、水务、航道等公共设施投资、经营与管理业	0.38
14	航空港及相关服务业	2.36			
15	汽车和摩托车商贸、维修保养及租赁业	2.16	36	水上运输业	0.01
16	能源（电、热、燃气等能）供应、开发、减排及再循环服务业	1.92	37	物流、仓储、运输、配送服务业	-0.49
			38	铁路运输及辅助服务业	-6.57

第十一章
中国有关地区企业 100 强数据

表 11-1　　　　　　　　　　　　2014 天津企业 100 强

排名	企业名称	营业收入（万元）	排名	企业名称	营业收入（万元）
1	天津物产集团有限公司	33793983	51	伟创力电子制造（天津）有限公司	1070740
2	中国石化销售有限公司华北分公司	29584456	52	三星高新电机（天津）有限公司	1052034
3	渤海钢铁集团有限公司	22008633	53	天津城市基础设施建设投资集团有限公司	1032971
4	天津中环电子信息集团有限公司	18691929	54	天津立业钢铁集团有限公司	1016411
5	中海石油（中国）有限公司天津分公司	9620101	55	天津现代集团有限公司	986212
6	天津三星通信技术有限公司	8578185	56	天津市恒兴钢业有限公司	955113
7	中国石油化工股份有限公司天津分公司	8567083	57	工银金融租赁有限公司	949856
8	天津渤海化工集团有限责任公司	7101906	58	北方国际集团有限公司	941548
9	天津市一轻集团（控股）有限公司	6364231	59	中国农业机械华北集团有限公司	901787
10	天津一汽丰田汽车有限公司	5258157	60	天津市政建设集团有限公司	869472
11	天津百利机电控股集团有限公司	5042586	61	滨海投资集团股份有限公司	866836
12	天津荣程联合钢铁集团有限公司	5030457	62	天津大桥焊材集团有限公司	843337
13	天津一商集团有限公司	4045218	63	天津国际名众控股有限公司	826373
14	国网天津市电力公司	3848251	64	天津银行股份有限公司	811420
15	中交第一航务工程局有限公司	3803001	65	中国水利水电第十三工程局有限公司	810779
16	天津市医药集团有限公司	3329515	66	天津市丽兴京津钢铁贸易有限公司	806571
17	中铁十八局集团有限公司	3109674	67	国药控股天津有限公司	803664
18	融创中国控股有限公司	3083671	68	天津三星 LED 有限公司	792058
19	天狮集团有限公司	3048834	69	中冀斯巴鲁（天津）汽车销售有限公司	781988
20	渤海银行股份有限公司	2956142	70	中国移动通信集团天津有限公司	779639
21	天津住宅建设发展集团有限公司	2886323	71	中铁十六局集团第二工程有限公司	771707
22	天津三星视界移动有限公司	2880707	72	天津金元宝商厦集团有限公司	755550
23	天津港（集团）有限公司	2834328	73	中国联合网络通信有限公司天津市分公司	753047
24	中储发展股份有限公司	2783907	74	天津三星电机有限公司	751636
25	天津能源投资集团有限公司	2741100	75	天津市交通（集团）有限公司	742600
26	中国石油天然气股份有限公司大港油田分公司	2687488	76	天津贻成集团有限公司	720160
27	中国石油天然气股份有限公司大港石化分公司	2679511	77	九三集团天津大豆科技有限公司	688898
28	中沙（天津）石化有限公司	2670332	78	天津顶益食品有限公司	682914
29	中国建筑第六工程局有限公司	2634049	79	嘉里粮油（天津）有限公司	679050
30	中国石油集团渤海钻探工程有限公司	2630000	80	爱玛科技股份有限公司	670000
31	天津市建工集团（控股）有限公司	2532254	81	天津二十冶建设有限公司	631242
32	天津友发钢管集团股份有限公司	2408312	82	天津市长芦盐业总公司	625636
33	天津纺织集团（控股）有限公司	2386868	83	中节能（天津）投资集团有限公司	616064
34	天津塑力线缆集团有限公司	2097285	84	天津三星光电子有限公司	603825
35	天士力控股集团有限公司	2046300	85	天津市金桥焊材集团有限公司	594700
36	天津市二轻集团（控股）有限公司	1996896	86	天津一汽夏利汽车股份有限公司	562375
37	天津三星电子有限公司	1901704	87	天津恒运能源股份有限公司	558000
38	中色（天津）有色金属有限公司	1675510	88	中国能源建设集团天津电力建设公司	557295
39	中国石油天然气股份有限公司天津销售分公司	1625864	89	梦金园黄金珠宝集团有限公司	545485
40	天津华北集团有限公司	1591527	90	天津海泰控股集团有限公司	538277
41	中冶天工集团有限公司	1536175	91	天津市自来水集团有限公司	536145
42	天津城建集团有限公司	1514839	92	天津市静海县宝来工贸有限公司	532998
43	中国铁路物资天津有限公司	1497991	93	中材装备集团有限公司	531589
44	天津农垦集团有限公司	1442121	94	天津市新宇彩板有限公司	511321
45	中国石油集团渤海石油装备制造有限公司	1404738	95	邦基正大（天津）粮油有限公司	503220
46	天津市建筑材料集团（控股）有限公司	1392857	96	振华物流集团有限公司	501322
47	中交天津航道局有限公司	1365858	97	天津劝业华联集团有限公司	498506
48	天津二商集团有限公司	1309420	98	中国天津国际经济技术合作集团公司	492927
49	中钢集团天津有限公司	1127968	99	上海烟草集团有限责任公司天津卷烟厂	490113
50	天津市房地产开发经营集团有限公司	1108814	100	天津渤海润德钢铁集团有限公司	450188

发布单位：天津市企业联合会、天津市企业家协会

表 11-2　　2014 上海企业 100 强

排名	企业名称	营业收入（万元）	排名	企业名称	营业收入（万元）
1	上海汽车集团股份有限公司	56580701	51	上海浦东电线电缆（集团）有限公司	981319
2	宝钢集团有限公司	30310026	52	上海机场（集团）有限公司	968064
3	交通银行股份有限公司	29650594	53	上海申华控股股份有限公司	920583
4	绿地控股集团有限公司	25218186	54	天安财产保险股份有限公司	917399
5	上海浦东发展银行股份有限公司	19331121	55	上海紫江企业集团股份有限公司	862606
6	中国太平洋保险（集团）股份有限公司	19313700	56	上海新世界（集团）有限公司	859151
7	百联集团有限公司	16391646	57	上海华拓控股集团有限公司	855914
8	光明食品（集团）有限公司	15938217	58	康德乐（上海）医药有限公司	845655
9	益海嘉里投资有限公司	13131543	59	天喔食品（集团）有限公司	845142
10	中国石化上海石油化工股份有限公司	11553983	60	上海交运集团股份有限公司	838128
11	上海烟草集团有限责任公司	11124666	61	致达控股集团有限公司	820652
12	中国建筑第八工程局有限公司	10580244	62	上海美特斯邦威服饰股份有限公司	788962
13	上海华信石油集团有限公司	10265963	63	上海百营钢铁集团有限公司	729387
14	上海建工集团股份有限公司	10203605	64	上海苏宁云商销售有限公司	670668
15	上海东浩兰生国际服务贸易（集团）有限公司	9480170	65	上海顺朝企业发展集团有限公司	668474
16	上海电气（集团）总公司	9474796	66	中国铁路物资上海有限公司	654448
17	中国东方航空集团公司	9118319	67	五冶集团上海有限公司	623589
18	国网上海市电力公司	7949332	68	上海闵熙投资控股集团有限公司	587819
19	上海医药集团股份有限公司	7882282	69	中国海诚工程科技有限公司	575809
20	中国海运（集团）总公司	6826053	70	上海嘉里食品工业有限公司	575665
21	上海市对外服务有限公司	6777976	71	中冶天工上海十三冶建设有限公司	559900
22	上海华谊（集团）公司	6062725	72	新大洲本田摩托有限公司	554421
23	太平人寿保险有限公司	5955024	73	东昊石油集团有限公司	515327
24	上海城建（集团）公司	5225000	74	上海闽路润贸易有限公司	514360
25	上海复星高科技（集团）有限公司	5204104	75	亚东石化（上海）有限公司	511965
26	上海纺织（集团）有限公司	4325971	76	上海临港经济发展（集团）有限公司	492226
27	上海永达控股（集团）有限公司	3326267	77	上海斐讯数据通信技术有限公司	469058
28	老凤祥股份有限公司	3298466	78	上海华东电器（集团）有限公司	451755
29	申能（集团）有限公司	3177296	79	上海龙宇燃油股份有限公司	450127
30	上海人民企业（集团）有限公司	3093624	80	上海尚友实业集团有限公司	448450
31	上海国际港务（集团）股份有限公司	2816230	81	上海家化联合股份有限公司	447000
32	中智上海经济技术合作公司	2677817	82	上海丝绸集团有限公司	439527
33	中国二十冶集团有限公司	2309053	83	正泰电气股份有限公司	437143
34	东方国际（集团）有限公司	2003305	84	上海金开利集团有限公司	426650
35	上海均和集团有限公司	2000807	85	上海亚泰建设集团有限公司	416018
36	上海良友（集团）有限公司	1973972	86	上海华通机电（集团）有限公司	412276
37	巨力环球控股有限公司	1913205	87	上海强生控股股份有限公司	405526
38	大华（集团）有限公司	1657828	88	光大证券股份有限公司	401954
39	上海宝冶集团有限公司	1613031	89	上海大众公用事业（集团）股份有限公司	387409
40	上海均瑶（集团）有限公司	1552399	90	上海外经集团控股有限公司	375249
41	上海胜华电缆（集团）有限公司	1511500	91	上海强劲产业发展投资控股有限公司	373879
42	沪东中华造船（集团）有限公司	1457556	92	上海金发科技发展有限公司	372447
43	上海外高桥造船有限公司	1414901	93	上海恒升企业（集团）有限公司	364909
44	百丽鞋业（上海）有限公司	1286294	94	上海东方明珠（集团）股份有限公司	362642
45	月星集团有限公司	1180395	95	中冶宝钢技术服务有限公司	354561
46	中国万向控股有限公司	1172486	96	上海亚东国际货运有限公司	340513
47	上海春秋国际旅行社（集团）有限公司	1096365	97	思源电气股份有限公司	338557
48	上海奥盛投资控股（集团）有限公司	1052932	98	永乐（中国）电器销售有限公司	335741
49	海通证券股份有限公司	1045495	99	舜元建设（集团）有限公司	322316
50	上海世茂股份有限公司	1015347	100	大众交通（集团）股份有限公司	316276

发布单位：上海企业联合会、企业家协会

表 11-3　　2014 重庆企业 100 强

排名	企业名称	营业收入（万元）	排名	企业名称	营业收入（万元）
1	重庆长安汽车股份有限公司	16267979	51	华能重庆珞璜发电有限责任公司	508356
2	达丰（重庆）电脑有限公司	5207910	52	中铁十一局集团第五工程有限公司	505344
3	重庆商社（集团）有限公司	5065631	53	重庆百事达汽车有限公司	499595
4	重庆建工投资控股有限责任公司	5000065	54	重庆华轻商业有限公司	470789
5	重庆龙湖企业拓展有限公司	3914310	55	重庆长安民生物流股份有限公司	464966
6	国网重庆市电力公司	3849758	56	重庆桐君阁股份有限公司	463530
7	重庆化医控股（集团）公司	3602568	57	重庆紫光化工股份有限公司	460064
8	重庆市能源投资集团有限公司	3449339	58	重庆建设摩托车股份有限公司	451353
9	旭硕科技（重庆）有限公司	3393242	59	重庆美心（集团）有限公司	435777
10	鸿富锦精密电子（重庆）有限公司	3309698	60	天圣制药集团股份有限公司	423469
11	重庆机电控股（集团）公司	3083701	61	九禾股份有限公司	422960
12	重庆市金科投资控股（集团）有限责任公司	3027246	62	重庆鸽牌电线电缆有限公司	421808
13	隆鑫控股有限公司	2791130	63	重庆市渝万建设集团有限公司	412520
14	重庆农村商业银行股份有限公司	2774581	64	重庆银翔摩托车（集团）有限公司	392188
15	中国烟草总公司重庆市公司	2767731	65	重庆重铁物流有限公司	385635
16	重庆力帆控股有限公司	2601570	66	重庆市盐业（集团）有限公司	384215
17	重庆钢铁（集团）有限责任公司	2586232	67	重庆砂之船苏格服饰股份有限公司	350000
18	重庆轻纺控股（集团）公司	2534509	68	重庆科瑞制药（集团）有限公司	347808
19	太极集团有限公司	2384357	69	重庆青山工业有限责任公司	343799
20	重庆医药（集团）股份有限公司	1744538	70	中铁八局集团第一工程有限公司	341739
21	华南物资集团有限公司	1648714	71	重庆啤酒股份有限公司	338685
22	英业达（重庆）有限公司	1610798	72	重庆建安建设（集团）有限公司	336115
23	仁宝电脑（重庆）有限公司	1432567	73	重庆红宇精密工业有限责任公司	332288
24	重庆烟草工业有限责任公司	1418396	74	北城致远集团有限公司	329534
25	宗申产业集团有限公司	1352189	75	重庆市公路工程（集团）股份有限公司	329110
26	重庆市博赛矿业（集团）有限公司	1338434	76	重庆望江工业有限公司	318012
27	重庆对外经贸（集团）有限公司	1271361	77	重庆康明斯发动机有限公司	315536
28	万友汽车投资有限公司	1238266	78	重庆河东控股有限公司	314286
29	重庆小康控股有限公司	1233780	79	重庆市新大兴实业（集团）有限公司	299505
30	庆铃汽车（集团）有限公司	1115932	80	重庆一品建设集团有限公司	290416
31	重庆交通运输控股（集团）有限公司	1101405	81	民生轮船股份有限公司	270059
32	重庆长安工业（集团）有限责任公司	1063176	82	重庆黔龙实业有限公司	266065
33	中冶建工集团有限公司	1062570	83	重庆群洲实业（集团）有限公司	262436
34	西南兵器工业公司	1054964	84	重庆一建设集团有限公司	260779
35	重庆永辉超市有限公司	1013631	85	重庆大江工业有限责任公司	257965
36	重庆中节能实业有限责任公司	993081	86	重庆涪陵能源实业集团有限公司	256341
37	重庆港务物流集团有限公司	890093	87	重庆顺博铝合金股份有限公司	253503
38	重庆中科建设（集团）有限公司	853562	88	重庆理文造纸有限公司	252873
39	重庆中汽西南汽车（集团）有限公司	809910	89	重庆泰山电缆有限公司	250712
40	中国四联仪器仪表集团有限公司	773518	90	重庆跨越（集团）股份有限公司	239729
41	重庆巨能建设（集团）有限公司	719412	91	重庆悦来投资集团有限公司	235771
42	重庆润通动力有限公司	704460	92	大川控股（集团）有限公司	234973
43	重庆市锦天投资控股有限公司	689660	93	中船重工（重庆）海装风电设备有限公司	233766
44	重庆华宇物业（集团）有限公司	668544	94	中铁五局集团第六工程有限责任公司	230037
45	中冶赛迪集团有限公司	633903	95	重庆市中大建设集团有限公司	220587
46	中交二航局第二工程有限公司	590827	96	重庆药友制药有限责任公司	219685
47	重庆银行股份有限公司	582209	97	重庆三峡银行股份有限公司	218500
48	西南铝业（集团）有限公司	542036	98	重庆新华书店集团公司	217725
49	中国石化集团四川维尼纶厂	541546	99	重庆市汽车运输（集团）有限责任公司	215401
50	重庆市农业投资集团有限公司	517756	100	重庆金九控股集团有限公司	210410

发布单位：重庆市企业联合会、重庆市企业家协会

表 11-4　　2014 黑龙江企业 100 强

排名	企业名称	营业收入（万元）	排名	企业名称	营业收入（万元）
1	大庆油田有限责任公司	23080000	51	黑龙江省北大荒肉业有限公司	304600
2	中国石油天然气股份有限公司大庆石化分公司	5551435	52	华能黑龙江发电有限公司	297265
3	黑龙江农垦北大荒商贸集团有限责任公司	4154746	53	大庆市久隆精细化工有限公司	285862
4	九三粮油工业集团有限公司	4064252	54	黑龙江省飞鹤乳业有限公司	285000
5	黑龙江省电力有限公司	3890100	55	益海嘉里（哈尔滨）粮油食品工业有限公司	265441
6	黑龙江龙煤矿业控股集团有限责任公司	3868351	56	黑龙江省东北大自然粮油有限公司	260200
7	中国石油天然气股份有限公司大庆炼化分公司	3621611	57	黑龙江龙凤玉米开发有限公司	253143
8	哈尔滨电气集团公司	2397295	58	哈尔滨大众肉联食品有限公司	245100
9	西林钢铁集团有限公司	2300966	59	哈尔滨白桦林集团有限责任公司	241690
10	中国石油天然气股份有限公司哈尔滨石化分公司	2144862	60	黑龙江远大购物中心有限公司	238031
11	黑龙江省建设集团有限公司	2117524	61	北大荒丰缘集团有限公司	235019
12	哈药集团有限公司	1850000	62	中国电信股份有限公司黑龙江分公司	227674
13	黑龙江省农村信用社联合社	1752133	63	哈尔滨东安汽车发动机制造有限公司	210430
14	中国移动通信集团黑龙江有限公司	1431861	64	牡丹江首控石油化工有限公司	209400
15	黑龙江倍丰农业生产资料集团有限公司	1275172	65	哈尔滨顶津食品有限公司	194600
16	华电能源股份有限公司	1023792	66	东北轻合金有限责任公司	193800
17	大庆中蓝石化有限公司	1012600	67	哈尔滨誉衡药业股份有限公司	192356
18	中亚石油有限公司	996900	68	黑龙江建龙化工有限公司	190102
19	黑龙江烟草工业有限责任公司	989355	69	七台河宝泰隆煤化工股份有限公司	189198
20	中国联合网络通信有限公司黑龙江省分公司	985202	70	中粮生化能源（龙江）有限公司	186070
21	黑龙江北大荒农业股份有限公司	938856	71	黑龙江贝因美乳业有限公司	178641
22	哈尔滨银行股份有限公司	854384	72	哈尔滨第一机械集团有限公司	171700
23	齐齐哈尔轨道交通装备有限责任公司	843033	73	哈尔滨顶益食品有限公司	171481
24	中国第一重型机械集团公司	836907	74	集贤嘉泰油脂有限公司	170100
25	东方集团股份有限公司	822443	75	黑龙江省阳霖油脂集团有限公司	169500
26	中航工业哈尔滨飞机工业集团有限责任公司	755443	76	黑龙江黑化股份有限公司	164195
27	庆丰农业生产资料集团有限公司	741878	77	黑龙江天兴生物科技集团有限公司	161800
28	北大荒粮食集团有限公司	722971	78	桦林佳通轮胎有限公司	160811
29	东北特钢集团北满特殊钢有限责任公司	683029	79	黑龙江省首龙再生资源利用有限公司	159500
30	黑龙江建龙钢铁有限公司	651967	80	黑龙江辰能投资集团有限责任公司	159143
31	大唐黑龙江发电有限公司	601504	81	牡丹江恒丰纸业集团有限公司	157648
32	黑龙江汉枫缓释肥料有限公司	597000	82	绿都集团股份有限公司	156599
33	黑龙江省完达山乳业股份有限公司	567383	83	望奎双汇北大荒食品有限公司	155892
34	龙江银行股份有限公司	561752	84	大庆油田飞马有限公司	154600
35	黑龙江农垦建工集团有限公司	543920	85	哈尔滨联强商业发展有限公司	151168
36	黑龙江安瑞佳石油化工有限公司	542100	86	黑龙江省哈孚油脂有限公司	150300
37	哈尔滨光宇集团股份有限公司	540623	87	黑龙江集贤亿丰油脂有限公司	150200
38	中国龙江森林工业（集团）总公司	511296	88	黑龙江黑大鹅家电有限公司	145405
39	黑龙江大庄园肉业有限公司	476518	89	沈阳焦煤鸡西盛隆矿业有限责任公司	143590
40	大庆市鑫珑腾肉业有限公司	454700	90	黑龙江珍宝岛药业股份有限公司	141481
41	中石油昆仑燃气有限公司黑龙江分公司	438145	91	黑龙江中盟集团有限公司	133223
42	双城雀巢有限公司	414000	92	中国蓝星哈尔滨石化有限公司	132907
43	葵花集团有限公司	408612	93	中国石油天然气股份有限公司大庆润滑油二厂	132800
44	中粮生化能源（肇东）有限公司	394343	94	黑龙江省农业机械有限责任公司	130490
45	大庆展华生化科技有限公司	366500	95	益海嘉里（佳木斯）粮油工业有限公司	123713
46	哈尔滨鑫达企业集团	360000	96	鹤岗市三江平原米业集团有限公司	120033
47	大庆龙江风电有限责任公司	351500	97	大庆华科股份有限公司	117539
48	哈尔滨油飞汽车工业集团有限公司	346800	98	黑龙江金谷农业科技发展有限公司	115082
49	大庆联谊石化股份有限公司	342555	99	鹤岗东兴集团有限公司	114800
50	中航工业哈尔滨东安发动机（集团）有限公司	325500	100	哈尔滨亿阳信通股份有限公司	111524

发布单位：黑龙江省企业联合会、黑龙江省企业家协会

表 11-5　　2014 辽宁企业 100 强

排名	企业名称	营业收入（万元）	排名	企业名称	营业收入（万元）
1	大连万达集团股份有限公司	18664000	51	泰德煤网股份有限公司	731482
2	鞍钢集团公司	15512764	52	盘锦和运新材料有限公司	726588
3	大连大商集团有限公司	15041856	53	中国烟草总公司大连市公司	722878
4	华晨汽车集团控股有限公司	12802170	54	金德铝塑复合管有限公司	720368
5	本钢集团有限公司	11027227	55	九三集团大连大豆科技有限公司	680497
6	中国石油天然气股份有限公司大连石化分公司	8740801	56	特变电工沈阳变压器集团有限公司	671654
7	中国石油辽河油田公司	5740000	57	国药控股沈阳有限公司	665398
8	中国石油抚顺石化公司	5089524	58	中国第一重型机械集团大连加氢反应器制造有限公司	660000
9	中国石油天然气股份有限公司辽阳石化分公司	3752000	59	瓦房店轴承集团有限责任公司	647064
10	大连西太平洋石油化工有限公司	3497872	60	辽宁五一八内燃机配件有限公司	639677
11	上海通用（沈阳）北盛汽车有限公司	3446983	61	锦州华龙铁合金厂	639383
12	嘉晨集团有限公司	3116567	62	传奇电气（沈阳）有限公司	637118
13	东北特殊钢集团有限责任公司	2883175	63	大连环宇阳光集团有限公司	636948
14	福佳集团有限公司	2827561	64	大连顺天海川建设集团	628079
15	辽宁日林实业集团有限公司	2801816	65	锦州沈宏实业集团有限公司	621875
16	逸盛大化石化有限公司	2469552	66	丹东东方测控技术有限公司	600118
17	凌源钢铁集团有限责任公司	2372193	67	锦州华宇冶金有限公司	592000
18	大连船舶重工集团有限公司	2361672	68	辽宁东林瑞那斯股份有限公司	586404
19	沈阳远大企业集团	2110336	69	辽阳市烟台服装公司	584858
20	辽宁忠旺集团有限公司	2049444	70	九三集团铁岭大豆科技有限公司	565893
21	盛京银行股份有限公司	2035090	71	海城市西洋耐火材料有限公司	563965
22	海城市后英经贸集团	1729188	72	华润置地（沈阳）有限公司	558900
23	中远船务工程集团有限公司	1721608	73	沈阳乳业有限责任公司	555753
24	辽宁铁法能源有限责任公司	1694435	74	中纺粮油（沈阳）有限公司	541000
25	大连机床集团有限公司	1681323	75	蒙牛乳业（沈阳）有限责任公司	536744
26	东北电网有限公司	1600000	76	鞍山宝得钢铁有限公司	529078
27	沈阳煤业（集团）有限责任公司	1574000	77	中国水利水电第六工程局有限公司	505093
28	沈阳机床（集团）有限责任公司	1505160	78	开原鑫厚铜业有限公司	499893
29	营口青花集团	1502974	79	潞安国贸（大连）石油有限公司	498150
30	辽宁曙光汽车集团股份有限公司	1401050	80	辽宁天祥钢铁有限公司	492795
31	沈阳黎明航空发动机集团有限责任公司	1400000	81	大连信孚港务服务有限公司	488404
32	辽宁禾丰牧业股份有限公司	1371500	82	钰翔生朗集团有限公司	480584
33	盘锦北方沥青燃料有限公司	1356795	83	锦州新华龙钼业股份有限公司	479581
34	北方重工集团有限公司	1356082	84	佳能大连办公设备有限公司	475608
35	沈阳飞机工业（集团）有限公司	1322000	85	沈阳航天三菱汽车发动机制造有限公司	471241
36	沈阳化工集团有限公司	1185119	86	嘉里粮油（营口）有限公司	464352
37	大化集团有限责任公司	1178010	87	沈阳水产品加工有限公司	464295
38	大连冰山集团有限公司	1096579	88	大连金玛商城企业集团有限公司	459923
39	五矿营口中板有限责任公司	1049847	89	沈阳北方交通重工集团	452417
40	中国北车集团大连机车车辆有限公司	1032849	90	采埃孚伦福德汽车系统（沈阳）有限公司	452000
41	渤海造船厂集团有限公司	1030248	91	中国华录集团有限公司	451839
42	沈阳鼓风机集团股份有限公司	992863	92	新东北电气集团高压开关有限公司	450000
43	亿达集团有限公司	928998	93	大连金广建设集团有限公司	448762
44	大连港集团有限公司	923047	94	大连中机汽车部件有限公司	445434
45	抚顺新抚钢有限责任公司	921983	95	红塔辽宁烟草有限公司	445313
46	锦联控股集团有限公司	920182	96	新东北电气集团凯富高压开关有限公司	443858
47	营口港务集团有限公司	915185	97	中国石油天然气股份有限公司辽宁营口销售分公司	436106
48	大连重工·起重集团有限公司	883183	98	东软集团股份有限公司	433000
49	东北制药集团有限责任公司	878929	99	辽宁石油机械制造有限公司	410830
50	辽宁省电力有限公司营口供电公司	776315	100	北车集团沈阳机车车辆有限责任公司	387044

发布单位：辽宁省企业联合会、辽宁省企业家协会

表 11-6　　　　　　　　　　　　　　2014 河北企业 100 强

排名	企业名称	营业收入（万元）	排名	企业名称	营业收入（万元）
1	河北钢铁集团有限公司	25103530	51	北方凌云工业集团有限公司	1144618
2	冀中能源集团有限责任公司	22990319	52	辛集市澳森钢铁有限公司	1098328
3	开滦（集团）有限责任公司	19098788	53	河北钢铁集团荣信钢铁有限公司	1069635
4	国网河北省电力公司	8423509	54	春风实业集团有限责任公司	1048354
5	河北新华联合冶金投资有限公司	6628908	55	邯郸市正大制管有限公司	1044701
6	唐山钢铁集团有限责任公司	6496474	56	国药乐仁堂医药有限公司	1005812
7	庞大汽贸集团股份有限公司	6398528	57	大元建业集团股份有限公司	1004999
8	新兴铸管股份有限公司	6301444	58	唐山东华钢铁企业集团有限公司	968461
9	河北省物流产业集团有限公司	5803130	59	邢台钢铁有限公司	951083
10	长城汽车股份有限公司	5678431	60	河北立中集团	947406
11	河北津西钢铁集团股份有限公司	5079253	61	中国石油天然气股份有限公司冀东油田分公司	943096
12	河北敬业集团	5042501	62	唐山百货大楼集团有限公司	938318
13	隆基泰和实业有限公司	5021674	63	河北白沙烟草有限责任公司	920521
14	中太建设集团股份有限公司	4005086	64	河北鑫海化工集团有限公司	880286
15	国网冀北电力有限公司唐山供电公司	3741821	65	崇利制钢有限公司	879823
16	河北纵横钢铁集团有限公司	3689107	66	邢台市政建设集团股份有限公司	856694
17	唐山瑞丰钢铁（集团）有限公司	3684075	67	邯郸建工集团有限公司	809153
18	中国石油天然气股份有限公司华北油田分公司	3037484	68	河北怀特集团有限公司	792336
19	石家庄北国人百集团有限责任公司	3016801	69	巨力集团有限公司	779587
20	河北建工集团有限责任公司	2833695	70	天保建设集团有限公司	770000
21	中国石油天然气股份有限公司华北石化分公司	2830879	71	张家口卷烟厂有限公司	764517
22	河北普阳钢铁有限公司	2743957	72	河北养元智汇饮品股份有限公司	743657
23	旭阳控股有限公司	2658811	73	河北新启元能源技术开发股份有限公司	741130
24	河北建设集团有限公司	2624965	74	河北省新合作控股集团有限公司	714362
25	唐山国丰钢铁有限公司	2575331	75	武安市运丰冶金工业有限公司	709893
26	河北新金钢铁有限公司	2569709	76	石家庄常山纺织集团有限公司	707377
27	武安市裕华钢铁有限公司	2560125	77	武安市永诚铸业有限责任公司	646012
28	河北文丰钢铁有限公司	2471542	78	河北曲寨集团有限公司	630060
29	冀东发展集团有限责任公司	2446085	79	河北龙凤山铸业有限公司	618536
30	金鼎重工股份有限公司	2430000	80	邯郸市阳光百货集团总公司	602000
31	河北新武安钢铁集团明芳钢铁有限公司	2395856	81	承德建龙特殊钢有限公司	591672
32	沧州中铁装备制造材料有限公司	2325591	82	河北冀春能源投资有限公司	590000
33	河北新武安钢铁集团文安钢铁有限公司	2108522	83	天铁第一轧钢有限责任公司	563254
34	晶龙实业集团有限公司	2108352	84	蓝池集团有限公司	549323
35	中国石油化工股份有限公司石家庄炼化分公司	1944961	85	国网冀北电力有限公司张家口供电公司	533703
36	五得利面粉集团有限公司	1747849	86	万合集团股份有限公司	523960
37	河北新武安钢铁集团鑫汇冶金有限公司	1725667	87	河北省农业生产资料有限公司	523660
38	河北新武安钢铁集团烘熔钢铁有限公司	1705421	88	风帆股份有限公司	522367
39	中国石油化工股份有限公司沧州分公司	1686630	89	大唐国际发电股份有限公司张家口发电厂	520236
40	唐山三友集团有限公司	1591410	90	河北国华沧东发电有限公司	502395
41	河北港口集团有限公司	1468157	91	河北钢铁集团永洋钢铁有限公司	500000
42	武安市广耀铸业有限公司	1444082	92	河北华丰煤化电力有限公司	492126
43	河北天山实业集团有限公司	1417438	93	河北卓正实业集团有限公司	487059
44	河北天柱钢铁集团有限公司	1375208	94	五矿邯邢矿业有限公司	464150
45	中信戴卡股份有限公司	1323243	95	唐山建设集团有限公司	463868
46	中国二十二冶集团有限公司	1263796	96	河北国华定洲发电有限公司	462303
47	中海石油中捷石化有限公司	1243804	97	唐山港集团股份有限公司	454992
48	河北前进钢铁集团有限公司	1243411	98	河北冀衡集团有限公司	435544
49	开滦（集团）蔚州矿业有限责任公司	1240824	99	中煤建筑安装工程集团有限公司	433274
50	河北诚信有限责任公司	1150287	100	建滔（河北）焦化、化工有限公司	425704

发布单位：河北省工业经济联合会（河北省经济团体联合会）、河北省企业联合会、河北省企业家协会和河北省统计学会

表 11-7　2014 山东企业 100 强

排名	企业名称	营业收入（万元）	排名	企业名称	营业收入（万元）
1	山东魏桥创业集团有限公司	24138650	51	东营鲁方金属材料有限公司	2662265
2	山东能源集团有限公司	22972301	52	山东科达集团有限公司	2651912
3	国网山东省电力公司	20549510	53	山东天信集团有限公司	2644383
4	海尔集团公司	18029936	54	山东渤海实业股份有限公司	2630598
5	山东钢铁集团有限公司	12073814	55	山东华星石油集团有限公司	2607904
6	兖矿集团有限公司	10133163	56	中国联合网络通信有限公司	2551545
7	海信集团有限公司	9324355	57	利群集团股份有限公司	2286202
8	潍柴动力股份有限公司	9089544	58	福田雷沃国际重工股份有限公司	2263824
9	山东大王集团有限公司	8578386	59	南车青岛四方机车车辆股份有限公司	2163048
10	南山集团有限公司	8063663	60	天元建设集团有限公司	2162365
11	山东省商业集团有限公司	7449205	61	山东万通石油化工集团有限公司	2134574
12	华电国际电力股份有限公司	6662467	62	威高集团有限公司	2020593
13	山东黄金集团有限公司	6212099	63	正和集团股份有限公司	2017675
14	山东东明石化集团有限公司	6206184	64	日照港集团有限公司	2005367
15	中国重型汽车集团有限公司	6206056	65	北汽福田汽车股份有限公司诸城汽车厂	1930464
16	中国石化青岛炼油化工有限责任公司	5747803	66	上汽通用五菱汽车股份有限公司青岛分公司	1923740
17	山东新希望六和集团有限公司	5203602	67	山东淄博傅山企业集团有限公司	1802481
18	山东晨鸣纸业集团股份有限公司	4911647	68	三角集团有限公司	1783201
19	华盛江泉集团有限公司	4856058	69	国电山东电力有限公司	1696754
20	青建集团股份公司	4577476	70	金猴集团有限公司	1662349
21	中国银行股份有限公司山东省分行	3445168	71	山东垦利石化集团有限公司	1639227
22	浪潮集团有限公司	4510533	72	新华锦集团	1628378
23	山东招金集团有限公司	4434270	73	东辰控股集团有限公司	1606892
24	日照钢铁控股集团有限公司	4380513	74	山东五征集团	1600321
25	华泰集团有限公司	4310219	75	香驰控股有限公司	1582570
26	山东高速集团有限公司	4184385	76	华鲁控股集团有限公司	1533206
27	上海通用东岳汽车有限公司	3947409	77	淄博商厦股份有限公司	1520075
28	山东如意科技集团有限公司	3890528	78	欧美投资集团有限公司	1513594
29	山东泰山钢铁集团有限公司	3700495	79	上海通用东岳动力总成有限公司	1445458
30	中国移动通信集团山东有限公司	3638027	80	山东恒源石油化工股份有限公司	1439064
31	山东大海集团有限公司	3600523	81	诸城外贸有限责任公司	1365331
32	山东京博控股股份有限公司	3540123	82	山东创新金属科技股份有限公司	1362300
33	山东太阳控股集团有限公司	3515118	83	山东电力建设第三工程公司	1330063
34	华勤橡胶工业集团有限公司	3327163	84	山东远通汽车贸易集团有限公司	1253109
35	万达控股集团有限公司	3280802	85	青岛世纪瑞丰集团有限公司	1215517
36	青岛钢铁控股集团有限公司	3159280	86	山东航空集团有限公司	1183120
37	山东时风（集团）有限责任公司	3124547	87	润华集团股份有限公司	1095493
38	利华益集团股份有限公司	3100653	88	澳柯玛股份有限公司	1026758
39	山东海科化工集团	3098855	89	青岛即发集团控股有限公司	1007909
40	山东金诚石化集团有限公司	3032125	90	兴源轮胎集团有限公司	937159
41	中铁十四局集团有限公司	2982346	91	潍坊特钢集团有限公司	902751
42	中铁十局集团有限公司	2962779	92	孚日控股集团股份有限公司	886226
43	山东金岭集团有限公司	2856039	93	龙大食品集团有限公司	825443
44	青岛啤酒股份有限公司	2829098	94	青岛农村商业银行股份有限公司	813708
45	山东胜通集团股份有限公司	2807556	95	鲁泰纺织股份有限公司	802115
46	沂州集团有限公司	2793868	96	大唐山东发电有限公司	793356
47	西王集团有限公司	2712007	97	中启控股集团股份有限公司	791632
48	滨化集团公司	2706726	98	山东石大科技集团有限公司	781539
49	山东玉皇化工有限公司	2681915	99	青岛九联集团股份有限公司	736495
50	东营方圆有色金属有限公司	2679225	100	中交一航局第二工程有限公司	702448

发布单位：山东省企业联合会、山东省企业家协会

表 11-8　　2014 山西企业 100 强

排名	企业名称	营业收入（万元）	排名	企业名称	营业收入（万元）
1	山西焦煤集团有限责任公司	23608769	51	沁和能源集团有限公司	265900
2	晋能有限责任公司	22801762	52	太原市河西农产品有限公司	257518
3	大同煤矿集团有限责任公司	19928050	53	山西楼东俊安煤气化有限公司	249188
4	山西潞安矿业（集团）有限责任公司	19879287	54	山西中煤平朔宇辰有限公司	245828
5	山西晋城无烟煤矿业集团有限责任公司	19259494	55	山西运城市龙飞有色金属有限公司	241813
6	阳泉煤业（集团）有限责任公司	19179052	56	山西晋丰化工有限责任公司	237877
7	太原钢铁（集团）有限公司	14604034	57	山西通州煤焦集团股份有限公司	231354
8	山西煤炭进出口集团有限公司	12726860	58	山西平遥峰岩煤焦集团有限公司	230960
9	太原铁路局	7706512	59	太原轨道交通装备有限责任公司	230275
10	中煤平朔集团有限公司	3517813	60	山西榆社化工股份有限公司	226008
11	山西省国新能源发展集团有限公司	3155430	61	山西宏厦建筑工程第三有限公司	217897
12	山西建筑工程（集团）总公司	2947031	62	大唐太原第二热电厂	215632
13	山西能源交通投资有限公司	2437883	63	山西沁新能源集团股份有限公司	214756
14	太原重型机械集团有限公司	2056121	64	朔州中煤平朔能源有限公司	208827
15	山西潞宝集团	1525766	65	长治市长宁钢铁集团有限公司	202040
16	美锦能源集团有限公司	1516639	66	长治清华机械厂	200955
17	中条山有色金属集团有限公司	1232321	67	大唐阳城发电有限责任公司	193257
18	天脊煤化工集团股份有限公司	1056328	68	山西凯嘉能源集团有限公司	188860
19	首钢长治钢铁有限公司	1042153	69	山西鲁能河曲发电有限公司	187452
20	晋西工业集团有限责任公司	1001029	70	山西华翔集团有限公司	184476
21	晋城福盛钢铁有限公司	904297	71	朔州大运果菜批发市场有限公司	180000
22	山西兰花煤炭实业集团有限公司	826121	72	山西海宁皮革城发展有限公司	176000
23	山西中阳钢铁有限公司	736705	73	山西亚鑫煤焦化有限公司	172523
24	山西大昌汽车集团有限公司	726315	74	山西大唐国际神头发电有限责任公司	170772
25	中化二建集团有限公司	664129	75	山西潞安弈神能源股份有限公司	165600
26	中煤集团山西华昱能源有限公司	618722	76	太原建工集团有限公司	165075
27	中国北车大同电力机车有限公司	617009	77	神华国能神头第二发电厂	161004
28	中电投山西铝业有限公司	573496	78	经纬纺织机械股份有限公司榆次分公司	158043
29	孝义市兴安化工有限公司	571251	79	太原市市政工程总公司	156905
30	山西美特好连锁超市股份有限公司	557142	80	山西葫芦堂煤业有限公司	152596
31	中石化山西太原石油分公司	494152	81	山西华顿实业有限公司	150690
32	山西宝力金属材料集团有限公司	432692	82	山西省长治经坊煤业有限公司	149277
33	山西振东实业集团有限公司	424128	83	山西煤矿机械制造有限责任公司	144940
34	阳城国际发电有限公司	415858	84	国投昔阳能源有限责任公司	142758
35	赛鼎工程有限公司	415541	85	招商银行股份有限公司太原分行	142351
36	山西昆明烟草有限责任公司	410384	86	山西南娄集团股份有限公司	139198
37	山西南耀集团	410000	87	山西怀仁联顺玺给柴沟煤业有限公司	135399
38	中钢集团山西有限公司	390800	88	山西寿阳段王煤业集团有限公司	134647
39	孝义市金达煤焦有限公司	372107	89	长治市霍家工业有限公司	129488
40	山西省平遥煤化（集团）有限责任公司	371932	90	山西天工电力发展有限公司	128000
41	山西襄矿集团有限公司	370176	91	孝义市鹏飞实业有限公司	127857
42	山西天泽煤化工集团股份公司	360368	92	山西汾西重工有限责任公司	125262
43	华通路桥集团有限公司	360310	93	山西中煤杨涧煤业有限公司	122277
44	山西中煤东坡煤业有限公司	352767	94	淮海工业集团有限公司	119642
45	太原市梗阳实业集团有限公司	340802	95	山西平朔煤矸石发电有限公司	117631
46	山西尧都农村商业银行股份有限公司	307790	96	朔州市跃胜实业公司	113578
47	孝义市金岩电力煤化有限公司	303389	97	智奇铁路设备有限公司	112268
48	山西华宇集团有限公司	282769	98	山西康宝生物制品有限公司	110037
49	山西漳山发电有限责任公司	276735	99	山西省太原唐久超市有限公司	108650
50	太原市第一建筑工程集团有限公司	266812	100	交口县旺庄生铁有限责任公司	104522

发布单位：山西省企业联合会、山西省企业家协会

表 11-9　　　　　　　　　　　　　2014 安徽企业 100 强

排名	企业名称	营业收入（万元）	排名	企业名称	营业收入（万元）
1	铜陵有色金属集团控股有限公司	12222433	51	安徽古井集团有限责任公司	561028
2	安徽海螺集团有限责任公司	9324274	52	安徽丰原集团有限公司	560568
3	马钢（集团）控股有限公司	8210520	53	安徽鸿路钢结构（集团）股份公司	555613
4	淮南矿业（集团）有限责任公司	7125232	54	合肥荣事达三洋电器股份有限公司	532532
5	安徽省徽商集团有限公司	6161577	55	安徽中杭集团有限公司	513111
6	淮北矿业（集团）有限责任公司	6009133	56	合肥华泰集团股份有限公司	487318
7	中铁四局集团有限公司	5197464	57	芜湖市富鑫钢铁有限公司	486667
8	中石化股份公司安徽石油分公司	4144508	58	合肥世纪精信机械制造有限公司	476824
9	安徽江淮汽车集团有限公司	3901861	59	安徽迎驾集团股份有限公司	471732
10	安徽省皖北煤电集团有限公司	3816730	60	南京医药合肥天星有限公司	456251
11	合肥市百货大楼集团股份公司	3520000	61	安徽省安庆环新集团有限公司	450842
12	安徽建工集团有限公司	3099769	62	安徽鑫科新材料股份有限公司	437872
13	奇瑞汽车股份有限公司	2704690	63	安徽天大企业（集团）有限公司	436920
14	安徽国贸集团控股有限公司	2670779	64	安徽湖滨建设集团有限公司	436634
15	芜湖新兴铸管有限责任公司	2200274	65	黄山永佳（集团）有限公司	422788
16	格力电器（合肥）有限公司	1910377	66	安徽华茂集团有限公司	403519
17	美的集团合肥公司	1694783	67	安徽国祯集团股份存限公司	400003
18	安徽省高速公路控股集团公司	1579912	68	安徽康佳电子有限公司	393929
19	安徽辉隆农资集团有限公司	1557105	69	安徽昊源化工集团有限公司	392506
20	安徽新华发行（集团）控股公司	1518962	70	安徽庆发集团股份有限公司	383821
21	联宝（合肥）电子科技有限公司	1485194	71	安徽凯源建设集团有限公司	380830
22	安徽省能源集团有限公司	1458387	72	安徽皖维集团有限责任公司	380160
23	安徽安粮控股股份有限公司	1439051	73	马鞍山钢铁建设集团有限公司	371804
24	安徽出版集团有限责任公司	1414733	74	安徽鸿润（集团）股份有限公司	369094
25	安徽淮海实业发展集团有限公司	1150733	75	中盐安徽红四方股份有限公司	362960
26	安徽华源医药股份有限公司	1070977	76	中冶华天工程技术有限公司	351594
27	蚌埠玻璃工业设计研究院	1054724	77	安徽全柴集团有限公司	351461
28	合肥美菱股份有限公司	1053893	78	安徽晋煤中能化工股份有限公司	348059
29	徽商银行股份有限公司	1017251	79	安徽海德石油化工有限公司	341981
30	铜陵精达铜材（集团）有限公司	954973	80	安徽省旅游集团有限责任公司	341081
31	铜陵化学工业集团有限公司	936191	81	安徽三星化工有限公司	340310
32	中国十七冶集团有限公司	930497	82	安徽亚坤建设集团有限公司	326075
33	安徽中鼎控股（集团）股份有限公司	817392	83	安徽金惶建设集团有限公司	323027
34	安徽楚江投资集团有限公司	783612	84	安徽金种子集团有限公司	318703
35	国投新集能源股份有限公司	781215	85	蒙牛乳业（马鞍山）有限公司	310669
36	合肥京东方光电科技有限公司	770576	86	安徽金禾实业股份有限公司	297723
37	安徽省交通投资集团有限公司	748654	87	安徽省皖中集团有限责任公司	295432
38	中粮生物化学（安徽）股份公司	733986	88	马鞍山当涂发电有限公司	287009
39	合肥宝龙达信息有限公司	705275	89	安徽文峰置业有限公司	284327
40	安徽宝迪肉类食品有限公司	671250	90	安徽东昌建设集团有限公司	281510
41	安徽叉车集团有限公司	664001	91	安徽尊贵电器集团有限公司	276518
42	安徽山鹰纸业股份有限公司	657806	92	安徽华电宿州发电有限公司	272436
43	华菱星马汽车（集团）股份公司	656051	93	国电蚌埠发电有限公司	271872
44	安徽天康（集团）股份有限公司	646107	94	申洲针织（安徽）有限公司	270218
45	安徽亚夏实业股份有限公司	639140	95	安徽省贵航特钢有限公司	268982
46	安徽省外经建设（集团）有限公司	621325	96	安徽龙云建设投资集团有限公司	265189
47	合肥建工集团有限公司	620966	97	安徽广电传媒产业集团	264141
48	安徽省盐业总公司	610860	98	黄山兴乐铜业集团有限公司	245160
49	安徽省华鑫铅业集团有限公司	578958	99	安徽口子酒业股份有限公司	244715
50	安徽华力建设集团有限公司	574841	100	安徽华菱电缆集团有限公司	242829

发布单位：安徽省企业联合会、安徽省企业家协会

表 11-10　　　　　　　　　　2014 湖南企业 100 强

排名	企业名称	营业收入（万元）	排名	企业名称	营业收入（万元）
1	五矿有色金属控股有限公司	15106942	51	长沙通程控股股份有限公司	430744
2	湖南华菱钢铁集团有限责任公司	8276252	52	湖南佳惠百货有限责任公司	425358
3	中联重科股份有限公司	7575583	53	湖南省邮政公司	420321
4	三一集团有限公司	7224984	54	江麓机电集团有限公司	413224
5	中国烟草总公司湖南省公司	6687635	55	湖南省茶业集团股份有限公司	404753
6	国网湖南省电力公司	6319669	56	南车株洲电机有限公司	402375
7	中国建筑第五工程局有限公司	6280000	57	华能湖南岳阳发电有限责任公司	400099
8	中国石化销售有限公司湖南石油分公司	5133886	58	长丰集团有限责任公司	369511
9	湖南省建筑工程集团总公司	4004835	59	全洲药业集团有限公司	368589
10	大汉控股集团有限公司	2915493	60	郴州市金贵银业股份有限公司	360965
11	晟通科技集团有限公司	2897897	61	株洲旗滨集团股份有限公司	352595
12	湖南博长控股集团有限公司	2822388	62	湖南望新建设集团有限公司	347252
13	物产中拓股份有限公司	2373769	63	方正证券股份有限公司	344154
14	中国移动通信集团湖南有限公司	2332259	64	湖南鸿冠集团有限公司	338000
15	中国建设银行股份有限公司湖南省分行	2290740	65	湖南粮食集团有限责任公司	318454
16	南车株洲电力机车有限公司	2003627	66	快乐购物股份有限公司	314988
17	中国石化集团资产经营管理有限公司巴陵石化分公司	1832350	67	中国铁建重工集团有限公司	302398
18	南车株洲电力机车研究所有限公司	1630706	68	金杯电工股份有限公司	300156
19	中国水利水电第八工程局有限公司	1452191	69	长安益阳发电有限公司	295396
20	湘电集团有限公司	1333982	70	华天实业控股集团有限公司	282574
21	湖南南方水泥集团有限公司	1234968	71	湖南对外建设集团有限公司	279539
22	步步高商业连锁股份有限公司	1138789	72	南车长江车辆有限公司株洲分公司	276633
23	嘉凯城集团股份有限公司	1124779	73	大唐湘潭发电有限责任公司	274561
24	湖南九龙经贸集团有限公司	1094727	74	株洲联诚集团有限责任公司	273362
25	湖南金龙国际集团	921437	75	心连心集团有限公司	272831
26	中国电信股份有限公司湖南分公司	911650	76	湖南省沙坪建筑有限公司	268140
27	中国联合网络通信有限公司湖南省分公司	875240	77	湖南福晟集团有限公司	256370
28	湖南省煤业集团有限公司	866192	78	湖南黄花建设集团股份有限公司	253750
29	泰格林纸集团股份有限公司	825344	79	湖南省轻工盐业集团有限公司	253222
30	湖南省新华书店有限责任公司	787732	80	湖南湘江涂料集团有限公司	245510
31	湖南路桥建设集团公司	782777	81	中华联合财产保险股份有限公司湖南分公司	233485
32	华融湘江银行股份有限公司	773865	82	中盐湖南株洲化工集团有限公司	232500
33	大唐华银电力股份有限公司	745552	83	湖南顺天建设集团有限公司	225809
34	湖南友谊阿波罗控股股份有限公司	678626	84	中冶长天国际工程有限责任公司	223303
35	湖南安石企业（集团）有限公司	657419	85	湖南郴电国际发展股份有限公司	219588
36	湖南高岭建设集团股份有限公司	648235	86	道道全粮油股份有限公司	214756
37	中国电子科技集团公司第四十八研究所	603312	87	山河智能装备股份有限公司	211285
38	华润电力投资有限公司湖南分公司	580060	88	湖南华电长沙发电有限公司	209921
39	湖南五凌电力有限公司	551925	89	湖南东信集团有限公司	205580
40	泰富重装集团有限公司	551886	90	湖南正虹科技发展股份有限公司	202410
41	湖南兰天集团有限公司	532130	91	百雄堂控股集团有限公司	202264
42	长沙银行股份有限公司	514691	92	爱尔眼科医院集团股份有限公司	198497
43	湖南辰州矿业股份有限公司	512062	93	株洲千金药业股份有限公司	197286
44	湖南电广传媒股份有限公司	510278	94	株洲百货股份有限公司	193240
45	湖南宇腾有色金属股份有限公司	499885	95	袁隆平农业高科技股份有限公司	188472
46	中国石油化工股份有限公司巴陵分公司	499761	96	湖南金正方企业集团有限公司	182051
47	特变电工衡阳变压器有限公司	499579	97	现代投资股份有限公司	175415
48	江南工业集团有限公司	479400	98	大唐耒阳发电厂	172797
49	长沙新振升集团有限公司	441582	99	湖南龙骧交通发展集团有限责任公司	171558
50	国药控股湖南有限公司	436554	100	湖南南岭民用爆破器材股份有限公司	166991

发布单位：湖南省工业经济联合会、湖南省企业联合会、湖南省企业家协会

表 11-11　　　　　　　　　　　2014 湖北企业 100 强

排名	企业名称	营业收入（万元）	排名	企业名称	营业收入（万元）
1	东风汽车公司	45503340	51	武汉经济发展投资（集团）有限公司	690627
2	武汉钢铁（集团）公司	22704781	52	武汉农村商业银行股份有限公司	689186
3	中国建筑第三工程局有限公司	11551311	53	湖北新洋丰肥业股份有限公司	688914
4	大冶有色金属集团控股有限公司	8348881	54	中航工业机电系统股份有限公司	672958
5	湖北宜化集团有限责任公司	8020161	55	黄石鑫鹏铜材有限责任公司	633933
6	湖北中烟工业有限责任公司	6521318	56	武汉新十建筑集团有限公司	631618
7	中国葛洲坝集团公司	6010830	57	劲牌有限公司	615207
8	武汉铁路局	5430806	58	中国核工业第二二建设有限公司	611277
9	中铁十一局集团有限公司	4336109	59	武汉建工股份有限公司	602922
10	中国石油化工股份有限公司武汉分公司	3797139	60	湖北奥星粮油工业有限公司	602395
11	九州通医药集团股份有限公司	3343805	61	人福医药集团股份有限公司	601021
12	中国石油化工股份有限公司荆门分公司	3342465	62	国药控股湖北有限公司	599394
13	中交第二航务工程局有限公司	3068599	63	武汉常阳新力建设工程有限公司	578100
14	武汉武商集团股份有限公司	3068458	64	益海嘉里（武汉）粮油工业有限公司	563756
15	中石化集团江汉石油管理局	3032544	65	武汉工贸有限公司	563629
16	中百控股集团股份有限公司	2931874	66	汉口银行股份有限公司	551397
17	湖北新冶钢有限公司	2592314	67	南车长江车辆有限公司	531492
18	山河建设集团有限公司	2562963	68	湖北省工业建筑集团有限公司	524873
19	湖北稻花香集团	2486100	69	武汉东湖高新集团股份有限公司	507124
20	中铁大桥局集团有限公司	2450216	70	武汉商贸国有控股集团有限公司	506250
21	卓尔控股有限公司	2392919	71	湖北省烟草公司恩施州公司	503798
22	宜昌兴发集团有限责任公司	2114479	72	武汉市市政建设集团有限公司	503380
23	中国移动通信集团湖北有限公司	2083319	73	长飞光纤光缆有限公司	488495
24	武汉邮电科学研究院	1867601	74	中国五环工程有限公司	470448
25	福星集团	1806066	75	湖北华电襄阳发电有限公司	466786
26	华新水泥股份有限公司	1598435	76	湖北白云边集团	465107
27	新八建设集团有限公司	1562651	77	武汉市汉商集团股份有限公司	463130
28	三环集团公司	1553022	78	黄石新兴管业有限公司	456713
29	中国航天三江集团公司	1423365	79	湖北省农业生产资料集团有限公司	452677
30	武汉中商集团股份有限公司	1372860	80	华能武汉发电有限责任公司	446841
31	中国一冶集团有限公司	1339688	81	湖北立晋钢铁集团有限公司	445741
32	中国电信股份有限公司湖北分公司	1211403	82	湖北三杰粮油食品集团有限公司	444593
33	骆驼集团股份有限公司	1118280	83	中铁第四勘察设计院集团有限公司	442630
34	新七建设集团有限公司	1115277	84	汉江水利水电（集团）有限责任公司	440982
35	湖北能源集团股份有限公司	1111855	85	鄂州鸿泰钢铁有限公司	440200
36	湖北三宁化工股份有限公司	1108785	86	湖北省齐星集团	437558
37	湖北枝江酒业集团	1082917	87	中维世纪建设集团有限公司	434327
38	湖北省烟草公司武汉市公司	1079050	88	湖北长安建筑股份有限公司	423556
39	中国十五冶金建设集团有限公司	1068661	89	武汉海尔电器股份有限公司	423449
40	武昌船舶重工有限责任公司	1010241	90	中国化学工程第六建设有限公司	420168
41	湖北东圣化工集团有限公司	995894	91	中铁电气化局集团第二工程有限公司	419782
42	新龙药业集团有限公司	972077	92	武汉顺乐不锈钢有限公司	410990
43	湖北银丰实业集团有限责任公司	939809	93	武汉市燃气热力集团有限公司	410634
44	宝力湖北建工集团有限公司	884291	94	湖北景天棉花产业集团有限公司	401560
45	宜城市襄大农牧有限公司	878730	95	武汉船用机械有限责任公司	400028
46	武汉城市建设投资开发集团有限公司	869111	96	武汉东方建筑集团有限公司	395608
47	中国联合网络通信有限公司湖北省分公司	821242	97	湖北祥云（集团）化工股份有限公司	381582
48	中兴能源（湖北）有限公司	749389	98	湖北宏泰实业投资有限公司	375808
49	黄石东贝机电集团有限责任公司	706394	99	湖北赤东建筑有限公司	362600
50	中冶南方工程技术有限公司	696352	100	长江勘测规划设计研究院	362507

发布单位：湖北省企业联合会

表 11-12　　2014 江西企业 100 强

排名	企业名称	营业收入（万元）	排名	企业名称	营业收入（万元）
1	江西铜业集团公司	19452404	51	红旗集团江西铜业有限公司	284423
2	江铃汽车集团公司	4048710	52	国电九江发电有限公司	279085
3	双胞胎（集团）股份有限公司	3733080	53	中国移动通信集团江西有限公司赣州分公司	273052
4	新余钢铁集团有限公司	3620791	54	江西赣州南方万年青水泥有限公司	258814
5	正邦集团有限公司	3604589	55	鹰潭阳光照明有限公司	248800
6	江西萍钢实业股份有限公司	3321783	56	江西长运股份有限公司	248421
7	中国石化股份有限公司九江分公司	3278528	57	江西挪宝电器有限公司	244602
8	江西省煤炭集团公司	2649384	58	全南晶环科技有限责任公司	217597
9	江西省建工集团有限责任公司	2481544	59	中铁二十四局集团南昌铁路工程有限公司	205010
10	江西稀有金属钨业控股集有限公司	2051197	60	赛得利（江西）化纤有限公司	204767
11	江西钨业集团有限公司	1917498	61	中国农业银行股份有限公司赣州分行	197996
12	中国移动通信集团江西有限公司	1575602	62	崇义章源钨业股份有限公司	195247
13	晶科能源有限公司	1454255	63	新余农村商业银行股份有限公司	193135
14	江西中烟工业有限责任公司	1408279	64	九江市嘉盛粮油工业有限公司	187813
15	方大特钢科技股份有限公司	1321466	65	江西省修水香炉山钨业有限责任公司	170019
16	南昌市政公用投资控股有限责任公司	1117039	66	南昌水业集团有限责任公司	163177
17	景德镇市焦化工业集团有限责任公司	1069290	67	江西恩达麻世纪科技股份有限公司	160919
18	江西中烟工业有限公司南昌卷烟厂	1050308	68	江西联创光电科技股份有限公司	160227
19	江西济民可信集团有限公司	1006486	69	江西省天然气（赣投气通）控股有限公司	159871
20	中国石油化工股份有限公司江西赣州石油分公司	847364	70	南昌印钞有限公司	159847
21	共青城赛龙通信技术有限责任公司	768169	71	江西省金瑞铜业有限公司	159049
22	中国电信股份有限公司江西分公司	674256	72	赣州晨光稀土新材料股份有限公司	157486
23	华意压缩机股份有限公司	671000	73	江西省圣塔实业集团有限公司	149783
24	国网江西省电力公司赣西供电分公司	669989	74	赣州虔东稀土集团有限公司	142542
25	江西博能实业集团有限公司	651020	75	江西铜材有限公司	142200
26	江西省烟草公司赣州市公司	644011	76	中邮人寿保险股份有限公司江西分公司	136246
27	江西万年青水泥股份有限公司	617900	77	中粮粮油工业（九江）有限公司	131767
28	泰豪集团有限公司	611327	78	九江铨讯电子有限公司	131438
29	中航工业江西洪都航空工业集团有限责任公司	525198	79	中国银行股份有限公司赣州市分行	127802
30	江西新金叶实业有限公司	502268	80	江西省景程实业有限公司	126090
31	志高空调（九江）有限公司	481049	81	汇森家具（龙南）有限公司	125536
32	江西省交通工程集团公司	471835	82	中铁城建集团南昌建设有限公司	124401
33	国网江西省电力公司赣州供电分公司	467204	83	九江诺贝尔陶瓷有限公司	123512
34	江西金汇铜业有限公司	456337	84	蓝星化工新材料股份有限公司江西星火有机硅厂	122580
35	诚志股份有限公司	399994	85	江西美庐乳业集团有限公司	120016
36	江西赣粤高速公路股份有限公司	391331	86	江西瑞晶太阳能科技有限公司	119509
37	华能国际电力股份有限公司井冈山电厂	382682	87	中国工商银行股份有限公司赣州分行	116334
38	江西耀升钨业股份有限公司	380284	88	江西合力泰科技有限公司	116331
39	仁和（集团）发展有限公司	377253	89	江西凯安铜业有限公司	115671
40	江西回圆服饰有限公司	375392	90	江西兴成新材料股份有限公司	114301
41	中铁大桥局集团第五工程有限公司	361900	91	华腾地毯（新余）产业园有限公司	113505
42	江西江锂科技有限公司	341321	92	果喜实业集团有限公司	110375
43	江西青峰药业有限公司	334465	93	高安红狮水泥有限公司	108828
44	赣州银行股份有限公司	327103	94	上饶光电高科技有限公司	107735
45	中阳建设集团有限公司	320690	95	江西省水利水电建设有限公司	106015
46	发达控股集团有限公司	316894	96	江西省人之初科技集团有限公司	105259
47	江西赛维LDK太阳能高科技有限公司	310619	97	江西三川集团有限公司	104276
48	江西深傲服装有限公司	308146	98	江西新华金属制品有限责任公司	102492
49	凤凰光学集团有限公司	307037	99	江联重工股份有限公司	100561
50	江西自立环保科技有限公司	302990	100	鑫业集团有限公司	100451

发布单位：江西省企业联合会、江西省企业家协会

表 11-13　　　　　　　　　　2014 浙江企业 100 强

排名	企业名称	营业收入（万元）	排名	企业名称	营业收入（万元）
1	浙江省物产集团公司	21212481	51	杭州华东医药集团有限公司	2189557
2	浙江吉利控股集团有限公司	15842925	52	浙江元立金属制品集团有限公司	2088428
3	中国石油化工股份有限公司镇海炼化分公司	13645341	53	巨化集团公司	2020775
4	万向集团公司	11861050	54	中航国际钢铁贸易有限公司	2005661
5	中国石油化工股份公司浙江石油分公司	10909797	55	卧龙控股集团有限公司	1916811
6	杭州钢铁集团公司	10373586	56	银泰商业（集团）有限公司	1898071
7	海亮集团有限公司	10043837	57	红狮控股集团有限公司	1874900
8	广厦控股集团有限公司	9078628	58	维科控股集团股份有限公司	1862208
9	杭州娃哈哈集团有限公司	7827856	59	杭州富春江冶炼有限公司	1840959
10	浙江恒逸集团有限公司	7806579	60	宁波神化化学品经营有限责任公司	1756332
11	浙江省能源集团有限公司	7753973	61	浙江大东南集团有限公司	1709949
12	浙江省兴合集团公司	7003607	62	奥康集团有限公司	1668811
13	绿城房地产集团有限公司	6510000	63	升华集团控股有限公司	1655603
14	浙江荣盛控股集团有限公司	6503560	64	龙元建设集团股份有限公司	1532796
15	浙江中烟工业有限责任公司	6001962	65	纳爱斯集团有限公司	1514942
16	杭州汽轮动力集团有限公司	5950838	66	富通集团有限公司	1474622
17	超威集团	5573238	67	华峰集团有限公司	1451349
18	雅戈尔集团股份有限公司	5325026	68	杭州联华华商集团有限公司	1417739
19	浙江省国际贸易集团有限公司	5121380	69	浙江翔盛集团有限公司	1393928
20	青山控股集团有限公司	5081412	70	华立集团股份有限公司	1363905
21	中天发展控股集团有限公司	5016315	71	森马集团有限公司	1359206
22	奥克斯集团有限公司	4806871	72	宁波建工股份有限公司	1349933
23	浙江省建设投资集团有限公司	4789850	73	三花控股集团有限公司	1324082
24	浙江省商业集团有限公司	4573114	74	中厦建设集团有限公司	1310667
25	远大物产集团有限公司	4519400	75	万丰奥特控股集团有限公司	1305567
26	盾安控股集团有限公司	4363204	76	中设建工集团有限公司	1295782
27	银亿集团有限公司	4210593	77	新凤鸣集团股份有限公司	1282941
28	浙江桐昆控股集团有限公司	4070796	78	浙江东南网架集团有限公司	1282531
29	宁波金田投资控股有限公司	3482392	79	五洋建设集团股份有限公司	1276266
30	浙江前程投资股份有限公司	3441091	80	浙江宝利德股份有限公司	1273998
31	正泰集团股份有限公司	3322428	81	华仪电器集团有限公司	1259437
32	德力西集团有限公司	3315360	82	宁波华东物资城市场建设开发有限公司	1254700
33	浙江中成控股集团有限公司	3280045	83	万华化学（宁波）有限公司	1251410
34	人民电器集团有限公司	2978871	84	浙江勤业建工集团有限公司	1250655
35	浙江昆仑控股集团有限公司	2861083	85	浙江英特药业有限责任公司	1236929
36	杉杉控股有限公司	2817365	86	利时集团股份有限公司	1228197
37	浙江省交通投资集团有限公司	2811102	87	人本集团有限公司	1196303
38	中基宁波集团股份有限公司	2759217	88	兴乐集团有限公司	1196184
39	杭州锦江集团有限公司	2729972	89	浙江航民实业集团有限公司	1192954
40	天正集团有限公司	2686149	90	华升建设集团有限公司	1182720
41	浙江八达建设集团有限公司	2683674	91	浙江栋梁新材股份有限公司	1178634
42	中策橡胶集团有限公司	2568167	92	浙江天宇交通建设集团有限公司	1178524
43	浙江宝业建设集团有限公司	2536892	93	浙江协和集团有限公司	1163465
44	中球冠集团有限公司	2513618	94	浙江康桥汽车工贸集团股份有限公司	1155626
45	浙江龙盛控股有限公司	2510021	95	华通机电集团有限公司	1151978
46	宁波富邦控股集团有限公司	2496565	96	花园集团有限公司	1151499
47	中海石油宁波大榭石化有限公司	2496229	97	长业建设集团有限公司	1144591
48	传化集团有限公司	2439341	98	杭州金鱼电器集团有限公司	1140239
49	西子联合控股有限公司	2210849	99	春和集团有限公司	1131012
50	精功集团有限公司	2209287	100	浙江天圣控股集团有限公司	1130918

发布单位：浙江省企业联合会、浙江省企业家协会

表 11-14　　　　　　　　　　　　2014 广东企业 100 强

排名	企业名称	营业收入（万元）	排名	企业名称	营业收入（万元）
1	中国南方电网有限责任公司	44820000	51	广东省交通集团有限公司	2977088
2	中国平安保险（集团）股份有限公司	41547100	52	天音通信有限公司	2918098
3	华润股份有限公司	40554765	53	广州轻工工贸集团有限公司	2807483
4	华为技术有限公司	23902500	54	广州金创利经贸有限公司	2675130
5	正威国际集团有限公司	23382562	55	深圳中电投资股份有限公司	2594712
6	招商银行股份有限公司	20936700	56	广东省建筑工程集团有限公司	2553369
7	广州汽车工业集团有限公司	20152406	57	海信科龙电器股份有限公司	2436002
8	万科企业股份有限公司	13541879	58	广州金博物流贸易集团有限公司	2427020
9	美的集团股份有限公司	12126518	59	广州万宝集团有限公司	2312952
10	中国石油化工股份有限公司广东石油分公司	12099886	60	国药集团一致药业股份有限公司	2119947
11	珠海格力电器股份有限公司	11862795	61	深圳市中金岭南有色金属股份有限公司	2116195
12	广东物资集团公司	10927656	62	白云电气集团有限公司	2116000
13	广东振戎能源有限公司	10522276	63	宝钢集团广东韶关钢铁有限公司	2075358
14	中国南方航空股份有限公司	9813000	64	广州农村商业银行股份有限公司	2068439
15	恒大地产集团有限公司	9367178	65	广州越秀集团有限公司	2011726
16	保利房地产（集团）股份有限公司	9235552	66	康佳集团股份有限公司	2000674
17	TCL集团股份有限公司	8532409	67	中国石油天然气股份有限公司华南化工销售分公司	1955869
18	中海石油炼化有限责任公司惠州炼化分公司	7928931	68	深圳海王集团股份有限公司	1884858
19	中国长城计算机深圳股份有限公司	7785864	69	广东海大集团股份有限公司	1793041
20	广发银行股份有限公司	7544348	70	广州白云山医药集团股份有限公司	1760819
21	中兴通讯股份有限公司	7523372	71	广州元亨能源有限公司	1752625
22	广州铁路（集团）公司	7169763	72	日立电梯（中国）有限公司	1693133
23	广东省广新控股集团有限公司	6793984	73	广州发展集团股份有限公司	1662845
24	碧桂园控股有限公司	6268188	74	中信证券股份有限公司	1611527
25	腾讯控股有限公司	6043700	75	天虹商场股份有限公司	1603248
26	中国国际海运集装箱（集团）股份有限公司	5787441	76	深圳市东风南方实业集团有限公司	1596335
27	南方石化集团有限公司	5743393	77	中铝佛山国际贸易有限公司	1588552
28	广东省粤电集团有限公司	5570999	78	广东粤合资产经营有限公司	1584841
29	比亚迪股份有限公司	5286328	79	广深铁路股份有限公司	1580068
30	玖龙纸业（控股）有限公司	4823712	80	深圳融禾投资发展有限公司	1542921
31	华侨城集团公司	4823545	81	广东粤海控股有限公司	1529654
32	广州医药集团有限公司	4399797	82	宜华企业（集团）有限公司	1515810
33	百丽国际控股有限公司	4306720	83	深圳长城开发科技股份有限公司	1503953
34	深圳市神州通投资集团有限公司	4110089	84	金发科技股份有限公司	1442598
35	广州市建筑集团有限公司	4032127	85	广州纺织工贸企业集团有限公司	1374102
36	广东省广晟资产经营有限公司	4016542	86	康美药业股份有限公司	1335873
37	广东省丝绸纺织集团有限公司	3969228	87	广州晶东贸易有限公司	1294465
38	广州富力地产股份有限公司	3627128	88	人人乐连锁商业集团有限公司	1271646
39	广州钢铁企业集团有限公司	3608470	89	广州银行股份有限公司	1242191
40	雅居乐地产控股有限公司	3543640	90	深圳能源集团股份有限公司	1235078
41	中国广核集团有限公司	3533007	91	广州岭南国际企业集团有限公司	1219582
42	广东温氏食品集团股份有限公司	3518706	92	广州百货企业集团有限公司	1173597
43	金地（集团）股份有限公司	3483584	93	深圳市怡亚通供应链股份有限公司	1151420
44	腾邦投资控股有限公司	3393609	94	广州电气装备集团有限公司	1136176
45	创维集团有限公司	3319442	95	广东广青金属科技有限公司	1125701
46	招商局地产控股股份有限公司	3256781	96	惠州市德赛集团有限公司	1122600
47	广东电力发展股份有限公司	3083076	97	广州东凌实业集团有限公司	1118242
48	生命人寿保险股份有限公司	3021381	98	珠海秦发物流有限公司	1104442
49	广东省广业资产经营有限公司	3001570	99	广州唯品会信息科技有限公司	1095010
50	深圳市飞马国际供应链股份有限公司	2985048	100	广东省丝丽国际集团有限公司	1093693

发布单位：广东省企业联合会

表 11-15　　　　　　　　　　　　　2014 广西企业 100 强

排名	企业名称	营业收入（万元）	排名	企业名称	营业收入（万元）
1	广西柳州钢铁（集团）公司	6131702	51	广西新振锰业集团有限公司	320414
2	上汽通用五菱汽车股份有限公司	6070958	52	广西富满地农资股份有限公司	311500
3	广西电网公司	5765395	53	广西凤糖生化股份有限公司	305107
4	广西建工集团有限责任公司	5411966	54	广西金融投资集团有限公司	302789
5	广西投资集团有限公司	5282524	55	广西来宾东糖集团有限公司	293585
6	广西北部湾国际港务集团有限公司	4510003	56	南宁百货大楼股份有限公司	289511
7	广西玉柴机器集团有限公司	4246677	57	中铁二十五局集团第四工程有限公司	266439
8	中国石化北海炼化有限责任公司	3050957	58	平果亚洲铝业有限公司	259718
9	广西壮族自治区农村信用社联合社	2685747	59	嘉里粮油（防城港）有限公司	257663
10	广西有色金属集团有限公司	2594226	60	中信大锰矿业有限责任公司	252967
11	广西交通投资集团有限公司	2375798	61	广西壮族自治区邮政公司	238358
12	广西农垦集团有限责任公司	2248326	62	中国华电集团贵港发电有限公司	234135
13	广西中烟工业有限责任公司	1941027	63	中电广西防城港电力有限公司	233815
14	东风柳州汽车有限公司	1909435	64	广西云星集团有限公司	230382
15	广西盛隆冶金有限公司	1627551	65	广西大锰锰业有限公司	224295
16	广西柳工集团有限公司	1610379	66	广西桂东电力股份有限公司	222370
17	中国移动通信集团广西有限公司	1593751	67	广西永凯糖纸集团有限公司	220119
18	广西物资集团有限责任公司	1516606	68	广西五鸿建设集团有限公司	216734
19	柳州五菱汽车有限责任公司	1507584	69	广西湘桂糖业集团有限公司	202792
20	广西洋浦南华糖业集团股份有限公司	1228263	70	广西贺州市贵丰金属制品有限公司	200467
21	南宁富桂精密工业有限公司	1078805	71	百色百矿集团有限公司	192393
22	桂林力源粮油食品集团有限公司	1021972	72	广西运德汽车运输集团有限公司	191926
23	广西壮族自治区机电设备有限责任公司	943201	73	广西南宁梦之岛百货有限公司	187872
24	中国石油化工股份有限公司广西南宁石油分公司	902694	74	桂林彰泰实业集团有限公司	185131
25	大海粮油工业（防城港）有限公司	901923	75	广西贵港建设集团有限公司	183000
26	广西水利电业集团有限公司	865044	76	广西强强碳素股份有限公司	180750
27	广西壮族自治区公路桥梁工程总公司	816226	77	银河天成集团有限公司	180502
28	中国大唐集团公司广西分公司	782186	78	广西三环企业集团	177994
29	广西北部湾投资集团有限公司	755131	79	广西新华书店集团有限公司	177551
30	广西北部湾银行股份有限公司	706825	80	梧州神冠蛋白肠衣有限公司	176968
31	十一冶建设集团有限责任公司	612370	81	广西泰禾发展集团有限公司	176789
32	中国邮政储蓄银行股份有限公司广西壮族自治区分行	598435	82	广西铁合金有限责任公司	175606
33	广西南宁东亚糖业集团	585229	83	广西登高集团有限公司	174203
34	广西扬翔股份有限公司	555610	84	广西金源置业集团有限公司	167215
35	广西方盛实业股份有限公司	552693	85	华厦建设集团有限公司	156193
36	广西裕华建设集团有限公司	550418	86	中国有色集团（广西）平桂飞碟股份有限公司	153503
37	中粮油脂（钦州）有限公司	545371	87	广西超大运输集团有限责任公司	150549
38	广西壮族自治区冶金建设公司	524413	88	桂林三金药业股份有限公司	145264
39	广西贵港钢铁集团有限公司	524248	89	南南铝业股份有限公司	143082
40	广西河池市南方有色金属集团有限公司	509496	90	广西瑞通运输集团有限公司	135158
41	中国联合网络通信集团有限公司广西壮族自治区分公司	493925	91	南宁建宁水务投资集团有限责任公司	134621
42	桂林银行股份有限公司	462331	92	广西鱼峰水泥股份有限公司	131955
43	南宁糖业股份有限公司	439900	93	广西巨东种养集团有限公司	131650
44	广西西江开发投资集团有限公司	439443	94	南方黑芝麻集团股份有限公司	130553
45	广西桂鑫钢铁集团有限公司	429088	95	广西东正集团有限公司	129746
46	桂林国际电线电缆集团有限责任公司	417269	96	柳州两面针股份有限公司	118355
47	广西梧州中恒集团股份有限公司	399669	97	桂林建筑安装工程有限公司	117561
48	燕京啤酒（桂林漓泉）股份有限公司	372064	98	华蓝集团股份公司	115040
49	广西平铝集团有限公司	361037	99	广西博庆食品有限公司	112512
50	广西正润发展集团有限公司	356952	100	中房集团南宁房地产开发公司	111380

发布单位：广西企业与企业家联合会

表 11-16　　　　　　　　　　　2014 厦门市企业 100 强

排名	企业名称	营业收入（亿元）	排名	企业名称	营业收入（亿元）
1	厦门建发股份有限公司	1020.68	51	厦门住宅建设集团有限公司	29.84
2	厦门国贸控股有限公司	816.35	52	林德（中国）叉车有限公司	29.58
3	戴尔（中国）有限公司	401.95	53	厦门银祥集团有限公司	29.56
4	厦门象屿集团有限公司	392.47	54	厦门盛元集团	29.33
5	宸鸿科技（厦门）有限公司	277.59	55	福建联美建设集团有限公司	29.25
6	友达光电（厦门）有限公司	254.38	56	明达实业（厦门）有限公司	27.35
7	厦门金龙汽车集团股份有限公司	208.12	57	厦门市建安集团有限公司	27.16
8	厦门航空有限公司	160.96	58	厦门中禾实业有限公司	27.02
9	翔鹭石化股份有限公司	148.14	59	鑫东森集团有限公司	25.56
10	厦门正新橡胶工业有限公司	129.89	60	腾龙特种树脂（厦门）有限公司	23.91
11	厦门银鹭集团有限公司	111.58	61	厦门中联建设工程有限公司	23.77
12	厦门烟草工业有限责任公司	107.91	62	厦门 TDK 有限公司	23.70
13	厦门中骏集团有限公司	102.15	63	捷太格特转向系统（厦门）有限公司	23.18
14	厦门钨业股份有限公司	98.75	64	厦门建发旅游集团股份有限公司	23.11
15	厦门路桥工程物资有限公司	95.39	65	厦门佳事通贸易有限公司	22.69
16	厦门海沧投资集团有限公司	84.75	66	锐珂（厦门）医疗器材有限公司	22.49
17	均和（厦门）控股有限公司	84.21	67	厦门蒙发利科技（集团）股份有限公司	22.30
18	厦门禹洲集团股份有限公司	74.71	68	厦门顺通达集团有限责任公司	21.45
19	厦门翔业集团有限公司	69.03	69	达鸿先进科技（厦门）有限公司	21.05
20	华信石油有限公司	65.97	70	厦门青岛啤酒东南营销有限公司	20.54
21	联发集团有限公司	65.87	71	盛屯矿业集团股份有限公司	20.38
22	厦门厦工机械股份有限公司	64.97	72	祥达光学（厦门）有限公司	20.08
23	厦门经济特区房地产开发集团有限公司	63.25	73	厦门源昌城建集团有限公司	20.01
24	福建三安集团有限公司	62.53	74	厦门思总建设有限公司	19.91
25	厦门夏商集团有限公司	60.31	75	福建四海建设有限公司	19.28
26	中交一公局厦门工程有限公司	55.36	76	福建三建工程有限公司	18.98
27	鹭燕（福建）药业股份有限公司	55.19	77	宝宸（厦门）光学有限公司	18.75
28	厦门华特集团有限公司	51.16	78	厦门船舶重工股份有限公司	18.71
29	厦门市嘉晟对外贸易有限公司	50.09	79	鑫泰建设集团有限公司	18.52
30	厦门新景地集团有限公司	48.25	80	福建安井食品股份有限公司	17.86
31	厦门轻工集团有限公司	47.06	81	厦门育哲进出口有限公司	17.79
32	百路达（厦门）工业有限公司	45.27	82	厦门市建筑科学研究院集团股份有限公司	17.72
33	厦门华澄集团有限公司	44.83	83	厦门公交集团有限公司	17.08
34	厦门恒兴集团有限公司	44.33	84	厦门宇信兴业进出口贸易有限公司	16.26
35	福建省九龙建设集团有限公司	43.59	85	厦门建松电器有限公司	16.14
36	厦门众达钢铁有限公司	37.37	86	厦门太古飞机工程有限公司	14.88
37	中铁十七局集团第六工程有限公司	37.36	87	厦门松霖科技有限公司	14.87
38	厦门嘉联恒进出口有限公司	34.85	88	厦门中宸集团有限公司	13.67
39	厦门宏发电声股份有限公司	34.25	89	厦门东纶股份有限公司	13.62
40	中铁二十二局集团第三工程有限公司	33.17	90	贝莱胜电子（厦门）有限公司	13.59
41	恒晟集团有限公司	32.67	91	四三九九网络股份有限公司	13.01
42	厦门中盛粮油集团有限公司	31.61	92	厦门市天虹商场有限公司	11.67
43	厦门源昌集团有限公司	31.55	93	东亚电力（厦门）有限公司	11.31
44	国药控股福建有限公司	31.53	94	厦门协力集团有限公司	11.13
45	厦门海澳集团有限公司	31.42	95	厦门海润进出口有限公司	10.83
46	厦门航空开发股份有限公司	31.33	96	厦门电力工程集团有限公司	10.83
47	厦门翔鹭化纤股份有限公司	31.00	97	厦门成易集团有限公司	10.76
48	厦门华融集团有限公司	30.44	98	厦门洛矶山石油集团有限公司	10.48
49	路达（厦门）工业有限公司	29.91	99	宸正光电（厦门）有限公司	10.24
50	厦门市明穗粮油贸易有限公司	29.88	100	厦门万里石股份有限公司	9.94

发布单位：厦门企业和企业家联合会

表 11-17　　　　　　　　　　　　　2014 武汉市企业 100 强

排名	企业名称	营业收入（万元）	排名	企业名称	营业收入（万元）
1	东风汽车公司	45503340	51	长飞光纤光缆股份有限公司	488496
2	武汉钢铁（集团）公司	22704781	52	中国五环工程有限公司	470448
3	中国建筑第三工程局有限公司	11551311	53	武汉市汉商集团股份有限公司	463130
4	湖北中烟工业有限责任公司	6521318	54	武汉艾德蒙科技股份有限公司	451329
5	中国葛洲坝集团股份有限公司	5952756	55	华能武汉发电有限责任公司	446841
6	武汉铁路局	5430806	56	中铁第四勘察设计院集团有限公司	442630
7	中铁十一局集团有限公司	4336109	57	中维世纪建设集团有限公司	434327
8	中国石油化工股份有限公司武汉分公司	3797139	58	武汉海尔电器股份有限公司	423450
9	武汉国有资产经营公司	3787505	59	卓峰建设集团有限公司	417365
10	九州通医药集团股份有限公司	3343805	60	武汉武钢北湖经济开发公司	415059
11	中交第二航务工程局有限公司	3068600	61	武汉顺乐不锈钢有限公司	410990
12	武汉武商集团股份有限公司	3068458	62	武汉市燃气热力集团有限公司	410635
13	中百控股集团股份有限公司	2931874	63	盛隆电气集团有限公司	405497
14	山河建设集团有限公司	2562963	64	武汉船用机械有限责任公司	400028
15	中铁大桥局集团有限公司	2450216	65	武汉东方建设集团有限公司	395608
16	卓尔控股有限公司	2392919	66	TCL空调器（武汉）有限公司	391471
17	武汉邮电科学研究院	1867601	67	武汉运盛集团有限公司	376668
18	联想移动通信（武汉）有限公司	1752929	68	长江勘测规划设计研究院	362508
19	新八建设集团有限公司	1562651	69	湖北顺泰建设有限公司	331373
20	三环集团公司	1553022	70	武汉新建总建设集团有限公司	325067
21	中国航天三江集团公司	1423365	71	武汉地产开发投资集团有限公司	324752
22	武汉中商集团股份有限公司	1372860	72	中国电力工程顾问集团中南电力设计院	315021
23	中国一冶集团有限公司	1339688	73	武汉市汉口精武食品工业园有限公司	308795
24	新七建设集团有限公司	1115277	74	武汉有色金属投资有限公司	302501
25	湖北省烟草公司武汉市公司	1079050	75	高品建设集团有限公司	301740
26	武昌船舶重工有限责任公司	1010241	76	武汉金牛经济发展有限公司	293189
27	新龙药业集团	972077	77	中国联合网络通信有限公司武汉市分公司	289731
28	湖北银丰实业集团有限责任公司	939809	78	武船重型工程股份有限公司	285908
29	武汉市城市建设投资开发集团有限公司	869111	79	武汉本田贸易有限公司	269847
30	中冶南方工程技术有限公司	696352	80	广厦湖北第六建设工程有限责任公司	264539
31	武汉经济发展投资（集团）有限公司	690627	81	中国人民财产保险股份有限公司武汉市分公司	258822
32	武汉农村商业银行股份有限公司	689186	82	众科建设集团有限公司	253520
33	武汉市万科房地产有限公司	677479	83	武汉新康化学集团有限公司	251615
34	武汉新十建筑集团有限公司	631618	84	武汉市水务集团有限公司	249881
35	中国移动通信集团湖北有限公司武汉分公司	625462	85	钰龙集团有限公司	247669
36	武汉建工股份有限公司	602922	86	武汉新港建设投资开发有限公司	246316
37	人福医药集团股份有限公司	601021	87	航天电工技术有限公司	243585
38	国药控股湖北有限公司	599394	88	凌云科技集团有限公司	241502
39	湖北盛兴格力电器销售有限公司	593270	89	武汉国裕物流产业集团有限公司	239295
40	武汉常阳新力建设工程有限公司	578100	90	武汉中东磷业科技有限公司	238140
41	益海嘉里（武汉）粮油工业有限公司	563756	91	武汉市公共交通集团有限责任公司	233584
42	武汉工贸有限公司	563629	92	武汉统一企业食品有限公司	231275
43	冠捷显示科技（武汉）有限公司	551899	93	湖北凌志科技集团	230358
44	汉口银行股份有限公司	551397	94	湖北省新华书店（集团）有限公司	221024
45	南车长江车辆有限公司	531492	95	远大医药（中国）有限公司	216429
46	中国电信股份有限公司武汉分公司	524724	96	武汉中原电子集团有限公司	215258
47	武汉天马微电子有限公司	511836	97	湖北中阳建设集团有限公司	212455
48	武汉东湖高新集团股份有限公司	507124	98	武汉苏泊尔炊具有限公司	211849
49	武汉商贸国有控股集团有限公司	506250	99	湖北省信产通信服务有限公司	211522
50	武汉市市政建设集团有限公司	503380	100	武汉市邮政公司	209334

发布单位：武汉企业联合会、企业家协会

第十二章
2014 世界企业 500 强数据

2014 世界企业 500 强

上年排名	排名	公司名称	国家	营业收入（百万美元）	净利润（百万美元）	资产总额（百万美元）	股东权益（百万美元）	员工人数（人）
2	1	沃尔玛	美国	476294.00	16022.00	204751.00	76255.00	2200000
1	2	荷兰皇家壳牌石油公司	荷兰	459599.00	16371.00	357512.00	180047.00	92000
4	3	中国石油化工集团公司	中国	457201.10	8932.10	352982.90	116618.50	961703
5	4	中国石油天然气集团公司	中国	432007.70	18504.80	620651.10	295269.30	1602898
3	5	埃克森美孚	美国	407666.00	32580.00	346808.00	174003.00	84800
6	6	英国石油公司	英国	396217.00	23451.00	305690.00	129302.00	83900
7	7	国家电网公司	中国	333386.50	7982.80	424531.50	177972.80	867836
9	8	大众公司	德国	261539.10	12071.50	446866.00	120878.50	572800
8	9	丰田汽车公司	日本	256454.80	18198.20	402422.80	140518.10	338875
12	10	嘉能可	瑞士	232694.00	-7402.00	154932.00	49957.00	110378
10	11	道达尔公司	法国	227882.70	11204.60	239035.90	100068.20	98799
11	12	雪佛龙	美国	220356.00	21423.00	253753.00	149113.00	64600
14	13	三星电子	韩国	208938.40	27245.30	202876.20	136886.50	286000
18	14	伯克希尔-哈撒韦公司	美国	182150.00	19476.00	484931.00	221890.00	302000
19	15	苹果公司	美国	170910.00	37037.00	207000.00	123549.00	84400
20	16	安盛	法国	165893.50	5950.10	1043191.60	72917.30	93146
21	17	俄罗斯天然气工业股份公司	俄罗斯	165016.70	35769.40	409205.90	283831.80	429000
15	18	意昂集团	德国	162560.00	2843.60	180112.90	46115.00	62239
16	19	Phillips 66 公司	美国	161175.00	3726.00	49798.00	21950.00	13500
23	20	戴姆勒股份公司	德国	156628.40	9083.20	232184.10	58804.50	274616
22	21	通用汽车公司	美国	155427.00	5346.00	166344.00	42607.00	219000
17	22	埃尼石油公司	意大利	154108.70	6850.20	190606.20	80201.70	82289
13	23	日本邮政控股公司	日本	152125.80	4782.10	2838171.00	106551.00	228000
26	24	EXOR 集团	意大利	150996.90	2768.00	182806.50	9571.60	305963
29	25	中国工商银行	中国	148802.60	42718.10	3124886.90	210465.00	441902
28	26	福特汽车公司	美国	146917.00	7155.00	202026.00	26383.00	181000
24	27	通用电气公司	美国	146231.00	13057.00	656560.00	130566.00	307000
25	28	巴西国家石油公司	巴西	141462.00	11094.00	321423.00	148527.00	86111
42	29	麦克森公司	美国	138030.00	1263.00	51759.00	8522.00	42800
27	30	瓦莱罗能源公司	美国	137758.00	2720.00	47260.00	19460.00	10007
31	31	安联保险集团	德国	134636.10	7960.10	980346.00	69005.70	147627

上年排名	排名	公司名称	国家	营业收入（百万美元）	净利润（百万美元）	资产总额（百万美元）	股东权益（百万美元）	员工人数（人）
30	32	鸿海精密工业股份有限公司	中国台湾	133161.70	3594.80	77599.40	25660.10	1110000
61	33	法国兴业银行	法国	132711.10	2887.40	1701944.00	70278.80	153458
34	34	美国电话电报公司	美国	128752.00	18249.00	277787.00	90988.00	243360
40	35	CVS Caremark 公司	美国	126761.00	4592.00	71526.00	37938.00	169000
36	36	墨西哥石油公司	墨西哥	125943.90	-13302.70	156334.70	-14183.50	145898
35	37	房利美	美国	125696.00	83963.00	3270108.00	9541.00	7400
50	38	中国建设银行	中国	125397.70	34912.50	2537737.70	176076.70	368410
51	39	联合健康集团	美国	122489.00	5625.00	81882.00	32149.00	156000
41	40	法国巴黎银行	法国	121939.20	6414.80	2480231.50	120682.90	173334
38	41	委内瑞拉国家石油公司	委内瑞拉	120979.00	12933.00	218196.00	71616.00	111342
48	42	威瑞森电信	美国	120550.00	11497.00	274098.00	38836.00	176800
46	43	卢克石油公司	俄罗斯	119118.00	7832.00	109439.00	78578.00	150000
37	44	苏伊士集团	法国	118551.30	-12331.70	219912.00	66072.40	223012
45	45	本田汽车	日本	118210.50	5730.70	151714.40	57482.60	190338
99	46	俄罗斯石油公司	俄罗斯	117079.30	17111.40	229572.80	95203.60	228000
64	47	中国农业银行	中国	115392.10	27050.00	2405408.60	139266.90	496365
49	48	意大利忠利保险公司	意大利	115224.40	2542.30	619536.00	27250.10	77185
33	49	荷兰国际集团	荷兰	114295.10	6076.30	1483342.20	60540.50	83690
43	50	惠普	美国	112298.00	5113.00	105676.00	27269.00	317500
44	51	JX 控股公司	日本	111014.10	1068.50	75573.20	19057.00	26616
80	52	中国建筑股份有限公司	中国	110811.60	1853.20	130558.90	11433.40	216729
32	53	日本电报电话公司	日本	109054.30	5844.10	196998.60	82658.60	239750
39	54	挪威国家石油公司	挪威	108459.40	6789.30	146025.40	58617.90	23413
71	55	中国移动通信集团公司	中国	107647.30	9197.90	232012.70	130149.60	235688
52	56	意大利国家电力公司	意大利	106915.20	4294.70	2415689.00	211178.00	251196
55	57	摩根大通	美国	106283.00	17923.00	137970.30	38048.20	362000
53	58	西门子	德国	106124.00	5620.00	137970.30	38048.20	362000
70	59	中国银行	中国	105622.60	25520.50	2291795.30	152615.00	305675
67	60	好市多	美国	105156.00	2039.00	30283.00	10833.00	143500
47	61	日产汽车	日本	104635.80	3883.30	142793.10	46495.40	142925
74	62	美国快捷药方控股公司	美国	104620.00	1844.60	53548.20	21837.40	29975
63	63	乐购	英国	103278.10	1534.80	84054.80	24656.40	391868

上年排名	排名	公司名称	国家	营业收入（百万美元）	净利润（百万美元）	资产总额（百万美元）	股东权益（百万美元）	员工人数（人）
57	64	SK集团	韩国	102122.10	258.20	87716.00	11005.90	79251
59	65	家乐福	法国	101790.80	1676.70	60022.50	10807.50	364795
66	66	美国银行	美国	101697.00	11431.00	2102273.00	232685.00	242117
56	67	康德乐	美国	101093.00	334.00	25819.00	5975.00	33600
68	68	宝马集团	德国	100971.70	7054.70	190643.40	48849.90	110351
75	69	马来西亚国家石油公司	马来西亚	100744.90	17180.80	161472.20	102566.60	49183
77	70	法国电力公司	法国	100355.70	4669.00	353820.40	47130.40	158467
62	71	国际商业机器公司	美国	99751.00	16483.00	126223.00	22792.00	463785
69	72	雀巢公司	瑞士	99453.60	10807.80	135465.10	70380.20	333000
58	73	西班牙国家银行	西班牙	98506.40	5801.40	1537126.00	116754.80	182958
72	74	克罗格	美国	98375.00	1519.00	29281.00	5384.00	375000
65	75	巴斯夫公司	德国	98203.80	6428.10	88705.50	37353.50	112206
76	76	来宝集团	中国香港	97878.30	243.50	19712.10	5156.80	15649
60	77	汇丰银行控股公司	英国	97529.00	16204.00	2671318.00	181871.00	268795
54	78	日立	日本	95988.20	2645.00	106991.40	25747.70	320725
93	79	中国海洋石油总公司	中国	95971.50	7700.80	172062.60	67960.70	108646
100	80	中国铁道建筑总公司	中国	95746.80	986.50	93161.20	8343.10	297239
101	81	马拉松原油公司	美国	93991.00	2112.00	28385.00	10920.00	29865
79	82	花旗集团	美国	93629.00	13673.00	1880382.00	204339.00	251000
73	83	法国农业信贷银行	法国	93618.40	3325.50	2117503.60	58272.70	75529
81	84	泰国国家石油有限公司	泰国	92556.60	3081.80	54846.90	20780.70	25251
103	85	上海汽车集团股份有限公司	中国	92024.80	4034.10	61719.00	22755.10	93905
102	86	中国中铁股份有限公司	中国	91152.60	1524.70	103767.90	14310.40	289547
82	87	ADM公司	美国	89804.00	1342.00	43752.00	20156.00	31100
98	88	美源伯根公司	美国	89140.40	433.70	18918.60	2319.70	12500
78	89	美国富国银行	美国	88069.00	21878.00	1527015.00	170142.00	264900
95	90	波音	美国	86623.00	4585.00	92663.00	14875.00	168400
87	91	麦德龙	德国	86347.30	504.50	45175.30	7783.20	238266
89	92	宝洁公司	美国	84167.00	11312.00	139263.00	68064.00	121000
92	93	慕尼黑再保险公司	德国	83844.80	4398.20	350358.00	35799.40	44665
85	94	英国劳埃德银行集团	英国	83149.50	-1309.90	1402681.00	64565.80	88977
84	95	英国保诚集团	英国	81867.70	2103.90	539743.10	15980.40	18801

上年排名	排名	公司名称	国家	营业收入（百万美元）	净利润（百万美元）	资产总额（百万美元）	股东权益（百万美元）	员工人数（人）
88	96	印度石油公司	印度	81323.90	1171.70	44658.60	11372.90	35702
96	97	房地美	美国	81221.00	48668.00	1966061.00	12835.00	5083
111	98	中国人寿保险（集团）公司	中国	80909.40	594.80	397614.40	6984.40	146002
105	99	德国电信	德国	79829.00	1234.60	162784.30	32900.50	230000
104	100	现代汽车	韩国	79766.10	7804.00	126441.90	49214.40	104731
91	101	安赛乐米塔尔	卢森堡	79440.00	-2545.00	112308.00	49793.00	232000
106	102	家得宝	美国	78812.00	5385.00	40518.00	12522.00	365000
114	103	空中客车集团	荷兰	78666.00	1944.90	128563.90	15171.00	144061
110	104	微软	美国	77849.00	21863.00	142431.00	78944.00	99000
94	105	索尼	日本	77532.30	-1281.40	148914.50	21930.00	140900
83	106	松下	日本	77225.60	1202.20	50626.30	15035.00	271789
119	107	中国中化集团公司	中国	75939.00	755.10	52491.60	11201.70	50199
118	108	三菱商事株式会社	日本	75755.40	4439.90	148506.40	46365.40	68383
97	109	西班牙电话公司	西班牙	75752.00	6097.50	163768.10	29188.70	126730
108	110	德国邮政	德国	75732.10	2775.90	48881.60	13581.00	435285
141	111	中国第一汽车集团公司	中国	75005.60	3263.60	49768.80	19130.50	91646
149	112	亚马逊	美国	74452.00	274.00	40159.00	9746.00	117300
146	113	东风汽车集团	中国	74008.20	1448.40	48777.50	8867.90	184635
107	114	信实工业公司	印度	73332.40	3719.50	71815.00	33272.50	23853
134	115	中国南方电网有限责任公司	中国	72697.10	1325.50	96507.70	32804.50	309114
113	116	塔吉特公司	美国	72596.00	1971.00	44553.00	16231.00	366000
120	117	沃尔格林公司	美国	72217.00	2450.00	35481.00	19454.00	210500
123	118	苏黎世保险集团	瑞士	72045.00	4028.00	415053.00	32503.00	55102
121	119	标致	法国	71807.80	-3076.00	82205.10	9482.00	198885
147	120	Wellpoint 公司	美国	71458.20	2489.70	59574.50	24765.20	48200
132	121	强生	美国	71312.00	13831.00	132683.00	74053.00	128100
N.A.	122	国家开发银行	中国	71305.60	12949.80	1352390.70	92253.10	8468
122	123	印尼国家石油公司	印度尼西亚	71102.10	3061.60	49341.90	17213.20	24781
160	124	丸红株式会社	日本	70429.50	2105.60	70461.10	13453.60	39465
116	125	巴西银行	巴西	69642.70	7302.00	552764.20	29474.00	112216
112	126	雷普索尔公司	西班牙	69148.70	258.90	89675.50	37485.80	30296
125	127	美国国际集团	美国	68678.00	9085.00	541329.00	100470.00	64000

上年排名	排名	公司名称	国家	营业收入（百万美元）	净利润（百万美元）	资产总额（百万美元）	股东权益（百万美元）	员工人数（人）
181	128	中国平安保险（集团）股份有限公司	中国	68508.80	4579.10	555065.70	30180.40	203366
138	129	州立农业保险公司	美国	68291.30	5189.20	224694.10	75900.00	72276
139	130	莱茵集团	德国	68227.40	-3522.00	111765.80	14382.90	66341
129	131	大都会人寿	美国	68202.00	3368.00	885296.00	61553.00	65000
86	132	日本生命保险公司	日本	68168.90	2467.10	554435.70	16781.40	73578
192	133	中国五矿集团公司	中国	67440.20	402.00	48576.60	6190.50	118030
140	134	美国邮政	美国	67318.00	-4977.00	21641.00	-39823.00	554365
257	135	软银	日本	66546.00	5850.90	162037.50	18989.70	24598
133	136	法国BPCE银行集团	法国	66428.60	3543.30	1547985.90	70734.90	115360
137	137	百事公司	美国	66415.00	6740.00	77478.00	24279.00	274000
N.A.	138	伊塔乌联合银行控股公司	巴西	66217.20	7610.60	435498.50	35280.40	95696
117	139	东京电力公司	日本	66194.40	4378.50	143741.90	15559.10	45744
135	140	联合利华	英国/荷兰	66108.60	6428.10	62707.80	19763.20	174000
124	141	沃达丰集团	英国	65986.50	94132.00	203095.10	118019.80	89146
115	142	必和必拓	澳大利亚	65968.00	10876.00	138109.00	70664.00	49496
187	143	中国华润总公司	中国	65959.90	2029.50	140218.40	18895.30	432834
175	144	法切莱公司	法国	65463.40	119.50	60256.70	657.20	333723
126	145	东芝	日本	64907.90	507.30	60615.90	11936.20	200260
145	146	美国康卡斯特电信公司	美国	64657.00	6816.00	158813.00	50694.00	136000
151	147	荷兰全球保险集团	荷兰	64293.80	1298.40	487389.90	34547.00	26891
127	148	日本永旺集团	日本	64240.50	458.10	66783.40	10631.40	221701
152	149	欧尚集团	法国	63825.20	1018.20	41655.00	13309.50	302535
N.A.	150	路易达孚	荷兰	63596.20	640.10	19174.60	4980.30	17593
154	151	联合技术公司	美国	62935.00	5721.00	90594.00	31866.00	212400
161	152	中国兵器工业集团公司	中国	62659.10	715.50	49296.20	12905.00	258186
143	153	邦吉公司	美国	62564.00	306.00	26781.00	9857.00	35000
182	154	中国电信集团公司	中国	62046.80	1555.80	111323.30	60093.70	414673
131	155	博世公司	德国	61632.10	1455.00	76777.90	36878.20	281381
158	156	美洲电信	墨西哥	61562.20	5844.10	78312.20	15454.90	173174
109	157	英杰华集团	英国	61447.30	3138.70	461818.40	13519.60	27718
153	158	西农	澳大利亚	61355.70	2318.60	39491.10	23812.70	200000
173	159	英国法通保险公司	英国	61353.50	1395.90	601399.30	9343.10	11163

上年排名	排名	公司名称	国家	营业收入（百万美元）	净利润（百万美元）	资产总额（百万美元）	股东权益（百万美元）	员工人数（人）
172	160	中国中信集团有限公司	中国	61005.70	6154.30	710232.70	44914.80	176175
159	161	澳大利亚伍尔沃斯公司	澳大利亚	60826.20	2316.90	20361.20	8261.90	197000
189	162	谷歌	美国	60629.00	12920.00	110920.00	87309.00	47756
130	163	德意志银行	德国	60571.40	884.20	2220186.90	75391.80	98254
142	164	日本第一生命保险	日本	60340.30	777.90	366176.40	6104.10	59512
178	165	神华集团	中国	59823.00	5940.10	145799.70	54577.50	214233
N.A.	166	太平洋建设集团	中国	59622.20	2772.60	30154.00	13196.70	297816
144	167	康菲石油公司	美国	59433.00	9156.00	118057.00	52090.00	18400
196	168	中国邮政集团公司	中国	58964.60	4114.90	949358.90	31639.60	954419
209	169	中国南方工业集团公司	中国	58837.10	22.60	51505.50	7004.60	242430
162	170	诺华公司	瑞士	58831.00	9175.00	126254.00	74343.00	135696
177	171	巴克莱	英国	57689.60	844.10	2173113.10	91717.50	139600
157	172	马士基集团	丹麦	57523.70	3450.80	74499.60	39823.80	118000
156	173	三井物产株式会社	日本	57302.70	4214.00	106839.50	34829.70	48090
166	174	陶氏化学	美国	57080.00	4787.00	69501.00	26898.00	52731
169	175	法国国家人寿保险公司	法国	56590.30	1367.70	504252.30	20152.30	4809
150	176	Seven & I 控股公司	日本	56572.80	1764.90	47147.30	20394.90	55364
167	177	韩国浦项制铁公司	韩国	56520.80	1257.50	80037.30	39846.50	34713
212	178	中国航空工业集团公司	中国	56472.10	746.40	113152.50	24025.70	507306
176	179	奥地利石油天然气集团	奥地利	56308.20	1593.50	43795.10	16001.60	26863
171	180	圣戈班集团	法国	55790.80	789.90	63001.30	24147.30	187071
136	181	卡特彼勒	美国	55656.00	3789.00	84896.00	20811.00	125928
179	182	联合包裹速递服务公司	美国	55438.00	4372.00	36212.00	6474.00	304105
174	183	日本伊藤忠商事株式会社	日本	55209.00	3097.10	76220.70	20850.40	102376
185	184	新日铁住金	日本	55062.10	2423.10	68780.10	23115.10	84361
343	185	天津市物资集团总公司	中国	54963.70	227.90	18960.30	1482.30	18451
228	186	俄罗斯联邦储蓄银行	俄罗斯	54778.30	11422.20	554602.00	57003.40	306123
213	187	中国交通建设集团有限公司	中国	54609.80	1335.80	88931.00	11656.80	110140
203	188	万喜集团	法国	54420.80	2604.70	86906.10	19484.80	190704
170	189	Orange 公司	法国	54404.80	2486.50	118260.70	33548.10	165488
184	190	雷诺	法国	54339.80	778.00	103324.00	31464.80	121807
148	191	辉瑞制药有限公司	美国	53785.00	22003.00	172101.00	76307.00	77700

上年排名	排名	公司名称	国家	营业收入（百万美元）	净利润（百万美元）	资产总额（百万美元）	股东权益（百万美元）	员工人数（人）
198	192	美国劳氏公司	美国	53417.00	2286.00	32732.00	11853.00	214500
194	193	拜耳集团	德国	53310.90	4233.60	70704.60	28545.30	113200
225	194	乐金电子	韩国	53118.30	161.50	33669.50	11125.10	85905
183	195	英特尔公司	美国	52708.00	9620.00	92358.00	58256.00	107600
197	196	瑞士罗氏公司	瑞士	52460.30	12047.80	69921.30	21700.60	85080
155	197	蒂森克虏伯	德国	52247.30	-1831.40	47783.90	3034.50	156856
199	198	德国联邦铁路公司	德国	51917.00	872.20	72877.40	20372.20	295653
163	199	三菱日联金融集团	日本	51667.50	9830.70	2506865.80	110190.30	85854
221	200	意大利联合圣保罗银行	意大利	51506.80	-6040.40	862892.70	61332.80	93845
195	201	力拓集团	英国	51171.00	3665.00	111025.00	45886.00	66331
202	202	西班牙ACS集团	西班牙	50941.90	931.30	54796.70	4502.50	157689
168	203	巴西布拉德斯科银行	巴西	50838.70	5744.10	355378.30	30473.70	84682
188	204	联合信贷集团	意大利	50800.70	-18539.20	1165396.20	64537.40	147864
201	205	沙特基础工业公司	沙特阿拉伯	50405.80	6740.60	90411.60	41669.00	40000
193	206	西班牙对外银行	西班牙	49966.80	2957.80	802671.80	58527.60	109305
204	207	国际石油投资公司	阿拉伯联合酋长国	49714.70	1917.60	68386.80	15260.80	20078
256	208	中国人民保险集团股份有限公司	中国	49563.60	1320.80	124765.70	11823.00	108006
206	209	韩国现代重工集团	韩国	49507.40	254.60	50421.70	16347.20	41965
258	210	中国联合网络通信股份有限公司	中国	49399.20	560.00	87772.30	12365.40	222529
222	211	宝钢集团有限公司	中国	49297.30	925.00	85806.20	37438.90	140421
235	212	韩国电力公司	韩国	49072.90	54.80	147391.30	47630.60	40599
N.A.	213	Energy Transfer Equity 公司	美国	48750.00	196.00	50330.00	1078.00	13573
220	214	思科公司	美国	48607.00	9983.00	101191.00	59120.00	75049
230	215	南苏格兰电力	英国	48587.90	513.30	35028.70	8533.70	19779
205	216	澳大利亚国民银行	澳大利亚	48444.80	5411.70	755717.50	43525.20	42164
243	217	交通银行	中国	48321.20	10131.90	984644.10	69304.30	101664
210	218	巴西淡水河谷公司	巴西	48050.00	584.00	124597.00	63325.00	83286
164	219	日本明治安田生命保险公司	日本	47727.80	2401.80	333437.50	10707.50	37129
246	220	ENTERPRISE PRODUCTS PARTNERS 公司	美国	47727.00	2596.90	40138.70	15214.80	6685
231	221	中国华能集团公司	中国	47681.10	426.60	141267.50	6858.90	143555
186	222	富士通	日本	47538.40	485.20	29907.10	8490.10	162393

上年排名	排名	公司名称	国家	营业收入（百万美元）	净利润（百万美元）	资产总额（百万美元）	股东权益（百万美元）	员工人数（人）
304	223	安泰保险	美国	47294.60	1913.60	49871.80	14025.50	48600
208	224	可口可乐公司	美国	46854.00	8584.00	90055.00	33173.00	130600
190	225	日本三井住友金融集团	日本	46334.90	8338.50	1568752.10	62165.80	66475
207	226	澳洲联邦银行	澳大利亚	46009.60	7872.50	689871.90	41138.30	44969
273	227	中国铝业公司	中国	45445.70	-1142.90	77022.30	2491.10	169338
241	228	斯伦贝谢公司	美国	45368.00	6732.00	67100.00	67100.00	67100
216	229	洛克希德-马丁	美国	45358.00	2981.00	36188.00	4918.00	115000
226	230	百思买	美国	45225.00	532.00	14013.00	3986.00	140000
215	231	日本出光兴产株式会社	日本	45103.60	362.30	29086.80	5239.80	8749
248	232	华特迪士尼公司	美国	45041.00	6136.00	81241.00	45429.00	175000
259	233	CHS公司	美国	44479.90	992.40	13504.30	5131.20	10716
247	234	西斯科公司	美国	44411.20	992.40	12663.90	5191.80	48100
240	235	法国布伊格集团	法国	44395.00	-1005.00	47264.10	9856.80	128067
245	236	联邦快递	美国	44287.00	1561.00	33567.00	17398.00	291129
250	237	德国大陆集团	德国	44249.00	2553.00	36953.70	12415.60	177762
219	238	赛诺菲	法国	44215.80	4934.50	132358.40	78376.20	112128
224	239	丰益国际	新加坡	44085.00	1318.90	46631.80	15004.80	90000
223	240	利安德巴塞尔工业公司	荷兰	44071.00	3857.00	27298.00	12478.00	13300
214	241	默沙东	美国	44033.00	4404.00	105645.00	49765.00	76000
229	242	巴拉特石油公司	印度	43954.80	646.70	14864.00	3253.20	14079
128	243	国际资产控股公司	美国	43768.30	19.30	2848.00	335.40	1094
234	244	Iberdrola公司	西班牙	43554.60	3414.20	127323.80	47650.80	30678
191	245	MS&AD保险集团控股有限公司	日本	43548.70	932.80	163913.30	11053.20	37055
252	246	起亚汽车	韩国	43486.40	3487.30	34289.30	19195.20	48089
249	247	荷兰皇家阿霍德集团	荷兰	43483.00	3368.00	20862.60	8983.30	123000
336	248	北京汽车集团	中国	43323.90	918.20	35337.00	5765.90	106000
233	249	日本KDDI电信公司	日本	43258.00	3214.60	48031.00	25810.50	27073
264	250	安海斯-布希英博	比利时	43195.00	14394.00	141666.00	50365.00	154587
275	251	巴西JBS公司	巴西	43049.70	429.50	29111.10	9305.90	185000
232	252	美国西夫韦公司	美国	42981.80	3507.50	17219.50	5819.50	138000
238	253	法国国营铁路公司	法国	42790.00	-239.00	54868.10	9189.90	244570
251	254	江森自控有限公司	美国	42730.00	1178.00	31518.00	12314.00	170000

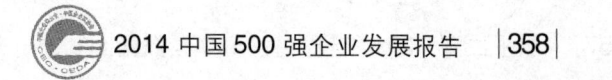

上年排名	排名	公司名称	国家	营业收入（百万美元）	净利润（百万美元）	资产总额（百万美元）	股东权益（百万美元）	员工人数（人）
211	255	苏格兰皇家银行集团	英国	42586.90	-13438.00	1702165.10	97276.70	118600
285	256	美国英格雷姆麦克罗公司	美国	42553.90	310.60	11791.20	3949.60	21800
N.A.	257	Plains GP Holdings 公司	美国	42249.00	15.00	21453.00	1035.00	4900
227	258	沃尔沃集团	瑞典	41863.10	550.20	53710.90	11842.80	102930
268	259	瑞士 ABB 集团	瑞士	41848.00	2787.00	48064.00	18678.00	147700
239	260	GS 加德士	韩国	41715.70	341.40	21119.50	8538.30	4495
218	261	东京海上日动火灾保险公司	日本	41586.00	1837.80	184014.80	13346.80	33310
272	262	全球燃料服务公司	美国	41561.90	203.10	4739.30	1673.90	2758
284	263	英国森特理克集团	英国	41533.30	1485.00	38826.60	8597.90	36966
90	264	保德信金融集团	美国	41471.00	-667.00	731781.00	35278.00	47355
253	265	英国葛兰素史克公司	英国	41430.20	8497.10	69694.40	11587.60	99451
270	266	哈门那公司	美国	41313.00	1231.00	20735.00	9316.00	52000
319	267	中国建筑材料集团有限公司	中国	41027.90	435.30	60195.20	3603.80	179421
359	268	绿地控股集团有限公司	中国	41015.70	1331.30	60734.10	5440.70	27939
242	269	电装公司	日本	40885.20	2868.70	43143.70	23512.40	139842
254	270	高盛	美国	40874.00	8040.00	911507.00	78467.00	32900
269	271	河北钢铁集团	中国	40829.20	-138.20	54247.60	8636.50	124031
255	272	瑞士信贷	瑞士	40501.00	2510.10	981673.60	47423.20	46000
244	273	三菱电机股份有限公司	日本	40470.30	1532.00	35087.60	14803.60	124305
263	274	瑞银集团	瑞士	39898.90	3643.30	1135822.80	56118.50	60205
271	275	汉莎集团	德国	39864.00	415.50	40071.90	8344.00	118214
355	276	中国化工集团公司	中国	39690.90	-139.40	45014.10	3318.20	110005
266	277	怡和集团	中国香港	39465.00	1566.00	63835.00	18386.00	390000
326	278	中国机械工业集团有限公司	中国	39418.40	249.40	38752.50	6911.90	121274
388	279	山东魏桥创业集团有限公司	中国	39259.90	1102.90	20965.40	8713.30	132091
348	280	Tesoro 公司	美国	39193.00	412.00	13389.00	4302.00	7008
296	281	美国利宝互助保险集团	美国	39133.00	1743.00	121282.00	18968.00	50000
276	282	森科能源公司	加拿大	39116.10	3796.40	73722.10	38765.00	13946
287	283	霍尼韦尔国际公司	美国	39055.00	3924.00	45435.00	17467.00	131000
260	284	印度斯坦石油公司	印度	38958.30	178.70	16196.70	2344.50	10858
315	285	华为投资控股有限公司	中国	38875.80	3402.30	38245.10	14239.90	150000
329	286	联想集团	中国	38707.10	817.20	18357.10	3010.10	54000

上年排名	排名	公司名称	国家	营业收入（百万美元）	净利润（百万美元）	资产总额（百万美元）	股东权益（百万美元）	员工人数（人）
316	287	印度塔塔汽车公司	印度	38502.30	2313.60	36841.40	10986.10	60000
237	288	西太平洋银行	澳大利亚	38496.00	6765.60	651184.50	43578.50	35597
288	289	迪奥	法国	38431.90	1840.50	73232.60	14452.70	98299
403	290	山西焦煤集团有限责任公司	中国	38398.10	74.70	37592.20	3454.70	221283
293	291	美国联合大陆控股有限公司	美国	38279.00	571.00	36812.00	2984.00	87000
236	292	佳能	日本	38247.20	2362.50	40372.20	27693.00	194151
300	293	森宝利	英国	38045.80	1137.50	27570.50	10006.40	107000
301	294	HCA 公司	美国	38040.00	1556.00	28831.00	-8270.00	188500
387	295	正威国际集团	中国	38030.20	833.30	17142.80	7990.60	16720
282	296	加拿大皇家银行	加拿大	38016.60	8170.00	825567.40	46552.20	74247
299	297	中国国电集团公司	中国	37857.50	571.30	129838.20	7033.70	138614
307	298	迪尔公司	美国	37795.40	3537.30	59521.30	10265.80	67044
303	299	达美航空	美国	37773.00	10540.00	52252.00	11643.00	77755
305	300	台湾中油股份有限公司	中国台湾	37689.70	110.90	29494.30	7620.90	14819
280	301	哥伦比亚国家石油公司	哥伦比亚	37684.30	7012.90	68633.30	36858.90	10988
N.A.	302	Talanx 公司	德国	37547.40	1011.60	183058.60	9939.40	20004
298	303	印度国家银行	印度	37528.40	2343.80	401236.20	24679.00	291407
311	304	冀中能源集团	中国	37392.20	-254.80	26597.80	3106.90	141106
373	305	山东能源集团有限公司	中国	37362.90	223.00	37267.90	8239.30	231186
294	306	甲骨文公司	美国	37180.00	10925.00	81812.00	44648.00	120000
309	307	联合博姿	瑞士	37121.30	1486.90	29132.40	10311.40	76769
318	308	江苏沙钢集团	中国	37095.30	172.90	27528.80	5294.70	40797
390	309	晋能集团	中国	37085.60	-2.40	30312.60	5803.70	122547
328	310	武汉钢铁（集团）公司	中国	36927.80	12.20	39634.30	8177.30	124155
334	311	瑞士再保险股份有限公司	瑞士	36902.00	4444.00	213520.00	32952.00	11574
350	312	摩根士丹利	美国	36848.00	2932.00	832702.00	65921.00	55794
354	313	中国电力建设集团有限公司	中国	36806.90	832.80	57951.10	7409.10	202850
277	314	中国航空油料集团公司	中国	36729.80	152.70	6437.10	1553.00	10793
279	315	美国阿美拉达赫斯公司	美国	36694.00	5052.00	42754.00	24720.00	12225
278	316	日本钢铁工程控股公司	日本	36602.30	1022.00	41193.60	15349.00	57210
283	317	普利司通	日本	36573.40	2071.10	34037.90	17030.30	145029
332	318	二十一世纪福克斯	美国	36566.00	7097.00	50944.00	16998.00	25600

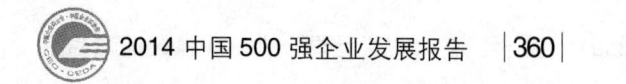

上年排名	排名	公司名称	国家	营业收入（百万美元）	净利润（百万美元）	资产总额（百万美元）	股东权益（百万美元）	员工人数（人）
281	319	意大利电信	意大利	36493.40	-894.80	96749.10	23506.60	82196
267	320	杜邦公司	美国	36475.00	4848.00	51499.00	16229.00	64000
339	321	德国艾德卡公司	德国	36225.70	239.20	8540.20	1823.80	327900
262	322	西尔斯控股	美国	36188.00	-1365.00	18261.00	1739.00	249000
297	323	波兰国营石油公司	波兰	36037.90	55.70	17121.60	8602.60	21565
324	324	美国纽约人寿保险公司	美国	36026.30	1326.40	236749.00	17853.80	10855
289	325	法国维旺迪集团	法国	35873.40	2611.30	67760.20	24052.30	52440
335	326	德国中央合作银行	德国	35860.10	1551.90	533178.30	12838.30	26371
N.A.	327	渤海钢铁集团	中国	35795.60	64.30	35452.00	3501.70	68407
404	328	河南能源化工集团	中国	35761.80	-372.10	44509.30	4080.50	241230
N.A.	329	Alimentation Couche-Tard 公司	加拿大	35543.40	572.80	10546.20	3216.70	78500
411	330	中国民生银行	中国	35474.50	6876.20	532914.30	32658.60	54927
N.A.	331	韩华集团	韩国	35379.90	118.80	107394.40	4075.10	42400
313	332	亿滋国际	美国	35299.00	3915.00	72557.00	32373.00	107000
331	333	美国运通公司	美国	34932.00	5359.00	153375.00	19496.00	62848
290	334	三菱化学控股	日本	34925.10	321.90	33790.00	8250.90	56031
333	335	爱立信	瑞典	34915.30	1843.50	41929.30	21838.30	114587
368	336	意大利邮政集团	意大利	34872.70	1334.00	184523.10	9804.80	143655
370	337	麦格纳国际	加拿大	34835.00	1561.00	17990.00	9623.00	125150
428	338	兴业银行	中国	34808.60	6702.70	607448.90	32998.40	47841
308	339	俄罗斯 Sistema 公司	俄罗斯	34792.00	2257.50	43249.00	10306.70	167544
365	340	韩国天然气公司	韩国	34774.90	-183.40	41382.10	8465.50	3202
217	341	KOC 集团	土耳其	34734.30	1406.40	27376.00	8398.10	80996
200	342	住友生命保险公司	日本	34571.00	1224.90	258236.30	9766.40	42109
377	343	美国全国保险公司	美国	34542.00	797.20	171233.50	14407.50	33239
337	344	好事达	美国	34507.00	2280.00	123520.00	21480.00	39100
364	345	浙江物产集团	中国	34500.70	59.20	10793.90	1013.50	18608
338	346	泰森食品	美国	34482.00	778.00	12177.00	6201.00	115000
314	347	荷兰合作银行	荷兰	34349.30	1233.30	928828.70	33950.40	56870
322	348	首钢集团	中国	34292.20	-144.10	64714.80	14299.00	117180
N.A.	349	中国华信能源有限公司	中国	34133.60	345.50	6531.70	2484.90	20000
412	350	招商银行	中国	34121.50	8415.70	663440.00	43850.20	68078

上年排名	排名	公司名称	国家	营业收入（百万美元）	净利润（百万美元）	资产总额（百万美元）	股东权益（百万美元）	员工人数（人）
340	351	法国航空-荷兰皇家航空集团	法国	34091.80	-2425.50	35027.80	3089.00	95961
291	352	澳新银行集团	澳大利亚	34061.00	6225.60	657156.00	42582.90	47512
352	353	美国教师退休基金会	美国	33817.40	1722.10	498728.40	30779.10	9058
302	354	中国冶金科工集团有限公司	中国	33697.70	-754.40	54917.00	2803.90	127148
327	355	日本三菱重工业股份有限公司	日本	33435.40	1601.40	47451.10	14524.40	80583
342	356	万通互惠理财	美国	33350.10	193.40	241178.30	12524.40	11000
446	357	中国医药集团	中国	33271.60	343.80	27805.90	4573.00	88250
320	358	关西电力	日本	33214.70	-972.30	75531.90	10843.70	33657
317	359	弗朗茨海涅尔公司	德国	33198.30	200.50	18444.60	4502.70	39234
353	360	西班牙天然气公司	西班牙	33147.90	1918.30	61925.20	18523.10	14982
378	361	多伦多道明银行	加拿大	33146.60	6430.20	827210.00	48398.40	78748
306	362	住友商事	日本	33114.10	2226.60	84187.00	23353.10	74638
363	363	和记黄埔有限公司	中国香港	33035.20	4011.10	105181.10	55021.50	260000
349	364	法国邮政	法国	32936.80	832.40	295782.00	11656.20	266369
406	365	新兴际华集团	中国	32789.80	385.80	16885.60	3868.60	69649
483	366	广州汽车工业集团	中国	32775.60	207.90	24651.80	3136.80	53965
344	367	加拿大乔治威斯顿公司	加拿大	32597.90	597.90	23178.00	5954.10	140000
389	368	中国华电集团公司	中国	32548.70	800.70	107928.80	6311.50	115000
432	369	大同煤矿集团有限责任公司	中国	32458.10	-267.20	31611.50	4048.20	160660
347	370	荷兰皇家飞利浦公司	荷兰	32449.60	1551.90	36593.00	15450.60	116681
393	371	信诺	美国	32380.00	1476.00	54336.00	10567.00	36500
430	372	潞安集团	中国	32332.40	-182.20	25157.80	2648.70	100205
380	373	荷兰 GasTerra 能源公司	荷兰	32250.20	47.80	5433.10	297.60	186
375	374	英国标准人寿保险公司	英国	32114.00	728.40	305705.70	6999.90	8224
384	375	和硕	中国台湾	31999.10	321.90	13956.20	3600.80	187300
265	376	法国威立雅环境集团	法国	31989.70	-179.60	49934.40	11305.10	142429
N.A.	377	Enbridge 公司	加拿大	31978.60	610.60	54191.90	12704.50	8607
180	378	德国巴登-符腾堡州银行	德国	31809.70	455.40	376860.00	18454.30	11308
386	379	DirecTV 公司	美国	31754.00	2859.00	21905.00	-6544.00	29950
491	380	CFE 公司	墨西哥	31652.70	-2940.90	85911.80	13437.30	95594
414	381	江西铜业集团公司	中国	31638.10	92.80	18375.40	3354.30	28288
395	382	中国电子信息产业集团有限公司	中国	31517.80	282.20	30065.20	3492.30	120926

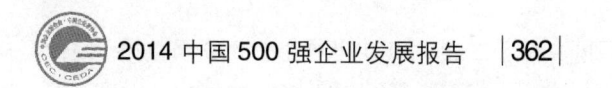

上年排名	排名	公司名称	国家	营业收入（百万美元）	净利润（百万美元）	资产总额（百万美元）	股东权益（百万美元）	员工人数（人）
460	383	上海浦东发展银行股份有限公司	中国	31440.80	6655.70	607893.30	33759.20	38976
429	384	中国太平洋保险（集团）股份有限公司	中国	31412.50	1506.20	119515.20	16347.80	86893
379	385	台塑石化股份有限公司	中国台湾	31333.20	904.90	16072.80	8065.10	6507
435	386	山西晋城无烟煤矿业集团有限责任公司	中国	31324.30	169.50	35401.30	3902.10	169384
372	387	施耐德电气	法国	31265.40	2506.40	50962.10	23714.70	152784
426	388	现代摩比斯公司	韩国	31244.50	3126.00	32629.20	19048.20	20534
361	389	通用动力	美国	31218.00	2357.00	35448.00	14501.00	96000
362	390	菲利普-莫里斯国际公司	美国	31217.00	8576.00	38168.00	-7766.00	91100
407	391	山西阳泉煤业（集团）有限责任公司	中国	31193.50	-38.60	26406.00	2535.30	150469
274	392	诺基亚	芬兰	31123.40	-816.50	34708.20	8911.60	86462
408	393	中国电力投资集团公司	中国	31066.60	465.70	102090.70	6799.20	126154
415	394	开滦集团	中国	31062.90	-26.50	11531.10	2056.90	67637
N.A.	395	Achmea 公司	荷兰	30986.60	460.70	130014.70	13346.70	20007
376	396	中国大唐集团公司	中国	30980.20	199.20	115297.10	3699.60	102777
346	397	英国耆卫保险公司	英国	30965.20	1102.00	232388.00	12039.10	56812
482	398	中国有色矿业集团有限公司	中国	30903.70	-67.90	18606.40	1393.00	36335
382	399	3M 公司	美国	30871.00	4659.00	33550.00	17502.00	88667
345	400	科斯莫石油	日本	30863.60	43.40	16478.90	2054.30	6491
357	401	中粮集团有限公司	中国	30748.00	41.60	46966.90	9210.20	107271
396	402	欧莱雅	法国	30502.90	3927.20	43122.80	31189.30	77452
417	403	中国船舶重工集团公司	中国	30478.80	1158.30	61287.30	15311.10	162421
385	404	埃森哲	爱尔兰	30394.30	3281.90	16867.00	4960.20	275000
295	405	日本电气公司	日本	30376.10	336.80	24330.70	7042.80	100914
325	406	日本 NKSJ 控股	日本	30029.00	440.90	92257.90	6961.70	35904
391	407	德尔海兹集团	比利时	29818.40	237.60	15977.00	6985.40	120606
402	408	时代华纳	美国	29795.00	3691.00	67994.00	29904.00	34000
321	409	广达电脑	中国台湾	29662.60	627.30	18727.70	4137.70	121917
424	410	Onex 公司	加拿大	29637.00	-354.00	36867.00	1154.00	232000
330	411	Medipal 控股公司	日本	29424.70	254.40	13603.90	3268.90	10930
410	412	哈里伯顿公司	美国	29402.00	2125.00	29223.00	13581.00	77000
399	413	英美资源集团	英国	29342.00	-961.00	71165.00	31671.00	98000
367	414	铃木汽车	日本	29330.00	1072.90	27911.80	12536.40	57749

上年排名	排名	公司名称	国家	营业收入（百万美元）	净利润（百万美元）	资产总额（百万美元）	股东权益（百万美元）	员工人数（人）
405	415	曼弗雷集团	西班牙	29264.10	1049.40	78294.50	10793.00	36280
312	416	日本瑞穗金融集团	日本	29224.70	6871.70	1707515.80	55124.90	54911
383	417	夏普	日本	29219.00	115.40	21187.50	3292.60	50253
418	418	大众超级市场公司	美国	29147.50	1654.00	13546.60	10217.10	166000
409	419	Coop 集团	瑞士	29101.80	498.60	19477.00	8264.50	64399
416	420	国际纸业	美国	29080.00	1395.00	31528.00	8105.00	69000
394	421	英国电信集团	英国	29051.10	3205.80	41502.50	-986.80	87800
425	422	PHOENIX PHARMAHANDEL 公司	德国	28988.70	66.70	9924.00	2624.20	23850
438	423	Migros 集团	瑞士	28853.60	845.40	66144.90	17954.40	81571
369	424	印度石油天然气公司	印度	28850.50	4383.20	54410.20	28828.80	35709
341	425	加拿大鲍尔集团	加拿大	28773.30	998.80	324771.80	10404.80	33200
431	426	加拿大丰业银行	加拿大	28534.50	6297.90	713328.90	42824.40	83874
371	427	S-OIL 公司	韩国	28467.10	264.60	11297.10	5073.90	2749
356	428	日本中部电力	日本	28370.50	-652.10	56154.00	13167.80	30847
433	429	达能	法国	28274.40	1887.80	42612.60	14734.20	104642
420	430	Ultrapar 控股公司	巴西	28238.80	567.70	6943.30	2764.00	9235
374	431	爱信精机	日本	28171.10	899.30	25129.90	8371.30	89531
464	432	陕西延长石油（集团）有限责任公司	中国	28146.30	1580.70	39730.90	14118.30	144955
423	433	麦当劳	美国	28105.70	5585.90	36626.30	16009.70	440000
419	434	梅西百货	美国	27931.00	1486.00	21634.00	6249.00	172500
397	435	威廉莫里森超市连锁公司	英国	27704.80	-372.90	17629.90	7709.90	90264
453	436	TJX 公司	美国	27422.70	2137.40	10201.00	4229.90	191000
439	437	金巴斯集团	英国	27390.00	669.30	14780.10	4504.60	506699
422	438	福陆公司	美国	27351.60	667.70	8323.90	3757.00	38129
N. A.	439	Unipol 公司	意大利	27349.10	-104.30	116154.50	7459.50	14516
472	440	巴登-符滕堡州能源公司	德国	27268.50	67.70	49794.40	6703.40	18373
448	441	阿尔斯通	法国	27160.60	745.00	41932.80	6951.10	94432
292	442	中国铁路物资股份有限公司	中国	27151.50	-1255.80	12276.00	77.20	11266
N. A.	443	VTB Bank 公司	俄罗斯	27001.40	3186.80	267048.20	28612.80	103808
470	444	费森尤斯集团	德国	26990.70	1342.20	45134.00	11291.10	178337
351	445	东日本旅客铁道株式会社	日本	26980.30	1995.80	72140.50	20884.40	73551
452	446	西北互助人寿保险公司	美国	26978.00	802.00	217106.00	17199.00	4963

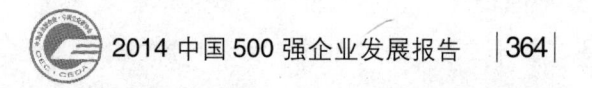

上年排名	排名	公司名称	国家	营业收入（百万美元）	净利润（百万美元）	资产总额（百万美元）	股东权益（百万美元）	员工人数（人）
481	447	大和房建	日本	26954.40	1019.10	25890.50	8942.40	32628
421	448	米其林公司	法国	26879.20	1496.20	28495.70	12744.70	105724
440	449	马自达汽车株式会社	日本	26873.70	1354.50	21812.50	5718.40	40892
463	450	Tech Data 公司	美国	26821.90	179.90	7169.70	2098.60	9134
401	451	中国远洋运输（集团）总公司	中国	26805.50	-373.20	56466.10	16132.80	74312
469	452	美国航空集团	美国	26743.00	-1834.00	42278.00	-2731.00	110400
444	453	澳大利亚电信	澳大利亚	26641.60	3910.10	35256.10	11540.30	37721
473	454	Vattenfall 公司	瑞典	26363.40	-2098.80	75766.10	18748.90	31819
441	455	BAE 系统公司	英国	26360.20	262.60	32591.70	5598.90	78000
442	456	哈特福德金融服务集团	美国	26341.00	176.00	277884.00	18905.00	18800
454	457	Travelers Cos. 公司	美国	26191.00	3673.00	103812.00	24796.00	30800
427	458	三星人寿保险	韩国	26167.40	832.60	182855.60	17977.60	6550
492	459	伟创力	新加坡	26108.60	365.60	12500.20	2163.10	150000
N.A.	460	三星 C&T 公司	韩国	25977.30	221.50	24133.70	10407.60	8714
443	461	德科集团	瑞士	25891.40	739.50	12853.50	4895.30	31329
484	462	耐克公司	美国	25836.00	2485.00	17584.00	11156.00	48000
458	463	喜力控股公司	荷兰	25793.20	906.70	45931.70	7743.20	80933
N.A.	464	乐天百货	韩国	25774.80	720.30	36933.80	15375.00	26943
N.A.	465	中国能源建设集团有限公司	中国	25769.00	256.40	30926.20	3548.70	140130
477	466	浙江吉利控股集团	中国	25767.50	118.10	20839.70	2006.60	41579
480	467	西方石油公司	美国	25736.00	5903.00	69443.00	43126.00	12900
413	468	阿斯利康	英国	25711.00	2556.00	55899.00	23224.00	51500
N.A.	469	中国通用技术（集团）控股有限责任公司	中国	25702.00	446.70	18843.80	5010.60	42020
434	470	渣打银行	英国	25694.00	4090.00	674380.00	46246.00	86640
450	471	住友电工	日本	25641.40	666.30	24811.30	10578.60	225484
445	472	Surgutneftegas 公司	俄罗斯	25563.00	8053.80	64112.50	59755.50	102742
461	473	来德爱	美国	25526.40	249.40	6944.90	-2113.70	69420
457	474	安富利公司	美国	25458.90	450.10	10474.70	4289.10	18500
493	475	鞍钢集团公司	中国	25230.50	-1031.40	47008.10	10958.20	192500
436	476	昭和壳牌石油公司	日本	25151.90	618.00	12330.70	2850.10	5829
N.A.	477	Perusahaan Listrik Negara 公司	印度尼西亚	25026.30	-2874.40	49003.10	10948.90	63204
400	478	阿弗瑞萨控股公司	日本	24999.80	255.20	11358.10	2693.20	10936

上年排名	排名	公司名称	国家	营业收入（百万美元）	净利润（百万美元）	资产总额（百万美元）	股东权益（百万美元）	员工人数（人）
495	479	Exelon 公司	美国	24888.00	1719.00	79924.00	22732.00	25829
N.A.	480	高通	美国	24866.00	6853.00	45516.00	36088.00	31000
447	481	LG DISPLAY 公司	韩国	24697.90	389.30	20579.30	10056.10	51205
478	482	艾默生电气	美国	24669.00	2004.00	24711.00	10585.00	131600
465	483	美国诺斯洛普格拉曼公司	美国	24661.00	1952.00	26381.00	10620.00	65300
497	484	国际航空集团	英国	24651.50	162.00	28626.60	5385.80	60089
N.A.	485	杜克能源	美国	24598.00	2665.00	114779.00	41330.00	27948
471	486	塔塔钢铁	印度	24575.30	594.50	28743.90	6787.60	80000
437	487	富士胶片控股株式会社	日本	24355.40	808.50	31338.90	19623.60	78595
N.A.	488	AntarChile 公司	智利	24346.00	458.60	22941.40	6473.20	23194
N.A.	489	罗尔斯·罗伊斯公司	英国	24248.50	2136.80	38192.30	9281.90	55200
488	490	途易	德国	24239.80	5.60	18210.40	2773.30	74445
N.A.	491	中国农业发展银行	中国	24213.30	2299.20	433222.10	10560.60	52238
489	492	第一资本金融公司	美国	24176.00	4159.00	297048.00	41744.00	41951
487	493	索迪斯	法国	24060.50	574.10	16623.60	3893.50	427921
N.A.	494	富士重工	日本	24037.80	2062.40	18339.00	7734.10	28545
459	495	日本烟草	日本	23955.00	4272.10	44784.30	24333.40	51563
462	496	美国家庭人寿保险公司	美国	23939.00	3158.00	121307.00	14620.00	9141
486	497	CRH 公司	爱尔兰	23937.30	-393.00	28147.10	13312.30	75642
N.A.	498	俄罗斯电网公司	俄罗斯	23854.80	-4147.90	59267.40	23321.50	221200
485	499	英美烟草集团	英国	23853.00	6102.40	44514.90	10985.90	57730
479	500	雷神公司	美国	23706.00	1996.00	25967.00	11035.00	63000
	合计			31058431.70	1956203.20	123388689.00	15500342.60	65458685

第十三章
中国 500 强企业按照行业分类名单

行业名次	公司名称	通讯地址	邮编	名次(1)
农、林、渔、畜牧业				
1	黑龙江北大荒农垦集团总公司	黑龙江省哈尔滨市南岗区长江路386号	150090	109
2	海南省农垦集团有限公司	海南省滨海大道115号海垦国际金融中心35-42层	570105	460
煤炭采掘及采选业				
1	神华集团有限责任公司	北京市东城区安定门西滨河路22号	100011	26
2	山西焦煤集团有限责任公司	山西省太原市新晋祠路一段1号	030024	49
3	冀中能源集团有限责任公司	河北省邢台市中兴西大街191号	054021	52
4	山东能源集团有限公司	山东省济南市经十路10777号山东能源大厦	250014	53
5	河南能源化工集团有限责任公司	河南省郑州市郑东新区CBD商务外环6号国龙大厦	450046	60
6	大同煤矿集团有限责任公司	山西省大同市矿区新平旺东门街区11号	037003	72
7	山西潞安矿业（集团）有限责任公司	山西省长治市襄垣县侯堡镇	046204	73
8	山西晋城无烟煤矿业集团有限责任公司	山西省晋城市城区北石店镇	048006	78
9	阳泉煤业（集团）有限责任公司	山西省阳泉市北大西街5号	045000	79
10	开滦（集团）有限责任公司	河北省唐山市新华东道70号	063018	81
11	陕西煤业化工集团有限责任公司	陕西省西安市高新区锦业路1号都市之门B座	710065	99
12	中国平煤神马能源化工集团有限责任公司	河南省平顶山市矿工中路21号	467000	104
13	中国中煤能源集团有限公司	北京市朝阳区黄寺大街1号	100120	126
14	兖矿集团有限公司	山东省邹城市凫山南路298号	273500	131
15	淮南矿业（集团）有限责任公司	安徽省淮南市洞山中路1号	232001	178
16	淮北矿业（集团）有限责任公司	安徽省淮北市孟山路1号	235006	206
17	黑龙江龙煤矿业控股集团有限责任公司	黑龙江省哈尔滨市南岗区（开发区）闽江路235号	150090	306
18	安徽省皖北煤电集团有限责任公司	安徽省宿州市西昌路157号	234000	309
19	内蒙古伊泰集团有限公司	内蒙古鄂尔多斯市东胜区天骄北路伊泰集团总经理办公室	017000	317
20	郑州煤炭工业（集团）有限责任公司	河南省郑州市中原区中原西路188号	450042	392
21	徐州矿务集团有限公司	江苏省徐州市淮海西路235号	221006	419
22	河南神火集团有限公司	河南省永城市光明路中段	476600	426
23	江西省煤炭集团公司	江西省南昌市西湖区丁公路117号	330002	446
24	北京京煤集团有限责任公司	北京市门头沟区新桥南大街2号	102300	476
石油、天然气开采及生产业				
1	中国石油天然气集团公司	北京市东城区东直门北大街九号	100007	2
2	中国海洋石油总公司	北京市东城区朝阳门北大街25号	100010	10

注：名次（1）为2014中国企业500强中的名次

行业名次	公司名称	通讯地址	邮编	名次(1)
3	陕西延长石油（集团）有限责任公司	陕西省西安市高新技术产业开发区科技二路75号	710075	88
建筑业				
1	中国建筑股份有限公司	北京市海淀区三里河路15号中建大厦	100037	7
2	中国铁道建筑总公司	北京市海淀区复兴路40号	100855	11
3	中国中铁股份有限公司	北京市海淀区复兴路69号9号楼中国中铁大厦	100039	13
4	太平洋建设集团有限公司	江苏省南京市鼓楼区五台山1号	210019	27
5	中国交通建设集团有限公司	北京市西城区德胜门外大街85号	100088	32
6	中国电力建设集团有限公司	北京市海淀区车公庄西路22号海赋国际A座	100048	57
7	中国冶金科工集团有限公司	北京市朝阳区曙光西里28号中冶大厦	100028	67
8	中国能源建设集团有限公司	北京市西城区北三环中路29号院3号楼	100029	95
9	上海建工集团股份有限公司	上海市东大名路666号	200080	130
10	广厦控股集团有限公司	浙江省杭州市玉古路166号	310013	152
11	中国化学工程股份有限公司	北京市东直门内大街2号	100007	200
12	广西建工集团有限责任公司	广西南宁市朝阳路49号	530012	220
13	上海城建（集团）公司	上海市浦东新区福山路500号29楼	200122	228
14	陕西建工集团总公司	陕西省西安市莲湖区北大街199号	710003	231
15	中天发展控股集团有限公司	浙江省杭州市钱江新城城星路69号中天国开大厦	310020	241
16	重庆建工投资控股有限责任公司	重庆市北部新区金开大道1596号	401122	242
17	江苏南通三建集团有限公司	江苏省海门市狮山路131号	226100	244
18	四川华西集团有限公司	四川省成都市解放路二段95号	610081	246
19	浙江省建设投资集团有限公司	浙江省杭州市文三路20号建工大厦	310012	252
20	青建集团股份有限公司	山东省青岛市南海支路5号	266071	261
21	中南控股集团有限公司	江苏省海门市常乐镇	226124	274
22	北京城建集团有限责任公司	北京市海淀区北太平庄路18号	100088	284
23	广州市建筑集团有限公司	广东省广州市广卫路4号（建工大厦）	510030	292
24	云南建工集团有限公司	云南省经济技术开发区信息产业基地林溪路188号	650051	295
25	中太建设集团股份有限公司	河北省廊坊市广阳道20号	065000	297
26	湖南省建筑工程集团总公司	湖南省长沙市芙蓉南路一段788号	410004	298
27	江苏南通二建集团有限公司	江苏省启东市人民中路683号	226200	308
28	江苏省苏中建设集团股份有限公司	江苏省南通市海安中坝南路18号	226600	332
29	北京建工集团有限责任公司	北京市西城区广莲路1号建工大厦	100055	344
30	浙江中成控股集团有限公司	浙江省绍兴市中兴中路375号	312000	358
31	甘肃省建设投资（控股）集团总公司	甘肃省兰州市七里河区西津东路575号	730050	359
32	成都建筑工程集团总公司	四川省成都市八宝街111号	610031	363
33	北京市政路桥集团有限公司	北京市西城区南礼士路17号	100045	370
34	安徽建工集团有限公司	安徽省合肥市芜湖路325号建工大厦	230001	373

行业名次	公司名称	通讯地址	邮编	名次(1)
35	山西建筑工程（集团）总公司	山西省太原市新建路9号	030002	393
36	浙江昆仑控股集团有限公司	浙江省杭州市体育场路580号	310007	401
37	河北建工集团有限责任公司	河北省石家庄市友谊北大街146号	050051	405
38	浙江八达建设集团有限公司	浙江省诸暨市友谊路138号	311800	436
39	四川公路桥梁建设集团有限公司	四川省成都市高新区九兴大道12号	610041	445
40	河北建设集团有限公司	河北省保定市五四西路329号	071051	450
41	山河建设集团有限公司	湖北省武汉市武昌友谊大道山河大厦	430063	458
42	广东省建筑工程集团有限公司	广东省广州市天河天润路87号广建大厦	510635	461
43	浙江宝业建设集团有限公司	浙江省绍兴县杨汛桥镇杨汛路228号	312028	462
44	天津市建工集团（控股）有限公司	天津市新技术产业园区花园产业区开华道1号	300384	465
45	江西省建工集团有限责任公司	江西省南昌市北京东路956号	330029	471
46	北京住总集团有限责任公司	北京市朝阳区慧忠里320号	100101	485

电力生产业

行业名次	公司名称	通讯地址	邮编	名次(1)
1	中国华能集团公司	北京市西城区复兴门内大街6号	100031	37
2	中国国电集团公司	北京市西城区阜成门北大街6-8号	100034	51
3	中国华电集团公司	北京市西城区宣武门内大街2号	100031	71
4	中国电力投资集团公司	北京市西城区金融大街28号3号楼	100033	80
5	中国大唐集团公司	北京市西城区广宁伯街1号	100033	82
6	内蒙古电力（集团）有限责任公司	内蒙古呼和浩特市锡林南路218号	010020	205
7	广东省粤电集团有限公司	广东省广州市天河东路2号	510630	216
8	中国广核集团有限公司	广东省深圳市福田区上步中路1001号科技大厦2107室	518031	328

行业名次	公司名称	通讯地址	邮编	名次(1)	名次(2)
农副食品及农产品加工业					
1	新希望集团有限公司	四川省成都市武侯区新希望路9号华尔兹广场4层	610041	168	75
2	通威集团有限公司	四川省成都市二环路南四段11号	610041	260	126
3	双胞胎（集团）股份有限公司	江西省南昌市火炬大道999号高新管委会北二楼	330096	310	151
4	正邦集团有限公司	江西省南昌市高新技术开发区艾溪湖一路569号	330096	321	159
5	广东温氏食品集团股份有限公司	广东省云浮市新兴县新城镇东堤北路9号温氏集团总部	527400	330	164
6	西王集团有限公司	山东省邹平县西王工业园	256209	430	215
7	山东渤海实业股份有限公司	山东省滨州市博兴县工业园滨河路333号	256500	449	227
8	三河汇福粮油集团有限公司	河北省三河市燕郊开发区汇福路8号	065201	482	249
9	广西农垦集团有限责任公司	广西南宁市七星路135号	530022		264
10	广东海大集团股份有限公司	广东省广州市番禺区番禺大道北555号天安科技创新大厦213号	511400		303
11	五得利面粉集团有限公司	河北省邯郸市大名县五得利街	056900		305
12	天津农垦集团有限公司	天津市河西区气象台路96号	300074		340
13	桂林市力源粮油食品集团公司	广西桂林市中山北路122号	541001		419
14	青岛九联集团股份有限公司	山东省青岛莱西市上海西路	266611		484
食品加工制造业					
1	光明食品（集团）有限公司	上海市华山路263弄7号	200040	94	33
2	中国盐业总公司	北京市丰台区广外莲花池中盐大厦	100055	299	147
3	天狮集团有限公司	天津市武清开发区新源道北18号	301700	380	194
4	北京二商集团有限责任公司	北京市宣武区槐柏树街2号1号楼202室	100053		278
5	上海良友（集团）有限公司	上海市浦东新区张杨路88号	200122		289
6	香驰控股有限公司	山东博兴博城五路172号	256500		320
7	天津聚龙嘉华投资集团有限公司	天津市河西区友谊路50号友谊大厦A座16层	300061		330
8	广西洋浦南华糖业集团股份有限公司	广西南宁市民族大道81号气象大厦16楼	530022		372
9	厦门银鹭集团有限公司	福建省厦门市湖里区钟岭路2号银鹭大厦4楼	361015		394
10	祐康食品集团有限公司	浙江省杭州市机场路377号	310021		398
11	龙大食品集团有限公司	山东省莱阳市龙大工业园	265231		463
肉食品加工业					
1	雨润控股集团有限公司	江苏省南京市建邺区雨润路10号	210041	110	39
2	河南省漯河市双汇实业集团有限责任公司	河南省漯河市双汇路1号	462000	257	124

注：名次（2）为2014中国制造业企业500强中的名次

行业名次	公司名称	通讯地址	邮编	名次(1)	名次(2)
3	诸城外贸有限责任公司	山东省诸城市密州路东首	262200		349
4	北京顺鑫农业股份有限公司	北京市顺义区站前西街北侧顺鑫国际商务中心1305层	101300		444
5	四川高金食品股份有限公司	四川省遂宁市滨江南路666号	629001		487
乳制品加工业					
1	内蒙古伊利实业集团股份有限公司	内蒙古呼和浩特市金川开发区金四道8号	010080	253	120
饮料加工业					
1	杭州娃哈哈集团有限公司	浙江省杭州市清泰街160号	310009	165	72
2	维维集团股份有限公司	江苏省徐州市维维大道300号	221111	451	228
3	农夫山泉股份有限公司	浙江省杭州市西湖区曙光路148路	310007		420
4	河北养元智汇饮品股份有限公司	河北省衡水经济开发区北区六路南、滏阳四路以西	053000		481
酿酒制造业					
1	四川省宜宾五粮液集团有限公司	四川省宜宾市翠屏区岷江西路150号	644007	195	88
2	泸州老窖集团有限责任公司	四川省泸州市龙马潭区南光路9号泸州老窖大楼	646000	307	150
3	中国贵州茅台酒厂（集团）有限责任公司	贵州省仁怀市茅台镇	564501	337	170
4	青岛啤酒股份有限公司	山东省青岛市香港中路五四广场青啤大厦	266071	407	206
5	稻花香集团	湖北省宜昌市夷陵区龙泉镇	443112	470	241
6	江苏洋河酒厂股份有限公司	江苏省宿迁市洋河镇中大街118号	223800		333
7	湖北枝江酒业集团	湖北省枝江市迎宾大道99号	443200		401
烟草加工业					
1	上海烟草集团有限责任公司	上海市长阳路717号	200082	122	48
2	红塔烟草（集团）有限责任公司	云南省玉溪市红塔区红塔大道118号	653100	141	56
3	红云红河烟草（集团）有限责任公司	云南省昆明市五华区红锦路367号	650231	155	66
4	湖北中烟工业有限公司	湖北省武汉市东西湖区金山大道环湖路特66号	430040	189	84
5	浙江中烟工业有限公司	浙江省杭州市建国南路288号	310009	207	94
6	贵州中烟工业有限公司	贵州省贵阳市友谊路25号	550001	352	178
7	福建中烟工业有限公司	福建省厦门市思湖区莲岳路118号	361012	402	204
8	广西中烟工业有限公司	广西南宁市北湖南路28号	530001		290
9	重庆烟草工业有限公司	重庆市南岸区南坪东路2号	400060		342
10	江西中烟工业有限公司	江西省南昌市新开发区京东大道201号金圣工业科技园	330096		344
11	黑龙江烟草工业有限责任公司	黑龙江省哈尔滨市南岗区一曼街104号	150001		427
12	河北白沙烟草有限公司	河北省石家庄市珠江大道366号	052165		442
13	张家口卷烟厂有限公司	河北省张家口市桥东区钻石北路9号	075000		478

行业名次	公司名称	通讯地址	邮编	名次(1)	名次(2)
纺织、印染业					
1	山东魏桥创业集团有限公司	山东省邹平经济开发区魏纺路1号	256200	47	16
2	上海纺织（集团）有限公司	上海市古北路989号	200336	275	135
3	山东如意科技集团有限公司	山东省济宁市洸河路72号如意大厦	272000	305	149
4	山东大海集团有限公司	山东省东营市东城区府前大街70号	257091	323	161
5	江苏阳光集团有限公司	江苏省江阴市新桥镇陶新路18号	214426	345	173
6	华芳集团有限公司	江苏省苏州市张家港市城北路178号	215600	452	229
7	天津纺织集团（控股）有限公司	天津市空港经济区中心大道东九道6号天纺大厦	300308	490	254
8	澳洋集团有限公司	江苏省张家港市杨舍镇塘市镇中路澳洋国际大厦	215600		265
9	浙江天圣控股集团有限公司	浙江省绍兴县滨海工业区兴滨路6756号	312000		388
10	兴惠化纤集团有限公司	浙江省杭州市萧山区衙前镇吟龙村	311209		432
11	富丽达集团控股有限公司	浙江省杭州市萧山区临江工业园区	311228		440
12	北京纺织控股有限责任公司	北京市东城区东单三条33号	100005		477
13	石家庄常山纺织集团有限责任公司	河北省石家庄市和平东路260号	050011		491
纺织品、服装、鞋帽（含皮草、毛、绒等）加工业					
1	雅戈尔集团股份有限公司	浙江省宁波市鄞州区鄞县大道西段2号	315153	221	102
2	红豆集团有限公司	江苏省无锡市区东港镇红豆工业城	214199	273	134
3	海澜集团有限公司	江苏省江阴市新桥镇海澜工业园	214426	277	137
4	杉杉控股有限公司	浙江省宁波市 鄞州区日丽中路777号	315100	411	208
5	内蒙古鄂尔多斯羊绒集团有限责任公司	内蒙古鄂尔多斯市东胜区达拉特南路102号	017000		287
6	维科控股集团股份有限公司	浙江省宁波市海曙区和义路99号维科大厦	315000		296
7	奥康集团有限公司	浙江省温州市永嘉县瓯北镇千石奥康工业园	325101		309
8	金猴集团有限公司	山东省威海市和平路106号	264200		310
9	森马集团有限公司	浙江省温州市瓯海区娄桥南汇路98号	325006		352
10	宜宾丝丽雅集团有限公司	四川省宜宾市南岸莱茵河畔月光半岛商业独栋一号	644002		361
11	宁波博洋控股集团有限公司	浙江省宁波市海曙区启文路157弄6号	315012		389
12	青岛即发集团控股有限公司	山东省青岛即墨市黄河二路386号	266200		422
13	宁波申洲针织有限公司	浙江省宁波市北仑区大港工业城甬江路18号	315800		424
14	孚日控股集团股份有限公司	山东省高密市孚日街1号	261500		449
15	鲁泰纺织股份有限公司	山东省淄博市淄川区松龄东路81号	255100		470
16	罗蒙集团股份有限公司	浙江省宁波市奉化县江口街道江宁路47号	315504		496
木材、家具及竹、藤、棕、草制品业加工业					
1	宜华企业（集团）有限公司	广东省汕头市天山路76号宜华家具体验馆一楼办公区	515041		327

行业名次	公司名称	通讯地址	邮编	名次(1)	名次(2)
2	中国吉林森林工业集团有限责任公司	吉林省长春市人民大街4036号	130021		445
3	巨力集团有限公司	河北省保定市徐水县巨力路	072550		473
造纸及纸制品加工业					
1	山东大王集团有限公司	山东省东营市广饶县大王镇	257335	153	64
2	山东晨鸣纸业集团股份有限公司	山东省农圣东街2199号	262700	245	116
3	玖龙纸业（控股）有限公司	广东省东莞市麻涌镇新沙港工业区	523147	249	118
4	华泰集团有限公司	山东省东营市广饶县大王镇潍高路251号	257335	276	136
5	山东太阳控股集团有限公司	山东省兖州市友谊路一号	272100	331	165
6	金东纸业（江苏）股份有限公司	江苏省镇江市大港兴港东路8号	212132	434	219
7	胜达集团有限公司	浙江省杭州市萧山经济技术开发区北塘路2号	311215		400
生活消费品（含家居、文体、玩具、工艺品、珠宝等）加工制造业					
1	天津市一轻集团（控股）有限公司	天津市河西区解放南路398号	300200	193	86
2	老凤祥股份有限公司	上海市漕溪路270号	200235	356	182
3	重庆轻纺控股（集团）公司	重庆市北部新区高新园黄山大道中段7号	401121	463	236
4	天津市二轻集团（控股）有限公司	天津市南开区长江道108号	300111		288
石化产品、炼焦及其他燃料加工业					
1	中国石油化工集团公司	北京市朝阳区朝阳门北大街22号	100728	1	1
2	中国华信能源有限公司	上海市徐汇区兴国路111号	200031	65	23
3	山东东明石化集团有限公司	山东省东明县石化大道27号	274500	198	90
4	山东京博控股股份有限公司	山东省滨州市博兴县经济开发区	256500	326	162
5	大连西太平洋石油化工有限公司	大连经济技术开发区港兴大街500号	116600	334	167
6	嘉晨集团有限公司	辽宁省营口市老边区营大路66号	115005	354	180
7	利华益集团股份有限公司	山东省东营市利津县大桥路86号	257400	372	188
8	山东海科化工集团	山东省东营市北一路726号	257088	374	189
9	山东金诚石化集团有限公司	山东省淄博市桓台县马桥镇	256405	381	195
10	宁夏宝塔石化集团有限公司	北京市朝阳区石佛营东里140号办公楼	100025	385	197
11	旭阳控股有限公司	北京市丰台区南四环西路188号五区4号楼	100070	443	224
12	云南煤化工集团有限公司	云南省昆明市五华区小康大道580号	650231	464	237
13	山东万通石油化工集团有限公司	山东省东营区史口镇	257082		270
14	正和集团股份有限公司	山东省东营广饶县石村镇辛桥	257342		286
15	山东垦利石化有限责任公司	山东省东营市垦利县利河路299号	257500		312
16	山东恒源石油化工股份有限公司	山东省德州市临邑县石化路70号	251500		341
17	景德镇市焦化工业集团有限责任公司	江西省景德镇市历尧	333000		404
18	河北鑫海化工集团有限公司	河北省渤海新区黄骅港南疏港路中段	061110		453
19	山东石大科技集团有限公司	山东省东营北二路489号	257061		472
20	河北新启元能源技术开发股份有限公司	河北省沧州市渤海新区中捷产业园区	061101		482

行业名次	公司名称	通讯地址	邮编	名次(1)	名次(2)
化学原料及化学制品制造业					
1	中国化工集团公司	北京市海淀区北四环西路62号	100080	44	14
2	湖北宜化集团有限责任公司	湖北省宜昌市沿江大道52号	443000	163	71
3	天津渤海化工集团有限责任公司	天津市和平区湖北路10号	300040	179	81
4	云天化集团有限责任公司	云南省昆明市滇池路1417号	650228	194	87
5	上海华谊（集团）公司	上海市卢湾区徐家汇路560号华仑大厦	200025	203	93
6	江阴澄星实业集团有限公司	江苏省江阴市梅园大街618号	214432	286	142
7	江苏金浦集团有限公司	江苏省南京市鼓楼区马台街99号	210009	318	157
8	亚邦投资控股集团有限公司	江苏省常州市武进区牛塘镇人民西路105号	213163	360	184
9	山东金岭集团有限公司	山东省东营市广饶县傅家路588号金领国际	257300	403	205
10	滨化集团公司	山东省滨州市滨城区黄河五路869号	256600	431	216
11	浙江龙盛控股有限公司	浙江省上虞区道墟镇龙盛大道1号	312368	467	238
12	逸盛大化石化有限公司	辽宁省大连市金州新区滨海旅游路262号	116600	473	243
13	新疆天业（集团）有限公司	新疆石河子经济技术开发区北三东路36号	832000	474	244
14	传化集团有限公司	浙江省杭州市萧山经济技术开发区	311215	478	247
15	宜昌兴发集团有限责任公司	湖北省兴山县古夫镇高阳大道58号	443799		273
16	巨化集团公司	浙江省衢州市柯城区	324004		284
17	江苏三木集团有限公司	江苏省宜兴市官林镇都山村三木路85号	214258		291
18	升华集团控股有限公司	浙江省德清县武康镇武源街700号	313220		311
19	东辰控股集团有限公司	山东省东营市永莘路98号	257500		316
20	唐山三友集团有限公司	河北省唐山市南堡经济技术开发区	063305		319
21	纳爱斯集团有限公司	浙江省丽水市括苍南路19号	323000		328
22	万华化学（宁波）有限公司	浙江省宁波市大榭县（区）环岛北路39号万华工业园	315812		366
23	红太阳集团有限公司	江苏省南京市高淳县双高路36号	211300		368
24	沈阳化工集团有限公司	辽宁省沈阳市和平区市府大路55号年华国际2721号	110001		377
25	大化集团有限责任公司	辽宁省大连市甘井子区工兴路10号	116032		379
26	河北诚信有限责任公司	河北省石家庄市元氏县元赵路南	051130		384
27	广州东凌实业集团有限公司	广东省广州市华夏路8号国际金融广场28\29层	510623		392
28	湖北东圣化工集团有限公司	湖北省宜昌市远安县荷花镇工业园	444211		425
29	铜陵化学工业集团有限公司	安徽省铜陵市翠湖一路2758号	244000		439
30	宜宾天原集团股份有限公司	四川省宜宾市翠屏区下江北中路1号	644004		443
31	云南南磷集团股份有限公司	云南省昆明市东凤西路顺城东塔15A楼	650032		447
32	浙江南方控股集团有限公司	浙江省绍兴市柯桥区滨海工业区	312073		451
33	青海盐湖工业股份有限公司	青海省格尔木市黄河路28号	816000		467

行业名次	公司名称	通讯地址	邮编	名次(1)	名次(2)
34	四川龙蟒集团有限责任公司	四川省成都市高新区高朋大道23号	610041		475
35	浙江万凯新材料有限公司	浙江省海宁市尖山新区闻澜路15号	314415		483
36	湖北新洋丰肥业股份有限公司	湖北省荆门市东宝区石桥驿镇洋丰大道1号	448150		495
37	浙江新安化工集团股份有限公司	浙江省建德市新安东路555号	311600		498
医药、医疗设备制造业					
1	上海医药集团股份有限公司	上海市太仓路200号医药大厦	200020	166	73
2	广州医药集团有限公司	广东省广州市沙面北街45号	510130	219	101
3	科创控股集团有限公司	四川省成都市武侯科技园武行东四路18号	610045	266	129
4	四川科伦实业集团有限公司	四川省成都市青羊区百花西路36号	610072	333	166
5	天津市医药集团有限公司	天津市河西区友谊北路29号	300204	348	175
6	太极集团有限公司	重庆市渝北区龙塔街道黄龙路38号	401147	492	256
7	杭州华东医药集团有限公司	浙江省杭州市拱墅区莫干山路866号	310011		269
8	天士力控股集团有限公司	天津市北辰科技园区普济河东道2号天士力现代中药城	300410		283
9	威高集团有限公司	山东省威海市世昌大道312号	264209		285
10	哈药集团有限公司	黑龙江省哈尔滨市道里区友谊路431号	150000		297
11	华鲁控股集团有限公司	山东省济南市榜棚街1号华鲁大厦	250011		326
12	江西济民可信集团有限公司	江西省南昌市高新区高新七路888号	330096		423
13	新龙药业集团	湖北省武汉市龙阳大道特8号	430051		430
14	东北制药集团有限责任公司	辽宁省沈阳市经济技术开发区昆明湖街8号	110027		456
15	北京同仁堂股份有限公司	北京市东城区东兴隆街52号	100062		457
16	浙江海正药业股份有限公司	浙江省台州市椒江区外沙路46号	318000		458
化学纤维制造业					
1	恒力集团有限公司	江苏省吴江市盛泽镇南麻经济开发区恒力路1号	215226	105	38
2	浙江恒逸集团有限公司	浙江省杭州市萧山区衙前镇	311209	167	74
3	浙江荣盛控股集团有限公司	浙江省杭州市萧山区益农镇红阳路98号	311247	191	85
4	盛虹控股集团有限公司	江苏省苏州市吴江区盛泽镇纺织科技示范园	215228	230	108
5	江苏三房巷集团有限公司	江苏省江阴市周庄镇	214423	283	141
6	浙江桐昆控股集团有限公司	浙江省桐乡市桐乡经济开发区光明路199号	314500	287	143
7	兴达投资集团有限公司	江苏省无锡市锡山区东港镇锡港南路888号	214196		321
8	华峰集团有限公司	浙江省瑞安市莘塍工业园区	325200		337
9	浙江翔盛集团有限公司	浙江省杭州市萧山区瓜沥镇（党山）工业园	311245		345
10	江苏华宏实业集团有限公司	江苏省江阴市周庄镇华宏村	214423		347
11	新凤鸣集团股份有限公司	浙江省桐乡市洲泉镇德胜路888号	314513		362
12	开氏集团有限公司	浙江省杭州市萧山区衙前镇衙前路432号	311209		480
13	浙江古纤道新材料股份有限公司	浙江省绍兴袍江工业区越东路	312071		488

行业名次	公司名称	通讯地址	邮编	名次(1)	名次(2)
14	江苏盛虹科贸有限公司	江苏省吴江市盛泽镇市场路南侧一层	215228		494
橡胶制品业					
1	华勤橡胶工业集团有限公司	山东省兖州市华勤工业园	272100	349	176
2	山东胜通集团股份有限公司	山东省东营市垦利县新兴路 377 号	257500	414	209
3	山东玉皇化工有限公司	山东省东明县武胜桥镇经济开发区	274512	438	221
4	中策橡胶集团有限公司	浙江省杭州市经济技术开发区 1 号大街 1 号	310018	457	234
5	三角集团有限公司	山东省威海市青岛中路 56 号	264200		304
6	高深（集团）有限公司	云南省昆明市北京路延长线金江小区 K 栋	650224		396
7	兴源轮胎集团有限公司	山东省东营市广饶县稻庄镇西水工业区	257336		438
塑料制品业					
1	浙江大东南集团有限公司	浙江省诸暨市璜山镇建新路 88 号	311809		307
2	金发科技股份有限公司	广东省广州市萝岗区科学城科丰路 33 号	510663		339
3	浙江富陵控股集团有限公司	浙江省绍兴市袍江区新区富陵	312075		464
建材及玻璃等制造业					
4	中国建筑材料集团有限公司	北京市海淀区复兴路 17 号国海广场 2 号楼	100036	41	12
5	安徽海螺集团有限责任公司	安徽省芜湖市九华南路 1011 号	241070	147	60
6	中国中材集团有限公司	北京市西城区西直门内北顺城街 11 号	100035	175	78
7	北京金隅集团有限责任公司	北京市东城区北三环东路 36 号	100013	226	106
8	吉林亚泰（集团）股份有限公司	吉林省长春市二道区吉林大路 1801 号	130031	281	140
9	天瑞集团股份有限公司	河南省汝州市广成东路 63 号	467599	382	196
10	沂州集团有限公司	山东省临沂市罗庄区付庄办事处	276018	416	210
11	冀东发展集团有限责任公司	河北省唐山市丰润区林荫路 233 号	064000	477	246
12	沈阳远大企业集团	辽宁省沈阳市经济技术开发区十六号街 6 号	110027		274
13	红狮控股集团有限公司	浙江省兰溪市东郊上郭	321100		294
14	华新水泥股份有限公司	湖北省武汉市洪山区关山二路特一号国际企业中心一期 5 号楼	430073		317
15	天津市建筑材料集团（控股）有限公司	天津市南开区红旗南路 508 号	300381		346
16	杭州诺贝尔集团有限公司	浙江省杭州市余杭区临平镇世纪大道 1133 号	311100		405
17	上海奥盛投资控股（集团）有限公司	上海市浦东新区商城路 518 号 17 楼	200120		409
黑色冶金及压延加工业					
1	宝钢集团有限公司	上海市浦东新区浦电路 370 号宝钢大厦	200122	35	9
2	河北钢铁集团有限公司	河北省石家庄市裕华西路 40 号	050000	43	13
3	江苏沙钢集团有限公司	江苏省苏州市张家港市锦丰镇	215625	54	19
4	武汉钢铁（集团）公司	湖北省武汉市友谊大道 999 号	430080	56	20
5	渤海钢铁集团有限公司	天津市和平区马场道 74 号	300050	59	21
6	首钢总公司	北京市石景山区石景山路 68 号首钢厂东门	100041	64	22
7	新兴际华集团有限公司	北京市朝阳区东三环中路 7 号财富中心 A 座	100020	69	24

行业名次	公司名称	通讯地址	邮编	名次(1)	名次(2)
8	鞍钢集团公司	辽宁省鞍山市铁东区东山街77号	114009	98	35
9	太原钢铁（集团）有限公司	山西省太原市尖草坪2号	030003	102	36
10	酒泉钢铁（集团）有限责任公司	甘肃省嘉峪关市雄关东路12号	735100	114	41
11	山东钢铁集团有限公司	山东省济南市高新区舜华路2000号舜泰广场4号楼	250101	117	44
12	本钢集团有限公司	辽宁省本溪市明山区环山路36号	117000	123	49
13	中天钢铁集团有限公司	江苏省常州市武进区遥观镇印墅村312国道旁	213011	127	50
14	杭州钢铁集团公司	浙江省杭州市半山路178号	310022	129	51
15	湖南华菱钢铁集团有限责任公司	湖南省长沙市湘府西路222号	410004	159	68
16	马钢（集团）控股有限公司	安徽省马鞍山市九华西路8号	243000	160	69
17	北京建龙重工集团有限公司	北京市丰台区南四环西路188号总部基地二区4号楼	100070	176	79
18	河北新华联合冶金投资有限公司	河北省沧州市渤海新区	061113	186	83
19	陕西东岭工贸集团股份有限公司	陕西省宝鸡市金台大道东段	721004	202	92
20	南京钢铁集团有限公司	江苏省南京市六合区大厂卸甲甸	210035	218	100
21	江苏西城三联控股集团有限公司	江苏省江阴市临港新城夏港街道静堂里路21号	214442	223	103
22	青山控股集团有限公司	浙江省温州市龙湾区永中街道青山村青陶路1号	325038	233	109
23	河北津西钢铁集团股份有限公司	河北省唐山市迁西县三屯营镇	064302	234	110
24	包头钢铁（集团）有限责任公司	内蒙古包头市昆区河西工业区包钢信息大楼	014010	235	111
25	河北敬业集团	河北省平山县南甸镇河北敬业集团	050400	238	113
26	天津荣程联合钢铁集团有限公司	天津市经济技术开发区盛达街9号泰达金融广场8楼	300457	239	114
27	四川省川威集团有限公司	四川省成都市高新区天府2街269号26楼行政中心	610095	254	121
28	江苏新长江实业集团有限公司	江苏省江阴市夏港镇夏港街道长江村	214442	256	123
29	日照钢铁控股集团有限公司	山东省日照市沿海路600号	276806	271	132
30	安阳钢铁集团有限责任公司	河南省安阳市殷都区梅元庄	455004	289	145
31	山东泰山钢铁集团有限公司	山东省莱芜市新甫路1号	271100	312	152
32	昆明钢铁控股有限公司	云南省昆明安宁市昆明钢铁控股有限公司	650302	313	153
33	唐山瑞丰钢铁（集团）有限公司	河北省唐山市丰南区小集镇工业区	063303	314	154
34	广州钢铁企业集团有限公司	广东省广州市荔湾区白鹤洞芳村大道1号	510381	315	155
35	江苏申特钢铁有限公司	江苏省常州市溧阳经济开发区昆仑北路288号	213300	316	156
36	新余钢铁集团有限公司	江西省新余市冶金路	338001	319	158
37	唐山港陆钢铁有限公司	河北省遵化市镇海东街198号	064200	336	169

行业名次	公司名称	通讯地址	邮编	名次(1)	名次(2)
38	江西萍钢实业股份有限公司	江西省南昌市红谷滩新区凤凰中大道与世贸路交汇处	330038	353	179
39	青岛钢铁控股集团有限责任公司	山东省青岛市李沧区遵义路5号	266043	365	185
40	福建省三钢（集团）有限责任公司	福建省三明市梅列区工业中路群工三路	365000	378	193
41	东北特殊钢集团有限责任公司	辽宁省大连市金州新区登沙河临港工业区河滨南路18号	116105	399	202
42	湖南博长控股集团有限公司	湖南省冷水江市轧钢路5号	417500	410	207
43	河北普阳钢铁有限公司	河北省武安市阳邑镇东	056305	423	213
44	重庆钢铁（集团）有限责任公司	重庆市大渡口区大堰三村1栋1号	400080	455	232
45	河北新金钢铁有限公司	河北省武安市武邑路骈山村东	056300	456	233
46	武安市裕华钢铁有限公司	河北省武安市上团城乡崇义四街村北	056300	459	235
47	河北文丰钢铁有限公司	河北省武安市南环路南侧城西工业区	056300	472	242
48	金鼎重工股份有限公司	河北省武安市崇义铸造工业园区	056300	480	248
49	天津友发钢管集团股份有限公司	天津市静海县大邱庄镇尧舜度假村	301606	483	250
50	凌源钢铁集团有限责任公司	辽宁省凌源市钢铁路3号	122504	494	257
51	西林钢铁集团有限公司	黑龙江省伊春市西林区新兴街121号	153025	497	260
52	四川省达州钢铁集团有限责任公司	四川省达州市通川区西河路25号	635002		268
53	四平红嘴集团总公司	吉林省四平市铁西区红嘴路28号	136000		271
54	中国庆华能源集团有限公司	北京市朝阳区建国门外大街光华里8号院中海广场	100020		299
55	山东淄博傅山企业集团有限公司	山东省淄博市高新区卫固镇傅山村	255084		302
56	广西盛隆冶金有限公司	广西防城港市港口区公车镇垭港村	538004		313
57	河南济源钢铁（集团）有限公司	河南省济源市虎岭产业集聚区	459000		324
58	武安市广耀铸业有限公司	河北省武安市大同镇小屯村东	056300		338
59	河北天柱钢铁集团有限公司	河北省唐山市丰润区殷官屯村村东	064000		348
60	方大特钢科技股份有限公司	江西省南昌市青山湖区冶金大道475号	330012		359
61	河北前进钢铁集团有限公司	河北省霸州市胜芳镇开发区	065701		367
62	浙江协和集团有限公司	浙江省杭州市萧山区红山农场	311234		380
63	辛集市澳森钢铁有限公司	河北省辛集市南智邱镇赵马村村东	052360		397
64	振石控股集团有限公司	浙江省桐乡市崇福大道708号振石科技大楼	314500		408
65	唐山东华钢铁企业集团有限公司	河北省唐山市丰南区小集镇宋一村	063303		431
66	天津市恒兴钢业有限公司	天津市静海县静海镇北环工业园	301600		433
67	邢台钢铁有限责任公司	河北省邢台市桥西区钢铁南路262号	054027		435
68	潍坊特钢集团有限公司	山东省潍坊市钢铁工业园区东路	251201		446
69	宁波宝新不锈钢有限公司	浙江省宁波市经济技术开发区	315807		450
70	崇利制钢有限公司	河北省邯郸市涉县井店一街崇利制钢有限公司	056404		454
71	西宁特殊钢集团有限责任公司	青海省西宁市城北区柴达木西路52号	810005		486

行业名次	公司名称	通讯地址	邮编	名次(1)	名次(2)
72	武安市运丰冶金工业有限公司	河北午安矿业工业园	056303		489
一般有色冶金及压延加工业					
1	中国铝业公司	北京市海淀区西直门北大街62号	100082	39	10
2	正威国际集团有限公司	广东省深圳市福田区深南大道7888号东海国际中心一期A座29层	518040	50	18
3	江西铜业集团公司	江西省贵溪市冶金大道15号	335424	74	26
4	中国有色矿业集团有限公司	北京朝阳区安定路10号中国有色大厦（北楼）	100029	83	28
5	金川集团股份有限公司	甘肃省金昌市金川区金川路98号	737103	89	31
6	铜陵有色金属集团控股有限公司	安徽省铜陵市长江西路有色大院	244001	115	42
7	海亮集团有限公司	浙江省诸暨市店口镇解放路386号	311814	133	53
8	陕西有色金属控股集团有限责任公司	陕西省西安市高新区高新路51号高新大厦	710075	142	57
9	大冶有色金属集团控股有限公司	湖北省黄石市新下陆下陆大道18号	435005	157	67
10	南山集团有限公司	山东省龙口市东江镇南山工业园	265706	162	70
11	广西投资集团有限公司	广西南宁市民族大道109号	530028	225	105
12	宁夏天元锰业有限公司	宁夏中宁新材料循环经济示范区	755103	258	125
13	云南冶金集团股份有限公司	云南省昆明市北市区小康大道399号	650224	279	139
14	四川宏达集团	四川省成都市锦里东路2号宏达国际广场27楼	610041	293	146
15	宁波金田投资控股有限公司	浙江省宁波市江北区慈城城西西路1号	315034	335	168
16	白银有色集团股份有限公司	甘肃省白银市白银区友好路96号	730900	341	171
17	金龙精密铜管集团股份有限公司	河南省新乡市人民西路191号	453000	346	174
18	云南锡业集团（控股）有限责任公司	云南省个旧市金湖东路121号	661000	376	191
19	西部矿业集团有限公司	青海省西宁市五四大街52号	810001	394	200
20	晟通科技集团有限公司	湖南省长沙市金星路109号	410200	397	201
21	东营方圆有色金属有限公司	山东省东营经济开发区浏阳河路99号	257091	439	222
22	东营鲁方金属材料有限公司	山东省东营市东营区养殖区骨干路22号	257091	442	223
23	山东天信集团有限公司	山东省东营市东营区淮河路79号	257091	447	226
24	广西有色金属集团有限公司	广西南宁路金浦路22号名都大厦9层	530021	454	231
25	万基控股集团有限公司	河南省洛阳市新安县万基工业园	471800	495	258
26	河南豫光金铅集团有限责任公司	河南省济源市荆梁南街1号	459001		261
27	深圳市中金岭南有色金属股份有限公司	广东省深圳市福田区车公庙深南大道6013号中国有色大厦23-26楼	518040		272
28	江西钨业集团有限公司	江西省南昌市火炬大街188号淳和大厦	330096		292
29	杭州富春江冶炼有限公司	浙江省杭州市富阳市鹿山街道谢家溪	311407		298
30	天津华北集团有限公司	天津市北城区津围公路15号	300040		318
31	深圳融禾投资发展有限公司	广东深圳市福田区福华一路免税商务大厦16楼	518000		325

行业名次	公司名称	通讯地址	邮编	名次(1)	名次(2)
32	山东创新金属科技股份有限公司	山东省滨州市邹平县城北外环路东首	256200		351
33	河南省淅川铝业（集团）有限公司	河南省淅川县城灌河路406号	474450		357
34	中条山有色金属集团有限公司	山西省运城市垣曲县	043700		370
35	人本集团有限公司	浙江省温州市龙湾区括苍东路66号	325011		375
36	济源市万洋冶炼（集团）有限公司	济源市思礼镇思礼村北	454691		410
37	河南金利金铅有限公司	河南省济源市承留镇南勋村	459000		415
38	厦门钨业股份有限公司	福建省厦门市湖滨南路619号1601	361004		428
39	河北立中有色金属集团	河北省保定市七一东路948号	071000		436
40	无锡市凌峰铜业有限公司	江苏省宜兴市官林镇东虹路2号	214251		437
41	兰溪自立铜业有限公司	浙江省兰溪市大仙东路23-2号	321100		459
42	安徽楚江投资集团有限公司	安徽省芜湖市九华北路10号	241008		471
金属制品、加工工具、工业辅助产品加工制造业					
1	江苏法尔胜泓昇集团有限公司	江苏省江阴市澄江中路165号	214434	469	240
2	江苏新华发集团有限公司	江苏江阴临港新城申港镇澄路1299号	214443	491	255
3	精功集团有限公司	浙江省绍兴柯桥金柯桥大道112号精功大厦18F	312030		267
4	浙江元立金属制品集团有限公司	浙江省遂昌县元立大道479号	323300		280
5	福星集团	湖北省汉川市沉湖镇福星街1号	431608		301
6	江苏大明金属制品有限公司	江苏省无锡市通江大道1518号	214191		329
7	浙江东南网架集团有限公司	浙江省杭州市萧山区衙前镇新林周村	311209		363
8	精工控股集团有限公司	浙江省绍兴市袍江世纪西街1号	312071		365
9	河南龙成集团有限公司	河南省西峡县仲景路大道63号	474500		374
10	浙江栋梁新材股份有限公司	浙江省湖州市吴兴区织里镇栋梁路	313008		378
11	春风实业集团有限责任公司	河北省冀州市冀新西路86号	053200		411
12	邯郸市正大制管有限公司	河北省邯郸市成安工业区聚良大道9号	056700		413
13	湖南金龙国际集团	湖南省长沙市望城经济开发区金星路888号	410200		441
14	金洲集团有限公司	浙江省湖州市二里桥路57号	313000		448
15	江苏海达科技集团有限公司	江苏省江阴市华士镇环南路800号	214421		455
16	天津大桥焊材集团有限公司	天津市西青经济开发区津港公路2号	300385		461
17	北京君诚实业投资集团有限公司	北京市朝阳区八里庄西里61号楼1404室	100025		485
工程机械、设备及零配件制造业					
1	徐州工程机械集团有限公司	江苏省徐州市金山桥经济开发区驮蓝山路26号	221004	148	61
2	中联重科股份有限公司	湖南省长沙市银盆南路361号	410013	171	76
3	三一集团有限公司	湖南省长沙市经济开发区三一工业城	410100	177	80
4	太原重型机械集团有限公司	山西省太原市万柏林区玉河53号	030024		282
5	广西柳工集团有限公司	广西柳州市柳南区柳太路1号	545007		315

行业名次	公司名称	通讯地址	邮编	名次(1)	名次(2)
6	杭叉集团股份有限公司	浙江省临安经济开发区东环路88号	311305		414
7	大连重工·起重集团有限公司	辽宁省大连市西岗区169号华锐大厦	116013		452
8	中国第一重型机械集团公司	黑龙江省富拉尔基一重厂前路9号	161042		462
9	郑州煤矿机械集团股份有限公司	河南省郑州市郑州经济技术开发区第九大街167号	450016		468
10	成都神钢工程机械（集团）有限公司	四川省成都市经济技术开发区汽车城大道666号	610100		490
工业机械、设备及零配件制造业					
1	中国恒天集团有限公司	北京市朝阳区建国路99号中服大厦	100020	267	130
2	盾安控股集团有限公司	浙江省杭州市滨江区泰安路239号盾安发展大厦19楼	310052	272	133
3	大连市机床集团有限责任公司	辽宁省大连市开发区双D港辽河东路100号	116022		308
4	沈阳机床（集团）有限责任公司	辽宁省沈阳市经济技术开发区开发大路17甲1号	110000		332
5	北方重工集团有限公司	辽宁省沈阳市经济技术开发区开发大路16号	110141		353
6	大连冰山集团有限公司	辽宁省大连市沙河口区西南路888号	116033		399
7	天洁集团有限公司	浙江省诸暨市牌头镇杨傅村天洁工业园	311825		407
8	海天塑机集团有限公司	浙江省宁波市北仑区小港海天路1688号	315821		421
9	沈阳鼓风机集团股份有限公司	辽宁省沈阳经济技术开发区开发大路16号甲	110869		426
10	杭州制氧机集团有限公司	浙江省杭州市下城区中山北路592号弘元大厦	310014		469
农林业机械、设备及零配件制造业					
1	山东时风（集团）有限责任公司	山东省高唐县鼓楼西路	252800	368	186
2	福田雷沃国际重工股份有限公司	山东省潍坊市北海南路192号	261206		263
电力、电气等设备、机械、元器件及线缆制造业					
1	超威电源有限公司	浙江省长兴县画溪街道画溪工业功能区	313100	215	98
2	天津百利机电控股集团有限公司	天津市南开区长江道4号	300100	237	112
3	新疆特变电工集团有限公司	新疆昌吉北京南路189号	831100	327	163
4	正泰集团股份有限公司	浙江省乐清市柳市镇工业区正泰大楼	325603	351	177
5	德力西集团有限公司	浙江省乐清市柳市镇柳青路1号	325604	355	181
6	亨通集团有限公司	江苏省吴江市经济技术开发区中山北路2288号	215200	369	187
7	上海人民企业（集团）有限公司	上海市静安区南京西路881号	200041	375	190
8	人民电器集团有限公司	浙江省乐清市柳市镇车站路555号	325604	389	199
9	江苏金辉铜业集团有限公司	江苏省宜兴市官林镇金辉工业园	214252	418	212
10	天正集团有限公司	浙江省乐清市柳市镇天正工业园区	325604	435	220
11	宁波富邦控股集团有限公司	浙江省宁波市海曙区长春路2号	315010	468	239
12	远东控股集团有限公司	江苏省宜兴市高塍镇远东大道6号	214257	484	251

行业名次	公司名称	通讯地址	邮编	名次(1)	名次(2)
13	宝胜集团有限公司	江苏省宝应县宝胜中路1号	225800	486	252
14	天津塑力线缆集团有限公司	天津市北辰科技园区高新大道41号	300412		277
15	北京京城机电控股有限责任公司	北京朝阳区东三环中路59号京城机电大厦（富力双子座A座）18层	100022		279
16	中国西电集团公司	陕西省西安市高新区唐兴路7号	710075		314
17	永鼎集团有限公司	江苏省苏州市吴江区黎李镇汾湖经济开发区国道路751号	215211		323
18	富通集团有限公司	浙江省富阳市金秋大道富春科技园18号	311400		334
19	晶科能源有限公司	江西省上饶经济技术开发区工业四路	334100		336
20	湘电集团有限公司	湖南省湘潭市下摄司街302号	411101		356
21	华仪电器集团有限公司	浙江省乐清市宁康西路138号	325600		364
22	兴乐集团有限公司	浙江省乐清市柳市镇后街工业区昌盛路17号	325604		376
23	华通机电集团有限公司	浙江省乐清市柳市苏吕工业区华通大厦	325604		381
24	广州电气装备集团有限公司	广东省广州市大德路187号广州机电大厦15楼	510120		386
25	浙江富春江通信集团有限公司	浙江省富阳市江滨东大道138号	311401		395
26	江苏上上电缆集团有限公司	江苏省溧阳市上上路68号	213300		402
27	上海浦东电线电缆（集团）有限公司	上海市奉贤区青港工业园区上线路777号	201414		429
28	铜陵精达铜材（集团）有限责任公司	安徽省铜陵市经济技术开发区黄山大道	244000		434
29	黄石东贝机电集团有限责任公司	湖北省黄石市铁山区武路5号	435006		492
电梯及运输、仓储设备、设施制造业					
1	中国国际海运集装箱（集团）股份有限公司	广东省深圳市南山区蛇口工业区港湾大道2号	518067	211	96
2	西子联合控股有限公司	浙江省杭州市庆春东路1-1号西子联合大厦21楼	310016		266
轨道交通设备及零部件制造业					
1	中国南车集团公司	北京市海淀区西四环中路16号院5号楼	100036	134	54
2	中国北方机车车辆工业集团公司	北京市丰台区方城园一区15号楼中国北车大厦	100078	138	55
家用电器及零配件制造业					
1	海尔集团公司	山东省青岛市海尔路1号	266101	90	32
2	美的集团股份有限公司	广东省佛山市顺德区北滘镇美的大道6号美的总部大楼B区26-28楼	528311	116	43
3	珠海格力电器股份有限公司	广东省珠海市香洲区前山金鸡路789号	519070	118	45
4	海信集团有限公司	山东省青岛市市南区东海西路17号	266071	146	59
5	四川长虹电子集团有限公司	四川省绵阳市高新区绵兴东路35号	621000	149	62

行业名次	公司名称	通讯地址	邮编	名次(1)	名次(2)
6	TCL集团股份有限公司	广东省惠州市仲恺高新区惠风三路17号TCL科技大厦	516006	154	65
7	奥克斯集团有限公司	浙江省宁波市鄞州县（区）日丽中路757号25F	315100	251	119
8	江苏双良集团有限公司	江苏省江阴市利港镇	214444	400	203
9	广州万宝集团有限公司	广东省广州市海珠区江南大道中111号	510220	496	259
10	杭州金鱼电器集团有限公司	浙江省杭州市西湖区天目山路159号现代国际大厦南座16楼	310013		385
11	澳柯玛股份有限公司	山东省青岛经济技术开发区前湾港路315号	266510		416
12	华意压缩机股份有限公司	江西省景德镇市高新区长虹大道1号	333000		500
黄金冶炼及压延业					
1	中国黄金集团公司	北京市东城区安定门外大街9号	100011	121	47
2	山东黄金集团有限公司	山东省济南市高新区舜华路2000号舜泰广场3号楼	250100	197	89
3	紫金矿业集团股份有限公司	福建省上杭县紫金大道1号	364200	243	115
4	山东招金集团有限公司	山东省招远市开发区盛泰路108号	265400	270	131
5	浙江日月首饰集团有限公司	浙江省绍兴县福全工业区	312046		460
电子元器件与仪器仪表、自动化控制设备制造业					
1	中国电子信息产业集团有限公司	北京市海淀区万寿路27号北京64信箱	100846	75	27
2	山东科达集团有限公司	山东省东营市府前大街65号	257091	444	225
3	晶龙实业集团有限公司	河北省宁晋县晶龙大街289号	055550		275
4	三花控股集团有限公司	浙江省新昌县城关镇七星街道下礼泉村	312500		358
5	新疆金风科技股份有限公司	新疆省乌鲁木齐市经济技术开发区上海路107号	830026		371
6	中国四联仪器仪表集团有限公司	重庆市北碚区蔡家镇同熙路99号	400707		474
计算机及零部件制造业					
1	联想控股股份有限公司	北京市海淀区科学院南路2号融科资讯中心A座10层	100190	45	15
2	北大方正集团有限公司	北京市海淀区成府路298号中关村方正大厦9层	100871	185	82
3	同方股份有限公司	北京市海淀区王庄路1号同方科技大厦A座29层	100083		262
通讯器材及设备、元器件制造业					
1	华为技术有限公司	广东省深圳市龙岗区坂田华为基地	518129	48	17
2	天津中环电子信息集团有限公司	天津市南开区复康路23号	300191	86	30
3	中兴通讯股份有限公司	广东省深圳市科技南路55号	518057	173	77
4	武汉邮电科学研究院	湖北省武汉市洪山区邮科院路88号	430074		295

行业名次	公司名称	通讯地址	邮编	名次(1)	名次(2)
5	四川九洲电器集团有限责任公司	四川省绵阳市九华路6号	621000		300
6	共青城赛龙通信技术有限公司	江西省共青城工业园	332020		476
7	侨兴集团有限公司	广东省惠州市汤泉侨兴科技园	516023		499
办公、影像等电子设备、元器件制造业					
1	得力集团有限公司	浙江省宁波市宁海县得力工业园	315600		417
汽车及零配件制造业					
1	上海汽车集团股份有限公司	上海市威海路489号	200041	12	2
2	中国第一汽车集团公司	吉林省长春市东风大街2259号	130011	16	3
3	东风汽车公司	湖北省武汉市经济技术开发区东风大道特1号	430056	17	4
4	北京汽车集团有限公司	北京市顺义区双河大街99号北京汽车产业基地	101300	40	11
5	广州汽车工业集团有限公司	广东省广州市天河区珠江新城兴国路23号广汽中心	510623	70	25
6	浙江吉利控股集团有限公司	浙江省杭州市滨江区江陵路1760号	310051	96	34
7	华晨汽车集团控股有限公司	辽宁省沈阳市大东区东望街39号	110044	112	40
8	万向集团公司	浙江省杭州市萧山经济技术开发区	311215	119	46
9	江苏悦达集团有限公司	江苏省盐城市世纪大道东路2号	224007	132	52
10	中国重型汽车集团有限公司	山东省济南市英雄山路165号	250002	199	91
11	长城汽车股份有限公司	河北省保定市朝阳南大街2266号	071000	214	97
12	江铃汽车集团公司	江西省南昌市迎宾北大道666号	330001	288	144
13	安徽江淮汽车集团有限公司	安徽省合肥市包河区东流路176号	230022	304	148
14	陕西汽车控股集团有限公司	陕西省西安市经济开发区泾渭工业园	710200	342	172
15	奇瑞汽车股份有限公司	安徽省芜湖市经济技术开发区长春路8号	241009	432	217
16	郑州宇通集团有限公司	河南省郑州市管城区宇通路河宇通工业园	450061	433	218
17	厦门金龙汽车集团股份有限公司	厦门市厦禾路668号22-23层	361004		281
18	三环集团公司	湖北省武汉市东湖新技术开发区佳园路33号	430074		322
19	柳州五菱汽车有限责任公司	广西柳州市河西路18号	545007		331
20	万丰奥特控股集团有限公司	浙江省新昌县万丰工业园	312500		360
21	重庆小康控股有限公司	重庆市沙坪坝区井口工业园	400033		369
22	骆驼集团股份有限公司	湖北省襄阳市汉江北路65号	441000		391
23	庆铃汽车（集团）有限公司	重庆市九龙坡区中梁山协兴村1号	400052		393
24	陕西法士特汽车传动集团有限责任公司	陕西省西安市大庆路809号	710077		403
25	华翔集团股份有限公司	浙江省宁波市象山县西周镇镇安路104号	315722		406
26	海马汽车集团股份有限公司	海南省海口市金盘工业区金牛路2号	570216		418
27	安徽中鼎控股（集团）股份有限公司	安徽省宁国市经济技术开发区	242300		466
28	恒威集团有限公司	浙江省宁波市江北区洪塘工业B区江北大道1236弄9号	315033		497

行业名次	公司名称	通讯地址	邮编	名次(1)	名次(2)
摩托车及零配件制造业					
1	隆鑫控股有限公司	重庆市九龙坡区石坪桥横街2号附5号	400051	417	211
2	重庆力帆控股有限公司	重庆市北碚区蔡家岗镇凤栖路16号	400707	453	230
3	宗申产业集团有限公司	重庆市巴南区渝南大道126号宗申工业园	400052		354
4	重庆润通动力有限公司	重庆市高新区二郎智博中心34-8	400039		493
航空航天及国防工业					
1	中国兵器工业集团公司	北京市西城区三里河路46号	100821	23	6
2	中国兵器装备集团公司	北京市海淀区车道沟10号院	100089	29	7
3	中国航空工业集团公司	北京市朝阳区建国路128号中航工业大厦	100022	30	8
4	中国航天科工集团公司	北京市海淀区阜成路甲8号	100048	103	37
船舶工业					
1	中国船舶重工集团公司	北京市海淀区昆明湖南路72号	100097	85	29
2	江苏扬子江船业集团公司	江苏省江阴市鲥鱼港路38号	214431	387	198
3	沪东中华造船（集团）有限公司	上海市浦东新区浦东大道2851号	200129		335
4	上海外高桥造船有限公司	上海市浦东新区洲海路3001号	200137		343
5	春和集团有限公司	浙江省宁波市江北区扬善路51号金港大厦12楼	315020		387
6	金海重工股份有限公司	浙江省岱山县途镇金海大道1号	316291		412
动力、电力生产等装备、设备制造业					
1	上海电气（集团）总公司	上海市四川中路110号	200002	144	58
2	潍柴动力股份有限公司	山东省潍坊市高新技术开发区福寿东街197号甲	261061	151	63
3	杭州汽轮动力集团有限公司	浙江省杭州市庆春东路68号杭州汽轮国际大厦18楼	310016	209	95
4	中国东方电气集团有限公司	四川省成都市高新西区西芯大道18号	611731	263	127
5	广西玉柴机器集团有限公司	广西玉林市玉柴大道1号	537005	278	138
6	哈尔滨电气集团公司	黑龙江省哈尔滨市香坊区三大动力路39号	150040	487	253
7	卧龙控股集团有限公司	浙江省绍兴市上虞区人民西路1801号	312300		293
综合制造业（以制造业为主，含有服务业）					
1	中国五矿集团公司	北京市海淀区三里河路5号五矿大厦	100044	21	5
2	无锡产业发展集团有限公司	江苏省无锡市县前西街168号	214031	217	99
3	比亚迪股份有限公司	广东省深圳市坪山新区比亚迪路3009号	518118	224	104
4	上海复星高科技（集团）有限公司	上海市黄浦区复兴东路2号复星商务大厦	200010	229	107
5	华盛江泉集团有限公司	山东省临沂市罗庄区双月湖西岸	276017	247	117
6	江苏华西集团公司	江苏省无锡市江阴市华士镇华西村	214420	255	122
7	新华联集团有限公司	北京市朝阳区东四环中路道家园18号新华联大厦17层	100025	264	128

行业名次	公司名称	通讯地址	邮编	名次(1)	名次(2)
8	重庆化医控股（集团）公司	重庆市北部新区星光大道70号天王星A1座	401121	322	160
9	万达控股集团有限公司	山东省东营市垦利县行政办公新区万达大厦	257500	357	183
10	重庆机电控股（集团）公司	重庆市北部新区黄山大道中段60号	401123	377	192
11	杭州锦江集团有限公司	浙江省杭州市湖墅南路111号锦江大厦20-22楼	310005	427	214
12	苏州创元投资发展（集团）有限公司	江苏省苏州市工业园区苏桐路37号	215021	475	245
13	江苏天地龙控股集团有限公司	江苏省宜兴市西郊工业园（徐舍镇）	214241		276
14	攀枝花钢城集团有限公司	四川省攀枝花市东区长寿路	617023		306
15	华立集团股份有限公司	浙江省杭州市余杭区五常大道181号华立科技园	310023		350
16	重庆市博赛矿业（集团）有限公司	重庆市渝中区邹容路131号世界贸易中心47楼	400010		355
17	利时集团股份有限公司	浙江省宁波市鄞州区投资创业中心诚信路518号	315105		373
18	花园集团有限公司	浙江省东阳市南马镇花园工业区	322121		382
19	安徽淮海实业发展集团有限公司	安徽省淮北市相山北路57号	235000		383
20	浙江航民实业集团有限公司	浙江省杭州市萧山区瓜沥镇航民村	311241		390
21	致达控股集团有限公司	上海市静安区延平路121号29楼	200042		465
22	河南财鑫集团有限责任公司	河南省郸城县财鑫大道北段333号	477150		479

第十三章 中国500强企业按照行业分类名单

行业名次	公司名称	通讯地址	邮编	名次(1)	名次(3)
能源（含电力、热力、燃气等）供应、开发、减排及再生循环服务业					
1	国家电网公司	北京市西城区西长安街86号	100031	3	1
2	中国南方电网有限责任公司	广东省广州市珠江新城华穗路6号	510623	18	9
3	浙江省能源集团有限公司	浙江省杭州市天目山路152号	310007	169	61
4	北京能源投资（集团）有限公司	北京市朝阳区永安东里16号CBD国际大厦A区	100022	339	110
5	申能（集团）有限公司	上海市虹井路159号申能能源中心	201103	364	117
6	山西省国新能源发展集团有限公司	山西省太原市长风大街108号东座	030006	366	118
7	天津能源投资集团有限公司	天津市南开区南开四马路28号	300100	424	141
8	福建省能源集团有限责任公司	福建省福州市省府路1号	350001	481	151
9	新奥能源控股有限公司	河北省廊坊市经济技术开发区新源东道	065001	498	155
10	广州发展集团股份有限公司	广东省广州市珠江新城临江大道3号发展中心33楼	510623		177
11	安徽省能源集团有限公司	安徽省合肥市马鞍山路76号	230011		193
12	东华能源股份有限公司	江苏省张家港市保税区出口加工区东华路668号	215634		247
13	广西水利电业集团有限公司	广西南宁市厢竹大道30号	530023		268
14	深圳市燃气集团股份有限公司	广东省深圳市福田区中康北路深燃大厦11楼	518049		270
15	无锡市国联发展（集团）有限公司	江苏省无锡市金融一街8号国联金融大厦20楼	214121		278
16	四川省能源投资集团有限责任公司	四川省成都市锦江区毕升468号创世纪大厦A座	610063		358
17	四川华油集团有限责任公司	四川省成都市青羊区狮子巷55号	610017		390
18	浙江海越股份有限公司	浙江省诸暨市西施大街59号海越大厦	311800		398
19	武汉市燃气热力集团有限公司	湖北省武汉市江汉区台北路225号	430015		422
20	潮州华丰集团股份有限公司	广东省潮州市潮州大道中银大厦13-17楼	521000		423
21	安徽国祯集团股份有限公司	安徽省合肥市高新区科学大道91号	230088		427
22	青岛能源集团有限公司	山东省青岛市宁夏路123号	266071		435
23	上海大众公用事业（集团）股份有限公司	中山西路1515号8楼807室	200235		436
铁路运输及辅助服务业					
1	中国铁路物资股份有限公司	北京市西城区华远街11号	100032	91	34
2	中铁集装箱运输有限责任公司	北京市宣武区鸭子桥路24号中铁商务大厦622房间	100055		244
陆路运输、城市公交、道路及交通辅助等服务业					
1	山东高速集团有限公司	山东省济南市历下区龙奥北路8号	250098	282	94

注：名次（3）为2014中国服务业企业500强中的名次

行业名次	公司名称	通讯地址	邮编	名次(1)	名次(3)
2	广东省交通集团有限公司	广东省广州市珠江新城珠江东路32号利通广场	510623	390	126
3	浙江省交通投资集团有限公司	浙江省杭州市钱江新城五星路199号明珠国际商务中心	310020	413	136
4	安徽省高速公路控股集团有限公司	安徽省合肥市望江西路520号	230088		183
5	重庆交通运输控股（集团）有限公司	重庆市北部新区高新园青松路33号	401121		223
6	上海交运集团股份有限公司	上海市闸北区恒丰路288号10楼	200070		275
7	安徽省交通投资集团有限责任公司	安徽省合肥市高新技术开发区香樟大道180号	230088		292
8	天津市交通（集团）有限公司	天津市和平区营口道10号	300041		296
9	山西汽车运输集团有限公司	山西省太原市迎泽大街50号	030001		346
10	万合集团股份有限公司	河北省邯郸市机场路与河大路交叉口东行50米	056001		365
11	广州市地下铁道总公司	广东省广州市海珠区新港东路618号南丰汇11-14楼	510000		372
12	苏州汽车客运集团有限公司	江苏省苏州市金阊区留园路288号	215008		416
13	上海强生控股股份有限公司	上海市静安区南京路920号强生南泰大厦1802室	200041		425
14	江西赣粤高速公路股份有限公司	江西省南昌市朝阳洲中路367号	330025		432
15	交运集团公司	山东省青岛市市北区延吉路100号	266034		439
16	大众交通（集团）股份有限公司	上海市徐汇区中山西路1515号22楼	200235		465
17	天津市公共交通集团（控股）有限公司	天津市河西区黑牛城道59号增1号	300211		474
水上运输业					
1	中国远洋运输（集团）总公司	北京市西城区复兴门内大街158号远洋大厦11层	100031	92	35
2	中国海运（集团）总公司	上海市东大名路678号	200080	184	69
3	广东省航运集团有限公司	广东省广州市越秀区八旗二马路48号广东航运大厦3006室	510111		441
4	民生轮船股份有限公司	重庆市渝中区新华路83号民生大厦	400011		493
港口服务业					
1	广西北部湾国际港务集团有限公司	广西南宁市民族大道1219号	530028	269	92
2	天津港（集团）有限公司	天津市滨海新区（塘沽）津港路99号	300461	404	131
3	上海国际港务（集团）股份有限公司	上海市虹口区东大名路358号国际港务大厦	200080	412	135
4	日照港集团有限公司	山东省日照市黄海一路91号	276826		165
5	河北港口集团有限公司	河北省秦皇岛市海港区海滨路35号	066002		192
6	大连港集团有限公司	辽宁省大连市中山区港湾街1号	116001		252
7	营口港务集团有限公司	辽宁省营口市鲅鱼圈区营港路1号	115007		256
8	广州港集团有限公司	广东省广州市越秀区沿江东路406号港口中心	510100		322

行业名次	公司名称	通讯地址	邮编	名次(1)	名次(3)
9	唐山港集团股份有限公司	河北省唐山市唐山海港经济开发区	063611		397
航空运输业					
1	海航集团有限公司	海南省海口市国兴大道7号海航大厦	570203	120	45
2	中国航空集团公司	北京市朝阳区霄云路36号国航大厦	100027	135	49
3	中国南方航空集团公司	广东省广州市机场路航云南街27号	510406	136	50
4	中国东方航空集团公司	上海市长宁区虹桥机场空港三路99号	200335	150	56
5	四川航空股份有限公司	四川省成都市双流国际机场四川航空大厦	610202		184
6	山东航空集团有限公司	山东省济南市二环东路5746号	240014		215
航空港及相关服务业					
1	上海机场（集团）有限公司	上海市虹桥机场迎宾二路200号	200335		240
2	厦门翔业集团有限公司	福建省厦门市思明区仙岳路396号翔业大厦17楼	361000		313
3	中国民航信息集团公司	北京市东城区东四西大街157号	100010		399
电信、邮寄、速递等服务业					
1	中国移动通信集团公司	北京市西城区金融大街29号	100033	8	5
2	中国电信集团公司	北京市西城区金融大街31号	100140	24	13
3	中国邮政集团公司	北京市西城区金融街甲3号	100808	28	15
4	中国联合网络通信集团有限公司	北京市西城区金融大街21号中国联通大厦	100033	34	18
软件、程序、计算机应用、网络工程等计算机、微电子服务业					
1	三胞集团有限公司	江苏省南京市雨花台区软件大道68号	210012	188	71
2	浪潮集团有限公司	山东省济南市山大路224号	250101	268	91
3	广州无线电集团有限公司	广东省广州市天河区黄埔大道西平云路163号	510656		236
4	浙江大华技术股份有限公司	浙江省杭州市滨江区滨安路1187号	310053		360
5	浙大网新科技股份有限公司	浙江省杭州市西湖区三墩镇西园八路1号A楼15F	310030		368
物流、仓储、运输、配送服务业					
1	厦门建发集团有限公司	福建省厦门市思明区环岛东路1699号建发国际大厦43楼	361008	128	48
2	中国外运长航集团有限公司	北京市海淀区西直门北大街甲43号金运大厦A座	100082	140	53
3	中国诚通控股集团有限公司	北京市南四环西路188号总部基地6区17号楼9层	100070	170	62
4	玖隆钢铁物流有限公司	江苏省张家港市锦丰镇锦绣路1号玖隆物流园	215625	187	70
5	河北省物流产业集团有限公司	河北省石家庄市中华北大街3号	050000	210	78
6	厦门象屿集团有限公司	福建省厦门现代物流园区象兴四路21号银盛大厦9楼	361006	301	101

行业名次	公司名称	通讯地址	邮编	名次(1)	名次(3)
7	腾邦投资控股有限公司	广东省深圳市福田保税区桃花路9号腾邦集团大厦	518038	343	112
8	山西能源交通投资有限公司	山西省太原市长风西街1号丽华大厦A座15-16层	030021	479	150
9	广西交通投资集团有限公司	广西南宁市金浦路22号13层	530028	493	154
10	福建省交通运输集团有限责任公司	福建省福州市东水路18号交通综合大楼东楼21-23层	350001		172
11	云南物流产业集团有限公司	云南省昆明市广福路8号	650228		229
12	重庆港务物流集团有限公司	重庆市江北区海尔路318号重庆保税港区	400025		259
13	新疆维吾尔自治区棉麻公司	新疆乌鲁木齐市火车北站四路38号	830015		299
14	青海省物资产业集团总公司	青海省西宁市朝阳东路34-2号	810003		333
15	武汉商贸国有控股集团有限公司	湖北省武汉市解放大道1127号富商大厦8-9楼	430030		375
16	四川安吉物流集团有限公司	四川省宜宾市岷江西路150号	644007		449
17	上海亚东国际货运有限公司	上海市黄浦区延安东路45号工商联大厦16楼	200002		458
18	广州华新集团有限公司	广州海珠区翠竹路18号好景花园裕丰大厦一至三层	510300		494

矿产、能源内外商贸及批发业

行业名次	公司名称	通讯地址	邮编	名次(1)	名次(3)
1	晋能有限责任公司	山西省太原市开化寺街82号	030002	55	23
2	中国航空油料集团公司	北京市海淀区马甸路2号桥冠城园中国航油大厦	100088	58	24
3	山西煤炭进出口集团有限公司	山西省太原市长风大街115号	030006	113	44
4	珠海振戎公司	北京市朝阳区大屯里121号华悦国际公寓J座	100108	181	66
5	南方石化集团有限公司	广东省广州市天河区林和西路3-15号耀中广场14楼	510600	213	80
6	中球冠集团有限公司	浙江省杭州市萧山区金城路185号萧山商会大厦B座5楼	311202	466	149
7	广州元亨能源有限公司	广东省越秀区东风东路850号锦城大厦18楼	510600		174
8	泰德煤网股份有限公司	辽宁省大连市高新园区黄浦路537号泰德大厦	116023		300
9	青岛佐德国际贸易有限公司	山东省青岛市经济技术开发区长江中路519号建国大厦1904室	266555		334
10	天津恒运能源股份有限公司	天津市塘沽区海洋高新技术开发区金江路45号	300451		352
11	天津三和众诚石油制品销售有限公司	天津市静海县唐官屯物流园区一大道1号	301608		408
12	厦门海澳集团有限公司	福建省厦门市海沧区钟林路12号海沧商务大楼19楼	361026		469

行业名次	公司名称	通讯地址	邮编	名次(1)	名次(3)
化工产品及医药批发及内外商贸业					
1	中国中化集团公司	北京市复兴门内大街28号凯晨世贸中心中座F11	100031	15	8
2	巨力环球控股有限公司	上海市徐汇区天钥桥路1000号3层、5层	200030	489	153
3	南通化工轻工股份有限公司	江苏省南通市南大街28号	226001		163
4	宁波神化化学品经营有限责任公司	浙江省宁波市江东区东胜路35号	315040		173
5	日出实业集团有限公司	浙江省宁波市鄞州县（区）天童南路588号宁波商会国贸中心A座42楼	315000		321
6	河南蓝天集团有限公司	河南省驻马店市解放路68号中原大厦17楼	463000		381
机电、电子批发及内外商贸业					
1	中国通用技术（集团）控股有限责任公司	北京丰台区西三环中路90号	100055	97	37
2	广东省广新控股集团有限公司	广东省广州市海珠区新港东路1000号东塔	510308	183	68
3	宁波市慈溪进出口股份有限公司	浙江省宁波市慈溪市北三环东路1988号恒元广场22楼	315300		262
4	广州佳都集团有限公司	广东省广州市天河软件园建中路66号佳都商务大厦东塔9楼	510665		376
5	上海金开利集团有限公司	上海市黄浦区西藏南路758号金开利广场5楼	200011		412
6	上海华通机电（集团）有限公司	上海市浦东新区东方路800号宝安大厦34楼	200122		420
7	厦门嘉联恒进出口有限公司	福建省厦门市莲秀里185号必利达大厦28D	361000		453
8	国宏电气集团股份有限公司	浙江省宁波市宁海县（区）跃龙街道跃龙路169号	315600		496
生活消费商品（含家居、文体、玩具、工艺品、珠宝等）内外批发及商贸业					
1	浙江省国际贸易集团有限公司	浙江省杭州市中山北路308号	310003	232	83
2	中国中纺集团公司	北京市建国门内大街19号中纺大厦	100005	259	88
3	广东省丝绸纺织集团有限公司	广东省广州市东风西路198号丝丽大厦	510180	300	100
4	江苏国泰国际集团有限公司	江苏省张家港市人民中路国泰大厦30-31楼	215600	311	104
5	广州轻工工贸集团有限公司	广东省广州市沿江西路147号	510120	406	132
6	安徽国贸集团控股有限公司	安徽省合肥市政务文化新区祁门路1779号	230071	441	147
7	江苏省苏豪控股集团有限公司	江苏省南京市软件大道48号A座519室	210012		162
8	新华锦集团	山东省青岛市崂山区松岭路127号11号楼	266071		180
9	四川省烟草公司成都市公司	四川省成都市青羊区槐树街1号	610031		194
10	广州纺织工贸企业集团有限公司	广东省广州市越秀区东风中路438号广德大厦	510040		199
11	太平鸟集团有限公司	浙江省宁波市环城西路南段826号	315011		228
12	湖北银丰实业集团有限责任公司	湖北省武汉市江岸区青岛路7号银丰大厦12楼	430014		246
13	浙江华瑞集团有限公司	浙江省杭州市萧山区建设一路66号华瑞中心一号楼28楼	311215		261

行业名次	公司名称	通讯地址	邮编	名次(1)	名次(3)
14	中国免税品（集团）有限责任公司	北京市东城区东直门外小街甲2号-1正东国际大厦A座	100027		323
15	浙江凯喜雅国际股份有限公司	浙江省杭州市体育场路105号	310004		353
16	厦门市嘉晟对外贸易有限公司	福建省厦门市思明区塔埔东路165号1803单元	361008		378
17	万事利集团有限公司	浙江省杭州市江干区秋涛北路72号三新银座大厦19楼	310020		386
18	上海丝绸集团股份有限公司	上海市吴兴路283号	200030		407
19	厦门华融集团有限公司	厦门市思明区故宫东路27号601单元	361004		473

粮油食品及农林、土畜、果蔬、水产品等内外批发商贸业

行业名次	公司名称	通讯地址	邮编	名次(1)	名次(3)
1	中粮集团有限公司	北京市朝阳区朝阳门南大街8号中粮福临门大厦	100020	84	32
2	新疆生产建设兵团棉麻公司	新疆乌鲁木齐市沙依巴克区西北路955号	830000	361	115
3	北京粮食集团有限责任公司	北京市朝阳区东三环中路16号京粮大厦	100022		158
4	安徽安粮控股股份有限公司	安徽省合肥市金寨路389-399号盛安广场	230061		195
5	新疆西部银力棉业（集团）有限责任公司	新疆石河子市北三路23小区79号	832000		227
6	万向三农集团有限公司	浙江省杭州市萧山经济技术开发区	311215		288
7	吉林粮食集团有限公司	吉林省长春市春城大街1515号	130062		297
8	浙江省农村发展集团有限公司	浙江省杭州市武林路437号农发大厦	310006		317
9	新疆生产建设兵团第一师棉麻有限责任公司	新疆阿克苏市民主路8-2号	843000		329
10	安徽省盐业总公司	安徽省合肥市胜利路1366号	230011		335
11	厦门夏商集团有限公司	福建省厦门市厦禾路939号17-18楼	361004		336
12	江苏省粮食集团有限责任公司	江苏省南京市中山路338号苏粮国际大厦2502	210008		350
13	新疆前海集团公司	新疆喀什市克孜都维路478号	844000		362
14	新疆银隆农业国际合作股份有限公司	新疆乌鲁木齐市南湖北路89号温州大厦	830017		417
15	宁波市绿顺集团股份有限公司	浙江省宁波市江东县（区）大戴街2号	315040		421
16	厦门市明穗粮油贸易有限公司	福建省厦门现代物流园区象屿路88号保税市场大厦3楼303室	361006		478

生产资料批发及内外商贸业

行业名次	公司名称	通讯地址	邮编	名次(1)	名次(3)
1	天津物产集团有限公司	天津市和平区营口道四号	300041	31	16
2	浙江省物产集团公司	浙江省杭州市环城西路56号	310006	63	27
3	广东物资集团公司	广东省广州市北较场横路12号物资大厦	510050	124	46
4	安徽省徽商集团有限公司	安徽省合肥市芜湖路258号	230061	201	75
5	江苏汇鸿国际集团有限公司	江苏省南京市白下路91号汇鸿大厦	210001	248	86
6	大棒集团有限公司	海南省海口市龙华区国贸大道45号银通国际33层	571000	425	142

行业名次	公司名称	通讯地址	邮编	名次(1)	名次(3)
7	安徽辉隆农资集团	安徽省合肥市祁门路1777号辉隆大厦	230022		185
8	黑龙江倍丰农业生产资料集团有限公司	黑龙江省哈尔滨市松北区新湾路88号	150028		202
9	重庆对外经贸（集团）有限公司	重庆市北部新区星光大道80号天王星D座	401121		205
10	张家港百维物贸有限公司	锦丰镇江苏扬子江国际冶金工业园锦绣路1号	215625		211
11	浙江建华集团有限公司	浙江省杭州市沈半路2号	310015		233
12	厦门路桥工程物资有限公司	福建省厦门市海沧区海虹路5号	361026		242
13	庆丰农业生产资料集团有限责任公司	黑龙江省大庆市龙凤区卧里屯大街55号	163714		298
14	山东机械进出口集团有限公司	山东省青岛市瞿塘峡路1号	266002		328
15	新疆农资（集团）有限责任公司	新疆乌鲁木齐市中山路2号	830002		331
16	吉峰农机连锁股份有限公司	四川省郫县现代工业港北片区港通北二路219号	611743		338
17	河北省农业生产资料有限公司	河北省石家庄市胜利北大街151号冀兴大厦A507	050041		366
18	中国天津国际经济技术合作集团公司	天津市和平区睦南道103号	300050		383
19	厦门恒兴集团有限公司	福建省厦门市思明区鹭江道100号财富中心大厦42层	361001		404
20	九禾股份有限公司	重庆市九龙坡区西郊路33号九龙明珠大厦5楼	400050		414
21	常州市化工轻工材料总公司	江苏省常州市桃园路19号	213003		418
22	福建省福农农资集团有限公司（福建省农资集团公司）	福建省福州市鼓楼区尚宾路32号	350001		437
23	广西富满地农资股份有限公司	广西南宁市桃源路43号农资大厦8楼办公室	530021		470

金属内外商贸及加工、配送、批发零售业

行业名次	公司名称	通讯地址	邮编	名次(1)	名次(3)
1	广东振戎能源有限公司	广东省广州市天河区珠江新城华夏路8号合景国际金融广场第35楼	510623	139	52
2	大汉控股集团有限公司	湖南省长沙市人民东路大汉建材城1栋	410000	396	129
3	丰立集团有限公司	江苏省张家港市沿江经济开发区大新渡泾港东侧	215634	420	138
4	张家港保税区旭江贸易有限公司	江苏省张家港市锦丰镇沙钢科技大楼	215625	429	144
5	上海均和集团有限公司	上海市曲阳路910号15楼	200434		167
6	华南物资集团有限公司	重庆市江北区红黄路1号1幢15-1	400020		179
7	青岛世纪瑞丰国际贸易有限公司	山东省青岛市南区中山路43-60号	266001		214
8	天津立业钢铁集团有限公司	天津市东丽区军粮城东金路	300301		234
9	天津市丽兴京津钢铁贸易有限公司	天津市东丽区军粮城工业园宝仓路丽兴物流园	300301		283
10	上海百营钢铁集团有限公司	上海市宝山区友谊路1518弄1号10-16F	201900		301
11	张家港保税区荣德贸易有限公司	江苏省张家港市锦丰镇沙钢集团科技大楼财务处	215625		309

行业名次	公司名称	通讯地址	邮编	名次(1)	名次(3)
12	江阴长三角钢铁集团有限公司	江苏省江阴市澄山路2号贯庄钢材市场交易中心	214400		318
13	上海顺朝企业发展集团有限公司	上海市虹口区广灵四路24号甲开隆大厦12楼	200083		320
14	上海闽路润贸易有限公司	上海市杨浦区国宾路36号万达广场B座11楼	200433		371
15	天津渤海润德钢铁集团有限公司	天津市河西区围堤道53增1号丽晶国际大厦23层	300201		400
16	上海尚友实业集团有限公司	上海市杨浦区国权路39号金座6楼	200433		401
17	山西宝力金属材料集团有限公司	山西省太原市和平北路三给村东大道北侧	030023		409
18	张家港福洛瑞物贸有限公司	江苏省张家港市锦丰镇扬子江冶金工业园735室	215625		428
19	上海强劲产业发展投资股份有限公司	上海市徐汇区老沪闵路1070号1号楼3F	200237		440
20	重庆河东控股（集团）有限公司	重庆市南岸区丹龙路18号东原亲亲里7栋6楼	400060		468
21	武汉有色金属投资有限公司	湖北省武汉市硚口区古田二路汇丰企业总部4栋A单元5层	430034		476
22	上海埃圣玛金属科技集团有限公司	上海市宝山区盘古路388号祥腾国际5号楼5层	201900		495
23	江苏金一文化发展有限公司	江苏省江阴市临港新城中央商务区四季路1号	214443		499

综合性内外商贸及批发业、零售业

行业名次	公司名称	通讯地址	邮编	名次(1)	名次(3)
1	厦门国贸控股有限公司	福建省厦门市湖滨南路388号国贸大厦38楼	361004	161	59
2	浙江省兴合集团公司	浙江省杭州市延安路312号	310006	180	65
3	远大物产集团有限公司	浙江省宁波市江东区惊驾路555号泰富广场A座12-15层	315040	265	90
4	中基宁波集团股份有限公司	浙江省宁波市鄞州区天童南路666号	315199	421	139
5	广州金创利经贸有限公司	广东省广州市体育西路103号维多利广场B塔		440	146
6	东方国际（集团）有限公司	上海市娄山关路85号A座23楼	200336		166
7	广西物资集团有限责任公司	广西省南宁市东葛路78号	530022		190
8	欧美投资有限公司	山东省青岛市东海西路35号4栋12层	266071		191
9	宁波君安物产有限公司	浙江省宁波市江东区彩虹北路40号	315040		243
10	北方国际集团有限公司	天津市和平区大理道68号	300050		245
11	睿恒科技装备集团有限公司	北京朝阳区光华路4号东方梅地亚中心c座22层	100026		284
12	浙江万丰企业集团公司	浙江省杭州市萧山区城厢街道人民路51号	311203		369
13	宁波海田控股集团有限公司	浙江省宁波市江北区文教路72弄16号	315016		373
14	嘉兴良友进出口集团股份有限公司	浙江省嘉兴市东升东路2500号良友大厦	314033		396
15	上海外经集团控股有限公司	上海市小木桥路681号上海外经大厦	200032		438
16	宁波萌恒工贸有限公司	浙江省宁波市鄞州县（区）宁南北路18号	315100		482

第十三章 中国500强企业按照行业分类名单

行业名次	公司名称	通讯地址	邮编	名次(1)	名次(3)
汽车及摩托车商贸、维修保养及租赁业					
1	庞大汽贸集团股份有限公司	河北省唐山市滦县火车站广场东侧庞大汽贸集团	063700	192	73
2	中升集团控股有限公司	辽宁省大连市沙河口区河曲街20号	116021	227	82
3	上海永达控股（集团）有限公司	上海市瑞金南路299号	200023	350	114
4	北京祥龙博瑞汽车服务（集团）有限公司	北京市朝阳区东直门外左家庄路2号	100028		200
5	山东远通汽车贸易集团有限公司	山东省临沂市通达路319号	276002		207
6	河北省国和汽车投资有限公司	河北省石家庄市北二环东路68号国际汽车园区东门	050031		213
7	浙江康桥汽车工贸集团股份有限公司	浙江省杭州市拱墅区拱康路100号康华大厦17楼	310015		219
8	润华集团股份有限公司	济南市经十西路3999号润华汽车文化产业园	250117		225
9	上海申华控股股份有限公司	上海市宁波路1号申华金融大厦24F	200002		253
10	成都建国汽车贸易有限公司	四川省成都市火车南站西路799号	610041		267
11	天津国际民众控股有限公司	天津市河西区友谊北路合众大厦D座19层	300204		276
12	宁波轿辰集团股份有限公司	浙江省宁波市高新区星海南路16号轿辰大厦	315040		280
13	重庆中汽西南汽车（集团）有限公司	重庆市北部新区金渝大道99号	401147		281
14	利泰集团有限公司	广东省佛山市季华五路10号金融广场23楼	528000		282
15	山西大昌汽车集团有限公司	山西省太原市平阳南路88号	030032		302
16	安徽亚夏实业股份有限公司	安徽省宁国市宁阳西路75号	242300		330
17	波鸿集团有限公司	四川省成都市高新区天韵路150号1栋2层201号	610041		339
18	蓝池集团有限公司	河北省邢台市桥西区邢州大道2332号	054000		357
19	湖南兰天集团有限公司	湖南省长沙市岳麓区方栖路270号	410003		364
20	重庆百事达汽车有限公司	重庆市渝北区松牌路521号百事达汽车	401147		379
21	华星北方汽车贸易有限公司	天津市河西区太湖路6号	300210		462
电器商贸批发业、零售业					
1	苏宁控股集团	江苏省南京市玄武区徐庄软件园苏宁大道1号	210042	38	20
2	国美电器有限公司	北京市朝阳区霄云路26号鹏润大厦	100016	107	41
3	深圳市爱施德股份有限公司	广东省深圳市南山区茶光路南湾工业区7栋3楼	518055	294	98
4	天音通信有限公司	广东省深圳市深南中路1002号新闻大厦26层	518027	395	128
5	武汉工贸有限公司	湖北省武汉市江汉区唐家墩路133号	430023		348
6	话机世界数码连锁集团股份有限公司	浙江省杭州市密渡桥路1号白马大厦28楼	310005		480
7	厦门盛元集团	福建省厦门市湖滨南路819号宝福大厦26层	361004		481
医药专营批发业、零售业					
1	中国医药集团总公司	北京市海淀区知春路20号中国医药大厦	100191	68	29

行业名次	公司名称	通讯地址	邮编	名次(1)	名次(3)
2	九州通医药集团股份有限公司	湖北省武汉市汉阳区龙阳大道特8号	430051	347	113
3	重庆医药（集团）股份有限公司	重庆市渝中区大同路1号	400011		175
4	浙江英特药业有限责任公司	浙江省杭州市滨江区江南大道96号中化大厦1107	310051		209
5	鹭燕（福建）药业股份有限公司	福建省厦门市湖里区华泰路3号	361006		356
6	宁波医药股份有限公司	浙江省宁波市车轿街26号	315000		426
7	全洲药业集团有限公司	湖南省长沙市雨花区时代阳光大道216号	410111		442
8	浙江省医药工业有限公司	浙江省杭州市莫干山路文北巷27号	310012		460
商业零售业、连锁超市					
1	百联集团有限公司	上海市黄浦区中山南路315号百联大厦13楼	200010	93	36
2	大商集团有限公司	辽宁省大连市中山区青三街1号	116001	100	38
3	山东省商业集团有限公司	山东省济南市山师东路4号	250014	174	64
4	重庆商社（集团）有限公司	重庆市渝中区青年路18号	400010	236	84
5	浙江省商业集团有限公司	浙江省杭州市惠民路56号	310002	262	89
6	天津一商集团有限公司	天津市和平区唐山道54号	300040	290	96
7	合肥百货大楼集团股份有限公司	安徽省合肥市长江西路689号金座A2408	230088	329	108
8	永辉超市股份有限公司	福建省福州市西二环中路436号	350002	379	121
9	石家庄北国人百集团有限责任公司	河北省石家庄市中山东路188号	050000	386	124
10	长春欧亚集团股份有限公司	吉林省长春市高新技术产业开发区飞跃路2686号	130011	408	133
11	利群集团股份有限公司	山东省青岛市崂山区崂山路67号	266102	500	157
12	北京王府井百货（集团）股份有限公司	北京市王府井大街253号	100006		168
13	银泰商业（集团）有限公司	浙江省杭州市下城区延安路528号标力大厦B座8F综合部	310006		170
14	淄博商厦股份有限公司	山东省淄博市张店区中心路125号	255000		188
15	杭州联华华商集团有限公司	浙江省杭州市庆春路86号	310003		196
16	浙江宝利德控股集团有限公司	浙江省杭州市西湖区求是路8号公元大厦南楼1001	310013		203
17	月星集团有限公司	上海市普陀区澳门路168号	200060		216
18	广州百货企业集团有限公司	广东省广州市越秀区西湖路12号23楼	510030		217
19	北京菜市口百货股份有限公司	北京市西城区广安门内大街306号	100053		218
20	新疆友好（集团）股份有限公司	新疆乌鲁木齐市友好南路668号	830000		241
21	唐山百货大楼集团有限责任公司	河北省唐山市路北区新华东道125号	063000		248
22	无锡商业大厦大东方股份有限公司	江苏省无锡市中山路343号	214001		260
23	上海新世界（集团）有限公司	上海市黄浦区九江路619号22楼	200001		269
24	河北怀特集团股份有限公司	河北省石家庄市裕华区槐岭路26号	050021		285
25	天津金元宝商厦集团有限公司	天津市滨海新区塘沽解放路668号	300450		290

行业名次	公司名称	通讯地址	邮编	名次(1)	名次(3)
26	河北省新合作控股集团有限公司	河北省石家庄市建设南大街21号付1号	050011		306
27	湖南友谊阿波罗控股股份有限公司	湖南省长沙市芙蓉区车站中路345号	410001		316
28	银川新华百货商业集团股份有限公司	宁夏银川市兴庆区解放西街2号老大楼写字楼7楼	750001		324
29	江苏恒大置业投资发展有限公司	江苏省苏州市苏惠路98号国检大厦502室	215021		327
30	邯郸市阳光百货集团总公司	河北省邯郸市中华北大街29号	056002		337
31	山西美特好连锁超市股份有限公司	山西省太原市迎泽区南内环街179号	030012		354
32	青岛维客集团股份有限公司	山东省青岛市李沧区京口路86号	266100		377
33	天津劝业华联集团有限公司	天津市和平区昆明路111号	300050		380
34	重庆华轻商业有限公司	重庆市渝中区邹容路107号	400010		389
35	青岛利客来集团股份有限公司	山东省青岛市李沧区京口路58号	266100		394
36	大连金玛商城企业集团有限公司	大连开发区金马路228号	116600		395
37	长沙通程控股股份有限公司	湖南省长沙市劳动西路589号	410007		410
38	广州友谊集团股份有限公司	广东省广州市越秀区环市东路369号	510095		424
39	雄风集团有限公司	浙江省诸暨市陶朱街道诸三路100号	311800		431
40	湖州市浙北大厦有限责任公司	浙江省湖州市红旗路南街口	313000		450
41	天津二商集团有限公司	天津市和平区山东路112号	300041		451
42	中兴-沈阳商业大厦（集团）股份有限公司	辽宁省沈阳市和平区太原北街86号	110001		454
43	浙江华联商厦有限公司	浙江省宁波市余姚市阳明西路1号	315400		459
44	河北保百集团有限公司	河北省保定市朝阳北大街916号	071051		461
45	快乐购物股份有限公司	湖南省长沙市开福区金鹰影视文化城	410003		467
46	浙江供销超市有限公司	浙江省绍兴市延安东路173号	312000		471
47	加贝物流股份有限公司	浙江省宁波市北仑区大矸庐山中路1号	315806		472
48	重庆市新大兴实业（集团）有限公司	重庆市涪陵区鹅颈管1组新大兴大厦3楼	408000		477
49	南宁百货大楼股份有限公司	广西南宁市朝阳路39号	530012		483
50	山西华宇集团有限公司	山西省太原市开化寺街87号	030002		486
51	心连心集团有限公司	湖南省湘潭市韶山中路10号	411100		491
家具、家居专营批发业、零售业					
1	北京物美商业集团股份有限公司	北京市海淀区西四环北路158-1号 物美商业大厦	100142		176
2	人人乐连锁商业集团股份有限公司	广东省深圳市南山区前海路心语家园首层			204
银行业					
1	中国工商银行股份有限公司	北京市西城区复兴门内大街55号	100140	4	2
2	中国建设银行股份有限公司	北京市西城区金融大街25号	100033	5	3
3	中国农业银行股份有限公司	北京市东城区建国门内大街69号	100005	6	4
4	中国银行股份有限公司	北京市复兴门内大街1号	100818	9	6

行业名次	公司名称	通讯地址	邮编	名次(1)	名次(3)
5	国家开发银行	北京市西城区复兴门内大街18号	100031	19	10
6	交通银行股份有限公司	上海市银城中路188号	200120	36	19
7	中国民生银行股份有限公司	北京市中关村南大街1号友谊宾馆嘉宾楼	100873	61	25
8	兴业银行股份有限公司	福建省福州市湖东路154号中山大厦A座	350003	62	26
9	招商银行股份有限公司	广东省深圳市深南大道7088号招商银行大厦45楼	518040	66	28
10	上海浦东发展银行股份有限公司	上海市中山东一路12号	200002	76	30
11	中国农业发展银行	北京市西城区月坛北路甲2号	100045	101	39
12	中国光大银行股份有限公司	北京市西城区太平桥大街25号、甲25号中国光大中心	100033	106	40
13	华夏银行股份有限公司	北京市东城区建国门内大街22号华夏银行大厦	100005	158	58
14	广发银行股份有限公司	广东省广州市越秀区东风东路713号	510080	172	63
15	北京银行	北京市西城区金融大街丙17号北京银行大厦	100033	196	74
16	渤海银行股份有限公司	天津市河西区马场道201-205号	300204	391	127
17	天津银行股份有限公司	天津市河西区友谊路15号	300201		159
18	广州农村商业银行股份有限公司	广东省广州市天河区珠江新城华夏路1号	510623		160
19	盛京银行股份有限公司	辽宁省沈阳市沈河区北站路109号	110013		161
20	徽商银行股份有限公司	安徽省合肥市安庆路79号天徽大厦A座	230001		169
21	重庆农村商业银行股份有限公司	重庆市江北区洋河东路10号	400020		181
22	吉林银行	吉林省长春市东南湖大路1817号	130033		201
23	广州银行股份有限公司	广东省广州市天河区珠江东路30号广州银行大厦	510620		208
24	成都银行股份有限公司	四川省成都市西御街16号	610015		210
25	汉口银行股份有限公司	湖北省武汉市建设大道933号	430015		251
26	长沙银行股份有限公司	湖南省长沙市芙蓉中路1段433号	410005		257
27	哈尔滨银行股份有限公司	黑龙江省哈尔滨市道里区尚志大街160号	150010		272
28	青岛农村商业银行股份有限公司	山东省青岛市香港东路109号	266061		279
29	华融湘江银行股份有限公司	湖南省长沙市天心区芙蓉南路一段828号鑫远杰座大厦	410004		287
30	广西北部湾银行股份有限公司	广西南宁市青秀路10号	530028		307
31	武汉农村商业银行股份有限公司	湖北省武汉市江岸区建设大道618号	430015		315
32	青岛银行股份有限公司	山东省青岛市香港中路68号青岛银行12楼办公室	266071		325
33	重庆银行股份有限公司	重庆市渝中区邹容路153号	040010		343
34	龙江银行股份有限公司	黑龙江省哈尔滨市滨市道里区友谊路436号	150018		349

行业名次	公司名称	通讯地址	邮编	名次(1)	名次(3)
35	洛阳银行股份有限公司	河南省洛阳市洛阳新区开元大道与通济街交叉口	471023		385
36	桂林银行股份有限公司	广西桂林市中山南路76号	541002		391
37	宁夏银行股份有限公司	宁夏回族自治区银川市金凤区北京中路157号	750002		393
38	天津滨海农村商业银行股份有限公司	天津市空港经济区西三道158号金融中心一号楼	300308		403
39	江苏江阴农村商业银行股份有限公司	江苏省江阴市澄江中路1号	214431		413
40	张家口市商业银行股份有限公司	河北省张家口市桥东区胜利北路51号	075000		444
41	江苏吴江农村商业银行股份有限公司	江苏省吴江市中山南路1777号	215200		456
42	赣州银行股份有限公司	江西省赣州市八一四大道31号	341000		463
43	青海银行股份有限公司	青海省西宁市黄河路36号	810000		500
人寿保险业					
1	中国人寿保险（集团）公司	北京市西城区金融大街17号中国人寿中心	100033	14	7
2	新华人寿保险股份有限公司	北京市朝阳区建国门外大街甲12号新华保险大厦	100022	111	43
3	泰康人寿保险股份有限公司	北京市西城区复兴门内大街156号泰康人寿大厦	100031	156	57
4	太平人寿保险有限公司	上海市浦东新区银城中路488号29-33层	200135	208	77
5	阳光保险集团股份有限公司	北京市朝阳区朝外大街乙12号1号楼昆泰国际大厦25层2512	100020	324	106
6	生命人寿保险股份有限公司	广东省深圳市福田区益田路6003号荣超商务中心A座32楼	518000	384	123
财产保险业					
1	中国人民保险集团股份有限公司	北京市海淀区清华西路28号	100084	33	17
2	天安财产保险股份有限公司	上海市浦东大道1号船舶大厦11楼	200120		255
综合保险业					
1	中国平安保险（集团）股份有限公司	广东省深圳市福田区福华路星河发展中心15楼	518048	20	11
2	中国太平洋保险（集团）股份有限公司	上海市浦东新区银城中路190号交银金融大厦南楼	200120	77	31
证券业					
1	海通证券股份有限公司	上海市广东路689号	200001		230
2	广发证券股份有限公司	广东省广州市天河区天河北路183-187号大都会广场43楼	510075		277
3	中国银河证券股份有限公司	北京市西城区金融大街35号国际企业大厦C座15层总裁办公室	100033		293

行业名次	公司名称	通讯地址	邮编	名次(1)	名次(3)
4	方正证券股份有限公司	湖南省长沙市芙蓉中路二段华侨国际大厦22-24层	410015		455

其他金融服务业

1	厦门华澄集团有限公司	福建省厦门市思明区厦禾路589号银聚祥邸六层	361004		402

投资经营管理、商务服务业

1	华润股份有限公司	香港湾仔港湾道26号华润大厦49楼（广东省深圳市深南东路5001号华润大厦28楼）	518001	22	12
2	中国中信集团有限公司	北京市朝阳区新源南路6号京城大厦	100004	25	14
3	国家开发投资公司	北京市西城区阜成门北大街6号-6	100034	137	51
4	深圳市神州通投资集团有限公司	广东省深圳市南山区西丽茶光路南湾工业区第6、7栋	518000	285	95
5	广东省广晟资产经营有限公司	广东省广州市珠江新城珠江西路17号广晟国际大厦50楼	510623	296	99
6	重庆市能源投资集团有限公司	重庆市渝北区洪湖西路12号	401121	338	109
7	浙江前程投资股份有限公司	浙江省宁波市江东区39号前程大厦C座	315040	340	111
8	云南省能源投资集团有限公司	云南省昆明市人民中路20号美亚大厦18-24楼	650021	448	148
9	广东粤合资产经营有限公司	广东省广州市天河区天河路242号丰兴广场B座8楼804-810室	510620		182
10	广东粤海控股有限公司	广东省广州市天河区天河路208号粤海天河城大厦45楼	510620		187
11	湖北能源集团股份有限公司	湖北省武汉市武昌区徐东大街96号	430062		221
12	河南交通投资集团有限公司	河南省郑州市郑东新区农业东路100号	450016		239
13	厦门海沧投资集团有限公司	福建省厦门市海沧区钟林路8号海投大厦	361026		273
14	武汉经济发展投资（集团）有限公司	武汉市江汉区长江日报路77号投资大厦	430015		312
15	上海闵熙投资控股集团有限公司	上海市松江区泗泾镇泗砖路103弄45号701	201601		342
16	四川省开元集团有限公司	四川省成都市一环路南三段47号开元大厦	610041		347
17	广州中大控股有限公司	广州市海珠区新港西路135号中大科技综合楼B座自编1614房	510275		367
18	广西西江开发投资集团有限公司	广西南宁市民族大道100号西江大厦	530022		406
19	无锡市交通产业集团有限公司	江苏省无锡市运河东路100号	214031		430
20	广州凯得控股有限公司	广东省广州市科学城科学大道239号8楼	510663		443
21	广西金融投资集团有限公司	广西南宁市金浦路22号名都大厦12楼	530022		475
22	上海三湘（集团）有限公司	上海市杨浦区逸仙路333号5楼	200434		492

房地产开发与经营、物业及房屋装饰、修缮、管理等服务业

1	绿地控股集团有限公司	上海市打浦路700号绿地总部大厦4楼	200023	42	21

行业名次	公司名称	通讯地址	邮编	名次(1)	名次(3)
2	大连万达集团股份有限公司	北京市朝阳区建国路93号万达广场B座	100022	87	33
3	恒大地产集团有限公司	广东省广州市天河区黄埔大道78号天伦大厦恒大中心	510620	145	55
4	绿城房地产集团有限公司	浙江省杭州市杭大路1号黄龙世纪广场A10楼	310007	190	72
5	隆基泰和实业有限公司	河北省高碑店市东方路66号	074099	240	85
6	华侨城集团公司	广东省深圳市南山区华侨城办公楼	518053	250	87
7	银亿集团有限公司	浙江省宁波市江北区人民路132号	315020	280	93
8	重庆龙湖企业拓展有限公司	重庆市江北区北城天街4号北岸星座7楼	400020	303	103
9	云南中豪置业有限责任公司	云南省昆明市官渡区彩云北路515号新螺蛳湾国际商贸城一期专业街18栋	650200	325	107
10	世纪金源投资集团有限公司	北京市海淀区蓝晴路1号	100097	371	120
11	重庆市金科投资控股（集团）有限责任公司	重庆市北部新区春兰三路1号地矿大厦10楼	401121	383	122
12	天津住宅建设发展集团有限公司	天津市和平区马场道66号	300050	398	130
13	福佳集团有限公司	辽宁省大连市沙河口区兴工街4号A栋24楼	116021	409	134
14	弘阳集团有限公司	江苏省南京市大桥北路9号弘阳大厦	210031	422	140
15	江苏华厦融创置地集团有限公司	江苏省徐州市中山北路269号	221007	428	143
16	百兴集团有限公司	江苏省常州市新北区黄河东路88号	213022	437	145
17	卓尔控股有限公司	湖北省武汉市盘龙城经济开发区楚天大道特1号卓尔大厦	430312	488	152
18	广州越秀集团有限公司	广东省广州市珠江新城珠江西路5号国金中心64-65楼	510623		164
19	苏州金螳螂企业集团有限公司	江苏省苏州市西环路888号	215004		171
20	大华（集团）有限公司	上海市宝山区华灵路698号	200442		178
21	天津市房地产开发经营集团有限公司	天津市河西区宾水道增9号环渤海发展中心A座16-19层	300061		222
22	西安高科（集团）公司	陕西省西安市高新区科技路33号高新国际商务中心34层	710075		231
23	广州珠江实业集团有限公司	广东省广州市环市东路371-375号世界贸易中心大厦南塔28、29楼	510095		235
24	天津现代集团有限公司	天津市和平区西康路与成都道交口赛顿中心C座28层	300051		238
25	亿达集团有限公司	辽宁省大连市沙河口区东北路99号亿达广场4号楼10楼	116021		250
26	锦联控股集团有限公司	辽宁省大连市中山区祝贺街35号锦联大厦	116001		254
27	广东珠江投资股份有限公司	广东省广州市珠江东路421号珠江投资大厦6楼	510623		258

行业名次	公司名称	通讯地址	邮编	名次(1)	名次(3)
28	深圳广田装饰集团股份有限公司	广东省深圳市罗湖区沿河北路1003号东方都会1-2楼	518000		264
29	滨海投资集团股份有限公司	天津市滨海新区塘沽烟台道15号	300450		266
30	上海华拓控股集团有限公司	上海市闵行区都市路4855号2号楼17楼	201199		271
31	融信（福建）投资集团有限公司	福建省福州市广达路108号世贸国际中心17层	350000		274
32	厦门禹洲集团股份有限公司	厦门市湖滨西路39号华侨海景城6楼	361003		294
33	四川富临实业集团有限公司	四川省绵阳市高新区普明北路东段588号	621000		295
34	天津贻成集团有限公司	天津市塘沽区河北路4862-1号	300451		304
35	荣安集团股份有限公司	浙江省宁波市海曙县区灵桥路513号天封大厦5楼	315000		311
36	重庆市锦天投资控股有限公司	重庆市大渡口区文体路126号	400084		314
37	重庆华宇物业（集团）有限公司	重庆市沙坪坝区华宇广场1号世纪银河30楼	400030		319
38	联发集团有限公司	福建省厦门市湖里大道31号联发大厦	361006		326
39	厦门经济特区房地产开发集团有限公司	福建省厦门市思明区文塔路211号4-6层	361004		332
40	北京北辰实业集团有限责任公司	北京市朝阳区北辰东路8号北辰实业总经办	100101		345
41	天津海泰控股集团有限公司	天津华苑产业区梅苑路6号海泰大厦11-12层	300384		361
42	宁波伟立投资集团有限公司	浙江省宁波市江东县百丈东路758弄7号现代大酒店三楼行政区	315040		374
43	厦门新景地集团有限公司	福建省厦门市湖里区嘉禾路396号10层	361009		387
44	祥生实业集团有限公司	浙江省诸暨市苎萝东路195号祥生新世纪广场商务楼15层	311800		388
45	宁波宁兴房地产开发集团有限公司	浙江省宁波市海曙区和义路77号26楼	315010		415
46	东冠集团有限公司	浙江省杭州市滨江区江南大道588号恒鑫大厦	310052		452
47	武汉地产开发投资集团有限公司	湖北省武汉市江汉区新华路25号伟业大厦14层	430022		464
48	厦门源昌集团有限公司	厦门市思明区湖滨南路253号源昌集团大厦38层	361000		466
49	厦门住宅建设集团有限公司	厦门市福建省莲富大厦写字楼8楼/20楼	361000		479
50	安徽文峰置业有限公司	安徽省合肥市包河区马鞍山路绿地赢海大厦C座9楼	230000		484
51	宁波联合集团股份有限公司	浙江省宁波市经济技术开发区东海路1号联合大厦	315803		488
52	浙江省经协集团有限公司	浙江省杭州市下城区白石路258号浙江经协发展大厦	310004		489
53	重庆市黔龙实业（集团）有限责任公司	重庆市正阳工业园区金龙路	409000		497

行业名次	公司名称	通讯地址	邮编	名次(1)	名次(3)
旅游、宾馆及娱乐服务业					
1	中国港中旅集团公司	北京市宣武区广安门内大街338号9层（香港干诺道中78-83号中旅集团大厦）	100053	212	79
2	北京首都旅游集团有限责任公司	北京市朝阳区雅宝路10号凯威大厦	100020	302	102
3	上海春秋国际旅行社（集团）有限公司	上海市长宁区空港一路528号航友宾馆二号楼	200335		224
4	中青旅控股股份有限公司	北京市东城区东直门南大街5号	100007		249
5	开元旅业集团有限公司	浙江省杭州市萧山区市心中路818号	311202		340
6	广州广之旅国际旅行社股份有限公司	广东省广州市白云区机场西乐嘉路1号	510403		433
7	安徽省旅游集团有限责任公司	安徽省合肥市梅山路18号IFC安徽国际金融中心38-39F	230022		457
8	华天实业控股集团有限公司	湖南省长沙市芙蓉中路593号22楼华天集团	410008		487
公用事业、市政、水务、航道、港口等公共设施的投资、经营与管理业					
1	北京控股集团有限公司	北京市朝阳区东三环北路38号院北京国际中心4号楼	100026	222	81
2	辽宁日林实业集团有限公司	辽宁省丹东振兴区三纬路1号A区A座	118000	415	137
3	北京首都创业集团有限公司	北京市东城区朝阳门北大街6号首创大厦15层	100027	499	156
4	宁波华东物资城市场建设开发有限公司	浙江省宁波市江东县（区）环城南路东段777号2号楼2楼	315040		206
5	南昌市政公用投资控股有限责任公司	江西省南昌市湖滨东路1399号	330039		220
6	天津城市基础设施建设投资集团有限公司	天津市和平区大沽北路161号城投大厦	300040		232
7	天津市政建设集团有限公司	天津市和平区衡阳路4号	300050		263
8	武汉市城市建设投资开发集团有限公司	湖北省武汉市洪山区团结大道1020号	430061		265
9	广西北部湾投资集团有限公司	广西南宁市中泰路11号北部湾大楼北楼	530029		291
10	广州市水务投资集团有限公司	广东省广州市天河区临江大道501号	510655		341
11	广东省广告股份有限公司	广东省广州市东风东路745号之二金广大厦	510080		351
12	南京大地建设集团有限责任公司	江苏省南京市华侨路56号大地建设大厦27楼	210029		359
13	天津市自来水集团有限公司	天津市和平区建设路54号	300040		363
14	北京东方园林股份有限公司	北京市朝阳区北苑家园绣菊园7号楼东方园林大厦	100012		382
15	上海临港经济发展（集团）有限公司	上海市浦东新区新元南路555号	201306		384
人力资源、会展博览、国内外经济合作等社会综合服务业					
1	中国国际技术智力合作公司	北京市朝阳区光华路7号汉威大厦西区25层	100004	291	97
2	北京外企服务集团有限责任公司	北京市朝阳区西大望路15号外企大厦B座19层	100022	367	119
3	中国江苏国际经济技术合作集团有限公司	江苏省南京市北京西路5号	210008		198
4	中国对外贸易中心（集团）	广东省广州市海珠区阅江中路382号	510335		411

行业名次	公司名称	通讯地址	邮编	名次(1)	名次(3)
5	中国大连国际经济技术合作集团有限公司	辽宁省大连市西岗区黄河路219号外经贸大厦	116011		434
6	广州红海人力资源集团股份有限公司	广东省广州市越秀区万福路143号三楼	510110		490

科技研发、推广及地勘、规划、设计、评估、咨询、认证等承包服务业

行业名次	公司名称	通讯地址	邮编	名次(1)	名次(3)
1	中国煤炭科工集团有限公司	北京市朝阳区和平里十三区煤炭大厦	100013	320	105
2	中国海诚工程科技股份有限公司	上海市宝庆路21号	200031		344
3	银江科技集团有限公司	浙江省杭州市西湖科技园西园八路2号银江软件园G座	310030		370
4	中国河南国际合作集团有限公司	河南省郑州市东明路北11号	450004		405
5	赛鼎工程有限公司	山西省太原市高新区晋阳街赛鼎路1号	030032		419
6	长江勘测规划设计研究院	湖北省武汉市汉口江岸区解放大道1863号	430010		448

文化产业（书刊的出版、印刷、发行与销售及影视、广播、音像、文体、演艺等）

行业名次	公司名称	通讯地址	邮编	名次(1)	名次(3)
1	安徽新华发行（集团）控股有限公司	安徽省合肥市包河区北京路8号	230051		189
2	安徽出版集团有限责任公司	安徽省合肥市政务文化新区翡翠路1118号	230071		197
3	西安曲江文化产业投资（集团）有限公司	陕西省雁塔南路292号曲江文化大厦	710061		237
4	湖南省新华书店有限责任公司	湖南省长沙市五一大道826号新华大厦	410005		286
5	中原出版传媒投资控股集团有限公司	河南省郑州市金水东路39号	450016		303
6	浙江出版联合集团有限公司	浙江省杭州市天目山路40号	310013		305
7	四川新华发行集团有限公司	四川省成都市人民南路一段86号城市之心12F	610016		355
8	云南出版集团有限责任公司	云南省昆明市环城西路609号	650034		392
9	上海东方明珠（集团）股份有限公司	上海世纪大道1号3号门	200120		447
10	广东南方报业传媒集团有限公司	广东省广州市广州大道中289号南方报业传媒集团经营管理办公室	510601		485
11	安徽广电传媒产业集团	安徽省合肥市高新区合欢路20号	230088		498

信息、传媒、电子商务、网购、网络娱乐等互联网服务业

行业名次	公司名称	通讯地址	邮编	名次(1)	名次(3)
1	京东商城电子商务有限公司	北京市朝阳区北辰西路8号北辰世纪中心A座10层	100101	182	67
2	腾讯控股有限公司	广东省深圳市南山区高新科技园科技中一路腾讯大厦	518057	204	76
3	百度股份有限公司	北京海淀区上地十街10号百度大厦		362	116
4	唯品会（中国）有限公司	广东省广州市荔湾区芳村花海街20号	510370		289
5	广东省广播电视网络股份有限公司	广东省广州市珠江西路17号广晟国际大厦37楼	510623		445

综合服务业（以服务业为主，含有制造业）

行业名次	公司名称	通讯地址	邮编	名次(1)	名次(3)
1	中国机械工业集团有限公司	北京市海淀区丹棱街3号A座	100080	46	22
2	中国保利集团公司	北京市东城区朝阳门北大街1号保利大厦28层	100010	108	42

行业名次	公司名称	通讯地址	邮编	名次(1)	名次(3)
3	新疆广汇实业投资（集团）有限责任公司	乌鲁木齐市新华北路 165 号广汇中天广场 32 层	830002	125	47
4	上海东浩兰生国际服务贸易（集团）有限公司	上海市延安中路 837 号 3 楼投资发展部	200040	143	54
5	大印集团有限公司	海南省海口市滨海大道 123 号鸿联商务广场 5 楼	570105	164	60
6	广东省广业资产经营有限公司	广东省广州市东风中路 350 瑞星大厦 22 楼	510030	388	125
7	上海均瑶（集团）有限公司	上海市徐汇区肇嘉浜路 789 号均瑶国际广场 37 楼	200032		186
8	广州岭南国际企业集团有限公司	广东省广州市流花路 122 号中国大酒店商业大厦 4-6 层	510015		212
9	湖南九龙经贸集团有限公司	湖南省娄底市长青中街 21 号	417100		226
10	苏州国信集团有限公司	江苏省太仓市上海东路 105 号	215400		308
11	宁波滕头集团有限公司	浙江省奉化市萧王庙街道滕头村	315503		310
12	华茂集团股份有限公司	浙江省宁波市西门望春工业区龙嘘路 125 号	315175		429
13	上海恒升企业（集团）有限公司	上海吴淞路 205 号 M 楼 105 室	200080		446

后 记

一、《中国500强企业发展报告》是由中国企业联合会、中国企业家协会组织编写的全面记载和反映中国500强企业改革和发展的综合性大型年度报告。

二、为深入贯彻落实党的十八届三中全会精神，促进企业做强做大做久，提高国际竞争力，发展我国大型跨国公司，中国企业联合会、中国企业家协会连续第十三年参照国际惯例推出中国企业500强及其与世界企业500强的对比分析报告，连续第十年推出了中国制造业企业500强、中国服务业企业500强及其分析报告，并连续推出了中国企业效益200佳和中国100大跨国公司及其分析报告。国务院领导多次作出批示，希望中国企业联合会继续把这方面的工作做好。2014中国企业500强、2014中国制造业企业500强、2014中国服务业企业500强、2014中国100大跨国公司的产生得到了各有关企联（企协）、企业家协会及大企业的大力支持，在此深表感谢。

三、本报告为中国企业联合会、中国企业家协会的研究成果。各章的作者为，第一章：冯立果；第二章：赵婷、杨杜、刘斌；第三章：高蕊、宋华；第四章：杨立强、李建明、卢进勇；第五章：郝玉峰；第六章：刘兴国、赵婷；第七章：杨睿洁；第八章至第十二章：张德华；第十三章：王玉婵。第二章、第三章、第四章的写作分别得到了北京知本创业管理咨询公司、中国人民大学商学院、对外经贸大学国际经济贸易学院有关专家、学者的支持。全书由郝玉峰统稿。参加编辑工作的有：郝玉峰、缪荣、张德华、赵婷、冯立果、高蕊、刘兴国、吴晓。

四、凡引用本报告研究数据、研究成果者，应注明引自"中国企业联合会《2014中国500强企业发展报告》"或"中国企业联合会2014中国企业500强"、"中国企业联合会2014中国制造业企业500强"或"中国企业联合会2014中国服务业企业500强"，未经授权不得转载2014中国企业500强、2014中国制造业企业500强、2014中国服务业企业500强的名单。

五、2015年我会将继续对中国企业500强、中国制造业企业500强、中国服务业企业500强进行分析研究，出版《2015中国500强企业发展报告》，希望申报2015中国企业500强、2015中国制造业企业500强、2015中国服务业企业500强的企业请与中国企业联合会、中国企业家协会研究部联系，电话：010-88512628、68701280、68431613、88413605、68465525；传真：68411739。

六、本报告得到了德勤、金蝶国际软件集团、联瑞集团、中国可持续发展工商理事会、大成律师事务所、和君创业管理咨询有限公司、华南物资集团有限公司、中国企业管理科学基金会的大力支持，在此特别致谢！

由于时间仓促，本报告难免出现疏漏和不尽人意之处，恳请经济界、企业界及其他各界人士提出宝贵意见和建议。

在本书即将出版之际，我们还要向负责本书出版的企业管理出版社表示感谢。

编　者

二〇一四年八月

2014年中国企业500强
2014年中国制造业企业500强
2014年中国服务业企业500强

部分企业介绍

山西焦煤集团有限责任公司
SHANXI COKING COAL GROUP CO., LTD.

董事长、党委书记 武华太

副董事长、总经理 金智新

集团简介

　　山西焦煤集团有限责任公司（简称山西焦煤）是国家规划的 14 个大型煤炭基地的骨干企业，是中国最大的炼焦煤生产企业，是煤炭产量过亿吨、销售收入超两千亿元的世界 500 强企业。资产总额 2274 亿元，职工总数 23.5 万人。

　　山西焦煤组建于 2001 年 10 月，属山西省国有独资企业，总部位于山西省会太原市，下有西山煤电、汾西矿业、霍州煤电、华晋焦煤、山西焦化、运城盐化、山西焦炭、机械电气公司、飞虹化工、金土地公司、销售总公司、国际发展公司、国际贸易公司、投资公司、财务公司、公共事业公司、公路物流公司、日照公司、交通能投公司、香港公司等 21 个子分公司和西山煤电股份公司、山西焦化股份公司、南风化工股份公司 3 个 A 股上市公司。

山西焦煤办公大楼

全国最大的燃用洗中煤坑口电厂——古交电厂

国内第一家采用焦炉煤气配水煤气生产工艺的20万吨甲醇生产装置

山西焦煤实施煤电一体化战略，并购重组的武乡和信电厂，规划装机容量2400MW

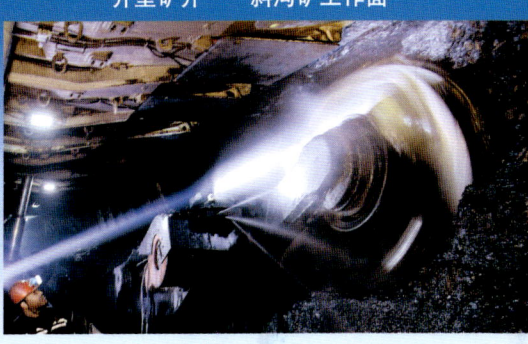

全国最大的井工矿井和世界最大的井型矿井——斜沟矿工作面

　　山西焦煤以煤炭、焦化、发电、物流贸易、装备制造为主业，兼营材料、民爆、建筑、煤层气、节能环保、投资金融、文化旅游、房地产等配套辅助产业。有六大主力生产和建设矿区，主要矿厂分布在太原、晋中、临汾、运城、吕梁、长治、忻州7个地市的29个县区。现有104座煤矿，生产能力1.6亿吨/年；28座选煤厂，入洗能力1.1亿吨/年；5座焦化厂，焦炭产能1180万吨/年；8座燃煤电厂，装机容量3358MW；9座煤层气及余气余热电厂，装机容量153MW；盐化日化产能256万吨/年；制造业年产值100亿元以上。2013年，生产原煤1.03亿吨、精煤4601万吨、焦炭977万吨，发电量174亿度，实现商品煤总销量1.32亿吨、销售收入2360亿元，上交税费139亿元，保持了逆势增长、平稳较快的发展态势，企业规模跃居山西省第一位。

　　山西焦煤主导产品有焦煤、肥煤、1/3焦煤、瘦煤、气肥煤、贫煤等多个煤种，其中强粘焦煤和肥煤均为世界稀缺资源，具有低灰、低硫、低磷、粘结性强、结焦性好等特性，是大钢厂大高炉不可或缺的骨架炉料；化工产品主要有冶金焦、铸造焦、焦粉、甲醇、乙烯、丙烯、炭黑、硫磺、工业萘、洗油、沥青、元明粉、硫酸钡、镁盐、化妆洗涤用品等。产品市场涵盖国内外20多个省市和地区。公司秉承"诚实守信、合作共赢"的营销理念，坚持为客户精准服务、针对性服务、大用户专职经理服务，与宝钢、河北钢、首钢、包钢、山东钢、鞍钢、本钢、太钢、马钢、安钢等多家大集团大公司结成了战略合作伙伴关系。被授予全国煤炭工业优秀企业、全国"守合同重信用"企业、中国煤炭工业科技创新先进企业等荣誉称号，荣获"全国五一劳动奖状"。

　　面对新形势新挑战，山西焦煤将大力弘扬"团结奉献、求实进取"的企业精神，秉承"奉献社会、造福员工"的企业宗旨，坚持"以煤为基、多元发展"的发展路径，实施"做大做强焦煤主业，加快推进转型升级，大力发展循环经济，开放合作五大领域"的发展战略，坚守"安全生产"和"经济稳定运行"两条发展底线，提升"基层建设、基础管理、基本素质提升"三基工作水平，打造以"煤电材"、"煤焦化"、"无机盐"为主导产业链条的六大循环经济园区，转变发展方式，提高质量效益，改革创新，稳中求进，全面建设现代化新型能源大集团，为山西省国家资源型经济转型综合配套改革试验区建设作出新的贡献，在"黑色资源绿色发展、高碳经济低碳发展"的转型道路上迈出坚实步伐。

全国单套产能最大的30万吨煤焦油深加工项目

10万吨苯加氢精制装置采用国际先进的低温加氢工艺，技术含量及自动化程度高，产品回收率高，品质优良

河南能源化工集团有限公司
HENAN ENERGY AND CHEMICAL INDUSTRY GROUP CO.,LTD.

河南能源化工集团有限公司（简称"河南能源化工集团"或"河南能源"）是经河南省委、省政府批准，于2013年9月12日由原河南煤化集团、义煤集团两家省管大型煤炭企业战略重组成立的一家集煤炭、化工、有色金属、装备制造、物流贸易、建筑矿建、现代服务业等产业相关多元发展的国有特大型能源化工企业集团，2014年位居世界500强企业第328位。集团拥有在岗职工20多万人，下设490余个子分公司，分布在河南、贵州、新疆、内蒙古、青海、安徽、四川、山西、陕西、上海等省（自治区、直辖市）以及澳大利亚等国家，其中大有能源（股票代码：600403）、银鸽投资（股票代码：600069）两家公司在沪上市，九天化工（股票代码：JIUTIANC）在新加坡主板上市。集团2013年实现营业收入2198.78亿元、利税112.6亿元、利润20.03亿元，完成煤炭产量1.06亿吨，顺利进入国家亿吨级煤炭企业行列。

河南能源化工集团资源储量丰富，产业结构合理，装置技术先进，发展后劲充足。煤炭板块拥有煤炭资源储量560多亿吨，形成了煤炭勘探开发、洗选加工、销售和高效利用一体化产业体系。化工板块掌握煤化工世界高端技术，拥有年产千吨级高性能碳纤维、年产100万吨煤制乙二醇生产装置，将在河南建成国内最大的高性能碳纤维生产基地、全球最大的煤制乙二醇生产基地、世界唯一一条拥有完全自主知识产权的煤制蛋白生产线，全力打造煤炭综合利用最完善、产品链耦合度最科学、产业链最系统完整的现代新型煤化工产业体系。有色金属板块拥有钼金属资源储量150多万吨、铝土矿资源储量近16亿吨，钼、铝产业均形成了从采矿、选矿、冶炼、深加工、贸易直至消费终端一体化的完整产业链。装备制造板块拥有国家级轴承研发中心和空分研究院，正依托洛阳LYC轴承公司、开封空分公司和重型装备公司，倾力打造国际一流的轴承、空分和煤矿机械研发生产基地。

站在新起点上，河南能源化工集团将认真贯彻落实党的十八大、十八届三中全会精神，按照国家产业发展规划和"四个河南"建设战略部署，以煤为基础、以高端化工和新材料为方向，加快矿产资源由燃料向材料转化、产业链从低端向高端延伸，加快河南、贵州、新疆、内蒙古、青海五大基地建设，推进在境外建立煤炭生产和贸易基地，走好新型工业化发展道路，倾力打造股权结构优化、产业结构合理、管理模式科学、企业文化先进、核心竞争力突出的国际一流企业集团，为国民经济和社会发展作出新的更大贡献。

河南能源大采高综采工作面

河南能源1,4-丁二醇生产基地

河南能源自主生产的亚洲最大轴承

河南能源自主生产的大型空分设

兖矿集团董事长、党委书记张新文（中）在煤矿井下调研

兖矿集团总经理、党委副书记李希勇（右三）检查煤矿安全生产

兖矿集团支柱产业之一的煤化工企业

兖矿集团骨干矿井——济三煤矿

兖矿集团有限公司
YANKUANG GROUP CO., LTD.

　　兖矿集团有限公司是山东省属特大型能源企业，以煤炭生产销售及煤化工、电解铝及机电成套装备制造、金融投资为主导产业。围绕建设"优势突出、核心竞争力强的国际化企业集团"战略目标，在区域布局上，加快建设山东本部、陕蒙、贵州、新疆和澳大利亚、加拿大"四基地两新区"。在产业转型升级上，着力打造传统产业新型化、新型产业规模化的发展格局，积极推进煤炭高效生产、洁净利用和深加工，初步建成世界一流的清洁能源基地、铝型材加工基地，国内先进的煤化工基地、机电成套装备制造基地，形成煤化工、煤电铝、机电成套装备制造三个非煤"百亿级"产业群。在国内外累计拥有煤炭资源400亿吨，年生产能力达到1亿吨以上，2013年煤炭产量8500万吨，2014年将跨入亿吨级煤炭企业行列。

　　兖矿集团是我国唯一一家拥有境内外四地上市平台的企业，国际化发展取得显著成效。获得第二届中国工业大奖、全国优秀企业（金马奖）、中国质量效益先进企业特别奖、中国环境保护示范单位、中国最具影响力企业等荣誉。被大公国际评估公司评估为"AAA"级信用企业。"兖矿煤"入选首届中国品牌500强名列第68位。控股子公司兖州煤业公司是全球第一家国际评审认定"投资级别"的煤炭上市公司，被美国标准普尔指数推为全球最具投资价值的30只股票之一，获得亚太国际质量大奖、中国质量鼎、中国公司治理专项奖—董事会奖、中国证券"金紫荆奖"最具投资价值上市公司荣誉称号。

　　兖矿集团建成国家级技术中心、煤液化及煤化工国家重点实验室、院士工作站、博士后工作站。成功开发出厚煤层综放开采、水煤浆气化、粉煤加压气化、低压羰基醋酸合成、煤炭间接液化、煤气化发电与甲醇联产等多项具有自主知识产权的核心技术。"十一五"以来，累计获得省部级以上科技进步奖356项。完成和实施国家"863"、"973"计划课题15项。

红云红河烟草(集团)有限责任公司简介

　　红云红河烟草（集团）有限责任公司（简称红云红河集团）成立于2008年11月8日，是中国烟草"深化改革、推动重组、走向联合、共同发展"向更高层次和更高水平迈出的重要一步。集团下辖昆明卷烟厂、红河卷烟厂、曲靖卷烟厂、会泽卷烟厂、新疆卷烟厂、乌兰浩特卷烟厂六个生产厂，控股山西昆明烟草有限公司和内蒙古昆明卷烟有限责任公司，员工18000余名。2013年，集团资产总额765亿元，生产卷烟518万箱，实现税利663亿元，列中国企业500强第156位，"云烟"品牌销量341万箱，商业批发销售额965亿元，均居行业第二位。

　　红云红河集团以科学发展观统领全局，牢固树立"国家利益至上，消费者利益至上"的行业共同价值观，积极践行"三大课题"，努力树立"五个形象"，紧紧围绕云南中烟"推改革、调结构、促规范、上水平、强素质"工作部署和"两整合、两统一"改革发展步伐，下沉管理重心，夯实原料基础，推进精益管理，提升制造水平，抓牢安全生产，加强队伍建设，增强发展实力，合力图强，和谐致远，正以奋发有为的精神面貌努力把"云烟"培育成中国烟草规模第一、高价位规格销量第一品牌，为烟草事业和地方经济社会发展做出更大贡献。

地　　址：云南省昆明市五华区红锦路367号
邮　　编：650231
总机电话：0871－65828888
传　　真：0871－65869111
网　　址：www.hyhhgroup.com

朝气蓬勃、意气风发的集团员工队伍

"红云园丁奖"、"红河助学金"走进云南各大高校

集团拥有国内一流、世界先进的生产设备

集团优质原料基地

红云红河烟草(集团)有限责任公司
HONGYUNHONGHE TOBACCO (GROUP) CO.,LTD

南山集团概况

　　南山集团始创于改革开放初期，经过三十多年的不懈努力，现辖属三大园区，拥有百余家企业，形成了以工业、金融、航空、房地产、高新技术产业、教育、旅游、老年健康养生为主导的多产业并举的发展格局。为了拓展国际市场，南山集团在美国、澳大利亚、意大利、新加坡及香港等国家和地区均设立了分公司。

　　"主业突出、链式运作、稳步发展、做强做实"是南山集团一直秉承的发展战略。近年来，南山集团积极推进产业结构的转型升级和拓展延伸，一方面积极发展金融、航空等新兴产业；一方面持续做强铝产业链，建设航空材料产业园，为新型合金材料国产化提供强有力的材料支撑。同时南山集团拥有国家认定企业技术中心、国家认可实验室、博士后工作站及国内铝加工行业唯一的"铝合金压力加工工程技术研究中心"等一流的研发机构，并与中国民航局合作建设航空材料检测中心。在完善的产业链条和强有力的科研支撑带动下，南山精纺呢绒、高档西服及铝材、高精度铝板带箔等产品畅销国内外，其中铝板带箔产品在国内市场占据主导地位。

　　面对国内外复杂多变的严峻形势，南山人将继续遵循低分配、多积累、立足长远的发展原则，贯彻"不干则已、干则一流"的发展理念，奉行"忠诚、责任、勤奋、敬业"的企业精神，落实"步调一致、雷厉风行"的工作作风，坚守"空谈误事、实干兴业"的行为准则，为社会主义的繁荣发展和实现中华民族伟大复兴的中国梦贡献全部力量。

▪ 烟台南山学院

▪ 南山航空

▪ 南山老年大学

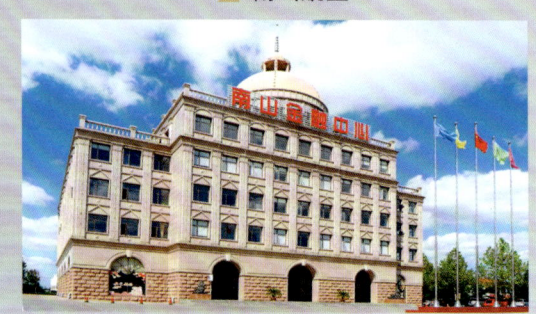

▪ 南山金融中心

■ 南山铝产品及应用

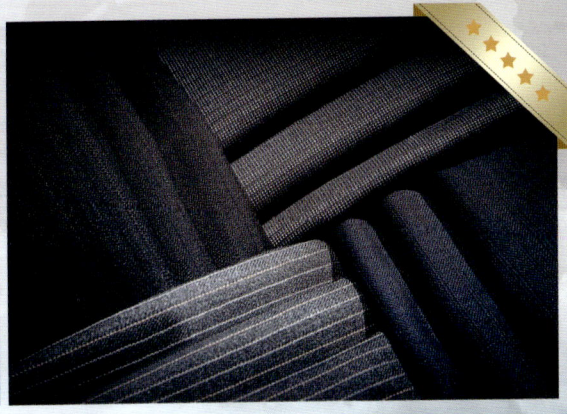

■ 南山纺织服饰

——植根徽商故里，持有"徽商"中国驰名商标，品牌无形资产超百亿元。

——连续13年跻身中国企业500强，位列2014中国企业500强第201位，服务业企业500强第75位。

——流通领域国家队成员，国家重点培育的15家大型流通企业之一，安徽省流通业领军企业。

徽商集团
HUISHANG GROUP

徽商集团董事长许家贵

徽商集团前身是安徽省物资局，1995年11月，成建制转为安徽省物资集团股份有限公司；2000年6月，更名为安徽省徽商集团有限公司；2002年7月，与原省商务厅所属12家企业合并重组，成为国内既经营生产资料又经营生活资料的大型流通企业集团。目前，徽商集团是国家重点培育的15家大型流通企业之一，连续13年跻身中国企业500强行列，在2014中国企业500强中排名第201位，在中国服务业企业500强中排名第75位。"徽商"品牌是徽商集团持有的中国驰名商标，品牌无形资产达103.6亿元。

徽商集团现有直属（控股）公司12家，除大宗商品批发贸易、商业连锁经营、商业地产等主业外，还有现代物流、资源再生、专业市场开发运营、期货经纪、酒店、旅游服务等业务板块，营业网点覆盖安徽全省以及上海、浙江、江苏、广东、北京、天津、陕西、山西、湖北、辽宁等省市的50多个大中城市和日本、韩国、俄罗斯、英国、美国、加拿大、南非等40多个国家。

"十二五"期间，徽商集团将大力实施"123"工程，坚持"勤勉、创新、和协、诚信"的经营理念，提质增效，跨越发展，构建立足安徽、辐射全国的现代流通体系，全力实现销售规模更大、运营质量更好、品牌知名度更高、核心竞争力更强的"千亿徽商"宏伟目标。

旗下安徽商之都公司的百货商场内景

旗下徽商物流公司正在建设的皖北物流港项目效果图

集团总部

青山控股集团
TSINGSHAN HOLDING GROUP

网　址：http://www.tssgroup.com.cn
地　址：浙江省温州市龙湾区永中街道青陶路1号
电　话：0577-86628888
传　真：0577-86628877

印尼青山工业园项目在中印商务协议签约仪式上签约

青山商学院

　　青山控股集团是一家温州起步、省内发展，走出浙江、迈向全国，跨出国门、走向世界的跨国公司。公司注册资本20亿元人民币，员工18000多人，是中国不锈钢领域规模最大的民营企业。

　　截至目前，集团已在浙江丽水、福建福安、广东阳江和清远等地建立了三大镍铬合金冶炼、不锈钢冶炼、轧钢生产基地，并拥有印尼苏拉威西4.7万公顷镍矿基地，津巴布韦5000公顷铬矿基地。集团控股青拓实业集团有限公司、瑞浦科技集团有限公司、广东吉瑞科技集团有限公司、浙江青山钢铁有限公司、香港瑞浦有限公司、浙江青山特钢有限公司、温州不锈钢电子交易中心有限公司、松阳青山不锈钢有限公司、浙江青山运输有限公司等几十家公司，形成了从不锈钢上游原材料镍铬矿开采、镍铬铁冶炼、不锈钢冶炼，到下游的棒线板材加工、钢管制造、精线加工，再到配套的码头运输以及国际贸易等完整的产业链。

　　2013年，集团销售收入508亿元人民币。集团入选2014中国企业500强第233位、中国制造业企业500强第109位，并位居2014浙江省百强企业第20位、浙江省制造业百强企业第13位,温州地区第一位。

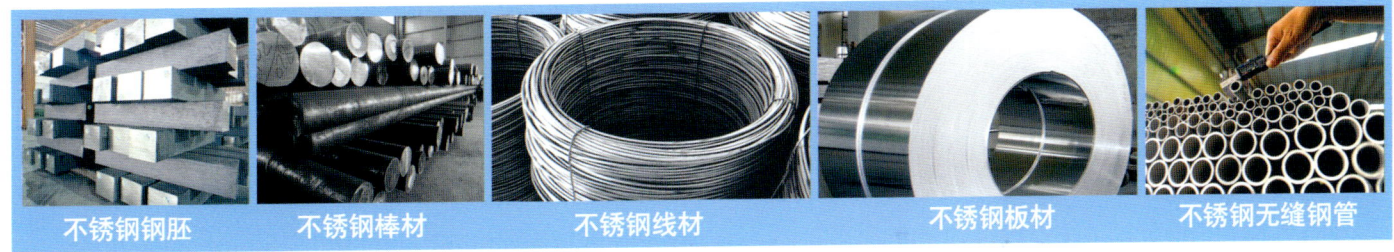

不锈钢钢胚　　不锈钢棒材　　不锈钢线材　　不锈钢板材　　不锈钢无缝钢管

生产基地

青山货轮

荣程集团厂区正门

天津荣程联合钢铁集团有限公司

董事长　张祥青

总裁　张荣华

　　天津荣程联合钢铁集团有限公司（以下简称荣程集团）是天津市大型民营骨干企业之一。集团总部座落在天津滨海新区，现有员工总数8000余人，连续多年位列天津市百强民营企业第一位。

　　荣程集团紧密结合国家和地方发展战略，制定了"主业做精，多元发展"的战略规划，即做精钢铁主业，做强科技金融，做大文化健康产业，努力构建围绕实体经济，结合现代物流，打造大宗行业特色的电子商务平台，实现互联网金融四位一体联动发展的模式，加快实施转型升级。

　　荣程集团钢铁主业具备年产铁、钢、钢材各500万吨的生产能力，形成管（坯）、带（钢）、线（材）、棒（材）四大类产品系列，涵盖普钢、优特钢等上百个规格品种。钢铁主业以产品做优做特做精为目标，同时深入推进环境治理、节能减排及循环经济，研发高附加值、高竞争力产品，以"两化融合"推动精细管理，提高钢铁主业综合竞争力。

年产100万吨精品合金钢棒材生产线，自2011年4月份开始动工，2012年10月份建成投产

科技金融产业围绕经济实体，实现"四位一体"联动发展。2011年成立融宝支付公司，并取得了互联网和手机支付双牌照，今年交易量预计达到1000亿元；融通物贸电子商务平台被工信部列为全国大宗商品电子交易示点项目之一，自去年11月份上线以来，8个月内即有255家企业上线交易，年交易量力争达240万吨；天津联合冶金商品交易中心今年4月份上线，计划今年8个月内实现线上交易总量946万吨；去年10月分别成立了商业保理公司和融资租赁公司，打造创新金融服务平台。

文化健康产业是荣程集团未来发展的战略主攻方向。2013年12月建成天津时代记忆纪念馆，自开馆至今，已经接纳参观及旅游者达2万余人，获得社会各届的好评。在四川、黑龙江的健康酒业基地建设正在稳步推进。文体产业城项目正在规划之中。

在董事长张祥青和总裁张荣华的带领下，荣程集团积极投身社会公益事业，迄今，荣程已经在社会公益事业方面捐款捐物累计达4亿元。荣程，正在用一颗爱心，在科学发展的道路上，努力谱写中国经济进步与社会发展的新篇章。

"四位一体"服务平台新闻发布会 　　　　工作场景 　　　　主要产品——棒材

总经理 杨连发

一商友谊广场

天津一商集团有限公司

天津全程物流配送有限公司

友谊新天地广场

友谊商厦

友谊名都　　　　　　　　　　　　　　　天津百货商务贸易总公司

天津一商集团前身是天津市第一商业局，成立于1953年。随着中国改革开放，1995年转制为天津一商集团有限公司，是天津市最大的国有独资的商业企业集团。主要从事批发零售、物流配送和商务服务业务。位列2013年中国企业500强287位，中国服务业企业500强95位，中国商业零售业企业第7位，天津企业100强17位，天津服务业60强企业第4位。

集团拥有120万平方米的商业设施，包括8个大型百货商场，分布在天津中心城区、中心商务区、滨海新区、京津走廊；12个大型专业交易市场，主要聚集在环线以内，商务密集区；6个大型物流基地具有多功能的存储和配送服务；在天津滨海开发带和京津冀的连结点，年内新开业了一家总面积18万平方米的包括汉友百货在内的大型商业综合体。同时，集团企业还为过百个世界500强，国内500强，行业10强企业，做品牌销售代理商，拥有多层级的专业批发渠道超过2万个，搭建了"易商通"电子交易平台。

按照国家转变经济增长方式的要求，集团快速融入天津跨越式发展的战略。提出"转变发展方式，推动战略升级，管理升级和提质增效升级"的"一转三升"的发展理念。继续做强传统主业优势，通过产权多元化整合优势资源，向新领域延伸。提高零售百货的品牌聚合和市场控制力，扩张品牌代理的规模，提升市场的品牌化、连锁化和增值升级，打造现代物流基地，拓宽商务服务领域。加快规模化、集约化、品牌化发展，提升市场话语权和行业领先地位，同时大力拓展新兴产业，创建"大项目、大资金、大贸易、大金融、大物产"的五大经营新板块，完整打造集团发展的产业价值链。着力在新领域大项目上先行突破。对接产业链、供应链、延伸上下游，实现金属材料大贸易。布局京津冀，投资百亿利用10年时间在河北雄县打造集大型商业地产、健康养老和工业物流地产的雄州友谊国际名城和津雄科技园项目。开创大金融渠道，做活大资金运营，打造大物产融资平台，为集团主业的强力发展，新兴产业目标的实现提供资金支持。

到"十二五"末集团基本形成百货零售、批发贸易、商务金融三大核心主业和现代物流、商业置业、电子商务三大功能业务，逐步向现代服务流通产业集团转型。2015年营业收入超过500亿元，利润总额3亿元。

"十三五"末，营业收入突破1000亿元，利润总额达10亿元，进入全国大型商业集团前列，向世界500强企业奋进。

友谊精品广场

SMT 神州通集团
SINOMASTER GROUP

深圳市神州通集团创建于1996年，行政总部位于深圳、业务总部位于北京，是一家大型的综合型、多元化民营投资企业集团，在全国拥有员工一万多人。企业投资行业有移动互联网及相关业务、光通信、生态农业、供应链、环保能源等多个领域，属典型的"两高一低"即高端服务业、高新技术产业、低碳环保型产业。

集团现有子公司19家，其中国家级高新技术企业3家、深圳市重点文化企业1家、省级农业龙头企业1家、省级林业龙头企业1家；上市公司2家和拟上市企业2家。集团主要成员企业在所在行业拥有举足轻重的地位，多数是行业领军企业。神州通油茶是"江西省省级农业龙头企业"；酷动数码是"广东省服务业百强企业"和"深圳市连锁经营50强"；太辰光通信产品技术国际一流，国内领先；神州通物流是"深圳市重点物流企业"。

集团董事长　黄绍武

集团荣誉
"中国企业500强"
"中国服务业500强"
"中国民营500强企业"
"2013-2014年度广东省重点支持大型骨干企业（第一批）"
"深圳市质量百强企业"
深圳市纳税大户，纳税先进企业

企业宗旨
"聚才兴业，共享成功"

企业目标
成为"让员工感到幸福，被合作伙伴认同，受社会尊敬"的世界级企业集团。

核心价值观
"共怀梦想、共同成长、共担风险、共创价值、共享成功"。

社会责任
神州通集团在企业稳健发展的同时，时刻牢记作为一个企业公民的社会责任，安置就业人员，投入公益事业，以各种形式回馈社会。2010年12月，经政府批准，神州通圆基金正式注册为"深圳市神州通慈善基金会"。神州通慈善基金会引领每个神州通人都积极投身到助力社会公益事业，创建和谐社会的伟大行动中！

集团团队风采

神州通慈善基金会捐助地震中受灾的俄多玛乡中心小学

2014年集团年度工作会议

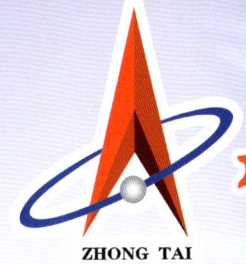

中太建设集团股份有限公司

公司董事长、总裁 李文健

中太建设集团股份有限公司是由中国人民解放军基建工程兵352团集体转业的综合性特大型企业集团。企业具有房屋建筑工程施工总承包特级资质和对国外承包工程资格，并拥有18项总承包及专业承包壹级资质，是ISO9001：2000、EMS、OHSMS三个管理体系认证单位。当前，集团市场网络覆盖全国、辐射海外，在国内外共设立分支机构逾200家，分布在全国31个省、直辖市、自治区，277个地级市、自治州。

面对当今建筑市场复杂多变、同质化竞争日趋激烈的行业态势，集团始终信守"诚信为本、守法经营"的发展理念，坚定不移地实施"打中太牌、走全国路、谋海外财"和"三个跨越、四个一体化"两项基本战略，创新性地制定了"1139"战略模式、"3+7"产业定位等一系列战略创举，进一步丰富和完善了企业的战略顶层设计。

为深入贯彻落实科学发展观，我集团以打造杰出的建筑产品与优异的服务品质为根本宗旨，以跻身世界建筑业强企之林为不懈追求，不断向"百年中太，强企富民"的美好愿景扎实迈进！

中太建设集团股份有限公司大厦

中太建设集团股份有限公司荣誉室

中太建设集团股份有限公司获得工人先锋号荣誉

中太建设集团股份有限公司承建的重庆市涪陵区高笋塘步行街双子星项目工程

海盐生产——收盐　　　　　　　　　　　　　盐田

中国盐业总公司
CHINA NATIONAL SALT INDUSTRY CO.

董事长　茆庆国 　　　　　　　　　总经理　李耀强

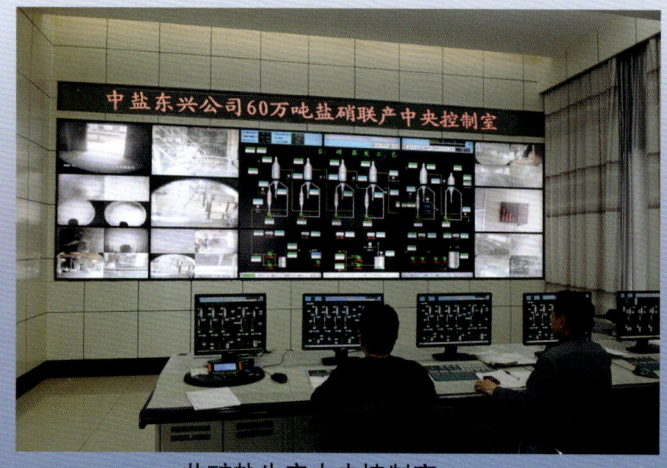

井矿盐生产中央控制室 　　　　　　普及加碘盐

盐化工生产装置

CNSG 中盐集团

中国盐业总公司创立于1950年2月，是国务院国资委监管的盐行业唯一中央企业，是世界第二大盐业生产企业，也是我国重要的盐化工企业。公司主要承担两大任务：一是做强做优，实现国有资产的保值增值；二是承担全国食盐专营的生产经营任务，确保全国合格碘盐供应。作为中央企业，中国盐业总公司长期以来一直致力于推动盐业行业持续、稳定、健康发展。20世纪90年代以来，公司协助国家有关部门落实食盐专营，积极组织推进普及碘盐供应，建立起了规范的食盐生产销售网络体系，为我国实现消除碘缺乏的目标，为中国盐业的发展做出了重要贡献。

中国盐业总公司在加快企业自身发展的同时还不忘所担负社会职责，在应对数次食盐抢购风潮中，不计较企业的得失，以国家大局为重，不惜代价保证了非常时期的市场供应，为维护社会稳定做出了表率。

目前，中国盐业总公司正在实施《2013--2015年三年滚动发展规划》，做到了与第二轮"两步走"战略的有机的衔接。为实现"科技中盐、绿色中盐、责任中盐、百年中盐"，建设世界一流盐业企业与优秀盐化工企业的宏伟目标打下坚实的基础。

60万吨电石生产装置

茅台厂区一角 　　　　　　公司主要产品贵州茅台酒和茅台王子酒 　　　　包装车间员工为茅台酒系丝带

中国贵州茅台酒厂（集团）有限责任公司

董事长　袁仁国

一、企业基本情况

中国贵州茅台酒厂（集团）有限责任公司位于黔北的赤水河畔茅台镇，现有员工2万余人，总资产716亿元；拥有全资、控股公司30余家，涉足产业有白酒、葡萄酒、包装印刷、证券、银行、保险、科研、文化旅游、物流、循环经济产业等领域。主营中高档酱香型白酒的生产销售，主导产品贵州茅台酒是我国酱香型白酒的鼻祖，被尊为国酒，在我国政治、经济、文化和外交活动中发挥了特殊的作用。

二、重要发展动态

在全国开展"国酒茅台 国之栋梁"大型公益助学活动；

从2014年起，将连续10年每年出资5000万元（共计5亿元）用于赤水河流域生态环境保护；

召开以"香飘世界百年、相伴民族复兴"为主题的贵州茅台酒金奖百年系列纪念活动，与央视电影频道签署了战略联盟意向书，联手打造金奖百年荧幕盛宴。

三、转型升级的主要经验

构建"线上、线下结合，自营店和经销商网络结合、国内和国际网络结合、专卖店和综合酒行网络结合"的庞大营销网络，通过全面触网、腰部发力、渠道下沉、放宽经销权等举措，加快营销模式转型。

以产权制度改革为抓手，全面推进集团管控模式、组织机构和干部人事、管理体制机制、投融资、企业文化、生态文明建设等领域的深化改革，加快管理模式转型。

映照在落日霞光中的茅台厂区全景

党委书记、董事长杨祖华
在邛崃灾后重建项目

邛崃灾后重建项目

成都建工集团

成都建工
CHENGDU JIANGONG

成都建筑工程集团总公司 为全民所有制企业，始建于1954年3月。2003年5月，经成都市人民政府批准更名为成都建筑工程集团总公司。

公司所属全资、控股和参股企业67家，是集工程总承包、建筑安装施工、房地产开发、市政路桥、建材生产销售和物流、科研设计、装饰装修、文化旅游酒店等为一体的、中西部地区建筑业最具竞争实力的特大型综合性企业集团之一。

公司具有建设部批准的房屋建筑工程施工总承包特级资质，市政公用工程一级、机电工程施工一级等施工总承包资质，建筑装修装饰工程、钢结构工程、附着升降脚手架等一级专业承包资质，经商务部批准的对外经济合作经营资格以及进出口经营资格。拥有8项国家级工法，39项国家专利和实用新技术。

公司9次跻身中国企业500强，连续9年进入中国承包商企业60强。2007年被四川省和成都市列为着力培育的大企业大集团，2009年5月，经市政府和市国资委批准，公司成为成都市唯一一家国有资产授权经营试点企业。

公司自有职工9700余人，其中具有高、中级职称的各类经济、技术、科研等管理人员5000余人，从业人员15万余人，2013年完成企业总产值353.8亿元。

公司立足成都，积极拓展国际国内市场，在北京、天津、重庆、广东、浙江、陕西、贵州、云南、海南、西藏、内蒙古、新疆等地设立了分支机构，并在安哥拉、肯尼亚、埃及、以色列等10多个国家和地区开展劳务合作和工程承包。创建了包括双流机场航站楼、西昌卫星发射基地、成都市体育中心等国家鲁班金像奖在内的市级以上优质工程400多个。同时，公司以房地产开发为龙头实施产业延伸战略，开发的北京"澳洲康都"、成都"英伦"、都江堰"紫荆花园城"、陕西咸阳秦隆步行街等一大批高品质房地产项目，取得了良好的经济和社会效益；投资建设的青城豪生国际酒店，是世界文化遗产青城山－都江堰旅游景区里唯一的一家五星级酒店，同时积极发展市政路桥、建材生产销售和物流、科研设计、装饰装修等业务，形成了以房屋建筑和房地产开发为主业的多元化经营格局，企业综合竞争力显著增强。

党委书记、董事长 杨祖华

被国家四部委评为先进集体

成都体育中心

西昌卫星发射中心

生命保险大厦

生命人寿
SINO LIFE

公司概况

　　生命人寿保险股份有限公司是一家全国性的专业寿险公司，成立于2002年3月4日，总部现位于深圳。股东由深圳市富德金融投资控股有限公司、深圳市华信投资控股有限公司等资金雄厚的企业构成。公司现注册资本117.52亿元，总资产已超2000亿元，是国内资本实力最强的寿险公司之一。

　　公司遵从"爱心、服务、创新、价值"的经营理念，秉持"内诚于心，外信于行"的核心价值观，不断倡导求新、求变、求发展。

　　生命人寿一直致力于科学前瞻的人才战略，引进了大批业内外优秀的高端人才。公司拥有一支由业界知名寿险管理人才组成的优秀经营管理团队，有丰富的行业经验和影响力，高层次的经营管理者和高素质员工队伍是生命人寿专业、健康经营的有力保证。

　　生命人寿建立了覆盖全国重点省市区域的营销网络和多元化服务平台，目前共拥有35家分公司，1000多个分支机构和服务网点，超过13万人的管理和销售人员。生命人寿已搭建起一个完整而富有特色的保额分红产品体系。这一体系从客户生命周期出发，以保额分红为主体，以保障型附加险和万能累积账户为两翼，集保障和长期储蓄功能为一体，充分体现出寿险回归保障的产品设计理念，为全国500多万客户提供包括人寿保险、意外险、健康险和养老保险在内的全方位风险保障解决方案和投资理财计划。

后援中心

生命资产开业　　客户服务　　客服节

客户服务

　　生命人寿秉承"关爱"的服务理念，通过覆盖全国重点省市的1000多个服务网点、95535客服热线24小时的全天候服务，生命人寿与客户之间搭建起一座零距离、个性化的沟通桥梁。将客户服务贯穿于整个企业运作之中，把客户满意作为自己的全部工作和最终目标，生命人寿赢得了良好的社会口碑与极佳的客户赞同。"1234"特色关爱理赔服务，即"500元以下1天给付、住院客户2天探视、理赔客户3天内给付、预付理赔客户4天内赔款到家"，使保险向着更人性化、更诚信的方向发展。

社会责任

　　生命人寿自成立至今，心系国家，积极履行着企业社会责任，将爱播撒在神州大地。生命人寿为客户提供的保障已超过5000亿元。在汶川地震，青海玉树地震，南方冰冻，雅安、芦山地震等重大自然灾害面前，生命人寿体现出具有社会担当的企业公民本色，挺身而出，累计为灾区捐款捐物达2000多万元，积极投身抗震救灾工作。公司的社会关怀文化影响和塑造着生命的员工，目前，公司的志愿者近3000人。

　　自2010年起，公司持续每年为中国维和警察和家属捐赠保额达5亿的意外伤害及重大疾病保险，为这些维护世界安宁，在中国"大国崛起"中显示国家担当的和平卫士们带去关爱和保障，解除他们的后顾之忧。

　　2010年初，公司成立了"生命关爱基金"，成为业内首个专门为营销员队伍提供特别关爱和保障的爱心基金。

　　生命人寿深切关注祖国教育事业。各类助学活动，捐建活动亦可见生命人寿的活跃身影，从成立至今，公司累计捐建学校10余所，救助贫困学生近千人。　2013年5月，生命人寿启动专注于特殊需要儿童教育的"小海豚"公益项目，以期帮助特殊需要儿童接受更好的早期干预治疗。截至2013年5月，生命人寿用于促进教育事业的公益捐赠已达3000多万元。

孙珩超总裁在第四届全国就业与社会保障工作表彰大会上代表获奖者发言

宝塔石化集团
BAOTA PETROCHEMICAL GROUP

宝塔石化集团（Baota Petrochemical Group）是石化、金融、教育、科技相互依托的企业集团，创立于1997年，现有员工近2万人，资产总量347亿元，2013年实现销售收入302亿元。其核心母公司为宁夏宝塔石化集团有限公司，企业内部称之为"投资控股公司"，旗下有五个二级母公司、一个上市公司、180多家独资或控股公司。

该企业集团主要业务是石油化工。宁夏芦花、宁东生产基地，珠海生产基地，新疆生产基地均以重油制烯烃为主，规模为宁夏550万吨，珠海650万吨（二期在建），新疆800万吨（一期在建）、内蒙古二连浩特500万吨（在建），其原料大部分是从国外进口的燃料油和馏分油，正在内蒙古拓展油气资源和炼化、仓储、管输业务。其母公司所属的油气开发公司拥有哈萨克斯坦2块国外油田和内蒙古2块国内油田，下游的油气销售公司拥有加油加气站150所，并拥有LNG工厂。其次，是以煤矿资源为依托，在宁夏和新疆均涉足现代煤化工和以油煤协同转化为核心的油煤共炼等能源化工业务。现占有煤炭资源总储量达140亿吨左右。其三，为使产融结合，充分发挥金融业对实业的推动作用，该企业已于2009年逐步进入金融行业。其四，该企业于1999年创办银川大学，发展至今，在校学生1.5万名，教职员工570多名，为本科高等职业教育院校，其专业以石油化工和电力、装备制造为主。企业集团在学校的基础上于2011年组建了教育集团，现正在走向全国，分别在银川滨河新区、新疆奎屯建立分校。其五，企业集团直属的科技实业公司已拥有国家级甲级设计院和国家级企业技术中心的应用技术研究院，并拥有两个国家级重点实验室和一大批专兼职专家，研发力量强大，科技支撑明显。此外，为配套主业发展，宝塔石化还涉足石油化工的装备制造。

宝塔石化以上述产业为主体，业务遍布全国二十几个城市和俄罗斯莫斯科、哈萨克斯坦、新加坡、阿联酋迪拜等国际能源重要区域，通过业务拓展面向国内外配置各种优质资源。宝塔石化正在以走出国门为创业的第二个阶段，面向国际获取更多资源，为企业、为国家的能源安全贡献力量。

宝塔石化集团于2006年组建董事局，按业务分布，在北京、宁夏、珠海、新疆、内蒙古设立了5个区总裁办，统一协调、监督、指导、服务于所属成员公司；集团有党委和监事局，各个企业均有配套的党监委员会，体制完善，机构健全，运作顺畅，管理有序，企业文化建设方法多样，得到了业内人士的好评。

宝塔石化集团董事局主席孙珩超，是银川大学校长、第十一届全国政协委员，他所著的《创业与思考》是该企业文化建设的重要组成部分。

宁夏芦花生产基地

珠海生产基地厂区

珠海宝塔石化高栏港油品接卸码头主体工程已经完工

珠海宝塔生产基地油品库区

宁夏宁东生产基地

大汉控股集团有限公司
DAHAN HOLDING GROUP CO.,LTD

大汉控股集团有限公司
董事长、总裁 傅胜龙

　　大汉控股集团有限公司创立于1993年，总部位于湖南省长沙市，是一家跨地区、跨行业的大型综合性非公有制企业，业务涵盖钢材物流、新型城镇化开发、健康养老、商业管理、文化旅游、金融投资、汽车贸易、职业教育等。目前，旗下拥有80余家子（分）公司，员工近2千人，总资产达121亿元，2013年销售收入290多亿元；综合实力位居中国企业500强第396位、中国民营企业500强第123位、湖南省民营企业第2位。大汉物流股份公司是钢贸物流的核心企业，业务遍布大江南北，已成为中国钢铁商贸物流的领军企业；大汉城镇建设有限公司是城建开发的核心企业，践行"大汉模式"、实施"百城战略"，已成为湖南及至全国城镇开发建设的典范。

　　大汉集团践行责任与业绩高度统一的红色文化；大汉城建致力于做中国城镇建设的领跑者；大汉钢贸布局全国、领军行业；大汉教育十年树木、百年树人；大汉商业整合资源、运营城市；

　　大汉汽车强强联手、经营品牌；大汉文旅延伸价值、引领潮流；金桥国际构筑金巢、腾飞金龙，成为影响全球的商贸物流基地！

大汉希尔顿国际商业内街透视

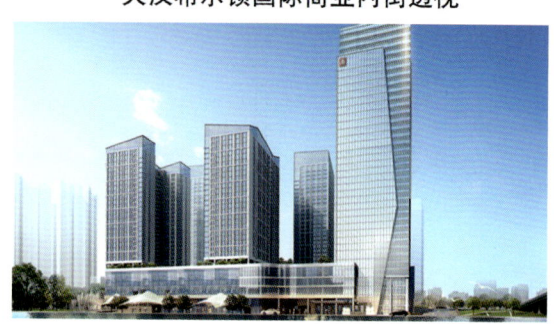

大汉希尔顿国际大酒店

国家统计局关于大汉模式统筹城乡发展研讨会

大汉金桥国际平面布局

公司愿景

"5.12"汶川大地震后，
四川路桥抢险队全力抢通都汶公路

福建龙长高速管理

雅西高速公路

四川公路桥梁建设集团有限公司
Sichuan Road & Bridge(group)co.,Ltd

四川公路桥梁建设集团有限公司是四川省属大型骨干企业，国家设计施工总承包特级企业，主要从事公路桥梁施工、水电开发、房地产开发、矿藏开发等业务。公司下辖50多个分、子公司，年营业收入300多亿元。公司作为主发起人成立的四川路桥建设股份有限公司于2003年在上海证券交易所上市，是四川交通系统首家A股上市公司。

公司坚持"立足四川、服务全国、跻身世界、开拓发展"的经营方针，60多年来，共修建公路1.5万余公里，其中高等级公路5000余公里，大型桥梁1000多座，以及隧道、机场、码头、水坝、市政工程等。2013年10月，公司"走出去"战略取得重大突破，成功中标挪威哈罗格兰德跨海大桥7.8亿元人民币钢结构合同，成为首个在欧洲发达国家中标的四川省建筑企业。

近年来，公司坚持"一业为主、两翼并举、多元发展"的战略，在巩固路桥施工主业优势的同时，稳步推进基础建设投资和资本运营。公司先后投资开发水电、房产、矿藏等，并在医药、证券行业进行了成功的开拓。

集团董事长、党委书记 孙 云

公司多次被评为"四川省国有建筑企业综合实力首强"及"最佳效益首强"，"四川省大型企业集团经营规模10强"及"综合实力10强"，并荣获了"全国五一劳动奖状"、"全国抗震救灾英雄集体"、"全国文明单位"、"全国先进基层党组织"等荣誉称号，五次跻身"中国企业500强"。

全国五一劳动奖状

挪威哈罗格兰德大桥

湖北荆岳长江大桥

全国抗震救灾英雄集体

浙江舟山西堠门跨海大桥

www.redsun.com.cn

弘阳集团：以综合体运营城市

弘阳集团城市综合体代表弘阳广场——吃、喝、玩、乐、购一站式生活之城

弘阳集团董事长　曾焕沙

弘阳集团1996年创立于中国南京，连续多年蝉联中国企业500强，是以城市综合体开发为主要发展方向，以商业运营和地产开发为支柱，具有投融资能力的综合性国际企业集团。

秉承"构筑城市价值"的运营理念，弘阳集团产业涉及城市综合体（弘阳广场）、地产开发（弘阳地产）、家居建材（弘阳家居、弘阳装饰城）、物流运输（弘阳码头）、星级酒店（弘阳酒店）、物业服务（弘阳物业）六大板块，通过专业运营与服务，致力于改善人居环境，提升生活品质，优化城市生活链，促进城市繁荣，成为中国快速城市化进程的重要参与者与推动者。

创业18载，弘阳集团根植长三角，以诚筑城，现已在江苏南京、南通、苏州、无锡、常州等城市建设了多个以"弘阳"冠名的商业和地产项目，累计开发项目体量1000万平方米。

构筑城市价值

华东地区最具规模的建材批发基地弘阳装饰城

南通弘阳上城

无锡弘阳洛克菲花园超五星级酒店

秉承"在商言人"的经营理念,弘阳集团通过扩大税收、增加就业和公益慈善,积极回馈社会,做负责任的企业公民。截至2013年底,企业年纳税额超过5亿元,在扶贫助困、抗灾救民、教育事业、医疗卫生、环境保护等方面累计向各级地方慈善部门和光彩事业基金会捐赠7000多万元。

弘阳集团的发展得到了各级政府部门、主管单位、行业协会、传媒界和社会的广泛认可,被评为南京市十大重点民营企业、江苏省百强私营企业、江苏省优秀侨资企业、全国家居建材行业重点流通企业、中国最具影响力品牌企业、中国知名房地产企业等,"弘阳"品牌先后入选南京市、江苏省著名商标和中国驰名商标。

展望未来,弘阳集团将立足南京,布局江苏,走向全国,打造中国知名品牌。

维维

健康生活，欢乐维维！
维维的明天更美好！

维维产品大家庭

维维集团 VV GROUP

维维集团成立于1992年10月，经过20多年奋斗进取，现已成为拥有总资产150多亿元的跨行业、跨地区的大型企业集团。集团拥有30多个豆奶、牛奶、白酒生产基地，100多条现代化食品生产线，是全国最大的豆奶食品生产企业、"中国企业500强"。2013年实现销售收入261.81亿元，利税26.76亿元，2014年保持良好的发展态势。维维荣获全国食品安全十强企业、食品安全百家诚信示范企业、国家级农业产业化龙头企业、全国农产品加工业示范企业等荣誉称号。

维维集团发扬"追求卓越"的企业精神，全力打造维维精品。"维维"商标被国家工商局商标局认定为"中国驰名商标"。"维维"牌豆奶粉成为中国最畅销商品之一，多年来始终名列市场占有率第一位、销量第一位。

维维积极引进科技人才，现有含博士、硕士在内的各类科技人员2000多人，设立了国家级博士后科研流动站，组建了省级"营养与功能食品研究开发中心"。维维在大豆学科的研究，已达到国际先进水平。

维维生产基地和营销公司地图

青山环绕的生产基地

福建省能源集团有限责任公司
FUJIAN ENERGY GROUP CO LTD

林金本董事长在企业家大会上作主题发言

福能新能源公司风电场

可门港物流公司 30万吨泊位

改革创新　奋进有为　争当福建龙头企业

福能集团是福建省属大型国有企业，拥有包括福建水泥、福能股份等上市公司在内的全资或控股企业40多家。2013年末，资产总额469亿元，营业收入243亿元。

近年来，集团锐意改革，着力创新，加快发展，主要经济指标均保持两位数、"2"字头高速增长，经济实力和企业效益在福建国企中名列前茅。一是加大投资力度，每年都有80-100亿元新增投资；二是推进"三维对接"，与华润集团、神华集团、中石油、三林集团等省外境外企业建立了紧密合作关系；三是拓展多元发展空间，已从原来传统的煤炭、电力生产，拓展到新能源、新建材、新兴服务业等八大产业板块；四是加快转型升级，大力发展风电、热电、气电等清洁能源和固废综合利用项目，建成一家高新技术企业；五是实施产融结合，逐步从单纯的自我积累滚动式发展向资本运营跨越式发展转变。

"福相伴、能永远"，集团正按"发展大煤炭、打造大电力、夯实大建材、建设大港口、做强大建工、培育大金融、开发大燃气"的战略规划，朝着"2020年实现营业收入超1000亿元，成为主业优势突出、产业关联度大、综合实力强的大型综合性能源企业"大步迈进。

鸿山热电厂全景图

山河建设集团有限公司
SHANHE CONSTRUCTION GROUP CO., LTD.

® 国家房屋建筑工程施工总承包特级企业

山河集团 SHANHE GROUP

山河集团是以山河建设集团有限公司为支配企业，集建筑产业、房地产业、投融资业务于一体的企业集团。山河建设集团有限公司是国家房屋建筑施工总承包特级资质企业，同时具备市政施工总承包、地基基础、机电安装、钢结构、消防、装饰装修、建筑幕墙、起重设备安装等八项一级资质，拥有对外承包工程经营资格、建筑专业设计甲级资质、城市园林绿化三级资质和一家省级技术中心。山河集团名列"中国企业500强"、"中国建筑业50强"、"中国承包商60强"、"中国民营企业500强"，荣获"全国五一劳动奖状"，是全国首批建筑业AAA级信用企业和全国重合同守信用企业，被省人民政府评定为"建筑企业综合实力20强"第一名。

山河集团坚持实施品牌战略，先后承建了湖北省肿瘤医院、航天双城、高尔夫城市花园、东湖宾馆、沿海赛洛城、东湖梅园、广州百威啤酒厂房等代表工程；先后在湖北、海南、新疆等地投资开发了山河大厦、山河阁调、山河·光谷自由城、锦绣山河、山河·城市公园、山河·琥珀悠澜、山河嘉苑、山河·江南熙园、山河·东湖世家等房地产项目。集团先后荣获国家级工程奖项11项，包括"鲁班奖"1项，"詹天佑优秀住宅小区金奖"2项、国家施工质量金奖1项、全国用户满意工程1项、全国AAA级安全文明标准化诚信工地6项；湖北省建筑优质工程（楚天杯）55项、湖北省建筑工程安全文明施工现场（楚天杯）40项、武汉市建筑工程质量黄鹤奖61项、武汉市建筑施工安全质量标准化示范工地（黄鹤杯）38项；并主编住建部行业标准1部，获得国家级工法3项，省级工法17项，取得技术专利19项，取得国家级科技进步奖1项。

诚信立企树基业，开拓创新向未来。山河集团将秉承"勤恳诚信、惠人达己"的核心价值观，高举"品质山河"的旗帜，坚持"筑品质山河，成百年基业"的企业愿景，按照"一主两翼"（建筑产业、房地产业、投融资业务）的产业布局，立足国内市场，积极开拓国际市场，依托"全产业链"的发展模式与"区域化、专业化"运营模式，全力打基础、提内涵、促转型、谋发展，努力实现"三年再造一个新山河"的发展目标，并致力于成为"湖北顶尖、行业领先、客户首选、社会赞誉"的综合性企业集团。

山河建设集团有限公司
SHANHE CONSTRUCTION GROUP CO., LTD.

◎ 地址：湖北省武汉市武昌友谊大道山河大厦　◎ 电话：027-86786100
◎ 传真：027-86792336　◎ 邮编：430063　Http://www.hbshanhe.com

山河建设集团有限公司
SHANHE CONSTRUCTION GROUP CO., LTD.

® 国家房屋建筑工程施工总承包特级企业

- 普提金国际金融中心
- 湖北省肿瘤医院新建住院大楼
- 万科高尔夫城市花园
- 万科城
- 航天双城

山河建设集团有限公司
SHANHE CONSTRUCTION GROUP CO., LTD.

◎ 地址：湖北省武汉市武昌友谊大道山河大厦　　◎ 电话：027-86786100
◎ 传真：027-86792336　　◎ 邮编：430063　　　Http://www.hbshanhe.com

车间掠影

总投资50亿元的宝胜科技城项目

宝胜集团 BAOSHENG GROUP

集团董事局主席　杨泽元

宝胜集团 地处江苏省扬州市宝应县城，成立于1985年，是全国唯一大型的电缆行业央企，全国电缆行业中的龙头骨干企业。企业先后入选中国500强企业、国家重点高新技术企业、江苏省重点企业集团，"宝胜牌"连续三次被评为国内电缆行业唯一的标志性品牌。目前，宝胜集团主要由1家上市公司（宝胜股份 SH 600973）、1家拟上市公司（宝胜电气）、2家合资公司（宝胜普睿司曼、宝胜铱莱克特）、1家控股公司（宝胜建设），以及3家（宝胜物流、宝胜置业、宝胜酒店）全资子公司四部分构成，拥有总资产100亿元，职工4000余人，占地4000余亩，产销规模连续多年居国内同行业前列。

宝胜品牌驰名海内外，产品广泛配套于奥运"鸟巢"、首都机场、上海世博、上海磁悬浮、上海浦东国际机场、虹桥枢纽工程、国家大剧院、中央电视台新大楼、长江三峡、青藏铁路、岭澳核电站、台塑以及南美、中东、东南亚、非洲等国内外重大建设项目，得到用户一致信赖。

展望未来，宝胜集团将大力实施"国际化、高端化、产业化、信息化"四大创新战略，努力创建"和谐宝胜"、"诚信宝胜"、"品牌宝胜"、"文化宝胜"，力争成为卓越的电能与信息工程解决方案提供商，铸就"千亿集团，百年宝胜"。

宝胜电缆城

宝胜集团官方网站：http://www.baoshenggroup.com
中国电线电缆商城：http://www.ccwmall.com
电缆现货网：http://www.yjv.cn

宝胜集团全景图

华南物资集团有限公司
Huanan Material Group Co.,Ltd.

— 长久源自责任 —

　　华南物资集团有限公司，原"重庆华南物资（集团）有限公司"，成立于1994年，是一家以钢铁为主营的工贸一体化企业；近年来已实现平均年销售量500万吨、平均年销售收入180亿元。

　　华南集团系"中国企业500强"、"中国服务业企业500强"、"中国钢贸建材百强第一名"、"中国钢铁流通经营管理AAAAA级企业"、"全国钢铁贸易与物流诚信企业"；旗下有广州扬帆、湖南博长、广西华翔、冷钢武汉工贸、云南朝航建峰、壹钢大宗商品电子商务等40多个成员单位。在企业经营管理中，建立了符合现代企业制度和市场经济体制要求的法人治理结构，同时按系统化、规范化、科学化要求，以"防范经营风险、不断提高效益、确保稳定发展"为核心的集团化管理体系和管理制度。

　　20年发展，华南集团始终坚持"长久源自责任"的核心理念，秉承"坚韧踏实、志存高远"的企业精神，建立了覆盖西南、两湖、两广、华东的营销网络，已成为冷钢、昆钢、萍钢等20多家钢铁生产企业以及中铁物资集团、中国交建集团、龙湖地产、万达地产、招商地产、金科地产等大型企业的长期战略合作伙伴。

　　在未来发展中，华南集团将在钢贸主营业务基础上，致力于专业化、精细化的物流配送服务；持续推进企业品牌建设，夯实行业标杆地位与影响力，朝着更坚实、更远大的目标前进。

— 专营建筑钢材20年 —

总部地址：
重庆市江北区红黄路1号兴业大厦15楼
联系电话／传真：
023-67735392
业务电话：
023-67752525
网址：
http://www.cqhnwz.com

始于1994……

四川航空股份有限公司简介

四川航空股份有限公司成立于2002年。其前身四川航空公司于1986年成立，1988年开航。开航至今，川航持续保持良好安全记录。川航现有空中客车飞机90架，为目前国内最大的全空客机队。公司总部设在成都双流国际机场，在重庆、云南设有分公司，并在北京、哈尔滨、西安、杭州、三亚设有基地。

经过多年发展，川航已形成覆盖全国80多个大中城市的航线网络布局，航线数量超过200条，开通有香港、台湾地区航线，首尔、雅加达、普吉、温哥华、墨尔本、悉尼等国际航线，形成了国际地区航线、国内主次干线、区域支线的有机组合。

川航以安全为品牌核心价值，走出一条适合自身发展的经营管理之路；逐步建立更加科学完善的安全质量管理体系；创造更加具有"中国元素，四川味道"的特色服务品牌；打造一支作风过硬、责任心强、技术精湛的生产运行保障队伍及管理人才队伍。企业以"真善美爱"为核心价值观，在取得经济效益的同时实现企业的一份社会责任，不断追求在企业、员工、旅客、社会的关系中建立起价值共同体、利益共同体、美丽爱心共同体。

川航在各方面的优异表现赢得了社会各界的认可。连续10年获得"四川省纳税大户"称号，连续6年荣获"安康杯竞赛活动全国优胜单位"称号，以及"全国民航先进劳动关系和谐企业"、"全国民航五一劳动奖状"、"全国企业文化示范基地"、"中国质量奖提名奖"、"中国企业信用评价最高等级AAA级信用企业"、"2013年四川服务业企业第2强"、"2014年四川省企业信息化建设十佳单位"等荣誉称号。

2015年，川航飞机将达到106架，致力建成"百架飞机、千亩土地、万人企业、产值翻番"的大平台，走多枢纽网络型发展道路，成为最受西南区域主流市场欢迎，全国最具特色化服务竞争优势，员工热爱的航空公司。

SICHUAN AIRLINES

李海鹰
董事长、总经理简介

四川航空股份有限公司董事长兼总经理。历任民航技术、管理多个岗位，曾主持重组鹰联航空（现改制为成都航空）、成立河北航空，主持实施了重庆航食、四川飞机维修工程有限公司、四川航空培训中心等13个航空上下游产业投资公司项目。主持指导了空客高原RNP技术应用、ISO9001体系认证、川航民航安全SMS体系建设及信息化建设40余个管理、技术创新项目。自2009年开始，带领川航启动战略转型，以"做大生产规模、做优效益品质、做强发展结构"为目标，优化机队结构，布局网络联动，创新商业模式，实现管理升级，一系列的管理变革推动川航跨上中型航企发展之列。2013年，川航实现主营业务收入157亿元。5年来的企业年均产投比107%，年均净资产收益31.6%。

以此同时，积极履行企业肩负的社会责任，大力参与扶贫、捐资助学等社会公益活动。

个人获得"全国安康杯安康企业家"、"四川省十大杰出青年企业家"、"四川省优秀企业家"、"四川十大财经风云人物年度人物大奖"、"四川杰出创新人才奖"等荣誉称号。

广州天河城

粤海工业园滨江园

GDH 广东粤海控股有限公司
GUANGDONG HOLDINGS LIMITED

广州番禺丽江花园　　　深圳粤海酒店外景　　　广州麦芽有限公司

　　广东粤海控股有限公司（下称粤海控股或集团）是在原粤海企业（集团）有限公司、南粤（集团）有限公司和广东省东江－深圳供水工程管理局基础上组建的投资控股公司，为省属国有独资公司。粤海控股属下粤海控股集团有限公司（与粤海控股统称集团）是目前省属境外规模最大的综合性企业集团。

　　2013年，粤海控股总资产708.66亿元（人民币，下同），营业收入152.97亿元，员工总数10,997人，属下控股公司28家，三级及以下营运公司58家，涉及水资源管理、城市综合体开发与运营、集聚先进制造业的现代新型产业园区、其他业务等四大板块。

　　粤海控股自2011年进入"二次创业"的快速发展阶段，现正大力拓展各大板块业务：水资源管理板块，正积极投资和开发国内城市的原水和自来水生产与供应以及污水处理项目；城市综合体开发与运营板块，目前正开发的商业项目总面积逾100万平方米；集聚先进制造业的现代新型产业园区，粤海控股在广东省政府的大力支持下，通过与东莞市政府战略合作，着力在东莞谢岗开发运营广东粤海装备技术产业园，总用地面积17.73平方公里，计划投资超600亿元，该产业园将成为中国新一代最先进的综合性园区，成为宜居、宜业、宜学的产城一体典范。

深圳水库

粤海 GDH

月星集团董事长、总裁 丁佐宏

    月星集团历经25年的快速发展，目前在岗员工1万多人，旗下拥有商业、置业、家居、工业四个集团，主营业务涵盖大型城市综合体、家具制造、家居商业连锁，连续15年跻身中国民企500强行列。

    月星商业集团从事建设、运营大型商业地产和城市综合体项目。在遍布全国的项目中，全球中心城区规模最大的购物中心——上海环球港已经于2013年开业迎客。

    月星置业集团投资经营范围涉及房地产开发、商业地产开发、工程管理、金融矿产、商业顾问咨询等多个领域。

    月星家居集团是大型家居卖场连锁集团、国内家居行业的领军企业，目前已在全国开设三十多家大型家居广场。

    月星工业集团是国内最知名的家具制造企业，旗下拥有高端民用家具品牌，是国际众多顶级酒店管理集团的首选品牌。

    25年岁月铸就了月星集团品牌的知名度和美誉度，月星人也始终铭记"饮水思源"的古训。二十多年来，月星累计向社会捐赠超亿元，许多慈善机构和涉及国计民生的重要事业中都留下了"月星"印记。

    "做优、做强、做大"是月星坚定不移的前行目标；永葆基业长青，成就"百年老店"是月星的使命。全体月星人将一如继往坚守理想，勇于创新，肩负时代责任，以更大的勇气和智慧，迎接新成长、梦想再启航！

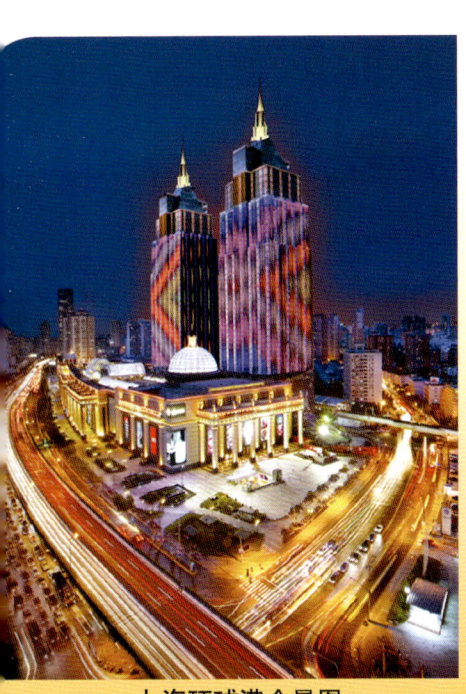

上海环球港全景图

上海环球港全景及周边

上海环球港太阳大厅

上海环球港太阳大厅俯视图

地　址：上海市澳门路168号　邮　编：200060　电　话：021-62665266　传　真：021-62667921　网　址：www.yuexing.com

山东恒源石油化工股份有限公司
Shandong Hengyuan Petrochemical Company Limited

董事长、总经理 王有德

  山东恒源石油化工股份有限公司的前身是临邑县石油化工厂，始建于1970年，是一家以石油化工为主业，集石油炼制与后续化工为一体的国有大型企业集团，是山东省百强企业、全国千强企业，连续两年跻身全国石油化工及石油制品行业百强企业，位列中国化工企业500强排行榜第54位，中国化工最具成长性企业排行榜第3位，中国制造业企业500强第341位。

  山东恒源石油化工股份有限公司下辖恒利热电、安装公司、恒源加油站管理公司、梅花玉器厂、建筑材料厂、塑编厂、商务酒店、精细化工园等。集团综合加工能力1000万吨/年，总资产40亿元，占地面积1800亩，员工2800余人，拥有延迟焦化、常减压、重交沥青、重油快速裂解、重油催化裂化、气体分离、叔丁醇、MTBE、聚丙烯、轻汽油醚化、汽油加氢精制、柴油加氢改质、混合加氢、汽油脱硫醇、芳构化、叔戊烯等主要装置及系统设施。所需原料为原油、燃料油、蜡油等；主要产品有汽油、柴油、液化气、丙烯、聚丙烯、叔丁醇、MTBE、油浆、叔戊烯、乙苯、石油焦等，其工艺与质量均达到国内先进水平。

地　　址：山东省德州市临邑县恒源路111号　　邮　　编：251500　　销售电话：(0534)4233776　4233701
传　　真：(0534)4221586　4225918　　网　　址：www.hyshjt.com

　　1996年经国家经贸委、国家计委批准晋升为国家大型（二）类企业，1997年被山东省批准为"全省第一批、全市第一股份制试点企业"，于1997年12月16日正式成立"山东恒源石油化工股份有限公司"，2000年4月一次性通过ISO9002国标准质量体系认证，2007年12月2日被省安监局批准为"省级安全标准化企业"，2012年获批燃料油进口资质、省级企术中心，并先后荣获全国优秀化工企业、化工部清洁文明工厂、省级文明单位、省级先进企业、富民兴鲁劳动奖状、山东思想政治工作先进单位、山东省先进基层党组织、山东省AAA级重合同守信用企业、山东省百佳文明诚信企业、山东省和劳动关系优秀企业、山东省最具幸福感的企业、山东化工行业明星单位、山东省企业文化先进单位、山东省循环经济示范位、全国模范职工之家、全国五一劳动奖状、全国石油和化学工业先进集体等荣誉称号，成为德州市的重要支柱企业和山省的重点企业集团。

　　九州华夏，和谐共进。放眼未来，山东恒源石油化工股份有限公司将把光荣与梦想、历史与荣耀化为强大的动力，全身投入，全方位推进，逐步发展成为实力雄厚、蓬勃发展、高度文明、人才辈出、具有强大竞争力和可持续发展的现代化企集团！

人才为根　诚信为本
求实创新　简单透明

铸成粮食安全专家　精炼舌尖健康专家
打造千亿级红太阳　进军世界企业500强

红太阳集团是一家集科研、制造、国内外市场全产业链的、以生产经营**生命科学**（环保农药、生态肥料、生化医药）、**健康农业**（创意农业、保健食品）、**低碳环保新材料**（合成新材料、再生新材料）、**现代服务业**（连锁经营、对外贸易、文化旅游、金融服务）为主体的国家十大领袖企业和重点高新技术企业；其中，生命科学产业中的环保农药已完成产业链整合和整体上市，并已成为世界环保农药产能第一和中国农药十连冠，中国化工十大贡献和中国实业、中国商标、中国民营进出口等五个百强企业以及中国民营、中国制造、中国现代服务业等六个五百强企业；而且推动红太阳股份拥有世界唯一、规模最大、拥有自主创新的"三大"环保农药"产业链、产品链、人才链、市场链"的拥有世界话语权公司，实现了替代进口、替代高毒农药，不仅年均直接为"三农"降本增效超过10亿元，累计达200多亿；而且为打破西方垄断、解决面广量大的农业污染、推动建设农业生态文明，为国家解决了既要保证粮食丰产丰收，又要保障百姓"菜篮子、米袋子、果盘子、油瓶子"等食品安全和人类生态安全做出了历史性贡献。

红太阳集团董事长杨寿海先生

创业25年，红太阳不仅在中国乃至世界农药行业中走出了一条"创新驱动、前无古人、改写历史、绿色发展"的发展之路，而且还为未来成就千亿级企业夯实了内外部发展的"人才、技术、资本、市场、品牌、文化、载体、模式、公共关系"等九大发展优势。

雄关漫道真如铁，而今迈步从头越。根据百年世界500强企业成功和教训的典型分析，红太阳第五次转型升级的目标任务是：

一个中心：以奋战十年，打造千亿级企业，进军世界500强目标任务为中心，实现人人有尊严的"全员幸福红太阳"（人人安居乐业、安康长寿、百万富家、相敬如宾、业兴家旺）。

二个立足点：以人力资源资本化，资产证券化为两个立足点，成功实现红太阳人力、产业资本与金融资本的全球配置对接。

三大产业同步发展：先进制造业、健康农业、现代服务业上下游垂直和水平整合发展，让红太阳不仅成为**粮食生产安全专家**，而且成为全国和全球百姓从"田头到口头"**舌尖上的健康专家**。

打造四大核心产业：生命科学、健康农业、低碳新材料、文化旅游。

奋战五年实现六个"五"目标，即：市值、产值、销售"三超"500亿元；利税、利润"双超"50亿元；5大产业的5家企业完全实现产业、人才资本与金融资本在全球资源中合理配置。

红太阳 RED SUN 健康农业与农耕文化主要产业园

世界唯一 —— 国际农耕旅游文化会展交流中心（会展、商贸城、物流园）

全球首座 —— 国际农耕文化博览中心

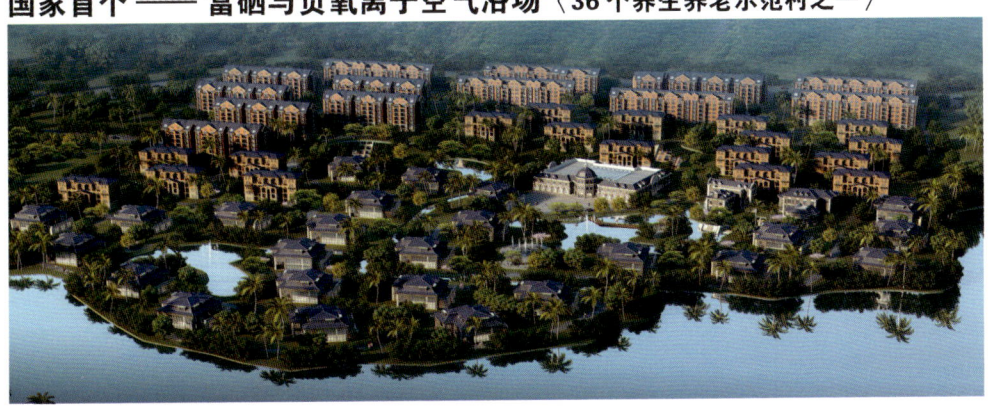

滨湖氧吧 —— 国际总部创意基地

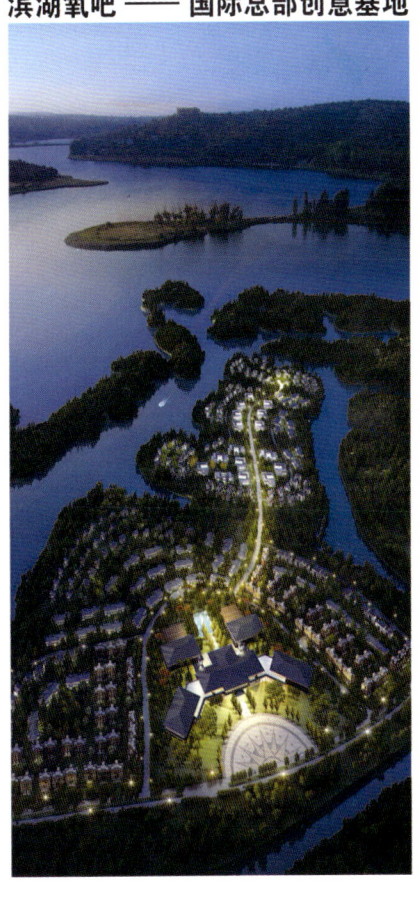

国家首个 —— 富硒与负氧离子空气浴场〈36个养生养老示范村之一〉

海南唯一 —— 国家富硒氧吧湿地公园（入口处）

红太阳海南健康农业与世界农耕文化产业园总规图

占地：100平方公里
（其中水面24.1平方公里）

湿地公园一角

AUCMA 澳柯玛

澳柯玛工业园

冰箱生产线

冰柜生产车间

冰柜生产车间

  澳柯玛是全球知名的制冷装备供应商，冷柜产品截止2013年已连续十八年国内同类产品产销量第一。

  澳柯玛前身成立于1987年，于2000年12月29日在上海证券交易所上市（SH600336）。澳柯玛坚持成为全球最受信赖的制冷装备供应商和"制冷专家"的战略目标，不断推进产业结构和产品结构升级，形成了以冰柜、冰箱、商用冷链产品为核心业务，以超低温设备、生物冷链、生活电器、自动售货机、电动自行车等为发展业务，以新能源电动工具车、冷链物流装备、新能源家电为未来业务，多层次、多梯度的产业格局。

  澳柯玛公司拥有近万名员工，具备年产冷柜300万台、冰箱300万台、生活家电500万台、洗衣机400万台、电动车100万辆、自动售货机1万台的生产能力，营销网络覆盖全球五大洲100个国家和地区。

  澳柯玛接连获得"中国名牌产品"、"中国重点支持与发展的出口名牌"、"最具影响中国民众消费的品牌"等殊荣；在技术研发方面，先后获得"国家级企业技术中心成就奖"，"国家火炬计划高新技术企业"等奖项，累计申请专利1300余项，参与20余项国家标准的制定及修订工作。

  未来，澳柯玛将坚持"全力打造世界冷柜第一品牌，成为全球信赖的制冷专家"的目标，深入研究深冷、速冻技术，成为该技术的领导者和推动者；成为业内领先的冷链物流、生物冷链、超低温设备及装备的提供商和服务商；并成为国内新能源电动车领先品牌。

澳柯玛工业园全景

35年筑梦人居　再展蓝图之美

集团简介

珠江实业集团，1979年成立，是广州市最早的房地产综合开发企业之一，目前已发展为拥有30家属下二级企业的国有大型企业集团。集团综合运营房地产开发、工程服务、物业经营管理、旅游酒店等四大核心主业，始终以"成就蓝图之美"为宗旨，铸就精品共创美好未来。

务实乐业，跨越发展

▶ 房地产开发

房地产开发是集团最主要的核心业务。集团在广州、湖南、海南等地先后建成开发了大型住宅区、高端写字楼、大型生态之城、现代高档住宅、生态温泉别墅群，不断做强做大。

▶ 工程服务

历史与业绩同样卓著的工程服务领域，涵盖工程总承包、建筑设计、工程监理、建筑装修、建筑施工等，是集团市场竞争力最强的业务板块，属下相关企业在行业享有盛誉。

▶ 物业经营

集团经营性物业建筑面积超过80万平方米，涵盖商场、写字楼、体育场馆、专业市场、停车场等，"珠江管理"进入全国物业管理三十强。

▶ 旅游酒店

凭借雄厚的开发实力与品牌管理力，集团旅游酒店开发与运营体系，行业领先，属下三亚珠江花园酒店、三亚珠江南田温泉度假区，正成为三亚的度假胜地。

城市地标，荣耀生活

35年来集团打造了白天鹅宾馆、中国大酒店、花园酒店、天河体育中心、世界贸易中心大厦、好世界广场、广州体育馆、珠江花城、体育花园、颐德公馆、三亚珠江花园酒店、三亚南田温泉度假区等多项地标性建筑，主导城市生活之潮。

唐山东华钢铁企业集团有限公司
TANGSHAN DONGHUA STEEL ENTRRPRISE GROUP CO.,LTD.

公司简介

东华钢铁企业集团公司是唐山地区乃至河北省较大的以钢铁制造为主的集团企业之一，占地1700亩，现有资产总额45亿元，注册资金8亿元，员工3500余人。公司加大改造更新、资金投入及建设力度，形成集烧结、炼铁、制氧、炼钢、棒材、高端线材轧制为一体的现代化钢铁企业。具有年产铁350万吨、钢350万吨、材320万吨生产能力。

公司主导产品为具有抗震性能的"DongHua Steel"热轧带肋钢筋HRB400、HRB400E、HRB500、HRB500E、中10-50mm及普碳、低合金钢坯，还有生铁、烧结矿、液氧、液氩等副产品，同时经营钢材进出口业务，出口韩国、日本、东南亚、印度等十几个国家地区。

公司坚定不移地走循环经济可持续发展之路，加大资金投入，加快装备升级和科技创新步伐，实现了大气、水、固体废物达标排放，并远远高于国标排放标准。

东华立足于打造产品质量高、经济效益好、资源消耗低、环境污染少、竞争能力强的现代化新型钢铁企业。

WKAI 万凯

浙江万凯新材料有限公司

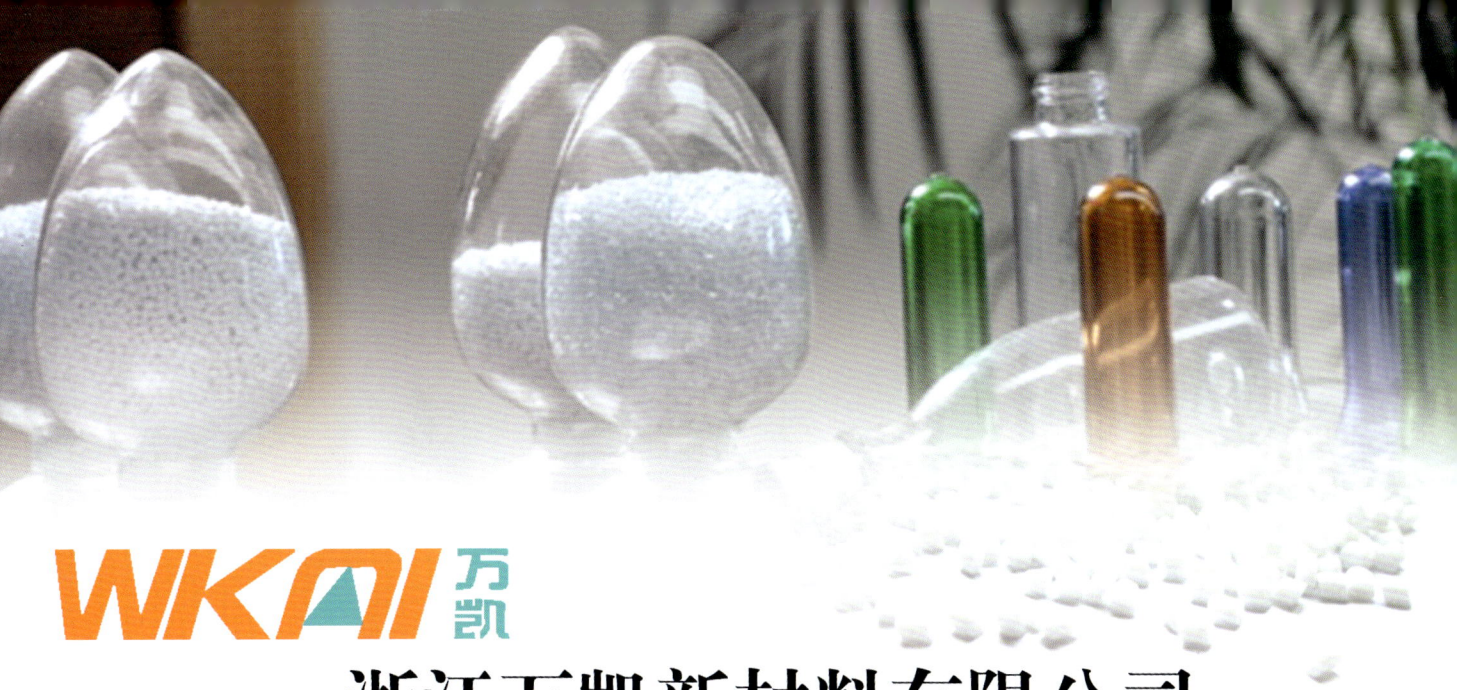

浙江万凯新材料有限公司创建于2008年，位于浙江省海宁市尖山新区，是一家专业从事瓶用PET研发、生产和经营的大型现代化企业。公司占地53万平方米，注册资本20000万元。公司长期致力于优质服务国内外客户，与国内主要的大型饮料企业、食用油包装企业可口可乐、娃哈哈、统一、金龙鱼等建立了良好合作伙伴关系。

近年来，万凯公司先后被各级政府授予对外贸易民营500强企业、浙江省知名商号、浙江省绿色企业、银行资信"AAA"级企业、嘉兴名牌、嘉兴精细化管理示范企业、嘉兴标准创新型企业等荣誉称号；2014年入围浙江省制造业百强；在科技创新领域，被授予国家火炬计划、国家高新技术企业、嘉兴企业技术中心、研发中心等荣誉称号，公司有专利20余项，并与中科院化学研究所及多个高等院校建立紧密的科研合作关系，为新技术研究、新产品开发奠定夯实基础。

万凯秉承"以人为本、开拓创新、科学管理、携手共进"的经营理念，坚持"诚信、奉献、创新、发展"的企业精神，以高品质产品和高标准服务不断提升品牌影响力，努力打造国内领先、国际一流的包装新型材料企业！

鸟瞰图

合作伙伴

万凯全景

Raydom 睿恒集團

集团总机：86-10-89228888

睿，行天下
恆，領未來

▶ 集團簡介

睿恒集團創立于2003年，憑借雄厚資金技術優勢和現代商業運營模式，迅速壯大成長爲以國際國內貿易、能源開發投資和供應鏈金融爲核心的多元化現代企業集團。截至2013年底，集團資産總額超過100億元，銷售總額突破200億元。集團業務觸角遍及國內15個省及國外數十個國家。2014年，集團將在既有高位基礎上強勢發展，力爭2015年實現銷售總額500億元的目標。

▶ 業務經營

睿恒集團深耕行業市場，緊抓戰略機遇，形成三大核心支柱產業：國際國內貿易、能源開發投資和創新的金融服務，業務遍及全國十五個省及數十個國家。

睿恒集團董事長　薛學軍

集团传真：86-10-65588588　　　集团邮箱：ruiheng@rhkggroup.com　　　网　　址：www.rhkggroup.com

有夢想　有未來

■ 國際國内貿易

集團重點在礦石、煤炭、水泥、石油化工等大宗貿易行業與國内央企和海外跨國公司結成長期商業聯盟；并將貿易觸角遍及亞洲、美洲、歐洲、大洋洲；集團適時擴充貿易規模，科學降低運營成本，合理控制運營風險，實現了貿易領域多元發展的戰略目標。

■ 能源開發投資

集團致力于智能測控、綠色環保、工業節能三大專業方向，通過采用當今世界最先進的精確檢測技術、電子信息技術、專業管理技術，進而提升傳統火力、煤炭、冶金、化工等行業的精細化管理水準。集團長期與研究中心與大學等多家科研院校合作，向國内300多家特大型火力發電廠提供能效管理和生産管理服務。

■ 金融服務

集團依托成熟商業模式，以强大資金優勢爲保障，以國際國内大宗産品貿易爲主綫，以與國内外知名企業合作爲背景，通過貿易項下形成專業化、系統化、個性化的金融服務産品，拓展融資渠道，提高融資額度，實現融資目的。

西宁特殊钢集团有限责任公司
Xining Special Steel CO.,LTD

集团公司大门

董事长 陈显刚

西宁特殊钢集团有限责任公司,是我国四大独立特殊钢企业集团之一,是西部地区最大、西北地区唯一的特殊钢生产企业。青海省省属四大财政支柱龙头企业之一。

发展的历程中,西钢紧紧抓住西部大开发、青海大发展的重大战略机遇,全面转变发展思路和发展模式,实现了企业由单一特钢生产向"钢铁制造、铁多金属、煤炭焦化、地产开发"四大产业板块共同发展的转变,形成了"一业为主、多元协同发展"的产业格局。截止目前,公司资产总额220亿元,具有年产铁210万吨、钢210万吨、特殊钢材200万吨、原煤100万吨、焦炭80万吨、采选铁矿700万吨,铁精粉170万吨的综合生产能力。可生产具有高纯净度、高强度、高精度、高均匀性等特点的碳素工具钢、高速列车弹簧钢、合金结构钢、汽车专用轴承钢、不锈钢、合金工具钢等特殊钢材。产品广泛应用于机械、军工、汽车、铁路、航空、石油、煤炭等行业,为国家重点工程项目、航空航海、载人航天、新型主力战机等提供了大批高品质特殊钢材料,是发展我国特钢事业、推动青海工业经济的重要力量。

今天的西钢,已经以其完善的产业体系和优良的装备工艺、优质的产品质量和良好的市场信誉、团结的职工队伍和创新的管理理念,优秀的企业文化和特有的西钢精神,用一种全新的姿态站在新的发展起点上。

面对未来,西钢集团公司将坚持创新改革,致力于打造高原绿色钢城,紧紧围绕"做精、做强、做大、做实"八字目标,加快提升企业自主创新能力,把西钢建设成为打造装备一流、技术一流、产品一流的全国重要的特种钢生产基地,为我国特钢事业发展做出新的贡献。

精品棒材生产线

OL 东方园林
Orient Landscape

OrientLandscape,
Making China
More Ecological & More Beautiful

让中国更生态、更美丽

东方园林官方微博　东方园林官方微信

侨兴集团
COSUN

董事长　吴瑞林

侨兴集团创建于1992年4月，主要从事通信终端产品的研发、生产与销售，是国内大型的电话机、手机等电子通信制造企业。20多年间，从惠州走向全国，从广东走向世界，从生产中国第一部液晶显示电话的工厂到发展成为拥有20多家独立法人子公司的多元化产业集团。

"侨兴速度"屡次刷新，深深得到政府的关怀和指导，掌舵人吴瑞林的创业经历引起新闻媒体的争相报道，高度的企业责任感获得社会各界的广泛认可，中国企业500强、中国制造业500强、中国500最具价值品牌、中国电子信息百强、国家级火炬计划重点高新技术企业、知识产权优势企业、广东省工程技术研究开发中心、中国名牌、中国驰名商标、广东省著名商标。

作为全球著名的通信终端产品制造厂商，现年产电话机1000多万部、是中国电话机制造龙头企业，年产手机800多万部、同时旗下拥有三大手机品牌。

侨兴集团强强联手中国航天科工集团进军北斗卫星导航应用新兴领域，进行北斗卫星导航应用系统开发及通讯终端产品研制和搭建运营服务平台。

侨兴集团携手美国硅谷创业团队进军半导体芯片市场，进行功率半导体产品的设计、研发、生产与销售，领先产品技术，开拓强大的芯片需求市场。

自2006年起，侨兴集团投资几十亿资金在内蒙古、湖南、湖北、陕西、广西等全国各地发展矿冶产业，进行黄金、五氧化二钒、铅锌矿、铜钼矿、大理石、花岗岩等矿种的勘探开发、加工制造。

联合研制增程式纯电驱动客车和轿车动力系统主机，技术搭载到与广汽合作的整车中实现汽车产业化，汽车在行驶过程中能够在线动态充电，电池组不会过放电，节油率（或节气率）达到50%以上，节能减排明显。

全球化的加速，高科技的兴起，给侨兴带来跨越式的发展、战略性的机遇。未来将持续在全球范围内整合资源，建立有利于高新技术发展的环境与机制，加强技术与资本的结合，在现有产业的基础上，集团产业覆盖电子通信、北斗导航、电控半导体、矿产能源、贵金属合金、新能源汽车和植物养生，拓宽经营渠道，积极参与全球经济一体化，与高新科技接轨，与世界接轨，朝着"打造一流的百年企业"的目标大步迈进。

侨兴科技工业园

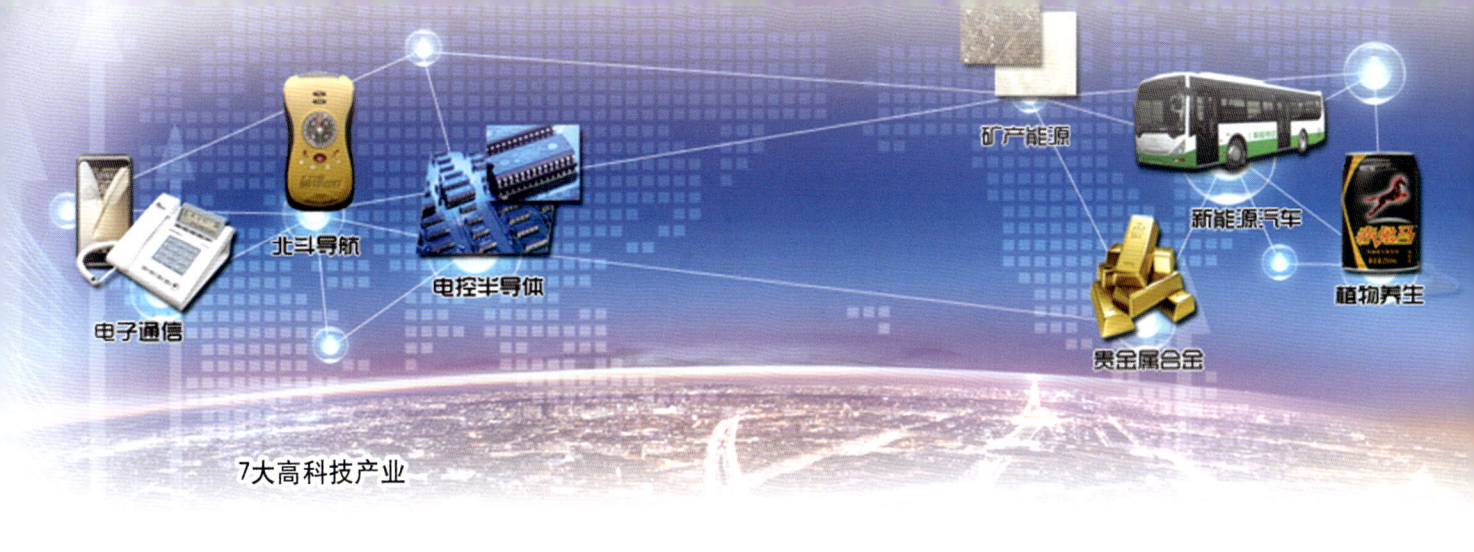

电子通信　北斗导航　电控半导体　矿产能源　新能源汽车　贵金属合金　植物养生

7大高科技产业

生产车间

侨兴科岭增程式纯电驱动城市客车

北斗手持终端

新疆前海集团公司

公司简介

新疆前海集团公司成立于1990年10月,注册资金10亿元,总资产33亿元,是隶属新疆生产建设兵团第三师的国有大型龙头企业,总部位于新疆喀什市克孜都维路478号,是新疆生产建设兵团"一类二级"企业、"全国企业党建工作先进单位"、"中华全国供销合作总社农业产业化重点龙头企业"。连续六年荣获"中国服务业企业500强",四次荣获"中国供销企业100强"。经营的"前海"牌棉花,是国家工商总局认定的"中国驰名商标"。公司所属的新疆生产建设兵团第三师供销合作社是中华全国供销合作总社全国第14个改革发展联系点,位列全国供销系统百强企业第39位。2013年,"前海"品牌荣获"新疆30年新疆人最喜爱的十大品牌""最佳产品质量奖""雪莲花金奖""品牌中国金谱奖",获"全国质量诚信先进企业"、"前海"牌棉花荣获中国具有影响力合作社产品品牌奖。2014年荣居"中国品牌500强"第436位,荣获新疆生产建设兵团第三师图木舒克市2011-2013年招商引资先进单位。

永安棉纺纺纱车间

天昆百果回软车间

前海矿业作业区

前海棉业储备棉

天昆国际大酒店全景图

企业宗旨：	诚信、品质、责任、创新。
管理理念：	将优秀的员工培养成党员，将优秀的党员培养成管理者，让优秀的管理者带出优秀的团队，优秀的团队创造一流的企业。
发展战略：	实施品牌战略，创新经营机制；优化产业结构，多元合作发展；转变发展方式，突显供销实力。
八大产业：	棉业、油脂、果业、矿业、商贸、纺织、电商、物流。
十个分公司：	新疆前海棉业有限公司、图木舒克市永安棉纺织有限责任公司、图木舒克市前海棉麻有限公司、新疆天昆百果果业股份有限公司、新疆天谷商贸有限责任公司、新疆前海矿业有限公司、舒克物流股份有限公司、喀什汇源食品饮料有限公司、新疆前海天昆生物科技股份有限公司、新疆前海天路电子商务公司。
销售网络：	公司产品仓储、配送、销售网点遍布新疆、四川、山东、北京、天津、湖南、广东等地，冷链配送系统辐射全国。
经营业绩：	2013年，新疆前海集团公司营业收入总额53.82亿元。

天谷商贸棉机销售　　永安棉纺新疆纯棉被　　新疆长绒棉

地　址：新疆喀什市克孜都维路478号　　邮　编：844000　　传　真：0998-2525078　　网　址：www.xjqianhai.com

Deloitte.
德勤

关于德勤全球

　　Deloitte（"德勤"）泛指德勤有限公司（一家根据英国法律组成的私人担保有限公司，以下称"德勤有限公司"），以及其一家或多家成员所和它们的关联机构。德勤有限公司与每一个成员所均为具有独立法律地位的法律实体。德勤有限公司（又称"德勤全球"）并不向客户提供服务。

　　德勤为各行各业的上市及非上市客户提供审计、税务、企业管理咨询及财务咨询服务。德勤成员所网络遍及全球逾150个国家及地区，凭借其世界一流和高质量专业服务，为客户提供深入见解以协助其应对最为复杂的业务挑战。德勤拥有超过200,000名专业人士，致力于追求卓越，树立典范。

关于德勤大中华

　　作为其中一所具领导地位的专业服务事务所，我们在大中华设有22个办事处分布于北京、香港、上海、台北、成都、重庆、大连、广州、杭州、哈尔滨、新竹、济南、高雄、澳门、南京、深圳、苏州、台中、台南、天津、武汉和厦门。我们拥有近13,500名员工，按照当地适用法规以协作方式服务客户。

关于德勤中国

　　德勤品牌随着在1917年设立上海办事处而首次进入中国。目前德勤中国的事务所网络，在德勤全球网络的支持下，为中国的本地、跨国及高增长企业客户提供全面的审计、税务、企业管理咨询及财务咨询服务。在中国，我们拥有丰富的经验，一直为中国的会计准则、税务制度与本地专业会计师的发展贡献所长。

团结一致 追求卓越

德勤为许多大型企业提供服务，并多次参与中国最大规模项目：

- 德勤为财富全球500强中近80%的企业提供服务。

- 截至2014年4月，德勤为21%于香港联合交易所上市的企业担任审计师。

- 自2006年至2014年4月，在120家上市的中国企业中，德勤协助了其中的47家在美国资本市场成功上市，融资额超过86亿美元。

- 2010年，为中国企业最大的境外汽车收购交易提供咨询服务。

- 德勤连续五年，被《国际税务评论》(International Tax Review)评为中国大陆、香港地区及台湾地区一类排名事务所。

- 德勤下属风险服务团队（按员工人数及服务广度和深度计）为中国乃至全球规模最大的团队之一。

- 德勤中国企业管理咨询团队规模在四大会计师事务所中位居前列。

- 德勤全球中国服务组覆盖的范围跨越六大洲120多个国家及地区。

Kingdee 金蝶

云管理，让业务行云流水

拿起手机或Pad，
审批报销、批复申请、
查询库存、下达订单、检查收款，
在云之家发起话题讨论：
#云管理#为什么又帮我们超额完成任务？

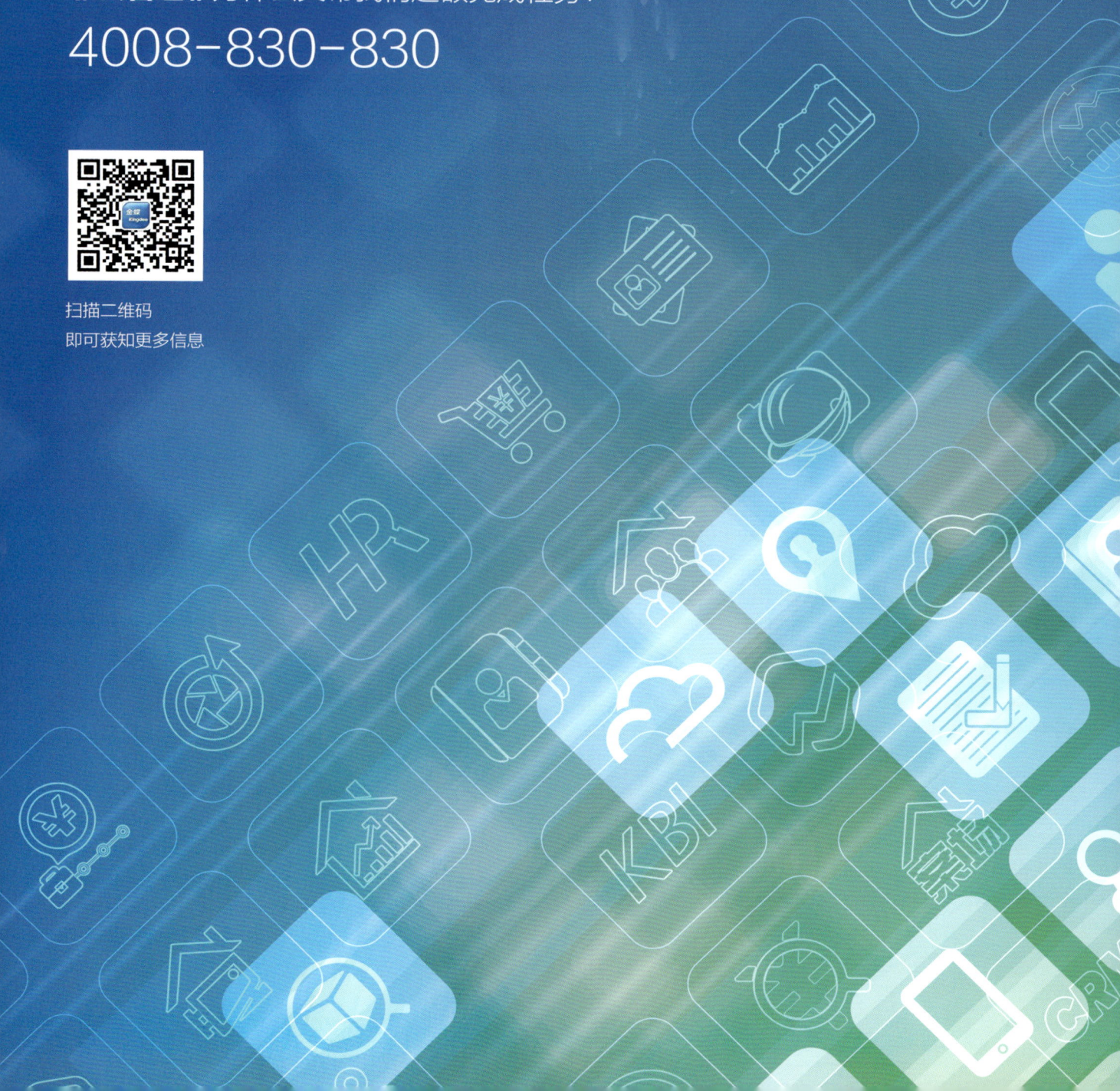

4008-830-830

扫描二维码
即可获知更多信息

Kingdee 金蝶

云之家
您的移动工作平台

安全的沟通 · 有趣的分享 · 智能的连接

海尔、万科、香港新世界等十万家企业共同的选择

知识产权
生活化

知识产权
产业化

WTOIP

知识产权
商品化

UTC® 联瑞 | **WTOIP 汇桔.com**
全球最大 知识产权交易与综合服务平台

汇桔网
全球最大的知识产权交易与综合服务平台

汇桔网（中外知识产权网 www.wtoip.com）是全球最大的知识产权交易与综合服务平台。在知识产权运用领域，开创了知识产权交易与综合服务线上线下融合新模式，围绕知识产权交易链条，汇聚全球资源，提供线上线下全方位、分层次、一站式的知识产权交易、评估、知商会员服务、知识产权金融等创新服务，让知识产权在流通中创造财富，在产业化运用中创造商业价值，让知识产权成为中国企业转型升级的助推器！

知商，是所有创造、保护和运用知识产权的企业和企业家所形成的商业生态圈。汇桔网作为全球知商第一平台，倡导知识产权生活化，主张知识产权商品化，其终极目标是让知识产权像商品一样流通，服务和影响人们的生活。

汇桔网秉承"让天下创意成为现实"的伟大使命，汇聚全球知商的智慧和力量，全力推动知识产权商品化、产业化、生活化，开创知识产权新时代！

汇桔服务：
知识产权交易　知识产权评估
知识产权金融　知商会员服务

400-0033-815
www.wtoip.com

汇桔网官方微信　　汇桔网官方微博